THE HISTORY
OF THE DECLINE AND FALL
OF THE ROMAN EMPIRE

로마제국
쇠·망·사

5

EDWARD GIBBON

THE HISTORY
OF THE DECLINE AND FALL
OF THE ROMAN EMPIRE

로마제국
쇠·망·사

5

에드워드 기번

송은주 | 김혜진 | 김지현 옮김

민음사

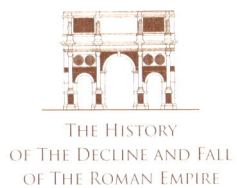

THE HISTORY
OF THE DECLINE AND FALL
OF THE ROMAN EMPIRE

차 례

일러두기 · viii

48 마지막 두 권에 대한 계획 · 콘스탄티노플의 비잔티움 황제들의 계보와 성격, 헤라클리우스 시대부터 라틴의 정복까지 ······ 1

49 성상(聖像)의 도입, 숭배, 박해 · 이탈리아와 로마의 반란 · 교황의 세속적 지배권 · 프랑크족의 이탈리아 정복 · 성상의 확립 · 샤를마뉴 대제의 인품과 대관식 · 서로마 제국의 수복과 쇠퇴 · 이탈리아의 독립 · 독일 연합의 구성 · 독일 황제 카를 4세 ······ 105

50 아라비아와 그 주민 · 마호메트의 탄생, 품성 및 교의 · 메카에서의 설교 · 메디나로의 피신 · 무력에 의한 선교 · 아랍인들의 자발적 또는 마지못한 복종 · 마호메트의 죽음과 후계자들 · 알리와 그 후손들의 권리와 운명 · 마호메트의 성공 ······ 175

51 아랍 또는 사라센인들의 페르시아, 시리아, 이집트, 아프리카, 스페인 정복 · 칼리프, 즉 마호메트의 후계자들의 제국 · 그 지배하의 그리스도교도 등의 상황 · 그리스도교의 쇠퇴와 몰락 ⋯⋯ 265

52 아랍군이 두 차례 콘스탄티노플을 포위 공격함 · 아랍군의 프랑스 침공, 카를 마르텔에게 패배함 · 우마이야 왕조와 압바스 왕조 사이의 내전 · 아랍인들의 학문 · 칼리프들의 사치 · 크레타, 시칠리아, 로마로의 해상 모험 · 칼리프 제국의 쇠퇴와 분열 · 비잔티움 황제들의 패배와 승리 · 니케포루스 포카스, 치미스케스 ⋯⋯ 363

53 10세기 동로마 제국의 상황 · 확장과 분할 · 부와 세입 · 콘스탄티노플 궁전 · 칭호와 관직 · 황제의 자부심과 권한 · 비잔티움, 아랍, 프랑크족의 전술 · 라틴어의 소실 · 비잔티움인들의 고립 ⋯⋯ 433

54 바울파의 기원과 교의 · 비잔티움 황제들의 박해 · 아르메니아의 반란 · 트라키아로의 이주 · 서방 세계에서의 전파 · 개혁의 원인과 결과 487

55 불가리아인 · 헝가리인의 기원, 이주, 정착 · 헝가리인의 동로마와 서로마 침략 · 러시아 대공국 · 지리와 교역 · 비잔티움 제국에 대한 러시아인의 전쟁 · 야만족들의 개종 · 블라디미르의 세례 ⋯⋯ 507

56 이탈리아의 사라센인, 프랑크인, 비잔티움인 · 노르만인의 최초의 모험과 정착 · 아풀리아 공작 로베르 기스카르의 성격과 정복 · 동생 루지에로의 시칠리아 해방 · 동로마와 서로마 황제에 대한 로베르의 승

리 · 시칠리아 왕 루지에로, 아프리카와 비잔티움 제국을 침공하다 · 마누엘 콤네누스 황제 · 비잔티움과 노르만인의 전쟁 · 하인리히 6세 · 노르만인의 전멸 ·················· 541

57 셀주크 가(家)의 투르크족 · 힌두스탄 정복자 마흐무드에 대한 그들의 반란 · 토그룰이 페르시아를 굴복시키고 칼리프를 보호하다 · 알프 아르슬란에게 패하고 포로가 된 황제 로마누스 디오게네스 · 말리크 샤의 권력과 위엄 · 소아시아와 시리아 정복 · 예루살렘의 상태와 압제 · 성지 순례 ·················· 599

일러두기

1. 이 책은 에드워드 기번의 『로마 제국 쇠망사 (*The History of the Decline and Fall of the Roman Empire*)』(전6권, 1776~1788, 런던)를 번역한 것이다. 번역 대본으로 쓴 것은 버리(J. B. Bury)가 편집한 *The Decline and Fall of the Roman Empire*(New York : Random House, Inc., 1995)이다.

2. 로마 시대의 인명, 지명 등은 영어식 음이 아닌 라틴어 음으로 표기하였다. 예: 트라얀(Trajan)→트라야누스, 브리튼(Britain)→브리타니아. 나머지 외국어는 외래어 표기법에 따라 표기하였다.

3. 로마 시대의 민간, 군사 관련 각종 관직명의 번역은 대체로 현재 통용되고 있는 번역어를 사용하였으며, 마땅한 번역어가 없는 것은 라틴어 음을 그대로 달아 놓았다. 예: proconsul→총독, auxiliaries→보조군; spectabiles→스펙타빌레스, dux→두크스

4. 전체 분량의 4분의 1을 차지하는 수많은 각주의 완전 번역에는 많은 무리가 따랐는데, 이른바 '기번의 잡담'이라고도 불리는 4700여 개의 각주 중 기번의 개인적인 감회가 너무 진하게 담긴 것, 각주에서 언급된 본문 부분을 이해하는 데 큰 필요가 없는 것 등 350여 개는 번역을 생략하였음을 밝힌다.

※ 표지를 펼치면 뒷면에 지도가 수록되어 있습니다.

THE HISTORY
OF THE DECLINE AND FALL
OF THE ROMAN EMPIRE

48

마지막 두 권에 대한 계획 · 콘스탄티노플의 비잔티움 황제들의 계보와 성격, 헤라클리우스 시대부터 라틴의 정복까지

이제껏 나는 트라야누스에서 콘스탄티누스까지 그리고 콘스탄티누스에서 헤라클리우스의 치세까지 로마 황제들의 계보를 조사하고 그들의 통치가 남긴 불운과 행운을 충실하게 설명하고자 하였다. 제국의 쇠퇴와 몰락이 이어진 지 5세기가 경과하였지만 투르크인들이 콘스탄티노플을 지배하기까지의 800여 년의 기간은 아직 나의 저술에 포함시키지 않았다. 종전과 같은 서술 과정을 고집하고, 같은 정도의 분량으로 기술하게 된다면 빈약하기 짝이 없는 이야기를 여러 권에 걸쳐 장황하게 풀어내야 하고, 그렇게 되면 인내심 있는 독자들이라 할지라도 적절한 교훈을 얻거나 즐거움의 보상을 받는 일이 어려울 것이다. 동로마 제국의 쇠망 과정에 점점 깊이 들어가면 갈수록, 단계마다 만나는 통치자들의 연대기는 점점 더 보람도 없고 우울하기만 한 작업을 하게 만들 것이다. 이런 연대기는 허약함과 비참함에 관한 지루하고도 획일적인 이야기의 반복이 이어

> 비잔티움 역사의 빈약

지는 형국이 될 것이 분명하다. 원인에 따른 결과로 자연스럽게 발생해야 할 일들이 성급하게 일어나는 잦은 변화로 번번이 깨지고, 이런 상황들이 조금씩 누적되면서 먼 역사의 효용과 장식을 활용할 수 있는 통찰력이 가지는 효과와 장점은 깨지고 만다. 헤라클리우스 시대 이후부터 비잔티움 제국의 무대는 축소되고 또 어두워져 갔다. 유스티니아누스의 법전과 벨리사리우스의 병력으로 확정되었던 제국의 경계는 사방으로 줄어들었다. 우리의 연구 대상인 로마라는 그 이름은 유럽의 좁은 한 귀퉁이인 콘스탄티노플의 한적한 교외 지역을 가리키는 것으로 축소되었다. 비잔티움 제국의 운명은 그 물이 바다와 만나기도 전에 모래 속에 파묻혀 버리는 라인 강의 운명과 비교되어 왔다. 시간과 장소가 많이 다르기 때문에 영토의 규모는 우리 눈에 더욱 작아 보인다. 외적 화려함이 사라진 것은 미덕과 진정성이라는 좀 더 고귀한 자질로도 보상될 수 없다. 콘스탄티노플은 멸망하는 마지막 순간에도 성인 남자들 2만 1000명이 6000탈렌트, 즉 120만 파운드 정도의 재산을 소유하고 있던 아테네 최고 번성기 때보다 더 번성하고 윤택했음이 분명하다. 하지만 아테네 시민들은 자신의 생각과 말, 행동에 대한 자유를 주장하고 있었으므로 자신들의 재산과 신체를 만인에게 평등한 법으로 보호받으며 살고 있었다. 또 이들은 공화국 정치에서 각자 독립된 투표권을 행사하는 자유민이었다. 이런 시민들의 숫자는 다양하고 강력한 정책으로 더욱 크게 불어난 것 같다. 자유의 보호막 아래에서 경쟁과 자부심이라는 날개를 타고 있던 아테네 사람들은 국가적인 고상함의 수준을 높이고자 하는 열망까지 품었다. 이런 고귀한 자세를 통해 몇몇 선택받은 영혼들은 비속한 시선이 닿을 수 있는 곳 너머로 날아올라 감으로써, 수많은 인구를 자랑하는 위대한 왕국에서 찾아볼 수 있는 뛰어난 장점이 주는 기회가 무수하다는 것을 보여 주었다. 사실 이것은 경험을 통해 입증되었다. 아테네, 스파르타 그리고 다른 동맹 도시의 영토는 오늘날 프랑스나 영국의 보통 주(州)보다도 작다. 하지만 살라미스와 플라타이아에서 전승을 거둔 이후, 우리는 이들의 영토가 아시아 전역에 이르는 방대한 크기로 확장되었을 것으로 상상한다. 사실 이때 아시아는 승리감에 들뜬 그리스군의 발에 짓밟히고 있었다. 하지만 그리스와 로마라는 이름을 모두 들먹이면서 명예를 손상시킨 비잔티움 제국의 신민들은 줄곧 비열한 악행의 단조로움을 보여 주었다. 이들의 악덕은 인간애가 지니는 취약성으로 부드러워지지도 않았지만, 그렇다고 사람을 놀라게 하는 대단한 악행으로 기승을 부리는 일도 없었다. 고대의 자유민들은 고매한 열정을 담아 "포로는 노예가 되는 첫째 날 바로 남성적 능력의 절반을 박탈당하는도다."라며 호메로스의 시 구절을 읊조리고 있었는지도 모른다. 하지만 시인은 공복(公僕)이 되거나 개인적인 노예가 되는 경우만을 보았을 뿐, 신념을 꺾고 납작 엎드린 자의 행동뿐만 아니라 생각까지도 속박하는 영적, 심적 압제로 나머지 절반의 남성성도 전멸된다는 사실은 예언할 수 없었던 듯하다. 그리스인들은 이중의 멍에로 헤라클리우스 후계자들에게 억압당했다. 폭군은 자신이 다스리는 신민들이 저지르는 악덕한 행위에 의해 쫓겨난다는 것이 영원한 정의의 법칙이다. 제위나 군영, 학원에서 우리는 망각으로부터 구해 낼 가치가 있는 인물과 그 이름을 아무리 찾으려 해도 그것은 아마 헛된 노력이 될 것이다. 주제 자체에 약점이 있는 상태에서는 화가가 아무리 다양하게 구성하고 기교를 부려도 보완되지 않는다. 800년이라는 기간에서 처음 4세기 동안은 구름이 잔뜩 끼어 있었지만, 이따금 부서져 나오는 희미한 역사의 광채가 보이기도

했다. 마우리키우스로부터 알렉시우스에 이르는 역대 황제들의 생애 중에서 마케도니아 왕조를 일으킨 바실리우스만이 따로 살펴볼 만한 주제가 되어 왔다. 그래서 그 시대적 증거는 현재 남아 있지 않거나 상실되었고, 설사 발견되었더라도 불완전하여 권위가 의심스러운 후대 편찬자들에 의해 더욱 허술하게 보충되어야만 했다. 후반 4세기 동안은 이러한 결여에 대한 비난을 모면하게 되고, 콤네누스 가(家)와 함께 콘스탄티노플 역사의 여신도 다시 부활한다. 하지만 부활한 여신의 모습은 촌스럽고, 그녀의 행동거지에서는 고상함이나 우아함을 찾을 수 없었다. 성직자나 궁정 신하들의 행렬은 서로가 다른 사람들이 지나간 발자취를 따라 과거와 마찬가지로 예종과 맹신의 길을 걸어갔다. 그들의 시야는 좁고 판단력도 허약하거나 비뚤어져 있었다. 그래서 우리는 그들이 찬양하거나 비탄하였던 각 사건들의 원인, 등장 인물들의 성격 그리고 그 시대의 양식조차 모르는 보잘것없는 방대한 양의 역사서에 대한 조사를 끝마치려 한다. 한 개인에 대한 비평은 무력이 되어 문학을 통해 전해져 전체 국민에게 적용될 수 있다. 이는 역사의 경향이 시대정신에 따라서 변화한다는 경험에서 비롯된다.

세계의 혁명들과 비잔티움 역사와의 관계

이러한 고찰로부터 비잔티움 제국의 운명이 세계 정세를 변화시킨 가장 화려하고 중요한 혁명들과 수동적으로 연결되어 있다고 생각하지 않았다면 아무런 미련 없이 그리스의 노예와 그들의 독창성 없는 역사에 대해 다루는 것을 포기해야만 했을 것이다. 로마는 상실한 속주의 빈자리를 새로운 식민으로 채웠고 그곳에 새로운 왕국들이 세워졌다. 전쟁 그리고 전후 평화에서 얻게 된 실질적인 이득은 승전국들에게 넘어갔다. 그래서 우리가 동로마 제국의 쇠퇴와 몰락의 원인 그리고 그에 따른 영향을 알아보기 위해서는 승전국들의 기원과 정복, 그들의 종교와 정치 체제에 대해 탐구해야만 한다. 또한 서술하려는 범위가 넓고 풍부하며 다양한 내용들을 담고 있어서 의도와 구성에서 일관성이 없는 경우가 있을 것이다. 페즈와 델리의 이슬람교도가 아직도 기도를 드릴 때마다 얼굴을 메카의 신전 쪽으로 향하는 것처럼 역사가의 시선은 언제나 콘스탄티노플이라는 한 도시로 향할 것이다. 본론에서 벗어나 아라비아나 타타르의 황야를 포괄하여 설명하게 될 수도 있지만, 궁극적으로 그 서술 범위는 로마 제국의 축소되는 경계선에 따라 정리될 것이다.

이러한 기준에 따라 지금 설명하려는 마지막 두 권의 계획을 정하려고 한다. 첫 장은 헤라클리우스 시대로부터 라틴인 정복에 이르는 600년 동안에 콘스탄티노플에 군림한 황제들을 담을 것이다. 빠른 요약을 위해 기존 역사가들이 서술한 순서와 문장을 인용하여 보충할 것이다. 이 첫 장의 서론에서는 동로마 제국의 멸망을 촉진하거나 억제하였던 경향으로서 그 시대의 제위 교체, 황제 가문의 계승, 비잔티움 황제들의 개인적인 성격, 그들의 삶과 죽음, 제국 통치의 신념과 영향 등을 서술하고자 한다. 이러한 연대기적 검토는 그 다음 장에서 나오게 될 다양한 논쟁들을 설명하는 데 도움이 될 것이다. 그리고 여러 민족들이 일으켰던 사건들 중에서 역사적으로 중대한 이야기는 비잔티움 연대기에 적절하게 적용하여 서술할 것이다. 동로마 제국을 뒤흔들고 서로마 제국을 계발시킨 제국의 내부 정세와 바울파의 위험한 이단 행동은 따로 분리하여 두 개의 장으로 기술하려 한다. 그러나 이러한 연구는 9세기와 10세기의 세계 전망에 대해 눈을 돌리게 될 때까지 미룰 것이다. 비

5권과 6권의 계획

잔티움 역사의 기초를 다지고 나서 아래의 여러 민족을 차례로 소개할 예정인데, 역사상의 중요성이나 그 시대에 세운 공로 또는 로마 세계와 현대의 관련 정도에 따라 그에 상응하는 분량을 차지할 것이다. (1) 프랑크족 : 샤를마뉴가 무력과 왕홀(王笏)로 통일한 프랑스, 이탈리아, 독일의 모든 민족을 포함하는 호칭이다. 성상(聖像)과 그 숭배자들에 대한 박해는 로마와 이탈리아를 비잔티움의 제권으로부터 분리시켰고 서방에서의 로마 제국의 부흥을 준비하였다. (2) 아랍족 또는 사라센인 : 호기심을 자극하는 이 흥미로운 대상에 대해서는 세 장에 걸쳐 충분하게 설명할 예정이다. 그중 첫 번째 장에서는 그 국토와 구성원들을 묘사한 후에 마호메트의 성격, 즉 예언자로서의 성격, 그가 창시한 이슬람교 그리고 그의 성공을 살펴보려 한다. 두 번째 장에서는 로마 제국의 속주들인 시리아, 이집트, 아프리카가 아랍족에게 정복되는 사건을 설명하고, 페르시아와 스페인의 군주 국가들을 정복하는 그들의 승리 업적을 살펴볼 것이다. 세 번째 장에서는 콘스탄티노플과 유럽이 칼리프 제국의 사치와 술책, 분열과 쇠퇴 과정에서 어떻게 구제되었는가를 조사할 것이다. (3) 불가리아인, (4) 헝가리인, (5) 러시아인의 세 민족들은 한 장으로 묶어 기술할 것이다. 이들은 육지와 해상을 통해 로마의 속주와 수도를 공격하였다. 그중에서도 러시아인은 현재 그들의 부강함에 비추어 볼 때 그 민족의 기원과 초창기에 대한 호기심을 자극할 것이다. (6) 노르만족 : 노르만족이라기보다는 호전적인 민족들 중 아풀리아와 시칠리아에 강력한 왕국을 세워 콘스탄티노플의 제위를 뒤흔들고 전승의 축배를 과시하며 경이로운 사건들의 로맨스를 실현시킨 개인적인 모험가의 한 무리이다. (7) 라틴인 : 이들은 성스러운 묘지의 복원 또는 구제를 위해 십자가의 기치 아래 적극적으로 참여한 로마 교황의 신하들인 서구의 여러 국민들이다. 비잔티움 황제들은 부용(Bouillon)의 고드프루아와 함께 그리스도교도 귀족들을 따라 예루살렘으로 행진하였던 수많은 순례자들에게 두려움을 느꼈고 보호를 받아 왔다. 제2차와 3차의 십자군도 1차 십자군의 발자취를 따랐다. 아시아와 유럽은 이 종교전쟁에 200년간 참가했다. 그리고 그리스도교 세력은 살라딘과 이집트의 마말루크 왕조의 거센 저항을 받았으며 결국 쫓겨났다. 이 역사적으로 주목할 만한 십자군 전쟁에서 프랑크와 베네치아의 선단과 군대는 시리아에서 트라키아보스포루스 해협으로 진로를 바꾸어 수도를 공격해 그리스인의 제국을 전복시켰다. 그 결과 라틴인 군주가 약 60년간 콘스탄티노플의 제위에 오르게 되었다 (8) 라틴인의 포로로 잡히고 유배된 기간 동안 그리스인 자신들도 이방인으로, 즉 처음에는 콘스탄티노플에서 적대자이고 후에는 또다시 주권자가 된 것으로 생각해야 한다. 그들의 불운은 민족성을 또다시 불타오르게 하여 투르크족이 콘스탄티노플을 점령하기 전까지 제국의 제위를 계승하였다. (9) 몽골족과 타타르족 : 칭기즈칸과 그의 후계자들은 무력으로 중국으로부터 폴란드와 그리스에 걸쳐 전 세계를 뒤흔들었다. 술탄들은 축출되었고 칼리프는 몰락하였으며 황제들은 옥좌에 앉아서 그들에 대한 두려움에 떨었다. 티무르의 승리로 비잔티움 제국의 최종적인 멸망은 50년 이상이나 뒤로 미뤄졌다. (10) 투르크족의 최초 출현에 대해서는 이전에 설명한 적이 있다. 그리고 셀주크(Seljuk)와 오스만(Othman)이라는 두 창시자의 이름으로 11세기에 스키타이의 황야에서 나타난 민족의 연이은 두 개 왕조는 구별된다. 전자는 옥수스 강 강변에서 안티오크와 니케아에 이르는 지역에 강력하고도 화려한 왕국을 세웠는데, 첫 번째 십자군 전쟁은 이들이 예루살렘을 침략하고 콘스탄티노플을 위협하며 야기되었다. 오스만 투르크 왕조는 창시자 오스만 자신이 미천한 출신이라는 열등의식과 그리스도교권에 대한 공포심에서 일어났다. 콘스탄티노플은 마호메트 2세의 공격으로 함락되었고 그의 승리로 동로마 제국의 영토와 영광 그리고 명칭까지 소멸되었다. 그리스 민족의 종교적 분열은 그들의 마지막 비운과 서방 세계에서 이루어진 학예 부흥과 연관하여 다루어질 것이다. 나는 이 새로운 로마의 포로로부터 고대 로마의 멸망까지를 되돌아볼 것이다. 그리고 존귀한 이름의 흥미로운 주제들은 이 저술의 결말에 영광의 빛을 비출 것이다.

헤라클리우스의 두 번째 결혼과 죽음

황제 헤라클리우스는 압제자를 처벌하고 제위에 올랐다. 그리고 그의 통치는 오늘날까지 동방 여러 속주의 일시적인 정복과 그것들의 최종적인 상실로 기억되었다. 그는 첫 번째 부인 에우도키아가 죽은 뒤 총대주교의 경고를 무릅쓰고 자기의 조카딸인 마르티나와 두 번째 결혼을 강행함으로써 법률을 어기게 된다. 이러한 근친결혼에 대해 미신을 갖고 있던 그리스인들은 그의 아버지가 병을 얻고 기형아를 출산하자 하늘에서 천벌을 내렸다고 믿었다. 정식으로 인정받지 못한 출생은 시민들에게 자신이 황제를 선택했던 것에 혼란을 주고 황제를 향한 복종심을 해이하게 만들기에 충분했다. 아이에 대한 모성애와 아마도 계모라는 시기심은 마르티나의 야심을 자극했고, 늙은 남편 헤라클리우스는 너무도 나약하여 매력적인 수완가였던 아내에게 사로잡혔다. 헤라클리우스의 장남인 콘스탄티누스는 성년이 되어 정제 칭호를 받았지만 태어날 때부터 체질이 허약하여 동료 통치자와 보호자가 필요했다. 그래서 내심

꺼림칙했지만 마르티나의 아들 헤라클레오나스에게 제국의 일부분을 양도하였다. 궁전 안에서 소집된 원로원에서 마르티나의 아들 헤라클레오나스와의 공동 황제 통치제를 인증하고 그를 총대주교의 기도와 축복으로 황제로 임명하였다. 원로원 의원들과 명예고관들도 위대한 황제의 주권과 통치를 돕는 젊은 동료들을 찬양하였다. 이어서 출입문이 열리자마자 그들은 소란스럽지만 중요한 지지를 보내는 병사들의 환영을 받았다. 5개월이 지난 후 비잔티움 제국의 핵심을 형성하는 허세를 보여 주는 화려한 축제가 대성당과 대경기장에서 거행되었다. 이때 황실 형제들 간의 화합은 어린 황제가 나이 많은 황제의 팔에 기댄 자세에서 과시되었고, 마르티나의 이름은 마지못해서 또는 돈으로 매수된 자들의 환호 속에 뒤섞였다. 헤라클리우스는 공동 통치를 한 지 2년 후에 세상을 떠났다. 그는 마지막 유언으로 두 아들을 동로마 제국의 공동 제위 계승자로 선언하였고, 아들들에게는 미망인 마르티나를 자신들의 어머니이자 군주로 대하고 예를 다하도록 명령하였다.

서기 638년 7월

서기 639년 1월

서기 641년 2월

마르티나가 처음에 황후의 자격으로 제위에 오르려 하자, 강경하지만 정중한 반대에 부딪혔다. 그리고 꺼져 가던 자유의 불길이 미신적인 편견으로 다시 불붙었다. 한 시민이 크게 말하였다.

서기 641년 2월, 콘스탄티누스 3세

황제의 어머니인 황후에게 경의를 표합니다. 그러나 송구스럽게도 저희는 두 분의 황태자에게만 복종 의무를 갖고 있습니다. 그리고 연장자인 콘스탄티누스 황제께서는 스스로 제위의 무게를 감당할 수 있는 나이가 되었습니다. 본래 여성은 통치의 노고에서 배제되어 왔습니다. 야만족들이 우호적으로 또는 적대적인 의도로 이 수도에 접근한다면, 황후께서 어떻게 그들을 응대하거나 전투를 하실 수 있겠습니까? 이런 국민적인 치욕은 페르시아 노예의 인내심을 자극할 것입니다. 그리고 하늘 또한 로마 공화국을 외면할지도 모릅니다.

마르티나는 반대 세력에 분노하며 제위에서 물러났고 궁전 내 여성 관료들의 구역으로 피신하였다. 콘스탄티누스 3세는 서른 살이라는 젊은 나이에 세상을 떠났기 때문에 그의 치세는 불과 103일로 끝이 났다. 오랫동안 지병을 앓고 있기는 했지만 그의 죽음이 갑작스러운 일이라서 사람들은 그가 독살되었고, 그것을 사주한 사람이 잔인한 그의 계모임에 틀림없다고 믿었다. 실제로 마르티나는 콘스탄티누스 3세의 죽음으로 남은 황제 헤라클레오나스의 정권을 손아귀에 넣는 수확을 얻었다. 그러나 근친상간의 죄를 저지른 마르티나는 예외 없이 시민들의 미움을 사게 되었고 점점 증오의 대상이 되었다. 그리하여 시민들은 콘스탄티누스 3세가 죽은 후 남은 두 고아들을 공적으로 보호해야 한다고 주장했다. 아직 열다섯 살도 안 된 마르티나의 아들 헤라클레오나스 황제는 스스로 나이 어린 두 조카의 보호자임을 선언한다. 어머니의 부추김으로 헤라클레오나스가 조카들 중 한 명의 세례 미사에도 직접 참석했다는 소문을 퍼뜨렸고, 또 자신이 조카들을 모든 적의 손으로부터 지켜내겠다고 참된 십자가 앞에 맹세했다고 말했지만 이 모두가 허사였다. 일찍이 선제 콘스탄티누스 3세는 침상에서 자신

서기 641년 5월, 헤라클레오나스

의 죽음을 기다리며 그의 의지할 데 없는 자식들을 지키고자 동로마 제국 군대와 속주들에 자신의 충실한 신하들을 파견해 무장시켜 놓았다. 그중 콘스탄티누스 3세의 충신이었던 발렌티누스가 매력적인 웅변과 관대함을 성공적으로 펼쳐 칼케돈의 자신의 병영에서 대담하게도 암살자들의 처벌과 법적인 상속인의 권리 복구를 요구하였다. 황제의 군사들이 방종하여 아시아 지역 포도밭들의 포도를 게걸스럽게 먹어 치우고 저장된 포도주를 모두 마셔 버리자 콘스탄티노플의 시민들은 그러한 재앙을 가져온 원인을 제공한 황제를 향해 분노하였다. 이로 인해 성소피아 성당 안에는 기도와 찬송가가 아닌 성난 대중의 부르짖음과 저주가 울려 퍼졌다. 그들의 강경한 요청으로 헤라클레오나스 황제는 선제 콘스탄티누스 3세의 두 아들 중 맏아들인 콘스탄스와 함께 설교단에 올랐고 시민들은 그를 유일한 동로마 황제라며 갈채를 보냈다. 그리고 헤라클리우스의 무덤에서 가져온 황금 왕관이 총대주교의 엄숙한 축도 속에 콘스탄스의 머리 위에 놓았다. 그러나 환희와 분노가 뒤섞인 가운데 유대인과 야만족들이 무리를 이루어 교회를 약탈하고 성역을 더럽혔다. 황후 마르티나가 임명한 단의론자인 총대주교 피루스는 제단에서 신앙 고백을 한 후에 현명하게도 가톨릭교도들의 열광으로부터 도망쳐 버렸다. 병사와 시민들의 동의를 얻어 일시적으로 권력을 잡게 된 원로원은 더욱 심각하고 피비린내 나는 과제를 부여받았다. 로마의 자유 정신은 전제 군주들에 대한 심판이라는 고대의 실례들을 부활시켰고 죄를 범한 황족들은 콘스탄티누스 3세를 죽음에 이르게 한 당사자로서 권위를 박탈당하고 형벌을 받았다. 그러나 원로원의 엄격성은 유죄와 무죄를 막론한 마구잡이 처벌로 오점으로 남게 되었다. 마르티나는 혀를, 헤라클레오나스는 코를 절단당하는 잔인한 형벌을 받은

> 서기 641년 9월,
> 마르티나와
> 헤라클레오나스에
> 대한 처벌

후에 추방되어 세상에서 잊혀진 채 남은 생애를 보냈다. 반성할 줄 알았던 그리스인들은 귀족들의 손에 일시적으로 권력이 넘어갔을 때 그것이 남용되는 것을 보고 자신들의 예속 상태에 다소나마 위안을 느꼈을지도 모른다.

> 서기 641년 9월,
> 콘스탄스 2세

당시 열두 살이었던 콘스탄스 2세가 비잔티움 원로원에서 행한 연설을 듣는다면, 무의식중에 두 안토니누스 황제들이 통치하던 500년 전으로 되돌아간 것 같은 기분이 들 것이다. 그의 아버지 치세에서 희망을 빼앗은 암살자들에게 정당한 처벌을 내려 준 데 대해 감사의 뜻을 표명하고 나서, 우리의 젊은 황제는 이렇게 말했다.

신성한 섭리와 여러 고관들의 포고로 마르티나와 그의 근친상간의 자손을 제위에서 신속하게 몰아냄으로써, 제국은 원로원의 권위와 예지에 의하여 무법적인 전제로의 타락을 모면하게 되었소이다. 그래서 짐은 여러 고관들이 국가 안전의 조언자 및 판정자로서 행동해 줄 것을 간청하는 바입니다.

원로원 의원들은 자기들 수장의 이처럼 겸손한 호소에 만족을 느꼈지만, 이 비굴한 그리스인들은 자유를 누릴 자격도, 의욕도 가지고 있지 않았다. 그리고 황제도 시대의 편견과 전제의 관행으로 이 한 시간 동안의 교훈을 금세 잊어 버렸다. 그의 마음속에는 원로원이나 민중이 언젠가는 자신의 장자 상속권을 침해하여 동생인 테오도시우스를 공치제로 즉위시키지나 않을까 하는 질투심 강한 불안감만 남아 있었다. 이 헤라클리우스의 둘째 손자는 성직에 취임함으로써 자의를 입을 자격을 박탈당했다. 그러나 교회의 신성함을 모독하는 것으로 보이는 이런 행위조차 전제자의 의심을 진정시키기에는 불충분하였고, 수도원장 테오도시우스의 죽음만이 황제 집안에서 태어난 그의 죄를 씻을 수 있는 유일한 길이었다. 그러나 그를 살해하자 민중들은 분노했고, 이 암살자는 자발적으로 수도를 떠나 망명 길에 올라 배편으로 그리스로 향하였다. 그는 자기 스스로 불러일으킨 국민의 증오심에 앙갚음을 하는 듯, 출발할 때 갤리선 기함에서 자기 고향인 수도 성벽을 향하여 침을 뱉었다고 전해진다. 아테네에서 한 해 겨울을 보내고 나서 그는 이탈리아의 타렘툼을 거쳐 로마를 방문하고, 마지막으로 시라쿠사에 정착함으로써 성물 파괴와 약탈의 길고도 명예롭지 못했던 도피 여행을 마감하였다. 콘스탄스는 이처럼 민중으로부터는 도망칠 수 있었지만 그 자신의 악몽으로부터는 도망칠 수 없었다. 양심의 가책은 그를 바다와 육지, 밤과 낮의 구분도 없이 따라다니는 망령을 만들어 냈는데, 이때 나타난 테오도시우스의 환영은 그의 입술에 피가 담긴 잔을 갖다 대면서 "나의 형님이시여, 자, 이것을 마시시오."라고 말하는 것 같았다. 그가 일찍이 이 수도원장이 건네주는 그리스도의 피가 담긴 신비로운 술잔을 받아 마셨던 것처럼, 이것은 그의 죄가 실로 중대하다는 확실한 상징이었다. 자기 자신과 세상의 모든 사람들로부터 증오를 받은 콘스탄스는 시칠리아 섬의 수도에서 아마도 가정 내의 성직자 모반으로 암살된 것 같다. 황제가 목욕을 하고 있을 때, 시중들던 한 하인이 그의 머리에 뜨거운 물을 퍼붓고는 꽃병으로 내리친 것이다. 그는 실신하여 쓰러졌고 물 속에서 질식사하였다. 한참이 지났음에도 욕탕에서 나오지 않는 것을 이상하게 여긴 종자들이 들어갔으나 이들은 생기 없는 황제의 시체를 그저 무표정한 얼굴로 쳐다보았을 뿐이다. 시칠리아의 군대는 미천하지만 잘생긴 한 젊은이를 황제로 추대하였다. 이 젊은이는 매우 미남으로 이 시대의 화가나 조각가의 조악한 능력으로는 도저히 그 아름다움을 표현할 수 없었다고 전해지는 사정 또한 추측할 수 있다.

서기 668년 9월, 콘스탄티누스 4세 포고나투스

콘스탄스는 비잔티움 궁전에 세 명의 자식을 남겨 놓고 있었으므로 그의 맏아들은 갓난아이 상태에서 자의를 입게 되었다. 아버지가 그들을 시칠리아로 데려오려고 했을 때 이 귀중한 인질들은 그리스인들에 의해 감금되었고, 이들은 국가의 아이들이기 때문에 보낼 수 없다는 거부 의사가 아버지에게 통고되었다. 그가 살해당했다는 보고가 시라쿠사에서 콘스탄티노플까지 엄청나게 빠른 속도로 전해졌고, 세 아들 중 가장 나이가 많은 콘스탄티누스가 민중의 증오의 계승자라는 미움을 받지 않고 제위를 승계하였다. 그의 신민은 열렬하고도 재빠르게 원로원과 민중의 권리를 찬탈하고 있던 속주의 범죄와 오만함을 징벌하는 데 협력하였다. 젊은 황제가 강력한 선단을 이끌고 헬레스폰투스를 출발하였고, 로마와 카르타고의 군단은 그의 군기 아래 시라쿠사 항구에 집결하였다. 시칠리아의 압제자를 쉽게 무너뜨리고 정당하게 처단하였는데, 생전의 그의 아름다웠던 수급은 대경기장에 전시되었다. 그러나 고결한 부친을 처형한 데 대하여 극렬한 언사로 한탄했던 명예고관의 아들까지 수많은 희생자와 함께 단죄한 행위는 도저히 찬미할 수가 없다. 이 젊은이는 거세되었지만 살아남았다. 이처럼 추잡하고도 잔혹한 행위에 대한 기억은 총대주교와 성인 지위로의 게르마누스의 승진에 의하여 보존되고 있다. 이런 피비린내 나는 제주(祭酒)를 자기 아버지의 묘에 뿌린 후 콘스탄티누스는 수도로 귀환하였는데, 시칠리아 원정 기간에 이 젊은이의 수염이

자랐기 때문에 '포고나투스(Pogonatus)'라는 친숙한 별명으로 비잔티움 세계에 제법 알려졌다. 그러나 그의 치세 역시 전임 황제와 마찬가지로 형제간의 불화로 얼룩졌다. 그는 두 동생 헤라클리우스와 티베리우스에게 이미 정제 칭호를 주었는데, 이들은 고독한 황궁 안에서 아무런 기대나 권력도 없는 허울뿐인 자신들의 처지를 한탄하고 있었다. 그들의 은밀한 선동으로 아나톨리아의 군대가 또는 속주의 군대가 소아시아 쪽에서 수도로 접근하여, 황족 형제를 위하여 주권의 분할 또는 대행을 요구하였다. 그들은 이 모반적인 요구에 신학적인 논증을 내세웠다. 그들은

> 우리는 그리스도교도들이고, 정통적인 가톨릭교도이며, 분할되지 않는 신성한 삼위일체의 성실한 신도들입니다. 이와 같은 천상계의 동등한 세 지위에 대응하여, 지상에도 세 분의 동등한 인격이 존재하여야 마땅합니다.

라고 외쳤다. 황제는 이 박식한 신학자들을 우호적인 회담에 초청하여 자신들의 논증을 원로원에 제기하도록 권고하였다. 그들은 초청에 응하였지만 갈라타 교외에서 교수형을 당하여 자신들의 몸이 공중에 매달려 있는 광경을 상상해 보고는, 콘스탄티누스의 단독 통치에 대해 자기 동료들을 설득하여 승낙을 받아 냈다. 이리하여 그도 자기 동생들을 일단 사면하였다. 그러나 그들의 이름은 여전히 민중의 갈채를 받았으므로, 똑같은 범죄를 반복할지 모르는 이 황제들은 결국 제6차 공의회에 참가하기 위하여 콘스탄티노플에 모인 가톨릭파 주교들 앞에서 자신들의 칭호와 권력을 박탈당하였다. 포고나투스가 말년에 가진 유일한 관심은 장남의 상속 권리를 확정하는 일뿐이었

다. 그의 두 아들 유스티니아누스와 헤라클리우스의 머리카락이 교황과 그들의 정신적인 결연의 상징으로서 성 베드로 대성당의 묘역에 바쳐졌다. 그러나 실제로 제위에 올라서 제국을 확실하게 장악한 이는 장남 한 사람뿐이었다.

서기 685년 9월, 유스티니아누스 2세

그의 부친이 죽은 뒤 로마 세계의 유산은 유스티니아누스 2세에게 상속되었는데, 유스티니아누스라는 성공적인 입법자의 이름은 단순히 화려하고 값비싼 건축만을 위해 선대를 모방한 이 소년의 악덕 행위로 모독되었다. 그의 열정은 강력하였지만 지성은 빈곤하였고, 자신의 출생으로 수백만 백성에 대한 지배권이 자신에게 주어졌다는 어리석은 오만함에 취해, 제국 내의 가장 작은 지방 행정 단위에서조차 그를 지도자로 택할 생각 따위는 가지고 있지 않다는 현실을 알아차리지 못하였다. 그가 등용한 대신은 환관과 수도사들로 이들은 한결같이 인정이라는 것을 이해할 소질이 가장 모자란 족속들이었는데, 그는 환관들에게는 궁전을 위임하였고 수도사들에게는 재정을 맡겼다. 전자는 황제의 어머니에게 채찍을 휘둘러서 그녀의 행동을 규제 및 교정하였고, 후자는 공물을 바칠 능력이 없는 사람을 붙잡아다가 연기만 내면서 천천히 타는 불 위에 거꾸로 매달아 놓고 고문하였다. 콤모두스와 카라칼라 시기 이후 로마 황제들의 잔학성은 대부분이 자신들의 공포심에서 비롯된 것이었다. 그러나 유스티니아누스 2세는 잔인한 성격으로 약 10년 동안 자기 신민들의 고통을 즐기면서 복수에 맞섰으나, 결국 그의 지나친 악덕에 인내력의 한계에 도달했던 민중의 손에 쫓겨나고 말았다. 많은 전공으로 민중의 지지를 받고 있던 레온티우스도 이미 3년 이상 가장 고귀하고 유능한 몇몇 명예고관들과 함께 어두운 지하 감옥에서 신음하고 있었다. 그는 갑자기 비잔티움의 통치자로 불려 나왔다. 학대받던 사람의 이런 등용은 군주의 신뢰라기보다는 오히려 경멸의 표시였다. 벗과 동료들의 친절한 보살핌 속에 항구에 도착한 레온티우스는 자신은 희생을 위하여 장식되는 제물이기 때문에 앞으로는 불가피한 죽음이 기다리고 있을 따름이라고 한숨지으며 말하였다. 일행 모두가 이에 대답하여 어쩌면 영광과 제국은 고귀한 결단에 대한 보답이 될지도 모른다, 모든 계층의 사람들이 괴물의 통치를 증오하고 있는 상황에서 20만이나 되는 애국자들의 손이 오직 한 지도자의 목소리를 기다리고 있다고 외쳤다. 그들을 해방시킬 날짜가 결정되었다. 공모자들의 노력으로 수도 총독은 살해되고 감옥의 문이 열렸다. 레온티우스의 밀사들은 길거리로 나와 "그리스도교도들이여, 모두 성소피아 대성당으로 모이시오."라며 떠들어댔고, 총대주교가 선정한 '오늘은 우리 주님의 날이다.'라는 안성맞춤의 문구는 선동적인 설교의 서장이 되었다. 사람들은 대성당에서 대경기장으로 이동하였다. 그의 신변 경호를 위하여 단 한 사람의 칼도 사용할 수 없게 된 유스티니아누스 2세는 곧 체포되어 소란스럽게 떠드는 심판자들 앞에 연행되어 나왔다. 그들은 압제자를 즉각 처형하라고 소리 높이 외쳤다. 그러나 이미 자의를 입고 있던 레온티우스는 콘스탄티누스와의 인연을 생각하고 또 폐위된 황제의 많은 자식들을 연민의 눈으로 바라보았다. 이리하여 유스티니아누스의 목숨을 살려 주고, 그의 코와 혀를 자르는 처벌도 아마 가볍게 행해진 것 같다. 그리스어의 멋진 융통성은 그에게 리노트메투스(Rhinotmetus, '코 베인 자')라는 별명을 붙여 주었고, 코 베인 압제자는 곡물도 포도주도 또 기름도 사치품으로 외국에서 수입되는 쓸쓸한 크리미아 반도의 케르소나이로 유배되었다.

> 서기 695~705년,
> 유스티니아누스 2세의
> 유형(流刑)

스키타이 황야의 맨 가장자리에서 유스티니아누스는 여전히 자신이 고귀한 출신이라는 자부심과 복위에 대한 희망을 버리지 않았다. 그는 3년간의 유형 생활 끝에 기쁜 소식을 듣게 되었는데, 티베리우스라는 로마식 이름으로 개명한 반역자 아프시마르가 제2의 혁명을 일으켜 레온티우스의 코를 베고 추방했다는 소식이었다. 그러나 평민 출신의 찬탈자에게 직계 상속의 권리는 여전히 공포스러운 것이었다. 그의 질투심은 이 추방된 자에게서 압제자의 악덕을 찾아낸 흑해 연안 주민의 불평과 비난에 의하여 더욱 불타올랐다. 유스티니아누스는 운명을 함께할 것을 맹세한 수하들을 이끌고 해안에서 도망쳐 타나이스와 보리스테네스 두 강 사이에 천막을 치고 사는 코자르족에 몸을 의탁했다. 연민과 존경의 마음으로 칸은 황제를 접대하였다. 일찍이 마이오티스 호 아시아 쪽에서 번성한 도시인 파나고리아에 그의 거주지를 정하고, 로마인으로서의 모든 자긍심을 억누르고 이 칸의 여동생과 결혼하였다. 그녀가 테오도라라는 이름을 받은 것으로 보아 세례 성사는 받은 것 같다. 그러나 이 신의 없는 코자르족 칸은 곧 콘스탄티노플이 제의하는 황금의 유혹에 눈이 어두워진 모양이다. 만일 테오도라가 아내로서의 애정을 가지고 이런 계획을 남편에게 말하지 않았더라면, 그녀의 남편은 틀림없이 암살되든가 배신당하여 적의 손에 넘어갔을 것이다. 유스티니아누스는 칸이 보낸 밀사 두 명을 직접 교살한 다음, 아내를 돌려보내고 한층 더 충실한 새로운 동지를 찾아서 배를 타고 흑해 쪽으로 출발하였다. 항해 도중 격렬한 폭풍우를 만나자 한 신하가 그에게 폭풍우를 잠재우기 위하여, 만일 황제로 복위하게 된다면 대사면령을 포고한다고 맹세하면서 신의 자비를 요청하라고 충고하였다. 두려움을 모르는 이 전제자는 "뭐, 대사면이라고? 내가 단 한 명의 적이라도 용서할 것을 승낙해야 한다면, 지금 당장이라도 전지전능하신 신이 나를 파도 속에 빠뜨려 물고기 밥이나 되게 하라고 해."라고 고함쳤다. 그는 불경한 협박에도 굴하지 않고 무사히 도나우 강 하구에 도착하였다. 그리고 불가리아족의 왕이 사는 마을에 몸을 의탁하고, 자신의 딸과 제국이 보유한 꽤 많은 보물을 나누어 주기로 약속함으로써 야만족의 정복자 테르벨리스의 도움을 받았다. 그런데 불가리아족의 왕국은 국경이 트라키아 속주 지역까지 확대되어 있었으므로, 이 두 군주는 1만 5000명의 기병대 선두에 서서 콘스탄티노플을 쉽게 포위할 수 있었다. 아프시마르는 코자르족의 칸과 오래전에 반드시 목을 치기로 약속한 바로 그 경쟁자가 자신이 전혀 알지 못하고 있던 사이에 탈출하여 이처럼 대군을 이끌고 갑자기 나타난 것을 보고 매우 놀랐다. 유스티니아누스가 콘스탄티노플에서 추방된 지 이미 10년이 흐른 터라 지금은 그의 죄악에 대한 기억도 희미해졌고, 또 항상 현재의 통치 권력에 불만을 품는 군중도 그들의 전통적인 군주의 탄생과 불행에 대해 연민의 정을 보이게 되었다. 이리하여 그는 부하들의 맹렬한 분전에 힘입어 콘스탄티누스 대제가 건설한 수도와 그 궁전에 다시 들어가게 되었다.

유스티니아누스는 맹우들에 대한 보상과 자기 아내를 불러옴으로써 명예심과 감사의 마음을 어느 정도 표시하였고, 테르벨리스는 금화 더미를 휩쓸어 간 다음에 퇴각하였다. 그러나 그는 흑해의 폭풍우 속에서 맹세한 대로 신성한 복수의 서약을 더없이 엄격하게 실행에 옮겼다. 정복자에게 압제자라는 명칭을 유보시키면서 패자를 찬탈자로 부르지 않을 수 없지만, 두

서기 705~711년, 유스티니아누스 2세의 복위와 죽음

사람의 찬탈자 중 한 명은 감옥에서 또 다른 한 명은 궁전에서 대경기장으로 끌려 나왔다. 처형에 앞서 레온티우스와 아프시마르는 쇠사슬에 묶인 채 황제의 옥좌 밑에 내동댕이쳐졌다. 유스티니아누스는 이 두 사람의 목에 각각 한 발씩을 올려놓고 짓밟는 자세로 한 시간 이상이나 전차 경기를 관람했는데, 그 사이 변덕스러운 민중은 구약 성서 시편 작가의 말을 본떠 다음과 같이 소리쳤다. "네가 독사와 바실리스크를 짓밟아, 네가 사자와 용을 그대의 발길로 차 버릴 것이다." 추방당하면서 겪은 국민 전체의 배반을 생각하면 그가 로마 사람들의 목이 단 한 명의 목이라면 좋겠다고 말한 칼리굴라의 바람을 그대로 따른다고 해도 별로 이상하지 않을 것이다. 그러나 나는 이런 종류의 소망은 유스티니아누스와 같은 영리한 전제자하고는 전혀 어울리지 않다고 주장하는 바이다. 그의 복수심과 잔인함은 단 한 번의 타격으로 대상을 쓰러뜨리는 데 만족하지 못하며 본의도 그렇지 않았다. 유스티니아누스가 자신의 분풀이 대상에게 행한 수단과 방법을 총동원한 고문이야말로 그의 본래 특색인데, 그는 실로 이것을 충분히 발휘한 것이다. 그의 복수 행위는 지칠 줄 몰랐다. 공인된 통치에의 적극적인 복종은 더 말할 나위도 없거니와, 소극적인 복종의 죄목까지도 어떠한 개인의 덕행이나 공식적인 공로에 의해서도 용서받지 못했다. 그는 새로운 통치 기간 6년 동안 도끼와 밧줄 그리고 고문 기구만을 제국의 통치 수단으로 생각하였다. 그러나 가장 강렬한 증오심은 그의 유형 생활을 경멸하고 대접을 소홀히 한 것으로 생각된 케르소나이 사람들에게로 향했다. 그들이 콘스탄티노플에서 멀리 떨어져 있다는 것은 방어나 적어도 도망치는 데 얼마간의 수단과 시간적 여유를 주었지만, 콘스탄티노플에서는 선단과 군대를 출동시키고자 백성들에게 가혹한 세금이 새로 부과되었다. 유스티니아누스는 "모든 사람이 죄인이니라. 그러므로 그 모두를 몰살시켜야 한다."고 명령하였다. 그리고 이 유혈극을 수행할 책임을 야만인이라는 별명이 붙은 자신의 총신 스테파누스에게 맡겼다. 그러나 이 야만인 스테파누스조차 군주의 명령을 모두 수행하지 못했다. 그의 더딘 공격은 대다수 주민들이 지방으로 피난할 수 있는 시간적 여유를 주었고, 복수심에 불탄 총신은 남녀 젊은이들을 노예 신분으로 떨어뜨리고 절개 있는 시민 일곱 명을 화형에 처했으며, 스무 명을 바닷물에 던져 익사시키고, 또 마흔두 명은 포박하여 연행해 황제에게 직접 그들의 운명을 선고하게 하는 것으로 만족하였다. 선단은 귀환 길에 바람에 휩쓸려 아나톨리아 해안에 있는 암초에 부딪혔고, 유스티니아누스는 자신의 신민과 적군을 가리지 않고 모두 수만 명을 없애 버린 이 흑해의 충실함을 칭찬하였다. 그러나 이 압제자는 아직도 피에 굶주리고 있었다. 그는 이 저주받은 주민들의 나머지를 절멸시키기 위한 제2차 원정 명령을 내렸다. 그 사이에 도시로 돌아온 케르소나이 사람들은 이번에는 무기를 손에 잡고 죽을 각오로 싸울 것을 결의하였고, 코자르족의 칸 또한 이런 혐오스러운 황제에 대한 충성을 포기하였다. 모든 속주의 망명자들이 타우리스에 집결했을 때, 바르다네스에게 필리피쿠스 황제라는 이름으로 자의가 입혀졌다. 유스티니아누스의 복수 행위를 바라지도 않거니와 그것을 수행할 수도 없는 제국 군대는 그에 대한 충성을 포기함으로써 그의 분노를 피한 것이다. 선단은 이 새로운 주권자 밑에서 한층 더 안전한 길을 거쳐 시노페와 콘스탄티노플 항구로 돌아왔다. 모든 사람의 입은 압제자의 단죄를 외쳤고 불끈 쥔 주먹은 그에 대한 사형을 요구했다. 친구 한 명도 없었던 유스티니아누스는 이제 자기 민족 출신의 근위병들에게조차도 버림받게 되었고, 이때 암살자가 내리친 일격은 애국심과 로마의 도덕적 미덕에 속하는 장한 행위라고 칭찬받았다. 아들 티베리우스는 성당으로 피신하였는데, 그의 늙은 할머니가 그가 숨은 방의 문고리를 단단히 잡고 있었다. 이 죄 없는 젊은이는 목에는 가장 강력한 성보(聖寶)를 걸었고, 한손으로는 제단을 그리고 다른 한 손으로는 예수께서 못 박힌 진짜 십자가의 조각을 꼭 붙들고 있었다. 그러나 미신적 행위에 대한 두려움이 없어진 민중의 분노는 인정에 호소하는 외침 따위에 귀를 기울이지 않았다. 이로써 헤라클리우스가 확립한 그 가문의 제위 계승은 백 년 만에 끝나게 되었다.

서기 711년 12월, 필리피쿠스

헤라클리우스 가의 몰락과 이사우리아 왕조의 흥기 사이의 6년이라는 짧은 기간은 세 개의 치세로 구분된다. 필리피쿠스라는 별명의 바르다네스는 전제로부터 조국을 해방시킨 영웅으로서 콘스탄티노플에서 열렬한 환호를 받았다. 그는 아마도 진심으로 잠깐이나마 행복감을 맛보았을는지 모른다. 유스티니아누스는 사후에 잔학과 탐욕의 산물인 방대한 재물을 남겼는데, 이 유익한 유산은 그의 후계자의 손에 의해 금세 무의미하게 소비되고 말았다. 필리피쿠스는 자신의 생일에 축제를 벌여 대경기장의 경기로 군중을 즐겁게 한 다음, 무수한 깃발과 수많은 나팔대를 이끌고 주요 도로를 행진하였다. 제우크십푸스 욕장에서 목욕을 하고 기분을 상쾌하게 한 뒤, 궁정에 돌아와서는 귀족들을 초청해서 엄청나게 호화로운 연회를 베풀었다. 그는 자정이 되어서야 아첨과 포도주에 거나하게 취해 침실로 물러났지만, 자신이 보여 준 본보기가 모든 신민의 야심을 불타오르게 하였고 야심을 가진 모든 신민이 예외 없이 그의 잠재적인 적이 되었다는 사실을 알아차리지 못했다. 연회의 소란스러움을 틈타서 몇 명의 대담한 음모자들이 침실까지 침입하였는데, 아직 깊은 잠에 빠지지 않았던 황제는 자신의 위험을 알아챌 겨를도 없이 기습당하여 술에 취한 채 포박되어 퇴위에 동의할 수밖에 없는 처지에 놓이게 되었다. 그러나 이런 모반자들도 자기들의 행위에 대한 보상을 빼앗겼다. 원로원과 민중의 자유로운 목소리가 아르테미우스를 장관의 직책에서 황제로 추대하였다. 그는 아나스타시우스 2세라는 호칭으로 혼란스럽고 짧은 통치 기간이었지만 평화와 전쟁이라는 양면에서 능력을 발휘하였다.

서기 713년 6월,
아나스타시우스 2세

그러나 헤라클리우스 황제의 혈통이 소멸된 후에는 복종의 규율이 깨졌고 모든 변화는 새로운 혁명의 씨앗을 널리 퍼트렸다. 함선에서 반란을 일으켜 이름도 알려지지 않은 한 지방 세무 징수관이 자신의 의사와 상관없이 황제로 추대되었다. 수개월간에 걸친 해전을 치르고 나서 아나스타시우스 2세는 제위를 포기했지만 승리자인 테오도시우스 3세도 동방에서 온 군대의 총사령관인 레오의 강력한 위세에 굴복하였다.

서기 716년 1월,
테오도시우스 3세

전임 황제들인 아나스타시우스 2세와 테오도시우스 3세는 모두 성직자가 되는 것이 허용되었지만 아나스타시우스는 끊임없이 제위를 되찾으려 반란을 기도하여 처형당했다. 그러나 테오도시우스는 말년을 명예롭고 안전하게 보냈다. 그는 자기의 묘비에 '건강'이라는 고귀한 한 마디만을 새겨서 철학 또는 종교에 대한 자신의 자신감을 표현했다. 그가 이룩한 경이로운 일들에 관한 명성은 오랫동안 에페수스 시민들 사이에 전해졌다. 테오도시우스에게 교회가 편리한 피난처로서 이용된 것은 때때로 관용을 베푼 가벼운 징계를 의미하겠지만, 공익을 위해 실패한 야심가의 위험성을 감소시킨 것이 과연 위험한 일이 아닌가 하는 의문이 제기될 수 있다.

서기 718년 3월,
이사우리아인 레오 3세

지금까지 한 전제자의 몰락을 자세하게 설명하였고, 이제 새로운 왕조의 창시자에 대하여 간략하게 설명하고자 한다. 그는 그의 적들의 비난에 의하여 후세에 알려졌으며, 그의 공적, 사적 삶은 성상 파괴자들에 대한 교회의 이야기와 밀접한 관계가 있다. 그러나 미신 때문에 일어난 소란에도 불구하고 이사우리아 왕조의 레오에 대한 호의적인 선입견은 그의 출신이 미천하고 치세가 오랫동안 이어졌기 때문인지도 모른다. ㅡ (1) 남성적 사상 중심의 시대에 제국을 통치함으로써 얻게 될 보상의 기대치는 높아지며, 그 의지의 모든 에너지를 불타오르게 하여 통치하기를 원하는 많은 경쟁자들을 생산했다. 근대 그리스인들의 부패와 나약함 속에서도 한 평민이 사회 최하층에서 최고 지위로 올라가기 위해서는 대중의 수준을 넘어서는 어떤 능력이 있었으리라고 생각된다. 그는 사변적인 학문을 무시하고 경멸하였을 것이다. 그리고 운명을 따라 자비와 정의에 대한 책임감에서 스스로를 면제했을지도 모른다. 그러나 우리는 그의 성격에서 신중함과 용기라는 유용한 덕목, 인간에 대한 통찰, 그리고 사람들에게 자신감을 주고 그들의 열정을 지배하는 중요한 역량을 발견할 수 있다. 레오는 이사우리아 지역의 토착민이며 원래 이름은 코논으로 알려졌다. 서투른 풍자로 찬사를 하던 작가들은 어리석게도 당나귀를 끌고 시골 장터에 하찮은 물건들을 팔러 다니는 행상인으로 레오를 묘사하면서, 그가 길에서 유대인 점술가들을 만나 그들로부터 우상 숭배를 폐지한다면 로마의 황제가 될 것이라는 약속을 받았다고 설명한다. 좀 더 확실해 보이는 구전에 따르면 그의 아버지는 소아시아에서 트라키아 지방으로 이주하여 그곳에서 목축업으로 성공을 거두어 상당한 부를 축적하였음이 분명하다. 사실 그의 아들이 처음 소개된 것은 황제의 군영지에 양 500마리를 공급하면서이다. 그는 유스티니아누스의 호위 대원으로 군 복무를 시작하였는데, 그곳에서 그는 곧 이 전제 군주의 주목을 받았고 또 점차 시샘을 받았다. 그는 용맹함과 민첩함으로 콜키아 전쟁에서 두각을 나타냈다. 그는 아나스타시우스에게서 아나톨리아 군단의 지휘권을 넘겨받은 후 병사들의 동의에 의해 로마 세계의 갈채를 받으며 제위에 오르게 되었다.─(2) 이렇게 위험한 신분 상승 과정을 거치면서 레오 3세는 동료들의 시기, 강력한 파벌의 불만, 국내외 적들의 공격을 견뎌 냈다. 그의 종교적 혁신을 비난하는 가톨릭교도들도 그 혁신이 침착하게 시작되었고 확고한 의지로 실행되었음은 인정하는 바였다. 그들의 침묵은 그의 정책의 현명함과 태도의 순수성을 존중한다는 것을 보여 준다. 24년에 이르는 장기 통치 후에 그는 콘스탄티노플 궁전에서 편안하게 숨을 거두었다. 그리고 그가 획득한 제권은 상속의 권리에 의하여 3대까지 전해졌다.

레오의 아들이자 후계자인 콘스탄티누스 5세는 코프로니무스(Copronymus, '똥 같은 이름을 가진 자')라고 불리기도 했으

서기 741년 6월,
콘스탄티누스 5세
코프로니무스

며, 34년의 긴 통치 기간 동안 한층 더 열정적으로 교회의 성상 또는 우상을 공격하였다. 그래서 우상 숭배자들은 그를 엘라가발루스와 네로의 타락 행위를 능가하는 더러운 폭정, 적그리스도 그리고 악마의 자식이자 공격적인 마왕으로 표현함으로써 종교적인 원한으로 생긴 쓰라림을 발산했다. 그의 치세는 제국 내에서도 가장 고귀하고 신성하거나 순결한 모든 것에 대한 오랜 살육 과정이었다. 실제로 황제는 희생자인 신하들의 사형장에 직접 참석하여 그들의 고통을 지켜보고 신음을 듣고서 피에

굶주린 자신의 욕망을 만족시키기는커녕 한층 더 자극을 받았다. 희생자들의 코를 잘라 담은 접시는 감사 제물로 바쳐졌고 이런 제물을 바치던 사람들도 황제에게 채찍질을 당하거나 몸의 일부를 잘리곤 했다. 코프로니무스라는 별명은 그가 자신의 세례반을 더럽힌 사건으로 얻게 된 것이다. 어린아이라면 용서될지도 모르지만 코프로니무스의 쾌락은 자신을 짐승보다도 수준 낮은 존재로 떨어뜨렸다. 그의 욕망은 성별과 종의 영원한 구별을 혼동하고 인간 감정을 가장 불쾌하게 만드는 행동으로부터 어떤 부자연스러운 기쁨을 느끼는 것처럼 보였다. 이 우상 파괴자는 그의 신앙에서 볼 때 이단자, 유대교도, 이슬람교도, 이교도, 무신론자였고 보이지 않는 힘에 대한 그의 믿음은 주술적인 제사, 인신 공양, 베누스와 고대 악마에 대한 야간 희생 봉헌으로 표현되었다. 그의 일생은 가장 정반대의 덕목들로 얼룩졌고 온몸을 뒤덮은 궤양은 죽기 전에 지옥의 고통을 느끼게 한 것으로 알려졌다. 꾸준하게 인용해 온 죄들 중 일부는 내용 자체가 불합리하여 허위로 밝혀졌다. 그리고 군주들의 삶에 대한 개인적인 일화들은 확인하기가 어려운 만큼 거짓으로 꾸며지기도 쉽다. 상당 부분은 증거 없이 나온 주장이었지만 어떤 부분은 분명히 사실이기에 콘스탄티누스 5세가 방탕하고도 잔인했다는 사실만은 분명하다. 대체로 비방은 날조보다는 실제 사건을 과장해서 말하는 경향이 있다. 그리고 음탕한 지껄임은 그것이 받아들여지는 시대와 나라의 경험에 의해 어느 정도 확인된다. 그의 통치로 고통을 받았다고 전해지는 주교와 수도사, 장군과 행정 장관들의 수가 기록에 남아 있는데, 주로 저명한 사람들이었다. 그들에 대한 처형은 공개적으로 이루어졌으며 절단된 사지는 시민들이 항상 볼 수 있었다. 가톨릭교도들은 코프로니무스와 그의 통치를 증오했지만,

이런 증오는 그들에 의한 억압의 한 증거가 되었다. 그들은 황제의 가혹한 행위를 너그러이 봐주거나 또는 변명의 구실을 줄지도 모르는 도발 행위들을 모른 척하고 있었지만, 이런 도발 행위들은 서서히 그의 분노에 불을 붙여 전제적 행위를 남용하면서 그의 성정은 더욱 잔인해졌다. 그러나 콘스탄티누스 5세의 성격에도 장점은 있었고 또 그의 통치가 항상 그리스인의 저주 또는 경멸에 해당하는 것은 아니었다. 그의 적들의 고백에 따르면 그가 고대의 수도교(水道橋)를 복구하거나 2500명의 포로를 석방하고 예외적인 풍작을 이루었으며, 콘스탄티노플과 트라키아의 여러 도시를 재건했다고 한다. 그들은 그의 활약과 용기를 마지못해 칭찬하고 있다. 전쟁터에서 그는 자신의 군대 선두에 섰고, 승패는 다양했겠지만 유프라테스와 도나우 강변에서 일어난 내전과 이민족들과의 전투에서 육상과 해상에 걸쳐 승리하였다. 정통파가 퍼붓는 비난의 무게와 균형을 맞추기 위해서 우리로서는 그에 대한 이단자들의 칭찬도 고려해야 한다. 성상 파괴자들은 콘스탄티누스 5세의 덕성을 존경하여 그가 죽은 지 40년 후에도 이 성도의 무덤 앞에서 참배하였다. 광신 또는 기만에 의해 퍼져 나간 이야기에 따르면 이 그리스도교의 영웅은 불가리아의 이교도들을 상대로 백마에 높이 올라앉아 긴 창을 휘두르며 싸웠다고 한다. 한 가톨릭 역사가는 이렇게 전한다. "터무니없는 전설입니다. 코프로니무스는 지옥의 나락에 악마들과 함께 쇠사슬에 묶여 있었기 때문입니다."

콘스탄티누스 5세의 아들이자 콘스탄티누스 6세의 아버지인 레오 4세는 심신이 허약한 체질이었고 그의 치세의 주요 관심사는 단지 계승권을 확정하는 데 있었다. 그의 주제넘은

서기 775년 9월,
레오 4세

신하들이 나이 어린 아들 콘스탄티누스 6세와의 공동 통치를 강요하자 자신의 기력이 쇠하고 있음을 느낀 황제는 오랜 생각 끝에 그들의 일치된 요구에 따르기로 하였다. 그리하여 다섯 살의 어린아이는 어머니 이레네와 함께 제위에 올랐고, 이 국민적 합의는 화려한 행렬과 장엄한 의식으로 승인되어 비잔티움 사람들의 눈을 현혹시키고 선악의 판단력을 흐리게 하였다. 궁정과 교회 그리고 대경기장에서 각자의 직위에 따라 충성 맹세를 하였다. 그들은 신의 아들과 어머니의 신성한 이름으로 소리 높여 맹세하였다.

오, 그리스도여 증인이 되소서! 우리들이 선제 레오의 아들인 콘스탄티누스의 안전을 지키고 그를 받들기 위하여 우리의 생명이 다한다 하더라도 그분과 그분의 자손에게 충심으로 충성을 다하겠습니다.

그들은 참된 십자가에 자기들의 충성을 서약하였으며 그 서약문은 성 소피아 대성당의 제단 위에 놓였다. 이 서약을 맨 처음 선언하고 또한 파기한 것은 코프로니무스가 재혼해서 얻은 다섯 명의 아들이다. 이들 다섯 황태자들에 대한 이야기는 기괴하고 비극적이다. 그들은 장남 상속 권리에 의하여 제위 계승 대상에서 배제되었다. 이복형인 레오 4세의 부당한 조치로 그들은 약 200만 파운드에 달하는 유산마저 빼앗겼다. 허울뿐인 칭호는 빼앗긴 부와 권력에 대한 충분한 보상이 될 수 없었다. 그래서 그들은 자신들의 아버지가 죽기 전후에 조카에 대한 반란을 여러 차례 모의하였다. 그들의 첫 번째 시도가 발각되었을 때는 사면되었으나 두 번째 범행을 저지르자 성직자가 되라는 명령을 받았다. 세 번째 반역 음모가 탄로 났을 때 주모자인 이들의 맏형 니케포루스는 두 눈이 뽑혔지만 나머지 네 형제들인 크리스토포루스, 니케타스, 안티무스와 에우독수스의 죄는 그보다는 가벼운 것으로 인정되어 혀가 잘리는 형벌을 받았다. 5년간의 감금 생활 끝에 그들은 성 소피아 대성당으로 탈출하여 시민들에게 비참한 광경을 내보였다. "동포들이여, 그리스도교도들이여." 하고 니케포루스는 그 자신과 벙어리가 된 형제들을 위하여 외쳤다.

이 비참한 상태에 있는 우리의 모습을 아직까지 알아볼 수 있다면 여러분 황제의 아들들이었던 우리를 바라봐 주십시오. 적의 악의가 우리에게 남겨 둔 것은 단지 목숨, 이 불완전한 생명뿐입니다. 그런데 이제 그것마저 위협당하여 우리는 한결같이 여러분의 동정에 매달려 보고자 합니다.

이때 그 장면을 보고 있던 한 대신이 아첨과 희망으로 그 불행한 황족들을 설득하여 대성당에서 궁으로 정중하게 데려가지 않았다면 그 웅성거림은 혁명으로 발전했을지도 모른다. 그들은 배를 이용하여 재빨리 그리스로 보내졌고 아테네가 그들의 유배지로 결정되었다. 니케포루스와 그의 동생들은 이 평온한 은둔 지역의 절망적인 상황에서 권력에 대한 갈증으로 고통스러워하던 중 감옥을 탈출하도록 도와 주었고 그들을 황제로 추대하여 무력으로 콘스탄티노플 성문을 공격하자는 한 슬라브족 수장의 꼬임에 넘어갔다. 그러나 이레네를 열렬하게 지지하였던 아테네 시민들은 그녀에 대한 처벌이나 그녀가 학대받는 것을 막음으로써 코프로니무스의 다섯 아들은 영원한 암흑과 망각의 세계로 빠지고 말았다.

황제 코프로니무스 자신을 위해서는 코자르족 칸의 딸이라

서기 780년 9월, 콘스탄티누스 6세 그리고 이레네

는 야만족 출신을 아내로 맞이했지만 후사를 얻기 위한 결혼 상대로는 아테네인 처녀를 선택했다. 고아였던 이 열일곱 살의 처녀가 가진 유일한 재산은 그녀가 여러 방면에 걸쳐 탁월한 재능을 갖추고 있었다는 것임에 틀림없다. 레오 4세와 이레네의 결혼식은 예법에 따라 화려하게 거행되었고 그녀는 곧 병약한 남편의 애정과 신뢰를 얻게 되었다. 이리하여 황제는 유언장에 이 황후를 로마 세계와 당시 열 살도 채 되지 않은 아들 콘스탄티누스 6세의 후견인으로 선언하였다. 황제의 유년기 동안 이레네는 자기의 공적인 통치에서 성실한 어머니로서의 의무를 가장 유능하고 근면하게 수행하였다. 그리고 성상 복구에 대한 그녀의 열성은 성인이라는 이름과 명예를 얻을 만한 가치가 있었으며, 아직까지도 그리스 달력에 그녀의 이름이 올라 있다. 그러나 황제는 성년이 되면서 어머니의 굴레가 점점 더 고통스럽게 느껴졌다. 그래서 그는 그와 쾌락을 함께하며 권세도 나누어 가지려는 야심을 품고 있던 같은 또래의 젊은 총신들의 목소리에 귀를 기울였다. 그들은 타당한 이유들을 들어 그의 통치 권리에 대해 설명하고 황제의 통치 능력을 칭송하여 그를 설득하였다. 이리하여 그는 이레네를 시칠리아로 영구 추방하여 이들의 은혜를 보상하는 데 동의하였다. 그러나 그녀는 조심성과 통찰력으로 그들의 경솔한 계획을 쉽게 저지했으며, 그들의 계획과 유사하면서도 그보다 더 엄한 형벌로 처벌함으로써 보복하였으며 배은망덕한 아들에게는 소년에게 알맞은 처벌을 가했다. 이 사건 이후 어머니 이레네와 아들 콘스탄티누스 6세는 대립하는 두 파벌의 수장이 되었다. 이레네는 너그러움을 발휘하여 자발적으로 복종하도록 하지 않고 적과 포로들을 옥에 가두었다. 그러나 이 여제는 승리를 남용하는 바람에 폐위당하고 말았다. 그녀가 자기 한 사람에게만 강요한 충성 서약을 아르메니아 출신 근위병들이 대담하게 거절함으로써 콘스탄티누스 6세가 로마인의 합법적인 황제라는 자유로운 성명을 뒷받침하였다. 이러한 자격으로 콘스탄티누스 6세는 세습된 제위에 오르게 되고 이레네를 고독한 휴식의 삶을 살도록 궁정에서 쫓아냈다. 그러나 그녀의 오만한 기상은 겸손을 가장한 교활함으로 주교와 환관들에게 아첨하면서 황제의 효심을 이용하여 그의 신뢰를 회복함으로써 궁전으로 되돌아오게 되었다. 하지만 결국엔 황제의 믿음을 배신하였다. 콘스탄티누스 6세의 본래 성격에는 통찰력과 기백이 부족하지 않지만, 의도적으로 그의 교육을 소홀히 해 온 이 야심 많은 어머니 이레네는 자신이 조장한 황제의 악덕과 그녀의 은밀한 권고로 저지른 황제의 행위들을 대중들 앞에 폭로하였다. 황제의 이혼과 재혼은 성직자들의 반감을 샀고 그의 어리석은 엄격함으로 아르메니아 출신 근위대의 지지마저 잃고 말았다. 이레네의 복위를 위한 강력한 음모가 세워졌고 이 비밀은 세상에 널리 퍼졌지만, 황제는 자신이 위기에 처해 있음을 눈치채고 속주와 군대의 도움을 얻고자 콘스탄티노플을 탈출할 때까지의 8개월 동안 전혀 모르고 있었다. 황제가 서둘러 도망치는 바람에 이레네는 위기에 처하게 되었다. 그러나 그녀는 자식에게 자비를 간청하는 대신에 일찍이 자신이 황제 주위에 심어 두었던 심복들에게 사신을 보내 만일 그들이 반란을 실행에 옮기지 않으면 그녀가 이 음모를 폭로하겠다고 협박하였다. 공포심이 그들에게 용맹함을 발휘하게 하여 황제는 소아시아의 해안에서 붙잡혀 포박된 채 자신이 맨 처음에 빛을 본 궁전 내의 반암(斑岩)의 방으로 옮겨졌다. 이레네의 마음속에서는 이미 야망이 인간성과 본성에 잠재된 모든 감정을 억누르고 있었다.

그녀가 피비린내 나는 회의 석상에서 콘스탄티누스를 제위에 부적합한 인물로 결정하자 그녀의 밀사가 잠자고 있는 황제를 습격하여 마치 실제로 사형을 집행하듯이 신속하게 단도를 그의 눈에 힘껏 꽂았다. 테오파네스의 애매모호한 서술은 교회의 연대기 편자들에게 황제의 죽음이 이 야만스러운 처형의 결과라고 믿게 하였다. 가톨릭교도들은 추기경 바로니우스의 권위에 현혹 또는 압도되었고, 프로테스탄트의 열성도 성상 지지자인 이레네를 두둔하려는 이 추기경의 말들을 그대로 전하고 있다. 그러나 실제로는 장님이 된 이레네의 아들은 살아남아 궁정으로부터 압박을 받았고 세상으로부터 잊혀진 채 오랫동안 생존하였다. 이사우리아 왕조는 조용히 사라져 갔다. 그리고 콘스탄티누스에 대한 기억은 오직 그의 딸 에우프로시네와 황제 미카엘 2세의 결혼식에서만 떠올랐을 뿐이었다.

서기 792년 8월,
이레네

가장 완고한 정통파는 범죄 역사상 좀처럼 찾아보기 힘든 비인간적인 행위를 저지른 어머니 이레네를 비난했다. 그녀의 잔혹한 행위에 대하여 무한히 먼 거리에 있는 거대한 불공과도 같은 태양이 회전하는 행성의 원자들에 융합된 것처럼 17일간이나 낮인데도 암흑의 나날이 계속되고 많은 선박이 대낮에 항로를 잘못 잡아 난파되었다는 미신이 생겨났다. 지상에서는 5년 동안 이레네의 범죄는 어떠한 처벌도 받지 않았다. 그녀의 통치는 외적인 화려함으로 장식되었다. 그리고 그녀는 양심의 소리를 침묵시키는 것처럼 사람들의 비난을 무시하고 묵살하였다. 로마 세계는 한 여성의 통치에 굴복하였고, 그녀가 콘스탄티노플의 길거리를 지나갈 때는 우윳빛이 도는 흰색 준마 네 필의 말고삐가 여제가 탄 황금 마차 앞에서 걸어가는 네 명의 명예고관의 손에 쥐어져 있었다. 그러나 이 명예고관들은 대부분 환관이었으며, 그들이 품은 검은 배은망덕함은 민중의 증오와 경멸감을 정당화시켰다. 황후에 의해 승진하여 부를 쌓고 제국 최고의 관직에 오르게 되었으면서도 그들은 비열하게 자기 은인에 대하여 음모를 꾸몄다. 재무 장관 니케포루스를 비밀스럽게 황제로 추대하였다. 이레네의 후계자가 된 니케포루스는 궁전으로 인도되어 사전에 매수된 총대주교의 손으로 성 소피아 대성당에서 제관을 받았다. 두 사람이 처음 만난 자리에서 이레네는 위엄을 갖추어 자기 삶의 전반을 요약하고 조용히 니케포루스의 배신을 비난하면서 넌지시 그의 목숨이 자신의 의심 없는 관용으로 보전될 수 있었다고 돌려 말했다. 그리고 자기가 포기한 제위와 재산을 대신하여 점잖고 명예로운 은퇴를 할 수 있게 해 달라고 간청하였다. 그의 탐욕은 이런 소박한 보상을 거절했고 그 후 여제는 레스보스 섬의 유형지에서 바느질로 겨우 생계를 이어 갔다.

니케포루스보다도 훨씬 범죄적으로 통치했던 폭군들도 많지만 그처럼 시민 전체에게 혐오스러운 대상이 되었던 황제는 아마도 없었을 것이다. 그의 성격은 위선, 배은망덕, 탐욕이라는 세 가지의 저주스러운 악덕으로 더럽혀져 있었는데, 그의 부족한 미덕은 어떠한 뛰어난 재능으로도, 부족한 재능은 그 어떤 호감이 가는 자질에 의해서도 상쇄되지 않았다. 전쟁에 소질이 없고 불운했던 니케포루스는 사라센군에게 패하고 불가리아인 군대의 공격을 받아 살해되었지만, 여론은 그가 죽음으로써 얻게 된 이익은 로마군 1개 군단의 파멸을 보상하고도 남음이 있다고 평가할 정도였다. 그의 아들이며 후계자인 스타우라키우스는 중상을 입고 전쟁터에서 물러났지만, 그가

서기 802년 10월,
니케포루스 1세

서기 811년 7월,
스타우라키우스

목숨을 유지했던 6개월간의 행적도 자신은 모든 행동에서 아버지의 선례를 피하고 싶었다는 유명한 그의 선언도 논박당하기에 충분하리만치 추잡했다. 그의 죽음이 눈앞에 다가오자 이 질투심 많은 황제를 제거하려고 모인 궁정과 수도 내의 요인들은 황제의 누이동생 프로코피아의 남편이자 궁내부 대신인 미카엘을 만장일치로 황제에 지명하였다. 이제 자신의 손에서 떠나려는 제권을 필사적으로 부여잡으면서 그는 자기 후계자의 암살을 모의하여 로마 제국을 민주 정치 체제로 바꿀 계획을 꾸미고 있었다. 그러나 이런 경솔한 계획은 민중의 분노를 불타오르게 함으로써 오히려 후보자에게 망설임을 거두게 하였다. 미카엘 1세는 제위를 받아들였고, 니케포루스의 아들은 죽음을 맞기 전에 새로운 황제의 자비를 바라는 운명이 되고 말

서기 811년 10월, 미카엘 1세

았다. 만일 미카엘 1세가 평화 시대에 세습으로 제위에 올랐더라면, 아마도 그는 국민의 아버지로서 훌륭하게 통치하여 일생을 마쳤을 것이다. 그러나 그의 온화한 성품은 눈에 잘 띄지 않는 사생활에서나 나타나는 것일 뿐, 그에게는 자기 동료의 야망을 억제하거나 승승장구하는 불가리아인의 무력에 저항할 능력이 없었다. 그의 무능함과 불운은 병사들의 모멸감을 불러일으켰으며, 그들은 또한 남자 못지않은 여장부 기질을 지닌 그의 아내 프로코피아에게 분개하였다. 지휘권을 가지고 군대의 규율을 통제하고 그들을 지휘하려는 그녀의 오만함에 9세기의 그리스인들도 화가 난 것이다. 그들의 분노는 결국 이 새로운 세미라미스에게 로마 군영의 위엄을 존중하도록 하였다. 한 전투에서 패배한 후에 황제는 그의 적대자들이 지휘하는 불평분자가 많은 군단을 트라키아의 동계 숙영지에 그대로 방치한 적이 있다. 그들은 교묘한 달변으로 환관 지배

를 타파하고 군대에 의한 황제 선출권을 행사하자고 병사들을 설득하여 수도를 향해 진군하였다. 그러나 성직자, 원로원 그리고 콘스탄티노플 시민들은 오히려 미카엘의 주장을 신봉하였다. 여기서 어쩌면 소아시아의 군대와 재물이 내전의 재해를 연장했을지도 모른다. 그러나 황제의 인도주의(야심가들은 이것을 그의 약점이라고 말하겠지만)는 자기의 권력 다툼으로 그리스도교도의 피를 한 방울이라도 흘리게 해서는 안 된다고 주장하였고, 이리하여 그의 사자가 정복자들에게 도시와 궁전의 열쇠를 건네주기 위해 파견되었다. 승리자들은 그의 순진함과 유순함에 그만 맥이 빠졌지만, 이 때문에 두 눈이 뽑히거나 죽임을 당하지 않았다. 그리고 황제였던 이 수도사는 제위에서 물러나고, 아내와 이별한 후에도 32년 이상이나 평온한 나날을 보낼 수 있었다.

니케포루스 시대의 반역자로 유명한 바르다네스는 언젠가 호기심에서 소아시아의 한 예언자에게 자신의 운세를 점쳐 본 적이 있었다. 그때 그는 이 반역자의 몰락을 예언했다. 부장인 아르메니아인 레오, 프리기아인 미카엘, 카파도키아인 토마스의 운세도 함께 보는데 앞선 두 사람은 제위에 오르지만, 마지막 사람은 불운으로 실패할 것이라고 하였다. 이 점괘는 결과에 따라 입증되었다기보다도 그렇게 만들어졌다. 이런 예언이 있은 지 10년 후에 트라키아 군단이 프로코피아의 남편을 추방하면서, 제위는 이 군단 최고 계급에 있으면서 봉기를 배후에서 주도한 레오에게 바쳐졌다. 그가 주저하는 체하자 그의 동료 미카엘이 이렇게 외쳤다. "나는 자네의 제국 지배를 위하여 이 검으로 콘스탄티노플의 성문을 돌파하겠어. 만일 자네가 끝까지 우리 병사들의 정당한 요구에 주저한다면 이 검으

서기 813년 7월, 아르메니아인 레오 5세

로 곧장 자네의 가슴팍을 꿰뚫겠네." 이에 대한 아르메니아인의 승낙은 그에게 제위를 가져다주었고, 이리하여 그는 레오 5세라는 이름으로 7년 반 동안 콘스탄티노플에 군림하였다. 그는 군영 안에서만 교육을 받았기 때문에 법률이나 학술, 예술 분야에 대해서는 전혀 지식이 없었다. 그래서 자신의 통치에 엄격한 군율을 도입하였을 뿐만 아니라 그것을 더욱 강화하였다. 이와 같은 엄격함은 때로는 죄 없는 사람을 위험에 빠뜨리기도 했지만 죄지은 사람에게는 언제나 공포의 대상이었다. 또한 그는 종교상의 동요로 카멜레온이라는 별명을 얻고 있었다. 그러나 가톨릭교도들은 한 성인과 고해 신부의 목소리를 통해 이 우상 파괴자의 생애가 제국에는 유익했음을 인정하고 있다. 그의 동료 미카엘의 열정은 부와 명예 그리고 군대 지휘권으로 보상되었을 뿐만 아니라, 그의 또 다른 재능은 공공 행정 면에서 매우 적절하게 발휘되었다. 하지만 이 프리기아인은 자신이 그의 동료에게 바친 제국이라는 먹잇감의 극히 사소한 일부분만을 은혜로서 받는 현실에 점차 불만을 갖게 되었다. 때로 성급한 토로의 형태로 사라지던 그의 불만은 마지막에 이르러 이 황제를 잔인한 전제자라고 고발하기에 이르는, 한층 더 적대적인 위협의 양상을 띠게 되었다. 그러나 황제는 그때마다 자기의 전우인 그의 잘못을 지적하여 경고하고 또 거듭 사면하였으나, 결국 그의 불안과 분노가 드디어 자신이 받은 감사한 마음을 압도하게 되었다. 이리하여 황제는 그의 행동과 계획을 세밀하게 조사 분석하고 미카엘에게 반역죄를 적용하여, 자기 집 욕탕 물을 끓이는 부엌에서 화형에 처하도록 선고하였다. 황후 테오파노의 온정은 오히려 자기 남편과 가족의 목숨을 빼앗게 하였다. 처형 날짜가 12월 25일로 정해져 있었는데, 이날은 바로 장엄한 축제일로 그녀가 이 잔인한 광경이

성탄절을 더럽힌다고 만류하는 바람에, 레오는 마지못해 형 집행을 얼마간 연기하는 데 동의하였다. 그러나 이 축제일 전날에 근심 걱정으로 잠을 이루지 못하고 한밤중에 자기의 적이 갇혀 있는 감옥으로 찾아갔다. 레오는 죄인이 쇠사슬을 풀고 감옥 침대에서 두 팔과 두 다리를 길게 뻗은 채 깊은 잠에 빠져 있는 모습을 보자, 처형 집행 연기에 안심하고 있는 이 사형수의 태도에 새삼스럽게 불안을 느끼게 되었다. 그는 발자국 소리를 죽이고 그 방을 나섰지만, 그가 방문한 것을 감옥 한 귀퉁이에 몸을 숨기고 있던 한 노예에게 들키고 말았다. 미카엘은 정신적 격려를 듣고 싶다는 구실로 신부를 불러들여 모의를 꾸민 동지들에게 지금이야말로 자기들의 목숨이 황제를 처단하는 데 달렸으니, 남은 수 시간 안에 친구와 조국을 해방하여 자신의 안전을 확보하라고 통보하였다. 장엄한 크리스마스 축제일에 예배당에서 아침 기도를 드리고 찬송가를 부르기 위해 선발된 사제와 합창단이 비밀 출입구를 통하여 궁전 안으로 들어왔다. 교회의 규율을 군영처럼 철저하게 규제해 온 레오는 이렇게 이른 아침의 기도에도 좀처럼 빠지지 않았다. 음모를 꾸민 일당은 성직자 복장을 한 채 상의 밑에 단검을 숨기고 성가대 행렬 속에 끼어들어 예배당 한 귀퉁이에 몸을 낮추고, 황제의 최초 성가 낭독을 그를 암살할 신호로 기다리고 있었다. 어쩌면 어두운 조명과 똑같은 제복이 그의 탈주를 도왔을지도 모른다. 사실 음모자들의 목표는 맨 처음에는 전혀 관계없는 한 사제에게 향해 있었다. 이윽고 그들은 실수를 깨닫고 자신들이 정한 희생의 제물인 황제를 향하여 사방에서 달려들어 그를 둘러쌌다. 무기도 호위병도 없던 황제는 무거운 십자가를 손에 들고 자신의 목숨을 노리는 자객들과 맞섰다. 그가 자비를 간청하자, "지금은 자비를 베풀 때가 아니오. 복수할 때 이외다."라는 냉혹하고 무정한 대답만이 돌아올 따름이었다. 그를 정확히 겨냥한 검의 일격으로 오른손과 십자가가 그의 몸에서 떨어져 나갔고, 아르메니아인 레오 5세는 제단 바로 밑에서 살해되었다.

서기 820년 12월, 말더듬이 미카엘 2세

발성 기관에 문제가 있어서 '말더듬이'라는 별명을 가지고 있던 미카엘 2세는 전쟁과 반란을 경험하였다. 그는 화형 당할 위기를 넘기고 제국의 주권자로서 등극했지만 혼란한 상황에서 대장장이를 찾지 못해 옥좌에 올라앉은 후에도 족히 몇 시간 동안은 두 발목에 족쇄를 그대로 달고 있었다. 미카엘은 전임 황제의 죽음의 대가로 제위에 오른 뒤에도 자신의 원래 출신 성분을 숨기지 못하고 저속한 악덕의 버릇을 가지고 있었으며, 다른 한편으로는 여러 속주를 마치 자기 선조들이 남긴 유산이나 되는 것처럼 무관심으로 내버려 두어 그만 그것들을 잃고 말았다. 결국 그는 앞서 말한 세 명의 군인 중 마지막 사람인 토마스의 도전을 받게 되었다. 토마스는 티그리스 강변과 카스피 해 연안에서 8만 명에 달하는 야만족 군대를 유럽 쪽으로 이동시키고 콘스탄티노플을 포위했지만 시민들의 정신적, 육체적 무장으로 수도를 방어할 수 있었다. 또한 불가리아인들의 왕은 동방 군단의 숙영지를 습격하였는데, 이때 토마스는 그에게 생포되었다. 이 반역자는 팔다리가 모두 잘린 채 당나귀 잔등에 실려 시민의 갖은 욕설과 증오를 받으며 도로를 피로 물들이면서 끌려 다녔다. 비잔티움 사람들의 풍습이 얼마나 야만적이면서도 저속하게 타락하였는가는 이런 일에 황제가 직접 참석한 것으로도 나타났다. 황제는 동료 병사들이 비탄으로 울부짖는 소리에는 귀 기울이지 않고 더 많은 공범자를 색출하는 데 혈안이 되었다. 그의 호기심은 "폐하께서는 가장 충성스러운 벗들을 모함하려는 적들의 말을 신뢰하는 것인가

요?"라는 한 대신의 질문을 듣고서야 비로소 멈추었다. 첫 번째 아내가 죽은 다음에 황제는 원로원의 요청에 따라 콘스탄티누스 6세의 에우프로시네를 수도원에서 빼내 왔다. 그녀의 고귀한 혈통은 그녀가 낳는 아이도 이복형과 동등하게 제국을 상속할 수 있다는 결혼 계약 조항을 충분히 이해시켰지만, 결국 미카엘과 에우프로시네의 결혼에서 아이가 생기지 않아, 그녀는 미카엘의 전처 자식이며 상속인인 테오필루스의 어머니라는 칭호로 만족해야만 했다.

테오필루스의 성격은 드문 사례에 속하는 바 종교적 열성이 이단자 또는 박해자라는 덕목을 낳게 하였는데 이는 퍽 과장된 것이라 하겠다. 제국의 적은 그의 용감함을, 그리고 신민들은 그의 정의를 새삼 느끼게 되었다. 그러나 테오필루스의 용기는 무분별하고도 성과 없는 것이었으며, 그의 정의는 자의적이고도 잔인한 것이었다. 그는 사라센군에 대항하여 십자가의 정기를 높이 올렸으나, 다섯 차례에 걸친 원정은 결정적인 패배로 끝을 맺었다. 또한 그의 조상들의 고향 아모리움은 잿더미로 변했고, 그의 군사적인 노고는 '불운한 사나이'라는 별명을 얻은 데 그치고 말았다. 일반적으로 통치자의 예지는 법규를 제정하고 신하를 발탁하는 데서 발휘되는 법이다. 그런데 그가 언뜻 움직이지 않는 것처럼 보이는 사이에도, 그의 통치는 황제 개인을 중심으로 한 침묵과 질서로써 처리되었다. 그러나 테오필루스의 정의는 동방의 전제자를 모델로 형성되었기 때문에, 그가 자의적으로 권력을 행사할 때는 그 순간의 이성과 감정만을 앞세워 판결을 법규에 비추어서 검토하거나 형벌을 죄상에 따라서 사정하는 배려를 하지 않았다. 한 가난한 여인네가 황제 발밑에 엎드려서 황후의 형제뻘 되는 이웃 사람

> 서기 829년 10월, 테오필루스

이 마치 궁전처럼 터무니없이 담벼락을 높이 쌓는 바람에 자신의 보잘것없는 작은 집에 햇빛과 공기가 들어오지 않게 되었다고 호소하였다. 그러자 황제는 이 사실을 확인하고는 법원의 판사가 판결을 내리듯이 배상을 인정하는 동시에, 그녀에게 궁전과 그 부지를 사용하도록 허가까지 하였다. 테오필루스는 이런 터무니없는 배상에 만족하지 않고, 민사상의 사건을 형사상의 범행으로 진행시켜 그 운이 없던 명예고관은 콘스탄티노플 광장에서 발가벗겨진 채 공개적으로 태형을 받았다. 대신들, 수도 총독, 재무관, 호위대장 등의 주요 정부 관리들이 모종의 가벼운 과실, 공정성이나 사소한 배려의 결여 등으로 추방되거나 사지가 절단되고, 훨훨 타오르는 불덩어리를 몸에 끼었거나 대경기장에서 화형에 처해졌다. 그리고 이런 종류의 형벌은 자신의 과실이나 자기 의지의 결과일 경우가 많았으므로 고위층에 있는 사람들이 그에게 등을 돌린 것은 당연한 이치였다. 그런데도 황제 자신은 자기의 권력 행사가 어질고 너그러운 행위라는 긍지를 가졌으며, 여전히 자기 혼자서 결정하고 조금도 반성하지 않았다. 한편 이런 종류의 피해를 보지 않은 백성들은 고위층에 있는 사람들이 고난을 겪고 관직에서 물러나는 것을 보고 갈채를 보냈다. 이처럼 지나칠 정도의 엄격함은 그것이 보여 준 건전한 효과로 어느 정도는 정당화되었다. 실제로 17일 동안 면밀히 조사해 본 결과 궁정 내에서나 시중에서 어떠한 불만이나 비난도 들리지 않았다. 비잔티움인들은 쇠막대기로만 통치 가능하며 공공의 이익은 최고의 재판관이 추구하는 목표이고 법이다. 그러나 반역이라는 범죄 또는 혐의일 경우 재판관은 가장 속기 쉽고 불공평해진다. 테오필루스는 레오를 암살하고 그의 아버지를 구한 일당에게 늦게나마 복수할 수 있었을 것이다. 그러나 그는 오히려 그들이 저지른 범죄의 성과를 누렸다. 그리고 그의 질투심 강한 횡포는 자기 형제에 해당하는 한 황족을 자신의 생명과 장래의 안전을 위하여 희생시켰다. 사산 왕조 출신의 페르시아 왕족 한 명이 망명처인 콘스탄티노플에서 평민 출신 아내 사이에 아들 한 명을 남기고 가난으로 죽었다. 테오포부스가 왕족 출신이라는 것은 그가 열두 살 때에야 비로소 알려졌는데 실력 또한 그의 태생에 어울리는 것이었다. 그는 비잔티움 궁전에서 그리스도교도 군인으로서 교육을 받았고, 부와 영광의 출세를 위해 발빠르게 움직여 황제의 누이와 결혼하였다. 그리고 자신의 아버지와 마찬가지로 이슬람 정복자의 굴레에서 도망쳐 나온 탈주자 3만 명의 페르시아군 사령관에 임명되었다. 이 군대는 탐욕과 광신이라는 두 가지의 악덕에 물든 나머지, 자기들의 은인에 대하여 반기를 들고 자신들과 출신이 같은 사람을 왕으로 추대하려고 모의하였다. 그러나 충성스러운 테오포부스는 그들의 제안을 거부하여 오히려 그런 계획을 뒤엎고 그들의 손에서 도망쳐 나와 처남인 황제의 군영 또는 궁전으로 몸을 숨겼다. 만일 황제가 신뢰감과 관대함을 가지고 있었더라면 아직 한창 일할 나이의 테오포부스가 어차피 조만간에 제국의 유산을 넘겨주어야 할 자기 아내와 어린 아들을 위하여 믿음직스럽고 유능한 후견인이 될 수 있음을 알아차릴 수 있었겠지만 그의 질투심은 시기와 병환으로 불타올랐다. 그는 자신의 나약하고 어린 처자식을 보호하는지 억압하는지 모를 위험한 행동을 두려워했다. 빈사 상태에 있던 황제는 이 페르시아 왕자의 수급을 요구하였다. 자신이 잘 알고 있던 매제의 얼굴을 보고는 기쁜 마음으로 외쳤다. "너는 이미 테오포부스가 아니다." 그리고 침상에 쓰러지면서 떨리는 목소리로 이렇게 덧붙여 말했다. "이제 얼마 못 가서, 아니지, 당장이라도 나는 테오필루스가 아닐 것이다!"

그리스인들로부터 내정과 교회 조직 정책의 대부분을 본뜬 러시아인들은 황제가 결혼할 때에 취하는 기묘한 관례조차 끝까지 그대로 보존해 왔다. 모든 계층과 지방의 처녀들을 한자리에 모은다는 터무니없는 생각에까지는 이르지 않았지만, 그래도 그들은 주요 귀족의 딸들을 궁정에 모아 놓은 다음 그녀들에게 주군의 간택을 기다리게 한 것이다. 테오필루스의 결혼 의식에서도 이와 똑같은 방법이 행해졌다고 한다. 그는 금으로 만든 사과를 손에 쥔 채 두 줄로 늘어선 아름다운 처녀들 사이를 천천히 걸어갔다. 그의 눈은 이카시아의 매력에 끌렸는데, 첫 번째 대화의 어색함 때문에 단순히 "이 세상에서는 여자가 수많은 불행의 원인이 되었느니라."라고 말한 데 대하여 그녀는 "하지만 한편으로 수많은 행복의 기회를 만들기도 하였나이다." 하고 당돌하게 대답하였다. 이처럼 때와 장소를 가리지 않고 자신을 드러내는 그녀의 재기 발랄함이 구혼자인 황제의 마음을 상하게 했는지 그는 흥미를 잃은 듯이 얼굴을 돌렸다. 이카시아는 자기의 치욕을 수녀가 되어 감추었고, 테오도라의 기품 있는 침묵은 황금 사과로 보상받았다. 그녀는 황제의 애정을 획득하였지만 그의 엄격함은 피할 수 없었다. 화물을 가득 실은 배가 항구로 들어오는 것을 보고 있던 그는 시리아의 사치품을 잔뜩 실은 엄청난 짐이 자기 아내의 것임을 알게 되자마자 곧장 배를 불태워 버리라고 명령하고, 그녀의 욕심이 황후를 일개 장사꾼으로 떨어뜨렸다고 엄하게 질책하였다. 그러나 임종을 앞두고 그는 제국과 불과 다섯 살밖에 되지 않은 아들 미카엘의 후견인으로 그녀를 지정하였다. 성상의 부활과 우상 파괴주의자를 근절한 공적으로 그녀의 이름은 신심 깊은 그리스인들부터 추앙받고 있지만, 그녀는 이런 종교적 열성

서기 842년 1월,
미카엘 3세

에서 남편의 명복과 영혼 구제를 위해서도 배려하는 모습을 보여 주었다. 13년에 이르는 검소하고 사려 깊은 통치 끝에 그녀는 자신의 권세가 쇠락하는 것을 실감하게 되었다. 그러나 이 제2의 이레네는 선배의 행적에서 미덕만을 모방했다. 즉 자기 아들의 생명과 권력을 노리는 모의를 꾸미는 대신, 그녀는 방종해진 젊은이의 악덕과 불가피한 파멸을 슬퍼하면서, 얼마간의 미련이 남아 있으면서도 아무런 저항도 하지 않고 쓸쓸히 물러났다.

우리는 아직도 네로나 엘라가발루스의 후계자 중에서 이 두 황제가 저지른 악덕을 모방하여 쾌락을 인생의 목적으로 생각하고, 미덕을 쾌락의 적으로 여기는 로마 황제를 발견하지 못한다. 미카엘 3세의 교육에 어머니로서 테오도라의 보살핌이 어떠했을지라도, 그녀의 이 불운한 자식은 한 사람의 인간이기 이전에 국가의 원수였다. 설사 야심적인 어머니가 자식의 이성 성숙을 의도적으로 저지시켰다 하더라도 그녀는 끓어오르는 정열을 억누를 방법을 몰랐기 때문에, 그녀의 이기적인 정책은 고집 센 젊은이의 경멸과 배은망덕으로 정확하게 보복당하였다. 그는 열여덟 살이 되면서부터 어머니의 권위를 거부하기 시작했지만, 제국과 자신을 통제함에 있어서 무능력하다는 것을 인식하지 못했다. 테오도라가 물러남과 동시에 모든 진지함과 지혜도 궁정에서 사라지고 그 대신 악덕과 어리석음이 횡행하게 되면서, 이제 황제의 총애를 얻거나 유지하려면 민중의 민심을 잃지 않고는 불가능하게 되었다. 국가의 재정을 위하여 마련해 두었던 수많은 금은보화는 황제의 비위를 맞추고 아부하면서 그와 방탕한 생활을 함께한 가장 미천한 무리에게 마구 뿌려졌다. 역대 황제 중에서도 가장 부유했던 이 군주는 13년간의 통치 끝에 궁전과 여러 교회의 귀중한 가구마저 가져오지 않으면 안 될 정도의 빈털터리 신세가 되었다. 네로 황제와 마찬가지로 그도 연극을 좋아하고 황제로서 배우의 연기에 숙달된 후에도 자신의 재능과 기예가 신하에게 큰 창피를 당할 정도로 미숙하고 뒤졌다고 한숨짓곤 했다. 그러나 네로의 학식에는 음악이나 시가에 대하여 인간적인 취미의 흔적이 조금이나마 있었는데 반해, 이 테오필루스의 아들은 이보다 한 단계 저급한 취미라고 할 수 있는 전차 경주를 즐겼다. 한때 수도의 평화를 뒤흔든 네 파벌은 여전히 나태한 시민들을 즐겁게 하고 있었는데, 황제는 청색 제복을 선택하고 다른 세 가지 경쟁 색깔은 그의 총신들에게 나누어 갖게 하였다. 열광적이지만 격이 낮고 속되기 이를 데 없는 이 경주에 황제는 일신의 위엄, 통치의 안전을 비롯한 모든 것을 잊은 채 빠져들었다. 그는 적군의 침입에 관한 보고를 하려고 달려온 사자가 경주의 가장 긴박한 순간에 막 도착하자 침묵할 것을 명령하였다. 그럴 때마다 타르수스에서 콘스탄티노플까지 비상 경보를 전달하던 봉화가 그의 명령으로 중지되곤 하였다. 전차 경주의 우승자들은 그의 신뢰와 존경을 바탕으로 최고 위치를 차지할 수 있었다. 그리고 그들의 공로에는 터무니없는 보수가 주어졌고, 황제는 심지어 우승자들의 개인 주택에서 주연을 베풀었는가 하면, 그들의 자식들이 받는 유아 세례식에 입회하기도 하였다. 그는 자신이 사람들에게 인기가 매우 높다고 착각하고 기분 좋게 생각하였으며, 냉담하고 점잖은 척한 역대 황제를 사람들 앞에서 보라는 듯이 비난하였다. 미카엘의 체력은 애욕과 방탕한 생활로 쇠약해졌다. 늦은 밤 주연 자리에서 술에 취해 흥분하면 그는 논쟁 중 가끔 아주 잔인한 명령을 내리곤 하였다. 그리고 술에서 깨어나 자신을 위해 신하들이 명령을 수행하지 않을 때도 있음을 알게 되는 경우도 있었다. 그러나 미카엘의 가장 괴상한 성격은 종교에 대한 방자한 조롱이었다. 확실히 그리스인의 미신은 철학자의 미소를 자아내게 할지도 모른다. 그러나 철학자의 미소는 이성적이면서도 온화한 것으로서, 어리석은 젊은이가 공공의 숭배 대상을 모욕하는 것과 같은 무지막지한 짓을 지탄했다. 궁정 안에서 재주를 부리는 광대들에게 총대주교와 이 총대주교 휘하의 수도 내 열두 명의 주교를 흉내 내게 하고 성직자 복장을 하게 하였다. 그리고 이 가운데에는 황제도 끼어 있었다. 이리하여 이 광대들은 제단의 성물을 멋대로 사용하며 야단법석을 떨었고, 식초와 겨자로 구토가 나올 정도로 역겨운 것을 만들어 성체 배령 의식을 집전하는 흉내를 냈다. 천벌을 받아 마땅할 이 광경은 시민들이 지켜보는 가운데 태연하게 이루어졌다. 어떤 장엄한 축제일에 황제가 광대들 한 무리를 자기의 주교단으로 이끌고 당나귀를 타고 나란히 길거리를 행진하였는데 마침 성직자들을 거느리고 지나가던 진짜 총대주교의 행렬과 마주쳤다. 그런데 이때 황제 일행은 음탕한 교성과 음란한 행동으로 그리스도 예배 행렬을 조롱하고 신성을 모독하였다. 미카엘의 신심은 이성이나 무언가 공경하는 마음에 대한 도발 행위에서 나타나고는 하였다. 그는 동정녀 마리아의 모습으로 분장하고 출연한 연극에서 화관을 얻었다. 우상 파괴자였던 콘스탄티누스의 유골을 불태워 버리려고 황제의 영묘를 훼손한 일이 있었다. 이 어처구니없는 행동으로 테오필루스의 아들은 증오와 모욕의 대상이 되었고, 모든 시민은 자신들의 조국이 구제되기를 바라게 되었다. 심지어 매우 총애하는 신하들조차도 황제의 변덕으로 하사받은 자기의 특권을 똑같은 변덕으로 언제 다시 빼앗길지 모른다며 불안해 하기 시작하였다. 미카엘 3세는 서른 살이라는 젊은 나이에 술에 취하여 깊은 잠에 빠져 있는 동안 자기 침실에서 살해당했다. 그리고 황제가 자신과 동등한 위치와 권력을 주면서 등용했던 그 암살자가 새로운 왕조를 창시하였다.

서기 867년 9월,
마케도니아인
바실리우스 1세

마케도니아 황제 계통을 새로 세운 바실리우스의 가계(이것이 자만과 아부로 생겨난 가짜 산물이 아니라면)는 가장 저명한 가문의 세상사가 덧없음을 보여 주었다. 로마의 적수 아르사케스 가계는 400년 가까이 동방의 왕권을 유지하였으며, 몰락한 후에도 이들 파르티아 왕족 분가의 젊은 사람들은 아르메니아에 계속 군림하였고 그들은 고대 군주국의 분할과 예속 이후에도 살아남았다. 이 가운데서 아르타바누스와 클리에네스 두 사람은 레오 1세의 궁정으로 도망치거나 은퇴한 사람들로서 황제의 호의로 마케도니아 속주의 안전하고 쾌적한 망명지에 머물렀으며, 하드리아노플이 그들의 최종 거주지가 되었다. 그들은 그 후 수 세대를 내려오는 동안에도 자신들의 출신에 걸맞은 품위를 유지하고 있었다. 여러 차례 그들은 자신들의 고국으로 불러들이려는 페르시아와 아랍 권력자의 매력적인 제의를 로마에 대한 애국심으로 거절했던 것이다. 그러나 그들의 당당함도 시대의 흐름과 맞물려 빈곤을 겪으면서 서서히 사라져 바실리우스의 아버지는 작은 농터를 자기 손으로 직접 경작해야 하는 처지로까지 전락하였다. 그러나 그는 평민과 혼인하여 아르사케스 왕가의 혈통을 더럽히는 것을 거부했으며, 또한 하드리아노플의 과부였던 그의 아내는 자신의 조상 가운데 콘스탄티누스 대제를 가르친 분이 있었다는 것을 자랑스럽게 여기고 있었다. 더욱이 이 두 사람 사이에서 태어난 갓난아기는 용모와 고향이 비슷하다고 해서 마케도니아의 알렉산드로스와 연관시켜 생각하기도 한다. 그가 태어난 직후에 바실리우스의 가족과 고향은 불가리아인의 침공에 휩쓸렸는데, 이리하여 그는 이국의 낯선 땅에서 노예로 교육받았으며, 이 가혹한 훈련 과정으로 건장한 몸과 사고의 유연성을 체득하여 후일 그가 출세하는 데 결정적인 역할을 하였다. 그가 청년이나 장년일 때쯤 용감하게도 자기 힘으로 족쇄를 부순 한 무리의 로마인 포로들의 탈출에 관여하고 그들의 원정에 참가하였다. 그들은 불가리아 땅을 지나 흑해 연안까지 진격하여 야만족의 두개 부대를 격파한 다음, 포로들을 싣기 위해 정박해 있던 배에 올라타 콘스탄티노플로 귀환한 후에 각자의 고향으로 돌아갔다. 이처럼 바실리우스는 자유를 얻게 되었지만 수중에는 무일푼의 빈털터리였다. 그가 일구던 농경지는 전쟁의 참화로 황폐화되었으며, 더욱이 부친이 사망하고 나서 손으로 농사를 지어서는 도저히 일가를 부양하기가 어려웠다. 그래서 그는 온갖 미덕과 악덕이 위대한 길로 인도하는 화려한 무대를 찾아볼 결심을 굳히게 되었다. 그렇게 해서 아는 사람도 없고 돈도 없이 콘스탄티노플에 도착한 첫날 밤에 이 피로에 지친 순례자는 성 디오메데스 교회의 계단에서 노숙하였다. 그는 친절한 수도사의 도움으로 음식물을 얻어먹은 것이 인연이 되어 황제 테오필루스와 이름이 같은 황제 사촌의 부하가 되었다. 그 사람은 키가 작았으므로 항상 키가 크고 이목구비가 뚜렷한 사람을 고용하였다. 바실리우스는 자신의 후원자를 도와 펠로폰네수스를 통치하였는데 그의 개인적 공적으로 테오필루스의 가문과 위엄을 능가하였고, 파트라스의 부유하고 인정 많은 상류 부인과 유익한 관계를 맺었다. 그녀는 이 젊은 모험가를 정신적으로나 육체적으로 애정을 담아 포용하고 그를 자신의 아들로 삼았다. 그리고 다니엘리스는 그에게 서른 명의 노예를 나누어 주었는데, 그녀의 이런 배려는 그의 형제를 부양하고도 남아 마케도니아에 있는 큰 땅을 사들이는 데 사용되었다. 그는 감사의 마음과 야심을 동시에 품고 테오필루스를 보필하였는데 우연히 궁정으로부터 주목을 받을 만한 좋은 기회가 왔다. 불가리아인 사절단을 호송하고 온 한 유명한 레슬링 선수가 황제가 베푼 연회 자리에서 비잔티움에서 가장 용감하고 건장한 투사와 겨루어 보자고 도전장을 내민 것이다. 참석자들이 바실리우스의 완력을 칭찬하며 추천하자 그는 이 도전에 응하여 나서 이 야만족 레슬링 선수를 한 번에 날려 버렸다. 또 다른 일화로 무척 아름답지만 사나운 말 한 마리가 있었는데 그 말의 힘줄을 절단하기로 하자 테오필루스의 부하는 온갖 기술과 용기로 이 작업에 성공한 일이 있었다. 말은 온순해졌고 그는 황실 마구간 요원이라는 명예로운 지위로 승진하게 되었다. 그러나 미카엘 황제의 악행에 가담하지 않고서 그의 신임을 얻기란 불가능하였다. 궁정의 시종장으로 급부상한 이 새로운 총신은 황제의 후궁 한 명과의 불명예스러운 결혼을 받아들이고 그 대신에 자신의 누이동생을 후궁으로 들여 보냄으로써 자기의 자리를 보전하였다. 그 당시 국가의 행정은 테오도라와 남매간이며 정적인 부황제 바르다스가 맡고 있었는데, 여자의 농간으로 미카엘은 이 외삼촌을 미워하고 또 무서워하게 되었다. 그는 크레타 원정을 구실로 콘스탄티노플에서 불려 와 황제의 알현용 막사 안에서 그것도 바로 황제가 보는 앞에서 이 시종장의 칼로 살해되었다. 이런 처형 사건이 있고 약 한 달 후에 바실리우스는 아우구스투스 칭호와 제국의 통치권을 부여받았다. 그는 이렇게 부적절한 공동 통치를 그의 영향력이 국민의 존경으로 강화될 때까지 유지해 나갔다. 그의 생명은 황제의 변덕으로 위험에 처하였고 그의 위엄은 이전에 갤리선의 노를 젓던 노예가 제2의 공치자로 임명되자 상처를 받았다. 그러나 자기 은인을 살해한 일은 어떠한 이유에서든 배은망덕한 일이며 모반 행위로서 비난받아 마땅하다. 그가 성 미카엘의 이름으로 봉헌한 모든 교회는 자신의 범죄에 대한 유치한 보상에 불과하다.

바실리우스 1세의 통치의 각 시기를 어쩌면 아우구스투스의 그것과 비교 고찰해도 좋을 것 같다. 그의 가장 젊은 시절의 비잔티움 정세는 그에게 자기 조국을 목표로 군대를 진격시키거나 이 나라의 유력한 귀족을 추방시킬 만한 여지를 주지 않았다. 그는 자신의 천재성을 숨기고 노예적인 술책에 만족하였다. 그는 자신의 야심과 덕성까지도 숨기고 자객이라는 피비린내 나는 손으로 제국을 장악할 시기를 기다렸으며, 얼마 지나지 않아 어버이로서의 지혜와 온정으로 통치하게 되었다. 한 사람의 시민이라면 자신의 이익과 의무가 서로 맞지 않아 고민할 경우가 생기게 마련인데 절대 군주가 자신의 행복과 영광을 떼어 놓고, 더 나아가 자기의 영광과 공공의 복지를 의도적으로 구별하는 것은 분별력이나 용기가 모자랐다는 증거가 아닐 수 없다. 바실리우스 전기라기보다 그의 공덕을 기리는 글들이 자손들의 오랜 치세 동안 작성되었다. 제위의 안정성 자체를 사실 이 황실의 계통을 창시한 자의 위대한 역량으로 간주해도 무방할 것이다. 그의 손자 콘스탄티누스는 자기 조부의 품성에 제왕 된 사람의 완전한 이미지를 묘사해 넣고자 했지만 이 약체 군주로서는 실제 모범을 보이지 않는 한 자신의 행동과 구상(構想)의 수준을 높이기가 쉽지 않았다. 바실리우스의 가장 큰 업적은 방탕한 미카엘에게서 빼앗을 당시의 참담하게 황폐해진 국토와 그가 마케도니아 황실에 유산으로 물려준 제국의 번영한 모습을 비교하면 매우 명백해진다. 그는 상황에 따라 인정되어 오던 여러 가지 악습을 전문가와도 같은 솜씨로 시정하였는데, 로마 제국의 국민 정신까지는 아니지만 적어도 질서와 위엄을 부활시켰다. 그는 한 번 마음먹은 일에 대해서는 흔들릴 줄 몰랐으며 성격은 침착하고 이해력은 명석하고 명확하였다. 실제로 그는 두 극단의 악덕에 거리를 두고 중도적인 덕성으로 하나둘씩 그야말로 보기 드물게 건전한 절도로 통치하였다. 그의 군사 지휘권은 당초에 궁정 안으로 한정되어 있어서 황제는 전사로서의 기개나 재능에 반드시 축복받았다고는 볼 수 없었으나, 그가 지배하는 동안 로마의 군사력은 또다시 야만족들에게 공포의 대상이 되었다. 그는 규율과 훈련으로 새로운 군대 편성을 끝마치자마자 스스로 유프라테스 강 연안에 모습을 나타내어 사라센족의 긍지를 꺾었고 마니교도들의 정당하지만 위험한 반란을 진압하였다. 그의 추적에서 오랫동안 도피해 있던 반도들에 대한 그의 분노는 신의 가호로 이 크리소키르의 머리를 세 개의 화살로 꿰뚫을 기회를 얻게 되기를 기원했을 정도이다. 용맹함을 통해서가 아니라 모반으로 얻게 된 그의 가증스러운 수급은 실제로 나뭇가지에 걸린 채 세 번씩이나 활의 명수인 이 황제의 활쏘기 솜씨의 표적이 되었다. 이것은 바실리우스의 성격이라기보다는 그 시대에 어울리는 죽은 자에 대한 비열한 보복이었다고 말할 수밖에 없다. 그러나 그는 재정과 법률의 국내 행정에서 중요한 공적을 남겼다. 고갈된 국고를 채우고자 그의 선임자의 방만한 포상을 회수하자는 제의가 있었다. 현명하게도 그는 이 회수안에서 제시된 분량의 절반을 감액해 주었다. 그리고 당면한 가장 긴급한 수요를 충당함으로써 성숙된 경제 운용을 위해 120만 파운드의 돈을 곧바로 지출하였다. 수입 증가를 도모하는 계획의 하나로서 평가자의 자의적인 재량에 의존하는 위험성이 매우 큰 인두세 또는 공물세가 제안되었다. 즉시 소관 대신의 주관으로 정직하고 유능한 자격이 있는 사람의 명단이 작성되었지만, 바실리우스가 직접 한층 더 세밀하게 조사한 바에 따르면 이런 종류의 위험한 권한을 안심하고 위임할 수 있다고 생각되는 사람은 불과 두 명밖에 없었다. 이 두 사람은 황제의 신임을 정중히 거절함으로써 그의 의견을 정당화하였다. 그러나 황제의 진지함과 부지런함의 결과로 점차 자산의 지출과 수입이 적절한 균형을 이루면서 각 행정 부문에는 고유 재원이 충당되어 공적인 운용에서 군주의 이익과 국민의 자산이 견고해졌다. 사치 풍조가 개선된 후에 그는 궁정 식탁을 적당히 화려하게 차릴 수 있도록 두 가지 세습 재산을 정하였다. 신하들의 기증물은 자신의 방위를 위하여 남겨 두었고, 잔여 재산은 수도와 속주를 장식하는 데 유익하게 쓰이게 하였다. 그렇지만 많은 비용이 드는 건축에 대한 황제의 취미는 찬양과 함께 변명할 만한 가치가 있을 것 같다. 거기서부터 산업은 확실히 자극받았고, 예술은 장려되었으며 공적인 보상과 오락 목적도 달성되었기 때문이다. 사실 도로, 수도, 병원 등의 쓰임새는 명료하고 확실하다. 그리고 바실리우스의 명령으로 건축된 수많은 교회는 이 시대의 신앙심을 만족시켜 주었다. 그는 판관의 역할을 세속적이지 않으면서도 공정하게 수행하였고 온정에 주안점을 두면서도 결코 처단을 두려워하지 않았다. 백성을 억압하는 사람은 엄중한 벌을 받았지만 사면이 위험하다고 생각된 그의 개인적인 적들은 그들의 눈을 빼앗은 후에 고독한 생활을 하도록 하였다. 언어와 풍속의 변천으로 시대에 뒤떨어지게 된 유스티니아누스 법제를 개정할 필요가 있었으므로 『법학제요』, 『학설휘찬』, 『칙법휘찬』, 『신칙법』의 방대한 체계가 그리스어에 의한 마흔 개의 표제로 정리되었다. 그의 아들과 손자를 거치면서 수정되고 보완된 바실리우스법은 그들 가계 창시자의 독창적 천재의 산물로 간주해야 마땅하다. 이토록 빛나는 그의 치세는 사냥 도중에 일어난 뜻밖의 사고로 끝나게 되었다. 미친 듯이 날뛰던 수사슴이 뿔로 들이받자 바실리우스는 그 순간에 낙마하였다. 그는 종복에 의하여 구출되고 수사슴도 도살되었지만 말에서 떨어질 때 입은 타박상과 발열로 체력이 소진된 이 나이 많은 군주는 가족과 국민들의 비탄 속에 끝내 목숨을 잃었다.

<small>서기 886년 3월, 철학자 레오 6세</small>

황제의 네 아들 중에서 가장 아끼던 콘스탄티누스가 아버지보다 일찍 세상을 떠나자, 황제는 아첨하는 사기꾼과 헛된 환영으로 자신의 비탄과 가벼운 믿음을 위로받았다. 막내아들 스테파누스는 총대주교와 성인으로서의 명예를 가지는 것으로 만족하였다. 레오와 알렉산데르가 함께 황제로 등극했지만, 통치 권력은 형인 레오 한 사람이 전반적으로 행사하였다. 이제까지 레오 6세의 이름은 '철학자'라는 칭호로서 공경을 받아왔다. 사실 군주와 현자, 적극적인 덕행과 사변적 미덕의 결합은 틀림없이 인간 본성의 완성을 의미한다. 그러나 레오 6세의 자질은 이 이상적인 탁월성하고는 지극히 거리가 먼 것이었다. 그는 정말로 자기의 정념과 욕망을 이성의 지배로 통제하였을까? 그는 일생을 궁정의 허식과 처첩들과의 사교 속에서 보냈다. 따라서 그가 발휘한 인자함이나 평화를 유지하고자 한 노력조차도 그의 유순하고 놀기 좋아하는 성격으로 귀결시켜야만 한다. 과연 그는 자기 자신과 신민의 편견을 극복하였는가? 그의 정신은 아주 어리석은 미신에 물들어 있었다. 성직자의 영향력이나 국민들의 실수는 그의 법률에 의해 정화되었고, 예언자의 문체로 제국의 운명을 해설한 레오의 계시는 사실 점성술과 복점술을 근거로 이루어졌다. 여기서 그가 현자라고 불린 이유를 묻는다면, 그것은 이 바실리우스의 자식이 당대의 대부분의 사람보다 더 많이 배우고, 박학한 포티우스의 지도를 받

앉다는 점 그리고 풍속에 관한 서적 몇 권이 이 황제의 이름으로 저술되거나 편찬되었기 때문이라고밖에 대답할 수 없다. 그러나 그의 철학과 종교에 대한 명성은 잇단 재혼이라는 가정적인 약점에 가려 무너지고 말았다. 금욕 생활의 장점과 신성함에 대한 근본적인 인식은 수도사에 의하여 전파되어 그리스인들 사이에서 신봉되었다. 결혼은 인류의 번식을 위한 필요 수단에 불과하고 부부 중 어느 한쪽이 먼저 죽고 남은 사람이 재혼이라는 수단으로 육체의 힘과 허약함을 만족시키는 일이 묵인된다 해도, 세 번째 결혼은 합법적인 간음으로 비난을 받았으며 네 번째 결혼은 동방 그리스도교도에게는 아직 그 예가 없는 죄악이나 추문으로 여겨졌다. 그래서 그의 통치 초기에는 레오 자신도 이른바 첩이라는 신분을 폐지하고, 세 번째 혼인을 무효라고 하지는 않았지만 어쨌든 지탄했던 것이다. 그런데 그의 애국심과 애정은 얼마 지나지 않아 그에게 자신이 제정한 법규를 어기도록 강요하였고, 비슷한 경우에서 신민에게 고백하던 자신의 잘못을 또다시 저질러 궁지에 빠졌다. 세 번째 혼인으로도 자손이 태어나지 않았기 때문에 황제는 여자 친구를 원하였고 제국은 후계자가 나오기를 기다렸다. 그래서 미모의 조에를 후궁으로 맞아들였다. 황제는 그녀의 임신과 콘스탄티누스의 탄생을 보고받고 나서 이 모자를 자기의 네 번째 혼인 축전을 통해 인정할 의도임을 표명하였다. 그러나 총대주교인 니콜라스는 황제의 결혼에 대한 축복을 거절하였고, 이 갓난 황태자에 대한 세례도 이별한다는 약속을 전제로 비로소 시행하였으며, 조에의 오만한 남편은 신도들과의 교제에서 배제되었다. 추방의 두려움과 교회 동료들의 반대 또는 라틴 교회의 권위도, 장래 제국의 계승자의 부재가 주는 위험도 수도사적 정신을 꺾는 힘이 되지는 못했다. 그는 레오가 죽은 후에야 유형지에서 돌아와 요직에 복귀할 수 있었다. 콘스탄티누스의 이름으로 선포된 통합 칙령은 앞날을 대비해 네 번째 결혼의 추행에 유죄를 인정함으로써 자신의 탄생이 여기에 해당한다는 것을 암묵적으로 시인하였다.

서기 911년 5월,
콘스탄티누스 7세
포르피로게니투스

그리스어에서 자줏빛(purple)과 반암(porphyry)은 같은 말이다. 그리고 자연계의 색채는 불변이므로 우리는 자의를 염색한 티르의 염료가 짙은 암홍색이었음을 알 수 있다. 비잔티움 궁전 안의 한 방은 내부 벽면이 반암으로 덮여 있는데, 이곳이 임신한 황후의 전용 거실에 속해 있어서 정실 황태자의 탄생은 자의를 입고 태어났다는 의미의 '포르피로게니투스'라는 이름으로 표현되었다. 몇몇 로마 황제가 바로 이 궁전에서 태어남으로써 세습의 혜택을 입었지만 이런 특별한 별명을 맨 처음 얻은 이는 콘스탄티누스 7세이다. 그의 생애와 명목상의 치세는 정확히 같았는데, 54년의 생애 가운데서 처음 6년 동안은 아버지가 아직 살아 있었고, 그 후에도 이 레오의 아들은 그의 허약함을 압박하고 신임을 남용한 무리에게 자발적으로 소극적인 신하와 마찬가지의 존재로 있었다. 이미 오랫동안 정제 칭호를 얻고 있던 숙부 알렉산데르가 이 젊은 황제의 첫 번째 동료인 동시에 후견인이었다. 그러나 이 레오의 동생은 비도덕적이고 어리석은 행동으로 이미 미카엘의 평판을 능가하고 있었다. 심지어 조카를 거세하고 자신이 적당한 시기에 죽었을 때 제국을 하찮은 총신의 손에 넘겨주려고까지 계획했을 정도이다. 콘스탄티누스가 성인이 되기 전에 그의 생모 조에와 모두 일곱 명이나 되는 섭정이 바뀌고 교체되었는데, 그들은 한결같이 자기 이익만을 추구하고 또 정욕을 만족시킬 뿐 국가의 공무는 내동댕이치고 서로 발목을 잡고는 상대방을 밀어내려는 암투를 벌였다. 그러나 그 과정에서 한 병사가 나타나면서 이런 암투는 완전히 자취를 감추게 되었다. 미천한 신분에서 해군 사령관까지 승진한 로마누스 레카페누스는 무정부 상태에서 국민적 존경을 받을 만한 가치가 있는 인물인지는 확실히 모르겠지만 적어도 그런 존경을 얻고는 있었다. 그는 뜻을 같이하는 동지들을 규합하여 승승장구하는 함대를 이끌고 도나우 강 하구에서 콘스탄티노플 항구로 돌아와 국민의 해방자이자 황태자의 수호자로서 환영을 받았다. 처음에 그의 직위는 황제의 아버지라는 새로운 호칭으로 불렸지만, 로마누스는 대신으로서의 권한에 만족하지 못하고 부황제와 황제라는 두 칭호를 사칭하여 약 25년 동안 황제로서 완전히 독립된 대권을 행사하였다. 그의 세 아들 크리스토포루스, 스테파누스, 콘스탄티누스도 연이어 똑같은 칭호를 자칭했는데, 이로써 정통 황제의 지위는 이제 황족 서열 1위

서기 919년 12월, 로마누스 1세 레카페누스, 크리스토포루스, 스테파누스, 콘스탄티누스 8세

에서 5위로 낮아졌다. 그러나 그의 목숨만은 왕관과 함께 유지하고 있었기 때문에 그는 자기의 행운과 찬탈자의 온정을 칭찬해도 좋았을 것이다. 실제로 고금의 역사에 무수한 실례를 보더라도 로마누스의 야심은 용인받을 수 있을 것이다. 현실적으로 제국의 권한과 법률은 모두 그 한 사람의 손아귀에 있었을 뿐만 아니라, 콘스탄티누스의 의심스러운 출생을 트집 잡아 그를 몰아낼 수도 있었고, 첩의 자식을 받아들일 묘지나 수도원은 당장에라도 발견할 수 있었을 것이다. 그러나 레카페누스는 전제자의 미덕도 악덕도 모두 가지고 있지 않았던 듯하다. 그의 패기와 활동력은 햇볕이 잘 드는 제위에서 그만 녹아 버렸는지 방자한 쾌락만을 탐닉하게 된 그는 국가와 자기 집안의 안위 따위는 잊고 있었다. 그는 온화하고 신앙심이 깊어 맹세

의 신성함, 젊은이의 순결, 그의 부모에 대한 기억, 국민에 대한 애정을 존중하였다. 게다가 콘스탄티누스의 세심하고 조심스러운 성격은 권력에 대한 질투심을 가시게 하였다. 그의 책, 음악, 펜은 오락의 끝없는 원천이었다. 만일 그가 자신의 그림을 팔아 생활비를 충당할 수만 있었다면, 그림 가격이 화가의 이름값으로 비싸지지 않았다면, 그는 불운한 군주가 좀처럼 발휘할 수 없는 재능을 가지게 되었을 것이다.

서기 945년 1월, 콘스탄티누스 7세

로마누스는 그 자신과 아들들이 함께 저지른 악덕으로 실각하게 되었다. 그의 맏아들 크리스토포루스가 죽은 뒤에 남은 두 형제는 서로 권력 다툼을 벌이면서 우선 자기 아버지를 몰아낼 음모를 꾸몄다. 궁전에서는 보통 정오가 되면 방문자들은 모두 궁 밖으로 나와야 하는데, 바로 이 시각에 두 형제는 무장한 군인들을 이끌고 아버지의 개인 서재로 침입하여 수도사의 옷을 입힌 후 한 종교 단체가 모여 사는 프로폰티스 해의 작은 섬으로 납치해 갔다. 이런 쿠데타에 대한 소문은 수도 시내의 봉기를 유발하였다. 당시 시민들의 관심은 오직 참되고 합법적인 황제인 포르피로게니투스의 생사뿐이었다. 이리하여 레카페누스의 자식들은 자신들이 저지른 일이 경쟁 상대에게 어부지리를 안겨 준 셈이 되었다는 사실을 뒤늦게나마 깨달았다. 콘스탄티누스의 황후인 그들의 누이동생 헬레나가 오빠들이 비열하게도 궁정 연회 때 자기 남편을 독살할 계획을 세우고 있다는 소문을 듣고 사람들에게 이를 알렸다. 그리고 황제의 안부를 걱정하는 충실한 콘스탄티누스의 지지자들은 이 두 찬탈자들을 제압하여 포박한 후 제위를 박탈하고 그들의 부친이 최근에 감금된 섬의 수도원으로 압송하였다. 노쇠한 로마누스는 해변에서 자기 아들들과 마주치자 얼굴에 미소를 가득 띤 채 그들의 어리석은 행동과 불효를 꾸짖고 나서 평등하게 음식을 나누어 주었다. 치세 40년 만에 처음으로 콘스탄티누스 7세는 동방 세계의 지배권을 수중에 넣고 그 후 15년 가까이나 표면상 통치자가 되었다. 그러나 당시의 그는 영광에 찬 생을 누릴 만한 여력이 없었다. 사실 전부터 그의 여가를 즐겁게 해 주고 품위를 높여 주던 학문은 주권자의 진정한 의무와 양립할 수 없는 것이었다. 황제는 자신의 아들 로마누스 2세에게 통치 기술을 가르치면서도 자신은 그것을 실행하는 데 등한하였다. 그가 무절제와 권태라는 습성에 빠져 있는 동안에 실질적 통치의 권한은 그의 아내 헬레나에게 넘어갔다. 그리고 그녀의 편애와 변덕으로 혼란스러운 모습을 보면서 각 대신들은 쓸모없는 후임자의 등용을 후회하고 있었다. 그러나 콘스탄티누스의 출생과 여러 가지 불행은 그리스인들에게 그에 대한 동정심을 가지게 하였다. 국민은 그의 결점을 용서하고 그의 학문과 순진함 그리고 자애심과 정의에 대한 사랑을 존경하였다. 신민들은 그의 장례식에서 거짓 없는 눈물로 그를 추도하였다. 그의 사체는 관행대로 궁전 입구 사이에 안치되었고 문무 고관과 원로원 의원, 성직자들이 차례대로 그들 주권자의 싸늘하게 식은 사체를 대면하고 입을 맞추었다. 행렬이 능묘를 향하여 출발하려 할 때 한 전례 담당자가 장엄한 경고를 포고하였다. "일어나시오, 오, 세계의 왕이시여, 그리고 왕 중의 왕의 소환에 복종하소서!"

콘스탄티누스는 독살당한 것으로 알려졌는데 외할아버지의 이름을 이어받은 그의 아들 로마누스가 콘스탄티노플의 제위에 올랐다. 스무 살이라는 젊은 나이의 황제는 상속 시기를 앞당겼다는 혐의로 애초부터 국민의 존경을 잃었지만 로마누스

서기 959년 11월, 로마누스 2세

2세는 사악하기보다는 심약한 사람이었다. 그가 저지른 범죄를 논한다면, 그것은 범죄의 가장 많은 부분에 가담한 미천한 출신이지만 남자 못지않은 기상과 파렴치한 행실로 유명한 그의 비(妃) 테오파노에게 돌려야 할 것이다. 콘스탄티누스의 아들은 개인의 영광이나 공공의 행복과 같이 원래 군주라면 당연히 느낄 수 있는 기쁨을 알지 못했다. 니케포루스와 레오 두 형제가 사라센군을 상대로 싸워서 승리를 거두는 동안에도 황제는 국민으로부터 주어진 혜택받은 시간을 오로지 놀고 즐기며 소비할 뿐이었다. 매일 아침 그는 대경기장을 찾았고 낮에는 주로 원로원 의원들과 식사를 함께했다. 그리고 대부분의 오후 시간은 그의 유일한 승리의 무대인 운동장 또는 테니스장에서 보내고는 하였다. 그리고 그는 거기서부터 보스포루스 해협의 아시아 쪽으로 건너가 큰 멧돼지 네 마리를 사냥하고 그 날의 전과에 만족하며 궁전으로 귀환하였다. 그는 강인한 체력과 훤칠한 외모로 같은 또래들에서도 눈에 띄는 존재였다. 어린 사이프러스처럼 곧고 키가 크며 살결은 희고 혈색은 좋았으며 눈빛은 날카롭고 넓은 어깨에 코는 길고 매부리처럼 생겼다. 이처럼 전형적인 미남형의 외모를 가졌음에도 테오파노의 사랑을 붙잡아 둘 만한 매력은 가지지 못했던 모양이다. 4년간의 통치 후에 그녀는 시아버지에게 먹였던 것과 똑같은 독약을 이번에는 자기 남편의 음식에 섞은 것이다.

서기 963년 8월,
니케포루스 2세 포카스

로마누스 2세는 이런 사악하기 이를 데 없는 여자와의 결혼에서 바실리우스 2세와 콘스탄티누스 9세의 두 아들과 테오파노, 안나라는 두 딸을 두고 있었다. 언니 테오파노는 서로마 제국의 황제 오토 2세에게 출가하고, 둘째 딸은 러시아의 대공이자 사도인 블라디미르의 아내가 되었다. 그뿐만 아니라 안나의 손녀가 프랑스 왕 앙리 1세와 결혼함으로써 마케도니아 왕조 그리고 어쩌면 아르사케스 왕가의 피가 지금도 부르봉가(家)의 혈통 속에서 흐르는 셈이 된다. 테오파노 황후는 남편이 죽은 뒤에 다섯 살과 채 두 살도 되지 않은 두 아들의 이름으로 군림하려고 했지만, 존경받지 못하는 여자라는 것과 그 누구도 두려움을 느끼지 않는 나이 어린 두 아이들에 의해 지탱되는 제위의 불안정을 그녀 자신도 통감하게 되었다. 테오파노는 주위를 둘러보고 보호자를 구하여 가장 용감한 병사의 품에 자신의 몸을 던졌다. 그녀의 포용력은 크고 넓었지만 이 새로운 애인의 추악한 용모가 무엇보다도 이 재혼의 동기가 이해 타산적이며, 그녀의 정욕을 만족시키기 위한 수단임을 보여 주었다. 원래 니케포루스 포카스는 여론에 의하면 영웅이며 성인과 같다는 영예를 얻고 있었다. 그의 능력은 진정한 영웅으로서 손색이 없었다. 수많은 무훈에 빛나는 가문의 후예로서 그는 이미 모든 부대와 속주들에서 병사로서의 무용과 장군으로서의 지휘력을 탁월하게 발휘하였다. 특히 최근 크레타에 대한 중요한 정복으로 그의 명성은 한층 더 높아지고 있었다. 그는 종교에 대해서 약간 모호한 태도를 보였는데 그의 모포와 단식, 경건한 말투와 현세의 번뇌로부터 도피하고 싶어하는 희망 등 그 모든 것은 음험하고 위험한 그의 야심을 감추기에 편리한 위장 망토에 지나지 않았다. 그러나 그는 신성한 총대주교를 속이고 그의 영향력과 원로원의 지령에 따라 어린 두 황태자가 성년에 이를 때까지 동방 군단의 절대적이며 독립된 지휘권을 위임받았다. 그는 장교단과 군대를 장악하자마자 대담하게도 콘스탄티노플로 진격하여 자기의 적대자들을 물리친 다음, 황후와 공모한 사실을 공언하면서 두 황태자를 폐위시키지 않고 스스로 정제를 칭하여 최고의 지위와 절대 권력을 손아귀에 넣었다. 그러나 그의 머리 위에 제관을 얹어 준 총대주교는 미망인 테오파노 황후와의 결혼을 반대하는 동시에 그의 재혼에 대하여 종교 규약에 정해진 바에 따라 1년간 회개하라는 벌을 내렸다. 그들의 축복에 영적인 근친성이 장애가 되자 성직자와 국민들의 양심의 가책을 잠재우기 위해 포카스는 얼마간의 은둔 생활과 위증이 필요하게 되었다. 무장(武將)으로서의 국민적 인기는 그가 제위에 오름과 동시에 사라졌는데 6년간의 치세 기간 중에 그는 이방인과 신민 양쪽으로부터 증오의 눈빛을 한몸에 받았다. 또한 니케포루스 1세가 보여 준 위선과 탐욕은 이제 같은 이름의 2세 후계자에서도 재현되었다. 나는 단연코 그의 위선을 정당화하거나 변명해 주려는 것이 아니다. 탐욕이라는 이 저주할 악덕은 다른 그 무엇보다도 우선으로 고발되고 또한 무자비하게 규탄해야 할 죄목임을 강조하면서 여기서 감히 한 마디 전하고자 한다. 그의 재산과 소비에 대한 엄밀한 규명을 우리는 절대로 기대하지 않는 데 반하여, 공적인 재화 관리자에게 절약은 항상 미덕으로 여겨졌는데 사실 세금 증액이 불가결한 의무로 되는 경우는 너무도 많다고 생각된다. 니케포루스는 자신의 상속 재산 사용에 관대한 편이었으며, 세입은 엄격하게 국가적 용도를 위해서만 충당되었다. 봄이면 황제는 사라센군과의 전투에 직접 출전하였으므로 로마인은 누구나 자신이 바친 세금이 전승과 정복 그리고 동부 국경의 안전을 위하여 사용되었음을 알 수 있었을 것이다.

서기 969년 12월,
요하네스 치미스케스,
바실리우스 2세,
콘스탄티누스 9세

그를 도와 그의 군기 아래에서 싸운 고귀하고 용감한 아르메니아인 용사 한 명이 뛰어난 무훈을 세워 그에 어울리는 보상을 받았다. 요하네스 치미스케스는 키가 작았지만 단단한 몸은 힘과 미를 겸비해 영웅의 기개가 깃들어 있었다. 그는 황제 동생의 질투로 동부 전선 총사령관에서 병참 책임자로 좌천당하였는데 이런 인사 조치에 불만을 토로하자 이번에는 처벌과 추방이라는 괴로운 일을 당하게 되었다. 그러나 치미스케스는 테오파노 황후가 거느린 수많은 애인 중의 한 사람이었던 까닭에 그녀의 주선으로 수도에서 가까운 칼케돈에 거주할 수 있었다. 그녀의 호의는 궁전에 방문하는 것을 허용하였으며 여기서 테오파노는 빈틈없고 추악하며 구두쇠인 두 번째 남편 니케포루스 황제를 암살할 음모를 꾸몄다. 그녀의 가장 은밀한 사실(私室)에 몇몇 믿을 만한 음모자들이 숨어 있었다. 치미스케스는 어느 추운 겨울 밤 자기의 주력 부대를 이끌고 작은 배에 올라 어둠을 타고 보스포루스 해협을 건너 궁전 선착장에 이르러 상륙하였다. 그리고 황후의 시녀들이 내려뜨린 줄사다리를 타고 조용히 성 위로 올랐다. 그 자신의 의심도, 친구들의 경고도, 동생 레오의 뒤늦은 도움 그리고 일찍이 그가 궁전 안에 건설하고 있던 성채조차도 가족 안에 있는 적으로부터 니케포루스의 생명을 지킬 수는 없었다. 치미스케스가 성벽 위에 오르자 모든 문이 자객들을 위하여 활짝 열렸다. 황제는 바닥에 깔아 놓은 곰 가죽 위에서 자다가 적들이 침입하는 소리에 눈을 떴다. 그리고 서른 개나 되는 단도가 자기 눈앞에서 번쩍거리는 것을 보았다. 치미스케스가 직접 황제를 해쳤는지는 확실하지 않지만 그가 그 자리에 있었다는 것만은 분명하다. 니케포루스의 수급이 창문에 보이자 소란은 진정되었고 얼마 뒤에는 이 아르메니아인이 동로마 제국의 황제로 추대되었다. 그는 대관식 날 성 소피아 대성당 입구에서 호기로운 총대주교의 부름에 멈춰 서야만 했다. 총대주교는 황제에게 모반과 유혈의 범죄를 저지른 것에 대한 참회의 증거로서 악랄한 범죄자와는 반드시 손을 끊어 달라고 요구하였다.

신을 섬기는 자의 진지한 열성을 담은 요구는 이 군주에게 결코 가혹한 것이 아니었다. 사실 그는 이미 몇 차례 신성한 의무를 저버린 여인을 사랑하거나 신뢰한다는 것은 불가능하다고 생각하고 있었다. 그리하여 테오파노는 그에게 황제라는 행운을 가져다주었지만 침실과 궁전에서 불명예스럽게 추방당했다. 두 사람의 마지막 만남의 자리에서 그녀는 자신의 무력함에 약이 오른 나머지 애인의 배신을 크게 비난하고, 새로운 절대자 앞에서 말 없이 얌전하게 서 있는 아들 바실리우스에게도 욕설을 퍼붓고 매질을 해댔다. 심지어 자신의 아들이 사생아라고 공언함으로써 스스로 자신의 방탕함과 불륜을 폭로하였다. 국민의 분노는 그녀의 추방과 비열한 앞잡이의 처단으로 가라앉았고, 인기 없는 군주를 살해한 것도 용서되어 치미스케스의 범죄는 그의 인덕으로 모두의 마음속에서 잊혀졌다. 아마도 그의 낭비는 니케포루스의 탐욕보다 오히려 더 국가에 해로웠을 터인데도 그의 온후하고 활발한 행동은 그와 만난 모든 사람을 기쁘게 하였다. 그는 승리 가도에서의 진군에서만 전임자의 방식을 따랐다. 그는 통치 기간 대부분을 군영과 야전에서 보냈으며, 그의 무용과 활약은 로마 세계의 경계선인 도나우 강과 티그리스 강 강변들에서 볼 수 있었다. 그리고 러시아인과 사라센 군대를 상대로 모두 승리하여 제국의 구세주, 동방의 정복자라는 칭호를 얻었다. 그는 끝으로 시리아에서 귀환하는 도중 새로운 속주의 가장 비옥한 땅이 모두 환관의 소유로 되어 있음을 알고는 분노하여 외쳤다.

우리가 목숨 걸고 전투와 정복을 거듭 강행한 것도 결국은 그자들을 위한 것인가? 우리가 피를 흘리고 국민의 재보를 소모한 것 그 모두가 그자들을 위해서였단 말인가?

이런 울분이 콘스탄티노플의 궁전에까지 전해졌는데 그 뒤에 치미스케스가 독살되었다는 의심으로 온 궁정이 술렁거렸다.

12년에 걸쳐 제위 찬탈자라고도 할 수 있는 황제 대리인 밑에서 두 명의 합법적인 황제들인 바실리우스와 콘스탄티누스는 조용히 성년이 되었다. 그들은 나이가 어렸기 때문에 처음부터 통치를 시작하기는 불가능했지만 나이 많은 후견인의 조언에 귀를 기울이면서 조심스럽게 복종과 인사를 게을리하지 않았다. 그리고 자식이 없었던 후견인들은 야심을 품고 어린 황제의 상속권을 침해하려고 하지 않았다. 사실 그들의 상속 재산은 훌륭하게 관리되었는데 치미스케스의 갑작스러운 죽음은 로마누스의 자식들에게 이익이 되기는커녕 손실이 되었다. 경험이 부족했던 그들은 그 후에도 다시 12년간이나 한 대신의 피보호자로 지내게 되었는데, 그는 이 두 사람에게 청춘의 쾌락에 대한 탐닉, 통치의 노고에 대한 경멸감을 주입함으로써 자기의 지배력을 이어 나갔다. 심약한 콘스탄티누스는 이 부드러운 천 속에서 영원히 헤어나지 못했지만, 형은 비범한 재능의 충동과 행동에의 욕구를 느끼면서 이 대신을 실각시켰다. 이로써 바실리우스는 콘스탄티노플과 유럽 내 여러 속주의 명실상부한 군주가 되었지만, 아시아 지역만은 포카스와 스클레루스라는 노련한 두 사령관이 제압하고 있었는데 이들은 교대로 제국의 벗과 적, 신민과 반역자가 되어 자신들의 독립을 유지하였고, 성공한 찬탈자들의 모범을 본받고자 노력하였다. 로마누스의 아들이 국내의 적을 향하여 처음으로 응징의 칼을 빼어 들자 그들은 합법적으로 제권을 이어받은 이 혈기왕성한 군주의 당당한 모습에 전전긍긍하였다. 포카스는 전투 중에 독화살인지 일반 화살인지 확인되지 않았지만 화살에 맞아 말에서

서기 976년 1월. 바실리우스 2세와 콘스탄티누스 9세

떨어졌고, 과거 두 번이나 체포되었다가 다시 권력을 얻었던 스클레루스는 얼마 남지 않은 생애를 조용히 보내고 싶어했다. 이 늙은 장군이 종자 두 명의 부축을 받으면서 힘없이 걸어 나와 옥좌 앞에서 항복을 선언하고 자비를 간청했다. 그러자 황제는 "이 사람이 그처럼 오랫동안 우리에게 공포의 대상이던 인물이란 말인가?"라고 외치며 자기의 젊음과 권력의 자만심을 드러냈다. 제국이 안정을 되찾자 니케포루스와 치미스케스가 세웠던 혁혁한 전공은 그의 생도인 황제가 궁전에서 낮잠만 자는 것을 허용하지 않았다. 오랫동안 이어온 사라센 원정은 제국에 실리 없는 영광을 가져다 줄 뿐이었지만, 불가리아 왕국의 멸망은 바실리우스 시대 이후 로마가 얻은 가장 중요한 승리로 생각된다. 그럼에도 그의 신민들은 자기들 군주의 승리에 갈채를 보내는 대신 바실리우스의 탐욕 때문에 강탈하듯이 거두어 가는 세금을 증오하였다. 그의 공적은 이런 이유로 완전하지 않았으며 군인으로서의 용기, 인내, 잔혹함만을 찾아볼 수 있을 뿐이다. 잘못된 교육으로 자신의 마음을 통제하지 못하였고 사고는 흐려졌다. 그는 어떤 학문에도 통달하지 못했고 박식하지만 나약한 할아버지에 대한 기억은 그에게 법률과 법률가, 예술과 예술가에 대한 경멸감을 심어 주었다. 그는 이런 점을 영속적으로 강력하게 맹신하였다. 바실리우스 2세는 청년기의 방탕한 생활을 보내고 난 후에는 궁전이나 군영지의 구별 없이 여생을 참회하면서 보내게 되며 상의와 갑옷 밑에 수도사의 옷을 입고 금욕을 선언함으로써 술과 색욕으로부터 영원한 단절을 고했다. 그가 68세 때 시칠리아를 침공한 사라센 군대를 상대로 성전을 치르고자 출전을 준비하였다. 죽음을 맞아 결국 뜻을 이루지는 못했지만 '불가리아족 살해자'라는 별명으로 불린 바실리우스는 성직자들의 축복과 민중의 저주 속에서 세상을 떠났다. 그가 죽은 뒤에 동생인 콘스탄티누스가 약 3년 동안 황제로 지냈지만 권력을 행사하기보다는 황제로서 얻을 수 있는 쾌락을 누렸다. 그의 유일한 걱정거리는 상속권의 확정이었다. 그는 이미 정제 칭호를 66년간이나 누렸고, 이 두 형제의 통치 기간은 비잔티움 역사에서 가장 길었지만 가장 어두웠다.

서기 1025년 12월, 콘스탄티누스 9세

전후 160년 동안 황제 다섯 명이 혈통으로 계승되면서 그리스인들은 마케도니아 왕조에 대한 충성심을 갖게 되었으며 권력을 노리던 찬탈자들도 세 번이나 경의를 표현하였다. 그러나 혈통으로 계승된 마지막 황제인 콘스탄티누스 9세가 사망한 후 혼란한 상황이 전개되어 황제 열두 명의 통치 기간을 모두 합쳐도 콘스탄티누스 9세 한 사람의 치세보다 짧았다. 그의 형은 국가의 이익보다도 자신의 성적 금욕을 우선했으며 콘스탄티누스는 딸만 셋을 두었다. 에우도키아는 수도원에 들어갔고 조에와 테오도라는 성년이 될 때까지 무지하고 순결하게 자랐다. 임종이 가까워진 아버지는 회의에서 그녀들의 결혼 문제를 논의하였는데 냉정하고 신앙심 깊은 테오도라는 후계자 생산을 거절했지만 언니 조에는 희생의 제물로서 제단에 오를 것을 승낙하였다. 품위와 덕망을 갖춘 명예고관 로마누스 아르기루스가 그녀의 신랑감으로 정해졌고, 만약 거절한다면 죽음을 맞이하거나 장님이 될 것이라고 통보하였다. 그가 이 결혼을 탐탁하게 여기지 않은 것은 자신이 이미 혼인한 몸이었기 때문이지만, 그의 충실한 아내가 남편의 안전과 명예를 위하여 자신의 행복을 희생하여 스스로 수도원에 들어가면서 최대 장애 요소가 제거되었다. 콘스탄티누스가 죽은 뒤에 제위는 로마누

서기 1028년 11월, 로마누스 3세 아르기루스

48장 65

스 3세에게 넘어갔지만 국내외 정책을 펼치는 데 있어 그의 노력은 한결같이 미약하였다. 48세로 성숙해진 조에는 지나친 쾌락으로 임신이 거의 불가능하였다. 그녀의 총애를 받고 있던 시종관 가운데 환전상 출신으로 잘생긴 외모의 미카엘이라는 파플라고니아인이 있었다. 로마누스는 공정한 입장에서 두 남녀의 교제를 묵인했는지 결백을 주장하는 그들의 믿을 수 없는 증언을 진심으로 받아들였다. 그러나 조에는 '간통한 여자는 모두 자기 남편을 독살하는 버릇이 있다.'는 로마의 격언을 증명이라도 하듯이 이를 실행하였다. 로마누스가 죽자 마치 기다렸다는 듯이 결혼과 제위 등극이 이루어졌다. 그러나 조에의 기대와는 달리 그는 그녀를 실망시켰다. 그녀는 원기왕성하고 기분 좋은 애인 대신에 간질 발작으로 건강과 이성이 손상되고 마음이 절망과 회오에 찌든 비참한 사람을 자기 침상에 불러들인 것이다. 가장 숙련된 의사들이 치료에 동원되었고, 미카엘 자신은 기회가 있을 때마다 온천욕과 유명한 성인들의 무덤을 순례하며 쾌유할 수 있다는 희망을 가지려 하였다. 수도사들은 그의 속죄를 칭찬하였고 미카엘 자신도 제위 반환 이외의(하지만 그가 누구에게 제위를 돌려줄 수 있었을 것인가?) 속죄할 방법을 찾아보았다. 악질적으로 이번 범죄를 꾸민 주모자이자 그의 형인 환관 요하네스는 그늘에 숨어, 동생이 슬픔에 젖어 고민 속에 기도하며 후회하는 모습을 보고는 미소 지으면서 그의 사냥감을 농락하고 있었다. 그의 정치는 자신의 탐욕을 만족시키는 기술에 불과했고 조에는 성직자들의 포로가 되고 자신의 노예들의 손아귀에 놓이게 되었다. 그는 자기 형제의 건강이 회복 불능이라는 것을 알고, 아버지가 배를 수리하는 일을 하는 관계로 '칼라파테스(Calaphates, '땜장이')'라

서기 1034년 4월,
파플라고니아인
미카엘 4세

고도 불리는 자신의 조카인 또 다른 미카엘을 끌어들였다. 조에는 요하네스의 명령으로 일개 수리공의 아들을 자신의 양자로 삼았다. 이렇게 해서 원로원 의원들과 성직자들이 입회한 가운데 이 만들어진 상속자에게 부황제라는 칭호와 자의가 주어졌다. 극단적으로 타락해 버린 조에는 파플라고니아인의 죽음으로 그녀가 회복한 자유와 권력에 압도되어 나흘 후에, 자기는 어디까지나 양어머니의 신하들 중 가장 유순한 제일인자로 남겠다며 눈물을 흘리면서 사양하던 양자 미카엘 5세에게 제관을 씌워 주었다. 그가 짧은 통치 기간에 유일하게 한 것은 자신의 은인인 이 환관과 여제에게 비열하고 배은망덕하게 보답한 일이었다. 환관을 추방한 것은 국민의 환영을 받았지만 콘스탄티노플의 불평과 소란은 여러 황제들의 여자였던 조에를 감금한 데 대한 분개였다. 그녀의 악행은 잊혀졌고, 미카엘은 가장 무기력한 노예조차도 분노와 복수심으로 들고 일어날 수가 있다는 것을 알게 되었다. 모든 계층의 시민들이 3일간이나 계속된 가공할 봉기에 집결하였는데, 그들은 궁전을 포위하고 궁성 문을 부순 다음 그들의 어머니, 즉 조에와 테오도라를 각각 감옥과 수도원에서 해방시켰고 칼라파테스의 아들은 눈을 뽑아 장님으로 만든 뒤 죽음으로 처벌하였다. 비잔티움 사람들은 역사상 최초로 같은 제위에 앉은 자매가 원로원에 출석하거나 여러 외국 사절을 접견하는 광경을 보고 놀랐다. 그러나 이 기이한 공동 통치는 두 달도 지속되지 않았다. 이 두 여성 군주는 각자의 기질과 이해관계가 달랐으며 지지자층이 서로 적대시하여 테오도라는 여전히 결혼에 반대였고, 조에는 이미 예순의 나이에도 불구하고 공공의 안녕을 위해서라면 감

서기 1041년 12월,
미카엘 5세 칼라파테스

서기 1042년 4월,
조에 그리고 테오도라

히 세 번째 결혼을 강행하고 그리스 정교회의 비난도 받아들일 것임을 승낙하였다. 조에의 세 번째 남편은 콘스탄티누스 10세라고 하는데 그의 '모노마쿠스(Monomachus)', 즉 단독 전사라는 별명은 공적 또는 사적 싸움에서 드러난 과감한 성격과 승리를 표현하는 말이었다. 그러나 그는 지병으로 통풍을 앓고 있었고, 자신의 치세 동안 병환과 쾌락을 오가며 방탕한 생활을 하였다. 이전에 이 콘스탄티누스가 레스보스 섬에 유배되었을 때 고위층에 속한 미모의 한 과부가 그와 동행했는데 스클레레나라고 알려진 이 여인은 이제 황제의 첩이라는 호칭을 자랑스럽게 여기고 다녔다. 콘스탄티누스가 결혼 후 황제로 등극하자 그녀도 아우구스타라는 겉치레에 불과한 존칭을 얻었고 궁전 안에 있는 황제 바로 옆방에서 살게 되었다. 합법적 황후는 이 기묘하고도 파렴치한 동거에 동의하였는데 황제는 본처와 첩 사이에 끼어 공식 석상에 나타나곤 하였다. 콘스탄티누스는 이 두 여인보다도 오래 살았지만 상속 순위를 바꾸기 위한 그의 마지막 기도는 경계심 강한 테오도라의 지지자들에 의해 저지당했다. 그가 죽은 뒤 테오도라는 국민의 동의를 얻어 상속 재산을 회복하였다. 환관 네 명의 영향으로 동로마 제국은 그녀의 이름을 앞세워 19개월 동안 평온을 유지하였다. 환관들은 자신들의 권력을 이어 가기 위해 노령인 여제에게 후계자로 미카엘 6세를 지명하라고 설득하였다. '스트라티오티쿠스(Stratioticus, '지휘관')'라는 별명은 그의 군사상의 직무를 의미하지만, 정신이 약간 이상한 이 늙은 장군은 모든 정무를 대신에게 일임하는 것 이외에 다른 능력은 전혀 가지고 있지

서기 1042년 6월,
콘스탄티누스 10세
모노마쿠스

서기 1054년 11월,
테오도라

서기 1056년 8월,
미카엘 6세
스트라티오티쿠스

않았다. 그가 제위에 오른 때를 전후로 테오도라가 사망함으로써 마케도니아, 바실리우스 왕조의 마지막 혈통은 끊겼다. 나는 통상적인 예속 상태보다 더 타락해 버린 비잔티움 국민들이, 마치 가축 무리처럼, 무능한 두 여성의 선택과 변덕에 휘둘린 28년에 걸친 수치스럽고 말세에 가까운 시기에 대해 급하게 훑어본 것으로 기꺼이 이 이야기를 끝마치고자 한다.

이러한 예속의 어두운 시기에 한줄기 자유에 대한 빛이 비치기 시작하였다. 그리스인들은 세습적인 가계의 명성을 영원

서기 1057년 8월, 이사키우스 1세 콤네누스

히 전해 주는 별명의 사용을 유지하여 부활시켰으므로, 우리는 이제 콘스탄티노플과 트레비존드의 마지막 왕조의 번영, 계승, 동맹 관계를 살펴보기로 하자. 빈사 상태에 빠진 제국의 운명을 한동안 지탱해 온 콤네누스 가문은 로마 출신이라는 명예를 자랑하였지만, 이 가계는 이미 오래전에 이탈리아에서 소아시아 지역으로 이주한 상태였다. 조상 대대로 내려온 그들의 영지는 흑해에 가까운 카스타모나 지역에 있었는데, 이미 야심에 차 있던 그들의 수장 중 한 사람은 지금은 영세해졌지만 명예로운 자기 선조의 고향을 다시 방문하고 애석함과 원통함을 맛보았을 것이다. 그들 가계의 창시자는 바실리우스 2세의 통치 기간에 전쟁과 강화로 동방 분쟁을 해결하여 유명해진 마누엘이었다. 그에게는 아직 나이 어린 이사키우스와 요하네스라는 두 아들이 있었다. 그는 그들의 재능을 알아보고 임종 때 두 아들의 양육을 자신의 군주에게 부탁하고 황제는 감사와 애정으로 이들을 맡았다. 이 고귀한 청년들은 수도원에서는 학문을, 궁전에서는 기예를, 군영에서는 군사 훈련을 받고 나서 친위대의 일원으로 근무를 하다 속주와 군대를 지휘하는 지위까지 급속히 승진하였다. 그들 형제의 단결로 콤네누스 가문의

명망은 더욱 높아졌으며, 형제 중 형은 포로가 된 불가리아족의 왕녀와, 동생은 많은 적병을 사지로 보내 '카론(Charon, '나루터지기')'이라는 별명을 얻은 명예고관의 딸과 결혼하여 그 명성이 더욱 빛나게 되었다. 병사들은 사내답지 못한 군주들에게 마지못해 충성을 맹세하지만, 새로 등극한 미카엘 6세는 열등감에서인지 자기보다 유능한 장교들을 개인적으로 모욕하였다. 이런 장교들의 불만이 황제의 인색함과 환관들의 실수로 끝내 폭발하였고, 그들은 비밀리에 성 소피아 대성당의 성역에 집합하였다. 만일 백전노장 카타칼론이 애국심에 입각하여, 황제를 선출할 때에는 그 사람의 실력뿐만 아니라 가문도 중요한 요소라고 말하지 않았더라면 군인 총회는 만장일치로 그를 황제로 선출했을 것이다. 그가 사양하자 이사키우스 콤네누스가 황제로 천거되었는데, 지지자들은 곧 각자가 지휘하는 부대를 이끌고 프리기아 평원으로 모여들었다. 미카엘 6세의 대의는 황제 친위대 용병들에 의한 한 차례의 전투로 지켜졌지만, 그들은 원래 단순히 명예와 은의(恩義)에 따라 움직일 뿐 국가의 이익과는 관계가 없는 무리들이었다. 그들의 패배로 황제는 공포심에 사로잡혀 휴전을 요청했고 그 요청은 콤네누스 측의 배려로 거의 받아들여졌다. 그러나 황제는 사자들에게 배신당하고 콤네누스는 동료들에게 제지당했다. 고립무원 상태에 빠진 미카엘은 민중의 목소리에 굴복했으며 총대주교는 신하로서 복종하겠다는 서언을 파기하였다. 그는 황제의 머리카락을 밀어 주면서 현세의 지배권과 천국과의 유익한 교환을 축복하였지만, 이해관계에서 보자면 이 수도사는 이런 교환을 거절했을 것임에 틀림없다. 같은 총대주교의 손으로 이사키우스 콤네누스에게 제관이 씌워졌다. 그가 발행한 동전에 새겨 넣게 한 검은 이것이 정복에 대한 정당한 권리를 의미한다면 확실히 자극적인 상징이라고 할 수 있는데 실제로 이 검은 국내외의 적을 향해 빼어 든 것인지도 모른다. 그는 건강이 나빠지고 기력이 떨어지자 적극적으로 국정을 운영할 수 없었다. 죽음이 다가오고 있음을 직감한 그는 자기 딸의 혼수로 제국을 넘겨주는 대신에 애국자이자 미래의 세습 상속의 지주이며 다섯 아들의 아버지인 동생 요하네스를 후계자로 지명하기로 결심하였다. 처음에 동생이 보인 겸손하게 주저하는 모습은 확실히 신중함과 심약함의 자연스러운 발로였을지 모르지만, 끝까지 관철시킨 그의 완고한 사양은 설사 미덕의 발휘로서 사람들의 눈을 빼앗았다 하더라도, 이것은 역시 자신의 의무에 대한 포기로 그의 가족과 조국을 해치는 행위라는 비난에 대해 변명의 여지가 없는 것이었다. 그가 고사한 자의는 콤네누스 가와 가까이 지내던 콘스탄티누스 두카스가 받아들였다. 그는 고귀한 가문 출신으로 국내 정치를 통해 경험과 명성을 쌓은 인물이었다. 이사키우스는 건강을 회복하기 위하여 수도사 차림으로 자발적으로 퇴위한 후 2년 동안 더 생존하였다. 그는 수도원장의 명령에 따라 성 바실리우스의 규칙을 준수하였고 수도원의 가장 천한 작업에도 자진해서 참가하였다. 그리고 그에게 잠재되어 있던 허영심은 그를 자기의 은인이며 성인으로 존경하는 현직 황제의 거듭된 방문에 만족을 느꼈다.

만약 콘스탄티누스 11세가 실제로 제국의 가장 훌륭한 신민이었다면, 우리는 그를 선택한 국민과 그 시대의 타락상을 불쌍히 여기지 않을 수 없다. 그는 어린아이와도 같은 유치한 웅변술 연습에 열중하였다. 그에게 웅변술은 로마의 제위보다도 한층 더 소중한 것이었는데 이 웅변의 왕관을 얻기 위해 노력하였다. 그러나 결국 그것을 획득하지 못하고 생을 마쳤으

서기 1059년 12월,
콘스탄티누스 11세 두카스

며, 또 판관이라는 이차적 직권에만 집착한 나머지 군주이자 전사로서의 의무를 망각하였다. 두카스 황제는 위대한 사람들의 애국적인 대범함을 본받기는커녕 오로지 국가 재정으로 자기 자식들의 권력 강화와 번영을 도모하는 일만 걱정하였다. 그의 세 아들 미카엘 7세, 안드로니쿠스 1세, 콘스탄티누스 12세는 젊었을 때부터 모두 정제 칭호를 받고 있었는데 이제 아버지의 죽음을 눈앞에 두고 서둘러 상속 작업이 시작되었다. 그의 황후 에우도키아가 임시로 대권을 장악했지만, 죽음이 임박한 황제는 질투심에서 그녀의 재혼의 위험성을 우려하고 있었다. 그래서 그녀는 최고 원로원 의원들이 확인한 엄숙한 서약서를 총대주교에게 맡겨야만 했다. 그러나 7개월도 채 지나지 않아 에우도키아의 욕망, 또는 국가 상황이 한 군인이 가진 남성적인 미덕을 소리 높여 요구하였다. 그녀의 마음은 이미 자신이 교수대에서 옥좌로 끌어올린 로마누스 디오게네스를 재혼 상대로 결정하고 있었다. 반란 음모가 탄로 난 그는 준엄한 법의 심판을 받게 되었지만 그의 외모와 남자다움이 황후의 눈에는 무죄로 비쳤던 것이다. 이렇게 해서 로마누스는 형식적으로만 유형에 처해져 그 이튿째 되는 날 동부 군단 사령관에 임명되었다. 에우도키아에 의해 황제가 선정되었다는 사실은 아직 세상에 알려지지 않았기 때문에 그녀는 거짓말과 경박함을 드러내는 증거물인 서약서를 보관하고 있는 총대주교에게 밀사를 보내 교묘히 빼내 왔다. 처음에 크시필리누스는 선서의 엄숙함과 신탁의 신성한 본성을 강조하였지만, 자신의 형제가 황제로 내정되었다는 귀띔을 사실로 받아들이고 국가의 안전이 최고의 법임을 인정할 수밖에 없는 처지에 몰렸다. 그가 그 중요한 문서를 내주고 로마누스가 지명됨으로써 자신

서기 1067년 5월, 에우도키아

의 기대가 수포로 돌아갔음을 알았다. 하지만 이미 때를 놓쳐서 그는 이 문서를 되찾아올 수도, 또 자기의 발언을 취소하는 일은 물론 황후의 재혼을 반대할 수도 없게 되었다. 그러나 궁정 내에서 불만의 소리가 높았고 또 야만족 출신으로 편성된 친위대원들이 벌써부터 두카스 가의 대의를 위하여 나서려 했지만, 젊은 황태자들은 자기 어머니의 눈물 섞인 애원과 이미 황제의 권능과 명예 그리고 위엄을 떨치고 있던 이 후견인의 엄숙한 충성 선언으로 가까스로 이 결혼과 의붓아버지를 받아들였다. 나는 이제부터 투르크족의 진출을 저지하고자 한 로마누스의 용감하지만 실패로 끝난 노력에 대하여 기술할 것이다. 그가 실패하여 포로가 됨으로써 비잔티움 제국은 엄청나게 큰 타격을 입었다. 그는 술탄의 쇠사슬에서 풀려난 뒤에 아내와 신민들을 공연히 괴롭혔다. 그의 아내는 신속하게 수도원으로 보내졌고, 로마누스의 신민들은 한번 적의 손에 붙잡혔던 포로는 마치 죽은 사람처럼 시민으로서의 공사 양면에서의 일체의 권리를 잃는다는 로마법의 엄격한 금언을 신봉하고 있었다. 부황제 요하네스는 대경실색하여 그의 세 조카들의 권리를 옹호하였다. 콘스탄티노플 시민들은 그의 목소리에 귀를 기울였고, 투르크족의 포로였던 로마누스를 국가의 적으로 선언하였으며 전쟁에 참가해서도 그와 같은 대우를 받았다. 로마누스는 내전에서도 불운하였다. 그는 두 번의 전투에서 패배한 끝에 관대한 대우를 해 주겠다는 약속을 받고 투항했지만 적들은 신의도 인정도 가지고 있지 않았다. 그들은 그의 두 눈을 파낸 다음 상처가 썩어 가는 것을 그대로 두었다. 그는 며칠 뒤에 죽음으로 그 고통스러운 상황에서 벗어났

서기 1067년 8월,
로마누스 3세 디오게네스

서기 1071년 8월,
미카엘 7세 파라피나케스,
안드로니쿠스 1세,
콘스탄티누스 12세

다. 두카스 가의 삼두제 통치하에서 아래의 두 형제는 유명무실한 명예만으로 임기를 끝마쳤고, 소심한 장남 미카엘은 로마 제국의 왕위를 이어 갈 만한 능력을 갖추지 못하였다. 파라피나케스(Parapinaces)라는 별명은 밀 가격은 올리고 저울눈은 내린 그의 총신의 탐욕성에 대한 비난을 의미하는 것이었다. 이 에우도키아의 아들은 프셀루스 학원에서 수학하여 어머니의 모범을 따라 철학과 수사학에 약간의 소양을 갖추고 있었지만, 평판은 그의 덕성과 학식으로 좋아지기보다는 오히려 나빠졌다. 그러한 군주를 경멸하고 자신들에 대한 대우에 불만을 가졌던 두 장군이 유럽과 아시아 군단의 추대를 받아 각각 하드리아노플과 니케아에서 황제로 나섰다. 그들의 반란은 같은 달에 일어났고 두 장군의 이름이 똑같은 니케포루스였으므로, 이 두 황제 후보자들은 브리엔니우스와 보타니아테스라는 별명으로 구별되었다. 그중 전자는 뛰어난 전략과 용기로, 후자는 과거에 이룬 공적으로 세상에 알려져 있었다. 보타니아테스가 주의 깊고 완만한 발걸음으로 전진하고 있는 사이에 그의 경쟁 상대는 콘스탄티노플 성문 앞으로 육박하고 있었다. 브리엔니우스의 이름은 소문을 통해 유명했고 민중들도 그의 대의명분을 받아들였는데, 그의 군대가 수도 교외에서 마구잡이로 방화와 약탈을 일삼자 처음과는 달리 사람들도 마음이 변하여 조국의 방화범을 거부하고 격퇴시켰다. 여론의 이런 변화는 투르크군을 이끌고 막 칼케돈 해안에 접근한 보타니아테스에게 행운을 가져다주었다. 총대주교, 주교 회의, 원로원의 연서로 된 정식 초청장이 콘스탄티노플 거리에 내걸리자 성 소피아 성당에서 열린 국민 회의는 차분하고 질서 있게 황제 선출 문제를 토의하였다. 미카엘의 친위대는 무장하지 않은 군중을 쉽게 쫓아낼 수 있었겠지만 심약한 황제는 자신의 자제력과 온정을 대견해 하면서 옥새를 넘겨주고 조용히 수도원으로 물러남으로써 에페수스 대주교라는 칭호를 얻었다. 그에게는 태어나자마자 자의를 입은 콘스탄티누스라는 아들이 있었고, 또 두카스가의 딸은 콤네누스 왕조의 혈통을 후세에 이어 줌으로써 그 상속을 확보하였다.

이사키우스 황제의 동생으로 인자한 요하네스 콤네누스는 제위에서 물러나 평온하고 위엄 있는 생활을 이어 갔다. 그

서기 1078년 3월.
니케포루스 3세
보타니아테스

에게는 남자 못지않은 기상을 가진 부인 안나와 여덟 명의 자녀가 있었다. 콤네누스 가문은 세 딸이 비잔티움에서 가장 명성 있는 가문들에 출가함으로써 서로 사돈을 맺게 되었다. 다섯 아들 중에서 마누엘은 일찍 죽었지만 두 아들 이사키우스와 알렉시우스는 자신들의 권리를 회복하였다. 그리고 그들의 동생 하드리아누스와 니케포루스는 고생이나 위험을 겪지 않고 제권을 이어받을 수 있었다. 이들 형제 가운데 가장 유명한 셋째 알렉시우스는 선천적으로 혜택받은 심신을 가지고 있었으며, 그의 능력은 자유로운 교육과 역경을 통해서 발전하였다. 이 청년은 로마누스 황제의 배려로 투르크 전쟁을 피할 수 있었지만 콤네누스 형제들의 어머니는 일족과 함께 반역죄로 기소되어 두카스의 아들에 의해 프로폰티스로 추방되었다. 얼마 지나지 않아 두 형제는 황제의 총애를 받아 두각을 나타냈고 반역자나 야만족과의 전투에서는 형제가 서로 협력하여 싸웠으며, 미카엘 황제가 세상 사람들과 자기 자신을 위하여 물러날 때까지 그를 지지하였다. 알렉시우스는 보타니아테스와 처음 만난 자리에서 특유의 솔직함으로 이렇게 말하였다. "폐하, 저는 의무 때문에 폐하의 적이 되었지만 신과 국민의 명령이 저를 폐하의 신민으로 만들었습니다. 지난날의 적대 행위로 저

의 장래 충성을 판단해 주시기 바랍니다." 미카엘의 후계자는 그를 존경과 신뢰를 바탕으로 대우하였고, 그는 당시 반란을 일으켜 역대 황제가 쌓아 온 평화를 혼란에 빠뜨린 제국의 장군 세 명과 벌인 전투에서 용맹을 발휘하였다. 우르셀, 브리엔니우스, 바실라키우스는 그들의 많은 병력과 군사적 명성으로 공포의 대상이었지만 연이어 전투에서 패하고 쇠사슬에 묶여 황제 발밑에 끌려 나왔다. 그들은 겁 많은 궁전이 그들에게 행한 잔인한 대우에는 개의치 않고 자신들을 격파한 적장의 용기와 관대함을 칭찬하였다. 그러나 콤네누스 형제의 충성과 용맹도 결국 황제에게는 공포의 대상이 되었다. 확실히 신하와 전제자의 은혜와 의리의 상관관계를 보면, 신하는 끊임없이 반란을 일으키고자 하는 유혹에 빠지기 쉽고 전제자는 그 신하를 제거하여 신하에게 진 빚을 씻어 버리고자 하는 경쟁 관계임을 알 수 있다. 해서 이 관계를 청산하는 일은 언제나 곤란한 문제이다. 알렉시우스가 네 번째 반역자로 지목된 누이동생의 남편, 즉 자신의 매제를 향해 진격하라는 명령을 거부하자 그가 지난날 쌓아 올린 업적과 충성심은 기억에서 모두 사라졌다. 보타니아테스 황제의 신하들은 일찍이 가졌던 야심을 불태웠다. 그리하여 이 두 형제의 이탈은 그들의 생명과 자유를 보호하기 위한 방책으로 정당화되었다. 전제자가 손을 뻗칠 수 없는 성역 안에 일족의 여인들을 숨겨 두고 남자들은 말을 타고 출전하여 깃발을 높이 들었다. 수도와 수도 근교에서 서서히 모여든 병사들은 부당한 대우를 받은 자신들의 지휘관을 지지하였다. 공통된 이해관계와 가정적 연계라는 유대감이 두카스가 일족을 단결시켰고, 콤네누스가 내부에서 행한 허심탄회한 토의를 거쳐 애초부터 자기 동생에게 황제의 칭호와 휘장을 맡긴 이사키우스의 꿈을 실현시켰다. 그들은 콘스탄티노플로 돌아가 이 난공불락의 요새를 공격하지 않고 포위하여 위협하였다. 그러나 게오르기우스 팔레올로구스가 미리 황제의 친위대를 매수하여 성문을 돌파하는 무용을 발휘하여 선단을 장악하였다. 자기 아버지를 상대로 싸운 이 인물은 결과적으로 자신의 후예를 위하여 분전했다는 사실을 당시에는 예견할 도리가 없었다. 알렉시우스는 제위에 오르고 연로한 그의 경쟁 상대는 수도원으로 몸을 피했다. 잡다한 민족들로 편성된 군대는 이 수도를 멋대로 약탈했지만, 이런 사회적 혼란에 대해 콤네누스 일족은 눈물과 단식 기도로 속죄를 빌었다.

알렉시우스 황제의 생애는 아버지의 훌륭한 인격에 대한 경외심에서 그 덕행을 후세에 남기려는 그의 자랑스러운 딸에 의해 상세히 기술되었다.

서기 1081년 4월, 알렉시우스 1세 콤네누스

그녀의 기록에 대한 의심을 의식한 황녀 안나 콤네나는 몇 번이나 반복하여 강조하기를, 자신은 개인적인 견문 이외에도 가장 존경받는 여러 선배의 강연과 저술을 널리 섭렵했으며, 속세를 잊고 또한 자신이 속세로부터 잊힌 채 보낸 30년의 세월 동안 슬프고 고독한 환경에서 희망이나 불안이 없었기 때문에 완전한 진실이야말로 아버지에 대한 사모보다 귀중하고 신성하다고 공언하였다. 그러나 신뢰감을 주어야 할 문체나 내용보다는 뽐내 보이는 듯한 수사와 지식을 자랑하는 대목이 계속 등장하여 이 여류 작가의 허영심을 보여 준다. 결국 알렉시우스의 참된 성품은 애매한 덕성의 나열로 매몰되었고 끊임없는 칭송과 변명으로 우리의 질투를 유발하여 이 역사가의 성실성과 주인공의 공적에 대하여 의심을 품게 한다. 다만 시대의 혼란은 알렉시우스의 불행인 동시에 영광이며, 쇠망하는 제국을 고통에 빠뜨린 여러 종류의 재난이 그의 통치 기간에 집중되었다는 것은 신의 심판과 전임 황제들의 악덕의 결과라는 그녀의 현명한 지적은 인정하지 않을 수 없다. 동부 전선에서 승승장구하던 투르크군은 페르시아에서 헬레스폰투스 해협에 이르기까지 코란과 초승달 깃발의 패권을 확대시키고 있었고 서방 세계는 노르만인의 침공을 받았으며, 평화 시에도 도나우 강 쪽은 군사적 지식을 습득하여 그 위력이 증대된 새로운 야만족이 무력으로 위협하고 있었다. 해상에서도 형세가 해마다 좋지 않았는데 국경이 공공연하게 적군에게 습격당했을 뿐만 아니라, 궁정은 비밀스럽게 진행된 반란의 음모에 골치를 앓고 있었다. 갑자기 십자군의 깃발이 라틴인들에 의해 펄럭이며 유럽 세력이 소아시아로 밀어닥치자 콘스탄티노플은 이처럼 터무니없는 홍수에 떠밀려 가지 않고 겨우 살아남았다. 이런 폭풍우 속에서 알렉시우스 황제는 동로마 제국이라는 거대한 배의 키를 힘과 용기로 훌륭하게 잡아 나갔다. 그는 군대의 선두에 나서서 과감하게 싸우는 동안 교묘한 군사 작전으로 위기를 헤쳐 나가면서 기민하게 전선을 자기에게 유리하도록 전개했으며, 패배하여 곤궁에 처할 때마다 굽히지 않는 용기로 다시 일어나곤 하였다. 군영의 규율을 부활시키고 지휘관들이 보여 주는 모범과 교훈을 본받아 새로운 세대의 병사들이 양성되었다. 알렉시우스는 라틴인과의 교섭에서도 인내심을 보이며 교묘하게 처리하였다. 그는 뛰어난 안목으로 미지의 세계의 체계를 파악하고 있었다. 이후 그는 제1차 십자군 전쟁에 참전한 정열적인 전사들을 탁월한 군사 전략으로 이끌었다. 37년이라는 장기간의 치세 동안 그는 동료들의 질시를 극복하고 너그럽게 용서하였다. 공공의 법과 개인의 질서에 관한 법률을 부활시키고 학문과 예술을 진흥하였다. 유럽과 소아시아에서 제국의 국경은 확대되었으며 콤네누스가의 제권은 그의 3, 4세 자손에게 계승되었다. 그러나 어려운 시국을 맞아 약간의 성격상의 문제점을 드러내 사망한 후, 그의 명성은 정당하지만 약간은 가혹한 비난을 받았다. 독자들은 아마도 그의 딸이 이 분주한 영웅을 몇 번씩이고 추켜세운 과대한 찬사에 미소 지을 것이다. 그가 처한 상황은 약점과 신중함을 용기의 부족으로 오해할 소지가 있었다. 사실 그의 정치적 수완에 대해 라틴인들은 교만을 부린 것이라고 낙인찍었다. 남녀를 막론하고 그의 가계가 여러 갈래로 증가한 것은 제위의 상속을 안정시켰지만, 그들 황족들이 보여 준 화려함과 오만함은 귀족 고관들을 성나게 하였고 국가 수입을 탕진하면서 민중의 비참함을 모욕하였다. 안나 콤네나는 황제가 정신적으로 힘들어하고 건강이 악화된 것은 국가 공무에 시달렸기 때문이라고 충실하게 증언하고 있다. 콘스탄티노플의 인내력은 그의 긴 통치 기간과 엄격함으로 한계점에 도달했다. 알렉시우스는 생전에 이미 신민의 사랑과 존경심을 잃고 있었다. 성직자들은 그가 신성한 교회의 재산을 전쟁에 사용한 죄를 절대로 용서하지 않았지만, 그가 말〔言〕과 펜 그리고 무기로 지켜 낸 정통파 교의에 대한 그의 열의와 신학적 학식만은 극찬하였다. 그의 성격은 비잔티움 사람들의 미신에 의하여 타락하였다. 예를 들어 인간 본성의 부조화의 원리가 황제에게 가난하고 병든 사람들을 위한 병원을 건설하게 한 반면에, 한 사람의 이단자에 대한 처형을 스스로 지시하여 성 소피아 대광장에서 화형시키는 모습을 보여 주기도 했다. 그의 도덕이나 종교상의 덕성에 대한 진지함은 평생 그에게 두터운 신뢰를 받으며 생애를 마친 사람들까지 수상하게 보이도록 만들었다. 그는 임종의 침상에서 황후 이레네가 승계 순위를 변경하라고 요구하자 현세의 허무함을 한탄하며 경건한 말을 내뱉었다. 이 말을 듣고 격분한 황후의 대답은 아마 그대로 그의 묘비명으로 새겨도 좋을 것이다. "당신은 살아 있었던 동안에도 또 죽어 가는 지금도 전혀 변함없는 위선자요!"

서기 1118년 8월,
칼로 요하네스

이레네의 바람은 자신의 사랑하는 딸 안나를 위하여 살아 있는 자식 중 연장자를 배제하는 것이었다. 안나도 결코 제위를 거절할 생각이 없었지만, 남자 형제들이 남성의 상속 순위 우선을 주장하여 의식조차 없는 아버지의 손가락에서 황제의 인장을 빼내자 제국도 궁정의 주인에게 복종하였다. 안나 콤네나는 야망과 복수심에 사로잡힌 나머지 형제들의 생명을 노리게 되었지만 이 음모는 그녀 남편의 망설임으로 수포로 돌아갔다. 그녀는 자연의 신이 양성의 구별을 잘못 택하여 남편 브리엔니우스에게 여자의 혼을 부여하였다고 격렬하게 외쳤다. 알렉시우스의 두 아들 요하네스와 이사키우스는 그들 가문의 전통적인 미덕인 형제간의 우애를 유지하였다. 동생은 황제의 위엄에 가깝지만 권력을 나누어 가지지 않는 '세바스토크라토르(Sebastocrator)'라는 칭호만으로 만족하였다. 다행스럽게도 장자 상속과 실력에 입각한 자격이 동일 인물에서 결합하였다. 그는 거무스름한 피부에 얼굴이 험상궂은데다가 키가 작아 일찍이 칼로요하네스(Calo Johannes)(미남 요하네스)라는 비웃는 듯한 별명이 붙었지만, 그에게 호의적인 국민은 이 별명을 좀더 진지하게 그의 정신적 자질에 빗댄 것으로 생각하였다. 안나의 반역 음모가 탄로난 후에 그녀의 생명과 재산은 당연히 법에 따라 처분 대상이 되었다. 황제는 관용을 베풀어 목숨은 살려 두었지만 그녀가 살던 궁전의 화려한 장식과 보물을 직접 검사한 다음, 이 거액의 재산을 몰수하여 자신의 벗들 중 가장 공이 높은 사람들에게 나누어 주었다. 투르크족 출신 노예로 그의 충직한 부하인 악수크는 이 선물을 받기를 사양하면서 그들의 화해를 위해 노력하였다. 그의 인자한 주인은 이 총신의 덕성에 감동하여 칭찬하고 결국 반역죄를 저지른 안나를 비난과 꾸지람으로 처벌하였다. 이런 인자함을 보인 후로 그의 남은 치세에는 아무런 음모나 반란도 일어나지 않았다. 귀족들에게는 두려움의 대상이지만 국민들에게는 애석하게 여겨진 요하네스는 일생 동안 단 한 번도 사사로이 적대자를 처벌하거나 그들에게 공격을 받은 적이 없었다. 25년간의 그의 치세 동안 사형이라는 형벌은 로마 제국 내에서 폐지되었다. 이것은 인간애가 넘치는 이론가에게는 더없이 기뻐할 자비로운 일이지만, 악이 널리 퍼져 있는 광대한 제국 내에서 공공의 안전과는 양립할 수 없는 시책이었다. 자기 자신에게는 엄격하고 다른 사람에게는 관대하며 순결, 검소, 절제하는 생활 그리고 철학자 황제 마르쿠스 아우렐리우스도 인정할 청렴결백한 성격의 후계자였으며, 이것은 그의 마음속에서 우러나온 것으로 결코 학교에서 배운 것이 아니었다. 그는 백성들에게는 지극히 위압적이고 이성 있는 사람들에게는 매우 어리석게 비칠 비잔티움 궁정의 화려한 허례허식을 경멸하며 줄여 나갔다. 이와 같은 군주 밑에서 청렴결백한 사람이라면 무엇 하나도 두려워할 이유가 없었고 공을 세우면 모두 희망을 품을 수 있었다. 그래서 그는 감찰관이라는 전제적인 직책을 두지 않고 비록 더디기는 했지만 콘스탄티노플을 공사 양면에서 눈에 띄게 개혁하였다. 이렇게 완성된 그의 인격에서 유일하게 결점을 찾는다면 고매한 정신이 부족하다는 점을 들 수 있겠다. 바로 무기와 군사적 영광을 중요시하는 마음이었다. 다만 '미남 요하네스'의 거듭된 원정은 투르크군을 헬레스폰투스와 보스포루스 해협에서 격퇴할 필요가 있었기 때문이라는 점에서는 정당화되었을 것이다. 이리하여 이코니움의 술탄은 그의 수도에 갇히게 되고 야만족들은 산으로 쫓겨남으로써 소아시아의 해양 속주들은 얼마 동안 해방이라는 은혜를 입었다. 그는 거듭해서 승리를 거두며 안티오크와 알레포로 진격하였다. 이 성전에서 거둔 전과와 전투에서 발휘된 그리스인들의 탁월한 기개와 무위(武威)에는 라틴인 동맹군도 깜짝 놀랐다. 그가 제국의 고대 국경을 회복하려는 야심적인 희망을 가슴속에 품고 유프라테스와 티그리스의 두 강, 시리아의 영토와 예루살렘 정복을 생각하고 있을 때, 그의 생명과 국가 안녕의 실은 그만 기묘한 사고로 끊어지고 말았다. 그는 아나자르부스 계곡에서 사냥을 하던 중 멧돼지를 쏘아 맞혔는데 상처 입고 더욱 광포해진 이 야수의 몸뚱이에 다시 투창을 찔러 박았다. 그러나 이 과정에서 독이 묻은 화살이 화살 통에서 떨어지면서 그의 손에 가벼운 상처를 내게 되는데 이 상처가 원인이 되어 콤네누스 가의 최고 군주는 그만 사망하였다.

서기 1143년 4월, 마누엘

요하네스의 장남과 차남은 어릴 때 죽었고, 남은 두 아들 이사키우스와 마누엘 중에서 황제는 동생 쪽에 더 애정을 품고 있었다. 죽음을 앞둔 황제의 선택은 황제가 사랑하는 이 두 아들이 일찍이 투르크족과의 전쟁에서 세운 무훈에 대하여 칭찬하던 병사들로부터도 찬성을 받았다. 충직한 악수크는 곧 수도로 급히 달려가 이사키우스의 신병을 확보하고, 황제 선출에 결정적인 표를 쥔 성 소피아 대성당의 주요 고위 성직자들에게 200파운드의 은(銀)을 선물함으로써 그들을 매수하였다. 이윽고 마누엘은 자신의 속마음을 잘 아는 충직한 군사들을 이끌고 콘스탄티노플에 도착하여 제위를 계승하였는데, 그의 형은 세바스토크라토르 칭호를 받는 것으로 만족하였다. 그의 신민들은 모두가 새 군주의 늠름한 모습과 군인다운 기품에 압도당했고, 자신은 예지와 젊음의 활력 그리고 행동력을 겸비하고 있다는 내용의 공약을 듣고 믿었다. 신민들은 그의 통치를 통해 아버지의 기상을 본받았고 또한 재능을 이어받았다는 사실을 알게 되었다. 그는 통치 기간 37년 동안 투르크인 그리스도교도와 도나우 강 북쪽 연안의 황야에 거주하는 유목민을 상대로 끊임없이 전쟁을 치렀다. 마누엘의 무력은 타우루스 산과 헝가리 평원, 이탈리아와 이집트 해안 그리고 시칠리아와 그리스의 해상에서 위력을 발휘하였고, 그의 외교 교섭 능력은 예루살렘에서 로마와 러시아까지 영향을 끼쳐 비잔티움 제국은 한동안 아시아와 유럽 열강의 외경과 공포의 대상이었다. 마누엘은 동로마 제국 궁정의 비단과 자의에 둘러싸여 자랐지만 잉글랜드의 리처드 1세나 스웨덴의 카를 12세처럼 드문 경우를 제외하면 역사상 비교 대상이 없을 정도로 강철 같은 기상을 갖추고 있었다. 안티오크의 헤라클레스라는 별명을 가진 레이몬드조차도 이 동로마 황제만큼 창과 둥근 방패를 자유로이 다루지 못했다고 일컬어질 정도로 그의 완력과 무기 사용 능력은 어떤 전사보다도 뛰어났다. 한 유명한 마상 시합에서 그는 말에 올라타고 등장하여 첫 번째 시합에서 가장 힘 좋은 이탈리아인 기사 두 명을 쓰러뜨렸다. 돌격할 때는 항상 맨 선두에 서서 싸웠고 퇴각할 때는 마지막까지 남는 그의 용맹성에 아군은 황제의 안위를 염려하였고, 반대로 적들은 자신들의 안전을 염려하여 전율을 느끼곤 하였다. 그는 숲 속에 복병을 남겨 둔 채 자신의 형과 주군을 떠나지 않고 항상 경호하는 충실한 악수크 두 사람만을 데리고 위험한 모험을 찾아 단신으로 말을 몰아 떠난 적도 있었다. 열여덟 명의 기병이 전투 끝에 도주한 후 곧 적병의 수가 급격히 늘어난 데 반하여 아군 지원 부대의 전진이 너무 느리고 또 겁을 먹고 있었으므로, 마누엘은 500명이나 되는 투르크군 한복판에서 혈로를 뚫고 탈출하였는데 이때도 그는 작은 찰과상조차 입지 않았다. 헝가리군과의 전투에서는 자기 부대의 행동이 너무도 느려 속이 타자 군기를 빼앗아 들고는 자신과 적군 사이에 있던 다리를 건너 홀로 적진 속으로 쳐들어간 적도 있었다. 같은 땅에서 그는 군대를 사베 강 대안에 상륙시킨 후 이 부대의 뒤를 따르지 않으면 사형에 처한다는 엄한 명령을 부장들에게 내려 강을 모두 건너면 배를 철수시켜 배수진을 치고 적진에서 혼자 싸우되 사느냐 죽느냐를 천명에 맡기고 분투하라고 전하였다. 코르푸 포위 공격전에서는 자신이 노획한 갤리선을 끌고 가면서 내내 고물 위에 서서 지휘하였는데, 쏟아지는 적의 화살과 돌멩이를 둥근 모양의 대형 방패와 줄을 느슨하게 맨 돛으로 막아 냈다. 이때 시칠리아 섬의 장군이 자신의 궁사들에게 이 영웅의 몸에 상처를 입히지 않도록 하라는 명령을 내리지 않았더라면, 아마도 그는 죽음의 운명에서 벗어나지 못했을 것이다. 어떤 때는 그가 하루 동안에 야만족 병사 마흔 명 이상을 죽였다고도 전해지고, 또 투르크군 포로 네 명을 자기 말안장 고리에 매단 채 군영지로 끌고 돌아온 적도 있었다고 한다. 그는 언제나 가장 적극적으로 일 대 일 대결에 나서거나 도전에 응하였으며, 그의 뛰어난 기량에 도전했던 모든 거구의 전사들은 이 불패의 마누엘의 창에 꿰뚫리거나 칼에 두 동강이 나고 말았다. 기사도에 관한 로맨스의 표본으로 보이는 그의 무훈담은 그리스인들의 진실성을 의심하게 할지도 모르지만, 나도 무리하게 그들을 변호함으로써 나 자신의 신용을 위태롭게 할 생각은 없다. 그러나 그들의 길고 긴 연대기 속에서 이런 종류의 과장된 이야기로 표현된 군주는 이 마누엘 황제 단 한 사람뿐이라고 나는 감히 말해 두고자 한다. 다만 그는 한 명의 군인으로서의 이런 무용을 총사령관으로서의 기량이나 배려와 결부시키지 못했다. 즉 그의 승리는 정복이라는 결과로 마무리된 적이 없었고, 투르크 전쟁에서 얻은 수많은 월계관은 그가 피시디아 산맥에서 군대를 잃고 술탄의 온정으로 구출된 그의 불운한 마지막 원정에서 시들어 버렸다. 그러나 마누엘의 성격에서 나타나는 가장 기묘한 특징은 그의 노력과 권태, 그리고 과감한 결정과 유약함을 동시에 보인다는 점이라고 하겠다. 그는 전쟁을 할 때는 화평을 모르고 평화로울 때에는 전쟁을 싫어하는 것처럼 보였다. 전장에서 그는 야외에서, 심지어 눈 속에서 자는 일도 마다하지 않았으며, 오랜 행군으로 극도로 지친 상태에서도 군영에서의 식사와 생활을 부하 장병들과 똑같이 하였다. 그러나 그는 콘스탄티노플에 귀환하자마자 사치스러운 생활과 쾌락을 탐닉하였다. 그의 의상, 식사 그리고 궁전에 들어가는 경비는 선임 황제들에 비해 훨씬 많았고, 여름에는 종일토록 프로폰티스 해의 아름다운 섬에서 조카딸 테오도라와의 불륜으로 정력을 낭비하였다. 계속되는 전쟁과 황제의 방탕한 생활로 국고를 탕진하게 되자 국민들의 조세 부담이 가중되었다. 마누엘은 그의 마지막 투르크족 원정에서 절망한 병사의 입에서 튀어나온 엄격한 질책에 자기의 참을성을 보여야만 하였다. 목을 축이고자 샘물에 다가간 그가 물에 그리스도교도의 피가 섞여 있다고 불평하자 "오, 황제 폐하시여, 폐하가 그리스도교도인 신민의 피를 마신 것은 단지 이번만이 아닙니다."라는 외침이 들려 왔다. 마누엘 콤네누스는 두 번 결혼하였다. 첫 번째 아내는 독일의 정숙한 공주로 이레네라고도 불린 베르타이고 두 번째 아내는 안티오크의 프랑스인, 즉 라틴 공주인 아름다운 마리아였다. 첫 번째 아내에게서 얻은 외동딸은 알렉시우스라는 이름으로 콘스탄티노플에서 교육받은 헝가리 왕자 벨라와 결혼하기로 되어 있었다. 이 두 사람의 결혼이 이루어졌더라면 로마의 제권은 자유롭고 호전적인 야만족의 한 혈통으로 옮겨 갔을지도 모른다. 그러나 안티오크의 마리아가 제국의 계승자인 아들을 낳자마자 벨라의 계승권은 소멸되었고, 약혼한 신부도 빼앗기게 되었다. 그러나 이 헝가리 왕자는 자신의 원래 이름과 선조들의 왕국을 되찾으며 그리스인들이 후회하고 시샘할 만한 미덕을 보여 주었다. 마리아가 낳은 아들은 알렉시우스라고 이름 붙여졌고, 아버지의 죽음으로 콤네누스 가의 영광이 소멸된 후 열 살의 나이로 비잔티움 제국의 제위에 올랐다.

서기 1180년 9월,
알렉시우스 2세,
안드로니쿠스의 성격과
첫 번째 원정

대(大)알렉시우스의 두 아들의 우애는 때때로 이해와 감정으로 대립하기도 했다. 세바스토크라토르 직함을 가진 이사키우스가 야심에 사로잡혀 반란을 일으킬 때면 미남 요하네스는 의연함과 인자함으로 이사키우스를 교화시키려 했다. 트레비즌드 황제들의 아버지인 이사키우스의 실수는 일시적이고 가벼운 것이 었다. 그러나 그의 큰아들 요하네스는 영원히 자신의 종교를 버렸다. 자신의 삼촌에게 모욕을 당해 분노한 그는 로마군을 버리고 투르크족 군영으로 도망갔다. 그 후 술탄의 딸과 결혼하여 첼레비라는 귀족 칭호와 왕족 영지를 상속받았다. 15세기에 마호메트 2세는 콤네누스 가를 통하여 황제의 핏줄이 내려오고 있다고 호언장담하기도 하였다. 요하네스의 동생이자 이사키우스의 아들이며 알렉시우스 콤네누스의 손자인 안드로니쿠스는 이 시대의 가장 이목을 끄는 인물들 중 한 사람이다. 그의 실제 모험담은 매우 보기 드문 중세의 기사 이야기이기도 하다. 안드로니쿠스는 체력과 용모가 제대로 균형 잡힌 사람이었는데, 그의 온화함의 부족은 남성적인 생김새, 큰 키, 강건한 근육, 군인다운 몸가짐으로 메워졌으며, 왕족의 피를 이어받은 세 숙녀의 선택을 받을 만했다. 실제로 그가 노령에까지 건강과 활력을 유지할 수 있었던 것은 절제와 훈련 덕분이었다. 저녁 식사로 보통 빵 한 조각과 물 한 잔이 전부였고, 직접 구워 먹는 멧돼지나 사슴 고기는 자신이 힘들여 사냥해서 잡은 것이었다. 무기를 다루는 솜씨가 훌륭했던 그는 두려움을 몰랐고, 설득력 있는 웅변 실력은 어떤 상대나 어떤 상황에서도 발휘되었다. 연습한 것은 아니지만 그의 문체는 성 바울의 예를 따른 것이었다. 젊었을 때 그는 황제 요하네스가 사망한 후 로마군의 퇴각을 따랐는데 소아시아 지역을 지나던 중에 우연히 산 속에서 헤매게 되었고, 투르크군에 붙잡혀 자발적이었는지 타의에 의한 것인지 불확실하지만 술탄의 포로가 되었다. 그가 보여 준 미덕과 악덕은 그의 사촌 형제들에게 유망한 인물로 보이게 한 하나의 요소가 되어 그는 마누엘과 함께 위험과 기쁨을 나누게 되었다. 황제가 자기의 조카딸인 테오도라와 공공연하게 근친상간을 저지르는 동안에 그녀의 여동생 에우도키아는 안드로니쿠스에게 매혹되었고 그와 함께 향락을 나누었다. 그녀는 여성으로서의 정숙함이나 자기 신분을 저버리고 그의 첩이라는 사실을 자랑스럽게 받아들였고, 궁전에서나 군영에서 그녀가 애인의 품 안에서 잠자는 모습이 눈에 띄기도 했다. 그녀는 안드로니쿠스가 용맹함과 더불어 경솔함을 맨 처음 드러낸 킬리키아에서 군을 지휘하는 데에도 동행했다. 그는 적극적인 열정으로 모프수에스티아 포위 공격을 밀어붙였는데, 낮에는 대담하기 짝이 없는 공격을 감행했지만 밤에는 춤과 노래로 시간을 허비했다. 그의 수행원들 중에서 가장 엄선하여 뽑은 사람들은 바로 그리스인 희극 배우들이었다. 안드로니쿠스는 기회를 엿보던 적군의 기습 공격을 받았다. 하지만 아군이 뿔뿔이 흩어져 도망치는 중에도 패배를 모르는 그의 창은 아르메니아인들의 두터운 포위망을 뚫었다. 마케도니아에 있는 황제의 군영으로 돌아와서는 마누엘의 미소를 받았지만 사적으로는 책망을 받았다. 그러나 이 패전 장군에게는 보상 내지 위로의 뜻으로 나이수스, 브라니세바, 카스토리아의 영지가 하사되었다. 에우도키아는 여전히 안드로니쿠스와 행동을 같이하고 있었다. 그러던 어느 날 그들의 막사에 쳐들어온 한 무리가 있었다. 이들은 에우도키아의 형제들로 누이의 오명에 대한 보상으로 안드로니쿠스의 피를 얻으려 하였다. 안드로니쿠스는 대담무쌍한 기개를 가졌기에 여장을 하라는 에우도키아의 충고를 거절하고 침상에서 벌떡 일어나 칼을 뽑아 들고 수많은 자객의 포위망을 뚫고 위기에서 벗어났다. 그가 배은망덕한 자라는 사실도 이곳에서 처음으로 밝혀지게 되었다. 그는 헝가리의 왕과 독일의 황제와 역모의 서신을 주고받았다. 그는 수상쩍은 시각에 칼을 뽑아 들고 라틴 병사의 가면을 쓰고서 황제의 막사에 접근하여 불구대천의 원수에 대한 복수라는 말을 공공연히 하였는데, 그 와중에 경솔하게도 자신의 애마가 아주 빨라 안전하게 탈주할 수 있을 것이라고 자랑하기까지 했다. 황제는 안드로니쿠스에 대한 의심스러운 마음을 숨기고 있다가, 원정이 끝난 후에 체포하여 콘스탄티노플 궁의 탑에 유폐시켰다.

안드로니쿠스는 이 감옥에서 12년의 세월을 보냈는데, 그에게 가장 큰 고통은 마음껏 활동하지 못하고 쾌락을 누리지 못한다는 것이었다. 그래서 늘 탈출하고자 하는 마음을 품었다. 혼자서 수심에 잠겨 있던 어느 날, 그는 감옥 한 구석에 벽돌 몇 개가 부서져 있는 것을 발견했다. 그리고 그 부서진 곳을 조금씩 넓혀 나가서 결국 아무도 모르는 어두컴컴한 동굴을 만들었다. 그는 이 굴 속으로 남은 음식물을 가지고 들어간 다음 발자국을 조심스럽게 지우고 떨어져 있던 벽돌을 제자리에 놓았다. 순찰 시간이 돌아와 찾아온 간수들은 감옥이 조용하고 텅 빈 데 깜짝 놀라고는 두려움과 수치심에 떨면서 이해할 수 없는 이 상황을 상부에 보고하였다. 궁전과 수도의 모든 출입문이 즉시 폐쇄되었고, 탈옥자를 포박하라는 엄중한 명령서가 모든 지역에 전달되었다. 그리고 그의 아내는 탈옥을 도왔다는 혐의로 남편이 있던 곳에 갇히게 되었다. 한밤중에 그녀는 유령을 보았는데 곧 그것이 남편이라는 사실을 알아차렸다. 두 사람은 음식물을 나누어 먹었을 뿐만 아니라 감금된 상황의 무료함을 달래기 위해 부부 관계를 맺었고 그 과정에서 아들을 얻게 되었다. 수감자가 여자라는 이유로 간수들의 경계는 조금씩 느슨해졌고, 이를 기회로 안드로니쿠스는 진짜로 탈주하는 데 성공하였다. 하지만 곧 발각되어 콘스탄티노플로 압송되어 쇠사슬을 이중으로 차고 있게 되었다. 그러던 중 마침내 해방의 시기와 도구를 발견하게 되었는데, 바로 그의 시종이 간수를 술에 취하게 만들어 놓고 밀랍으로 열쇠의 본을 뜬 것이었다. 벗들의 도움으로 만든 열쇠가 들어 있는 큰 통이 밧줄에 묶여 감옥으로 반입되었다. 안드로니쿠스는 용기를 내어 부지런히 움직이며 안전 장치를 챙기고 문을 연 다음, 탑에서 내려와 하루 종일 수풀 속에 몸을 숨기고 있다가 한밤중에 궁전 담벽을 기어올랐다. 해안에는 이미 그를 태우고 갈 배가 준비되어 있었다. 안드로니쿠스는 집을 찾아가 아이들을 안아 보고, 쇠사슬을 벗어 던지고 발 빠른 말에 올라타 도나우 강을 향해 내달렸다. 트라키아의 안키알루스에서 용감한 친구가 그에게 말과 돈을 대주었다. 안드로니쿠스는 강을 건넌 다음, 빠른 속도로 몰다비아 사막과 카르파티아 고원 지대를 지나 폴란드와 러시아의 국경 지대의 할리츠 거리에 거의 도착하였다.

그때 한 무리의 왈라키아인들이 길을 막아섰고, 이들은 이 중요한 포로를 콘스탄티노플로 송환시키려 했다. 하지만 안드로니쿠스는 다시 한 번 침착성을 발휘하여 이 위험한 상황을 벗어났다. 어느 날 밤 속이 거북하다는 핑계를 대고 말에서 내려 부대에서 조금 떨어진 곳으로 가도 좋다는 허락을 받아 낸 것이다. 그러고는 가지고 있던 기다란 막대기를 땅에 꽂고 거기에 모자를 씌우고 윗옷을 입혀 왈라키아인들의 눈을 속일 허수아비를 만들어 놓고 숲 속으로 재빨리 도망갔다. 그는 할리츠에서 대공의 거주지인 키예프로 정중하게 안내를 받으며 가게 되었는데, 이 영리한 비잔티움인은 얼마 지나지 않아 이에로슬라우스의 존경과 신뢰를 얻게 되었다. 안드로니쿠스는 어느 지역의 풍습에라도 적응할 수 있는 성격을 지니고 있었다. 야만족들은 숲 속의 곰과 고라니를 사냥하는 그의 힘과 용기에 박수를 보냈다. 이렇게 북방 지역에서 지내던 안드로니쿠스는 마누엘의 사면을 받기에 충분한 여건을 갖추게 되었다. 마누엘은 헝가리를 공격하는 데 러시아 대공이 참여하기를 바라고 있었는데, 안드로니쿠스의 주선으로 이 중요한 일이 성사되었던 것이다. 그리하여 안드로니쿠스가 개인적으로 맺은 협정은 한쪽에는 충성의 맹세가 되었고, 다른 편에서는 망각의 약속이 되었다. 드디어 그는 러시아 기병대의 선두에 서서 보리스테네스 강에서 도나우 강 쪽으로 행진해 갔다. 마누엘은 분노하고 있었지만 자신의 사촌이 용감무쌍하고 자유분방하다는 점을 깊이 이해하게 되었다. 젬린 습격에서 안드로니쿠스가 황제의 용맹에 버금가는 용기를 보여 주자 황제는 무조건적인 용서를 선언하기에 이르렀다.

추방당했던 자가 자유와 조국을 되찾자 그의 잠재된 욕망이 또다시 꿈틀거렸다. 이것은 처음에는 그 자신에게, 나중에는 국가 전체의 불행이 되었다. 마누엘의 딸은 콤네누스 가 혈통의 정통성을 지닌 남자가 제위 계승을 하려는 데 있어서 약간의 장애 요소였다. 그녀가 장차 헝가리 왕자와 결혼하게 되리라는 사실은 군주들과 귀족들의 바람과도 일치하지 않았으며, 그들이 지닌 편견에도 거슬리는 일이었다. 하지만 황제가 헝가리와의 결연의 맹세를 장차 황제의 자리를 이어받을 자에게 강요하자, 안드로니쿠스 혼자서 로마라는 이름의 명예를 주장하면서 이 불법적인 결연을 거부하고 대담하게도 이방인과의 혼례에 대해 항의하였다. 그의 애국심은 황제에게 불쾌감을 주었다. 하지만 그가 국민들의 감정을 대변하고 있었기에 황제는 명예로운 추방 형식으로 자기 주변에서 떨어진 곳으로 격리시킬 목적으로 고작 키프로스 섬의 세입을 관장하는 킬리키아 최전선의 부사령관으로 임명하였다. 이 상황에서 아르메니아인들은 다시 한 번 안드로니쿠스의 용기를 시험하고 그의 태만을 폭로하는 상황을 연출했다. 안드로니쿠스의 작전을 모두 좌절시킨 이 폭도가 말에서 떨어져 안드로니쿠스의 용맹한 창에 죽임을 당할 처지에 놓이게 되었다. 하지만 안드로니쿠스는 보다 간단하고 즐거운 정복 대상을 찾아냈는데, 이는 황후 마리아의 동생이며 안티오크의 라틴 왕자인 포이토우의 레이몬드의 딸이 되는 여인이었다. 안드로니쿠스는 그녀를 위해 임지를 벗어나 한 여름을 무도회와 마상 시합으로 헛되이 보냈다. 이 여인 역시도 안드로니쿠스를 위해 자신의 순결이나 평판 그리고 참으로 좋은 혼담 제의도 모두 거절했다. 하지만 이런 집안의 모욕에 대해 마누엘이 분노하자 안드로니쿠스는 더 이상 쾌락을 즐길 수 없게 되었다. 안드로니쿠스는 이 철없는 황녀가 울면서 후회하는 것을 내버려 두고, 분별없는 모험주의자들 한 무리와 함께 예루살렘으로 순례 여행을 떠났다. 그의 출생과 쟁

쟁한 무용담 그리고 열정적인 신앙 고백으로 그는 십자가의 전사로 널리 알려졌다. 곧 그는 이곳의 성직자와 국왕의 마음을 사로잡았고, 이 그리스 왕자는 페니키아 해안에 위치한 베리투스의 태수로 임명되었다. 그 근처에는 동향이며 한 가문에 속하는 알렉시우스 황제의 증손녀이며 예루살렘 왕 보두앙 3세의 과부인 젊고 아름다운 여왕이 살고 있었다. 여왕은 안드로니쿠스를 찾아갔다가 그를 사랑하게 되었다. 테오도라는 그의 유혹에 넘어간 세 번째 희생양이 되었다. 그녀가 당한 수치는 앞선 두 여성보다 훨씬 공공연한 추문이 되었다. 황제는 아직도 안드로니쿠스에게 복수할 기회를 엿보고 있었다. 시리아 국경에 있는 황제의 신민들과 동맹자들은 계속해서 이 도망자를 잡아 두 눈을 뽑아 버리라는 강요를 받고 있었다. 팔레스타인은 더 이상 안드로니쿠스에게 안전한 곳이 아니었다. 하지만 다정한 테오도라는 그의 신변에 닥칠 위험을 미리 알려 주고, 그가 도주하는 길에 동행했다. 예루살렘의 여왕은 동로마 제국에 안드로니쿠스의 순종적인 첩으로 알려지게 되었고, 두 명의 서출 자녀들은 여왕의 타락을 입증하는 살아 있는 기념비가 되었다. 안드로니쿠스는 다마스쿠스를 첫 번째 망명지로 삼았다가 미신을 잘 믿는 탓에, 결국에 위대한 누레딘의 인격과 그의 심복 살라딘의 품성을 보고는 이슬람교도들의 덕성을 존경하게 되었을지도 모른다. 그는 누레딘의 친구로서 아마도 바그다드와 페르시아의 궁전을 방문했을 것이다. 안드로니쿠스는 카스피 해와 그루지야 산악 지대를 크게 돌아간 다음에서야 비로소 대대로 조국의 원수인 소아시아의 투르크족 사이에 정착하게 되었다. 콜로니아의 술탄은 안드로니쿠스와 그의 첩 그리고 같이 어울리는 무법자 무리를 따뜻하게 맞아 주었다. 안드로니쿠스는 이에 대한 보답으로 트레비존드의 로마 속주를 번번이 침공하여 거의 매번 그리스도교도 포로와 상당한 약탈품을 가져다주었다. 안드로니쿠스는 자신의 모험담을 이야기하면서 자신을 오랫동안 악인들의 덫을 피해 다녔던 다윗과 비교하곤 했다. 하지만 이 황실 예언자 다윗은(안드로니쿠스는 굳이 이 말을 덧붙였다.) 유대의 변경에 몸을 숨기고 있다가 한 아말레크인을 죽이고 비참한 상태에서 탐욕적인 나발(Nabal)의 생명을 노리는 것이 고작이었다면, 우리의 콤네누스가 출신 왕자는 좀 더 넓은 지역을 누비며 동방 세계에 그 이름과 종교의 영광을 빛냈다. 그리스 교회에서는 이 방탕한 귀양살이 죄인과 충실한 신도들이 교제하는 것을 금하는 선고를 내렸지만, 이런 파문 자체가 어쩌면 그가 결코 그리스도교 신앙을 버리지 않았음을 반증하는 것인지도 모른다.

안드로니쿠스는 항상 경계를 늦추지 않고 지내면서, 황제의 은밀한 또는 대놓고 하는 박해를 잘 피하거나 무력화시켜 버리곤 했다. 하지만 마침내 같이 지내던 여성이 사로잡히자 함정에 빠지고 말았다. 트레비존드 총독은 테오도라를 체포하는 일에 성공했다. 예루살렘의 여왕과 두 명의 자녀가 콘스탄티노플로 압송되자, 안드로니쿠스에게 추방이라는 지루하고 따분한 일은 더욱 참을 수 없는 형벌이 되었다. 망명자는 황제의 발치에 몸을 던져 마지막 사면을 받아 냈고, 황제는 이 오만한 인간이 굴복했다는 사실에 만족해 했다. 안드로니쿠스는 땅바닥에 엎드려 눈물과 후회의 한숨으로 과거의 불충한 죄를 유감스러워했다. 한 충성스러운 황제의 신하가 안드로니쿠스의 목에 가만히 쇠사슬을 채워서 황제가 있는 옥좌 아래로 끌고 가기 전까지 그는 몸을 일으킬 생각조차 하지 않았다. 흔히 보지 못할 이런 식의 참회는 보는 이들의 감탄과 연민을 불러일으켰다. 그래서 교회와 국가는 또 한번 그의 죄를 사면해 주었다.

하지만 과거를 돌이켜 볼 때 마음을 놓을 수 없다고 생각한 마누엘은 안드로니쿠스의 거주지를 궁전에서 멀리 떨어졌고, 풍성한 포도밭으로 둘러싸인 흑해 연안에 있는 폰투스 지역의 마을인 오에노에로 지정했다. 하지만 마누엘이 죽고 소수파가 소요를 일으키자 안드로니쿠스의 야심은 활개를 칠 곳을 찾게 되었다. 황제는 아직 열두 살이나 열네 살 정도였기 때문에 용맹함이나 지혜도 없고 아무런 경험도 없는데다가, 그의 어머니 마리아 황후는 콤네누스라는 이름의 총신의 손에 자신의 신변 안전과 통치권을 일임하고 모든 것을 포기하고 있었다. 더욱이 새로운 황제의 이복 누이인 또 다른 마리아는 부황제의 칭호를 가지고 있던 자신의 이탈리아인 남편을 배경으로 음모를 꾸미다가, 마침내 밉살스러운 계모에 대한 반란을 일으켰다. 더 이상 속주의 관리를 생각하는 이는 없어졌고 수도는 불길에 휩싸이게 되었으며, 평화와 질서의 시대는 몇 달 동안 이어진 죄악과 무기력함으로 붕괴되었다. 콘스탄티노플에서 내전이 발발하여 두 파벌이 궁전의 광장에서 유혈극을 벌였고, 반란군은 성 소피아 성당에서 정규군의 포위 공격을 견뎌 내고 있었다. 총대주교는 순수한 열정으로 나라의 상처를 치료하느라 애썼고, 대부분의 존경받는 애국자들은 소리 높여 수호자를 부르며 보복을 요청했고, 모든 이들이 안드로니쿠스의 재능과 심지어 그 덕망을 칭송하기를 반복했다. 안드로니쿠스는 은둔처에 머물며 자신이 한 선서의 엄숙한 의무를 곰곰이 생각했다. "황제의 가족의 명예나 안전이 위험에 처한다면 나는 그 악행을 폭로하고 막아 낼 것이다." 총대주교와 귀족들이 주고받은 편지는 다윗의 시편과 사도 바울의 서간에서 가져온 적당한 인용문으로 멋을 부리고 있었다. 안드로니쿠스는 참을성을 가지고 국민들이 자신의 복귀를 간절히 요구할 때까지 기다렸다. 그가 오에노에서 콘스탄티노플에 이르는 거리를 진격하는 동안 얼마 되지 않는 그의 수행원은 어느새 한 무리의 군중과 군대로 불어났다. 그의 신앙 고백과 충성 선언은 마음에서 우러나온 것으로 오해되었고, 외국에서 입던 검소한 복장은 그의 늠름한 체격을 더욱 돋보이게 하는 한편, 빈궁한 망명 생활을 했음을 생생하게 보여 주었다. 그를 반대하던 세력이 일제히 사라지고 그가 트라키아 쪽 보스포루스 해협에 도착하자, 비잔티움 해군이 항구에서 나와 제국의 구세주를 환영하며 수송을 담당했다. 대세는 완전히 기울어 다른 저항이 있을 수 없었기에, 이제까지 황제의 총애를 받으며 좋은 시절을 보내던 벌레들은 안드로니쿠스를 부르는 이들이 만든 폭풍우에 휩쓸려 모두 자취를 감춰 버렸다. 안드로니쿠스가 가장 먼저 처리한 일은 궁전을 점거하고 나서 황제에게 인사를 드리고 그 어머니를 가둔 뒤, 그녀가 총애하던 대신을 벌하고 나라의 질서와 평화를 회복시키는 일이었다. 그리고 나서 그는 마누엘의 묘소를 찾았다. 주위 사람들에게 멀리 떨어져 있으라는 명령을 내렸지만, 기도를 하는 자세로 고개를 숙이고 있는 안드로니쿠스가 승리와 복수의 말을 나지막하게 속삭였다는 것을 들었거나 들었다고 생각하는 사람들이 많았다.

오랜 원수여, 나를 이 땅의 모든 지역으로 유랑하게 했던 그대이지만, 이제는 그대를 두려워하지 않소이다. 이제 그대는 최후의 나팔 소리가 들리기 전까지는 일곱 겹의 둥근 천장 아래서 얌전히 누워 절대로 일어나지 못할 것이오. 이제는 내 차례이외다. 나는 신속히 그대의 유골과 그대의 유족을 짓밟아 버릴 참이오.

이것은 이후에 그의 폭정과 압제를 보고 그 순간에 고인에게 이런 생각을 했을 것이라고 추정해 본 것이지만, 그가 자신의 속마음을 드러내는 일은 없었으리라는 생각이 든다. 그는 통치를 시작하고 처음 몇 달 동안은 신민들의 눈을 속이기 위해 철저하게 위선적인 모양새를 선보였고, 어린 알렉시우스의 대관식은 장중하게 거행되었다. 딴마음을 품고 있던 어린 황제의 수호자는 손에 그리스도의 피와 성체를 들고서 열렬한 어조로 사랑하는 조카를 위해 죽음도 불사하겠노라고 선언했다. 하지만 수많은 그의 추종자들은 스러져 가는 제국이 어린아이의 손에서 완전히 패망할 것이기에 오랜 기간 사람들과 부딪치며 온갖 일을 겪어 내고, 정책 수립에 능하며 전쟁에 용맹스러운 노련한 군주만이 로마인들을 구원해 주리라고 믿으며, 겸손함으로 다른 마음을 품지 않는 안드로니쿠스를 설득하여 모든 국사를 맡겨야만 한다는 주장이 옳다는 생각을 주입시켰다. 어린 황제 자신도 사람들의 이런 일치된 의견에 동의하여 안드로니쿠스에게 공동 통치를 제의했고 그렇게 되자마자 안드로니쿠스는 황제를 최고 자리에서 끌어내려 감금하였다. 일찍이 알렉시우스가 후견인의 보호를 받는 순간부터 죽은 것이나 마찬가지라고 선언했던 총대주교의 말이 옳았음이 증명된 셈이다. 하지만 황제의 죽음에 앞서 그의 어머니가 투옥되었다가 사형을 당하는 일이 먼저 집행되었다. 황제의 어머니가 명예를 더럽혔다고 말하며 그녀에 대한 많은 이들의 분노를 자극시킨 다음에, 이 폭군은 황후가 헝가리 왕과 반역의 내용이 담긴 서신을 주고받았다는 죄목으로 재판을 열었다. 명예심과 인간애를 두루 갖춘 젊은이였던 그의 아들이 이런 흉악무도한 행위에 대한 혐오감을 공공연하게 드러냈고, 세 명의 판사도 신변의 안전보다 자신들의 양심을 선택하는 용감한 모습을 보였지만 비굴한 법정은 그 어떤 변호나 증거 조사도 요구하지 않은 채 마누엘의 미망인에 대한 판결을 내렸다. 그리고 그녀의 불행한 아들은 어머니의 사형 판결문에 서명하게 되었다. 마리아는 교수형에 처해졌고 그 시체는 바다에 던져졌다. 이후 그녀의 평판은 여성의 허영심에 대한 치명적인 모욕, 아름다운 모습에 대한 추악한 거짓 묘사로 더럽혀졌다. 그녀의 아들의 최후도 그리 멀지 않았다. 황제는 활시위로 교살당했는데 연민이나 후회를 모르는 폭군은 아무 죄도 없는 젊은이의 사체를 살펴본 후, 그것에 난폭하게 발길질을 해대며 외쳤다. "네 아버지는 파렴치한이었고, 네 어미는 창녀였고, 너는 멍청이였다!"

안드로니쿠스는 자신이 저지른 범죄의 보상으로 동로마의 왕홀을 약 3년 반 동안 쥐고 제국의 군주 또는 수호자로 군림

*서기 1183년 10월,
안드로니쿠스 1세
콤네누스*

하였다. 그의 통치는 악행과 미덕이 교차하며 대조를 보였다. 자신의 격정에 귀를 기울일 때는 그의 신민들에게 재앙이 되었지만 이성에 기대어 생각할 때는 신민들의 아버지가 되었다. 개인적인 정의를 행사할 때는 공평하고 정확해서 부끄러운 매관매직의 병폐는 사라졌으며, 관직은 자리에 합당한 인재들로 채워졌다. 인재를 알아보고 잘못을 엄하게 벌하는 군주 덕분이었다. 그는 난파선의 선원들과 그 물건을 약탈하는 비인간적인 관행도 금지했으며, 오랫동안 압제에 시달리거나 무관심으로 방치되어 있던 속주들도 다시 번영과 풍요를 누리게 되었다. 수백만의 사람들이 멀리서 행하는 그의 통치를 축복했지만 그가 일상적으로 저지르는 잔인한 행위를 목격하는 이들은 그를 저주했다. 예로부터 전해 오는 추방되었다가 다시 권력을 되찾은 자는 반드시 피에 굶주린다는 격언을 마리우스와 티베리우스에게 적용시켜 보면 너무나도 딱 맞아떨어진다. 아마도 세

번째로 이 경우에 해당하는 인물이 안드로니쿠스라 할 수 있을 것이다. 그의 머릿속에는 원수들과 경쟁자들의 이름이 새겨져 있었다. 이들은 안드로니쿠스를 중상모략했고 그의 위대함을 인정하지 않고 헐뜯었으며, 그가 불행을 당했을 때 모욕을 주었다. 추방되었을 때 그의 유일한 위로는 복수하겠다는 성스러운 희망과 바람뿐이었다. 어린 황제와 그 어머니를 살해하지 않을 수 없었지만, 그 일로 안드로니쿠스는 암살자인 자신을 증오하고 벌하려는 지인들을 모두 없애야 할 숙명적인 채무를 갖게 되고 말았다. 계속된 살인은 점점 더 용서의 마음을 없애 버려서 결국 그 무엇도 용서할 수 없게 만들었다. 독살당하거나 칼에 찔려 죽거나 바다에 던져지거나 불길에 휩싸여 죽는 등의 끔찍한 희생자들의 이야기보다 안드로니쿠스의 잔인성을 더 잘 설명해 주는 것은 그가 휴식을 취하느라 일주일 간 피를 흘리지 않았던 시기를 일컬어 사람들이 태평성대라고 했다는 사실이다. 이 폭군은 법률과 판사들에게 자신의 죄 일부를 전가시키려 했다. 하지만 그가 쓰고 있던 가면은 벗겨지고, 신민들은 더 이상 자신들이 겪는 재난을 일으킨 주범이 누구인지 착각하지 않게 되었다. 비잔티움에서 가장 높은 귀족 계급에 속하는 이들, 특히 콤네누스 가의 상속권을 놓고 서로 다투었을 직계 손이나 혼인을 맺은 이들은 이 괴물의 소굴에서 탈출해 니케아와 프루사, 시칠리아, 키프로스 섬 등으로 망명하였다. 망명 자체가 범죄로 규정되는 이상, 이들은 공공연하게 반란을 일으키고 스스로 황제의 칭호를 사용함으로써 자신들의 죄목을 더욱 늘려 나갔다. 하지만 안드로니쿠스는 가장 강력한 적의 단검과 칼을 막아 냈고 니케아와 프루사는 징벌을 받고 몰락하였다. 시칠리아 사람들은 테살로니카의 약탈에도 체념해야 했다. 하지만 키프로스는 멀리 떨어져 있던 바람에 반역자에게는 다행이었고, 폭군에게는 안타까운 일이 되었다. 그런데 안드로니쿠스를 무너뜨린 것은 별 볼 일 없는 경쟁자 한 명과 무기도 없는 사람들이었다. 이사키우스 안겔루스는 대(大) 알렉시우스의 혈통을 이어받은 후예로서, 황제의 미신적 관습과 조심성 때문에 처형 대상으로 지목되어 있었다. 안겔루스는 목숨과 자유를 지키고자 사형 집행인을 칼로 베고 성 소피아 성당으로 피신했다. 이 성역에는 안겔루스의 운명에서 자신들의 운명도 감지한 이들이 호기심과 비탄에 젖어 하나둘씩 모여들기 시작했다. 그러나 이들의 한탄은 곧바로 저주로 바뀌었고 이 저주는 협박이 되었다. 이들은 과감하게 외쳤다.

어째서 우리가 두려워하는가? 어째서 우리가 복종하고 있는가? 우리는 많고 그는 한 명이다. 우리를 예속 상태에 묶어두고 있는 것은 오로지 우리의 인내심뿐이다.

날이 밝음과 함께 이들의 선동으로 모든 도시민은 일제히 들고 일어났고, 감옥 문이 열리고 아무런 관심도 갖지 않던 이들과 가장 굽실거리던 이들도 조국을 지키고자 봉기했다. 그리고 성 소피아 성당의 성역에서 이사키우스 2세를 새로운 황제로 옹립하였다. 폭군은 임박한 위험도 감지하지 못한 채, 자리를 비우고 수도에서 벗어나 프로폰티스의 아름다운 섬에 머물고 있었다. 그는 불운한 알렉시우스의 미망인이자 프랑스의 루이 7세의 딸인 아그네스 또는 알리스라는 여인과 추잡한 결혼식을 거행한 바 있었기에, 그와 동행한 이들은 그의 나이보다는 그의 기질에 어울리는 젊은 아내와 총애하는 첩들이었다. 처음 소요에 대한 전언을 들은 안드로니쿠스는 서둘러 콘스탄티노플로 돌아가 범죄자의 피를 보려고 조바심을 냈다. 하지만 놀랍게도 궁전은 침묵에 싸여 있었고 온 도시는 소요 속에 휘말려 있었으며, 궁전의 인력은 대부분 도주한 뒤였다. 안드로니쿠스는 신민들에게 대사면을 내렸지만 사람들은 용서를 바라지도 않았고, 그가 내리는 사면을 인정하지도 않았다. 안드로니쿠스는 제위를 아들 마누엘에게 양위하겠다고 했지만 아들의 덕행으로도 아비의 죄악을 속죄할 수 없었다. 해안으로 도망갈 수 있는 방법이 남아 있었지만 혁명이 일어났다는 소식은 해안를 따라 퍼져 있었다. 두려움이 사라지자 더 이상의 복종은 없었다. 황실의 갤리선을 무장한 범선이 추격하여 나포하였다. 폭군은 족쇄를 차고 목에 긴 쇠사슬을 매단 채 이사키우스 안겔루스 앞으로 끌려 나왔다. 같이 있던 여인들이 눈물을 흘리고, 안드로니쿠스가 유창한 말을 늘어놓았으나 목숨을 구하지는 못하였다. 새 황제는 마지막 체면을 세울 수 있는 적법한 사형 절차 대신에 그 범죄자를 아버지, 남편, 친구를 빼앗긴 수많은 이들의 손에 넘겨주었다. 안드로니쿠스의 이와 머리카락이 뽑히고, 눈 하나와 손 하나도 찢겨 나갔지만 이 정도로는 수많은 희생에 대한 대가로는 참으로 보잘것없는 것이었다. 그리고 잠시 동안의 휴식의 시간이 주어졌는데 이는 죽음의 고통을 느끼게 하기 위함이었다. 안드로니쿠스는 낙타에 태워진 채 온 도시를 끌려 다녔다. 최하층에 속하는 백성들은 황제의 실추된 위엄을 욕보이며 그를 노리개 삼아 즐거운 시간을 보냈다. 안드로니쿠스는 무수한 구타와 유린을 당한 후에 늑대와 승냥이 조각을 지탱하고 있는 두 개의 기둥 사이에 거꾸로 매달리게 되었다. 이 공공의 적에게 손이 닿는 사람들은 누구나 그의 몸뚱이에 굴욕적인 표지를 잔인하게 새겨 넣었다. 끝으로 친절해서인지 아니면 격노해서였는지 알 수 없으나 두 명의 이탈리아인이 칼을 뽑아 들어 안드로니쿠스의 몸을 찔러 이 모든 인간적인 형벌에서 그를 풀어 주었다. 오랜 시간에 걸친 비통한 고통 속에서 그가 한 마디를 내뱉었다. "주여 자비를 베푸소서!" "그대들은 이미 부러진 갈대를 어째서 또 짓밟고 부수려 하는가?" 폭군에 대한 우리의 증오는 한 인간에 대한 연민으로 변해 버린다. 우리가 안드로니쿠스의 무기력한 체념을 비난할 수도 없는 것이, 그리스인 그리스도교도들은 생명을 자신의 것으로 생각하고 있지 않았기 때문이다.

나는 충동적으로 안드로니쿠스가 겪은 일들과 그 이상한 성격에 대해 자세하게 적고 말았다. 하지만 여기서 헤라클리우스 황제 이후의 비잔티움 황제들에 대한 이야기를 마쳐야겠다. 콤네누스 가의 줄기로부터 뻗어 나간 가지들은 서서히 시들어 갔고, 남자 혈통은 사회적 혼란을 틈타서 트레비존드의 주권을 찬탈하여 역사적으로는 그리 알려져 있지 않지만, 그 연애 사건으로는 매우 유명한 안드로니쿠스 자신의 후손이 이어갔을 뿐이다. 일찍이 필라델피아의 한 시민이었던 콘스탄티누스 안겔루스는 황제 알렉시우스 1세의 딸과 결혼하면서 부와 명예를 누리는 지위로 올랐다. 그의 아들 안드로니쿠스는 비겁한 것으로 유명했지만, 그의 손자인 이사키우스는 폭군을 처벌하고 제위에 올랐다. 그러나 그 역시 악덕을 쌓은데다, 동생이 야심을 품는 바람에 제위를 빼앗기게 되었다. 이 형제간의 불화는 라틴인이 콘스탄티노플을 정복했다는 의미에서 동로마 제국 쇠망의 첫 번째 중요한 단계가 된다.

서기 1185년 9월, 이사키우스 2세 안겔루스

서기 1204년 4월

역대 황제들의 숫자와 그 치세 기간을 계산해 보면 600년 동안에 모두 예순 명의 황제들이 재위했음을 알게 된다. 여기에는 황제 명부에 있는 여성 군주는 포함시키고, 수도를 점령하지 못한 찬탈자와 제위를 계승할 때까지 살아 있지 못한 황태자들은 제외하였다. 황제들의 평균 재위 기간은 10년인데, 이는 최근에 존재한 좀 더 안정된 제국의 경험에서 보통의 재위 기간을 18년에서 20년 정도로 본 아이작 뉴턴의 연대기 규칙에 비추어 보면, 여기에는 훨씬 미치지 못함을 알 수 있다. 비잔티움 제국은 선조 대대로 제위를 세습받던 시기에 가장 번영하고 평화로웠다. 헤라클리우스 가, 이사우리아 가, 아모리아 가, 바실리우스 가, 콤네누스 가의 다섯 황통은 각각 5대, 4대, 3대, 6대, 4대에 걸쳐 황제의 자리를 전승하며 그 권력을 누렸다. 몇몇 군주는 재위 기간이 영아의 연령 기간과 똑같을 정도로 짧았지만, 콘스탄티누스 7세와 두 명의 손자들의 재위 기간을 합치면 백 년에 이른다. 하지만 비잔티움의 황가가 교체되는 시기에 제위 계승은 순식간에 계통을 무시하고 이루어졌다. 후계자의 이름은 좀 더 운이 좋은 경쟁자에 의해 재빨리 지워져 버렸다. 권력의 최고 자리에 이르는 길은 다양했고, 반란으로 세워진 건조물은 음모로 타격을 받거나 은밀한 계략으로 근간이 흔들리게 되었다. 병사들이나 국민들의 지지를 받은 경우나 원로원이나 성직자의 추대를 받은 경우, 그리고 여자들과 환관들의 후원을 입은 자들이 차례로 황제의 자의를 입었다. 하지만 제위에 등극하는 방법은 비열하였고, 그들의 말로는 종종 비극적이거나 처참하였다. 만일 인간과 똑같은 재능과 특성을 지녔으되 인간보다 더 오랫동안 생존할 수 있는 존재가 있다면, 그는 짧은 기간에 그리도 열심히 위태롭기 그지없는 순간의 즐거움을 붙잡으려는 인간의 야망이 저지른 범죄와 어리석은 일들을 보며 경멸과 연민의 미소를 지을 것이다. 이런 의미에서 역사의 경험은 우리의 지적 시야의 지평을 넓혀 주고 고양시켜 준다. 며칠씩 걸려서 집필한 글을 몇 시간 만에 읽어

보는 과정에서 600년의 세월이 흘러가고, 황제들의 삶과 치세는 덧없는 한순간으로 집약된다. 옥좌 옆에는 반드시 무덤이 있으며 범죄를 성공시켰다 해도 즉시 그 보상을 상실하게 된다. 하지만 불멸의 이성은 우리의 눈앞을 지나 우리 기억 속에 희미하게 남아 있는 예순 명 황제의 망령을 비웃는다. 어떤 시대나 어떤 지역에서도 야망은 언제나 압도적인 기운으로 활개쳤다는 사실은 철학자에게도 크게 놀랄 일은 아닐 것이다. 하지만 철학자는 허영을 지탄하면서도 권력의 홀을 손에 쥐려고 노력하려는 인간의 보편적인 욕망의 동기가 무엇인지 탐구할지도 모른다. 비잔티움 제국 황제의 계보를 잇는 이들 대부분의 행동을 명성과 인간에 대한 사랑으로 설명하는 데는 무리가 있다. 요하네스 콤네누스의 미덕만이 유익하면서 순수함을 지녔다. 이 고귀한 황제를 전후로 통치한 제아무리 저명한 황제들도 기민한 머리와 용맹한 가슴을 지니고도 이기적인 정책이 뒤엉킨 피 묻은 길을 걸어갔다. 이사우리아 가의 레오, 바실리우스 1세, 알렉시우스 콤네누스, 테오필루스, 바실리우스 2세, 마누엘 콤네누스 등의 불완전한 성격을 면밀히 살펴보면, 비난을 받을 부분과 존경을 받을 부분이 거의 비슷한 정도이다. 그러나 나머지 황제들은 후세들에게 잊혀질 것으로 생각된다. 개인적인 행복이 이들의 야망의 목적과 대상이었을까? 나는 황제들이 비참한 처지에 처했다는 비속한 주제에 대해 자세히 논하지 않을 것이다. 하지만 그들이 처한 환경은 다른 어떤 이들보다 더 불안한 요소를 품고 있으며, 희망을 품기 어려웠다는 사실은 확실히 말할 수 있다 하겠다. 이런 극단적인 격정이활약할 여지는 근대의 안정적이고 원만한 추세에서보다는 고대의 혁명의 시기에 훨씬 더 많았다. 오늘날에는 알렉산드로스의 전승이나 다리우스의 몰락도 쉽게 재현할 수가 없다. 하지만 비잔티움 군주들이 처한 특유의 불행은 외국 정복의 가능성을 보여 주지도 못한 채, 국내의 위험에 스스로를 노출시키는 결과만 낳았다. 안드로니쿠스는 위대함의 최고 정점에서 최악의 범죄자보다 더 잔혹하고 수치스러운 죽음을 겪는 상황으로 몰락하였다. 그의 선대 황제들 중 가장 위대한 영광을 누렸던 이들도 적들을 물리치겠다는 생각보다 백성들을 더 많이 두려워하며 지냈다. 군대는 사기가 떨어져 방자함이 극에 달하였고, 국민은 자유를 갖지 못해 소요를 일으켰으며, 동방과 서방의 야만족은 제국을 압박하여 왔고, 여러 속주들의 상실은 결국 수도의 최종적인 복속으로 이어졌다.

최초의 카이사르에서 최후의 콘스탄티누스에 이르기까지 로마 황제들의 전체 계보는 1500년 이상에 이르렀는데, 외국인의 정복으로 중단되지 않은 계보가 이어진 기간은 고대의 여러 왕국, 이를테면 아시리아나 메디아, 키루스의 후계자나 알렉산드로스의 후계자들이 제국을 지배한 기간을 능가하였다.

49

성상(聖像)의 도입, 숭배, 박해 · 이탈리아와 로마의 반란 · 교황의 세속적 지배권 · 프랑크족의 이탈리아 정복 · 성상의 확립 · 샤를마뉴 대제의 인품과 대관식 · 서로마 제국의 수복과 쇠퇴 · 이탈리아의 독립 · 독일 연합의 구성 · 독일 황제 카를 4세

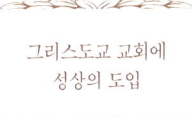

그리스도교 교회에 성상의 도입

이 책에서는 교회와 국가의 결합에 대해서 교회는 오로지 국가에 보조적이고 국가와 관련되는 것으로만 보았다. 만일 교회가 서술상으로만이 아니라 실제로도 신성하게 여겨져 왔다면 이는 유익한 교훈일 것이다. 그노시스라는 동방 철학, 운명 예정설과 축복이라는 어두운 미로, 성찬식에서 그리스도 육체의 실체가 표식으로 변형되는 것[1] 등은 일부러 사변적인 성직자들의 호기심에 맡겨 두었다. 그러나 로마 제국의 쇠망에 중대한 영향을 준 교회사의 여러 사건들, 이를테면 그리스도교의 전파, 가톨릭 교회의 성립, 이교의 몰락, 삼위일체와 성육신에 관한 기묘한 논쟁에서 비롯된 종파 등에 대해서는 부지런히, 즐겁게 검토했다. 이 장의 서두에서 8~9세기 격론의 대상이었던 성상의 숭배를 다루는 것은 대중의 미신이라는 이 문제가 이탈리아의 폭동, 교황의 세속적 권력, 서로마 제국의 부흥을 가져왔기 때문에 당연한 일이라고 할 수 있다.

[1] 박학다식한 셀든(Selden)은 화체설의 역사를 포괄적이고 핵심을 짚는 문장으로 설명했다. "이 의견은 수사학이 논리로 변형된 것일 뿐이다."

원시 그리스도교도들은 성상의 사용이나 오용을 지나치리만큼 혐오스러워했다. 이러한 혐오는 그들이 유대인의 후손이고, 그리스인에게 적의를 품은 데서 비롯되었을지도 모른다. 모세의 율법은 모든 신의 형상을 금지했고, 이 교의는 선민들의 행동 원리와 관습에 굳건하게 뿌리내렸다. 그리스도교 호교론자들은 자기 손으로 만든 물건에 절하는 어리석은 우상 숭배자들을 조롱했다. 황동과 대리석으로 만들어진 이 성상들이 감각을 갖고 움직일 수 있었다면, 아예 그 받침대에서 내려와 작품을 만든 예술가의 창조력을 경배했을 것이라고 말이다. 일부 불완전한 새로운 그노시스파 개종자들은 어쩌면 아리스토텔레스와 피타고라스의 상(像)에나 그리스도와 성 바울의 상에나 똑같이 세속의 경의를 표했을지도 모른다. 그러나 가톨릭교도들의 공적 종교는 일관되게 단순하고 영적이었다. 성화(聖畵) 사용 사실에 처음 주목한 것은 서기 300년 후로 일리베리스 공의회에서 이에 대해 비난을 퍼부으면서였다. 콘스탄티누스 이후 황제들의 치세에 성공한 교회가 평화와 사치를 즐길 때, 그나마 검소한 주교들은 대중의 편익을 위해 부끄러움을 무릅쓰고 뚜렷한 미신적 관습을 용납했다. 게다가 불쾌하게도 이교도와 비슷한 관습을 가진 것으로 비칠까 우려해 자제하는 일마저도 이교 신앙이 몰락한 뒤에는 아예 없어졌다. 성상 숭배는 십자가와 유물에 대한 경배에서 최초로 도입되었다. 신도들에게 그의 가호를 간청받는 성자와 순교자들은 하느님 오른쪽에 앉게 되지만, 속세의 믿음에 따르면 그들 무덤 주위에서 빈번히 나타난다는 자비롭고 초자연적인 은혜는, 그들의 업적과 고난을 기념하는 유적을 방문해 손으로 만지고 입 맞추는 신앙심 깊은 순례자들에게 의심할 여지없는 확신을 주었다. 그러나 세상을 떠난 위인의 해골이나 신발보다 훨씬 흥미로운 기념물들은 그림 또는 조각으로 그 인물의 모습을 충실하게 모방해 낸 것에 지나지 않았다. 어느 시대에나 인간의 감정에 잘 맞는 그러한 모방은 개인적 열광 또는 대중의 평가로 소중히 여겨져 왔다. 실제로 로마 황제들의 모습에 대해서는 공손하면서도 거의 종교적인 예우를 갖춰 경배했다. 현자와 애국자들의 조각상은 화려함은 덜하지만 훨씬 진지한 경배 대상이었다. 이러한 세속의 덕목과 화려한 죄는 영원한 천상의 나라를 위해 죽은 성자들의 존재 앞에서 사라지고 말았다.

성상 숭배

처음에 이 성상 도입을 위한 실험은 조심스럽게 이루어졌는데, 성스러운 그림들은 무지한 자들을 교화하고 마음이 차가운 자들을 일깨우며 이교도 개종자들의 편견에 대처할 목적으로 신중하게 허용되었다. 더디지만 필연적인 전개 끝에 원래의 대상에 바치던 예우가 모사품에 돌아갔다. 신앙심 깊은 그리스도교도들은 성인의 상(像) 앞에서 기도했고, 무릎 꿇기, 등불, 향 피우기 같은 이교도 의식이 다시 슬그머니 가톨릭 교회 안으로 스며들었다. 이성 또는 신앙심으로 인한 망설임은 환영과 기적이라는 강력한 증거 앞에서 사라졌다. 말하고 움직이고 피 흘리는 그림들은 신성한 기운을 받은 것이 틀림없었으며, 종교적 경배를 할 만한 적절한 대상으로 보아도 좋을 것이었다. 전 우주에 존재하며 이를 지탱하는 무한의 성령, 영원한 아버지를 형태와 색채로 묘사하려는 성급한 시도에는 아무리 대담한 작가라도 떨렸을 것이다. 그러나 미신을 믿는 사람들은 천사, 무엇보다 인간의 모습으로 땅에 내려왔다고 마음대로 상상한 신의 아들을 보다 쉽게 그리고 숭배했다. 삼위일체의 두 번째 존재는 실제 인간의 육신을 입었지만 그 육신은 하늘로 올라갔고, 제자들의 눈에 그와 꼭 닮은 형상이 나타나지 않았다면 그리스도에 대한 영적 숭배는 아마도 눈에 보이는 성인의 유물과 그림, 조각상에 밀려 잊혀졌을 것이다. 성모 마리아의 경우에도 이와 비슷한 수용은 필요불가결했고 또 적절하게 들어맞았다. 성모의 무덤은 알려지지 않았고 그리스인과 라틴인들은 그녀의 영혼과 육신이 하늘로 올라갔다고 쉽게 믿었다. 성상의 사용과 숭배는 6세기 말 이전에 이미 굳건하게 자리 잡았다. 그리스인과 아시아인들은 상상력이 풍부해 성상을 매우 소중히 여겼고, 판테온과 바티칸은 새로운 미신의 상징들로 장식되었다. 그러나 미개한 야만인들과 서방의 아리우스파 성직자들은 우상 숭배와도 같은 이 관습을 보다 냉정하게 받아들였다. 그리스도교 그리스인들의 상상력 또는 양심으로는 고대 신전을 장식했던 것보다 좀 더 과감한 형태의 황동과 대리석 조각을 받아들이기 불쾌했고, 잔잔한 색채에 표면이 부드러워야 훨씬 점잖고 무난한 모사 형식으로 여겨졌다.[2]

에데사의 성상

모사품이 지닌 장점과 효과는 원본과 얼마나 유사한가에 따라 달라지지만, 초기 그리스도교도들은 신의 아들과 그의 어머니, 제자들의 진짜 모습을 알지 못했다. 팔레스타인의 파네아스의 그리스도 조각상[3]은 대체로 현세의 구세주에 가까웠다. 그노시스파와 그들의 불경한 유물들은 배척되었고 그리스도교도 예술가들의 상상력은 이교도 모델을 은밀하게 모방하는 데 그치고 있었다. 이러한 고뇌 속에서 한 과감하고 정교한 창작물은 경배 대상과 이미지의 유사성과 순수함 모두를 확보했다. 지금도 옹호론자들이 차마 버리지 못하는 이야기로 그리스도와 아브가루스가 편지를 주고받았다는 시리아 민간 신화는 에우세비우스의 시대에도 아주 유명했다. 이처럼 당시에는 신화에 근거하여 새로운 전설을 만들어 냈다. 카이사레아의 주

[2] 성상에 대한 통사는 바스나지(Basnage)의 『개혁교회 역사』에서 발췌한 것이다. 그는 프로테스탄트였지만 기상이 남자다웠는데 이 주제에 관한 한 프로테스탄트들이 스스로 옳고, 심지어 객관적이라고 생각한다는 것은 이미 알고 있는 사실이다.

[3] 기적과 모순에 대한 쓸데없는 소리들을 치우고 나면 서기 300년 정도에 팔레스타인의 파네아스에 망토에 둘러싸인 엄숙한 인물 앞에 무릎을 꿇고 감사하는 또는 기도하는 여인의 모습이, 그리고 받침대에는 '구원자에게'라는 비명이 새겨진 청동상이 장식되어 있었다고 인정할지도 모른다. 그리스도교도들은 어리석게도 이 조형물이 자신들 종교의 창시자와 그가 출혈을 막아 준 불쌍한 여인을 묘사한 것이라고 말한다. 보소브르(M. de Beausobre)는 그보다는 이성적 모습으로 묘사된 주인공이 철학자 아폴로니우스 아니면 베스파시아누스 황제일 것이라 추측한다. 후자의 추측에서 여인은 도시, 속주 또는 베레니케 여왕이라고 본다.

교4는 편지의 내용을 기록하면서5 이상하게도 그리스도의 그림은 빠뜨렸다.6 그 그림은 자신을 치유해 달라고 요청하고 유대인들의 박해를 피해 에데사라는 강력한 도시로 오라고 제의한 이 이방인 왕의 신앙을 만족시키기 위해 그의 얼굴을 아마포에 완벽하게 본뜬 것이다. 한 현명한 주교가 벽감(壁龕) 속에 오래도록 갇혔던 성상을 500년이라는 망각의 세월 뒤에 꺼내어 그 시대의 신앙심 앞에 적절히 내놓았다는 사실은 원시교회의 무지를 설명한다. 성상의 가장 영광스러운 첫 번째 공적은 누시르반(호스로우)의 무력으로부터 이 도시를 구출한 것인데, 이는 곧 에데사가 외적의 지배를 받지 않으리라는 신의 약속을 증거하는 물건으로 숭상을 받았다. 프로코피우스의 원문에 따르면 사실은 에데사가 두 번 해방된 것은 페르시아 왕이 없는 기회를 이용해 그의 공격을 막아 낸 시민들의 부(富)와 용맹함 때문이었다. 이 불경한 역사가는 에바그리우스가 교회사에서 말할 수밖에 없었던 증언, 수호신이 성벽에 걸려 있었으며 성스러운 얼굴에 뿌려졌던 물은 불을 끄는 대신 포위당한 자들의 사기를 더욱 타오르게 하는 연료처럼 작용했다는 증언의 의미를 알지 못했다. 에데사의 성상은 이렇게 중요한 기여를 했기에 존경과 감사의 대상으로 모셔졌다. 아르메니아인들이 이 전설을 거부했다면, 좀 더 고지식한 그리스인들은 인간의 화필이 그려 낸 것이 아니라 신성한 기원에서 직접 창조된 이 유사 형상을 소중히 여겼다. 한 비잔티움 찬송가는 그들의 경배가 천박한 우상 숭배와 얼마나 차이가 있는지를 가사와 감정을 통해 명확히 표현하고 있다.

인간의 눈을 가진 우리가 하늘의 주인도 감히 보지 못할 천상의 광휘를 가진 이 성상을 어떻게 바라보랴? 천국에 계신 그

4 박학한 아세만누스는 싱에프렘, 스틸리테스, 사루그의 제임스 주교 등 세 명의 시리아 저자들의 도움을 받았다. 그러나 시리아어 원본이나 에데사 공문서는 어디에서도 찾을 수 없었다.

5 라드너(Lardner)는 솔직하게 이 편지들의 증거를 논하고 부인한다. 편리하지만 이치에 닿지 않는 편지 내용을 할 수 없이 포기한 그라브(Grabes), 카브(Caves), 티유몽(Tillemont) 등의 편견에 가득 찬 이들 사이에는 부끄럽게도 영국인인 애디슨(Mr. Addison)도 포함되어 있었다. 그리스도교에 대한 피상적인 소논문은 그의 명성과 문체, 성직자들이 이해관계에서 보낸 찬사 덕분에 좋은 평판을 얻었다.

6 사루그의 제임스 주교가 침묵한 것이나 에바그리우스가 증언한 바로 미루어 짐작건대 이 신화는 서기 521년에서 594년 사이, 아마도 540년 에데사가 함락된 이후에 만들어진 듯하다. 이것은 그레고리우스 2세, 요하네스 다마스케누스, 제2차 니케아 공의회의 검과 방패이다. 가장 온전한 판본은 케드레누스의 것에서 찾을 수 있을 것이다.

⁷ 아크세이로포이에토스 (Ἀχειροποίητος). 이 주제에 대해 잉골슈타트의 나귀라기보다는 여우에 가까운 예수회의 일원인 그레처(Gretser)는 박식하지만 편협하게, 프로테스탄트인 보소브르는 『독일 총서』에서 합리적이고 위트있게 다룬다.

⁸ 다마스케누스의 실제 혹은 추정된 작품에서 그레처도, 보소브르도 주목하지 않은 성 처녀와 누가에 대한 두 구절을 참조하라.

분께서 오늘, 지상에 내려와 그 존귀한 모습으로 우리를 방문하시네. 천사들 위에 앉아 계신 그분께서 오늘, 하느님 아버지께서 그 무결(無缺)한 손으로 그려 말로 표현할 수 없는 모습으로 만드시고, 우리가 경외와 사랑으로 신성시하는 그 그림으로 우리를 찾아오시네.

성상의 복제품

6세기가 끝나기 전, '손대지 않고 만들어진'(그리스어로는 한 단어이다.⁷) 이 성상들이 동로마 제국의 군영과 도시에 널리 퍼졌다. 이들은 경배의 대상이었고 기적의 도구였으며, 위험이나 소요의 시기에 이들의 존귀한 존재는 로마 군대의 희망을 되살리거나 용기의 불꽃을 다시 피우거나 분노를 억누를 수 있게 하였다. 이 그림의 대부분은 인간의 화법으로 그린 복제품으로 이류의 유사성과 부적당한 호칭을 요구할 뿐이었지만, 그 가운데는 복제품에 기적과 풍요로운 힘을 주고자 원래의 형상과 직접 접촉하여 모방한 더 고귀한 그림들도 있었다. 야심 있는 자들은 그들의 작품이 에데사 성상과 부자 관계이기보다는 형제 관계이기를 열망하였다. 그리스도가 고통과 피땀 속에 얼굴을 돌려 신성한 여인으로 만들어 준 로마, 스페인 또는 예루살렘의 '베로니카'가 그것이다. 이 성과 많은 선례는 성모 마리아, 성자와 순교자로 신속하게 옮겨 갔다. 팔레스타인의 디오스폴리스의 교회에는 신의 어머니⁸ 모습이 대리석에 깊이 새겨져 있다. 동방과 서방은 성 누가의 화필로 화려하게 꾸며져 왔다. 의사로 알려진 이 복음서의 저자는 초기 그리스도교도들의 눈에는 몹시 불경스럽고도 불쾌한 화가의 직업에 종사할 수밖에 없었다. 호메로스의 시적 영감과 피디아스의 조각칼이 만들어 낸 올림푸스의 제우스는 철학적인 사람에게 잠시나마 신앙심을 불어넣었을지도 모른다. 그러나 만년에 취향과 천재성이 타락한 수도사 화가들은 이러한 가톨릭 성상들을 활기 없고 단조롭게 묘사하고 말았다.[9]

성상의 숭배는 은연중에 교회로 스며 들어 왔고 이러한 접근은 미신을 믿는 사람들에게 평안을 가져다주는 것, 속죄하는 방법으로 기쁘게 받아들여졌다. 그러나 8세기 초 성상 숭배가 남용되면서 비교적 소심한 그리스인들은 그리스도교라는 가면 아래에서 자신들이 조상의 종교를 되살렸음을 자각하게 되었다. 율법과 코란에 따라 조각한 성상과 관련된 모든 숭배를 영원히 증오하는 유대교도와 이슬람교도들에게[10] 우상 숭배자라는 공격을 슬픔과 초조함을 느끼며 끊임없이 받아야 했다. 유대인들의 예속은 그들의 종교적 열정을 억압하고 권위를 손상시켰을지 모르나, 다마스쿠스를 지배하면서 콘스탄티노플을 위협한 이슬람교 승리자들은 진실과 승리로 쌓인 추를 불명예스러운 저울에 던져 놓았다. 시리아, 팔레스타인, 이집트의 도시들에는 그리스도와 그 어머니, 성자들의 성상이 더 많이 늘어났고, 각 도시는 기적의 힘이 자신들을 방어해 줄 것이라는 약속 또는 희망을 믿었다. 아랍인들은 10년이라는 빠른 정벌 기간에 도시와 성상들을 모두 정복했다. 그들은 만군의 신께서 이 말 없고 생명 없는 우상들에 대한 경배와 경멸 사이에서 확실한 판단을 내렸다고 생각했다. 에데사는 한동안 페르시아의 공격에 용감히 맞섰지만 그리스도의 배우자라고 일컬어진 선택받은 이 도시도 파멸의 길을 걸었고, 신을 묘사한 작품들은 이교도들의 전리품이 되었다. 300년 동안 복속된 후 수호신은 은(銀) 1만 2000파운드, 이슬람교도 200명의 석방, 에데사 지역의 영구적 휴전 선언[11]이라는 배상을 치르고 나서야 콘스

성상 숭배 금지

[9] "수치스럽기 짝이 없는 모습이 화폭에서 아주 두드러지는군요. 조각상이 한 무더기 있는 것만큼이나 나쁘오!" 한 비잔티움 사제는 무지와 편견 때문에 자신이 주문해 놓고도 거부한 티치아노의 그림을 이렇게 칭찬했다.

[10] 케드레누스, 조나라스, 글리카스, 마나세스는 성상 파괴자의 기원이 칼리프 야지드와 레오 황제에게 제국을 바친 두 명의 유대인이라고 한다. 이 적대적인 불리주의자들은 그리스도교 숭배의 순결함을 회복하기 위해 허황된 음모를 꾸미기에 이른다.

[11] 엘마킨, 아불파라기우스, 아불페다의 글 및 파기의 비평을 참조하라. 이 현명한 프란체스코회 수사는 에데사의 성상이 현재 로마에 있는지 제노아에 있는지 확실하게 말하지 않는다. 그러나 그것이 어디에 있든 알 바 아니며, 이 고대의 숭배 대상은 더 이상 유명하지도 유행하지도 않는다.

탄티노플의 신앙심 아래로 넘어갔다. 이 고통과 두려움의 시기에 수도사들은 성상을 방어하기 위해 유창한 화술을 구사했고, 심지어 동방인들 대부분의 죄악과 분파 난립은 이 귀중한 상징의 영험을 소멸시키고 덕목을 파괴했기 때문임을 증명하려 했다. 그러나 그들은 이제 성구(聖句)와 사실, 초창기의 증거에 호소하고 비밀스럽게 교회의 개혁을 바라던 순박한 또는 이성적인 많은 그리스도교도들이 내는 불만의 소리와 마주하게 되었다. 성상 숭배는 어떤 특정의 일반법 또는 성문법에 의해 확립된 것이 아니기 때문에 동로마 제국에서 성상 숭배의 확산은 사람과 관습, 지역적 진보의 정도, 주교의 개인적 성격에 따라 지연되거나 촉진되었다. 수도의 경박함과 비잔티움 성직자들의 독창적 기질은 헌신적인 열정을 맹목적으로 소중하게 여겼지만, 미개하고 먼 아시아 지역에서는 이 성스러운 사치라는 혁신을 전혀 몰랐다. 개종 이후 그노시스파, 아리우스파 교도들의 대형 집회에서는 분리 전의 소박한 숭배를 유지했다. 12세기에도 로마의 신하 중 가장 호전적인 아르메니아인들은 성상을 보고 받아들이지 않았다.[12] 이러한 다양한 종파들의 편견과 반감으로 쌓인 원한은 아나톨리아 또는 트라키아 등의 마을에 큰 영향을 끼치지는 못했지만, 한 사람의 군인이나 성직자, 환관의 운세가 가끔 교회나 국가 권력과 연결될 가능성이 있었다.

[12] 아르메니아 교회들은 여전히 십자가로 만족하지만, 확실히 미신적인 그리스인들도 12세기 독일인들의 미신에 대해서는 부당하게 굴었다.

[13] 성상 파괴주의자들 최초의, 편견이 없다고는 할 수 없는 흔적은 공의회들의 신조와 테오파네스, 니케포루스, 마나세스, 케드레누스, 조나라스 등의 글에서 찾을 수 있다. 근대 가톨릭교도 중 바로니우스, 파기, 알렉산더, 마임부르그는 이 주제를 학문과 열정, 고지식함으로 다루었다. 스판하임과 바스나지의 프로테스탄트적 글은 성상 파괴주의자의 반열에 들어선다. 이러한 서로 간의 도움, 상반되는 성향이 있다면 우리로서는 철학적 중립성을 갖추고 균형을 잡는 것이 쉬운 일일 것이다.

서기 726~840년, 성상 파괴자 레오와 계승자들

이러한 모험가들 중 가장 운이 좋았던 사람이 이사우리아의 산에서 나와 동로마 제국의 제위에 오른 황제 레오 3세[13]였다. 농부 출신의 이 군인은 신성한 문헌도 불경한 문헌도 몰랐지만, 교육과 이성, 아마도 유대교도와 아랍인들과의 교제를 통하여 성상에 대한 혐오감을 가지게 된 듯하다. 그는 양심이

지시하는 바를 신하들도 따르게 하는 것이 군주의 의무라고 생각했다. 그러나 불안한 치세 초기 10년간 고난과 위험을 겪으면서 레오 3세는 비열한 위선적 태도로 몸을 굽혀 자신이 경멸하는 우상들 앞에서 머리를 조아렸고, 해마다 자신의 정통 신앙과 열정을 고백하면서 교황을 만족시켰다. 그가 실시한 종교개혁의 첫걸음은 온건하고도 조심스러웠다. 우선 원로원 의원들과 주교들로 구성된 대위원회를 소집하여, 그들의 동의를 받아 모든 성상을 성소와 제단에서 치워 대중의 눈에는 보이지만, 맹목적으로 접근할 수는 없도록 교회의 적당히 높은 곳에 두게 했다. 그러나 그 어느 쪽도 존경과 혐오라는 정반대의 충동에서 나오는 흐름을 막지는 못했다. 높은 곳에 올려진 성상들은 여전히 숭배자들을 교화했고 전제자를 꾸짖었다. 황제 자신도 저항과 비난을 받았는데, 자신의 종파에서조차 의무를 완전히 수행하지 못한다고 비난했고 신전에서 청동 뱀을 아무 주저 없이 깨 버린 유대 왕의 행동을 본받으라고 촉구했다. 두 번째 칙령에서 황제는 종교화의 사용은 물론 존재 자체를 금지했다. 콘스탄티노플의 교회와 속주에서는 우상 숭배를 일소하고 그리스도와 성모 마리아, 성인들의 성상을 파괴하거나 건물 벽 표면에 부드러운 회반죽을 발랐다. 성상 파괴주의적 분파는 총 여섯 황제의 열성과 전제 정치의 지지를 받아 동서(東西) 모두 120년간 시끄러운 분쟁에 휘말리게 하였다. 이사우리아 왕조의 창시자 레오 황제의 계획은 공의회의 권한에 힘입어 신앙 개조 형태로 성상 폐기를 선언하는 것이었다. 그러나 그러한 회합은 아들 콘스탄티누스 대에야 이루어졌다. 이를 두고 승리한 보수파들은 의기양양하게 바보와 무신론자들의 회합이라 낙인찍지만, 그들 자신의 편파적이고 파편적인 신조는 이성과 경건함의 표식을 저버린다. 여러 속주 종교 회의의 논쟁과

서기 754년,
성상 파괴자 레오와
계승자들의 콘스탄티노플
종교 회의

교리를 거쳐 콘스탄티노플 교외에서 전체 종교 회의가 소집되었고, 유럽과 아나톨리아에서 온 주교 338명이 참석했다. 안티오크와 알렉산드리아의 총대주교들은 칼리프의 노예였고, 로마 교황은 이탈리아와 서방 교회에 그리스 종파와의 교류를 금지시키고 있었다. 이 비잔티움 종교 회의는 제7차 전체 종교 회의의 서열과 권위를 갖추고 있었다. 이로써 가톨릭 신앙의 구조를 힘들여 세운 이전의 여섯 종교 회의가 인정되었다. 6개월간 심각한 심의를 거친 끝에 주교 338명은 성체 성사를 제외한 모든 그리스도의 상징은 불경하거나 이교적인 것이라는 교령을 만장일치로 선언하고 이에 동의했다. 성상 숭배는 그리스도교의 타락이자 이교의 부활인 바 그러한 모든 우상 숭배를 타파하거나 근절해야 하고, 개인적 미신의 대상을 포기하기를 거부하는 자들은 교회와 황제의 권위에 불복하는 죄를 짓는 것이다. 그들은 현세 구세주의 공적을 요란스럽고 충성스럽게 칭송하면서 찬미했고, 영적 비판은 그의 종교적 열정과 정의에 일임했다. 콘스탄티노플에서는 이전에 열린 공의회에서와 마찬가지로 군주의 의지가 교회 신앙의 잣대가 되었지만, 이 경우에는 다수 고위 성직자들이 희망과 두려움 속에서 은밀하게 자신의 양심을 희생시키지 않았나

교의(敎義)

하는 의심이 든다. 길고 긴 미신의 밤, 그리스도교도들은 복음서의 순수함에서 멀리 떨어져 방황하고 있었고, 그 혼란스러운 미궁에서 단서를 찾아내 벗어나기는 쉽지 않았다. 성상 숭배는 적어도 신앙심 깊은 상상력을 가진 사람에게는 십자가, 성모 마리아, 성인 및 그들의 유물과 불가분의 관계로 엮여 있었다. 성스러운 땅은 수많은 기적, 환영과 관련되어 있었고,

담력, 호기심, 회의는 순종과 신앙이라는 습관으로 무뎌져 있었다. 콘스탄티누스 자신도 군주로서 가톨릭교도들의 이적(異跡)을 의심하거나 부정하거나 조롱하는 것을 묵인했다는 비난을 받지만,[14] 그러한 이적은 주교들의 공적, 사적인 교리에 깊이 새겨져 있었다. 아무리 대담한 성상 파괴주의자라도 많은 사람들이 믿고 하늘에 있는 보호자의 영광에 바쳐진 기념물을 공격할 때는 아마도 은밀한 공포감을 느꼈을 것이다. 16세기 종교 개혁 시기에 자유와 지식은 인간의 능력을 확장시켰고, 혁신을 향한 갈망이 옛것에 대한 존경심을 앞섰다. 활력 넘치는 유럽은 비잔티움인의 병적이고 비굴한 유약함에 공포심을 안겨 준 과거의 유령들을 무시할 수 있었다.

추상적 이교(異敎)라는 불명예는 교회의 나팔을 크게 불어야만 사람들에게 알릴 수 있지만, 눈에 보이는 신들이 모독당하고 쓰러지는 것은 아무리 무지한 사람도 알고 아무리 무신경한 사람이라도 느낄 수 있는 법이다. 레오 황제의 적대 행위는 우선 궁전의 현관 위, 그리고 궁전 문 위에 높이 서 있는 그리스도 상을 향했다. 이를 파괴하기 위해 사다리를 놓자 광신도들과 여자들의 무리가 미친 듯 사다리를 흔들어댔다. 그들은 신성 모독을 범하려던 자들이 위에서 떨어져 바닥에 내리꽂히는 모습을 경건한 황홀경에 빠져 바라보았고, 고대 순교자들의 명예를 앞세워 살해와 폭동을 당해도 마땅한 이 범죄자들을 처리했다.[15] 콘스탄티노플과 속주에서 일어난 잦은 소요는 황제 칙령의 시행을 가로막았다. 레오 황제 자신도 위기에 처했고 그의 관리들은 암살당했으며, 대중의 광신은 아주 강한 법적 권력과 군사력을 동원해서야 가라앉힐 수 있었다. 성스러운 바다라 일컬어지는 다도해의 수많은 섬에는 성상과 수도사들이

서기 726~775년, 성상과 수도사에 대한 박해

[14] 그는 성인이라는 칭호를 금하고 그리스도의 어머니를 처녀라 부르고, 출산 후의 그녀를 빈 지갑에 비유했으며, 아리우스파, 네스토리우스파라고 비난을 받았다. 스판하임은 그를 옹호하며 프로테스탄트의 이해관계와 정통파 신학자의 의무 사이에서 다소 갈팡질팡하게 된다.

[15] 신앙 고백을 한 테오파네스는 그들의 폭동에 찬성한다. 그레고리우스 2세는 황제의 관리들을 죽인 비잔티움 여인들의 열정을 칭송한다.

16 요하네스 또는 만수르는 다마스쿠스의 귀족이자 그리스도교도로 칼리프 아래서 상당한 지위를 누렸다. 성상이라는 대의명분에 대한 열정 때문에 그는 비잔티움 황제의 분노를 사고 배반당했다. 그는 반역을 도모하는 서신을 교환했다는 혐의로 오른손이 잘렸는데, 성모 마리아가 기적적으로 이를 되돌려 놓았다고 한다. 이러한 구원을 받은 뒤 공직에서 물러나 재산을 나눠 주고 예루살렘과 사해 사이에 있는 성 사바스 수도원에 몸을 맡겼다. 이 전설은 유명하지만 불행하게도 박식한 편집자 르키앙(Lequien) 신부가 요하네스는 그전부터 이미 수도사였다는 사실을 증명했다.

있었고, 이들을 옹호하는 자들은 서슴없이 그리스도와 그의 어머니, 성인들의 적대자를 버리겠다고 공언했다. 그리고 배와 갤리선으로 이루어진 선단을 무장시키고 신성한 깃발을 게양하고는 신과 백성들의 사랑을 받는 새로운 군주를 제위에 앉히고자 용감하게 콘스탄티노플을 향해 나아갔다. 그들은 기적 같은 구원을 바랐지만 그들의 기적은 '그리스의 불' 앞에서는 별 효력이 없었고, 선단이 패배하고 불타 버리자 무방비 상태의 섬들은 정복자의 자비 또는 정의에 내맡겨졌다. 레오의 아들은 통치 첫 해에 사라센 원정을 감행했는데, 그가 없는 틈을 타고 친족이자 정통파 신앙의 옹호자로 야심 많은 아르타바스데스가 수도와 궁전, 옥좌를 점거했다. 성상 숭배가 당당하게 부활하였고 총대주교는 자신의 위선을 포기했거나 진의를 숨겼는데, 제위 찬탈자의 당연한 요구는 신구(新舊) 로마 양쪽으로부터 인정받았다. 콘스탄티누스는 부친이 태어난 산으로 피신하였다가 용맹스럽고 애정 넘치는 이사우리아인 병사들을 이끌고 산을 내려왔고, 마지막 승리로 광신도들의 무력과 예언을 꺾어 버렸다. 그의 긴 치세는 소요와 선동, 음모, 서로에 대한 증오, 피비린내 나는 복수로 얼룩졌다. 적들은 성상의 박해를 동기 또는 구실로 삼았는데, 그들은 육신의 왕관은 놓쳤을지라도 그리스인들이 씌워 준 순교의 관으로 보상을 받았다. 공공연하게든 비밀스럽게든 모든 반역 행위에서 황제는 자신들이 누리는 부와 영향력을 가능하게 한 미신의 충실한 노예인 수도사들에게 꺼지지 않는 증오심을 불러일으켰다. 그들은 기도하고 설교했으며, 죄를 사하고 선동했으며, 음모를 꾸몄다. 고립된 팔레스타인의 황야에서는 욕설을 마구 퍼부어댔다. 성 요하네스 다마스케누스16는 마지막 그리스도교 교부로 글을 통해 현세와 내세에 압제자의 머리를 바쳤다. 수도사들이 얼마나 격분했는지, 실제와 거짓된 고난을 얼마나 과장했는지, 잔인한 황제로 인해 목숨이나 사지(四肢), 눈, 수염을 잃은 자들이 몇 명이나 되는지에 대해 연구할 여유가 없다. 황제는 개인에 대한 응징에서 교단의 철폐로 옮아갔는데, 교단은 많은 부를 쌓았지만 아무 쓸모가 없었으므로, 그의 분노는 탐욕으로 커지고 애국심으로 정당화되었을 것이다. 황제의 감찰관을 가리키는 드라코[17]라는 강력한 이름과 그 임무는 검은 옷을 입은 집단에게는 공포와 증오를 느끼게 했다. 종교 공동체는 와해되었고 건물은 무기고나 병영으로 바뀌었으며 토지와 동산, 가축은 몰수되었다. 근대의 전례에 비춰 보면 수도원의 유물과 서적에까지 무질서한 또는 악의적 파괴가 자행되었다는 비난을 뒷받침할 수 있을 것이다. 수도사들의 복장이나 직업과 함께 우상의 공적, 사적인 숭배는 엄격하게 금지되었다. 동로마 제국의 신민들, 적어도 성직자들은 엄숙하게 우상 숭배를 포기하라는 선언을 강요당한 것 같다.

[17] 이러한 박해에 관한 테오파네스와 케드레누스의 서술에서 스판하임은 레오 황제의 드라코(Draco)와 루이 14세의 용기병(Dragoon, 龍騎兵)을 비교하면서 이 논란의 여지가 있는 말장난으로 스스로 위안을 삼고 있다.

이탈리아의 상태

참을성 있는 동로마 제국은 마지못해 성상을 포기하겠다고 선언했지만, 이탈리아인들은 독립적으로, 열정을 가지고 성상을 소중히 여기며 적극적으로 방어했다. 교회의 지위와 관할권에서 콘스탄티노플 총대주교와 로마의 교황은 거의 동등했다. 그러나 주인의 눈에 그리스의 대주교는 집안의 노예나 마찬가지였고, 그가 고갯짓 한번만 하면 수도원에서 왕좌로, 왕좌에서 수도원으로 보낼 수 있는 대상이었다. 서방의 야만족들에게 둘러싸인 멀리 떨어진 위험한 곳에 있었기 때문에 라틴 주교들의 기상과 자유는 드높아졌다. 로마인들은 대중이 선출했다는 사실 때문에 그들을 소중히 여겼으며, 그들의 엄청난 재산은 공적, 사적 빈곤을 구제했고, 황제들은 유약 또는 태만하여 평화 시에나 전시에나 그들에게 도시의 현세적 안전에 대해 의논하곤 했다. 사제는 역경이라는 학교에서 서서히 군주의 덕목과 야망을 키워 갔다. 성 베드로의 자리에 오른 이들은 이탈리아인이건 그리스인이건 또는 시리아인이건 간에 같은 성품을 지니고 같은 정책을 채택했으며, 교황들은 군대와 속주를 잃은 후에도 비범한 재능과 재산을 이용하여 로마의 주권을 되찾고는 했다. 8세기에 그들의 지배권이 모반에 기반을 둔 것이며 그 모반을 이단적 성상 파괴주의자들이 일으키고 정당화했다는 사실은 공히 인정되었다. 이 중대한 투쟁 가운데 그레고리우스 2세와 3세가 보여 준 행동은 그들의 지지자들과 반대자들의 소망에 따라 서로 다르게 해석된다. 비잔티움 작가들은 한결같이 교황들의 훈계가 별 성과가 없자, 제국의 동서 분리를 천명했고 신성을 모독한 전제자로부터 이탈리아의 수입과 지배권을 박탈했다고 말한다. 교황의 승리를 본 그리스인들은 파문에 대해 좀 더 명확하게 설명한다. 그들은 국가보다 종교에 더 강한 애착을 가지고 있었으므로 교황들의 열정과 정통성을 비난하기보다는 칭송한다. 근대의 호교론자들도 칭송과 이러한 전례를 기꺼이 받아들인다. 바로니우스, 벨라르민 추기경은 이단 황제를 폐위시킨 이 위대하고도 영광스러운 전례를 찬미하였고, 고대 네로나 율리아누스 황제에게는 그러한 천둥 같은 벌을 왜 내리지 않았느냐는 질문에 대해서는 원시교회가 인내하며 충성을 바친 것은 단지 교회가 약했기 때문이라고 답했다.[18] 이 경우 사랑과 증오의 효과는 동일하며 군주와 행정관들의 분노와 공포심을 자극하려던 광신적 프로테스탄트들은 적법한 통치권에 대한 두 그레고리우스 교황의 오만과 반역 때문에 죄를 면하게 된다.[19] 죄는 인정하지 않으면서 성인을 존경한 갈리아 교회의 온건한 가톨릭교도들만이 그들을 옹호했

[18] 페론 추기경은 초대 그리스도교도들을 좀 더 명예롭게 보지만 이는 기껏해야 근대의 군주들에게 만족스러운 정도다. 맹세를 깨뜨리고 재산을 속여 넘기고 그리스도와 그 사제들에 대한 충성을 저버린 이교도와 배교자들의 반역 말이다.

[19] 예를 들어 조심성 많은 바스나지와 공격적인 스판하임을 보면, 이들은 수많은 사람들과 마찬가지로 마그데부르크 역사학자들의 전철을 밟고 있다.

다. 군주와 교황을 모두 지지하는 이들은 형평법, 성서, 전통으로 진실을 한정지었고 라틴인들의 증언, 그리고 교황 자신들의 삶[20]과 서간에 호소했다.

그레고리우스 2세가 레오 황제에게 보낸 두 통의 서신[21] 원본은 지금도 남아 있으며, 그것들을 웅변과 논리학의 가장 완벽한 모범이라고까지 찬양할 수는 없더라도 교황 군주제 창시자의 초상, 적어도 가면을 보여 준다. 교황은 황제에게 이렇게 말한다.

서기 727년, 황제에게 보내는 그레고리우스 2세의 서한들

순수하고 행복했던 10년간 우리는 매년 자줏빛 잉크로 직접 쓰여진 황제의 서한, 교부들의 정통파 신조를 지지하는 황제의 신성한 서약을 받아 보는 기쁨을 누려 왔습니다. 그러나 지금의 이 변화는 얼마나 개탄스럽습니까! 황제는 이제 가톨릭교도들이 우상 숭배를 한다며 비난하고, 이러한 비난으로 황제 스스로 불경함과 무지를 드러내고 있습니다. 우리는 이 무지에 문체와 논조의 조악함을 맞출 수밖에 없습니다. 신성한 글의 첫 부분들만 봐도 혼란에 빠지기에 충분하며, 만일 그대가 문법 학교에 들어가 우리 신앙의 적이 되겠다고 선언하면 단순하고 신앙심 깊은 아이들이 그대의 머리 위에 초등 입문서를 던져 버릴 겁니다.

이렇게 점잖게 서두를 장식한 교황은 고대의 우상과 그리스도교의 성상을 구별하려 하였다. 고대의 우상은 신이 그 모습을 가시적인 존재로 드러내지 않은 시절에 유령 또는 악마를 상상으로 꾸며 낸 것이고, 성상은 수많은 기적을 통하여 이에 대한 경배의 순수성과 장점을 인정한 그리스도, 그 어머니, 성자들

[20] 다소 차이가 있기는 하지만 홈스데니우스, 셀레스트라테, 키암피니, 비안키니, 무라토리 등의 박식한 비평가들은 『교황들의 생애』는 8~9세기경 로마 교황의 사서 및 옹호자들이 집필한 것이며, 맨 마지막의 가장 적은 부분은 이름이 적힌 대로 아나스타시우스가 썼다는 데 동의한다. 문체는 조악하며 서사는 부분적이고 세부사항은 시시할 뿐이지만, 시대의 흥미로운 기록으로 읽어야 할 것이다. 교황들의 서간은 여러 공의회에 널리 퍼져 있다.

[21] 그레고리우스 2세의 서한 두 통은 『니케아 공의회전』에 보전되어 있다. 날짜가 적혀 있지 않아 바로니우스는 서기 726년, 무라토리는 729년, 파기는 730년이라 한다. 편견의 힘은 대단해서 일부 교황 절대주의자들은 이 서한들의 건전한 상식과 중용을 높이 칭송했다.

의 진실한 모습이라고 하였다. 사도 시대부터 성상들을 계속 사용해 왔고 가톨릭 교회의 여섯 차례 종교 회의에 존귀한 성상들이 있었다고 주장한 것을 보면, 교황은 레오 황제가 무지하다고 확신한 것이 틀림없다. 그레고리우스 교황은 현재의 성상의 존재에 근거해 보다 그럴듯한 주장을 펼치면서, 최근 그리스도교 세계의 관행과 조화는 전체 공의회의 요구를 넘어서며, 그러한 회합은 정통파 군주의 치세에나 유용한 것이라고 솔직하게 말한다. 이교도보다 죄 많고, 불손하며 비인간적인 레오 황제에게 그는 평화와 침묵 그리고 콘스탄티노플과 로마에 있는 영적 인도자들에게 묵시적으로 복종하라고 권한다. 내정의 권한과 성직자의 권한의 범위는 교황이 규정했다. 교황은 내정의 권한에서 육체를 교회의 권력에서는 영혼을 승인했다. 정의의 칼은 통치자의 손에 있었지만 그보다 강력한 파문이라는 무기는 성직자들에게 있었다. 열렬한 신앙을 가진 아들은 성스러운 사명을 수행하면서 죄를 저지른 아비조차 용서하지 않을 것이다. 성 베드로의 후계자는 지상의 왕들을 적법하게 벌할 수 있다.

오 전제자여! 당신은 피비린내 나는 군대의 힘으로 우리를 공격하고 있습니다. 맨몸으로 무기도 없는 우리는 하늘의 군대의 주군인 그리스도에게 그대의 몸을 파괴하고 영혼을 구할 악마를 보내 달라고 기도할 수밖에 없습니다. 당신은 어리석은 오만함에 빠져 로마에 명령을 내리면, 성 베드로의 성상을 조각조각 부술 것이고, 그레고리우스도 전임자 마르티누스처럼 사슬에 묶여 황제의 옥좌 앞으로 압송될 것이라고 말하고 있습니다. 이 몸이 신성한 마르티누스의 전철을 밟기를! 콘스탄스 황제의 운명이 교회를 박해하는 자들의 운명에 대한 경고가 되기를 신께 기원합니다! 시칠리아 주교들에게 죄의 정당한 선고를 받고 나서 그는 수많은 죄를 안고 집안 시종의 칼에 쓰러졌지요. 하지만 마르티누스는 유배되었다가 생을 마감한 스키타이의 여러 민족들 사이에서 여전히 성인으로 경배받고 있습니다. 믿는 자들을 교화하고 지원하기 위해 사는 것이 우리의 의무이지만, 전투가 벌어져도 우리는 우리의 안전을 위험에 빠지게 하지 않습니다. 당신이 로마 시민들을 방어해 주지 못하고, 해양 도시라는 입지 때문에 약탈을 당할지는 모릅니다. 그러나 우리가 롬바르디아의 첫 요새까지 24스타디움²²을 이동한 뒤, 바람을 따라가면 될 것입니다. 교황들이 동서 제국의 합일의 맹약, 평화의 중재자라는 사실을 모르십니까? 국민의 눈이 우리의 겸손을 지켜보고 있으며, 당신이 파괴하겠다고 협박하는 사도인 성 베드로를 지상의 신으로 공경하고 있습니다. 서쪽의 먼 내륙 지역 왕국들은 그리스도와 그 대리인에게 충성의 선서를 바치고 있으며, 우리는 이제 그중 가장 강력한, 우리 손에서 세례 성사를 받고자 하는 군주를 만나러 갈 준비가 되어 있습니다.²³ 야만인들은 복음의 구속에 복종했는데 당신만이 목자의 목소리에 귀를 막고 있습니다. 신앙심 깊은 야만인들의 분노에 불이 지펴졌고 동방의 박해에 복수를 갈망하고 있습니다. 성급하고 치명적인 과업을 포기하십시오. 반성하고, 두려워하고, 회개하십시오. 계속 주장을 굽히지 않는다면 우리는 이 싸움에서 떨어질 피에 대한 책임을 지지 않을 겁니다. 그 피가 그대의 머리에 떨어지기를!

22 롬바르디아까지의 거리를 나타내는 이 수치는 받아들이기 힘들다. 카밀로 펠레그리니는 로마가 아니라 로마 공작령의 경계에서부터 롬바르디아의 첫 요새, 아마도 소라(Sora)까지가 24스타디움일 것이라고 억지로 끼워 맞추고 있다. 그레고리우스는 그 시대의 현학을 그대로 받아들여 실제 척도를 알아보지 않고 스타디움을 마일 대신 사용한 것 같다.

23 교황은 그리스인들의 무지에 편승하려 한 것 같다. 그는 라테란에서 살다 죽었고, 그의 시대에 모든 서방 왕국들은 그리스도교를 받아들였다.

이탈리아와 서방에서 온 많은 외지인들은 콘스탄티노플의 성상에 대한 레오 황제의 첫 공격을 목격했고, 슬퍼하고 분

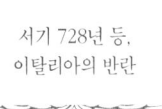
서기 728년 등, 이탈리아의 반란

노하며 황제의 신성 모독에 대해 이야기했다. 그러나 황제가 금지 포고령을 내리자마자 그들은 자국의 성상들 때문에 두려움에 떨었다. 그리스도와 성모, 천사, 순교자, 성자들의 성상이 이탈리아의 모든 교회에서 파괴되었다. 로마 교황에게는 순응의 대가로 황제의 총애를 받든지, 불복의 대가로 파면과 유배를 당할 것인지를 택일하라는 극단적인 명령이 내려졌다. 열성도 정치적 지략도 그를 머뭇거리게 하지 못했다. 교황 그레고리우스가 황제에게 답한 거만한 어조로 보면 그는 자기 교의의 진실성 또는 저항의 힘을 확신했음을 알 수 있다. 교황은 기도나 기적에 의지하지 않고 용감하게 공공의 적에 대항해 무장했고, 영적 서신으로 이탈리아인들에게 다가오는 위험과 의무에 대해 훈계했다. 이 신호에 라벤나와 베네치아, 총독령과 펜타폴리스의 도시들은 종교적 대의명분을 고수했다. 그들의 해군과 육군은 대부분 각각의 토착민들로 구성되었고 애국심과 종교적 열정의 기운은 외국인 용병들에게까지 스며들었다. 이탈리아인들은 교황과 성상을 지키며 살고 죽겠노라고 맹세했고, 로마인들은 교황에게 충성을 바쳤으며 롬바르드족까지도 이 성전(聖戰)의 영광과 이익을 나눠 가질 야심에 불탔다. 가장 큰 반역 행위이지만 가장 확실한 복수는 레오 황제의 조각상을 파괴하는 것이었다. 가장 효과적이면서도 만족스러운 반란은 이탈리아의 조공을 보류시켜 최근에 황제가 새로이 인두세를 부과하면서 남용한 권력을 빼앗아 버리는 것이었다.[24] 총독과 행정 장관들을 선출함으로써 행정 조직도 유지되었다. 시민들의 분노가 너무도 커서 이탈리아인들은 정통파 황제를 선출하고 선단과 군대를 앞세워 새 황제를 콘스탄티노플 궁정까지 호위할 준비를 하고 있었다. 궁정에서는 그레고리우스 2세와 3세 두 교황에게 반란의 주모자로 유죄 판결을 내렸고 기만

[24] 아나스타시우스는 켄수스(census), 즉 인두세라고 하고, 마임부르그는 사라센인들은 모르는 가장 잔인한 세금이라고 열성적으로 주장하며, 파라오가 이스라엘 남자 아이들의 수를 세는 방식에 대해 언급한 테오파네스도 이에 대해 말하고 있다.

이나 무력으로 이들의 신병을 확보하고 목숨을 없애려는 수많은 계획을 세웠다. 로마에는 친위대장이나 지위가 높거나 비밀 임무를 띤 대공과 총독들이 계속해서 방문했다. 그들은 외국 군대와 함께 들어오거나 내부 원조를 받았고, 우상을 숭배하던 나폴리도 자신들의 조상이 이교도의 대의명분을 지지했다는 사실에 얼굴을 붉혔을 것이다. 그러나 로마인들은 용기와 경계 태세로 비밀스럽거나 공공연한 공격을 물리쳤고, 그리스인들은 패배하여 학살당했으며 그들의 지휘관들은 불명예스러운 죽음을 맞이했다. 교황들은 천성적으로 자비심이 있었지만 이 죄 많은 희생자들을 위해 중재하는 것은 거부했다. 라벤나[25]에서는 도시의 여러 지역에서 피비린내 나는 세습적 반목이 오랫동안 계속되어 왔고, 각 파벌은 종교적 논쟁 속에서 새로운 자양분을 찾았다. 성상 옹호론자들이 그 수나 기상에서 훨씬 뛰어났고 이를 저지하던 총독은 대중의 선동 속에서 목숨을 잃었다. 황제는 이 극악무도한 행위를 처벌하고 이탈리아의 지배권을 회복하고자 아드리아 만으로 선단과 군대를 보냈다. 풍랑으로 많은 손실과 지연을 겪은 그리스인들은 라벤나 인근으로 내려와 이 죄 많은 수도를 섬멸하고, 유력한 주민 쉰 명을 골라 처형하여 반란을 벌한 유스티니아누스 2세의 선례를 따르거나 능가해 보이겠다고 위협했다. 여자들과 성직자들은 비탄에 잠겨 흙바닥에 엎드려 기도했고 남자들은 조국을 지키고자 무장했다. 공동의 위기로 각 파벌은 일치단결했고 포위 공격으로 오랫동안 고통을 겪는 것보다는 전투를 선호했다. 두 군대가 전진과 후퇴를 반복하는 격전이 벌어진 날 환영이 보이고 목소리가 들리자, 라벤나는 승리에 대한 확신을 가진 덕분에 승리하였다. 침입자들은 배로 후퇴했지만 인구가 많은 해안가에서 수많은 배가 쏟아져 나왔다. 포 강의 물은 엄청나게 많은 피로

[25] 아그넬루스의 『교황들의 생애』를 참조하라. 그의 파격적인 어법은 로마와 라벤나의 차이를 보여준다. 그러나 아그넬루스 덕대에 라벤나의 여러 교구와 파벌, 유스티니아누스 2세의 복수, 그리스인들의 패배 등 흥미로운 국내의 사건들을 알 수 있다.

[26] 교황들은 레오와 콘스탄티누스 황제를 '통수권자요 주인'이라고 하고 '매우 경건한 자'라는 기묘한 호칭을 붙였다. 라테란의 유명한 모자이크(서기 789년)에는 성 베드로에게 열쇠를, 콘스탄티누스 5세에게 깃발을 전달하는 그리스도의 모습이 그려져 있다.

[27] 베레티 신부의 훌륭한 글을 따라 지도를, 그리고 지도를 따라 로마 공작령을 찾아보았다. 비테르보는 롬바르드에 기반을 두고 있으며 테라키나는 그리스인들에게 약탈당했다는 사실은 기록해 두어야겠다.

더럽혀져 사람들은 6년 동안 이 강에서 잡은 물고기를 먹지 않았다. 그리고 매년 축제를 벌여 성상을 경배하고 비잔티움 전제자에 대한 증오를 이어 나갔다. 가톨릭 군대가 한창 승리를 거두고 있는 가운데 로마 교황은 성상 파괴주의자들의 이교 행위에 대항하여 주교 아흔세 명으로 구성된 공의회를 소집했고, 주교들의 동의를 얻어 말이나 행동으로 선조들의 전통과 성인들의 성상을 공격하는 모든 사람을 파문시킬 것을 천명했다. 이 선언에는 암묵적으로 황제도 포함되어 있었지만, 마지막 절망적인 간언을 보면 파문은 아직 죄 많은 황제의 머리 위에 보류되어 있었던 듯하다. 교황들은 자신들의 안전과 성상의 경배, 로마와 이탈리아의 자유를 확인하자마자 자신들의 가혹한 처사를 누그러뜨리고, 비잔티움 지배의 잔재를 용서했던 듯하다. 온건한 공의회는 새 황제 선출을 연기시키고 저지했으며 이탈리아인들에게 로마 제국에서 이탈해서는 안 된다고 훈계했다. 총독은 지배자가 아니라 포로의 신분으로 라벤나의 성벽 안에 거주해도 좋다는 허락을 얻었으며, 샤를마뉴의 대관식 때까지 로마와 이탈리아의 통치는 콘스탄티누스 후계자들의 이름으로 이루어졌다.[26]

공화국 로마

아우구스투스 황제의 무력과 술책으로 억압받아 온 로마의 자유는 750년 동안의 예속 끝에 이사우리아 왕조의 레오 황제의 박해에서 벗어났다. 황제들은 집정관들의 승리를 무위로 돌렸고 제국의 쇠락과 멸망 과정에서 신성한 국경을 주관하는 테르미누스 신은 서서히 대양, 라인 강, 도나우 강, 유프라테스 강에서 멀어져 갔다. 로마는 비테르보에서 테라키나, 나르니에서 테베레 강어귀[27]까지 고대의 영토 범위로 축소되었다. 왕들이 축출되었을 때 공화국은 그들의 지혜와 덕이 세워 놓은 단단한 기반 위에 기초를 두었다. 매년 임명되는 두 명의 집정관들이 관할권을 나눴고 원로원은 계속해서 행정과 자문의 권한을 행사했으며 입법권은 민회에서 재산과 공헌도에 따라 적절하게 배분되었다. 사치하는 방법을 모르던 초기 로마인들은 통치와 전쟁의 기술을 발전시켰다. 공동체의 뜻은 절대적이었고 개인의 권리는 신성했다. 시민 13만 명이 방어 또는 정복에 나서기 위해 무장했고, 도적과 무법자 무리는 자유를 얻을 만하고 영예를 갈망하는 민족으로 발전했다.[28] 비잔티움 황제들의 통치권이 소멸되자 로마의 옛터는 사람도 없고 폐허뿐인 비참한 모습을 띠게 되었다. 시민들의 노예 상태는 민족의 습성이었고, 자유는 그저 우연한 일일 뿐이며 미신의 결과물, 스스로의 놀람과 공포의 대상이 되었다. 정체(政體)의 실질 아니 그 형식의 마지막 흔적조차 로마인들의 관습과 기억에서 사라졌고, 로마인들은 공화국의 바탕을 다시 지을 지식 또는 미덕을 전혀 갖추지 못했다. 승리를 거둔 야만족에게는 얼마 남지 않은 그들의 자취, 노예와 이방인의 자손들은 비루해 보였다. 실제로 프랑크 또는 롬바르드족은 적을 심하게 경멸하는 표현으로 로마인이라는 호칭을 썼는데, 리우트프란드 주교의 말에 따르면 "이 이름은 모든 천한 것, 비겁한 것, 해로운 것, 탐욕과 사치의 극치, 인간 본성의 위엄을 팔아넘길 수 있는 모든 악덕을 포함한다." 로마 시민들은 그때그때의 상황에 따라 조악한 공화 정부의 형태를 갖게 되었고 평화 시에는 판관들을, 전시에는 지휘관을 선출해야 했다. 귀족들이 모여 심의하고 결의한 내용일지라도 대중의 통합과 동의가 없으면 실행될 수 없었다. 로마 원로원과 민회의 형식은 되살아났지만 그 기상은 사라지고 없었으며, 그들의 새로운 독립은 방종과 억압의 시끄러운 충돌로 더럽혀졌다. 법의 부재를 메울 수 있는 것은 종교의 영

[28] 로마의 크기, 인구 등에 대해서는 보포(M. de Beaufort)의 『로마 공화국 예비 강의』를 읽어 보면 된다. 보포가 초기 로마 시대에 대해 지나치게 쉽게 믿는다고 해서 비난을 받지는 않을 것이다.

29) 올림피아 경기에 관한 웨스트(West)의 글 및 폴리비우스의 현명한 의견을 참조하라.

30) 시고니우스는 교황 그레고리우스가 롬바르드족에게 행한 연설을 글로 잘 표현하였는데, 살루스트나 리비우스의 파격과 기상을 따라하고 있다.

향력뿐이었고, 국내외 정책은 교황의 권위로 조절되었다. 교황의 자선, 설교, 서방 세계의 국왕 및 성직자들과의 서신 교환, 최근의 노력에 대한 그들의 감사와 맹세로 로마인들은 교황을 도시의 제1 행정관 또는 군주라고 여기게 되었다. 도미누스(Dominus), 즉 주(主)라는 명칭으로 교황들의 그리스도교도적 겸양이 손상되지는 않았고, 그들의 얼굴과 비문은 여전히 가장 오래된 화폐에 새겨져 지금까지 전해진다. 이제 그들의 지상에서의 통치권은 천 년의 경외로 확인되었고, 그들의 고귀한 호칭은 그들이 노예 신분에서 풀어 준 대중이 자유롭게 선택했다.

서기 730~752년, 롬바르드족의 공격을 받는 로마

고대 그리스의 반목 속에서 엘리스의 신성한 사람들은 제우스 신의 보호를 받고, 올림피아 경기29)를 하면서 영원한 평화를 누렸다. 이와 유사한 특권이 성 베드로의 유산을 전쟁의 참화에서 보호할 수 있었다면, 신성한 문의 입구에 찾아온 그리스도교도들이 사도와 그 후계자 앞에서 자신의 칼을 칼집에 넣었다면, 로마인들은 행복했을 것이다. 그러나 이 신비한 집단의 행방은 입법자와 현자의 지팡이로만 찾을 수 있었고, 이런 평화로운 체제는 교황들의 종교적 열정과 야심과는 양립할 수 없었다. 로마인들은 엘리스의 주민들처럼 순박하고 전적으로 평화로운 농업에만 종사하지 않았고, 이탈리아의 야만인들은 기후 덕분에 온화해지기는 했지만 공적, 사적 생활의 제도에서 그리스에 훨씬 뒤떨어져 있었다. 롬바르드족의 왕 리우트프란드는 기억할 만한 회개와 신앙심의 모범을 보여 주었다. 무장을 한 채 바티칸 성문 앞에 다다른 이 정복자는 그레고리우스 2세30)의 목소리를 듣고는 자신의 군대를 물러가게 하고 전리품을 포기하고 나서 정중하게 성 베드로 교회를 찾았고,

예배를 드린 다음 자신의 칼과 단검, 갑옷, 망토, 자신의 은제 십자가, 금관을 사도의 무덤에 바쳤다. 그러나 이러한 종교적 열정은 그 순간의 환상, 어쩌면 책략이었을지도 모른다. 이해관계는 강하고 지속적이다. 롬바르드족은 무력과 약탈을 좋아했는데 이탈리아의 소요, 로마의 무방비 상태, 새로운 수장(교황)의 비호전적인 기질은 그들에게 거부할 수 없는 유혹이었다. 황제가 첫 번째 칙령을 내리자 그들은 성상의 옹호자를 자처하고 나섰다. 리우트프란드는 이미 그 특이한 이름을 사용하고 있던 로마냐를 침공했고 총독령 내의 가톨릭교도들은 그의 문무의 힘에 주저 없이 굴복했다. 난공불락이라는 라벤나 요새에 처음으로 외세가 들어왔다. 도시와 요새는 베네치아인들의 적극적인 노력과 해군력으로 빠르게 복구되었고, 이들 신앙심 깊은 신민들은 교황 그레고리우스의 훈계를 받아들여 레오 황제가 개인적으로 저지른 죄와 로마 제국의 보편적 대의를 구별했다.[31] 롬바르드인들은 모욕당했다고 생각했으나 그리스인들은 베네치아인들의 봉사를 그리 염두에 두지 않았다. 신앙 면에서 적대적이던 두 민족은 위험하고도 부자연스러운 동맹 속에서 화해했고, 왕과 총독은 스폴레토와 로마 정복을 위해 진군했다. 이 폭풍은 아무런 효과 없이 사라졌지만 리우트프란드의 지략으로 이탈리아는 전쟁과 강화라는 고통스러운 양자택일의 기로에 놓였다. 후계자 아스톨푸스는 자신이 황제와 교황에 동등하게 맞설 수 있는 상대라고 선언했다. 라벤나는 열세한 군사력 또는 반역 행위 때문에 항복했고,[32] 이 마지막 정복으로 유스티니아누스 황제의 시대에 고트 왕국이 멸망한 이래 종속적 권력을 가지고 지배해 온 총독의 명맥은 끊기게 되었다. 로마는 승리한 롬바르드족이 로마의 적법한 통치자임을 인정해야 했고, 시민 한 명당 해마다 금화 한 닢을 조공으로 바

[31] 베네치아 역사가 사고르니누스(John Sagorninus)와 단돌로(Andrew Dandolo) 장군은 그레고리우스의 시각을 기록하고 있다. 디아코누스(Paulus Diaconus)는 라벤나의 상실과 수복에 대해 언급하고 있지만, 연대학자 파기와 무라토리 등은 일자나 상황을 확신하지 못한다.

[32] 아나스타시우스의 필사본은 '강압적으로 탈취했다.'라고 읽으나, '속임수로 탈취했다.'라고 읽으나에 따라 그 의미가 달라진다.

33 「샤를마뉴 사본」은 교황이 카를 마르텔과 피핀, 샤를마뉴에게 보낸 서한 모음집으로, 셋 중 가장 나중에 군주가 된 샤를마뉴가 편찬한 서기 791년까지의 편지가 들어 있다. 원본과 진품 원고는 현재 비엔나의 황실 도서관에 있으며 람베키우스와 무라토리가 출간한 바 있다.

쳐야 하며 이에 불복할 때에는 벌금을 받아내기 위해 파괴의 칼을 휘두르겠다는 통보를 받았다. 로마인들은 이에 대해 애원하고 고충을 토로했다. 위협하던 야만족은 교황들이 알프스 산맥 너머의 동맹, 원수를 갚을 자와의 우호 관계를 활용할 때까지 무력과 협상으로 제지당했다.33

서기 754년, 로마를 구출한 피핀

그레고리우스 1세는 당시의 영웅 카를 마르텔에게 자신의 고난을 도와 달라고 요청했다. 카를 마르텔은 궁재(宮宰) 또는 공작이라는 겸손한 칭호를 가지고 프랑크 왕국을 다스렸고, 사라센인들과의 전투에서 큰 승리를 거둬 조국뿐만 아니라 아마도 유럽 전체를 이슬람교의 속박에서 구해 냈다. 카를은 교황의 사절들을 정중한 존경을 표하며 맞이했지만, 그의 과업은 위대하고 생은 짧았던지라 우호적이고 효과 없는 중재를 제외하고는 이탈리아의 사정에 개입하지 못했다. 그의 권력과 덕목을 이어받은 아들 피핀은 로마 교회의 수호자임을 자임했는데 이 군주의 열성은 명예와 종교에 대한 사랑에서 비롯된 듯하다. 그러나 위험은 테베레 강변에 있었고 원군의 손길은 멀리 떨어진 센 강변에 있었던 바 이 먼 과거의 불행한 이야기에 우리는 별로 동정을 느끼지 못한다. 도시 전체가 눈물을 흘리자 스테파누스 3세는 롬바르디아와 프랑크의 두 궁정을 몸소 방문하여 그들의 적의 불의를 비난하거나, 우호 세력의 동정과 분노를 자극하겠다는 기특한 해법을 제시했다. 시민의 절망을 연도(連禱)와 웅변으로 달랜 그는 프랑크 왕과 비잔티움 황제가 보낸 사절들과 함께 고된 여정에 올랐다. 롬바르드족의 왕은 냉담했지만 그의 위협도 로마 교황의 항변을 꺾게 하거나 펜닌알프스를 건너는 속도를 늦추게 하지 못했다. 교황은 성 마우리키우스 수도원에서 잠시 쉬었을 뿐 전시에든 평화 시에

든 결코 배신하지 않을 보호자의 오른손을 잡고자 길을 서둘렀다. 스테파누스는 확실한 사도의 후계자로 대접받았다. 3월 또는 5월의 집회에서 그가 당한 모욕이 이 신앙심 깊고 호전적인 민족에게 드러나자, 그는 탄원자가 아니라 정복자로 프랑크왕이 직접 이끄는 군대의 선두에 서서 알프스를 다시 넘었다. 롬바르드족은 미약하게 저항하다 불명예스러운 강화 조건을 받아들여, 로마 교회의 재산을 되돌려주고 그 신성함을 존중하겠다고 맹세했다. 그러나 아스톨푸스는 프랑크 군대가 철수하자마자 약속을 잊고 자신이 당한 모욕에 분노했다. 로마는 다시 롬바르드족의 군대에 포위되었고, 스테파누스는 알프스 저편 이탈리아의 동맹들의 열의가 사라질 것을 걱정하며 성 베드로의 이름을 빌려 쓴 설득력 있는 편지로 자신의 불만과 요구를 강력히 주장했다.[34] 사도는 그의 양자들, 즉 프랑크 왕과 성직자, 귀족들에게 자기 육체는 죽었으나 영혼은 살아 있고, 지금 듣는 것은 로마 교회의 창시자이자 수호자의 목소리인 만큼 이에 복종해야 한다고 말했다. 성모와 천사, 성자, 순교자, 천국의 모든 병사가 이 요구를 만장일치로 촉구하며, 그에 대한 의무를 고백해야 할 것이며, 부와 승리, 천국이 그들의 경건한 과업을 장식할 것이지만 만일 그의 무덤과 신전, 백성들이 사악한 롬바르드족의 손에 넘어가게 둔다면 방임에 대한 죄로 영원한 저주가 내릴 것이라고 단언했다. 피핀의 두 번째 원정은 첫 번째 원정처럼 신속하고도 운이 좋았다. 성 베드로는 만족했고 로마는 다시 구원을 받았으며 아스톨푸스는 외국 지배자의 회초리에서 정의와 진정성이라는 교훈을 배웠다. 이렇게 이중으로 고난을 겪은 롬바르드족은 20여 년 동안 침체와 쇠퇴 속에서 살아 나갔다. 그러나 그들의 정신은 그 처지만큼 꺾이지 않아 약자의 평화적 덕성을 가장하는 대신 로마인들에게 각

[34] 이 놀라운 편지는 「샤를마뉴 사본」에서 볼 수 있다. 교황들의 적들은 거짓과 불경스러운 말로 교황들을 공격했다. 그러나 그들을 속이기보다는 설득하려 했다. 이 경우에는 그 시대의 조잡한 방식으로 이루어지기는 했지만, 고대 웅변가들에게 사자(死者) 또는 불멸의 존재들을 소개하는 것은 익숙한 일이었다.

[35] 일반 역사가 이외에도 로노이(Launoy), 파기(Pagi), 알렉산더(Natalis Alexander) 등 세 명의 프랑스 비평가들은 힐데리크의 폐위라는 주제를 해박하고 세심하게 다루고 있지만, 왕권의 독립성을 지키기 위해서인지 강한 편견이 들어가 있다.

종 요구와 회피, 침략 등을 반복하여 괴롭혔지만, 이 모든 것이 깊이 생각하지 않고 한 일이라 아무런 효과도 거두지 못하고 끝나 버렸다. 그들의 쇠락하던 왕국은 한편으로는 교황 아드리아누스 1세의 열정과 신중함에, 다른 한편으로는 피핀의 아들 샤를마뉴의 천재성과 부, 위대함에 압박을 당했다. 이들 교회와 국가의 영웅들은 공적 또는 사적으로 우호 관계를 맺어 단결했으며, 그들은 패배자들을 짓밟으면서도 아주 공정하게 일을 처리하는 체했다. 롬바르드족의 유일한 방어막은 알프스의 관문과 파비아의 성벽뿐이었는데, 피핀의 아들이 관문을 급습했고 성벽을 포위했다. 2년간의 대치 끝에 롬바르드족의 마지막 왕 데시데리우스는 왕위와 수도를 내놓았다. 롬바르드족은 외국인 왕의 통치를 받으면서도 국법을 그대로 유지했고, 혈통이나 관습, 언어가 같은 게르만 민족 출신 프랑크족의 피지배자가 아니라 동포와 같은 관계가 되었다.

서기 774년, 롬바르드족을 정복한 샤를마뉴

교황과 카롤링거 가의 상호 의무는 고대와 근대 국가, 교회 역사의 중요한 연결 고리를 형성한다. 이탈리아 정복에서 이 로마 교회의 옹호자들은 좋은 기회, 그럴듯한 명분, 대중의 소망, 성직자들의 기도와 술책을 얻었다. 그러나 교황들이 카롤링거 가에 준 가장 귀중한 선물은 프랑스 왕[35]과 로마의 명예고관이라는 지위였다. (1) 성 베드로가 다스리는 신성한 군주제 아래에서 각 민족은 테베레 강 유역에서 자신들의 왕과 법, 운명의 신탁을 찾는 관행을 부활시켰다. 프랑크족은 그들의 정체(政體)의 명칭과 실체 사이에서 혼란스러워했다. 왕국의 모든 권력은 궁재인 피핀이 행사했고 그의 야망에서 부족한 것은 왕이라는 칭호뿐이었다. 그는 용맹으로 적들을 눌렀고 관

서기 751, 753, 768년, 프랑스 왕 피핀과 샤를마뉴

대항으로 우호 세력을 늘렸다. 그의 아버지는 그리스도교계 전체의 구원자였고 개인적 치적에 대한 요구가 4세대를 내려오면서 되풀이되었다. 왕이라는 이름과 이미지는 여전히 클로비스 왕의 마지막 자손인 허약한 힐데리크가 보유하고 있었지만, 이미 쓸모없게 된 그의 권리는 선동에나 활용되었다. 국민은 국가 조직의 단순함을 되찾기를 열망했고, 피핀은 신하이자 군주로서 자신의 지위와 가문의 부를 확립하고자 하는 야망이 있었다. 궁재와 귀족들은 충성 서약 때문에 왕가의 유령에 구속되어 있었고 메로빙거 왕조의 혈통을 순수하고 신성한 것으로 보았기에, 그들의 사절은 로마 교황에게 양심의 가책을 느끼지 않도록 해 주거나 그들의 맹세를 파해 달라고 청했다. 두 그레고리우스 교황의 후계자인 자카리아스는 이해관계를 고려하여 그들에게 유리한 쪽으로 결정을 내릴 생각을 굳혔다. 그는 국민이 원하는 대로 왕의 칭호와 권력을 적법하게 한 사람에게 주어도 좋으며, 공공의 안전을 위해 희생양이 된 불행한 힐데리크의 지위를 박탈하고, 머리를 깎은 뒤 여생을 수도원에서 보내라고 선언했다. 프랑크족의 바람에 아주 잘 맞아떨어진 이 화답은 결의론자의 의견, 판관의 판결, 예언자의 신탁으로 받아들여졌고 메로빙거 왕조는 지상에서 사라졌다. 피핀은 그의 법에 복종하고 군기 아래 행진하는 것에 익숙한 자유로운 국민의 동의를 얻어 왕위에 올랐다. 대관식은 두 차례 거행되었다. 교황의 재가를 받은 그들의 가장 충실한 종이자 게르마니아의 사도인 성 보니파키우스에게 첫 번째로, 성 데니스 수도원에서 은인의 머리에 감사하며 왕관을 씌워 준 교황 스테파누스 3세에게 두 번째로 축성을 받았다. 이스라엘 왕에게 기름을 붓는 의식이 익숙하게 치러졌고[36] 성 베드로의 후계자는 신의 사자의 역할을 하게 되었다. 이로써 게르만 수장이 구세주로 변모

[36] 아주 처음 있는 일은 아니었다. 이렇게 두드러지는 경우는 아니었지만 6세기와 7세기, 브리타니아와 스페인의 속주 주교들이 기름 부음을 한 경우가 있었다. 콘스탄티노플에서 행한 왕에게 기름 붓는 의식은 제국 마지막 시대에 라틴 민족에게서 차용한 것이다. 마나세스는 샤를마뉴 황제의 기름 부음 의식이 외래의, 유대인들이 행한 이해 불가능한 의식이라고 언급하고 있다. (시켈(Sickel) 교수가 지적했듯이) 8세기 콘스탄티노플에서 실제로 기름 부음 의식을 했다는 증거가 없다는 사실을 깨달았어야 했다.

했고, 이 유대교적 의식은 근대 유럽의 미신과 허영심으로 널리 확산되어 정착되었다. 프랑크족은 과거의 맹세에서 해방되었지만, 만일 이와 같은 자유로운 선택을 또 하려 들거나 신성하고 위대한 카롤링거 가 이외의 왕을 선출하려 든다면 프랑크족과 그 후손들은 무시무시한 파문에 처해질 것이라는 엄숙한 선언이 있었다. 다가올 위험을 깨닫지 못한 이 군주들은 현재의 안위 속에 영광을 누렸다. 샤를마뉴의 비서는 프랑스의 왕위가 교황들의 권위로 승계되었음을 강조하였고, 가장 용맹한 과업에서 성공적으로 지상의 관할권을 이행했다고 확신에 찬 주장을 펼쳤다.

로마의 귀족들

(2) 관습과 언어가 변하면서 로마 귀족들은 콘스탄티누스의 궁정과 로물루스의 원로원, 즉 공화국의 자유로운 귀족 집단과 황제라는 가공의 부모로부터 멀리 떨어져 나왔다. 유스티니아누스 황제는 무력으로 이탈리아와 아프리카를 수복한 뒤, 먼 곳에 있는 매우 중요하고 위험한 이 속주들에 최고 행정관을 직접 보내야 했다. 이 최고 행정관은 때에 따라 총독 또는 파트리키우스라 불렸는데, 군주의 연대기에서 한 구절을 차지하는 라벤나의 통치자들은 로마 시(市)로까지 관할권을 확장했다. 이탈리아의 반란과 총독령의 상실 이후 고난을 겪은 로마인들은 독립성을 일부 포기하였지만, 이 경우에도 그들은 스스로 물러나는 권한을 행사했으며, 원로원과 민회의 포고로 카를 마르텔과 그 후손들에게 로마의 파트리키우스라는 영예를 수여했다. 강력한 지도자라면 자주성 없는 직함이나 종속적 지위를 경멸했겠지만, 비잔티움 황제의 통치권은 정지되었고 이 제국의 공백 상태에서 그들은 교황과 공화국에서 좀 더 많은 영예로움을 얻었다. 로마 사절들은 교회와 도시 방어에 나설 권

리와 의무가 있는 파트리키우스들에게 신성한 군기와 함께, 통치권의 상징으로 성 베드로 성당의 열쇠를 주었다.37 카를 마르텔과 피핀의 시대에 롬바르드 왕국의 개입은 로마의 안전을 위협하는 반면 자유를 보호해 주었고, 파트리키우스령이라는 말은 멀리 떨어진 이 보호자들의 직함과 봉사, 동맹을 표시할 뿐이었다. 샤를마뉴는 힘과 지략으로 적을 무찔렀고 주인으로 섬기도록 만들었다. 수도를 처음 방문하면서 그는 황제의 대리인, 총독에게 바쳐지던 모든 영광을 받았고, 교황 아드리아누스 1세의 기쁨과 감사로 이러한 영광에 새로운 훈장이 더해졌다. 교황은 그의 급작스러운 방문 소식을 듣자마자 로마 행정관과 귀족들을 도시 30마일 밖까지 보내 깃발을 들고 영접하도록 했다. 플라미니우스 가도의 약 1마일 정도에는 그리스인들, 롬바르드족, 작센족의 사람들이 줄지어 서 있었다. 로마의 청년들은 무장을 하였고, 어린아이들은 종려나무 잎과 올리브 가지를 손에 들고 위대한 구원자를 칭송하는 노래를 불렀다. 샤를마뉴는 신성한 십자가와 성인들의 휘장을 보고 말에서 내려 자기를 수행해 온 귀족 일행을 바티칸으로 이끌고 갔다. 그는 계단을 오르면서 사도들의 문 앞에 있는 계단 하나하나에 경건하게 입을 맞추었다. 교황 아드리아누스는 현관에 성직자 무리의 맨 앞에 서서 그를 기다렸다. 그들은 벗으로서, 대등한 사람으로서 서로 포옹했으나 제단으로 향하면서 왕 또는 파트리키우스는 교황의 오른손을 잡았다. 프랑크 왕은 무익하고 공허한 존경의 표시에만 만족하지 않았다. 롬바르디아 정복부터 황제 대관식까지 26년이 흐르는 동안 칼로 구원받은 로마는 샤를마뉴의 왕권에 복속되었다. 신민들은 샤를마뉴와 그 가문에 충성을 맹세했고 그의 이름을 넣은 화폐가 주조되었으며, 법은 그의 이름으로 집행되었고 교황의 선출도 그의 권한으로 검토

37 교황 옹호론자들은 군기와 열쇠의 상징적인 의미를 완화시키지만 변명의 여지가 없는 것 같다. 비엔나 도서관의 원고를 보면 통치권이 아니라 기원 또는 간청이라고 쓰여져 있는데, 카를 마르텔의 왕권은 이 중요한 수정 사항 때문에 완전히 무너졌다.

38 샤를마뉴의 제국 이전에 집필한 디아코누스는 로마가 그의 속주 도시라고 쓰고 있다. 로마에서 주조된 몇몇 카롤링거 왕조의 메달 때문에 블랑(Le Blanc)은 카롤링거 왕조가 파트리키우스이자 황제로서 로마에서 누린 권위에 대해 편파적이기는 하지만 세밀한 글을 썼다.

39 모스하임은 이 기부를 공정하고 세밀하며 신중하게 비교 검토한다. 원래 결의서는 나오지 않지만 『교황들의 생애』와 「샤를마뉴 사본」을 보면 이 엄청난 선물에 대한 내용이 설명되어 있다. 두 책 모두 현재 기록으로 남아 있으며, 「샤를마뉴 사본」의 경우 교황이 아니라 황실 도서관에서 보관해 왔기 때문에 좀 더 믿을 만하다.

하고 확인했다. 황제라는 호칭이 로마의 파트리키우스에게 더해 줄 수 있는 특권은 그에 따르는 통치령을 제외하면 사실상 없었다.38

교황들에 대한 피핀과 샤를마뉴의 기증

카롤링거 가는 이러한 은혜에 맞는 감사의 마음을 느꼈고, 그들의 이름은 로마 교회의 구원자이자 은인으로 존경받았다. 그들은 농장과 집 등 교회의 세습 재산을 도시와 속주의 지배령으로 하사했고, 피핀의 정복으로 얻은 첫 결실이 바로 총독령의 기증이었다.39 아스톨푸스는 한숨을 쉬며 자신의 전리품을 내놓았고, 주요 도시의 열쇠와 인질들은 프랑크 사절에게 건네졌으며, 다시 군주의 이름으로 성 베드로의 무덤에 바쳐졌다. 총독령의 엄청난 규모를 보면 황제와 총독에게 복종했던 이탈리아의 모든 속주를 포함하는 것으로 여겨질지도 모르지만, 엄밀하고 올바른 경계는 라벤나, 볼로냐, 페라라의 영토에 포함되어 있었다. 여기에 리미니에서 안코나에 이르는 아드리아 해 연안 지역부터 중부의 아펜니노 산맥에 이르는 펜타폴리스는 불가분의 관계로 연결되어 있었다. 이 지역들을 차지하기 위한 거래에서 교황들은 야심과 탐욕을 드러내 심한 비난을 받는다. 그리스도교 사제라면 자기 직분의 덕목을 훼손시키지 않고서는 도저히 통치하기 힘든 지상의 왕국을 겸손하게 거절했어야 마땅하다. 어쩌면 충실한 신하, 아니 관대한 적들조차도 야만족의 전리품을 나눠 갖는 데 그처럼 안달하지는 않았을 것이다. 설령 교황 스테파누스에게 자신의 이름으로 총독령을 복구시켜 달라는 요청을 하게 만든 것이 황제라고 해도, 교황은 변절과 기만에 대한 비난에서 자유롭지 못할 것이다. 그러나 법률을 엄격하게 해석하면 은인이 부당하지 않게 주는 것을 받는 것은 법을 어기지 않는 일이라는 사실을 모두가 인정할 것이다. 당시 비잔티움 황제는 총독령에 대한 권리를 포기, 아니 상실하였고, 아스톨푸스의 칼은 카롤링거 왕조의 강력한 칼에 부러졌다. 피핀이 스스로 군대를 끌고 알프스를 넘어 두 차례의 원정에 나선 것은 우상 파괴라는 대의명분을 위해서가 아니었다. 그는 자신이 소유한 정복지들을 적법하게 분리시킬 수도 있었다. 그리스인들의 끈질긴 요청에 어떠한 인간적인 고려도 죄 사함과 영혼의 구원을 위해 로마 교황에게 기증한 재물을 되찾아오도록 자신을 유혹할 수는 없다고 경건하게 답했다. 이 엄청난 기증은 최고의, 절대적 통치령으로 하사된 것이며, 세상은 그리스도교의 수장이 행정관의 선출, 법의 실행, 과세, 라벤나 궁정의 재산 등 지상의 군주가 갖는 특권을 누리는 모습을 처음으로 목격했다. 롬바르드 왕국이 해체되면서 스폴레토 공국 주민들은 폭풍을 피하고자 로마식으로 머리를 깎고 스스로 성 베드로의 종이요 신하라고 선언했으며, 이 자발적인 양도로 현재의 교회의 경계가 확정되었다. 이 불가사의한 영역은 샤를마뉴의 구두 또는 서면 기증[40]으로 무한히 커졌는데, 샤를마뉴는 첫 승리를 만끽하면서 과거 총독령에 부속되었던 도시와 섬을 자기 자신과 비잔티움 황제에게서 빼앗았다. 그러나 그는 냉정하게 숙고하는 시간을 갖게 되자, 교회 세력이 최근 얼마나 큰 것을 얻었는지를 질투와 시기의 눈으로 다시 보게 되었다. 그는 자신과 아버지가 예의를 차리며 했던 약속의 이행을 피했고, 이 프랑크족과 롬바르드족의 왕은 양도할 수 없는 제국에 대한 권리를 주장했다. 그의 생애 동안, 그리고 사후에도 로마는 물론 라벤나[41]까지 주요 도시 목록에 포함되어 있었다. 총독령의 통치권은 교황들의 손에서 사라져 갔고, 라벤나의 총대주교들은 그들에게 위험한 내부 경쟁자로 보였다.[42]

[40] 「샤를마뉴 사본」을 충분히 연구한 마르크(St. Marc)는 샤를마뉴의 정책과 기증을 세심하게 검토했다. 마르크의 말처럼 기증은 구두로만 이루어졌다고 믿는다. 현존하는 가장 오래된 기증 결의서는 경건 왕 루드비히의 것으로 여겨진다. 그 진위 내지는 적어도 보존 상태에 대해 많은 의문이 제기되었지만, 자신의 것이 아닌 것을 자유롭게 처분하는 이 군주들의 이야기에 합당하게 이의를 제기할 사유는 없다고 본다.

[41] 샤를마뉴는 엑스라샤펠을 장식하겠다며 소유권자 아드리아누스 1세에게 라벤나 궁정의 모자이크를 요구하여 받아 냈다.

[42] 교황들은 라벤나에서 일어난 레오의 찬탈에 대해 종종 불평하곤 했다.

43 파브리키우스는 그리스어와 라틴어로 된 이 기증서의 여러 판본을 열거했다. 발라(Laurentis Valla)가 인용하면서 반박하는 판본은 의심스러운 실베스테르의 교령집이나 그라티아누스의 교령집에서 따온 것으로 보인다. 발라와 다른 학자들에 따르면 이 내용이 교령집에 허위로 더해졌다.

콘스탄티누스 기부장의 위조

사기(詐欺)는 언제나 약하고 교활한 인간들이 사용하는 수단이다. 힘은 세지만 무지했던 야만족은 교회가 파 놓은 책략의 함정에 빠지는 일이 많았다. 바티칸과 라테란은 로마 교회의 권익을 증진시키기 위해서 경우에 따라 다양한 허위 또는 진실한, 부패한 혹은 미심쩍은 행동을 하거나 숨기는 무기고이자 제작소 역할을 했다. 8세기 말 즈음에 교황의 어느 서기가, 아마도 악명 높은 이시도르일 것으로 생각되는데, 교황들의 영적, 현세적 통치를 지탱하는 두 마법의 기둥이라 할 수 있는 콘스탄티누스 대제의 교령집과 기부장을 만들었다. 이 기념할 만한 기부장은 교황 아드리아누스 1세의 서한을 통해 세상에 처음으로 알려졌는데, 교황은 이 서한에서 샤를마뉴에게 위대한 콘스탄티누스 대제의 관대함을 본받고 그의 이름을 되살리라고 훈계했다. 그런데 전승에 따르면 로마의 주교였던 실베스테르가 개종 세례의 물로 이 첫 그리스도교도 황제의 나병을 고치고 정화해 주었는데, 그 어떤 의사도 그렇게 영광스러운 보상을 받은 적이 없다. 개종한 이 황제는 성 베드로의 자리와 세습 재산에서 손을 떼고 동방에 새로운 수도를 건설하겠다고 천명했고, 로마, 이탈리아, 서방 속주의 자유와 영구적인 통치권을 교황들에게 넘겨주었다.[43] 이러한 날조는 대단히 유익한 결과를 낳았다. 비잔티움 황제들은 찬탈의 죄로 비난받았고 그레고리우스의 반란은 적법한 유산을 요구하는 것이 되었다. 교황들은 은혜에 빚진 기분을 느끼지 않아도 되었으며, 카롤링거 왕조에서 보낸 명목상의 선물은 정당하고도 취소 불가능한 교회 영토를 반려한 것에 지나지 않았다. 로마의 통치권은 더 이상 변덕스러운 대중의 선택에 달려 있지 않았고, 성 베드로와 콘스탄티누스 대제의 후계자들은 황제의 제권과 특권을 받게 되었다. 그 시대의 무지와 쉽게 믿는 기질이 어찌나 강했던지 비잔티움이나 프랑스에서는 아무리 황당한 이야기도 한결같이 경의를 받으며 수용되었고, 지금도 여전히 교회법의 칙령에 남아 있다.[44] 황제들과 로마인들은 자신들의 권리와 자유를 빼앗아 간 거짓을 분별하지 못했고, 유일하게 반대 의견을 내놓은 것은 12세기 초 콘스탄티누스 대제의 기부장의 진위와 효력에 대해 논쟁을 벌인 사비니 지방의 한 수도원뿐이었다.[45] 학문과 자유가 부흥하면서 유려한 비평가이자 로마 애국주의자인 발라가 이 거짓 증서의 진위를 날카롭게 꿰뚫었다.[46] 발라와 같은 시대에 살던 15세기 사람들은 그의 불경스러운 담대함에 경악했지만, 이성은 고요하고도 저항할 수 없는 전진을 계속하여 다음 세기 말에는 이 위조에 대해 역사가들과 시인들은 경멸하며, 로마 교회 옹호자들은 암묵적으로 또는 조심스럽게 비난하며 거부하기에 이르렀다.[47] 교황 자신들은 속인(俗人)들의 고지식함을 미소 지으며 즐겼지만 그들의 치세를 축성하는 것은 허위의 권리 근거였고, 그 체제는 과거에 교령집과 시빌의 신탁이 겪었던 운명처럼 기초가 손상된 후에도 살아남았다.

교황들이 이탈리아에서 자유와 통치권을 얻어 자리를 잡는 동안, 동로마 제국에서는 교황이 반란을 일으키면서 최우선의 대의명분으로 삼았던 성상이 되돌아왔다. 콘스탄티누스 5세의 치세에는 궁정과 교회의 권력이 단결하여 미신이라는 나무를 쓰러뜨렸지만 그 뿌리는 남아 있었다. 깊은 신앙심에 빠지기 쉬운 수도회와 여성들은 여전히 우상(성상이 아니라 우상이라고 간주되었으므로)을 소중히 여겼고, 수도사들과 여성의 맹신적인 협력은 결국 남성의 이성과 권위를 이겼다. 황제 레오 4세는 부친과 조부만큼 엄격하게 종교를 지키지는 않

서기 780년 등, 동로마 제국에서 성상을 복원한 이레네

[44] 1059년 교황 레오 9세, 다미아누스 추기경 등은 이렇게 믿었다.(과연 믿었을까?) 무라토리는 경건왕 루드비히, 오토 왕조 등의 허구적인 기증을 콘스탄티누스의 기부장에 기반을 둔 것으로 본다.

[45] 이 논쟁(1105년)에 대한 자세한 설명을 참조하라. 논쟁은 베네딕트 수도원 고문서 보관소에서 나온 방대한 『파르파 연대기』 초본의 개인 소송에서 비롯되었다. 이 내용은 전에는 호기심 많은 외지인들도 읽어 볼 수 있었고, 퀴리니(Quirini)의 『이탈리아 수도원사』의 내용을 풍부하게 해 주었을 것이다. 그러나 현재 이들은 로마 궁정의 소심한 정책으로 외부와 완전히 차단된 상태이다.

[46] 샤르디우스의 모음집에서 보면 교황 에우게니우스 4세가 도피한 지 6년 뒤인 1440년 저자가 작성한 이 활발한 담론은 매우 격렬한 정치적 논설이다. 발라는 로마인들의 반란을 정당화하고 격려하는 바, 아마도 교회의 독재자에 대항해 검을 뽑아 드는 것조차 용인했을지도 모른다. 이러한 비평가라면 교회의 박해를 받았을 수도 있지만, 그는 평화롭게 살았고 사후 라테란에 묻혔다.

[47] 바로니우스는 콘스탄티누스가 로마를 주겠다고 제안하고 실베스테르가 거절했다고 믿고 싶어한다. 이상하게도 이 기증서

에 대해 그는 비잔티움 사람들이 위조한 것이라고 본다.

48 그리스어와 라틴어로 쓰여진 제2차 니케아 공의회전 제8권과 여러 관련 항목을 참조하라. 일부 중요한 주석이 붙어 있는 충실한 판본을 보면 독자에 따라 한숨을 쉬기도 하고 웃기도 할 것이다.

앉지만, 그의 아내이자 아름답고 야심만만한 이레네는 조상의 철학이 아니라 우상 숭배를 이어받은 아테네인들의 열정을 받아들였다. 이러한 감정들은 남편이 살아 있는 동안 불타올랐지만, 그녀가 할 수 있는 일이라고는 자신이 수도원에서 끌어내 동로마 주요 도시의 권좌에 앉힌 총애하는 몇몇 수도사들을 보호하고 옹호하는 것뿐이었다. 이레네는 남편이 죽자 자기 아들과 공동 황제가 되어 통치에 나서자마자 성상 파괴론자들을 근절하는 정책을 실행에 옮겼고, 장차 박해를 위한 첫 단계로 양심의 자유에 대한 포괄적 포고령을 내렸다. 수도사들을 복위시키면서 천 개의 성상을 대중이 경배하도록 내놓았고, 고난과 기적에 관한 천 개의 전설을 만들어 냈다. 때맞춘 죽음 또는 면직으로 생긴 교회의 여러 자리가 적절하게 채워졌고, 지상 또는 천상의 은총을 바라는 가장 열렬한 경쟁자들은 통치자의 판단력을 예상하거나 추켜세웠다. 이레네는 자신의 비서 타라시우스를 콘스탄티노플 총대주교로 임명하여 동방 교회의 수장으로 삼았다. 그러나 공의회의 교령은 그와 유사한 회합으로만 철회할 수 있었는데[48] 그녀가 소집한 회합에서 성상 파괴론자들은 대담했지만 논쟁은 싫어했다. 주교들의 약한 목소리는 콘스탄티노플의 군인들과 시민들의 더 큰 목소리에 파묻혀 버렸다. 1년 동안의 지연과 음모, 불만을 품은 군대의 이탈, 제2차 공의회 개최지로 니케아를 선정함으로써 이러한 장애는 사라졌다. 교회의 양심은 그리스 방식에 따라 다시 한 번 군주의 손에 놓이게 되었다. 이 중요한 과업을 완수하는 데 겨우 18일밖에 주어지지 않았다. 성상 파괴론자들은 이번 회의에 심판자로서가 아니라 범죄자 또는 회개자로서 참석했다. 이 무대를 교황 아드리아누스의 사절단과 동방

서기 787년
9월 24일~10월 23일,
7차 통합 공의회,
2차 니케아 공의회

의 대주교들이 장식했고.⁴⁹ 공의회 의장 타라시우스가 교령을 만들자 주교 350명이 환호와 동의를 보내며 승인했다. 그들은 만장일치로 성상 숭배가 성서와 이성, 교부와 공의회의 결정에 어긋나지 않는 것이라고 선언하면서도, 숭배가 상대적인지 직접적인지, 신성과 그리스도 상을 같은 방식으로 경배해야 하는지에 대해서는 결정을 내리지 못했다. 이 제2차 니케아 공의회에 관한 기록은 미신과 무지, 허위와 어리석음에 대한 흥미로운 기념물로 지금도 남아 있다. 여기서는 성상 숭배와 도덕성의 비교 우위에 대해 주교들이 내린 판단에 대해서만 언급하고자 한다. 한 수도사가 자기 방에 걸려 있는 그림에 매일 드리던 기도를 중단한다는 조건으로 우상 숭배라는 마귀와 휴전 협정을 맺었다. 그러나 양심의 가책을 느껴 수도원장과 상의했다. 수도원장은 "그리스도와 그 어머니의 성스러운 상을 경배하는 일을 그만두느니 차라리 도시의 모든 사창가에 들어가 모든 창녀들을 찾아가는 것이 더 낫소."라고 궤변을 늘어놓았다.

두 차례에 걸쳐 니케아 공의회를 주관한 두 군주 모두 자기 아들의 피로 얼룩졌다는 것은 정통파, 적어도 로마 교회

서기 842년,
성상을 마지막으로
설치한 테오도라

정통파의 명예 측면에서는 다소 불운한 일이다. 제2차 공의회의 결정은 이레네의 독재로 승인되고 엄격하게 이행되었으며, 그녀는 처음에 자신의 벗들에게 허락했던 관용을 적대자들에게는 베풀지 않았다. 그 후 38년, 다섯 황제들의 치세 동안 성상 숭배자들과 성상 파괴론자들 사이의 분쟁은 가라앉지 않는 분노를 달고 서로 다른 성공을 거두며 계속되었지만, 반복되는 같은 사건들을 열심히 기록할 생각은 없다. 니케포루스는 연설과 관습의 자유를 폭넓게 허용했지만, 수도사들은 그의 치세의 유일한 덕목이 바로 지상과 영원을 파멸시킨 원인이라고 비난

⁴⁹ 교황의 사절은 특별한 임무가 없는 두 성직자로 단순 정보 전달자였다. 가톨릭교도들은 몇몇 유랑 수도사들을 설득하여 동방 대주교들을 대변하도록 했다고 한다. 이 이상한 일화는 그 시대의 가장 열렬한 성상 파괴론자들 가운데 한 명인 테오도루스가 밝히고 있다.

했다. 미카엘 1세는 미신적 관습을 지녔고 성격이 유약하였다. 그러나 성자와 성상은 옥좌에 앉은 그들의 열렬한 지지자를 보호해 주지는 못했다. 레오 5세는 옥좌에 앉자 아르메니아식 이름과 종교를 주장했고, 우상은 선동적인 신봉자들과 함께 두 번째로 추방당하게 되었다. 그들은 이 불경스러운 독재자의 살해를 갈채로 정당화하였으나 그의 암살자이자 후계자인 미카일 2세는 태어나면서부터 프리기아의 이교에 물들어 있었다. 그는 분쟁을 벌이는 두 집단을 중재하려 애썼기 때문에 고집 센 가톨릭교도들은 점차 그를 반대편으로 보게 되었다. 그의 온건함은 소심한 데서 비롯되었지만, 그의 아들 테오필루스는 두려움과 연민을 모르는 가장 잔인한 최후의 성상 파괴론자였다. 그 시대의 열정은 성상 파괴론자들에게 불리하게 작용하고 있었고, 시류를 막으려던 황제들은 대중의 증오의 대상으로 응징을 당했다. 테오필루스가 죽고 나서 성상이 최종적인 승리를 거둔 것은 두 번째 여제로 테오필루스가 제국의 후견인으로 지정한 아내 테오도라에 의해서였다. 테오도라의 방식은 과감하고 확실했다. 뒤늦은 회개를 거짓으로 꾸며 죽은 남편의 명성과 영혼을 구했고, 성상 파괴론자 총대주교에게 내린 판결은 두 눈을 멀게 하라는 것에서 태형 200대로 감형했다. 주교들은 몸을 떨었고 수도사들은 환호하였으며, 정통파는 축제일을 정하고 아직도 해마다 성상의 승리를 기념한다. 그러나 성상이 어떤 고유의 타고난 신성을 부여받았는가 하는 한 가지 문제가 아직 남아 있었다. 이 문제는 11세기 비잔티움 사람들이 제기했는데 이는 가장 강력한 모순이라 생각되는 바, 이에 대해 보다 확실하게 긍정적인 답이 나오지 않았다는 사실은 매우 놀랍다. 서방에서는 아드리아누스 1세가 니케아 공의회의 교리를 받아들이고 선포했으며, 오늘날 가톨릭교도들은 이를 제7차

공의회로 정식 인정하고 있다. 로마와 이탈리아는 자신들의 교부의 말에 순종했지만, 라틴계 그리스도교도들은 대부분 미신이라는 경주에서 훨씬 뒤져 있었다. 프랑스, 게르마니아, 잉글랜드, 스페인의 교회들은 성상의 숭배와 파괴 전쟁에서 중도적 입장을 취하고 있었으며, 성상을 교회에 도입하기는 했지만 경배의 대상이 아니라 신앙과 역사의 생생하고 유용한 기념물로 들여왔다. 샤를마뉴의 이름으로 분노에 찬 논쟁서 한 권이 출간되었는데,[50] 그의 권한으로 프랑크푸르트에서 주교 300명이 모인 공의회가 열렸다.[51] 그들은 성상 파괴론자들의 격렬함을 탓했고 서방의 야만족들이 오랫동안 경멸해 온 그리스인들의 미신과 거짓 공의회의 교리를 더 엄중히 비난했다. 그들 사이에서도 성상 숭배는 조용히 그리고 서서히 진행되었는데, 종교 개혁 이전 시대의 총체적인 우상 숭배와 여전히 미신의 그늘에 싸여 있는 유럽과 아메리카 대륙의 여러 나라를 보면 그러한 주저와 지체를 보상이라도 하는 듯하다.

서기 794년 등, 프랑크족과 샤를마뉴의 저항

니케아 공의회 이후 신앙심 깊은 이레네의 통치 아래에서 교황들은 정통파에는 미치지 못하는 샤를마뉴에게 제국을 양도하여 로마와 이탈리아의 분리를 완성했다. 교황들은 경쟁 국가들 사이에서 어느 한쪽을 선택할 수밖에 없었고, 이때 종교가 선택의 유일한 동기는 아니었다. 우호 세력의 단점은 모른 척하고 적들의 가톨릭교도적인 덕목은 의심하면서 마지못해 주시했다. 언어와 관습의 차이로 두 수도의 반목은 영구적이 되었고, 70년간의 적대적인 대립으로 두 도시는 소원해졌다. 그러한 분열 속에서 로마인들은 자유를 맛보았고 통치권을 가진 교황들을 경험했다. 로마인들이 복종했다면

서기 774~800년, 동로마 제국으로부터 최종적으로 분리한 교황들

[50] 서기 790년 보름스에 있는 샤를마뉴 궁정 또는 겨울 별장에서 쓰여진 샤를마뉴의 책을 엥게베르트가 교황 아드리아누스 1세에게 보냈고, 교황은 엄청나게 긴 편지로 답했다. 샤를마뉴의 책은 니케아 공의회에 120가지 이의를 제기한다.

[51] 샤를마뉴의 공의회는 종교적일 뿐만 아니라 정치적이었다. 프랑크푸르트에 참석하여 투표한 구성원 300명에는 주교들은 물론 수도원장들, 그리고 주요 평신도들도 포함되어 있었다.

52 테오파네스는 구체적으로 시칠리아와 칼라브리아의 영토라고 하는데, 이 영토들은 공납으로 1년에 금 3.5탈렌트(약 7000파운드)를 냈다. 리우트프란드는 비잔티움 황제가 부당하게 빼앗아 간 그리스, 유대, 페르시아, 메소포타미아, 바빌론, 이집트, 리비아의 로마 교회 세습 재산에 대해 좀 더 거창하게 설명한다.

53 아풀리아, 칼라브리아, 시칠리아와 일리리쿰 동부 지방의 대교구. 그리스인들의 고백에 따르면 콘스탄티노플 총대주교는 데살로니카, 아테네, 코린토스, 니코폴리스, 파트라이 등을 로마 수도권에서 분리시켰으며, 그의 영적 정복은 나폴리에서 아말피까지 확대되었다.

시기심 많은 전제자에게 보복을 당했을 것이며, 이탈리아의 반란으로 비잔티움 궁정의 독재는 물론 무력함도 드러났다. 비잔티움 황제들은 성상을 복구시켰지만, 그들은 일찍이 성상 파괴론자들이 성 베드로의 후계자들에게서 빼앗아 간 칼라브리아의 영토52와 일리리쿰 교구53를 되돌려주지 않았고, 교황 아드리아누스는 그들이 실질적인 이교를 신속히 포기하지 않으면 파문을 선고하겠다고 위협했다. 그리스인들은 지금은 정교를 받들고 있지만 그들의 종교는 지배 군주의 입김에 언제 타락할지 몰랐다. 프랑크족은 오만했지만 분별 있는 눈으로 보면 그들이 곧 성상을 사용하는 데 그치지 않고 숭배하게 되리라는 것을 알 수 있었을 것이다. 샤를마뉴의 이름은 논쟁을 좋아하는 서기들의 독설 때문에 오명을 썼지만, 정복자 자신은 정치가 기질로 프랑스와 이탈리아의 다양한 관습에 순응했다. 네 번의 바티칸 순례 또는 방문에서 그는 우호와 신앙심을 교류하며 교황들을 포옹했고, 사도의 무덤과 성상 앞에 무릎을 꿇었으며, 로마 전례에 따른 모든 기도와 행렬에 거리낌 없이 참여했다. 교황들이 신중함 또는 감사 때문에 은인과의 관계를 끊으려 했을까? 총독령의 기증을 양도할 권리가 있었나? 로마 통치를 폐지할 힘이 있었나? 파트리키우스라는 지위는 샤를마뉴의 공훈과 위대함에 못 미치는 것이었고, 그들은 서로마 제국을 부활시키고서야 자신들의 빚을 갚거나 기반을 확고히 다질 수 있었다. 이 확실한 조치로 교황들은 마침내 그리스인들의 권리 요구를 근절할 수 있었을 것이다. 속주 도시로 격하되었던 로마의 위엄은 다시 회복되고, 라틴계 그리스도교도들은 최고의 수장 아래 고대 수도에서 하나로 단결하며, 서방의 정복자들은 성 베드로의 후계자들에게 왕관을 받을 것이다. 로마 교회는 신앙심 깊고 존경스러운 옹호자를 확보했고, 교황은 카

롤링거 왕조의 권력 그늘 아래서 명예롭고 안전하게 도시 통치권을 행사할 수 있었다.[54]

이교가 근절되기 이전 로마에서는 부유한 주교직을 두고 경쟁이 벌어져 소요와 유혈 사태가 발생하는 일이 잦았다.

서기 800년 12월, 로마와 서방의 황제로서의 샤를마뉴의 대관식

사람들의 수는 적었지만, 시대는 훨씬 야만스러워졌고 전리품은 훨씬 중요했으며 통치자의 지위를 열망하는 교회 지도층들은 성 베드로의 권좌를 놓고 더욱 치열한 경쟁을 벌였다. 교황 아드리아누스 1세의 통치 기간은 이전이나 이후 시대의 평균을 뛰어넘었다.[55] 로마의 성벽, 교회의 세습 재산, 롬바르드족의 멸망, 샤를마뉴의 우정은 모두 그의 명성을 뒷받침하는 전리품이었다. 아드리아누스는 사후에 존경을 받았지만, 차기 교황으로는 그의 총애로 교회의 최고 지위에 있던 조카가 아니라 라테란의 한 사제, 레오 3세가 선출되었다. 고위 성직자들은 묵종 또는 참회로 4년 넘게 흉악한 복수심을 숨겨 오다가, 마침내 기도 행렬이 있던 날 공모자들의 격분한 한 무리가 무기 없는 군중을 습격해 해산시키고 교황의 신성한 몸을 공격하여 상처를 입혔다. 그러나 교황의 목숨 또는 자유를 빼앗으려던 이 음모는 당사자들 스스로 혼란에 빠지거나 양심에 가책을 느껴서인지 실패로 돌아갔다. 죽은 것으로 착각하여 땅바닥에 내버려 둔 교황은 피를 흘린 탓에 혼절했다가 깨어나 말도 하고 앞도 볼 수 있게 되었다. 이 사건은 후에 그가 암살자들의 칼에 두 번이나 잃었던 눈과 혀를 기적적으로 되찾았다는 이야기로 발전했다.[56] 그는 감옥을 탈출해 바티칸으로 도망쳤고 스폴레토 공작이 서둘러 교황을 구하러 왔다. 샤를마뉴는 그의 상처를 동정하며 베스트팔리아의 파데르보른 군영으로 로마 교황의 방문을 수락하거나 수락을 요청했다. 레오는 자신의 안위

[54] 폰타니니(Fontanini)는 황제들이 그저 교회의 옹호자일 뿐이라고 한다. 이에 반대하는 무라토리는 교황들이 황제의 종속에 불과했다고 깎아내린다. 모스하임은 좀 더 객관적인 시각에서 그들이 로마 제국의 가장 명예로운 봉토 또는 영지로 두었다고 본다.

[55] 전체적으로 평균은 8년 정도인데 야심 찬 주교에게는 짧은 희망일 수밖에 없다.

[56] 남의 말을 잘 믿는 프랑스 연대기 편자들은 아나스타시우스의 확언을 지지하지만, 아인하르트와 동시대의 다른 편자들은 좀 더 현실적이고 정직하다.

57 아드리아누스와 레오의 요청에 그는 두 번 로마에 나타났다. 아인하르트는 수에토니우스와 마찬가지로 의복의 소박함에 대해 설명한다. 이렇게 소박한 의복은 그 나라에서 아주 흔했기 때문에. 대머리 왕 카를이 외국의 옷을 입고 프랑스로 돌아오자 애국심이 강한 개들이 변절자라고 짖어댔다는 이야기가 있다.

를 보호하고 무죄를 입증하기 위해 여러 백작과 주교로 구성된 사절단을 이끌고 다시 알프스를 넘었다. 작센족의 정복자는 다소 주저하며 이 경건한 임무를 직접 수행하는 일을 다음 해로 미루었다. 샤를마뉴는 네 번째이자 마지막 순례에서 왕과 파트리키우스의 예의를 갖춘 영접을 받았고, 레오는 선서로 자신에게 씌워진 누명에서 벗어날 수 있었으며, 그의 적들은 침묵해야 했고 교황의 생명을 노리던 불경한 시도에는 추방이라는 온건하고 불충분한 벌이 내려졌다. 8세기의 마지막 해 크리스마스 축제일에 샤를마뉴는 성 베드로 교회에 모습을 드러냈고, 로마의 허영심을 만족시키기 위해 자기 나라의 소박한 옷을 파트리키우스의 의복으로 갈아입었다.57 신성한 성찬식을 축하한 뒤 레오는 갑자기 샤를마뉴의 머리 위에 황제의 관을 씌웠고, "로마인들의 위대하고 평화로운 황제, 신께서 왕관을 씌워 주신 가장 신앙심 깊은 황제에게 장수와 승리를!" 하고 외치는 대중의 환호성이 울려 퍼졌다. 황제들의 선례를 따라 그는 교황의 인사 또는 경배를 받았으며, 대관식 선서에서 교회의 신앙과 특권을 유지하겠다는 약속을 했다. 그 첫 결실로 풍성한 제물이 사도의 신전에 바쳐졌다. 황제는 어느 개인적인 대화에서 레오의 의도를 몰랐다면서, 알았다면 그 기념비적인 날에 불참하여 그런 일이 없도록 했을 것이라고 항변했다. 그러나 의식 준비 때문에 비밀이 새 나갔음이 분명한데, 실제로 샤를마뉴의 이번 여행도 그가 알고 있었고 기대하고 있었다는 사실을 보여 준다. 그는 자신이 황제의 칭호를 바라고 있었으며, 로마 원로원에서도 그것만이 그의 공훈과 봉사에 대한 보답이라는 사실을 천명했음을 인정했다.

대제라는 호칭은 종종 사용되고 그럴 만한 경우도 꽤 있지만, 이러한 호칭과 불가분하게 연결되어 있는 유일한 군주는 샤를마뉴뿐이다. 대제에 성(聖)이라는 칭호까지 더해져 로마의 달력에 포함되어 있으며, 그는 흔치 않게도 계몽 시대의 역사가와 철학자들의 칭송까지 받고 있다.58 그의 진정한 업적은 그가 태어났던 국토와 시대의 야만성을 감안하면 확실히 더욱 뛰어나 보인다. 그러나 어떤 대상의 외견상의 위대함은 적절치 못한 비교 대상 때문에 더 커 보이기도 한다. 마치 팔미라의 유적이 주변 사막의 황량함과 비교했을 때 쉽게 광휘를 발산하는 것과 마찬가지 이치이다. 샤를마뉴의 명성에 누를 끼치지 않고도 서로마 제국을 구원한 그의 신성함과 위대함에서 약간의 오점을 찾을 수 있다. 그의 도덕적 덕목 가운데 성적 금욕은 그다지 깨끗하다고 할 수 없었다.59 그러나 그가 아내 또는 첩을 아홉이나 두었고, 더 비천한 신분의 또는 좀 더 일시적인 사랑을 여럿 탐닉했으며, 교회에 바친 서자의 수가 대단히 많고, 아버지가 지나치게 열정적으로 사랑했다고 의심되는 딸들이 너무 오랫동안 독신으로 방종하게 살았다고 해서 공공의 행복에 심한 해를 입힌 것은 아니다. 나는 정복자의 야심에 대해 비난할 생각은 없지만 그의 동생 카를로만의 아들들, 아퀴텐의 메로빙거 귀공자들, 한곳에 모아 놓고 참수시킨 작센족 병사 4500명은 공평한 심판의 날이 온다면 샤를마뉴의 정의와 인간애에 대해 할 말이 많을 것이다. 패배한 작센족에 대한 그의 처사60는 정복자의 권리를 남용한 일이었다. 그의 법은 무력만큼이나 잔인했고, 그 동기에 대한 논의에서는 편협함으로 비롯된 모든 일을 그의 성격 탓으로 돌렸다. 가만히 앉아 책을 읽는 독자는 그의 끊임없는 정신과 육체의 활동에 놀라게 된다. 신하들과 적들은 그가 제국의 가장 먼 곳에 있다고 생각한 순간 갑자기 나타나 놀라는 일이 많았다. 평화 시에도 전쟁

서기 768~814년, 샤를마뉴의 통치와 성격

58 마블리(Mably), 볼테르(Voltaire), 로베르송(Robertson), 몽테스키외(Montesquieu) 등, 1782년 게야르(M. Gaillard)는 『샤를마뉴 이야기』를 출간했고 나는 이 책을 마음껏 유익하게 활용했다. 저자는 상식과 인간애를 갖추고 있으며 그의 작품은 근면하고 우아하게 만들어졌다. 또한 『프랑스 역사가』 제5권에서도 피핀과 샤를마뉴 치세의 업적을 참고했다.

59 샤를마뉴가 죽고 11년이 지나서 한 수도사가 쓴 『웰틴의 환영』에 연옥이 나오는데, 독수리 한 마리가 죄 많은 몸의 한 부분을 계속해서 쪼아 먹고 있었고 그의 덕목을 상징하는 나머지 신체 부분은 모두 깨끗하고 온전했다.

60 학살과 이주 이외에도 다음과 같은 범죄에 대해 고통스러운 죽음이 선고되었다. (1) 세례 거부. (2) 세례를 거짓으로 흉내만 내는 행위. (3) 우상 숭배의 재개. (4) 사제 또는 주교 살인. (5) 인신 공양. (6) 사순절에 고기를 먹는 행위. 그러나 모든 죄는 세례 또는 참회로 용서받을 수 있었고 작센족 그리스도교도들은 프랑크족의 우호 세력으로 동등한 지위를 갖게 되었다.

61 이 전투에서 루틀란드, 롤랑, 올란도가 죽었다. 아인하르트는 사실을 기록하고 개야르는 독창적인 부록에서 허구를 이야기한다. 스페인 군대는 역사에서는 가스코뉴인, 로맨스 문학에서는 사라센인들에게 돌리는 승리에 대해 지나치게 자만한다.

시에도, 여름에도 겨울에도 그에게는 휴식이라는 시간이 없었다. 우리의 상상력으로는 샤를마뉴 치세의 연대기와 실제 원정 지역을 쉽게 일치시킬 수가 없다. 그러나 이런 활동력은 개인적이라기보다 민족적인 덕목이었고, 프랑크족의 방랑 생활은 추격과 순례, 군사적 작전으로 이어졌으므로, 샤를마뉴의 여정은 수많은 수행원과 그의 사명의 중대성으로 인해 두드러져 보였을 뿐이다. 샤를마뉴의 군사적 명성은 그의 병력과 적, 전투에 대한 면밀한 조사를 통해 평가해야 한다. 알렉산드로스 대왕은 아버지 필리푸스의 군대를 이끌고 정벌에 나섰지만, 샤를마뉴는 그보다 앞선 두 영웅에게서 명성과 선례, 그리고 승리의 부산물을 물려받았다. 샤를마뉴는 자신의 노련하고도 강력한 군대를 이끌고 공동의 안전을 위해 서로 협력할 줄 모르는 야만적이고 타락한 민족들을 제압했으나, 병력이나 규율, 장비 면에서 자신을 능가하는 적수를 만난 적이 없었다. 전쟁의 원리는 평화의 기술과 함께 사라졌다 되살아나기도 했지만, 샤를마뉴의 군사 작전에 특별히 어렵거나 성공적인 포위 공격이나 전투가 따르지도 않았다. 그는 아마도 조부가 사라센에서 얻은 전리품들을 부러워하며 바라보았을 것이다. 스페인 원정 후 샤를마뉴의 후방 부대가 피레네 산맥에서 패배했는데, 돌이킬 수 없는 상태에 빠져 용맹도 아무 소용없게 된 군사들은 마지막 숨을 내쉬며 지휘관의 지도력과 부주의함을 원망했을 것이다.61 한 존경받는 판사가 매우 칭송한 샤를마뉴의 법에 대해서는 경의를 표하며 언급하겠다. 샤를마뉴의 법들은 법 체제가 아니라 오남용의 시정, 관습의 개혁, 농경의 경제, 가금류의 취급, 심지어 달걀의 판매에 이르기까지, 특별한 문제를 위해 만든 일련의 세부적인 포고령으로 구성되어 있다. 그는 프랑크족의 법률과 성격을 개선시키고자 했고, 그 시도가 아무리 미약하고 불완전했다 해도 칭송해 마땅하다. 그의 통치로 시대의 필요악은 사라지거나 완화되었다.62 그러나 그의 체제에서는 영원히 살아남아 후세에 이익을 주는 입법가의 총체적 견해와 불멸의 기상을 발견할 수 없다. 제국의 단결과 안정은 한 사람의 목숨에 달려 있었다. 그는 왕국을 아들들에게 나누어 주는 위험한 관행을 따랐고, 국가 조직 전체가 수많은 회의를 거치면서 무정부주의적 혼란과 전제주의 사이를 왔다갔다 하며 몇 번씩 동요하는 대로 방치되어 있었다. 그는 성직자의 신앙심과 지식을 좋게 보고 현세의 통치권과 국가의 관할권을 교회에 맡기고자 했고, 주교들의 손으로 권좌에서 쫓겨난 아들 루드비히는 아마도 아버지의 신중하지 못함을 어느 정도 비난했을 것이다. 그의 법은 십일조를 강제했는데, 그것은 악마들이 하늘에서 최근에 일어난 기근의 원인이 십일조를 내지 않은 데 있다고 소리쳤기 때문이라고 하였다. 샤를마뉴의 학문적 업적은 학교 건립, 예술의 도입, 그의 이름으로 편찬된 저서, 그리고 군주와 백성 모두를 가르치도록 그가 궁정에 초대한 신민들과 외지인들과의 친밀한 관계로 확인할 수 있다. 샤를마뉴 자신의 학문은 더디고 애를 썼지만 불완전했다. 황제가 라틴어를 할 줄 알고 그리스어를 이해했다고 하지만, 그것은 사실 책보다는 대화를 통해 얻어 낸 지식이었다. 황제는 나이가 들어서야 비로소 지금의 소작농들도 어려서부터 배우는 글쓰기를 배우려고 노력했다. 그 시대의 문법과 논리학, 음악과 천문학은 미신의 부속물로 연마될 뿐이었지만 인간의 호기심 때문에 발전할 수밖에 없었고, 학문의 장려는 샤를마뉴의 명성에 가장 순수하고 기분 좋은 광휘를 더해 준다. 풍채63나 긴 치세, 군사적 성공, 활발한 통치, 다른 민족들의 존경 등으로 그는 다른 군주들과는 구분된다. 그가 서로마 제국을 회복한 시점부터 유럽은

62 그러나 슈미트(Schmidt)는 권위 있는 출처를 대며 그의 치세의 내적 혼란과 탄압에 대해 기록하고 있다.

63 캐아르는 샤를마뉴의 키를 프랑스식으로 5피트 9인치, 영국식으로 6피트 1과 4분의 1인치라고 단정해 버린다. 로맨스 문학 작가들은 이를 8피트로 높여 누구도 대적할 수 없는 힘과 식욕을 가진 거인으로 묘사한다. 자신의 칼 주아외즈(Joyeuse)를 휘둘러 한 번에 기병과 말을 모두 베어 버리고, 한 끼식사에 거위 한 마리, 닭 두 마리, 양 4분 1마리 등을 먹었다고 한다.

64 아인하르트는 전쟁과 정복에 대해 짧게 언급하고 몇 마디 말로 그의 제국에 복속한 국가들을 나열한다. 스트루비우스는 주석에 옛 연대기의 원전을 삽입했다.

65 대머리 왕 카를이 알라온 수도원에 내린 허가서(서기 845년)를 보면 이 왕의 혈통을 추측할 수 있다. 그 뒤 나온 9세기, 10세기의 연결 고리들이 이만큼 확실한지는 의심스럽지만, 개야르는 전체를 인정하고 옹호하면서 몽테스키외 가문이 모계 쪽으로 클로테르(Clotaire)와 클로비스(Clovis)의 후손이라고 주장한다.—그야말로 순진무구한 가식이다!

새로운 시대를 맞이했다.

샤를마뉴의 프랑스 제국의 범위

이 제국은 그 이름을 가질 만했고, 가장 훌륭한 유럽 왕국들이 동시에 프랑스, 스페인, 이탈리아, 독일, 헝가리64를 지배하는 군주 한 사람의 세습 재산 또는 정복지가 되었다. (1) 로마 속주이던 갈리아는 프랑스라는 이름과 군주제로 변모했지만, 메로빙거 가문의 쇠락 속에 브리튼족의 독립과 아퀴텐의 반란으로 국경이 줄어들었다. 샤를마뉴는 브리튼족을 추격하여 해안 지역으로 몰아넣었고, 프랑스인과는 완전히 다른 기원과 언어를 가진 이 흉포한 민족은 조공과 인질, 강화로 응징을 당했다. 길고 지루한 싸움이 끝난 뒤 아퀴텐의 공작들은 그 별로 그들의 관할 영토와 자유, 목숨을 빼앗겼다. 프랑크의 궁재를 지나치게 충실히 모방한 이들 야심만만한 통치자들에게 그러한 처사는 매우 가혹하고 엄격하게 여겨졌을 것이다. 그러나 최근에 밝혀진 사실65은 이 불운한 군주들이 클로비스의 혈통과 왕홀의 마지막이자 적법한 후계자, 즉 메로빙거 왕조의 다고베르의 동생의 후손임을 증명한다. 그들의 옛 왕국은 가스코뉴 공작령, 피레네 산맥 아래의 페젠자크와 아르마냐크 지방으로까지 줄어들었지만, 그들의 가계(家系)는 16세기 초까지 이어졌고 카롤링거 왕조의 독재자들이 사라진 뒤에도 살아남아 세 번째 왕조의 박해 또는 총애를 경험하게 되었다. 프랑스는 아퀴텐을 다시 획득하여 현재의 국경까지 커졌으며, 네덜란드와 스페인, 라인 강까지 국경을 확장하기도 했다. (2) 사라센

스페인

인들은 샤를마뉴의 조부와 부친에 의해 프랑스에서 쫓겨났지만, 지브롤터에서 피레네 산맥까지 여전히 스페인의 대부분을 차지하고 있었다. 내분이 한창일 때 사라고사의 한 아랍

왕족이 파데르보른 의회에서 샤를마뉴의 보호를 요청했다. 샤를마뉴는 원정에 나서 이 왕족을 복권시켰고, 신앙에 대한 차별 없이 공정하게 그리스도교도들의 반란을 제압하고 이슬람교도들의 복종과 공헌에 보답했다. 그는 수도를 비우고 피레네 산맥에서 에브로 강에 이르는 '스페인 진군'[66]을 감행했으며, 바르셀로나를 프랑스 총독의 거주지로 하였다. 그는 루시용과 카탈로니아를 얻었으며 신생 나바르와 아라곤 왕국의 관할권을 손에 넣었다. (3) 그는 롬바르드의 왕이자 로마의 파트리키우스로서 알프스에서 칼라브리아 국경선까지 1000마일에 이르는 이탈리아 대부분의 지역을 다스렸다.

[66] 스페인 국경의 총독 또는 백작들은 서기 900년경 단순 왕 카를에게 반항했고, 프랑스 왕들이 1642년 루시용의 얼마 안 되는 수입을 되찾았다. 그러나 루시용은 18만 8900명의 인구가 있었고 해마다 260만 리브르를 지출했다. 샤를마뉴의 진군 때에 비해 인구 수는 많은 것으로 보이며 수입은 확실히 더 늘었다.

이탈리아

롬바르드 왕의 봉토인 베네벤툼 공작령은 그리스인들을 물리치고 오늘날의 나폴리 왕국 지역에 펼쳐져 있었다. 그러나 아레키스 공작은 예속을 거부했고 군주라는 독립적인 칭호를 썼으며 카롤링거 왕조에 반대하여 칼을 들었다. 그의 방어는 용감했고 항복도 불명예스럽지 않았다. 황제는 약간의 조공과 요새의 파괴, 주화를 통해 최고 군주로 인정받는 것으로 만족했다. 그의 아들 그리모알드는 교묘하게 아첨하면서 아버지라는 칭호를 덧붙였지만, 그러면서도 신중하게 위엄을 지켜 베네벤툼은 프랑스의 속박에서 서서히 벗어났다. (4) 독일을 한 왕조 아래에 통합시킨 것은 샤를마뉴가 처음이

독일

다. 프랑코니아권에는 '동부 프랑스'라는 이름이 남아 있으며, 헤세와 튀링기아의 주민들이 종교와 행정의 합일로 승전국에 편입되었다. 로마인들에게 공포의 대상이던 강력한 알레만니족은 프랑크족의 충실한 신하이자 동맹자가 되었고 그들의 영토는 알자스, 슈바벤, 스위스의 경계 안으로 들어왔다. 그들과 유사한 법률과 관습을 가진 바이에른 사

람들은 군주에 대한 인내심이 덜했다. 타실로의 거듭된 반역으로 세습 공작의 폐위가 정당화되었고, 그의 권력은 이 중요한 국경 지대를 관할하고 보호하는 백작들이 나눠 가졌다. 그러나 라인 강에서 엘베 강 너머까지의 독일 북부는 여전히 이교를 믿는 적대적인 지역이었다. 작센족이 그리스도와 샤를마뉴의 지배에 머리를 숙인 것은 33년간의 전쟁을 치르고 난 뒤였다. 우상과 우상 숭배자들은 근절되었고 뮌스터, 오스나부르크, 파데르보른, 민덴, 브레멘, 베르덴, 힐데스하임, 할베르슈타트 등 주교구 여덟 곳이 고대 작센의 경계선인 베저 강 양쪽에 세워졌는데, 이 교회의 소재지는 야만족 땅의 첫 학교이자 도시였다. 어린아이들이 받은 종교와 인간애에 대한 교육이 부모들의 학살을 어느 정도 보상해 주었다. 엘베 강 너머에는 비슷한 관습과 다양한 종파를 가진 슬라브족, 즉 스클라보니아족이 오늘날의 프로이센, 폴란드, 보헤미아 영토에 퍼져 있었고, 프랑스 역사가는 일시적인 복종의 표시를 제국이 발트 해에서 비스툴라 강까지 뻗어 나간 것으로 해석하려 했다. 이런 나라들의 정복 또는 개종은 더 후에 일어난 일이지만, 보헤미아가 독일에 편입된 것은 샤를마뉴의 군사력에 의한 것이라고 보아도 좋을 것이다. (5) 샤를마뉴는 아바르족 또는 판노니아의 훈족이 각 민족에게 가한 참화를 그대로 돌려주며 복수했다. 프랑스 군대의 세 차례에 걸친 공격으로 그들의 거주 지역과 마을을 둘러싸고 있던 원형의 목조 요새가 무너졌고, 그들은 카르파티아 산맥과 도나우 강 유역의 평야를 거쳐 육로와 수로로 물밀듯 몰려왔다. 8년간의 피비린내 나는 전쟁 끝에 훈족의 최고 귀족들을 살해하여 몇몇 프랑스 장군들의 희생에 복수했고, 살아남은 사람들은 항복했다. 훈족 왕의 거처는 황폐하게 유기

헝가리

되었고 지금은 어디인지조차 알 수 없다. 250년에 걸친 약탈에서 나온 보화로 승리를 거둔 군대가 풍성해지거나, 이탈리아와 갈리아의 교회들이 장식되었다. 판노니아가 항복한 뒤 샤를마뉴 제국의 경계가 미치지 않는 곳은 테이스, 사베 강과 도나우 강의 합류 지역뿐이었다. 이스트리아, 리부르니아, 달마티아 등의 속주들은 실익은 없지만 쉽게 손에 넣을 수 있었다. 그것은 이 해양 도시들을 그리스인들의 실질적 혹은 명목상의 지배 하에 둔 그의 온건 정책의 결과였다. 이 먼 지역의 점령은 라틴 황제의 권력보다는 평판에 더 큰 도움을 주었으며, 황제는 야만족들의 유랑 생활과 우상 숭배적 경배를 교화하기 위해 교회의 기반을 위험하게 하지도 않았다. 손 강과 뫼즈 강, 라인 강과 도나우 강 사이에 몇몇 운하를 건설하려는 미약한 시도가 있었다.67 운하가 만들어졌다면 제국이 더욱 활력을 얻었을 텐데, 그보다 더 많은 돈과 노동력을 성당을 건립하는 데 낭비하였다.

이 지형의 외곽선을 다시 추적해 보면 프랑크족의 제국은 동서로는 에브로 강에서 엘베 또는 비스툴라 강을, 남북으로는 독일과 덴마크의 경계인 베네벤툼 공작령에서 에이데르 강까지 아우른다. 샤를마뉴의 개인적, 정치적 중요성은 유럽 다른 나라들의 문제와 분열 때문에 더욱 커졌다. 잉글랜드와 아일랜드의 섬들은 색슨 또는 스코틀랜드 출신 군주들 때문에 분쟁을 겪었고, 정결 왕 알폰소의 그리스도교적 고트 왕국은 스페인을 잃은 뒤 아스투리아 산맥의 협소한 지역으로 줄어들었다. 이러한 군소 군주들은 카롤링거 군주의 권력 또는 덕목에 경외심을 가졌고, 그와 동맹을 맺는 영광을 갈구했으며 그를 왕들의 아버지, 서방의 유일한 최고 황제라고 칭송했다.68 샤를마뉴는

샤를마뉴의 이웃과 적

67 라인 강과 도나우 강의 합류 지점의 운하는 오로지 판노니아 전쟁에 사용할 목적으로 착공했다. 깊이 2리그에 불과한 이 운하는 슈바벤 지역에 아직도 그 흔적이 남아 있는데, 폭우와 군사 작전, 미신적 공포 때문에 중단되었다.

68 에긴하르트는 불명확한 출처에서 샤를마뉴와 에그버트의 대화, 황제가 자신의 검을 선물한 것과 색슨 왕의 겸손한 답에 대해 언급한다.

69 프랑스 연대기에만 이 서신에 대한 언급이 있으며. 동방인들은 칼리프가 '그리스도교의 개'와 친교를 나눈 것에 대해 몰랐다. 그리스도교의 개라는 표현은 하룬이 그리스인 황제들에게 사용한 깍듯한 호칭이었다.

70 샤를마뉴의 정복 계획과 정복해야 할 적을 첫 번째, 두 번째 성벽 등으로 적절하게 구분한 것에 대한 개야르의 현명한 의견을 차용했다.

아프리카에서 인도까지를 통치한 칼리프 하룬 알 라시드[69]와는 좀 더 동등한 대화를 나눴고, 그의 사절들이 가져온 천막과 물시계, 코끼리, 성묘 교회의 열쇠를 받았다. 서로 직접 본 일도 없고 언어와 종교가 다른 프랑크인과 아랍인의 개인적 친분을 상상하기는 쉽지 않지만, 그들의 공식적 서신 왕래는 자만심에 기반을 둔 것이었고 서로 멀리 떨어져 있었기 때문에 이해관계로 인한 경쟁을 할 소지도 없었다. 서로마 제국의 3분의 2는 샤를마뉴에게 복종하고 있었으며 나머지 게르마니아의 접근이 어렵거나 정복 불가능한 민족들에 대해서도 그의 통제력이 닿고 있었다. 그러나 그가 대적할 상대를 택할 때 부유한 남쪽보다 가난한 북쪽을 선정하는 경우가 많았다는 점은 놀랄 만하다. 게르마니아의 산림과 습지대에서 공들여 펼친 서른세 번의 군사 작전만으로도 이탈리아에서 비잔티움인들을, 스페인에서 사라센인들을 몰아낸 것으로 얻은 그의 명성을 확인하는 데는 부족함이 없었을 것이다. 비잔티움인들이 약했기에 손쉬운 승리를 보장할 수 있었고, 사라센인들과의 성전은 영광과 복수라는 명분 아래 치러졌으며 종교와 정책으로 당당하게 정당화시킬 수 있었을 것이다. 아마도 라인 강과 엘베 강 너머로의 원정에서 그는 자신의 왕국을 로마 제국과 같은 운명에서 구하고, 문명화된 사회의 적들을 무장 해제시키고, 이주의 씨앗을 미연에 없애고 싶었을 것이다. 그러나 예방이라는 관점에서 보면, 전 지역을 정복하지 않으면 모든 정복은 헛된 것이 되리라는 현명한 지적이 있다. 경계선이 점차 확장될수록 더 큰 적대감이 따를 것이 확실하기 때문이다.[70] 게르마니아의 항복으로 유럽에서 스칸디나비아 내륙 또는 섬들을 그토록 오랫동안 숨겨 왔던 장막이 걷히고 이곳에 사는 야만스러운 원주민들의 잠자고 있던 용기도 깨어났다. 작센족 우상 숭배자들 중 가장 사나운 민족은 그리스도교 전제자의 손에서 도망쳐 북쪽의 동포들과 합류했고, 곧 대서양과 지중해는 해적 선단으로 뒤덮였다. 샤를마뉴는 70년 안에 자신의 민족과 국가를 멸망시킬 노르만인들의 파괴적인 진격을 한숨을 토하며 지켜보았다.

교황과 로마인들이 고대의 법을 되살렸더라면 황제와 아우구스투스라는 두 칭호는 샤를마뉴에게 그 당대에 한해서 주어졌을 것이고, 그 후손들은 제위가 빌 때마다 정식 또는 암묵적 선출을 통해 옥좌에 올랐을 것이다.

서기 814~887년 이탈리아,
서기 911년 독일,
서기 987년 프랑스,
샤를마뉴의 계승자들

그러나 그의 아들인 경건왕 루드비히 즉위 시에는 군주제와 정복지에 대한 독자적인 권리를 주장했고, 황제는 이때 성직자들의 잠재적인 요구를 예측하고 막았던 것으로 보인다. 젊은 왕은 신과 아버지, 국가가 주는 선물로 제단에서 왕관을 가져와 자기 손으로 머리 위에 써야 했다.

서기 813년

로타르와 루드비히 2세의 즉위 때도 활기는 덜했지만 같은 방식으로 의식이 치러졌다. 카롤링거 왕조의 제권은 4대에 걸쳐 아버지에게서 아들로 직계 승계되었고, 교황들은 이미 권력과 통치권을 갖고 있는 이들 세습 군주에게 왕관을 씌우고 성유를 붓는 허망한 영광으로 만족해야 했다. 경건 왕 루드비히는 다른 형제들보다 오래 살아 샤를마뉴가 창건한 제국 전체를 모두 얻었지만, 각 민족과 귀족들, 주교들과 자식들은 더 이상 같은 영혼이 이 거

서기 814~840년,
경건 왕 루드비히

대한 제국에 영감을 주지 못한다는 사실을 재빨리 알아차렸고, 외관상으로는 여전히 평탄하고 온전했지만 그 토대는 중심까지 침식되어 있었다. 프랑크족 10만 명이 목숨을 잃은 전쟁이 끝나고 나서 제국은 그의 세 아들이 나눠 가졌고 이들은 자식

> 서기 840~856년,
> 로타르 1세

으로서, 형제로서 지켜야 할 모든 도리를 저버렸다. 독일과 프랑스 왕국은 영원히 분리되었고, 론 강과 알프스 사이, 뫼즈 강과 라인 강 사이의 갈리아 속주들은 이탈리아와 함께 제위를 계승한 로타르에게 할당되었다. 로타르는 자기 몫을 나누면서 일시적으로 얻은 로렌과 아를의 왕국을 더 어린 자손들에게 주

> 서기 856~875년,
> 루드비히 2세

었다. 그의 장남 루드비히 2세는 이탈리아 왕국, 로마 황제라는 충분한 정식 세습 재산에 만족했다. 그가 제위를 이을 아들을 남기지 못하고 죽자 숙부와 사촌들이 옥좌를 두고 다투었으며, 교황은 아주 교묘하게 후보자들의 주장과 장점을 판별하여 가장 고분고분하고 관대한 사람에게 로마 교회의 옹호자인 황제 자리를 넘겨주도록 하였다. 카롤링거 왕조의 나머지 후손들은 더 이상 아무런 덕목도 권력의 징후도 남기지 못했다. '대머리', '말더듬이', '비만', '단순' 등의 우스운 별칭은 그 후 보위에 오른 왕들이 한결같이 단순하고 똑같은 자질을 지녔음을 나타낸다. 방계 혈통의 단절로 모든 유산은 가문의

> 서기 888년,
> 제국의 분할

마지막 황제 비만 왕 카를이 다시 갖게 되었는데 정신 이상 상태에서 독일과 이탈리아, 프랑스의 포기를 승인했다. 그는 폐위당했고 자신을 경멸하여 목숨을 살려 두고 자유를 준 반도들에게 일용할 양식을 구해야 했다. 총독, 주교, 귀족들은 각자의 군사력에 따라 멸망해 가고 있는 제국을 조금씩 찬탈했고, 샤를마뉴의 딸 또는 서자들을 선호하는 사람들도 있었다. 이들은 대부분의 경우 그 자격이나 소유권이 모두 의심스러웠고, 이들의 권한도 줄어든 영토와 상응했다. 바티칸은 로마 성문에 군사를 이끌고 나타나는 자들 모두에게 황제의 관을 씌워

주었지만, 그들은 겸손하게 이탈리아 왕이라는 칭호에 만족하는 경우가 많았다. 비만 왕 카를이 폐위되고 오토 1세가 즉위하기까지 74년 동안은 실질적으로 왕위가 비어 있었다고 보면 될 것이다.

오토[71]는 작센 공작령의 귀족 출신이었다. 그가 정말로 샤를마뉴의 적이자 개종자인 비티킨트의 후손이라면 전쟁에서 패배한 민족의 후손이 정복자들을 지배하는 위치에 오른 셈이 된다. 그의 아버지 새 사냥꾼 왕 하인리히는 독일 왕국을 구하고 제도를 정비하기 위해 국민의 투표로 선출되었다. 왕국의 영토[72]를 그의 아들 오토 1세 대제가 사방으로 확장했다. 라인 강 서쪽, 뫼즈와 모젤 강 유역의 갈리아 일부 지역은 카이사르와 타키투스의 시대부터 혈통과 언어를 섞어 온 독일인들의 손에 넘어갔다. 오토의 후계자들은 라인 강과 론 강, 알프스 사이의 부르고뉴와 아를의 쇠약한 왕국에 대하여 형식적이지만 지배권을 얻었다. 북부에서는 엘베 강과 오데르 강 연안의 슬라브족들의 정복자이자 사도인 오토의 칼로 그리스도교가 전파되고 있었다. 브란덴부르크와 슐레스비히의 경계 지역은 독일 식민지로서 강화되었고, 덴마크 왕, 폴란드와 보헤미아의 공작들은 그에게 조공을 바치는 봉신이 될 것을 맹세했다. 그는 승승장구하는 군대를 이끌고 알프스를 넘어 이탈리아 왕국을 정복하고 교황을 구했으며 독일이라는 이름과 국가에 황제의 관을 영원히 씌웠다. 이 기념할 만한 시대부터 법률 체계에 두 가지 격률이 강제로 도입되어 시대의 비준을 얻었다. (1) 독일 의회가 선출한 군주는 그 순간부터 이탈리아와 로마 왕국을 신하로 얻는다. (2) 그러나 로마 교황의 손에서 왕관을 받을 때까지는 황제와 아우구스투스라는 칭호를 법적으로 갖지 못

서기 962년,
서로마 제국을 복원하고
독차지한 독일 왕 오토

[71] 그는 루돌프의 아들, 오토의 아들로 작센 공작령은 서기 858년에 세워졌다. 성 브루노의 전기 작가 루오트게루스는 이 가문이 아주 훌륭한 기품을 가진 것으로 묘사한다.

[72] 콘린기우스는 로마와 카롤링기 제국의 과장되고 부적절한 스케일을 거부하며 독일의 권리와 그 봉신들, 이웃 국가에 대해 중도적으로 다루고 있다.

73 콘라드 1세와 새 사냥꾼 왕 하인리히 1세는 관습의 힘 덕분에 황제의 목록에 포함되어 있지만, 이 두 독일 왕은 황제라는 칭호를 한 번도 쓴 적이 없다. 이를테면 무라토리 등 이탈리아인들은 좀 더 세심하고 정확하여 로마에서 대관식을 거행한 군주만을 황제로 본다.

74 테오파네스는 샤를마뉴의 대관식과 기름 부음, 그리고 라틴인들이 모르는 이레네와의 결혼 조약에 대해 언급한다. 개야르는 그와 동로마 제국의 거래에 대해 언급하고 있다.

75 개야르는 이 행렬이 아이들에게나 어울릴 광대극이었고, 다만 좀 더 큰 아이들이 참석한 가운데, 그들을 위해 행해진 것이라고 아주 적절하게 설명한다.

한다.73

서로마 제국과 동로마 제국의 화해

샤를마뉴의 황제 지위는 표현법이 바뀜으로써 동로마 제국에 알려졌는데, 그는 비잔티움 황제들에게 아버지로서 경의를 표하는 대신 형제라는 동등하고 친근한 호칭을 사용하기 시작했다. 이레네와의 관계에서는 남편이 되고 싶어했는지도 모른다. 콘스탄티노플로 간 사절단은 평화롭고 우호적으로 말했고, 어머니라는 가장 신성한 의무를 저버린 야심 많은 저 황후와의 결혼 이야기를 숨기고 있었을 수도 있다. 멀리 떨어져 있고 부조화스러운 두 제국의 결합이 얼마나 지속되었을지 또 어떠한 결과를 가져왔을지에 대한 추측은 불가능하다. 그러나 라틴인들이 한결같이 침묵하고 있는 것을 보면, 이 이야기는 이레네의 적대자들이 교회와 국가를 배반하고 서방의 외지인들에게 넘기려 했다는 죄를 그녀에게 뒤집어씌우려고 꾸며 낸 것이 아닌가 의심해 볼 만하다.74 프랑스 사절들은 니케포루스가 꾸민 음모와 국민적 증오의 목격자가 되었고, 하마터면 그 희생양이 될 뻔했다. 콘스탄티노플은 로마의 반역과 불경함에 분노했다. "프랑크족은 좋은 친구이지만 나쁜 이웃이다."라는 말이 인구에 회자되었지만, 성 소피아 성당에서 황제 대관식을 다시 열 수도 있는 이웃을 자극하는 것은 위험한 일이었다. 우회와 지연으로 지루한 여정을 거쳐 니케포루스의 사절들은 살라 강둑의 한 진영에서 샤를마뉴를 만났다. 그는 프랑코니아의 한 마을에서 비잔티움 궁정의 허식, 적어도 오만함을 건드려 그들의 자만심을 눌렀다.75 사절단은 네 군데 접견실을 거쳐 인도되었다. 첫 번째 방에서 그들이 높은 의자에 앉은 풍채 좋은 인물 앞에서 바닥에 엎드리려 하자 그 사람은 자기는 그저 황제의 하인, 마구간 관리인에 불과하다고 했다. 궁내관, 집사, 의전관의 방에서도 같은 실수와 답변이 반복되었고 사절들은 점차 초조해졌다. 그리고 마침내 접견실의 문이 열리자 진짜 황제가 옥좌에서 자신이 평소에 경멸하는 외국의 사치품으로 몸을 감싸고, 위풍당당한 장군들의 사랑과 존경을 받으며 앉아 있는 모습을 보게 된다. 평화 및 동맹 조약이 두 제국 사이에 체결되었고, 동서 로마 제국의 경계선은 현재의 소유권에 따라 정해졌다. 그러나 그리스인들은 곧 이 수치스러운 동등함을 잊거나, 아니면 억지로 조약을 체결하게 한 야만인들을 증오하기 위해서만 기억했다. 미덕과 권력이 결합된 짧은 기간, 그들은 아우구스투스 샤를마뉴에게 '바실레우스(basileus)'와 로마 황제라는 칭호로 공손하게 경의를 표했다. 그러나 그의 경건한 아들에게서 이러한 자질들이 분리되는 순간 비잔티움의 편지는 '왕, 또는 자칭 프랑크족과 롬바르드족의 황제에게'라고 시작된다. 권력과 덕이 모두 사라지자 그들은 루드비히 2세에게서 전통적인 칭호를 박탈하고, 왕(rex) 또는 레가(rega)라는 야만스러운 호칭을 사용하여 그를 라틴 군주 무리 중의 한 사람으로 강등시켰다. 루드비히 2세의 답변[76]은 그의 유약함을 보여 준다. 그는 교회와 속세의 역사에서 왕이라는 호칭이 그리스 단어 '바실레우스'와 동의어라는 사실을 증명한다. 그 호칭이 콘스탄티노플에서 좀 더 독점적인 제국의 관점에서 사용되었다면, 그는 조상과 교황들로부터 로마 제권의 명예를 정당하게 차지할 수 있었을 것이다. 이와 같은 논쟁은 오토 가문의 치세에도 되살아났고, 오토 가문의 사절들은 비잔티움 궁정의 무례함에 대해 적극적이고 생생하게 설명했다.[77] 그리스인들은 자주 프랑크족과 작센족의 빈곤과 무지를 경멸했고 마지막 쇠락의 순간에도 독일 왕에게 로마 황제라는 이름을 주지 않으려 했다.

[76] 살레르노의 작자 미상의 『보유』에 있는 시한을 참조하라. 바로니우스는 연대기에 내용을 옮기면서 이 익명의 작가를 에르켐페르트로 착각했다.

[77] 교황은 동로마 황제 니케포루스에게 로마인들의 존귀한 황제 오토와 화평을 맺으라고 훈계했다.

78 추기경이라는 칭호의 기원과 발전에 대해서는 토마생(Thomassin), 무라토리, 모스하임이 다루고 있으며, 모스하임은 선출의 형태와 변화 과정에 대해 정확하게 묘사한다. 다미아누스가 그렇게 찬양한 주교급 추기경은 성직자 위원단의 다른 구성원들과 같은 수준으로 떨어져 있다.

서기 800~1060년, 교황 선출에서 황제들의 권한

이들 황제들은 교황을 선출할 때 고트족과 비잔티움 군주들이 가졌던 권력을 계속 행사했다. 이 특권의 중요성은 로마 교회의 속세 영토와 영적 관할권과 더불어 더욱 커졌다. 그리스도교의 귀족 사회에서 주요 성직자들은 여전히 원로원을 구성하여 교황의 행정을 돕고 주교 자리를 채웠다. 로마는 스물여덟 개 교구로 나뉘었고 각 교구는 추기경이나 초기 교회의 장로 격인 성직자가 관리했는데, 이 지위는 그 기원은 평범하고 또 수수하였지만 이제 왕의 권위와 겨루는 자리가 되었다. 그 인원은 가장 큰 자선 시설들의 일곱 명의 부제, 라테란의 일곱 명의 교회 판관, 몇몇 고위 성직자들의 참가로 그 수가 늘어났다. 교회 원로원은 로마 속주의 일곱 명의 추기경 주교가 감독했고, 이들은 오스티아, 포르토, 벨리트라이, 투스쿨룸, 프라이네스테, 티부르, 사비니 등의 교외 교구 업무보다는 라테란의 주간 업무와 교황청의 명예와 권위를 지키는 데 열중했다. 교황이 서거하면 이 주교들은 추기경 회의[78]의 투표를 통해 후임자를 추천했고 그들의 선택은 로마 민중의 박수로 승인되거나 소요로 거부당했다. 그러나 선출이 이것으로 결정되는 것은 아니었다. 새로운 교황은 교회의 수호자인 황제가 은혜롭게 승인과 동의를 표시하지 않으면 법적으로 정식 교황이 될 수 없었다. 황제의 감독관이 현장에서 절차의 형식과 제재의 유무를 점검했고, 후보자들의 자격을 사전 검토하지 않고서는 충성 맹세를 받아들이거나 성 베드로의 세습 재산을 계속 불려 온 기증을 확정해 주지도 않았다. 잦은 분열 속에서 경쟁자들은 각자의 주장을 제출해 황제의 판결을 기다렸고, 황제는 주교들의 공의회에서 죄를 지은 총대주교를 심판하고, 선고를 내리며, 벌을 주는 권한을 행사했다. 오토 1세는 원로원과 민중들에게 자신의 왕권에 가장 적절한 후보를 임명한다고 약속하는 조약을 맺자고 하였고,[79] 그의 후계자들은 그들의 선택을 예측하거나 막기도 했다. 그들은 콜로뉴나 밤베르크의 주교 교구처럼 로마 성직록을 하사했다. 프랑크족이나 작센족 황제의 공적이 무엇이든지, 그의 이름은 외세의 간섭을 충분히 증명했다. 이러한 특권 행위들은 대중 선거가 지닌 결점 덕분에 그럴듯하게 용서되었다. 추기경들이 제외시킨 경쟁자는 대중의 열정이나 탐욕에 호소함으로써 바티칸과 라테란은 피로 물들었으며, 가장 강력한 원로원 의원들, 투스카니 후작들과 투스쿨룸 백작들은 교황청을 오랫동안 수치스러운 예속 상태에 잡아두었다. 9세기와 10세기의 교황들은 압제자들에게 모욕을 당하고, 옥에 갇히고, 살해당했다. 교회의 세습 재산을 잃고 찬탈당한 뒤 곤궁함이

무질서

극에 달한 교황들은 군주로서의 당당함을 유지하기도 성직자로서 자비를 베풀 수도 없었다. 마로치아와 테오도라, 두 타락한 자매의 영향력은 부와 미모, 정치적, 육체적 음모에서 나온 것이었다. 그들의 연인 중 가장 정력적인 자들은 로마 주교직으로 보답을 받았고, 그들의 통치[80]로 암흑시대[81]의 거짓[82] 여성 교황[83]에 대한 이야기가 나왔다. 드물게도 마로치아의 서자, 손자, 증손자가 모두 성 베드로의 권좌에 앉았고, 손자의 경우에는 열아홉 살에 라틴 교회의 수장이 되었다. 그의 청년기와 성년기는 자신의 혈통에 어울리는 행위들로 일관되었는데, 이는 각국의 순례단이 오토 1세가 참석한 로마 공의회에서 그에게 가한 공격으로도 알 수 있었다. 이 요하네스 12세는 이미 교황의 법복과 체면을 포기하고 있었으므로 술을 마시거나 피를 흘리거나 방화, 방종한 도박이나 사냥 때문에 명예에 금이 가는 일이 없었을 것이다. 공공연한 성직 매

[79] 이 중요한 타협은 로마 성직자와 민중의 채용을 확인해 준다. 마로니우스, 파기, 무라토리는 이를 아주 격렬하게 거부했고, 마르크는 아주 잘 옹호하고 설명했다. 각 교황의 선출에 대해서는 이 역사 비평가와 무라토리의 연대기를 참조하라.

[80] 교황 요한나의 시대는 테오도라나 마로치아의 시대보다 앞선 것으로 보인다. 2년이라는 허구의 재위 기간은 레오 4세와 베네딕투스 3세 사이에 억지로 끼워 넣어졌다. 그러나 동시대의 아나스타시우스는 레오의 사망과 베네딕투스의 선출이 바로 이어진 것으로 보고 있으며, 파기, 무라토리, 라이프니츠가 작성한 정확한 연대기에서는 두 사건이 서기 857년에 동시에 일어난 것으로 본다.

[81] 교황 요한나의 옹호론자들은 14세기, 15세기, 16세기에 150명의 증인 더 정확히 말하면 모방자를 만들어 냈다. 그들은 증거를 몇 배로 부풀려 증언을 했는데, 그렇게 기묘한 이야기라면 그것에 대해 알고 있던 모든 서사(敍事)의 저자들이 반드시 언급했을 것이다. 9세기와 10세기의 모방에 대해서는 최근의 사건이 아마도 두 배의 힘을 발휘했을 것이다. 포티우스가 그러한 비판을 그냥 두었을까? 리우트프란드가 그런 추문을 놓칠 수 있었을까? 폴로누스, 쳄플루스의 지게베르트, 스코투스 등의 다양한 입을

매는 경제적 곤궁이 빚어낸 결과일 것이며, 제우스와 비너스에 대한 불경한 기도는 사실일지라도 진지하지는 않았을 것이다. 그러나 놀랍게도 마로치아의 고귀한 손자는 로마의 부인들과 공공연한 불륜을 저지르며 살았다. 라테란 궁정은 매음굴이 되었고, 그가 처녀와 과부들을 강간하는 바람에 여성 순례자들은 성 베드로의 무덤을 방문하는 경건한 행동을 할 때 그의 후계자에게 겁탈을 당할까 두려워 참배를 단념하였다. 프로테스탄트들은 그의 이러한 반그리스도적 성격에서 악의적인 기쁨을 맛보았겠지만, 철학자의 눈에 성직자의 악덕은 그들의 덕목보다는 훨씬 덜 위험하게 보인다. 기나긴 여러 추문을 겪고 나서 사도좌는 그레고리우스 7세의 엄격성과 열성으로 개혁되고 고귀해졌다. 이 야심만만한 수도사는 두 가지 과업에 자신의 삶을 바쳤다. (1) 추기경 회의에 선거의 자유와 독립성을 주고 황제와 로마 민중의 권리 또는 찬탈을 영원히 폐지하는 것. (2) 서로마 제국을 교회의 봉토 또는 성직록(聖職祿)[84]으로 증여하고 재점유하며 교황의 세속적 지배권을 지상의 왕과 왕국으로 확대하는 것. 50년에 걸친 항쟁 끝에 첫 번째 계획은 자신들의 자유가 수장의 자유와 연결되어 있다고 여긴 성직자 집단이 확고한 지원을 보내 달성되었다. 두 번째 시도는 몇몇 부분적이고 표면적인 성공을 거두기는 했지만 세속 권력의 적극적인 저항에 부딪혔고 결국 인간 이성의 발전으로 소멸하고 말았다.

로마 제국의 부흥에서 주교도 민중도 군사적인 승리로 얻었다가 상실한 속주를 샤를마뉴 오토에게 줄 수는 없었다. 그러나 로마인들은 스스로 주인을 선택할 자유가 있었고, 파트

여백 주석:

거리를 논의할 가치는 없는 것 같다. 그러나 가장 명백한 위조는 교황 요한 나에 대한 구절로, 일부 원고와 아나스타시우스의 로마 판본에 슬그머니 써넣어졌다.

82 '거짓'이라는 말은 할 만하지만 믿을 수 없다고는 하지 않겠다. 우리 시대의 한 유명한 프랑스 기사가 이탈리아에서 태어나 군대가 아니라 교회에서 교육을 받았다고 가정해 보자. 요한나는 공로 또는 행운으로 성 베드로의 권좌에 앉을 수는 있었을 것이다. 그녀의 바람기는 자연스러웠을 것이며, 거리에서 출산한 것은 불행한 일이었지만 있을 수 있는 일이다.

83 종교 개혁 시대까지 이 이야기는 반복되고 아무런 반발 없이 믿어져 왔고, 요한나의 상은 시에나 성당에 오래도록 자리 잡고 있었다. 그녀의 존재를 부정한 것은 두 명의 박식한 프로테스탄트, 블롱델(Blondel)과 베일(Bayle)이었다. 그러나 그들의 동시대인들은 이 공평하고 관대한 비평에 분개했다. 스판하임과 렌판트는 이 빈약한 논쟁의 수단을 구해 보려 애썼고 모스하임조차 어느 정도의 의심과 의혹을 품고 있었다.

84 '베네피키움(Beneficium)'은 모호한 말의 해악을 보여 주는 새로운 예이다. 라틴어로는 법적인 봉토가 될 수도, 단순한 특권 또는 의무가 될 수도

삽입 주석: 서기 1073년 등, 교회의 개혁과 주장

삽입 주석: 로마에서 황제들의 권한

리키우스에게 위임되어 있던 권력은 결정적으로 서방의 프랑스와 작센 황제에게 주어졌다. 그 시대의 단편적 기록들에는 궁정과 화폐 주조소, 심판 위원회, 포고령, 13세기에 이르기까지 황제로부터 수도 총독에게 하사되어 전해 오는 정의의 칼에 대한 기억이 어느 정도 보존되어 있다. 교황들의 책략과 민중의 폭력 사이에서 이러한 패권은 짓밟히고 근절되었다. 샤를마뉴의 후계자들은 황제와 아우구스투스라는 칭호에 만족하여 이 지역적인 관할권을 주장하지 않았다. 번영한 시대에는 그들의 야망이 좀 더 탐나는 대상을 향했고, 제국의 쇠락과 분열 속에서는 세습 속주를 방어해야 한다는 압박을 받았다. 이탈리아의 멸망 과정에서 그 유명한 마로치아는 한 찬탈자에게

있기 때문에 교황들은 이를 프리드리히 1세에게 부여했다.

서기 932년,
알베리크의 반란

세 번째 남편이 되어 달라고 청했다. 마로치아 파벌은 로마의 주요 다리와 입구가 내려다보이는 하드리아누스의 능묘, 즉 성 안젤로 성으로 부르군트 왕 후고를 초대했다. 첫 결혼에서 낳은 아들 알베리크는 이 혼인식에 참석해야 했는데, 마지못해 참석해 보기 흉한 행동을 한 탓에 새아버지에게 얻어맞았고 그 바람에 반란이 일어났다. 청년은 이렇게 외쳤다.

> 로마인들이여, 그대들은 한때 세상의 주인이었고 부르군트 사람들은 그대들의 비참한 종에 불과했소. 이제 이 흉포하고 잔인한 야만인들이 통치하려 하니, 내가 입은 상처는 그대들이 당할 예속의 시작에 불과하오.

도시 전역에서 경종이 울렸고 부르군트 사람들은 서둘러 불명예스럽게 퇴각했다. 마로치아는 아들에게 붙잡혔고 그의 형 요하네스 11세는 영적인 임무만을 수행해야 했다. 군주의 칭호를

85 12세기 말에 활발하게 활동한 비테르보의 고드프리의 『판테온』에서 이 피비린내 나는 연회에 대해 언급하고 있다. 그러나 무라토리는 시고니우스에서 따왔다고 하는 그의 증거에 의심을 품는다.

차지한 알베리크는 20년 이상 로마를 다스렸고, 집정관과 호민관이라는 직위, 적어도 직함만은 복구시켜 시민들의 불이익을 어느 정도 보충해 주었다고 한다. 그의 아들이자 상속인인 옥타비아누스는 교황직과 함께 요하네스 12세라는 이름을 받았지만, 전대 교황들과 마찬가지로 롬바르드 왕의 압박에 대항해 교회와 공화국의 구원자를 찾아 달라는 요구를 받았으며, 이리하여 오토의 공헌이 황제의 자리로 보상받게 되었다. 그러나 작센족은 오만했고 로마인들은 성급했으며, 대관식 축제는 대권과 자주성의 은밀한 충돌로 어지러워졌다. 오토 황제는 제단 앞에서 습격을 당할까봐 호위 병사들에게 자기 곁에서 떨어지지 말라고 명령했다. 황제는 알프스를 다시 넘기 전 민중들의 반란과 요하네스 12세의 배은망덕함을 벌했다. 교황은 공의회에서 폐위되었고, 수도 총독은 나귀에 태워진 채 도시를 끌려 다니며 매질을 당한 뒤 지하 감옥에 갇혔다. 죄가 가장 중한 열세 명은 교수형에 처해졌고 다른 자들은 손발이 잘리거나 추방당했다. 이 엄격한 처벌은 테오도시우스와 유스티니아누스 황제의 고대법에 따라 정당화되었다. 세간에서는 환대와 우호를 가장하여 초대한 식탁에서 원로원 의원들을 학살한 오토 2세의 악랄하고 잔인한 행동에 대해 비난의 소리가 높았다.[85] 그의 아들 오토 3세가 아직 미성년이었기에 로마는 작센족의 속박에서 벗어나려고 과감한 시도를 계획했는데, 집정관 크레스켄티우스가 공화국의 브루투스와 같은 역할을 담당했다. 신하이자 추방자의 신분으로 그는 두 번이나 로마 시(市)를 점령했고, 교황들을 제압하여 폐위시키고 선출하면서 비잔티움 황제들의 권위를 부활시키기 위한 음모를 꾸몄다. 이 불운한 집

서기 967년, 교황 요하네스 12세의 반란

서기 998년, 집정관 크레스켄티우스의 반란

정관은 성 안젤로 성에서 포위 공격에 꿋꿋하게 저항하다가, 안전을 보장한다는 약속에 속고 말았다. 그의 몸은 교수대에 매달렸고 머리는 성벽에 내걸렸다. 운세의 반전으로 오토는 3일간 식량도 없이 궁정에 포위 상태로 갇혀 있다가 수치스럽게 도망쳐 로마인들의 응징 또는 분노에서 벗어날 수 있었다. 원로원의 프톨레마이우스가 민중을 이끌었고, 크레스켄티우스의 미망인은 황제의 애인이 되어 그를 독살함으로써 남편의 복수를 했다는 기쁨 또는 명성을 누렸다. 오토 3세는 북쪽의 미개한 지역들은 포기하고 이탈리아에 왕좌를 확립한 뒤 로마 군주제의 체제를 되살리겠다는 계획을 갖고 있었다. 그러나 그의 후계자들은 바티칸에서의 대관식을 위해 테베레 강 유역에 나타났을 뿐이다.[86] 그들의 부재는 경멸할 만했고 그들의 존재는 증오스럽고 무서웠다. 그들은 이방인이자 나라의 적인 야만족을 이끌고 알프스에서 내려왔으며, 이 일시적인 방문은 소요와 유혈 사태를 일으켰다. 로마인들은 선조들에 대한 희미한 기억으로 여전히 괴로워했고, 차례로 황제의 자의와 특권을 찬탈하는 작센족, 프랑크족, 슈바벤인들, 보헤미아인들을 신앙심 가득한 분노를 느끼며 지켜보았다.

멀리 떨어진 국토와 이민족을 그들의 천성과 이해관계에 반하여 복종시키는 것만큼 본성과 이성을 거스르는 일도 없을 것이다. 수많은 야만족이 지상을 지나갈 수는 있지만, 광대한 제국은 정제된 정책과 압제 체제가 뒷받침되어야 한다. 그 중심에는 신속한 행동과 풍부한 지략을 갖춘 절대 권력이 있어야 하며, 끝에서 끝을 잇는 신속하고 편리한 수송로, 반란이 처음 일어났을 때 바로 저지할 수 있는 요새, 보호와 처벌을 실행하기 위한 정규적인 행정, 그리고 불만과 절망을 유발하지 않으

[86] 황제의 대관식과 10세기에만 행해진 몇몇 의식은 발레시우스와 라이프니츠가 『비망록』에서 설명한 베렌가리우스를 위한 연설문에 남아 있다. 시고니우스는 로마 원정의 전 과정을 유장한 라틴어로 설명하지만 시기와 사실 면에서 약간의 오류가 있다.

서기 774~1250년, 이탈리아 왕국

87 살은 끓여 없앴다. 이를 위해 행군을 할 때는 큰 솥을 꼭 가지고 다녀야 했는데, 자기 형제 때문에 솥을 사용하던 한 독일인은 자기가 죽고 나면 솥을 양도할 것을 친구에게 약속했다. 이 저자는 또 작센족 전체가 이탈리아에서 절멸했다고 쓰고 있다.

88 프리징젠의 오토 주교는 이탈리아 도시들에 대해 중요한 글을 남겼다. 무라토리는 이 공화국들의 번영과 발전, 통치에 대해 완벽하게 설명해 주었다.

면서 공포감을 불어넣는 군율이 엄하고 잘 훈련된 군대가 필요하다. 그런데 이탈리아 왕국을 예속시키려던 독일 황제들은 상황이 한참 달랐다. 그들의 세습 영토는 라인 강 유역을 따라 뻗어 있거나 여러 속주에 산발적으로 걸쳐 있었는데 이 광대한 영토가 세습 군주들의 경솔함 또는 가난 때문에 떨어져 나갔고, 하찮고 성가신 특권에서 나오는 수입으로는 왕실을 유지하기에도 부족했다. 군대는 그들의 봉토 내 주민들의 의무적 또는 자발적 복무로 이루어졌지만 이들은 마지못해 알프스를 넘어 약탈을 자행하고 무질서하게 굴어 작전이 끝나기도 전에 멋대로 군대를 떠나곤 했다. 전 군대가 치명적인 전염으로 쓰러졌고 살아남은 자들은 그들의 군주와 귀족들의 유골을 가지고 돌아왔지만,87 그들은 자기들의 무절제에 따른 결과를 야만족의 재앙에 기뻐하던 이탈리아인들의 배반과 악덕 탓으로 돌렸다. 이러한 규율 없는 압제는 소심한 이탈리아 전제자들과는 겨룰 만했겠지만, 민중들은 물론이고 독자들도 그 싸움의 결과에는 별로 관심이 없을 것이다. 11세기와 12세기에 이르러 롬바르드족은 다시금 근검과 자유의 불꽃을 지폈는데, 이 선례는 마침내 투스카니의 공화국들이 본받았다. 이탈리아 내 도시들에서 자치 정부가 완전히 폐지된 적은 없었고, 귀족들의 권력에 대해 평민으로 장벽을 쌓고자 했던 황제들의 총애와 정책으로 각 도시에 일차적인 특권이 주어졌다. 그들의 빠른 발전, 나날이 늘어 가는 권력과 위세는 이러한 신흥 공동체의 증가와 그들의 패기에 토대를 두었다.88 각 도시는 자기의 감독 교구 또는 지역 행정권을 장악했고 백작들과 주교들, 후작들과 백작들의 관할권을 그 땅에서 축출했다. 가장 자긍심 높은 귀족도 자신의 성을 버리고 자유민과 행정관이라는 더 명예로운 신분을 받아들이라는 설득이나 강요를 당했다. 입법 권한은 당연히 민회에 있었지만, 행정 권력은 공화국을 분할하는 영주, 봉신, 평민의 세 계급에서 해마다 선발하는 세 명의 집정관에게 위임했다. 평등한 법의 보호를 받아 농경과 상업은 점차 부흥했으나, 롬바르드족의 호전적인 기질은 위험에 직면하면 한층 고취되어 경종이 울릴 때마다 또는 군기[89]가 세워질 때마다 수많은 용감한 무리가 성문을 열고 쏟아져 나왔으며, 자신들의 대의를 지키고자 하는 그들의 열정은 곧 군대에 의해 훈련되어 이용되었다. 민중들이 지키는 이러한 성벽 아래에서 황제들의 자존심은 구겨졌고, 자유라는 무적의 정신은 중세 최고의 군주인 두 명의 프리드리히 황제까지도 압도하였다. 첫 번째 프리드리히 황제는 군사적 용맹에서 뛰어났던 것 같고, 두 번째 황제는 평화와 학문이라는 좀 더 온화한 업적에서 확실히 뛰어났다.

제위의 위엄을 되살리려는 야망을 품었던 프리드리히 1세는 정치가로서의 책략과 군인의 용맹, 전제자의 잔인함을 가지고 롬바르디아의 공화국들을 침공했다. 새로 발견한 『학설휘찬』에 따라 전제주의를 옹호하는 학문이 재개되었고, 부패한 그의 옹호자들은 황제가 신민들의 목숨과 재산의 절대 주인이라고 천명하였다. 론카글리아 의회에서 인정받은 황제의 특권은 이보다는 덜 흉악했고, 이탈리아의 세입은 3만 파운드로 고정하였지만 재정 담당관들의 탐욕으로 요구는 끝없이 증가했다. 완고한 도시들이 군대의 테러 또는 무력에 항복했고, 황제의 포로들은 사형 집행관에게 끌려가거나 아니면 바로 군사 무기로 살해당했다. 밀라노의 포위 공격과 항복이 있고 나서 이 웅장한 도시의 건물들은 완전히 파괴되어 무너졌고, 인질 300명이 독일로 끌려갔으며, 나머지 주민들은 마을 네 군데로 흩어져 완고한 정복자의 구속을 받았다.[90] 그러나 밀라노는 곧

서기 1152~1190년, 프리드리히 1세

[89] 롬바르드족은 '카로키움(carocium)', 즉 소 떼가 끄는 수레에 꽂아 쓰는 군기를 고안하여 사용했다.

[90] 무라토리의 책에는 프리드리히 1세의 역사에 관한 원전이 들어 있는데, 이 내용은 독일 또는 롬바르드 작가가 묘사하는 상황 및 편견을 적절히 감안하여 비교해 보아야 한다.

참화를 딛고 일어났으며 롬바르디아의 동맹은 고난을 통해 굳건해졌고, 그들의 대의는 베네치아, 교황 알렉산데르 3세, 비잔티움 황제에게 지지를 받았다. 압제 체제는 하루 만에 전복되었고, 콘스탄츠 조약에서 프리드리히는 일부 단서 조항을 달면서 스물네 개 도시의 자유를 승인했다. 그의 손자는 도시들의 활력, 완숙함과 겨뤄야 했다. 그러나 프리드리히 2세는 개인적인 독특한 장점을 지니고 태어났다. 그는 출생 신분과 교육 덕분에 이탈리아인들에게 호감을 주었는데, 두 당파의 끊이지 않는 불화 속에서 기벨린파는 황제 편에 섰고 구엘프파는 자유와 교회의 깃발을 들었다. 아버지 하인리히 6세가 나폴리와 시칠리아 왕국을 제국에 통합시킬 때 로마 궁정은 무력한 상태에 있었고, 이러한 세습 왕국에서 그의 아들은 군사와 재물을 풍부하고 신속하게 공급받았다. 그러나 프리드리히 2세는 결국 롬바르드 군대와 바티칸의 위협에 굴복했고, 그의 왕국은 이방인에게 넘어갔으며 가문의 마지막 일원은 나폴리의 공공 처형대에서 참수당했다. 이탈리아에는 60년 동안 황제가 없었으며, 황제라는 이름은 통치권의 마지막 유물을 수치스럽게 매각할 때에만 겨우 기억되었다.

서기 1198~1250년, 프리드리히 2세

서기 814~1250년 등, 독일 제후들의 독립

서로마 제국을 정복한 야만족들은 황제라는 칭호를 자기들의 수장에게 붙일 수 있게 되어 만족했지만, 그렇다고 콘스탄티누스나 유스티니아누스 수준의 전제주의를 황제에게 허락할 생각은 없었다. 게르마니아인들의 인격은 자유로웠고 그들의 정복은 자신들의 것이었으며, 그들의 민족적 성향은 신구(新舊) 로마 제국의 예속적인 법체계를 경멸하는 정신으로 활기를 띠었다. 행정관의 관리를 참지 못하는 무장한 자유민들,

복종을 거부하는 용맹한 자들, 지배권을 열망하는 힘 있는 자들에게 제왕의 존재를 강요하는 것은 소용없고 위험한 일이었을 것이다. 샤를마뉴와 오토의 제국은 각 민족 또는 속주의 공작들, 작은 지역의 백작들, 또는 국경 변경 지역의 후작들에게 분배되었고, 이들은 초기 황제들이 부관들에게 위임한 모든 내정과 군사의 권리를 통합했다. 대개 운 좋은 군인 출신인 로마 총독들은 용병 군대를 모아 황제의 지위에 오르려 했고, 이들의 반란이 실패하거나 성공하더라도 정치 체제의 권력과 통합이 손상되는 일은 없었다. 만일 게르마니아의 공작, 변경의 후작, 백작들의 요구가 덜 지나친 것이었다고 해도, 그들의 성공은 한층 지속적인 것이었고 따라서 국가적으로는 해로웠을 것이다. 그들은 최고의 지위를 목표로 하지 않고 자기 지역의 독립을 확보하고 그 이익을 취하기 위해 조용히 노력했다. 자신들의 영토와 봉신의 규모, 상호 모범과 지원, 종속된 귀족들의 공통된 이해관계, 군주와 가문의 변화, 오토 3세와 하인리히 4세의 어린 나이, 교황들의 야망, 그리고 붙잡기 힘든 이탈리아와 로마의 왕관을 향한 헛된 추구 등이 그들의 야망을 뒷받침했다. 속주 지휘관들은 강화와 전쟁, 생사여탈, 화폐 주조와 과세, 외국과의 동맹과 국내 경제에 대한 권리 등 제왕의 권한과 영토 관할권의 모든 요소를 서서히 빼앗아 갔다. 폭력으로 빼앗은 이런 권력은 호의 또는 곤궁함 때문에 승인을 받았고 어정쩡한 의결권 또는 자발적인 봉사의 대가로 주어졌다. 한 사람에게 주어진 것을 그 후계자나 동등한 지위의 사람에게는 부정하는 것은 권리의 침해였다. 지엽적 또는 일시적 점유에 관한 모든 행위는 독일 왕국의 조직을 규정하는 제도에 서서히 스며들어 갔다. 모든 속주에서 왕좌와 귀족들 사이를 공작 또는 백작이라는 가시적 존재가 가로막았고, 법률상의 신하들이 한 수장의 사적인 봉신이 되었다. 수장이 통치권자에게서 받은 군기를 전장에서 통치권자에 반역해 세우는 일도 종종 있었다. 성직자의 세속적인 권력은 성직자의 중재와 충성에 맹목적으로 의존한 카롤링거와 작센 왕조의 맹신 또는 책략 덕분에 소중히 여겨졌고 위상이 높아졌다. 독일의 주교 교구는 군사적 위계의 광범위한 영토에 대해 그 범위나 특권 면에서는 동등했고 부와 인구 면에서는 더 뛰어났다. 황제들이 모든 공석을 채우는 특권을 유지하는 동안 교회와 세속의 봉토, 그들의 대의 명분은 우호 세력과 총신들의 은의 또는 야망으로 유지되었다. 그러나 서임권을 두고 벌인 다툼에서 그들은 주교 참사회에 대한 영향력을 빼앗겼고 선출의 자유가 되살아나자 군주의 권한은 자신의 치세 기간에 단 한 번 각 교회에 녹을 받는 성직을 추천하는 정도로 축소되었다. 속세의 총독들은 상급자의 의지로 자리를 빼앗기는 것이 아니라 다른 총독들의 판결에 의해서만 좌천당했다. 군주제 초기에는 아버지의 공작령 또는 백작령을 아들에게 상속할 때 군주의 은의를 간청했지만, 이는 점차 관습으로 자리 잡았고 나중에는 기득권이 되고 말았다. 직계 상속이 방계와 모계로 확대되었고, 제국의 국가(대중적이고 마침내 법적이 된 호칭이다.)들은 유언과 매각으로 나뉘고 분리되었으며, 공공의 신탁이라는 관념은 개인적, 영속적 유산이라는 생각에 밀려 모두 사라졌다. 이렇게 해서 황제는 개인의 권리 상실과 가계의 폐절로도 부를 얻을 수 없었다. 그는 1년 안에 주인 없는 영지를 처리해야 했는데 후보자를 선정할 때 의무적으로 총의회나 지방 의회와 의논해야 했다.

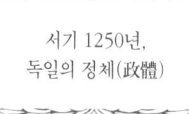
서기 1250년, 독일의 정체(政體)

프리드리히 2세가 죽은 뒤 독일은 흡사 머리가 백 개 달린 괴물처럼 되어 버렸다. 제국의 잔해를 놓고 많은 군주와 고위 성직자들이 서로 쟁탈전을 벌였고, 셀 수 없이 많은 성의 영주들은 상관에게 복종하기보다는 상관을 흉내 내려 했다. 끊임없는 분쟁에서는 힘이 얼마나 강한지에 따라 정복 또는 강탈이라는 이름이 붙었다. 이러한 무정부 상태는 유럽의 법제와 관습에서 비롯된 필연적 결과이다. 프랑스와 이탈리아의 왕국 역시 이와 같은 격렬한 태풍 때문에 조각조각 흩어졌다. 그러나 이탈리아의 도시들과 프랑스의 봉신들은 분열되어 사라졌지만 독일인의 통합은 제국이라는 이름으로 연방 공화국이라는 위대한 체제를 만들어 냈다. 빈번하고 마침내 영구적이 된 의회 체제 속에 민족적 기질이 살아 있었고, 통상적인 입법 권한은 오늘날에도 여전히 선제후, 제후, 독일의 자유 제국 도시들로 이루어진 세 분파 또는 회합체가 행사하고 있다. (1) 가장 강력한 일곱 명의 영주들은 특별한 이름과 지위는 물론 로마 황제를 선출할 수 있는 독점적 특권을 누렸다. 이들 선제후들은 보헤미아 왕, 작센 공작, 브란덴부르크 변경백, 라인의 팔라틴 백작, 마인츠, 트레브, 콜로뉴의 세 대주교였다. (2) 제후와 성직자들로 이루어진 의회는 지나치게 많았던 인원을 정리했다. 독립된 백작들의 긴 명부를 네 표의 대표로 줄였다. 이리하여 폴란드 의회처럼 6만 명의 귀족 내지 기사 계급이 선거지에 모여드는 그런 풍습이 사라진 것이다. (3) 출생 신분과 영토, 칼과 주교직에 대한 자긍심은 현명하게도 민회를 입법 의회의 세 번째 분파로 받아들였으며, 이 분파는 사회 발전 과정에서 거의 같은 시기에 프랑스, 잉글랜드, 독일 의회에 도입되었다. 한자 동맹은 북부의 교역과 해운을 통제했고, 라인 동맹으로 내륙의 평화와 교역이 확보되었다. 도시들은 각자의 재력과 정책에 따라 영향력을 발휘했고, 그들은 오늘날에도 여전히 거부권을 행사하여 선제후와 제후로 이루어진 두 상위 의회

[91] 엄청난 미로 같은 독일 법 체제를 다룰 때는 필자 한 명만을 인용하든가 아예 천 명을 인용해야 한다. 여기서는 수많은 이름과 글귀를 적는 대신 한 명의 충실한 안내자를 따랐다. 전 세계를 통틀어 최고의 법률 및 헌법사를 집필한 페펠(M. Pfeffel)이 안내자가 되었다. 그는 지식과 판단력으로 아주 흥미로운 사실들을 분별해 냈고, 간결하고 명료한 짧은 글로 많은 것을 표현하며, 사실들을 연대기적으로 적절한 순서에 따라 배열한다. 로버트슨(Dr. Robertson)은 이보다는 불완전하지만 독일 체제의 근대적 변화까지 추적하면서 훌륭한 개요를 보여 주는데, 그 역시 페펠의 노작에 많은 빚을 지고 있다. 스트루비우스(Struvius)의 『독일법전사』역시 페펠을 유용하게 활용했는데, 이 엄청난 분량의 편찬서는 쪽마다 원전을 인용하여 훨씬 견고해졌다.

[92] 그러나 카를 4세 '개인'은 야만족으로 간주해서는 안 된다. 파리에서 교육을 받은 뒤 그는 모국어인 보헤미아어를 다시 배웠고, 프랑스어, 라틴어, 이탈리아어, 독일어를 자유자재로 말하고 쓸 수 있었다고 한다. 페트라르카는 그를 늘 예의 바르고 박식한 군주로 묘사한다.

의 법령을 무효화시킬 수 있다.[91]

서기 1347~1378년, 독일 황제 카를 4세의 허약함과 빈곤

독일의 신성 로마 제국의 형편을 가장 뚜렷이 볼 수 있는 시기는 14세기이다. 이 시기 신성 로마 제국은 라인과 도나우 강 연안 지대를 제외하면 트라야누스나 콘스탄티누스 시대의 속주를 하나도 보유하지 못했다. 그들의 변변치 못한 후계자는 합스부르크, 나사우, 룩셈부르크, 슈바르첸부르크의 백작들이었다. 하인리히 7세는 아들에게 보헤미아의 왕위를 물려주었고, 손자 카를 4세는 독일인들이 이방인과 야만인으로 간주하는 사람들 사이에서 태어났다.[92] 바이에른의 루드비히는 파문당한 후, 당시 아비뇽에 유배당해 포로 상태에 있으면서도 지상의 통치권을 가진 척하던 로마 교황에게서 비어 있는 제국의 왕좌의 증여 또는 그런 약속을 받았다. 경쟁자들의 죽음으로 선거 인단이 통합되면서 카를은 만장일치로 로마인들의 왕, 미래의 황제로 뽑혔다. 그러나 독일 황제는 기껏해야 제후들로 이루어진 귀족들이 선출한 무력한 행정관에 불과했고, 제후들은 황제 소유라 할 수 있는 마을 하나 주지 않았다. 가장 큰 특권이라야 고작 황제가 소집하여 개최할 수 있는 국가 원로 회의를 주재하는 것이었다. 인접한 누렘베르크 시보다도 가난했던 고향 보헤미아 왕국이 가장 확고한 기반이었고 가장 큰 수입원이었다. 그가 통솔해 알프스를 넘은

서기 1355년

군대는 기병 300명이었다. 카를은 성 암브로시우스 성당에서 롬바르드 왕국의 전통적인 철제 왕관을 받았지만 무장하지 않은 수행원만이 들어올 수 있다며 밀라노의 성문이 닫혀 버렸고, 이 이탈리아의 왕은 밀라노의 통치권자임을 주장하는 비스콘티 가의 군사들에게 포로로 잡혔다. 카를은 바티칸에서 다시 제국의 황금 관

을 받았지만, 이 신성 로마 제국 황제는 비밀 협약에 따라 로마 성벽 안에서 하룻밤도 자지 못한 채 즉시 물러났다. 카피톨리누스 언덕의 영광을 상상력으로 되살려 낸 표현력 풍부한 페트라르카[93]는 보헤미아 왕의 불명예스러운 도피를 비난한다. 그의 동시대인들조차 황제가 권위를 행사한 것은 돈이 되는 특권과 칭호를 팔 때뿐임을 알 수 있었다. 이탈리아의 황금은 그의 아들의 황제 선출을 보장했지만, 로마 황제는 어찌나 민망할 정도로 가난했던지 보름스 거리에서 대금 지불을 독촉하는 한 정육업자에게 잡혀 여관에 감금되는 일까지 일어나기도 했다.

[93] 독일과 이탈리아 역사가들 이외에도 사드(Sade) 수도원장이 『페트라르카의 생애 회고록』에서 카를 4세의 여정에 대해 생생하고 독창적으로 그리고 있다. 비록 길이가 길지만 호기심이 있는 독자들에게 당황하다는 비난을 받은 적은 없다.

이제 이러한 수치스러운 장면에서 벗어나 제국 의회에서 카를 4세가 확실하게 보여 준 위엄에 눈을 돌려 보자. 독일 국헌을 확정 지은 금인칙서(金印勅書)는 통치권자와 입법가다운 방식으로 공포되었다. 백 명의 제후가 그의 왕좌 앞에 머리를 숙였고, 그들은 자신들의 수장 또는 대리인에게 자발적으로 영광을 바쳐 그들 자신의 위엄도 격상시켰다. 왕이 베푼 연회에서 지위나 호칭 면에서 왕과 동등한 세습 군주들, 즉 일곱 선제후들에 대한 서임이 엄숙한 궁내 의식으로 행해졌다. 독일, 이탈리아, 아를의 영구적 대법관들이기도 한 마인츠, 콜로뉴, 트레브의 대주교가 격식을 갖춰 삼중 왕국의 국새를 가지고 왔다. 말을 탄 최고 의전관은 귀리를 은(銀) 저울로 달았다가 바닥에 비우는 자신의 역할을 수행한 다음 즉시 말에서 내려 하객의 서열을 정했다. 집사의 수장인 라인의 팔라틴 백작은 식탁에 접시를 놓았다. 대시종장인 브란덴부르크 변경백은 의전관으로 식사 후 손을 씻을 황금 물병과 대야를 내놓았다. 보헤미아 왕의 술 따르는 사람으로서의 역할은 룩셈부르크와 브라반트 공작인 황제의 형제가 맡았다. 행사의 끝은 나팔과 사냥

서기 1356년, 카를 4세의 허식

⁹⁴ 교황과 황제를 수장으로 둔 유럽 공화국이 콘스탄츠 공의회에서만큼 위엄 있게 대변된 적은 없었다.

⁹⁵ 아우구스투스와 리비아(Livia)의 노예 및 해방노예만 해도 6000명의 납골단지가 발견되었다. 직책의 구분은 아주 세밀하여 어떤 노예는 황후의 시녀들이 짜는 털실의 무게를 다는 임무를 맡았고, 또 어떤 노예는 황후의 애완견을 돌보는 임무를 맡았다고 한다. 그러나 이 종복들은 모두 같은 지위를 가졌으며, 아마도 폴리오나 렌툴루스의 시종보다 많지는 않았을 것이다. 이들은 단지 도시의 일반적인 부유함을 증명한다.

개 소리가 크게 울리는 가운데 수퇘지와 수사슴을 가지고 들어온 사냥꾼이 차지했다. 황제의 지배권은 독일에만 한정된 것이 아니었고, 유럽의 세습 군주들은 모두 그가 그리스도교도 제후 가운데 으뜸이며 위대한 서방 공화국의 수장이라며 지고한 지위와 위엄을 인정했다.⁹⁴ 그는 폐하라는 호칭을 오래도록 들었고, 왕을 선출하고 공의회를 소집하는 고귀한 특권에 대해 교황과 논쟁을 벌였다. 민법의 신관으로 일컬어지는 박식한 바르톨루스는 카를 4세에게 고용되어 있었으므로, 그의 학파는 해가 뜰 때부터 질 때까지 로마 황제가 지상의 정당한 통치자라는 원리를 널리 알렸다. 이들은 복음서조차 "아우구스투스 황제로부터 한 칙령이 내려 온 세상이 조세 등록을 하게 되었는데."라고 천명하고 있으므로, 이에 반대하는 의견은 오류가 아니라 이교라며 비난했다.

<아우구스투스의 권력, 겸손과의 대조>

아우구스투스 황제와 카를 황제 사이에서 시간과 공간을 없애면 두 황제의 크고 뚜렷한 차이를 볼 수 있다. 보헤미안 카를은 허식이라는 가면 아래 자신의 유약함을 숨겼고, 로마인 아우구스투스는 겸손으로 자신의 힘을 감추었다. 아우구스투스는 승전하는 군단을 이끌고 나일과 유프라테스 강에서 대서양까지 바다와 육지를 지배하면서, 자신이 국가의 종이요 동포 시민들과 동등한 지위에 있는 사람이라고 천명했다. 이 로마와 속주의 정복자는 감찰관, 집정관, 호민관이라는 대중적이고 법률적 호칭을 취했다. 그의 의지가 바로 인류의 법이었지만, 그는 법령을 포고하면서 원로원과 대중의 목소리를 빌렸으며, 그들의 주인이면서도 그들의 권한을 위임받아 공화국을 통치할 수 있는 일시적 사명을 수락하고 갱신한다는 형식을 취했다. 의복이나 가사 고용인,⁹⁵ 칭호, 사교적인 모든 일에서 아

우구스투스는 사인(私人)으로서의 로마인의 성품을 유지했으므로, 가장 교활한 아첨꾼들도 그의 절대적이고 영속적인 군주제의 비결에는 존경을 표했다.

50

아라비아와 그 주민 · 마호메트의 탄생, 품성 및 교의 · 메카에서의 설교 · 메디나로의 피신 · 무력에 의한 선고 · 아랍인들의 자발적 또는 마지못한 복종 · 마호메트의 죽음과 후계자들 · 알리와 그 후손들의 권리와 운명 · 마호메트의 성공

이제까지 600년 이상에 걸쳐 콘스탄티노플과 게르마니아를 스쳐 간 황제들을 훑어보았고, 앞으로는 헤라클리우스 치세하 비잔티움 제국의 동부 국경 지대를 살펴보고자 한다. 비잔티움 제국이 페르시아 전쟁으로 국력이 쇠하고 교회가 네스토리우스파와 단성론파로 어지러운 동안, 마호메트는 한 손에 칼, 한 손에 코란을 들고 그리스도교와 로마의 폐허 위에 자신의 왕좌를 세웠다. 이 아라비아 예언자의 천재성, 그가 속한 민족의 풍습과 그의 종교 정신은 동로마 제국의 쇠락과 멸망과도 관계가 있다. 이제 우리는 지구상에 존재하는 여러 민족에게 새롭고 지속적인 영향을 끼친 인물을 각인시킨 가장 기억에 남을 만한 혁명을 몹시 흥미롭게 살펴볼 것이다.[1]

페르시아, 시리아, 이집트, 에티오피아의 광활한 공간 사이에 있는 아라비아 반도는[2] 광대하지만 불규칙한 삼각형의 지대로 생각하면 될 것이다. 유프라테스 강의 벨레스[3] 북쪽 끝에

아라비아에 대한 묘사

[1] 이 장과 다음 장에서는 아랍에 대해 다루어야 하지만 실제로 저자는 동방의 언어에 대해 전혀 알지 못하며, 이들의 언어를 라틴어, 프랑스어, 영어로 번역한 박식한 학자들에게 감사히 의존하고 있다. 이들의 전집, 각종 판본, 역사 등에 대해서는 간혹 언급할 것이다.

[2] 아랍의 지리학자들은 세 집단으로 나눌 수 있을 것이다. (1) 아가타르키데스, 시쿨루스, 스트라보, 디오니시우스, 플리니우스, 프톨레마이오스 등에서 그 진보적 지식의 흔적을 찾고 있는 비잔티움 및 라틴 학자들. (2) 애국심 또는 헌신적 열정을 가지고 이 주제를 다룬 아랍 학자들. 샤리프 알 이드리시의 지리학에서 포콕(Pocock)이 발췌한 것을 보면 '누비아 지리학'이라는 얼

토당토앙은 제목으로 마론파 교회에서 편찬한 판본 또는 축약본에 대해 더 불만을 느끼게 된다. 그러나 라틴어 및 프랑스어 번역자인 그리브스(Greaves)와 갈랑(Galland)은 아라비아 반도에 대한 가장 방대하고 정확한『아불페다의 아라비아』를 펴내게 되었다. 그러나 이는 데르벨로(d'Herbelot)의『동방 총서』의 내용을 다소 취했을 수도 있다. (3) 유럽의 여행자들. 그 가운데 쇼(Shaw)와 니부르(Niebuhr)는 존경받아 마땅하다. 뷔싱(Busching)은 자료를 분별력 있게 편찬 했다. 그리고 당빌(d'Anville)의『고대 지리학』과 지도도 앞에 펼쳐 놓고 보아야 한다.

3 크세노폰과 그리스인들이 최초로 유프라테스 강을 건넌 것은 한 총독의 낙원 또는 정원인 이 지점이었다.

4 카이로와 메카 사이에 있는 서른 곳의 역참 중에 먹을 수 있는 물이 없는 곳이 열다섯 군데이다.

서 시작되는 1500마일의 선은 바브엘만데브 해협과 유향(乳香)의 땅에서 끝난다. 이 길이의 반 정도가 동쪽에서 서쪽까지, 즉 바소라에서 수에즈까지, 페르시아 만에서 홍해까지의 중간 폭이라고 보면 될 것이다. 삼각형의 세 면은 점차 커져 남쪽 아랫부분은 인도양으로 향하는 1000마일의 면을 형성한다. 반도의 전체 면적은 독일 또는 프랑스의 네 배 이상 되지만, 그 대부분이 돌과 모래투성이의 불모지대이다. 타타르의 황야조차도 자연의 혜택으로 높이 자란 나무와 풍요로운 수풀로 뒤덮여 있어서 외로운 여행자는 이런 수풀에서 일종의 사교와 위안을 얻는다. 그러나 아라비아의 황량한 황무지에서는 끝없는 모래 평원이 험준하고 벌거벗은 산맥으로 가로막힐 뿐 사막의 표면은 그림자조차 쉴 곳 하나 없이 강렬하게 똑바로 내리쬐는 열대의 태양 빛으로 이글거리며 불타고 있다. 바람은 원기를 돋워 주는 미풍이 아니라 유해하고 치명적이기까지 한 남서풍이 뜨거운 공기를 퍼뜨린다. 바람으로 만들어졌다 무너지는 모래 언덕은 바다의 소용돌이에 비견할 정도로, 대상(隊商)도 군대도 모두 그 돌풍 속에 사라져 파묻혀 버린다. 인류의 일반적 혜택이라 할 수 있는 물이 이곳에서는 욕망과 경쟁의 대상이 되고, 나무 역시 너무나 귀하여 불씨를 보존하고 보급하는 데는 기술이 필요했다. 아라비아에는 선박이 지나갈 수 있고 땅을 비옥하게 하며 지역의 생산품을 다른 지역으로 실어 나를 수 있는 강이 없었다. 언덕에서 내려오는 급류는 메마른 대지에 흡수되어 버린다. 드물게 타마린드나 아카시아처럼 혹서에 강한 식물이 바위 틈새에 뿌리를 박고 밤이슬에서 영양분을 얻어 자란다. 얼마 안 되는 빗물은 저수지와 수로에 모아지는데, 우물과 샘은 사막의 숨겨진 보배이다. 메카의 순례자는 건조

토양과 기후

하고 무더운 긴 행보 끝에 맛보는 유황 또는 소금밭을 흘러서 나온 물맛에 혐오감을 느낀다. 아라비아의 기후는 대체로 이렇다. 불운을 경험하면 그 어떤 국부적, 부분적 향유도 가치가 높아지게 마련이다. 그늘진 수풀, 푸른 목초지, 신선한 냇물은 아랍인들을 그들 자신과 가축의 식량을 확보하고 원기를 회복시켜 주며, 종려나무와 포도나무를 열심히 키울 의욕을 주는 혜택받은 땅으로 끌어들이기에 충분하다. 인도양과 맞닿은 고원 지대는 삼림과 물이 매우 풍부하여 두드러진 곳인데, 이곳의 기후는 훨씬 온화하고 과일은 한층 맛있으며 가축과 사람의 수도 훨씬 많다. 또한 토지가 비옥한 덕분에 농부들은 열심히 일하고 그 보답을 받는 곳이다. 그리고 유향[5]과 커피라는 독특한 혜택은 여러 세대에 걸쳐 세계의 상인들을 끌어들이기에 충분했다. 반도의 다른 부분과 비교하면 이 외딴 지역은 진정으로 다복하다는 말을 들을 만했다. 공상과 허구의 화려한 채색은 이러한 대조적인 모습에서 생겨났고 멀리 떨어져 있었기 때문에 묵인되었다. 이 지상 낙원을 위해 자연은 최상의 혜택과 자신의 진기한 솜씨를 유보시켜 왔다. 이곳 토착민들은 쾌락과 순결함이라는 비할 데 없는 축복을 얻었다. 대지는 금[6] 또는 보석으로 가득했고 육지와 바다는 모두 달콤하고 향기로운 냄새를 뿜어내는 것으로 알려져 있다. 비잔티움 사람들과 라틴인들에게는 매우 익숙한 사막, 돌, 행복이라는 세 가지 구분을 정작 아라비아인들은 모르고 있었다. 같은 언어를 사용하는 주민들의 한 국가가 고대 지지의 흔적을 거의 갖고 있지 않다는 것은 매우 특이한 일이다. 바레인과 오만의 해안 지역은 페르시아 왕국의 맞은편에 있다. 예멘 왕국은 아라비아펠릭스의 경계 또는 적어도 그 위치를 알려 준다. 네게드라는 이름은 내륙 지방으로 뻗어 나갔고, 홍해 연안을 따라 있는 헤자즈 지역은 마

[5] 향료, 특히 아라비아의 투스(thus), 즉 유향에 대해서는 플리니우스의 책에 설명되어 있다. 저 위대한 시인 밀턴은(『실락원』 l. iv.) 사바이 해안의 북동풍에 실려 오는 향료의 냄새에 대해 언급하고 있다.
　길고 긴 거리를
　　고마운 향기에 기뻐하며 오래된 대양이
　　미소 짓네.

[6] 아가타르키데스는 올리브 크기에서 땅콩 크기만 한 순금 덩어리가 나왔다고 확인하고 있다. 또한 철은 금의 두 배, 은은 열 배나 되는 가치가 있었다. 이 실재 또는 가상의 보물들은 사라지고 없다. 현재 아라비아에는 알려진 금광이 없다.

7 포콕의 『아랍 역사 표본』을 참조하고 숙독하고 연구하라! 이 30쪽짜리 책은 포콕이 나중에 번역한 아불파라기우스의 왕조사와 아랍 고사(古事)에 대한 최초의 고전적인 저작에 있는 358개의 기록에서 발췌한 것이다.

8 아리아누스는 헤자즈 지역과 아덴 너머에 있는 생선을 주식으로 하는 인종에 대해 언급하고 있다. 키루스의 시대에 홍해 연안은 (최대로 넓은 지역에 걸쳐) 이 야만인들이 차지하고 있었을 수도 있다. 그러나 유스티니아누스의 시대에 식인종이 남아 있었으리라고는 생각할 수 없다.

9 1664년 카르멜 산에 있는 왕족 야영지를 돌아본 다르비외(M. d'Arvieux)는 베두인 종족의 삶에 대해 만족스럽고 독창적인 설명을 들려준다. 이는 니부르와 시리아 지역을 마지막으로 여행한 현명한 볼니(Volney)의 글에도 나와 있다.

호메트의 탄생으로 세상에 알려졌다.7

아랍의 유목민인
베두인족의 관습

주민의 수는 생활의 양식에 의해 제한을 받게 되므로 이 광대한 반도의 거주민은 비옥하고 풍요로운 그보다 작은 지역 주민 수보다도 적었을 것이다. 페르시아 만, 인도양, 홍해의 해안 지역을 따라 생선을 주식으로 하는 사람들이 그날그날 식량을 찾아 떠돌고 있었다.8 사회라는 이름을 붙이기도 어려운 이 원시적이고 비참한 상황에서 기술도 법도, 상식도 언어도 없는 야만 상태의 인간은 다른 동물 종과 별다른 차이가 없을 것이다. 고요한 망각 속에서 여러 세대와 시간이 흐르고, 이 무력한 야만인들은 생활 터전과 활동 영역이 좁다란 해안 연안에 제한되어 있었으므로 종족 번식에 제한을 받았다. 그러나 고대 초기 대규모의 아랍인 집단은 이 비참함에서 빠르게 벗어나고 있었다. 그리고 이 헐벗은 황무지는 수렵 종족을 부양할 수 없었기 때문에 이들은 곧장 유목 생활이라는 좀 더 안정되고 풍요로운 환경으로 올라섰다. 사막의 유랑 종족도 이와 같은 삶을 영위했으며, 오늘날의 베두인족의 초상에서 우리는 모세 또는 마호메트의 시대에 비슷한 형태의 천막에서 거주하면서 똑같은 샘물과 목초지로 말과 낙타, 양 떼를 몰고 다니던 그 조상들9의 흔적을 찾아볼 수 있다. 유용한 동물들을 지배하게 되면서 인간의 노동은 줄었고 재산은 늘어났다. 아랍 유목민들은 충실한 친구와 근면한 노예를 얻은 것이다. 박물학자의

말[馬]

견해에 따르면 아라비아는 진정한 말의 발생지라고 할 수 있다. 이곳의 기후는 이 온순한 짐승의 크기보다는 기질과 민첩성을 높이는 데 가장 알맞다. 바브, 스페인, 영국 혈통의 말들의 장점은 아라비아 종마와의 교배를 거쳐 갖게 된 것이

다.¹⁰ 베두인 종족은 미신적이라고 할 만큼 세심하게 순수 혈통의 명예와 기억을 지켜 나갔다. 수컷은 비싼 값에 팔리기도 했지만 암컷은 좀처럼 팔려고 하지 않았다. 여러 종족 사이에서 순종 망아지의 탄생은 기쁨을 나누고 축하해 주어야 할 일로 여겨졌다. 말들은 천막 아래에서 아이들과 함께 가족처럼 사랑을 받으며 키워졌는데, 이는 말에게 온순함과 애착이라는 습성을 길러 주었다. 말들은 구보나 질주에만 습관이 들도록 훈련받았다. 박차와 채찍의 남용으로 감각을 무디게 하지 않았으며 질주와 추격의 순간을 위해 힘을 비축했다. 그러나 이 말들은 손이나 가죽끈의 움직임을 느끼는 순간 바람처럼 쏜살같이 달려갔다. 또한 질주 도중에 자신을 타고 있는 친구가 떨어지면 곧바로 멈춰 서서 다시 말안장에 올라탈 때까지 기다려 주었다. 아프리카와 아라비아의 사막에서 낙타는 신성하고 귀중한 선물이었다. 강건하고 인내심 많은 이 짐승은 며칠씩이나 아무것도 먹거나 마시지 않고도 여행을 계속할 수 있다. 또한 노역의 표식을 온몸에 드러내는 다섯 번째 위는 큰 통 모양으로 신선한 물을 저장하고 있었다. 몸집이 큰 낙타는 1000파운드의 무거운 짐을 실어 나를 수 있었고, 몸집이 작고 활동적인 단봉 낙타는 경주를 하면 아무리 빠른 준마도 이길 수 있었다. 죽어서든 살아서든 낙타는 거의 모든 부위가 인간에게 유용하다. 낙타의 젖은 풍부하며 영양이 좋고 어린 낙타의 부드러운 살코기는 송아지 고기 맛이 난다.¹¹ 오줌에서는 귀중한 소금을 추출할 수 있고 똥은 부족한 연료를 충당할 수 있으며, 해마다 빠졌다 새로 나는 긴 털을 얼기설기 짜서 베두인족의 옷이나 가구, 천막을 만들어 낸다. 우기에는 사막의 귀하고 부족한 풀을 뜯지만 뜨거운 여름이나 궁핍한 겨울에 해안 지역에

낙타

10 13세기 말의 내세드의 말은 믿음직한 것으로 예멘의 말은 강하고 튼튼한 종으로, 헤자즈의 말은 최고로 고귀한 종으로 간주되었다. 10위로 최하위였던 유럽의 말은 몸집만 크고 기질은 보잘것없다며 대체로 무시당했다. 그러나 기사와 그 갑옷의 무게를 견디려면 힘이 꼭 필요했다.

11 우유를 좋아했던 마호메트는 소젖을 좋아했으며 낙타에 대해서는 언급조차 하지 않았다. 그러나 메카와 메디나의 식탁은 이미 훨씬 더 호사스러웠다.

12 그러나 헤라클레아의 마르키아누스는 아라비아 펠릭스에 164개의 도시가 있었다고 추정한다. 도시의 규모는 작았지만 저자의 믿음은 더 클 것이다.

13 아불페다는 이를 다마스쿠스에 비교하고 있으며 이는 여전히 예멘 이맘(Imam)의 거처로 사용되고 있다. 사아나는 다파르에서 24파라상, 아덴에서는 68파라상 떨어져 있다.

14 둘라가 6마일이나 되는 메리아바 또는 메라브는 아우구스투스의 군단에 의해 파괴되었고 14세기까지도 복구되지 않았다.

15 메디나라는 도시의 이름은 선지자의 자리를 뜻하는 야스리브와 어울린다. 아불페다는 자신이 있던 곳에서 메디나까지를 대상의 하루 이동 거리로 추정한다. 바레인까지는 15, 바소라까지는 18, 쿠파까지는 20, 다마스쿠스 또는 팔레스타인까지는 20, 카이로까지는 25, 메카까지는 10일이며 메카에서 사아나 또는 아덴까지는 30, 카이로까지는 31일 또는 412시간이다. 이는 당빌의 추산에 따르면 하루에 약 25마일의 여정을 의미한다. 유향의 땅(예멘의 하드라마우트, 아덴과 파르타시 곶 사이)에서 시리아의 가자까지 플리니우스는 낙타 우리가 예순다섯 곳이 있는 것으로 추정한다. 이러한 추정은 사실을 짐작하고 밝히는 데 도움이 될 수도 있다.

서 예멘의 구릉 지역 또는 유프라테스 강 인근으로 야영지를 옮기고 나면 나일 강 유역, 시리아와 팔레스타인의 마을을 급습하는 위험한 행동을 거리낌 없이 했다. 아랍 유목 민족의 삶은 위험과 고통이 따르는 생활이다. 간혹 그들이 강탈 또는 교환으로 노동의 대가를 취하는 일이 있다고는 하지만, 말 1만 필을 이끌고 전쟁터로 행군하는 오만한 아랍 왕족보다도 유럽의 일개 시민이 더 충실하고 기분 좋은 생활을 누리고 있었다.

아랍의 도시들

그러나 스키타이와 아라비아의 유목민 사이에는 본질적인 차이점이 있는데, 아랍 종족 상당수는 마을에 모여 교역 및 농경에 종사했다. 이들은 여전히 일정 시간을 가축을 관리하는 데 보냈지만, 평화 시에는 물론이고 전시에도 사막의 같은 무리들과 교류하였다. 베두인 종족은 이러한 유용한 교제를 통해 약간의 필요한 물품을 공급받고 일종의 기초적인 기술과 지식을 얻었다. 아불페다가 열거한 아라비아의 마흔두 개 도시[12] 가운데 가장 오래되고 인구가 많은 도시는 행복한 예멘에 있었다. 사아나의 탑들[13]과 메라브의 경이로운 저수지[14]는 호메리테족 왕들이 건설했다. 그러나 이들의 세속적 영광은 홍해 부근에서 270마일이나 떨어져 있는 메디나[15]와 메카[16]의 선지자적 영광에는 가려지고 만다. 이 성지 가

메카

운데 메카를 비잔티움 사람들은 마코라바라는 이름으로 알고 있었다. 이 이름의 어미는 크기를 나타내는데, 이곳의 실제 규모는 가장 번영하던 시기에도 마르세유의 크기나 인구수를 넘어서지 못했다. 이 도시의 창건자들은 숨겨진 어떤 동기, 아마도 미신 때문에 이렇게 불리한 곳을 선택했을지도 모른다. 그들은 세 군데의 황량한 산기슭에 있는 길이 2마일, 폭 1마일 정도 되는 평야에 진흙

이나 돌로 집을 지었다. 땅은 돌투성이였고 성스러운 우물 젬젬(Zemzem)의 물조차 맛이 쓰거나 소금기가 있었다. 목초지는 멀리 떨어져 있었고 포도는 약 70마일 떨어진 타예프의 과수원에서 운송되었다. 당시 메카를 지배한 쿠라이시족의 명성과 기질은 아랍 부족 사이에서도 걸출했지만, 그들의 척박한 땅은 농경의 노력을 헛되게 했는데 그 위치는 무역에 훨씬 더 알맞았다. 40마일밖에 떨어지지 않은 게다 항구에서 이들은 손쉽게 아비시니아와 교류를 지속할 수 있었고, 이 그리스도교 왕국은 마호메트의 사도들에게 최초의 망명지를 제공했다. 아프리카의 보물은 반도를 가로질러 칼데아의 이주자들이 암염으로 세웠다는 바레인 지방의 게라, 즉 카티프로 운반되었고, 여기서부터는 뗏목으로 페르시아 만의 천연 진주를 함께 싣고 유프라테스 강어귀로 날랐다. 메카는 오른쪽에 예멘, 왼쪽에 시리아를 두고 거의 같은 한 달 걸리는 거리에 있었다. 예멘은 대상들의 겨울 근거지, 시리아는 여름 근거지였다. 계절마다 이들이 도착하면 인도의 배들은 지루하고 고된 홍해 항해에서 벗어났다. 사아나와 메라브의 시장에서, 오만과 아덴의 항구에서 쿠라이시족의 낙타는 귀중한 향료를 잔뜩 싣고 있었다. 이들은 보스트라와 다마스쿠스의 장(場)에서는 곡물과 제조품을 구입했는데, 수익성 있는 교환으로 메카의 거리마다 풍요와 부가 흘러들었다. 가장 신분 높은 메카의 후손들은 무기에 대한 애착을 상업이라는 직업과 결합시켰다.

    외국인과 토착민들 사이에서도 아랍인의 항구적 독립은 칭송의 대상이었지만, 이 독특한 현상은 논쟁의 기교로 이스마엘의 후손에게 유리한 예언과 기적으로 변모된다.[17] 숨길 수

메카의 교역

아랍인들의 독립

[16] 메카에 대한 우리의 생각은 아라비아인들에게서 나왔음에 틀림없다. 신도가 아닌 사람은 도시에 들어갈 수 없었으므로 우리의 여행자들은 이에 대해 말이 없다. 그리고 테베노(Thévenot)가 주는 짤막한 단서는 의심스러운 아프리카 배교자의 입에서 나온 것이다. 어떤 페르시아인은 집이 6000채나 있었다고 한다.

[17] 한 이름 없는 의사가 아랍인들이 독립한 것으로 그리스도교의 진실을 공식적으로 논증했다. 사실에 대한 예외는 빼고라도 비판적인 입장을 취하는 사람이라면 그 원문의 의미와 적용 범위, 계보의 창립을 두고 논쟁할 수 있을 것이다.

도, 회피할 수도 없는 몇 가지 예외는 이러한 추론을 불필요할 뿐만 아니라 부적당한 것으로 만든다. 예멘 왕국은 아비시니아인, 페르시아인, 이집트의 술탄,[18] 투르크인[19]에게 차례로 복속당했고, 성지인 메카와 메디나는 스키타이 압제자의 지배 아래 있었다. 로마 제국의 아라비아 속주[20]는 이스마엘과 그 아들들이 그들의 동포들을 마주하고 천막을 쳤을 바로 그 특징적인 황무지를 포함하고 있었다. 그러나 이러한 예들은 일시적이거나 국부적일 뿐이며, 이 나라의 몸통은 가장 강력한 군주의 예속을 피했다. 세소스트리스, 키루스, 폼페이우스와 트라야누스의 군대는 아라비아 정벌을 완수하지 못했다. 오늘날 터키의 군주도 형식적인 지배권을 행사하고 있을지 모르지만, 자극하기는 위험하고 공격해도 소용없는 민족과의 친교를 요청하는 정도로까지 그의 자긍심은 저하되어 있다. 자유라는 명백한 대의명분은 아랍인들의 기질과 국가에 깊이 새겨져 있다. 마호메트가 등장하기 수 세기 전부터[21] 인근 지역들은 공격 및 방어 전쟁에서 그들의 용감무쌍함을 뼈저리게 느껴 왔다. 끈기 있고 적극적인 병사의 덕목은 유목 생활에서 형성된 습관과 규율로 자연스럽게 형성되었다. 양과 낙타를 돌보는 일은 부족의 여자들이 맡게 되었고, 용맹한 젊은이들은 수장의 깃발 아래서 말을 타고 평야로 나가 끊임없이 활과 투창, 언월도의 사용법을 익혔다. 그들의 자유에 대한 오랜 기억이야말로 영속적 독립에 대한 가장 확고한 의지의 천명이었고, 뒤이은 세대들은 자신들의 혈통을 증명하고 그 유산을 물려주고자 노력했다. 공동의 적이 접근하면 국내의 갈등은 봉합되었다. 투르크인들과 벌인 마지막 전투에서 메카의 대상은 8만 연합군의 습격을 받고 약탈당했다. 그들이 진군할 때 전방에서는 승리의 희망이 넘쳤고 후방에서는 퇴각을 확신하였다. 그러나 8일에서 10일 정도면

[18] 예멘은 1173년 쿠르드 또는 아유비테 왕조를 창시한 살라딘 대제의 형제에게 복속되었다.

[19] 술라이만 1세(1538년)와 셀림 2세(1568년)의 부관에 의해 복속당했다. 사아나에 거주했던 파샤(Pasha, 주지사)는 스물한 개 주를 다스렸으나 터키 정부로는 아무런 세입도 송금되지 않았고 투르크인들은 1630년에 축출되었다.

[20] 로마 영토 가운데 아라비아와 제3 팔레스타인이라는 명칭을 가진 주요 도시는 보스트라와 페트라였고, 이 도시들의 기원은 트라야누스의 대리인인 팔마가 이들을 굴복시킨 서기 105년으로 거슬러 올라간다. 페트라는 나바타이아인들의 수도였으며 그들의 이름은 이스마엘의 장남에서 나온 것이다. 유스티니아누스는 아일라 남쪽으로 열흘 정도 걸리는 종려나무 지방을 양도했으며, 로마인들은 메디나 영토에 백인대장과 세관을 두었다. 이러한 실질적인 소유와 트라야누스의 몇몇 해상 침공이 로마의 아라비아 정벌로서 역사와 메달 속에서 찬미되고 있다.

[21] 시쿨루스는 안티고누스와 그 아들의 군대에 저항한 나바타이아 아랍인들의 자유를 명확히 보여 주었다.

400에서 500마일을 진군할 수 있는 말과 낙타들이 정복자가 다가오면 감쪽같이 사라지고, 사막의 신비스러운 물줄기는 아무리 해도 찾을 수가 없었다. 이로써 승리를 거듭하던 군대는 뜨겁고 고독한 사막 한가운데에서 정복자의 노력을 비웃으며 안전하게 쉬고 있을 보이지 않는 적을 쫓으며 갈증과 굶주림, 피로로 지쳐 버렸다. 무기와 사막은 베두인족의 자유를 보호해 주는 수단일 뿐만 아니라, 전쟁에서 멀리 떨어져 비옥한 토지와 기후 덕택에 연약해진 행복한 아라비아 주민들을 보호하는 방어벽이기도 했다. 아우구스투스의 군단은 질병과 무력감에 빠져 서서히 패퇴하였으며[22] 예멘 정복을 성공적으로 수행한 것은 오로지 해군력 덕분이었다. 마호메트가 신의 깃발을 세웠을 때 이 왕국은 페르시아 제국의 속국이었다. 그러나 호메리테족의 일곱 명의 수장들은 여전히 산악 지역을 지배하고 있었으며, 호스로우의 대리인은 멀리 떨어진 조국과 불행한 군주를 잊으려 했다. 유스티니아누스 시대의 역사가들은 동방의 오랜 분쟁 과정에서 이해관계 또는 애정에 의해 분리된 독립적인 아랍 부족들의 상황을 묘사하고 있다. 가산족은 시리아 영토에 진영을 세워도 된다는 허락을 받았고, 히라의 군주들은 바빌론 폐허에서 남쪽으로 40마일 정도 떨어진 곳에 도시를 세워도 좋다는 허가를 얻었다. 전쟁터에서 보인 그들의 모습은 빠르고 용맹스러웠으나 그들과의 우호는 금전에 좌우되었고, 믿음을 쉽게 저버렸으며 적개심도 변덕스러웠다. 유랑하는 야만인들은 감정을 다스리기보다는 흥분을 잘했고, 능숙하게 전쟁을 치르면서 로마와 페르시아가 겉보기에만 화려하다는 약점을 알고 무시하게 되었다. 메카에서 유프라테스 강에 이르는 지역에 분포하고 있던 아라비아 민족들은 사라센[23]이라는 통칭으로 비잔티움과 라틴인들에게 혼동되고 있었는데 모든 그리스도교

[22] 갈루스는 메디나 부근에 상륙하여 마레브와 대양 사이에 있는 예멘의 한 지역으로 1000마일을 진군했다.

[23] 프톨레마이오스와 플리니우스가 협의로, 암미아누스와 프로코피우스가 광의로 사용하는 이 이름은 우습게도 아브라함의 아내 사라(Sarah)에서 파생되었다고도 하고, 사라카(Saraka)라는 마을에서 나왔다고도 한다. 그보다 믿을 만한 것으로는 '도둑'과 같은 성품 또는 '동쪽의 위치'를 나타내는 아라비아에서 나온 것이라고 한다. 그러나 가장 많이 믿고 있던 이 마지막 어원을 프톨레마이오스는 반박하면서 사라센인들과 이집트 국경의 한 부족은 실제로 서쪽과 남쪽에 있었다고 확실하게 주장했다. 따라서 이 명칭은 특별히 어떤 국가적 특성을 암시하지는 않는다. 또한 이 명칭은 외지인들이 붙인 것이므로 아라비아어가 아닌 외국어에서 그 어원을 찾아야 한다.

도들은 이 이름을 입에 올릴 때마다 공포와 혐오를 느끼게 되었다.

아랍인들의 자유와 성격

폭정의 노예라면 국가의 독립에 기뻐 흥분하겠지만 아랍인들은 성격이 자유롭고 자연의 특권을 잃지 않으면서도 사회의 혜택을 어느 정도 누렸다. 모든 부족에서 미신 또는 은의(恩義) 또는 행운에 의해 어떤 특정한 가문이 동등한 지위의 가문들보다 위상이 높아졌다. 족장 또는 수장(首長)과 같은 명예는 항상 이런 선택된 가문에 대물림되었다. 그러나 계승 서열은 엄격하지 않아 사정에 따라 변했다. 아무리 신분이 높거나 나이가 많은 고결한 인척도 그저 조언으로 분쟁을 가라앉히고 모범으로 용맹을 고취하는 중요하지만 단순한 역할을 하였다. 총명하고 용기 있는 한 여인이 제노비아의 농민들을 지배해도 된다는 허가를 받은 적도 있었다. 여러 부족이 일시적으로 힘을 모아 군대를 구성하였고 그보다 영속적인 결합을 통해 국가가 만들어졌다. 가장 선봉에서 군기를 내세운 수장 중의 수장, 최고 우두머리는 모르는 사람의 눈에는 왕이라는 이름에도 걸맞아 보였을 것이다. 만일 아라비아 왕족들이 권력을 남용한다면 그들은 온화하고 어버이 같은 통치에 익숙한 신하들에게 버림받는 방식으로 벌을 받았다. 그들의 기질은 자유분방했고 행보는 구속을 몰랐으며 사막은 열려 있었고 부족과 가족들은 상호 자발적인 약정으로 묶여 있었다. 예멘의 비교적 온화한 토착민들은 군주의 화려함과 장엄함을 지지했지만, 군주가 궁정을 떠날 때마다 목숨에 위협을 받았다면 실질적인 통치력은 귀족과 관리들에게 이전된 것이 분명하다. 소아시아 중심부에 있는 메카와 메디나 두 도시는 연방의 형태 또는 실체를 보여 주었다. 마호메트의 조부와 그 직계 조상은 나라의 군주로서 대내외 업무에서 그 모습을 드러냈는데, 그들은 아테네의 페리클레스나 피렌체의 메디치 가(家)처럼 지혜와 청렴을 바탕으로 나라를 지배했다. 그들의 영향력은 세습 재산에 따라 나뉘었고 왕권은 마호메트의 숙부들에게서 쿠라이시족의 젊은 분파로 옮겨졌다. 중대한 사안이 있으면 백성들을 한자리에 모았다. 인간은 원래 강제 아니면 설득을 통해 복종하므로, 고대 아랍인들이 웅변을 사용하고 그에 대한 평판이 높았다는 사실은 확실히 공공의 자유를 누렸다는 증거가 된다.[24] 그러나 그들의 단순한 자유는 모든 시민이 공동체에 대해 완전한 공민적, 정치적 권리를 가졌던 그리스와 로마 공화국의 정밀하고 복잡한 제도와는 전혀 다른 특색을 가지고 있었다. 좀 더 단순한 아랍의 국가 체제에서 국가가 자유로웠던 것은 아랍인들이 수령의 의지에 비굴하게 복종하는 일을 경멸했기 때문이다. 아랍인의 가슴은 용기, 인내, 절제 등의 미덕으로 강해졌고 독립에 대한 애착으로 극기를 발휘할 수 있었으며, 불명예를 두려워하여 고통, 위험, 죽음에 대한 치사한 걱정은 하지 않았다. 침착하고 확고한 정신은 외적 행동거지에서도 명확하게 드러났다. 아랍인의 말투는 느리고 설득력 있으며 간결했다. 그들은 잘 웃지 않았고 유일하게 취하는 동작이라고는 남자다움의 존귀한 상징인 턱수염을 만지는 것뿐이다. 또 그들 자신에 대한 자존감은 동료들에게는 경박하지 않게, 윗사람에게는 경외심을 가지고 말하도록 가르쳤다.[25] 사라센인들의 자유는 정복 사업 이후에도 계속되었는데, 초기 칼리프들은 신민들이 대담하고 친근한 어투를 사용해도 묵인했고, 설교단에 올라 회중을 설득하고 교화시키려 했다. 압바스 왕조가 페르시아와 비잔티움 궁정의 영광스럽고 호화로운 의식을 받아들인 것은 제국의 권좌를 티그리스로 옮기고 난 후이다.

[24] 그들이 이 언변의 재능을 공유했던 것은 페르시아인들 뿐이었는데, 말 많은 아랍인들은 아마도 데모스테네스의 단순하고 숭고한 논리를 경멸했을 것이다.

[25] 다르비외, 데르벨로, 니부르가 마호메트의 생애를 다루면서 부차적으로 언급한 글들에서 아랍인들의 관습과 통치에 대해 가장 생생하게 묘사하고 있다는 사실을 다시 한 번 언급하겠다.

26 「욥기」 1장과 세소스트리스가 펠루시움에서 헬리오폴리스까지 건축한 1500스타디움의 긴 성벽을 보라. 그들은 히크소스, 즉 목자(牧者) 왕이라는 이름으로 이집트를 정복한 바 있다.

내란과 사적인 복수

민족과 인간을 연구할 때에는 그들이 서로에게 적대적 또는 우호적으로 되는 원인을, 즉 사회적 특징을 좁히거나 확대하며, 부드럽게 또는 거칠게 만드는 원인을 관찰하게 된다. 아랍인들은 세상에서 격리되어 있었기 때문에 적과 이방인을 혼동하게 되었고, 땅의 척박함 때문에 오늘날까지도 신봉하고 실행하는 법률학적 실천 원칙을 도입하게 되었다. 그들에 따르면 땅을 분할할 때 부유하고 비옥한 영토는 인류의 다른 종족에게만 주어졌고, 버림받은 이스마엘의 후손들은 부당하게 빼앗겼던 상속분을 사기 또는 폭력으로 되찾을 권리가 있다는 것이다. 플리니우스의 말에 따르면 아라비아 부족들은 한결같이 도둑질과 장사에 열중했다. 사막을 횡단하는 대상들은 사로잡혀 몸값을 요구받거나 약탈당했고 욥과 세소스트리스의 먼 시대부터[26] 이웃한 부족들은 난폭한 기질의 아랍인들에게 희생되었다. 베두인족은 멀리서도 혼자 여행하는 사람을 발견하면 말을 타고 맹렬한 기세로 달려가 큰소리로 "옷을 벗어라. 네 숙모(내 아내)가 입을 것이 없다."고 외치곤 했다. 한 사람 또는 몇 사람과 같이하는 약탈은 강도라고 불렸지만, 수많은 사람들이 하는 약탈은 적법하고 명예로운 전쟁이라는 이름을 갖게 되었다. 이렇게 인류에 적대적으로 무장한 한 국민의 기질은 부족 내에서의 약탈, 살인, 복수에 대한 묵인으로 두 배로 거세졌다. 유럽의 정체(政體)에서 전쟁과 평화의 권리는 오늘날 소수의 유력한 군주들에게 국한되어 있고 이를 실제로 시행하는 군주는 더욱 적다. 아랍인들은 창을 겨눠 자기 동포의 목숨을 노려도 면책되고 명예로운 일로 여겨졌다. 국가의 합일은 언어와 관습의 애매모호한 유사성 속에만 존재했고 각 공동체에서 행정관의 사법권은 침묵했고 무력했다. 구전에 따르면 마호메트 이전의 무지의 시대에는 1700건의 전투²⁷가 있었고, 내부 파벌 간의 증오로 적대감은 더욱 깊어 갔으며, 글로든 말로든 과거의 분쟁을 언급하는 것만으로도 적대 관계 부족의 후손들 사이에서 새로운 격정을 불러일으키기에 충분했다. 개인적 삶에서는 모든 개인, 적어도 모든 가문이 자신들의 대의명분에 대한 심판자이며 실행자였다. 상처보다 모욕을 더 중시하는 명예에 대한 민감한 기질이 아랍인들의 싸움에 치명적인 독을 내뿜게 한다. 여성과 수염에 관한 사항은 가장 쉽게 명예에 상처를 주었다. 추잡한 행동이나 모욕적인 언사는 가해자의 피로써만 갚을 수 있었고, 끈질긴 인내심으로 몇 달, 몇 년을 기다려서라도 복수할 기회를 노렸다. 모든 시대의 야만인들은 살인에 대한 벌금 또는 보상에 익숙하지만, 아라비아에서는 속죄를 받아들일지 자기 손으로 보복이라는 법을 행사할지의 여부는 망자의 친족들에 달려 있었다. 아랍인들의 원한은 매우 치밀하여 살인자의 목도 거부하고 무고한 사람을 죄인으로 만들어, 자신들에게 상처를 준 민족의 가장 저명하고 최고 지위에 있는 사람에게 그 형벌을 돌렸다. 만일 그 사람이 자신들의 손에 쓰러지면 반대로 자신들이 보복의 위험에 처하게 되었고, 피로 얼룩진 원금과 이자는 점점 쌓여 갔다. 양쪽 가문의 구성원들은 악의와 의심에 찬 삶을 살았고, 그 복수의 이야기가 마지막으로 정리되는 데까지 50년이 걸리는 경우도 있었다.²⁸ 그러나 동정도 용서도 모르는 이 피비린내 나는 기질은 개인적인 대결에서는 적어도 나이와 힘, 수와 무기가 어느 정도 동등해야 한다는 명예에 대한 원칙으로 보완되었다.

마호메트 시대 이전에 아랍인들은 해마다 2개월 내지 4개월 동안의 축제 기간을 가졌는데 그 기간에 국외와 국내의 적대 관계에 대비해 자신들의

한 해 한 번씩의 휴전

²⁷ 또 다른 설명에 따르면 1200건이라고 한다. 아랍인들의 전쟁에 대해 쓴 두 명의 역사가는 9세기와 10세기에 살았다. 다헤스와 가브라의 그 유명한 전쟁은 두 마리 말이 원인이 되어 발발했고 40년간 계속되다가 이야깃거리로 끝났다.

²⁸ 살인에 대한 아랍인들의 복수에 관해서는 니부르가 설명하고 있다. 고대에 어떻게 더 가혹하게 했는지는 코란에서 그 흔적을 찾을 수 있을 것이다.

29 프로코피우스는 그 2개월을 하지(夏至) 무렵의 경건한 달로 본다. 아라비아인들은 연중 4개월, 즉 첫 번째, 일곱 번째, 열한 번째, 열두 번째 달을 축성했고, 아주 오랜 세월 동안 이 정전 기간이 깨진 것은 4~6번 정도밖에 되지 않는다고 주장했다.

30 2세기 아리아누스는 아랍인들의 방언이 갖는 부분적 또는 완전한 차이에 대해 언급한다. 포콕, 카시리(Casiri), 니부르는 이들의 언어와 문자에 대해 상세히 서술했다. 앵무새처럼 말을 반복하는 것이 싫어 여기서는 간단히 언급하고 지나간다.

31 볼테르(Voltaire)의 책 『자디그』는 아랍인들의 타고난 지혜를 증명한다. 그러나 다르비외 또는 로크(La Roque)는 베두인족이 자랑하는 우월성을 부정한다. 알리의 169문장은 아라비아식 위트의 적절하고 알맞은 예를 보여 준다.

칼을 경건하게 갈아 두었다. 이 일시적인 정전은 오히려 무정부 상태와 호전적 습성을 더욱 강하게 드러냈다.29

아랍인들의
사회적 자질과 미덕

그러나 약탈과 복수의 기운은 교역과 문학이라는 온화한 영향으로 조절되었다. 이 외딴 반도는 고대 세계에서 가장 개화된 민족들로 둘러싸여 있었고, 상인들은 사람들에게 도움을 주었는데 해마다 찾아오는 대상은 도시는 물론 사막의 천막에까지 지식과 관습의 씨앗을 뿌렸다. 혈통에 관계없이 아랍인들의 언어는 히브리어, 시리아어, 칼데아어와 그 근원을 같이 하고 있으며 독특한 말투로 각 부족의 독립성이 두드러지기는 했지만,30 각 부족들은 고유 방언 다음으로는 당연히 순수하고 명료한 메카의 말을 선호했다. 그리스는 물론 아라비아에서도 세련된 태도보다 완벽한 언어가 더 인정을 받았다. 아라비아어의 표현력은 풍부한 언어가 수록된 사전이 문맹인 사람들의 기억에만 의존하고 있던 시절에는 꿀은 80가지, 뱀은 200가지, 사자는 500가지, 칼은 1000가지 이름을 가질 정도로 다채로웠다. 호메리테족의 유적에는 고대의 신비한 글자가 새겨져 있었지만, 현재 알파벳의 기원이 되는 쿠파 문자는 유프라테스 강 기슭에서 고안된 것이며 마호메트의 출생 이후 메카에 정착한 한 이방인이 이를 가르쳤다. 아라비아인들의 타고난 달변에서 문법, 운율, 수사학 등의 기술은 찾아볼 수 없었지만, 그들의 통찰력은 날카로웠고 상상력은 화려했으며 기지는 강력하고 풍부하여,31 그들의 정교한 문장은 확실하고도 효과적으로 청중의 마음을 사로잡았다. 한 떠오르는 시인의 천재성과 공적에 그 자신과 혈연 부족은 환호 속에 축하를 받았다. 장엄한 연회가 준비되었고 여인들로 이루어진 합창대는 큰 북을 치고 혼례식과 같은 화려함을 선보이며 아들과 남편들 앞에서 부족의 기쁨을 노래했다. 이제 자신들의 권리를 옹호해 줄 전사가 나타났으며 사자가 목소리를 높여 자신들의 명성을 영원하게 만들리라는 것이었다. 서로 멀리 떨어져 적대적이었던 부족들도 함께 모여 연례 축제를 가졌는데 이는 초기 이슬람교도들의 열렬한 신앙 때문에 폐지되었다. 이러한 민족적 회합은 야만인들을 세련되게 하고 화합시켰을 것이다. 30일 동안 곡물과 포도주는 물론 웅변법과 시가(詩歌)가 교환되었다. 시인들의 경쟁은 치열하여 누구에게 상을 줄지 논쟁이 일었고 승자의 작품은 군주와 왕족들의 문서 보관소에 보관되었다. 금으로 된 활자로 새겨져 메카의 신전에 달려 있던 일곱 편의 독창적인 시는 현대 언어로도 읽을 수 있다.32 아라비아의 시인들은 당대의 역사가이자 도덕가였으므로 그들은 자신들의 동포들의 편견에 공감함으로써 그들의 미덕을 고취하고 완성했다. 관대함과 용맹의 확고한 결합은 그들 시의 주제로 자주 등장했고, 경멸한 만한 종족에 대해 날카로운 풍자를 할 때는 쓰디쓴 비난의 말로 남자들은 베풀 줄 모르고 여자들은 거절할 줄 모른다고 신랄하게 공격하곤 했다. 아라비아인들의 천막에는 아브라함이 몸소 실천하고 호메로스가 찬미한 환대가 여전히 존재했다. 사막에서는 공포의 대상인 흉포한 베두인족들은 명예와 관련된 일을 은밀히 털어놓고 자기들 천막으로 들어오는 낯선 이방인은 아무런 경계심이나 조사도 없이 받아들였다. 그들은 손님을 친절하고 정중하게 대접했으며 주인이 부자이든 가난하든 손님은 주인과 똑같은 대우를 받았고, 필요한 만큼 휴식을 취한 후에는 감사와 축복, 선물까지 받아 가지고 자기 갈 길을 갔다. 형제나 친구가 곤궁하면 그 마음과 도움의 손길은 더욱 커졌지만, 대중의 박수를 받을 만한 영웅적인 행동들은 우리의 분별력과

관대함의 실례들

32 포록과 카시리는 마호메트 이전의 아라비아 시인들에 대해 언급하고 있다. 카아바의 시 일곱 편은 존스(William Jones)가 영어로 발간했는데, 이 모호하고 오래된 원전보다 훨씬 흥미로운 그의 주석은 그가 영광스러운 임무를 받고 인도로 파견되는 바람에 소실되었다.

경험으로 측정할 수 있는 이상이었을 것이다. 메카 시민들 사이에서 누가 관대한 사람으로 상을 받을 만한가에 대한 논쟁이 일어났고, 그들은 가장 적합하다고 생각한 세 사람에게 연달아 청원을 해보았다. 압바스의 아들 압달라는 먼 길을 여행해 왔고, 다시 등자에 발을 얹었을 때 그는 도움을 요청하는 사람의 목소리를 들었다. "오 신의 사도가 되는 그 숙부의 아들이시여, 저는 곤경에 빠진 나그네입니다!" 그는 곧바로 낙타에서 내려서는 실제적 가치 때문인지 아니면 존경받는 동포에게 받은 선물이기 때문인지 알 수 없는 자신의 칼만 빼고 낙타와 호화로운 의복, 금화 4000닢이 든 지갑 등 모든 것을 이 순례자에게 주었다. 카이스의 종은 두 번째 탄원자에게 주인은 주무시는 중이라고 했지만 곧이어 이렇게 말하였다. "여기 금화 7000닢이 든 주머니(집안에 있는 것은 이게 다요.)가 있고, 이것은 낙타 한 마리와 노예 한 명을 얻을 수 있는 주문서요." 주인은 깨어나자마자 그의 충성스러운 집사를 칭찬했지만 자신의 잠을 방해하지 않으려다 베풀 수 있는 것을 아낀 셈이라며 부드럽게 나무랐다. 세 번째 영웅은 앞이 보이지 않는 아라바로 기도 시간에 두 노예의 어깨에 의지하고 있었다. "이런! 내 금고는 비었으니, 이 노예들을 팔아도 좋소. 거절해도 듣지 않겠소이다." 그는 이렇게 말하며 노예들을 밀어내고 지팡이로 벽을 더듬으며 가 버렸다. 아라비아의 미덕에 관한 완벽한 예는 하템의 성격에서 나타난다. 그는 용감하고 관대했으며 감동을 주는 시인이자 동시에 성공한 도적이었다. 그의 축하 연회에서는 낙타를 마흔 마리나 잡아 요리한 반면에, 적이 탄원하며 간청하면 포로와 전리품을 모두 돌려주었다. 자유로운 그의 동포들은 공정한 법을 경멸했고 동정심과 자비라는 순간적인 충동에 빠져 있었던 것이다.

아랍인의 종교[33]는 인도인과 마찬가지로 태양과 달, 항성 숭배, 즉 원시적이고 그럴듯한 형태의 미신으로 이루어져 있었다. 하늘에서 빛나는 발광체들은 확실한 신의 이미지를 보여주었고, 그 수와 거리는 철학자, 또 세속의 눈에도 무한한 우주에 대한 생각을 전달해 주었다. 부패하거나 쇠락하지 않을 것 같은 이 단단한 구체들은 영원이라는 특성을 두드러지게 나타냈다. 천체 운동의 규칙성은 이성 또는 본능의 원칙에 따른 것일지도 모른다고 생각되었다. 별들의 실제 또는 가상의 영향력은 지구와 지구상의 인간들이 별의 특별한 보살핌을 받는다는 헛된 믿음을 부추겼다. 바빌론에서는 천문학이라는 지식을 장려했지만 아랍의 학교는 깨끗한 창공, 아무것도 없는 평원 위에 세워져 있었다. 밤길을 걸을 때 그들은 별의 안내에 따라 길을 틀었고, 호기심 많고 열성적인 베두인족들에게는 별의 이름과 순서, 그 위치가 익숙했다. 그들은 경험을 바탕으로 달의 황도대를 스물여덟 개로 나누는 법을 배웠고, 고마운 비로 사막의 갈증을 해소시켜 주는 별자리를 축복하였다. 천체에 대한 생각을 눈에 보이는 범위 이상으로 확대시키지는 못했고, 영혼의 윤회와 육체의 부활을 지지하기 위해서는 약간의 형이상학적 힘이 필요했다. 이를테면 사람들은 낙타 한 마리를 다음 생에서도 주인을 모시도록 무덤에 남겨 두었고, 세상을 떠난 영혼을 부르는 기도는 망자들이 여전히 의식과 힘을 가지고 있음을 전제로 하는 것이다. 야만인들의 맹목적인 신화, 즉 그 지역의 신이나 별, 공기, 대지 등의 성별, 성질이나 종속 관계에 대해서는 개인적으로 알지도 못하고 관심도 없다. 각 부족, 각 가족, 개개의 전사가 스스로 기이한 숭배 의식과 대상을 만들어 내고 바꿨지만, 이 민족은 모든 시대에 걸쳐 메카의 언어뿐

고대의 우상 숭배

[33] 현재 고대 아랍인들의 우상 숭배에 대해 알 수 있는 모든 것은 포콕의 책에 나와 있다. 셀레는 그의 심오한 지식을 좀 더 명확하고 간결하게 해석했고, 아세만니는 이에 대해 귀중한 비평을 했다.

³⁴ 현재는 비단과 금으로 되어 있는 베일 또는 커튼은 이집트의 리넨일 뿐이었다.

³⁵ 카아바의 원(原)평면도는(살레는 세계사 등에서 독창성 없이 이를 베꼈다.) 터키식 초안이었는데, 릴랜드(Reland)는 이를 최고의 전거를 기반으로 정정하고 설명했다.

³⁶ 마호메트의 5대 조(祖)인 코사는 서기 440년 카아바를 약탈했을 것이다. 그러나 자나비와 아불페다는 이와는 다른 이야기를 하고 있다.

메카의 카아바 신전

만 아니라 종교에도 머리를 숙였다. 카아바 신전은 그리스도의 시대를 뛰어넘는 역사를 가지고 있다. 그리스 역사가인 디오도루스는 홍해 연안을 설명하면서 타무드족과 사바이아족이 거주하는 중간 지점에 한 유명한 사원이 있으며, 이것이 지닌 특별한 신성함에 모든 아라비아인들이 경배한다고 했다. 오늘날에도 해마다 터키 황제가 새로 갈아 주는 리넨 또는 실크로 만들어진 베일은 마호메트 시대보다 700년 전에 통치하던 호메리테족의 신심 깊은 왕이 처음 바친 것이다.³⁴ 야만인들이 예배를 들이는 데는 천막이나 동굴이면 충분했겠지만, 그 자리에 돌과 흙으로 빚은 건물이 세워졌다. 동방 군주들의 기교와 힘은 초기 양식의 단순성 속에 국한되었다.³⁵ 넓은 주랑 현관이 사각형의 카아바를 둘러싸고 있으며, 이 사각의 사원은 길이 24큐빗, 폭 23큐빗, 높이 27큐빗에 문 하나와 창문 하나를 통해 빛이 안으로 든다. 나무로 된 세 개의 기둥이 이중 지붕을 떠받치고 있으며 (지금은 금으로 된) 홈통이 빗물을 흘려보내고 젬젬 샘이 오염되지 않도록 돔으로 보호한다. 쿠라이시 부족은 사술(詐術)과 무력으로 카아바의 관리를 맡게 되었으며, 신관직은 4대 직계 자손의 승계를 거쳐 마호메트의 조부에게 이어졌다. 그래서 그의 출신 가문인 하심 가는 국민들에게 가장 존경받고 신성한 가문으로 비쳤다.³⁶ 메카 구역은 성소의 권리를 누렸고 해마다 마지막 달, 도시와 사원은 신의 집에 맹세와 공물을 바치는 순례자들의 행렬로 붐볐다. 지금도 충실한 이슬람교도들이 치르는 이와 같은 종교적 의식은 우상 숭배자들의 미신에 의해 창안되고 시행된 것이었다. 순례자들은 멀리서 옷을 벗어 던지고 빠른 걸음으로 카아바 주위를 일곱 번 맴돈 후 검은 돌에 입을 맞췄다. 그리고 부근에 있는 산을 일곱 번 올라 기도를 드리고 미나 계곡을 향해 일곱 번 돌을 던졌다. 이 순례 행사는 오늘날과 마찬가지로 당시에도 양과 낙타를 제물로 바치고 그 털과 발톱을 신성한 땅에 묻음으로써 끝났다. 각 부족은 카아바에서 자기 부족의 경배 대상을 찾거나 만나게 되었다. 사원은 사람, 독수리, 사자, 영양 등 360가지의 우상들로 장식이라기보다는 오염되었다. 그중에서 불경스러운 점(占)의 도구이자 상징인 화살촉도 깃털도 없는 일곱 개의 화살을 손에 들고 있는 붉은색 마노로 만들어진 헤발 조각상이 가장 눈에 띄었다. 그러나 이 조각상은 시리아 예술의 유물이었고, 미개 시대의 신앙심은 기둥 하나나 돌판 하나만으로도 충분했다. 사람들은 우상 숭배적 기원이라는 불명예를 안고 있는 메카의 검은 돌[37]을 모방하여 사막의 암석들을 캐어 신 또는 제단 앞에 두었다. 제물의 사용은 일본에서 페루에 걸쳐 광범위한 지역에서 보편적으로 만연했고, 숭배자들은 자신들이 가진 것 가운데 가장 소중하고 귀한 것을 신의 영광을 위해 파괴하거나 없애 버림으로써 감사나 두려움을 표현했다. 공공의 재난을 피하기 위해 가장 귀중한 제물은 인간의 목숨[38]이다. 페니키아와 이집트, 로마와 카르타고의 제단은 인간의 유혈로 더럽혀졌다. 이 잔인한 관습은 아랍인들 사이에서도 오랫동안 지속되었다. 3세기에 두마티아족은 해마다 남자 아이 한 명을 제물로 바쳤고, 유스티니아누스 황제의 동맹자였던 사라센 군주는 종교를 빙자해 왕족 포로를 살육했다.[39] 아들을 제단으로 끌고 가는 아버지의 모습은 광신적 행위의 가장 고통스럽고 숭고한 노력을 보여 주는 것이다. 이러한 행위나 의사는 성인과 영웅들의 모범으로 신성하게 여겨졌고, 마호메트의 아버지 또한 자신이 한 성급한 맹세 때문에 제물로 바쳐졌다가 낙타 백

희생 제의와 의식

[37] 2세기 티르의 막시무스는 아랍인들이 돌을 숭배하는 경향이 있다고 묘사했다. 이러한 불명예는 그리스도교인들에게도 왕성하게 반영되고 있다. 그러나 이 돌들은 고대의 성(聖)과 속(俗) 모두에서 잘 알려진 시리아와 그리스의 '신성한 돌(βαίτυλα)'에 불과했다.

[38] 인신 공희와 소년 공희라는 두 가지 끔찍한 주제에 대해서는 박학다식한 마샴이 정확하게 설명한다. 산코니아토는 크로노스의 예에서 페니키아의 제물 이야기를 끌어내고 있지만 크로노스가 아브라함 이전에 살았는지 이후에 살았는지, 그리고 그가 실존했는지는 알 수 없다.

[39] 프로코피우스, 에바그리우스, 포콕은 6세기의 아랍인들에게 인신 공양이 있었다고 증언한다. 압달라의 위기와 탈출에 관한 이야기는 사실보다는 전설에 가깝다.

마리를 주고 겨우 풀려났다. 미개 시대, 아랍인은 유대인이나 이집트인과 마찬가지로 돼지고기를 먹지 않았고[40] 사춘기에 들어선 아이들은 할례를 받도록 했다.[41] 이러한 관습들은 코란에서 비판되거나 별다른 지적 없이 후손들과 개종자들에게 전해져 왔다. 이것은 교묘한 입법자가 자기 동포들의 완고한 편견을 만족시키기 위함이었다는 추측이 맞을 것이다. 메카의 기후에 맞는 관습이 도나우나 볼가 강 유역에서는 쓸모없거나 불편할 수도 있다는 생각을 하지 못한 채 마호메트가 젊은 시절의 습관과 견해를 고수했다고 믿는 편이 훨씬 단순할 것이다.

사비교도들의 이입

아라비아는 자유의 땅이었다. 인근 왕국들은 정복과 폭정의 소용돌이에 휘말렸고, 박해받는 종파들은 자신의 생각을 그대로 말할 수 있고 말한 것을 실천할 수 있는 행복한 땅을 향해 도망쳤다. 사비교와 마기교, 유대교와 그리스도교는 페르시아 만에서 홍해까지 전파되었다. 사비교는 먼 옛날에 칼데아인들의 과학[42]과 아시리아인들의 무력으로 아시아에 보급되었다. 바빌론의 신관들과 천문학자들은[43] 2000년 동안의 관측을 통해 자연과 신의 영원한 법칙을 추론해 냈다. 그들은 일곱 행성의 궤도를 안내하면서 그 저항할 수 없는 영향력을 지구에 미치는 일곱 신 또는 천사를 경배했다. 이 일곱 행성의 속성은 12궁도와 남북 반구의 24개 별자리와 함께 성상과 부적으로 표현되었고, 일주일의 일곱 개 요일은 각각의 신에게 봉헌되었다. 사비교도들은 하루 세 번 기도했고 하란에 있는 달의 신전이 그들 순례의 종점이었다.[44] 그러나 유연한 정신을 지닌 그들의 신앙은 항상 가르침을 받아들이거나 베풀 준비가 되어 있었다. 그들은 창조, 홍수, 야곱의 열두 아들에 대한 전설에서

[40] 솔리누스는 플리니우스를 그대로 따라 돼지는 아라비아에 살 수 없다는 이상한 가정을 한다. 이집트인들은 이 불결한 짐승에 대한 타고난, 미신적 두려움에 영향을 받았다. 옛 아랍인들 역시 성교 후 목욕재계 의식을 실천했는데 이는 마호메트의 법에서도 정당화되었다.

[41] 마호메트 시절의 의사들은 이 주제를 좋아하지 않았으나 할례는 구원에 필요한 것이라고 보았다. 심지어 마호메트는 기적적으로 포피 없이 태어났다고 주장하기도 했다.

[42] 시쿨루스는 이들의 종교에 대해 호기심 많지만 피상적인 그리스인적 시선을 보냈다. 그보다는 그들의 천문학이 훨씬 가치가 있을 것인데, 그들은 태양이 행성에 속하는지 항성에 속하는지 의문을 가질 수 있었기에 이성의 망원경 너머까지 볼 수 있었다.

[43] 심플리키우스는 (포르피리우스를 인용하며) 이것이 자신의 학설과 반하기 때문에 그 사실을 의심한다. 칼데아 사람의 관측이 맨 처음 이루어진 시기는 기원전 2234년이다. 이러한 관측 결과들은 알렉산드로스 대왕이 바빌론을 정복한 이후 아리스토텔레스의 요청으로 천문학자 히파르쿠스에게 전달되었다. 과학의 연대기 중 얼마나 대단한 순간인가!

는 유대인 포로에 대한 이야기와 묘하게 일치를 이루었고, 아담과 세스, 에녹의 비밀 경전을 숭배했기 때문에 바소라 지역에서는 복음이 조금 전파되자마자 다신교도 잔존 세력들이 성 요하네스의 그리스도교도로 변모했다.[45]

바빌론의 제단은 마기교도들이 파괴했지만, 정작 사비교도들의 상처를 복수해 준 것은 알렉산드로스 대왕의 검이었다. 페르시아는 500년 이상 외세의 지배 아래서 신음했고, 가장 고결한 조로아스터교 사도도 우상 숭배의 풍조를 피해 적들과 함께 사막으로 나와 자유로운 공기를 들이마셨다.[46] 마호메트가 사망하기 700년 전 유대인들은 아라비아에 정착했고, 그보다 훨씬 많은 유대인이 티투스와 하드리아누스의 전쟁에서 성지로부터 추방되었다. 이 근면한 망명자들은 자유와 힘을 갈망했다. 그들은 도시에 회당을 세우고 황무지에 성(城)을 지었으며, 그들의 이방인 개종자들은 할례라는 공통점을 가진 이스라엘의 자손들과 혼동되었다. 그리스도교의 선교 활동은 여전히 더 적극적이고 성공적이었고 가톨릭교도들은 자신들의 보편적인 지배를 주장했다. 그들이 억압한 분파들이 연달아 로마 제국의 국경 너머로 물러났고, 마르키온파와 마니교도들은 기이한 주장과 거짓된 복음을 전파했다. 예멘의 교회, 히라와 가산의 군주들은 야고보파와 네스토리우스파의 주교들에게 좀 더 순수한 교리를 배웠다.[47] 각 부족은 선택의 자유가 있었고 아랍인들 개개인도 종교를 선택하거나 만들어 낼 자유가 있었다. 그 바람에 각 가정의 미개한 미신은 성인과 철학자의 숭고한 신학과 섞여 버렸다. 신앙의 기본적 조항이 학식 있는 이방인들의 동의를 얻어

마기교도

유대인들

그리스도교도

[44] 포콕, 호팅거(Hottinger), 하이드(Hyde), 데르벨로, 살레는 우리의 호기심을 해소시켜 주는 것이 아니라 오히려 더 자극한다. 특히 살레는 사비교를 아랍의 원시 종교와 혼동하고 있다.

[45] 당빌은 이 애배모호한 그리스도교도들의 위상을 고정시킨다. 아세만누스는 그들의 교의를 설명할 수 있을 것이다. 그러나 자신들의 비밀스러운 전통을 드러내기를 두려워하고 수치스러워하는 자들의 교의를 확인하는 것은 힘든 일이다.

[46] 마기교도들은 바레인 지역에 정착했고 구 아랍인들과 함께 섞였다.

[47] 포콕은 사레스타니(Sharestani) 등의 말을 빌려 유대교도와 그리스도교도의 상황에 대해 설명한다.

[48] 봉헌물을 바침에 있어 우상에게 이익을 얻어 내고자 신을 속이는 것이 원칙이었는데, 이는 우상이 더 강력해서가 아니라 화를 더 잘 내기 때문이었다.

[49] 유대교의 것이든 그리스도교의 것이든 현존하는 판본은 코란보다는 더 이후의 것인 듯하다. 그러나 그 이전의 번역본이 있었다는 사실을 추론할 수 있는 것은 (1) 회당에서 계속해서 히브리어로 읽고 이 나라의 조잡한 언어로 의역하는 관례가 있었고, (2) 성서가 모든 야만인의 언어로 번역되었다고 주장한 5세기의 교부들이 특별히 인용하는 아르메니아, 페르시아, 에티오피아 판본이 있기 때문이다.

[50] 그러나 비잔티움의 최고의 고대 작가이고 가계에 대해 많은 거짓을 만들어 낸 테오파네스는 마호메트가 이스마엘의 일족이었다고 고백한다.

[51] 아불페다와 가니에(Gagnier)는 항간에 널리 인정받고 있는 예언자의 혈통에 대해 묘사하고 있다. 메카에서라면 그 진정성에 대해 반박하지 않겠지만 로잔에서라면 (1) 이스마엘부터 마호메트까지 2500년의 기간은 75세대가 아니라 30세대일 것이며, (2) 오늘날의 베두인족은 자신들의 역사에 대해 무지하며 혈통에 대해서도 관심이 없다고 감히 주장할 것이다.

주입되었다. 하늘과 땅의 힘을 넘어서면서도 천사와 예언자의 봉사를 통해 인류 앞에 종종 자신을 드러내고, 그 은혜 또는 정의가 적절한 기적으로 자연의 순리를 막기도 하는 유일신의 존재가 말이다. 아무리 이성적인 아랍인들도 경배는 소홀히 할지언정[48] 그의 힘은 인정했는데, 이처럼 이들이 우상 숭배의 잔재에 집착하는 것은 확신보다는 습관 때문이었다. 성경에 나오는 민족은 유대교도들과 그리스도교도들이었고, 성경은 이미 아라비아어로 번역되어 있었는 바[49] 구약 성서는 이 화해할 수 없는 적들이 같은 마음으로 받아들인 경전이었다. 아랍인들은 히브리 조상에 대한 이야기 가운데 자기 민족의 조상들을 발견하고 기뻐했다. 이스마엘의 탄생과 약속에 박수갈채를 보냈고 아브라함의 신앙과 미덕을 존경했다. 그의 가계와 자신들의 가계를 최초의 인간 창조로까지 추적하였고, 성전에 나오는 예언과 유대인 랍비들의 꿈과 전통을 믿고 받아들였다.

서기 569~609년, 마호메트의 출생과 교육

마호메트의 출신 성분이 비천한 하류 계급이라는 설은 그리스도교도들이 퍼뜨린 중상모략인데,[50] 이것은 적의 장점을 깎아내리는 것이 아니라 오히려 위상을 더 높여 주는 셈이었다. 그가 이스마엘의 후손이라는 것은 민족적 특권 혹은 신화일 수 있지만 아무리 혈통의 시초[51]가 모호하고 의심스러웠다 해도, 여러 세대에 걸쳐 순수하고 정통성 있는 고귀한 혈통으로 만들어질 수 있었을 것이다. 마호메트는 아랍인들 중 가장 걸출한, 메카의 군주이자 조상 대대로 카아바 신전을 관리해 온, 쿠라이시족 하심 가문 출신이었다. 조부는 압둘 무탈리브로 교역을 통해 물품을 조달하여 기근의 고통을 덜어 주던 부유하고 인심이 후한 시민인 하심의 아들이었다. 메카는 아버지의 관대함으로 굶주림을 면했고 그 아들의 용기로 구원받은 것이다. 예멘 왕국은 아비시니아의 그리스도교도 군주들에게 속해 있었다. 그들의 봉신 아브라하는 어떤 모욕을 받고 십자가의 명예를 위해 복수하려고 신성한 이 도시에 코끼리와 아프리카인 군대를 투입했다. 휴전이 제안되었고 최초의 접견에서 마호메트의 조부는 가축의 반환을 요구했다. 아브라하가 물었다. "어째서 내가 파괴하겠다고 하는 신전에 자비를 베풀라고 애원하지 않는가?" 대담한 족장은 답했다. "가축은 제 소유이지만 카아바는 신들의 소유이므로, 신들께서 위해와 신성 모독에서 보호해 주실 것이기 때문입니다." 보급품이 부족해서인지 아니면 쿠라이시족의 용맹함 때문인지 아비시니아인들은 치욕적으로 후퇴할 수밖에 없었다. 그들의 패주를 이 이교도들의 머리 위로 돌을 퍼붓는 새 떼가 신비하게 장식했고, 이러한 구원은 코끼리의 해라는 이름으로 오랫동안 기념되었다.[52] 압

메카의 구출

둘 무탈리브는 가정의 행복을 누려 110살까지 살았고 딸 여섯에 아들 열셋을 두었다. 그가 가장 사랑한 압달라는 아라비아 청년들 가운데 가장 아름답고 겸손했기 때문에, 그가 자히르족의 귀족 출신 아미나와 결혼한 그날 밤 200명의 처녀들이 질투와 절망으로 숨을 거뒀다고 전해진다. 마호메트, 정식으로 부르자면 무함마드는 압달라와 아미나의 외아들로 유스티니아누스 황제가 죽은 지 4년 뒤, 그리고 승리했더라면 카아바 신전에 그리스도교가 들어왔을 아비시니아인들의 공격이 무위로 끝나고 패주한 지 두 달 후 메카에서 태어났다. 그는 아주 어렸을 때 아버지와 어머니, 할아버지를 잃었다. 그에게는 유력한 숙부가 많았기 때문에 유산으로 받은 것이라고는 낙타 다섯 마리와 에티오피아 출신 하녀뿐이었다. 숙부들 중에서 가장 존경할 만한 아부 탈리브는 국내외에서나, 평화 시에나 전시에나

[52] 이러한 역사적 사실 또는 신화의 근원은 코란 105장에 담겨 있다. 가니에는 아불페다의 역사적 기록을 번역했는데 이는 데르벨로와 포콕의 글에서 예증된 것일지도 모른다. 프리도(Prideaux)는 이를 마호메트가 만들어낸 거짓말이라고 하지만, 절반은 이슬람교도인 살레는 프리도가 델포이의 아폴론의 기적은 믿었다며 신앙에 일관성이 없다고 공격한다. 마라치(Maracci)는 이 기적을 악마의 탓으로 돌리며, 이슬람교도들에게 신께서 그리스도교도들에게 반하여 카아바의 우상을 보호해 준 리가 없다는 고백을 강요했다.

젊은 시절의 마호메트를 이끌어 준 안내자요 보호자였다. 마호메트는 스물다섯 살에 메카의 부유한 귀족 미망인 하디자를 위해 일하게 되었고 그녀는 그의 충성심에 곧 결혼과 재산으로 보답했다. 단순한 옛 방식을 따른 혼인 계약서에는 마호메트와 하디자가 서로 사랑함을 밝히고, 그가 쿠라이시족 가운데 뛰어난 사람이며, 숙부의 관대함으로 금 12온스와 낙타 20마리의 결혼 지참금을 얻었다고 명시되어 있다. 이 결혼으로 압달라의 아들은 조상들의 옛 지위를 회복했고, 현명한 부인은 그가 40세에 예언자라는 이름을 가지고 코란의 종교를 선포할 때까지 그의 가정적 덕목에 만족했다.

예언자 마호메트의 자질

그의 동료들의 말에 따르면 마호메트는 축복받지 못한 자들 외에는 아무도 싫어할 리 없는 하늘이 내린 선물, 외모가 출중했다. 그는 입을 열기도 전에 공적, 사적인 청중의 애정을 자기편으로 끌어들였다. 청중들은 그의 당당한 체구와 위엄 있는 외모, 꿰뚫는 듯한 시선, 우아한 미소, 흘러내리는 턱수염, 영혼의 모든 감각을 생생하게 묘사하는 표정, 모든 언어적 표현에 힘을 싣는 듯한 몸짓에 박수를 보냈다. 그는 일상에서 필요한 익숙한 직무에서는 꼼꼼하고 격식 있는 자기 나라의 예의를 잘 지켰는데, 부유한 권력층에 대한 공손한 배려는 메카의 빈민층에 대한 겸손과 친절함으로 한층 위엄 있게 보였고, 행동거지는 솔직하면서도 자신이 마음속에 의도하고 있는 술책을 드러내지 않았으며, 예의 바른 행동은 개인적인 우정 내지 보편적인 자비심의 표출로 여겨졌다. 그는 기억력이 좋고 상상력이 뛰어났으며 판단력이 명확하고 빠르고 단호했다. 또 생각과 행동 모두에서 용기가 있었다. 그의 계획이 성공을 거두며 점차 확대되었다고 해도 그가 자신의 신성한 임무에 대해 가진 최초의 생각은 독창적이고 뛰어난 천재성을 가진 것이었다. 압달라의 아들은 가장 고매한 종족의 품에서 가장 순수한 아라비아 언어로 교육을 받았고, 그의 유창한 언변은 신중하고 적절한 침묵을 활용하여 교정되고 향상되었다. 이처럼 웅변의 능력은 있었지만 마호메트는 문맹인 야만인이었다. 그는 청년 시절 읽고 쓰는 법을 전혀 배운 적이 없었는데[53] 당시에는 이러한 무지가 일반적이었기에 부끄러워하거나 비난받을 일은 아니었지만, 이로써 그는 좁은 영역 안에 갇혀 현자와 영웅들의 마음을 우리들의 마음에 비춰 볼 수 있는 충실한 거울의 은혜를 모르고 자라난 셈이다. 그러나 자연과 인간이라는 책을 접할 수 있었고, 그 덕분에 이 아라비아 여행자[54]가 남긴 정치적, 철학적 기록에는 어느 정도의 상상력이 사용되었다. 그는 지구상의 민족과 종교를 비교하여 페르시아와 로마 제국의 약점을 파악하고, 그 시대의 타락을 측은하고 분개한 마음으로 바라보면서 하나의 신과 하나의 왕 아래 아랍인들의 불굴의 정신과 원초적 미덕을 통합하겠다고 결심했다. 좀 더 정확하게 살펴보면 마호메트는 두 차례에 걸친 시리아 여행에서 동방의 궁정과 군영, 신전을 찾은 것이 아니라 보스트라와 다마스쿠스의 장터를 다녀오는 데 지나지 않았다는 것, 그가 숙부의 대상을 따라갔을 때 불과 열세 살이었다는 것, 그리고 일 때문에 하디자의 물품을 처분하자마자 바로 귀국해야 했음을 알 수 있을 것이다. 서둘러 돌아온 무의미한 여정에서 천재의 눈은 무지한 동료들이 보지 못하는 것을 구별해 내고 모종의 지식의 씨앗이 비옥한 영혼에 파종되었을 수도 있겠으나, 시리아 말을 몰랐기 때문에 그의 호기심은 제한받았을 것이다. 마호메트에 대한 전기나 저작을 보면 그의 시야가 아라비아 세계의 범위를 멀리 벗어나지는 않은 것 같다. 그 고립된 세계의 각지에서 해마다 순례자들

[53] 마호메트가 읽고 쓸 줄 알았다고 하는 사람들은 수라트어로 쓰여진 것 또는 『코란』 7장, 29장, 96장을 읽지 못하는 사람들이다. 아불페다, 가니에, 포콕, 릴랜드, 살레 등은 원전과 순나의 전통을 의심할 여지없이 인정하고 있다. 그가 문맹이었음을 부정하는 것은 예언자의 사기 행위를 비난하려는 화이트(Mr. White)뿐이다. 교역을 위해 시리아의 장터에 두 차례 잠시 다녀온 것으로는 메카의 시민들에게 그렇게 희귀한 지식 체계를 전파하는 데 충분하지 않다는 그의 주장은 전혀 만족스럽지 않다.

[54] 불랭빌리에(Count de Boulainvilliers)는 이 아라비아의 구도자를 페넬롱의 텔레마쿠스 또는 램시의 키루스처럼 묘사하고 있다. 그의 페르시아 궁정 여성은 아마도 허구일 것이며, 또한 "그리스인들은 어쨌든 남자답다."라는 그의 외침도 어디서 나왔는지 알 수가 없다. 두 번의 시리아 여행에 대해서는 거의 모든 이슬람교도와 그리스도교도 저자들이 설명하고 있다.

이 신앙심과 교역을 위해 메카로 모여들었다. 여러 사람들이 자유롭게 모여든 상황에서 평범한 사람이라도 자신의 토착 언어로 각 부족의 정치적 상황이나 특성, 유대교도와 그리스도교도의 이론과 실제를 배울 수 있었을 것이다. 일부 솜씨 좋은 이방인들은 유혹을 받아, 아니면 강제로 환대를 받았을 것인데, 마호메트의 적들은 유대, 페르시아, 시리아의 수도승들이 코란의 집필을 비밀리에 도왔다고 비난했다.[55] 대화는 이해를 풍부하게 하지만 고독은 천재성을 길러 준다. 한 작품의 일관성은 그것이 한 예술가의 손에 의해 이루어졌음을 의미한다. 마호메트는 청년 시절부터 종교적 명상에 탐닉했고, 해마다 라마단 기간에 세상과 하디자의 품에서 벗어나 메카에서 3마일 떨어진 헤라의 동굴[56]에서 하늘에 속하는 것이 아니라 예언자 자신의 마음에 잠재하는 사술(詐術) 혹은 종교적 열광의 혼과 대화를 나눴다. 그가 '이슬람'이라는 이름으로 가족과 민족에게 설파한 이 신앙은 '신은 오로지 하나이며, 마호메트는 신의 사도'라는 영원한 진리, 필요에 의한 허구로 이루어져 있었다.

유일신

유대교 변증가들은 고대의 박식한 민족들이 다신교의 거짓에 속았던 반면 팔레스타인의 단순무지한 자기 조상들은 진정한 신을 알고 그를 경배했다고 자랑한다. 야훼의 도덕적 특성은 인간적 미덕의 기준과 쉽게 타협되지 않을 것이다. 그의 형이상학적 자질들에 대한 표현은 모호하지만, 모세 오경과 예언서 한 장 한 장이 그의 능력에 대한 증거이다. 그 이름의 단일성은 율법의 맨 첫 장에 새겨져 있으며, 그의 성역이 눈에 보이지 않는 것들의 가시적인 상(像)으로 더럽혀지는 일은 결코 없었다. 신전이 폐허가 된 후 히브리 망명자들의 신앙은 유대 교회의 영적 신앙심으로 정화, 고착, 계몽되었으며, 마호메

---

[55] 이방인들이라는 이름으로 메카의 이교도들을 비난 또는 의심했던 거짓말이나 추측을 한가하게 따라갈 시간은 없다. 프리도조차 거래는 은밀하게 이루어졌고 그것도 아라비아 한복판에서 이루어졌음에 틀림없다고 말했다.

[56] 아불페다는 헤라 산의 위치에 대해 언급한다. 그러나 마호메트는 에게리아의 동굴이나, 미노스가 제우스 등과 대화를 나눈 이다이아 산의 동굴에 대해 읽은 바가 없다.

트의 권력도 메카나 메디나의 유대교도들이 에즈라를 신의 아들로 숭배했다는 그의 끝없는 비난을 정당화하지는 못한다.⁵⁷ 그러나 이스라엘의 자손들은 더 이상 하나의 민족이 아니었고, 적어도 예언자의 눈에는 세계의 종교가 최고신에게 아들, 딸, 배우자들을 주는 죄를 짓는 것으로 보였다. 아랍인들의 조잡한 우상 숭배의 경우 죄는 명확하고 대담해 보였다. 사비교도들의 천계의 위계질서에서 최초의 행성 또는 지성적 존재가 갖는 걸출함은 별로 좋은 구실이 되지 못하며, 마기교도 체계에서는 두 가지 원리의 충돌이 승리자의 불완전함을 드러낸다. 7세기의 그리스도교도들은 서서히 이교도와 별반 다를 바 없는 모습으로 타락해 갔으며, 그들의 공적, 사적 서원은 동방의 신전을 욕보인 우상과 유물에게 행해졌고 전지전능한 신의 왕좌는 민간의 존경을 받는 순교자와 성인, 천사로 들끓었다. 아라비아의 비옥한 영토에서 번성한 콜리리디아 이단들은 동정녀 마리아에게 여신이라는 이름과 영예를 수여했다.⁵⁸ 삼위일체와 성육신의 신비는 신은 오직 한 분이라는 원칙에 위배되는 것처럼 보인다. 이는 명백히 세 개의 동등한 신성을 도입함으로써 인간 예수를 신의 아들이라는 실체로 전환시키는 것이다.⁵⁹ 정통파의 주석은 신앙심이 있는 사람들만을 만족시킬 뿐이며, 동방의 각 종파들은 과도한 호기심과 광신 때문에 성소의 베일을 찢었고, 자신들을 제외한 모든 다른 종파는 우상 숭배와 다신교라는 꾸짖음을 들어 마땅하다고 앞다투어 증언했다. 마호메트의 교리는 의심이나 모호함과는 거리가 멀었고 코란은 신의 유일성에 대한 영광스러운 증언이었다. 메카의 예언자는 솟아오르는 것은 모두 가라앉고 태어나는 것은 모두 죽으며 썩는 것은 소멸한다는 합리적인 원리에서 우상과 사람, 별과 행성의 숭배를 거부하였다.⁶⁰ 그의 합리주의적 열정은 우주의 창조주

⁵⁷ 살레가 인용하고 있는 알 베이다위 등의 주해자들은 이러한 비난을 감수한다. 그러나 이것이 탈무드 신봉자들의 모호 또는 부조리한 구전에 의해 채색되어 있다고는 생각하지 않는다.

⁵⁸ 콜리리디아 이단은 여인들이 트라키아에서 아라비아로 들어온 것이며, 그 이름은 여신에게 바치던 '거친 빵(κολλυρίς)'이라는 단어에서 따온 것이다.

⁵⁹ 코란의 세 신은 가톨릭의 신비적 교의를 명백하게 가리키고 있다. 그러나 아랍의 주해가들은 이를 하느님 아버지와 그 아들, 성모 마리아로 이해했다. 이는 니케아 공의회에서 일부 야만인들이 주장한 이단의 삼위일체이다. 그러나 보소브르(Beausobre)는 마리아의 존재를 서슴없이 부정하면서 그러한 실수는 성령을 뜻하는 단어 'Rouah'가 일부 동방 언어에서 여성형으로, 나사렛파의 복음에서 은유적으로 그리스도의 어머니로 표현되었기 때문에 생긴 것이라고 한다.

⁶⁰ 이러한 일련의 사고는 칼데아에서 최초의 우상 숭배 도입에 반대했던 아브라함의 성격에 철학적으로 잘 드러나고 있다.

안에서 형체나 자리도 없고 자손도 없으며, 우리의 가장 비밀스러운 생각에 존재하고, 본질적 필요에 의해서 존재하며 자기 자신으로부터 모든 도덕적 지적 완성을 이끌어 내는 무한하고 영원한 존재를 증언하고 경배했다. 그의 사도들은 이렇게 예언자의 언어로 공표된 숭고한 진리들을 확고하게 유지했고, 코란의 해석자들은 형이상학적인 정밀성을 부여했다. 철학적 무신론자라면 우리 인간의 지적 능력으로는 지나치게 숭고하다 싶은 마호메트교도들의 일반적 교리에 동의해 주었을지도 모른다.61 이 미지의 실체에서 모든 시간과 공간, 움직임과 물질, 감각과 상념을 제거하면 어떤 상상의 대상이 남을 것인가? 이성과 계시의 제1원리는 마호메트의 목소리로 확인되었다. 인도에서 모로코에 이르는 그의 신자들은 '유일교도'라는 이름으로 구분되었으며, 성상을 금지해 우상 숭배의 위험을 막았다. 이슬람교도들은 영원한 율령과 절대적 예정에 관한 교리를 엄격하게 받아들였고, 그들 모두는 신의 예지와 인간의 자유와 책임을 어떻게 조화시킬 것인지, 무한한 힘과 무한한 선의 지배 아래에서 악이 허용된다는 사실을 어떻게 설명할 것인지를 두고 고군분투했다.

> 61 포콕, 오클리(Ockley), 릴랜드, 샤르댕(Chardin)의 번역본이 가장 정통적인 교리를 담고 있다. 마라치는 신이 자신의 형상을 본떠 인간을 만들었다는 이유로 어리석게도 신에게 형상이 없다는 위대한 진리를 비판했다.

신의 사도이자 마지막 예언자인 마호메트

자연에 계신 신은 모든 피조물에 자신의 존재를, 인간의 마음 속에 자신의 법을 새겨 놓았다. 어느 시대의 예언자든 그 존재에 대한 지식과 그 법칙의 실천을 부활시키는 것을 목표로 삼거나 적어도 그런 척했다. 마호메트는 너그러워서 그가 자기 자신에게 요구한 것과 같은 공적을 그의 선임자들에게도 허용하였고, 이로써 아담의 타락에서 코란의 공포(公布)로까지 일련의 영감이 이어져 내려왔다. 이 시기에 미덕과 은총의 정도에 따라 구별되는 12만 4000명의 선택받은 사람들에게 어느 정도 예언의 빛이 전수되었다. 고향으로 돌아가 사람들을 우상 숭배와 악덕에서 구하라는 특별한 사명을 받은 313명의 사도들이 파견되었고, 성령에 따라 104권의 책이 구술되었으며, 출중하게 영민한 입법가 여섯 명은 불변인 한 종교에서 나온 다양한 정의의 계시를 인류에게 여섯 번 연속해서 알렸다. 아담과 노아, 아브라함, 모세, 그리스도, 마호메트의 권위와 위상은 순서대로 분류되었고, 이 예언자들 중 한 명이라도 거부하는 자는 이교도로 간주되었다. 이스라엘 민족 조상의 저작은 그리스어, 시리아어로 된 외경 사본으로만 남아 있다.[62] 아담의 행동은 자손들의 감사나 존경을 얻지 못했고, 회당의 열등하고 불완전한 개종자들은 노아의 일곱 계율을 지켰으며,[63] 사비교도들은 아브라함의 고향 칼데아에서 어렴풋이 그의 기억을 받들었다. 수많은 예언자 중 모세와 그리스도만이 살아서 계속 군림했고, 영감을 받아 쓴 글들이 모여 구약 성서와 신약 성서를 이루었다. 모세의 기적에 관한 이야기는 코란에서도 신성시하고 미화하고 있으며,[04] 포로가 된 유대인들은 자신들이 비웃는 교리를 믿는 민족들에게 유대 신앙을 강요하는 것을 은밀한 복수로 여기며 즐겼다. 이슬람교도들은 그리스도교의 창시자에 대해 불가사의한, 높은 경외심을 가지도록 예언자의 가르침을 받았다.

모세

마리아의 아들 예수 그리스도는 진실로 신의 사도이며, 그가 마리아에게 전한 말씀과 그에게서 나오는 성령은 이 세상과 앞으로 올 세상에서 존귀한 것이다. 그는 신에게 가까이 다가갔던 이들 중의 하나이다.

예수

[62] 시도 유디의 인용으로 『에녹서』는 어느 정도 축성을 받았다고 할 수 있으며, 신켈루스와 스칼리게르는 믿기 어려운 원전의 일부가 남아 있다고 주장했다.

[63] 마심은 노아의 일곱 계율을 설명하면서 셀든(Selden)의 지식과 믿음을 그대로 받아들인다.

[04] 데르벨로의 증시에서는 아담, 노아, 아브라함, 모세 등에 대한 글에 이슬람교도의 상상력 풍부한 전설들이 가미되어 있다. 이슬람교도들은 성서와 탈무드를 기반으로 이러한 전설을 만들어 냈다.

65 코란은 이에 대해 모호하게 암시하고 있지만 수니파 교도들은 좀 더 명확하게 설명한다. 12세기에 성 베르나르두스는 처녀 잉태를 염치없이 지어낸 이야기라고 비난했다.

66 가현설(假現說)에나 맞을 법한 표현이지만 주석학자들은 예수와 닮은 다른 사람, 친구나 적대자가 대신 십자가에 매달렸다고 믿는다. 이는 성 바르나바스의 복음에서 읽을 수 있는, 이레나이우스 시대부터 에비온파 이단이 퍼뜨린 일화였다.

67 이러한 비난은 코란에서도 은근히 장려하고 있으나, 마호메트도 그 추종자들도 자신들의 의심을 구체적으로 만들 정도로 언어나 비판 능력이 뛰어나지 않았다. 그러나 아리우스파, 네스토리우스파 교도들은 이야기를 어느 정도 엮을 수 있었고, 글을 몰랐던 예언자 마호메트가 마니교도들의 과감한 주장에 귀 기울였을 가능성이 있다.

68 이슬람교도들의 거짓 또는 무지 때문에 왜곡된 구약과 신약의 예언 가운데 그들은 '위안자'가 나타나리라는 약속을 예언자에게 적용한다. 이 약속은 이미 몬타누스주의자나 마니교도들이 빼앗아 쓴 것이었다. 또 '저명한(περικλυτός)'을 '중재자(παράκλητος)'로 간단히 바꾸면 모하메드(Mohammed)라는 어원을 추적할 수 있다.

진짜와 가짜 복음의 기적이 그의 머리 위에 수없이 쌓였고, 라틴 교회도 처녀 잉태를 코란에서 빌려 오는 데 주저하지 않았다.[65] 그러나 예수는 단지 인간에 불과했고, 최후의 심판의 날 그의 증언은 예언자 예수를 거부한 유대인들이나 그를 신의 아들로 추앙한 그리스도교도나 모두 유죄 판결을 받게 할 것이다. 적들은 악의적으로 예수의 평판을 나쁘게 만들었고 그의 목숨을 해치려는 음모를 꾸몄다. 그러나 죄가 있는 것은 그들의 의도뿐이었으니, 환영 또는 다른 범죄자가 대신 십자가에 매달리고 이 무죄한 성자는 일곱 번째 천국으로 승천했다.[66] 600년 동안 복음은 진리와 구원에 이르는 길이었지만, 그리스도교도들은 창시자가 세운 율법과 모범을 서서히 잊어 버렸고, 마호메트는 그노시스파의 가르침에 따라 유대교도와 그리스도교도가 성스러운 책의 무결성을 파괴하고 있다고 비난했다.[67] 신앙심 깊은 모세와 그리스도는 장차 자신들보다 더 걸출한 예언자가 나타날 것을 확신하며 기뻐했고, 복음에서 약속한 성령은 신의 가장 위대한 마지막 사도인 마호메트라는 이름으로 예견되었고 실제로 나타났다.[68]

코란

사상을 전파하려면 사고와 언어가 같아야 한다. 농부의 귀에 철학자의 강연은 그저 공허한 소리로 울릴 뿐이다. 그러나 유한과 무한의 접촉, 즉 인간의 말 또는 글로 표현된 신의 말씀과 비교하면 농부와 철학자 간의 이해력의 차이는 얼마나 하찮은 것이랴! 히브리 예언자, 그리스도의 사도와 복음 전도자들의 영감은 그들의 이성이나 기억과는 양립할 수 없었을 것이며, 그들의 다양한 천재성은 신약과 구약의 문체와 구성에 강하게 드러나 있다. 그러나 마호메트는 훨씬 겸손하면서도 숭고한 편집자로 남는 데에 만족했다. 마호메트나 그 사도들은 코란의 내용은 따로 창조된 것이 아니라 신의 본질 안에 영속적으로 존재하는 영원한 교의를 빛의 펜으로 서판에 새긴 것이라고 했다. 비단과 보석으로 양장한 이것의 종이 사본을 유대교의 섭리에서 가장 중요한 임무를 맡고 전령으로 온 가브리엘이 가장 아래쪽에 있는 천국으로 가져왔고, 이 충실한 사자가 아라비아의 예언자에게 각 장과 시구를 계속해서 계시하였다. 코란의 단편적인 이야기들은 신의 의지의 영속적이고 완전한 기준 대신 마호메트 자신의 재량으로 만들어졌다. 그래서 각각의 계시는 급변하는 그의 정책 또는 열정에 맞춰졌고, 성서의 어떤 구절이라도 그 다음에 이어진 어떤 구절에 의해서 폐기되거나 수정된다는 예외적 금언 덕에 모순은 모두 사라졌다. 그의 제자들은 신과 그 사도의 말씀을 종려나무 잎과 양의 어깨뼈에 기록했고, 마호메트의 여러 아내 가운데 한 명이 이 글들을 순서도 연관성도 무시한 채 궤에 넣어 보관했다. 마호메트가 죽고 나서 2년 뒤 그의 친구이자 계승자인 아부 바크르가 이 글들을 신성한 책으로 묶어 출간했고, 칼리프 오스만이 헤지라 30년에 이 판본을 수정했다. 코란의 다양한 판본들은 모두 불후의 원본이라는 기적과도 같은 특권을 주장하고 있다. 예언자는 열정 또는 허영에서 이 책의 가치에 자기 소명의 진실성을 두고 있으며, 과감하게도 인간과 천사들에게 어느 페이지의 아름다움을 닮으라고 하면서 오로지 신만이 이 비견할 수 없는 작품을 구술하실 수 있다고 단언한다. 이러한 주장은 마음이 신앙과 환희로 충만하고, 귀는 음악과 같은 소리에 황홀해지며, 무지하여 인간의 천재성이 만들어 낸 여러 작품을 이 책과 비교해 볼 수 없었던 독실한 아랍인들에게 아주 강렬하게 호소하는 힘이 있었다.[69] 번역문으로는 유럽의 이교도에게 그 문체의 조화나 풍부함이 가닿지 않을 것이며, 어떤 감정이나 사상

[69] 그러나 아랍인의 한 종파는 인간의 붓이 이에 필적하거나 이를 능가할 수 있다고 믿었다. 마라치는 가장 경탄할 만한 구절의 운율이 허식이라며 조롱한다.(이 역자에게 논쟁은 너무 어려운 것이다.)

도 자아내지 못하며 때로는 먼지 속을 기어가고 때로는 구름 속으로 사라지는 우화, 훈시, 장광설로 점철된 일관성 없는 서사시로 읽힐 것이다. 신의 속성들이 이 아랍 선교사의 상상력을 자극했을지언정, 그가 만든 가장 고결한 시도 먼 옛날, 같은 나라에서 같은 언어로 쓰여진 「욥기」의 장엄한 단순함 앞에서는 무릎을 꿇을 수밖에 없다. 코란의 구성이 인간의 능력을 넘어서는 것이라면 호메로스의 『일리아드』나 데모스테네스의 필리푸스 탄핵 연설은 도대체 어떤 우월한 지적인 존재가 있어 가능했단 말인가? 모든 종교에서는 창시자의 삶이 글로 기록된 계시의 빠진 부분을 대신한다. 마호메트의 언행은 아주 많은 진리의 가르침이었으며 미덕의 좋은 본보기였고, 그의 아내들과 동료들이 공적, 사적 기록을 보존했다. 200년 뒤 알 부카리가 노력을 기울인 덕분에 구전(口傳) 율법인 순나(Sonna)가 확정되고 축성을 받았다. 알 부카리는 보다 의심스러운 또는 거짓으로 보이는 산더미 같은 30만 건의 기록물 중에서 7275편의 참된 전승을 구별해 냈다. 이 경건한 작가는 날마다 메카 신전에서 기도했고 젬젬 샘의 물로 목욕재계했다. 그의 글은 차례차례 사도의 설교단과 묘지에 봉헌되었고 수니 정통파 네 곳의 승인을 받았다.

기적

모세와 예수 같은 옛 예언자의 사명은 수많은 불가사의한 일들로 확인되었고, 메카와 메디나 사람들은 마호메트에게도 이와 비슷한 신성한 소명의 증거를 보여 달라고 끊임없이 요구했다. 천사나 계시록을 하늘에서 불러 내리거나, 사막에 정원을 만들거나, 신앙 없는 도시에 대화재를 일으키라는 것이었다. 그는 쿠라이시족의 요구를 받을 때마다 불명료하게 계시와 예언을 뿜내고, 자기 교리의 내적 증거에 호소했으며, 신앙의 가치를 손상시키고 불신의 죄를 악화시킬 징표나 기적을 거부하시는 신의 섭리를 내세워 자신을 방어했다. 그러나 신중하게 또는 화를 내며 변명하는 그의 어조는 약점과 초조함을 드러냈고, 확실히 이러한 불명예스러운 구절들이 코란을 구성했다.[70] 마호메트의 신봉자들은 마호메트보다 그가 기적을 행하는 능력을 더 확신했으며, 이러한 확신과 가벼운 믿음이 그가 영적 위업을 이룬 시기와 장소로부터 멀어질수록 커져만 갔다. 그들은 나무가 스스로 움직여 예언자를 만나러 갔고, 돌들이 그에게 경배했으며, 그의 손가락에서 물이 솟았고, 그가 굶주린 자들의 배를 채우고 병자를 낫게 하고 죽은 자를 되살렸으며, 들보가 그에게 고통을 하소연했고, 낙타가 그에게 불평을 늘어놓았으며, 양의 어깨살이 자신에게 독이 들어 있다는 사실을 그에게 알렸고, 생물과 무생물 모두가 신의 사도에게 복종했다고 믿었다. 그의 한밤중의 여행에 관한 꿈은 실제라고, 물질적인 것이라고 설명했다. 보라크라는 신비한 동물이 그를 메카 사원에서 예루살렘 사원으로 옮겨 주자 그는 가브리엘과 함께 일곱 군데의 천국을 차례로 올라가 야곱의 열두 아들과 예언자, 천사들의 집에서 인사를 주고받았다. 일곱 번째 천국 너머로는 마호메트만이 올라갈 수 있었는데, 그는 유일(唯一)의 장막을 지나 두 화살 거리 정도 안에 있는 옥좌에 다가갔고, 신의 손이 어깨에 닿자 찬 기운이 심장을 뚫는 듯한 느낌을 받았다. 격의 없고 중요한 대화를 나눈 뒤에 그는 예루살렘으로 다시 내려와 보라크의 등에 올라타고 메카로 돌아왔는데, 수천 년이 걸릴 여정을 이날 밤 단 한 시각 동안 하고 왔다.[71] 또 다른 전승에 따르면 이 사도는 민족 집회에서 쿠라이시족의 악의에 찬 도전을 꺾었다고 한다. 저항할 수 없는 그의 말이 달을 산산이 쪼개 놓자 달은 복종하여 천공의 자리에서 내려와 카아바 신전

[70] 프리도는 마호메트가 사기꾼이라며 비난한다. 마라치는 좀 더 학구적인 방식으로 그가 기적을 부정하는 구절들은 명확하고 확실한데 반해 기적을 설명하는 구절들은 모호하고 불충분하다고 지적한다.

[71] 꿈속의 여행이 사실이 라 생각하고 싶었던 아불 페다는 이를 제시로 이 기려 하며, 프리도는 황당한 이야기를 더욱 황당하게 만들었다. 가니에는 열성적인 알 자비의 말을 인용하여 이 여행을 부정하는 것은 코란을 믿지 않는 것이라고 말한다. 그러나 코란은 천국이나 예루살렘 또는 메카를 언급하지 않고 그저 수수께끼 같은 암시 하나 남겼을 뿐이다.

72 아불파라기우스의 회의론은 포콕의 주석에서 가장 순수한 출전에 의해 정당화될 수 있다.

73 마라치, 릴랜드, 샤르댕이 이 계율과 순례, 기도, 금식, 자선, 세정식에 대한 가장 권위 있는 설명을 페르시아와 아랍 신학자들의 저작에서 발췌하였다. 귀금속상 샤르댕은 철학자의 눈을 가졌고, 현명한 학자 릴랜드는 위트레흐트까지 비밀스럽게 동방을 여행했다. 투른포는 열네 번째 편지에서 그가 본 투르크족의 종교에 대해 설명하고 있다.

주위를 일곱 바퀴 돌고, 아라비아 말로 마호메트에게 경의를 표한 뒤 갑자기 그 크기를 줄여 웃옷 섶으로 들어가더니 소매를 통해 뿜어져 나왔다. 세속의 사람들은 이러한 경이로운 이야기를 재미있어 했고, 아무리 엄숙한 이슬람교도 학자도 결국 주인의 소박함을 따라 믿음 또는 해석의 자유를 허용하고 있다.72 그들은 종교를 설파하면서 자연의 조화를 깰 필요는 없으며, 비밀이 없는 교의에는 기적이 없을 수도 있고, 마호메트의 검(劍)은 모세의 지팡이만큼 강력하다고 그럴듯한 주장을 펼칠 수도 있을 것이다.

마호메트의 계율 ─ 기도, 금식, 자선

다신교도들은 다양한 미신 때문에 억압받고 혼란을 겪었다. 모세 율법의 본질에는 이집트에서 비롯된 수많은 제의(祭儀)가 섞여 있었으며, 복음서의 정신은 교회의 허식 때문에 사라졌다. 메카의 예언자도 편견, 지모(智謀) 또는 애국심으로 아라비아인들의 의식과 카아바의 신성한 돌을 순례하는 관습을 축성하고자 했다. 그러나 마호메트 자신의 계율은 기도와 금식, 자선이 이슬람교도의 종교적 의무라는 좀 더 단순하고 합리적인 신앙심을 가르쳤다. 이슬람교도들에게 기도는 신에게 이르는 길의 절반은 가게 해 주고, 금식이 그를 신이 계시는 궁전의 문 앞에 데려다 주며, 자선은 그 문 안으로 들어가게 해 주는 열쇠라는 믿음을 가지게 한다.73 (1) 한밤중의 여행에 대한 구전에 따르면 사도 마호메트는 신과 개인적으로 대면하면서 그의 제자들에게 매일 기도 50회를 의무적으로 부과하라는 명령을 받았다고 한다. 모세의 충고에 따라 그는 이 견디기 힘든 부담을 줄여 달라고 기원하였고, 기도 횟수는 일을 하든 놀든 시간과 장소에 관계없이 점차 다섯 번으로 줄어들게 되었다. 충성스러운 신도들은 해 뜰 무렵, 정오, 오후, 저녁,

잠자기 전에 기도를 올린다. 지금은 종교적 열정이 사라졌지만, 여행자들은 투르크족과 페르시아인들의 겸손과 집중력을 보고 깨달음을 얻는다. 기도의 핵심은 청결함이었고 아랍인들이 손과 얼굴, 몸을 자주 씻던 습관은 코란에서도 엄숙히 명하고 있으며, 부족한 물 대신에 모래를 제공하는 것이 정식으로 허락되었다. 앉은 채로, 선 채로 또는 땅에 엎드린 채로 할 수 있었던 기도의 내용과 자세는 관습이나 권위로 결정되지만, 기도는 짧고 격렬한 외침으로 쏟아져 나오므로 지루한 의식 때문에 신앙의 열정이 식는 일은 없었으며, 이슬람교도 한 사람 한 사람이 사제와 같은 성격을 지닌다. 성상의 사용을 반대하는 유신론자들은 눈과 생각을 '케블라' 또는 눈에 보이는 지평선의 한 점으로 향하게 하여 상상력이 종잡을 수 없이 헤매지 않게 해야 한다는 사실을 깨달았다. 예언자는 처음에 예루살렘을 선택하여 유대인들을 만족시킬 생각이었으나 곧 자신이 본래 태어난 곳으로 돌아갔고, 아스트라칸, 페즈, 델리 사람들은 하루에 다섯 번씩 메카의 성스러운 신전을 향했다. 그러나 신에게 예배를 올리는 모든 장소는 한결같이 순수하며, 이슬람교도들은 방에서나 거리에서나 개의치 않고 기도한다. 유대인이나 그리스도교도와는 달리 매주 금요일에 집단 예배라는 유용한 의식을 위해 사람들이 모스크에 모인다. 존경받는 연장자 이맘(Imam)이 설교단으로 올라가 기도와 설교를 시작한다. 그러나 마호메트교는 성직자나 제물이 거의 없고, 독립적이고 열렬한 신앙의 기운은 성직자나 미신의 노예들을 경멸하는 경향이 있다. (2) 자신의 동료들이 성급하게 육식과 여자, 잠에 대한 금욕을 맹세하는 것을 책망한 예언자는 금욕주의자들의 자발적 고행과 그들의 생명의 고통과 영광을 탐탁지 않아 했으므로, 자신의 종교에서는 수도사의 존재를 인정하지 않는다고 엄숙하게 공언했다.⁷⁵ 그래도 그는 해마다 30일의 금식 기간을 정하고, 영혼을 정화시키고 몸을 복종시키는 이 규율을 신과 그 사도의 뜻을 건전하게 이행하는 행동으로 지키라고 강력히 권고했다. 라마단 기간에 이슬람교도들은 해가 뜰 때부터 질 때까지 음식과 여자, 목욕, 향수, 힘을 되찾게 하는 모든 자양분, 감각을 만족시키는 모든 쾌락을 자제한다. 음력에서 라마단은 번갈아 추운 겨울과, 더운 여름과 일치하여 참을성 있는 고행자들은 목을 축일 물 한 방울도 마시지 않고 그저 지루하고 무더운 하루가 끝나기를 기다리는 수밖에 없다. 일부 성직자 또는 은둔자들에 한해 행했던 금주령을 마호메트만이 확실하고 보편적인 법으로 만들었고, 그의 명령에 지상의 상당수 국가들이 이 위험하지만 유용한 술의 음용을 포기하겠노라고 공언했다. 물론 이런 고통스러운 제약들을 난봉꾼들은 어기고 위선자들은 파기해 왔지만, 적어도 그 창시자만은 세속적인 욕구를 만족시켜 배교자들을 유혹했다는 비난을 받을 수 없으리라. (3) 이슬람교도들의 자비심은 동물에게도 이어지는데, 코란은 궁핍하고 불행한 자들을 구제하는 것은 어떤 공적이 아니라 엄격하고도 필수 불가결한 의무라고 되풀이해 가르친다. 아마도 마호메트는 자선의 정확한 척도를 정의한 유일한 법제자일 것이다. 그 기준은 금전, 곡물이나 가축, 과일이나 상품 등 재산의 정도나 성격에 따라 다르겠지만 이슬람교도라면 수입의 10분의 1을 바쳐야 법을 준수하는 것이었고, 허위 또는 착취로 얻은 이익이라는 양심의 가책이 들면 배상 차원에서 10분의 1이 5분의 1로 늘어난다.⁷⁶ 도와주어야 하는 사람을 해칠 수는 없기에 자비는 정의의 기반이 된다. 예언자가 하늘과 내세에 관한 비밀을 계시할지도 모르지만, 도덕적 교훈에서는 우리 자신의 마음속에 있는 것을 반복할 수밖

⁷⁵ 코란, 그리고 잘라루딘과 알 베이다위의 전거를 언급하고 있는 살레의 주석. 데르벨로는 마호메트가 '종교적 삶'을 힐난했으며, 고행자 무리는 헤지라 300년 이후에야 나타났다고 주장한다.

⁷⁶ 마라치는 시기심에서 로마 가톨릭교도들이 자선 활동에 더 너그러웠다고 주장한다. 큰 병원 15곳이 수천 명의 환자와 순례자에게 개방되었고, 처녀 1500명이 해마다 지참금을 받았으며, 남녀 모두를 위해 자선 학교 56개가 건립되었고, 봉사 단체 120곳에서 형제들의 가난을 구제해 주었다는 것이다. 런던의 자선 활동은 이보다 더 하지만 이는 종교보다는 인도주의에서 비롯된 것이라 본다.

에 없다.

　이슬람의 신앙에 관한 두 조항과 네 가지 실천 의무는 보상과 처벌로 보호를 받고 있으며, 이슬람교도의 참된 신앙은 최후의 심판의 날이라는 사건에 경건하게 집중되어 있다. 예언자는 이 대재난의 순간이 언제인지는 감히 결정하지 않았지만 우주가 해체되기 전에 하늘과 땅 양쪽에 그 징조가 나타날 것이며, 그때 모든 생명은 파괴되고 창조의 질서는 태초의 혼돈 속으로 떨어질 것이라고 했다. 나팔 소리가 울리면 새로운 세계들이 나타날 것이며 천사와 정령, 인간이 죽음으로부터 소생할 것이고 인간의 영혼은 다시 육신과 결합할 것이다. 부활이라는 교리는 이집트인들이 가장 먼저 받아들였는데,[77] 이들은 미라를 만들고 피라미드를 지어 3000년 동안 영혼을 대저택에 보존하고자 했다. 그러나 그 시도는 불완전하고 헛된 일이었다. 마호메트는 좀 더 철학적인 정신에 따라 말[言]이 진흙에 숨을 불어넣을 수 있고 형체나 실체를 전혀 담지 않은 수많은 원자를 모을 수 있는 창조주의 전지전능함을 믿었다.[78] 영혼의 중간 상태를 확정 짓기는 힘들고, 그것의 영적 성질을 제아무리 확고하게 믿는 사람이라도 감각 기관의 도움 없이는 영혼이 어떻게 생각하거나 행동할 수 있는지를 이해하기는 힘들 것이다.

　영혼과 육체의 재결합 뒤에는 인류의 마지막 심판이 내려지며, 예언자는 자신의 마기교도적인 그림으로 그 경과와 더디게 계속되는 지상의 심판 모습을 너무도 충실하게 설명했다. 편협한 적수들은 그가 구원의 희망을 자신들에게까지 베푼다고, 신을 믿고 선한 일을 하는 모든 자들이 마지막 날에 좋은 심판을 받을 수 있다고 믿게 하는 최악의 이교를 설파한다고

부활

지옥과 천국

[77] 헤로도투스와 박식한 영국인 마샴의 작품을 참조하라. 이 저자의 「하데스는 이집트인과 그리스인들이 상상력으로 묘사한 대로 지옥의 여러 지역과 고대의 시인과 철학자들을 세밀하게 묘사하고 있다.

[78] 코란에는 아브라함의 호기심을 만족시키고 그의 신앙을 확인한 독창적인 기적에 대한 이야기가 있다.

79 릴랜드는 마호메트가 믿지 않는 모든 자들에게 저주를 내렸다고 솔직하게 말한다. 악마들은 마지막에 구원을 받지 못할 것이며, 천국이 오로지 영적인 기쁨으로만 이루어지지도 않았고 여성의 영혼은 영원하다고 했다는 것이다.

80 마호메트는 예언자의 의무, 그리고 자기 아버지를 신의 적이라고 배척했던 아브라함의 선례를 들어 믿음 없는 친족에 대한 기도는 거부하는 것이 타당하다고 했다.

비난을 퍼부었다. 이와 같은 이성적인 무차별은 열렬한 신자에게는 잘 맞지 않고, 천국의 사자가 자기 계시의 가치와 필요성을 깎아내린다는 것도 개연성은 없어 보인다. 코란의 표현에서[79] 신에 대한 믿음은 마호메트에 대한 믿음과 불가분의 관계에 있다. 선행은 예언자가 요구한 것이며 이 두 조건은 모든 민족과 종파에게 똑같이 권유하는 이슬람교의 신앙 고백을 암시했다. 그런 까닭에 무지에서 비롯되었다고 해도, 선행을 베풀었다 해도 영적 맹목성은 영원한 벌을 받을 것이다. 마호메트가 기도하는 것조차 금했던 어머니의 무덤 앞에서 흘린 눈물은 인간성과 종교적 열의의 극명한 대조를 보여 주는 것이었다.[80] 이교도들의 운명은 공통적이어서, 죄와 벌의 척도는 그들이 믿음을 거부한 증거의 정도, 저지른 잘못의 정도에 따라 결정된다. 그리스도교도, 유대교도, 사비교도, 마기교도, 우상 숭배자들이 영원히 기거할 거처들은 각자의 순서에 따라 미궁 속에 빠져 있다. 그리고 지옥의 맨 아래쪽은 종교의 가면을 쓴 신앙심 없는 위선자들을 위해 준비되어 있었다. 인류는 대부분 자신의 믿음 때문에 죄를 선고받고, 진정한 믿음을 가진 자들만이 그 행위에 의해 심판을 받을 것이다. 이슬람교도의 선과 악은 실제의 또는 비유적인 저울로 정확하게 재어질 것이며, 위법한 행위에 대한 보상 방법은 한 가지밖에 허락되지 않는다. 죄를 범한 사람이 피해를 당한 사람을 위해 그만큼의 선행으로 죄를 갚아야 하는 것이다. 만일 죄지은 사람이 어떠한 도덕적 재산도 갖추지 못했다면 피해자가 가지고 있던 죄과 중에서 가해자가 저지른 만큼이 가해자에게로 옮겨진다. 죄 또는 선행 쪽으로 저울이 기우는 방향에 따라 판결이 내려지고 모든 사람이 예외 없이 가파르고 위험한 미궁의 다리를 건너게 된다. 죄 없는 사람들은 마호메트의 발자취를 따라 영광스럽게 천국의 문에 들어설 것이며, 죄지은 사람들은 일곱 지옥 가운데 첫 번째, 가장 덜 무서운 곳에 떨어지게 된다. 속죄 기간은 900년에서 7000년까지로 다양한데, 예언자는 현명하게도 자신의 모든 신도들은 신앙 덕분에 그리고 영원한 지옥에 떨어지지 않게 해 달라는 자신의 기도 덕분에 죄에 상관없이 구원을 받으리라고 약속했다. 미신이 믿는 자들의 공포심에 가장 강력하게 발휘된다는 사실은 그리 놀랄 만한 일도 아니다. 인간의 상상력은 미래의 삶이 주는 축복보다는 불행을 훨씬 더 생생하게 그려 보기 때문이다. 어둠과 불이라는 단순한 두 가지 요소만 있으면 우리는 고통이라는 감각을 만들어 낼 수 있고, 여기에 영원이라는 기간을 더하면 그 상상은 무한한 정도로까지 악화될 수 있다. 그러나 이와 똑같은 생각은 쾌락의 연속에 대해서는 정반대의 효과를 나타내는데, 지나치게 많은 현세의 향락은 악으로부터의 구원 또는 악과의 비교에서 얻게 된 것이다. 아라비아의 예언자가 천국의 과수원, 샘, 강에 대해 황홀하게 생각했다는 것은 자연스러운 일이지만, 그는 축복받은 천국의 주민들에게 조화와 지식, 대화와 친교에 대한 풍부한 상상력을 제공하는 대신 이 짧은 인간의 삶에서도 가진 사람으로서는 곧 흥미를 잃게 되는 것들, 진주와 다이아몬드, 비단옷, 대리석 궁전, 풍부한 포도주, 산해진미, 수많은 시종들, 그리고 세속적이고 비싼 호화로운 물품들에 대해 헛되이 칭송하고 있다. 믿는 자 중에서 아무리 미천한 자라도 천국의 천녀, 즉 눈부신 아름다움과 꽃피는 젊음, 처녀의 순결함과 섬세한 감수성을 지닌 검은 눈의 여인 일흔두 명을 갖게 된다. 쾌락의 순간은 천 년으로 길어질 것이고, 그의 지적 능력은 이러한 축복을 누릴 수 있도록 백 배 커질 것이다. 속세의 편견에도 불구하고 천국의 문은 양성 모두에게 열릴 것이지만, 마호메트는 현세의 남편들이 질투를 할까 혹은 결혼의 영속성에 대한 의심으로 행복이 흔들릴까 우려했는지 선택된 여인들을 동반하는 남성에 대해서는 구체적으로 설명하지 않았다. 이 현세적인 천국의 모습에 수도사들은 분노하거나 질투했고, 마호메트의 불순한 종교를 격렬하게 공격했다. 신중한 변론자들은 이것이 상징이나 비유라며 옹색한 변명을 늘어놓았지만, 좀 더 정통적이고 일관성 있는 종파들은 코란을 글자 그대로 해석해야 한다고 거리낌 없이 주장했다. 가장 훌륭한 능력을 보유하고 발휘할 수 없다면 육신의 부활은 아무 쓸모가 없을 것이고, 완벽한 인간의 행복을 완성하기 위해서는 감각적이고 지적인 향락의 결합이 반드시 필요하다. 그러나 마호메트식 천국의 기쁨은 사치와 욕망의 충족에만 한정되어 있지 않다. 예언자는 신이 계시하는 지복(至福)을 허락받는 성인과 순교자들은 다른 모든 평범한 행복 따위는 잊고 경멸할 것이라고 명확히 말했다.

서기 609년, 메카에서 설교한 마호메트

마호메트가 맨 먼저, 그리고 가장 힘들게 노력해서 믿음을 얻어야 했던 대상은[81] 바로 그의 아내와 시종, 제자, 벗들이었다.[82] 인간적인 자신의 약점을 가장 잘 알고 있는 사람들에게 자신을 예언자라고 설명해야 했기 때문이었다. 그러나 하디자는 남편의 말을 믿고 영광을 소중히 여겼다. 순종적이고 애정이 깊은 자이드는 자유를 얻을 수 있다는 희망에 끌렸고, 아부 탈리브의 아들 걸출한 알리는 젊은 영웅의 정신으로 자기 사촌의 생각을 받아들였다. 아부 바크르의 부와 절제, 성실성은 그가 장차 후계자가 될 이 예언자의 종교를 확립하였다. 그의 설득으로 메카에서 가장 존경받는 시민 열 명이 이슬람교에 대해 개인적으로 가르침을 받았다. 그들은 이성과 종교적 열광의 소리에 사로잡혀 '신은 한 분이며, 마호메트는 신의 사도'라는

[81] 예언자의 이력에 대해 설명하기 전에 그 근거를 제시하는 것이 필자의 의무라고 생각한다. 코란의 라틴어, 프랑스어, 영어 판본은 역사적 논설이 붙어 있었고, 마라치, 사바리(Savary), 살레 등 세 명의 역자는 이 논설을 시작한 사람의 언어와 성격을 연구했다. 두 명은 마호메트의 이력이 프리도와 불랭빌리에에 의해 만들어졌고, 사기꾼 또는 영웅을 만들어 내고자 했던 소망 때문에 그들의 학식이나 정교함이 훼손된 경우가 많았다고 인정했다. 데르벨로의 글은 주로 노바이리(Novairi)와 미르콘드(Mircond)에서 발췌한 것인데, 가장 믿을 만한 자료는 프랑스 태생으로 옥스퍼드에서 동방 언어 교수를 역임한 가니에의 것이다. 공들인 글 두 편에서 그는 아불페다와 알 자나비의 아라비아 원전을 번역하고 설명했다. 개화된 군주 아불페다는 1310~1332년에 시리아의 하마 지역을 다스렸고, 남의 말을 잘 믿는 의사 알 자나비는 1556년 메카를 방문했다. 필자가 제시할 증거는 이 두 가지이며, 호기심 많은 독자라면 시간의 순서와 각 장의 구분을 따르면 된다. 그러나 아불페다와 알 자나비는 근대 역사가이며, 헤지라 1세기의 역사가들 마음에는 전혀 들지 않았으리라는 사실은 짚고 넘어가야겠다.

[82] 그리스인들에 이어 프리도는 마호메트의 아내에 관한 은밀한 의심을 드러낸다. 불랭빌리에는 마

기본 교의를 받아들였다. 그들의 믿음은 현세에서도 부와 명예, 군대의 지휘권과 왕국의 통치로 보답받았다. 그는 열네 명을 개종하는 데 묵묵히 3년을 들여 첫 사명을 완수했으며, 4년째에는 예언자의 자리에 올라 가족들에게도 신성한 진리의 빛을 나눠 주기로 결심하고 하심 일족의 손님 마흔 명을 접대하기 위해 연회를 열어 양 한 마리, 우유 한 사발을 준비했다고 한다. 마호메트는 모인 손님들에게 이렇게 말했다.

친애하는 일족 여러분, 제가, 그리고 저만이 여러분께 가장 귀중한 선물, 현세와 내세의 보물을 드릴 수 있습니다. 신께서는 여러분이 그분을 섬기도록 하라는 명령을 제게 내리셨습니다. 제 짐을 나누어 주실 분이 누구십니까? 여러분 중 누가 제 벗, 제 신하가 되어 주시겠습니까?

이러한 질문에 아무도 대답하지 않았으나, 마침내 열네 살의 알리가 용기를 내어 놀람과 의심, 경멸로 인한 침묵을 깼다.

오 예언자시여, 제가 되겠습니다. 누구든 당신에게 대적하는 자는 제가 이를 부러뜨리고, 눈을 뽑아내고, 다리를 부러뜨리고, 배를 갈라 버리겠습니다. 오 예언자시여, 제가 당신의 신하가 되겠습니다.

마호메트는 이를 기쁘게 받아들였고 아부 탈리브에게는 아들의 위계가 더 높으니 이를 존중해야 한다는 훈계를 농담조로 했다. 그러나 알리의 아버지는 오히려 심각하게 조카에게 실행 불가능한 계획은 접으라고 충고했다. 자신의 은인이기도 한 삼촌에게 이 용감한 광신자는 이렇게 답했다.

83 신앙의 자유에 관한 코란의 구절은 강력하며 아주 많다. 어떤 한 장(章)이 메카나 메디나에서 계시를 받은 것인지에 대한 학자들의 의심은 이러한 특성만으로도 일반적으로 결정된다.

84 코란 및 아랍인들의 구전을 참조하라. 타무드족의 동굴은 아마도 원시 세계의 혈거족들이 만든 것일지도 모른다.

꾸지람은 그만두십시오. 제 오른손에 해를 쥐어 주고 왼손에 달을 쥐어 준다 해도 제가 갈 길을 잃지는 않을 겁니다.

그는 10년 동안 꾸준히 자신의 소임을 다했고 동방과 서방에 널리 퍼진 이슬람교는 메카의 성벽 안으로 더디고 고되게 나아갔다. 그러나 마호메트는 그 자신을 예언자로 경배하는 유일신 교도들이 늘어나는 것을 만족스럽게 지켜보았고, 그들에게 기회 있을 때마다 코란의 영적인 자양분을 나누어 주었다. 그가 소명에 임하기 시작한 지 7년째 되는 해에 에티오피아로 남자 여든세 명과 여자 열여덟 명이 피신했는데, 이로써 개종자의 수를 미루어 짐작할 수 있을 것이다. 그의 무리는 숙부 하므자와 완고하고 맹렬한 우마르가 과거 이슬람교를 파멸시키기 위해 쏟았던 열정을 이슬람교의 대의명분을 내세우면서 때맞춰 개종하면서 더욱 강해졌다. 마호메트는 쿠라이시족이나 메카 부근에만 자비를 베풀지는 않았다. 순례 기간, 장중한 축제 때면 그는 카아바 신전으로 가서 각 부족의 이방인들과 함께 종종 어울렸고 개인적 대화나 공공 연설을 통해 유일신을 믿고 경배하라고 촉구했다. 자기 논리와 약점을 의식한 그는 양심의 자유를 주장하며 종교로 인한 폭력의 사용을 부정했다.83 그러나 그는 아랍인들에게 회개하라며, 신의 정의로 지상에서 사라진 그 옛날 아드와 타무드의 우상 숭배자들을 기억하라고 설교했다.84

서기 613~622년, 마호메트와 대립하는 쿠라이시족

메카 사람들의 불신은 미신과 질투 때문에 깊어졌다. 도시의 장로들, 예언자의 숙부들은 국가를 개혁하려는 일개 고아 따위의 건방진 언행을 무시하는 태도를 취했다. 카아바 신전에서 행한 마호메트의 경건한 연설에 아부 탈리브가 시끄럽게 답했다.

    시민과 순례자 여러분, 이 유혹자의 말을 듣지 마십시오. 이 불경스러운 새로운 소리들에 귀 기울이지 마십시오. 알 라타와 알 우자를 계속 경배하십시오.

그러나 이 연로한 수장은 압달라의 아들을 매우 소중히 여겼고, 하심 가문의 영광을 오랫동안 질투해 온 쿠라이시족의 공격에 맞서 조카의 명예와 신변을 지켜 주었다. 쿠라이시족은 자신들의 악의를 종교로 포장했다. 욥 시대에 아랍 행정관들은 불경죄를 처벌했는데,[85] 마호메트는 민족의 신을 저버리고 부정하는 죄를 지었다는 것이었다. 그러나 메카의 정책은 너무나 느슨하여 쿠라이시족 지도자들은 범죄를 고발하는 대신 설득 또는 폭력이라는 조치를 취할 수밖에 없었다. 그들은 아부 탈리브에게 질책과 협박의 형식으로 반복해서 설득에 나섰다.

    그대의 조카는 우리의 종교를 매도하며, 선조들이 무지하고 어리석었다고 비난하고 있소. 이 도시에 혼란과 불화를 가져올까 두려우니 어서 조카를 침묵시키시오. 만일 이런 일을 계속한다면 우리는 그와 그 추종자들을 향해 칼을 뽑을 수밖에 없으며, 그대는 동포들의 죽음에 책임을 져야 할 것이오.

아부 탈리브의 영향력과 온건책 덕분에 종교 파벌 간의 폭력 사태를 피했다. 사도들 가운데 힘없거나 심약한 자들은 에티오피아로 피신했고 예언자는 자신의 힘이 미치는 도시와 시골의 여기저기로 몸을 피했다. 가문에서 여전히 그를 지지하자 쿠라이시족 사람들은 하심 가문의 자손들과의 일체의 교류를 금했

[85] 이런 식으로 고관이 심문과 재판을 하는 것을 정당화하고 칭송하는 고위 성직자들이 있다면 창피한 일이다.

고, 마호메트가 끌려와 신의 정의에 넘겨질 때까지는 거래를 하지도 결혼으로 인연을 맺지도 않기로 했다. 이 포고는 카아바 신전에 내걸렸고 쿠라이시족의 사자들은 아프리카의 한가운데까지 이슬람교도들을 쫓아갔다. 그들은 예언자와 충실한 추종자들을 포위하고 물의 공급을 차단하였으며, 상처와 모욕을 주는 보복으로 상호 간의 적의를 더욱 악화시켰다. 불확실한 휴전으로 화합이 회복된 것처럼 보였으나 그것도 아부 탈리브의 죽음으로 마호메트가 적들의 손에 넘어가기 전까지였다. 이 시기에 그는 충실하고 후덕한 하디자마저 잃어 가정의 평안도 깨진 상태였다. 우마이야 분파의 수장인 아부 수피안이 메카의 통치권을 이어받았다. 열렬한 우상 숭배자이자 하심 집안과는 철천지원수였던 그는 쿠라이시족과 그 동맹들의 회합을 열어 신의 사도의 운명을 결정했다. 그를 옥에 가두면 종교적 열정이 절망에 빠질 것이며, 언변이 뛰어나고 인기 있는 이 광신자를 추방하면 아라비아 전역에 해악이 퍼질 것이었다. 그래서 그에 대한 사형을 결의하고, 각 부족이 그의 가슴에 한 번씩 칼을 꽂아 피에 대한 죄를 함께 지음으로써 하심 가문이 복수하기 힘들게 하자고 합의했다. 그러나 이 음모는 천사, 아니면 첩자를 통해 드러났고 마호메트는 도망칠 수밖에 다른 방법이 없었다. 한밤중에 그는 친구 아부 바크르와 함께 조용히 집을 빠져나갔다. 암살자들이 문을 지키고 있었으나 침상에 누워 사도의 녹색 옷을 입고 있던 알리의 모습에 속아 넘어갔다. 쿠라이시족은 이 청년 영웅의 신앙심에 경의를 표했으나, 알리에 관해 현존하는 일부 글은 그의 불안과 유연함, 종교적 확신에 대한 흥미로운 묘사를 보여 준다. 마호메트는 친구와 함께 메카에서 1리그 떨어진 토르의 동굴에 3일간 숨어 있었고, 매

서기 622년,
메카에서 쫓겨난 마호메트

일 밤 아부 바크르의 딸과 아들이 정보와 음식을 몰래 가져왔다. 쿠라이시족은 도시 인근의 숨을 만한 곳을 샅샅이 뒤졌고 마침내 동굴 앞에 다다랐다. 그러나 신의 가호로 거미줄과 비둘기 둥지를 본 그들은 동굴에 사람이 없고 드나든 적도 없다고 확신하고 돌아섰다고 한다. 아부 바크르는 몸을 떨며 말했다. "우리 단둘뿐이군." 이에 예언자는 이렇게 답했다. "아니, 셋일세. 신께서 계시지 않나." 수색의 손길에서 벗어나자 두 도망자는 동굴에서 나와 낙타에 올랐다. 그들은 메디나로 가는 길에 쿠라이시족 사자들에게 추격을 당했지만 기도와 약속으로 목숨을 건졌다. 이 중대한 시점에 한 아랍인의 창이 세계의 역사를 바꿨을지도 모를 일이다. 예언자가 메카에서 메디나로 피신하면서 기념비적인 헤지라[86]가 확정되었고, 이는 12세기가 지난 지금도 이슬람권에서 사용하는 음력의 기원이 되는 해이다.

메카에서 추방된 이들을 메디나가 신앙심과 경외감에서 받아들이지 않았다면 코란의 종교는 요람기에 사라지고 말았을지도 모른다. 메디나, 예언자의 왕좌로 신성화되기 이전에는 야스리브라는 이름으로 알려진 이 도시에는 서로 패권을 다투며 적대하는 하즈라지족과 아우스족이 살고 있었다. 성직자의 종족임을 자랑하던 유대인 두 무리가 이들과 각각 동맹을 맺고 있었는데, 이들은 아랍인들을 개종시키지 않은 채 학문과 종교의 맛을 보여 주어 메디나는 성경의 도시로 이름이 났다. 신분이 높은 시민 가운데 일부는 일찍이 카아바로 순례를 갔을 때 마호메트의 설교를 듣고 개종했으며, 메디나로 돌아와 신과 신의 예언자에 대한 믿음을 전파했고, 그들의 대표들은 메카 외곽의 한 동산에서 두 차례의 비밀 저녁 회합을 갖고 이 새로운

[86] 헤지라는 제2대 칼리프 우마르가 그리스도교 순교자들의 시대를 본떠 제정한 것으로, 마호메트의 피신 68일 전, 무하람 또는 아라비아 음력 첫달에 시작되며 서기 622년 7월 16일과 일치한다.

서기 622년, 메디나의 군주로 받아들여진 마호메트

동맹을 승인했다. 첫 번째 회합에는 하즈라지족 열 명, 아우스족 두 명이 신앙과 사랑으로 결속하여 아내와 자식, 그 자리에 없는 동포들의 이름으로 영원히 코란의 교의를 믿고 계율을 지키겠노라고 맹세했다. 두 번째 회합은 사라센 제국의 최초의 극히 중요한 활기를 주는 정치적인 성격의 모임이었다. 메디나의 남자 일흔세 명, 여자 두 명이 마호메트와 그 친족, 사도들과 엄숙한 회의를 가졌고 서로 충실할 것을 맹세했다. 그들은 이 도시의 이름을 걸고 그가 추방당한다 해도 동맹으로 맞이하고, 지도자로 복종하며 최후의 그 순간까지 자기 아내와 자식처럼 보호하겠다고 약속했다. 그들은 예언자를 추켜세우며 "하지만 다시 나라의 부름을 받으신다 해도 새로운 동맹을 저버리지는 않으시겠지요?"라고 걱정스럽게 물었다. 마호메트는 미소 지으며 답했다. "이제 우리 사이에는 모든 것이 공동이며, 여러분의 피는 나의 피, 여러분의 멸망은 나의 멸망입니다. 우리는 명예와 공동의 관심사라는 끈으로 서로에게 묶여 있습니다. 나는 여러분의 친구요, 여러분의 적은 나의 적입니다." 메디나의 한 대표가 다시 물었다. "그런데 당신을 섬기다 죽으면 어떤 보상을 받게 됩니까?" 예언자가 답했다. "천국입니다." "손을 내미십시오." 그가 손을 내뻗었고 그 자리에 모인 사람들은 다시 한 번 동맹과 충성을 약속했다. 이슬람 신앙을 만장일치로 수용한 시민들은 그들의 맹약을 인정했고, 신의 사도가 추방당해 왔다는 사실에 기뻐하면서도 그의 안전을 걱정하며 그가 도착하기를 초조하게 기다렸다. 해안선을 따라 위험한 행보 끝에 그는 메디나에서 2마일 정도 떨어진 코바에서 멈췄고, 메카에서 탈출한 지 16일 만에 메디나에 공식적으로 입성했다. 시민 500여 명이 마호메트를 영접하기 위해 나왔고, 충성과 헌신을 약속하는 환호로 그를 맞이하였다. 마호메트는 암낙타를 타고 있었고 머리 위 차양으로 빛을 가리고 있었으며, 군기를 대신하여 길게 푼 터번을 휘날리고 있었다. 폭풍으로 흩어졌던 가장 용감한 제자들도 그의 곁에 모여들었는데, 다양하지만 동등한 이슬람교도들의 공로는 마호메트를 따라 메카를 떠난 이주자들은 무하지룬, 메디나의 조력자들은 안사르라는 이름으로 구별되었다. 마호메트는 현명하게도 시기심을 미연에 방지하기 위해 주요 추종자들에게 형제의 권리와 의무로서 짝을 맺게 하였다. 알리에게 또래가 없자 예언자는 친절하게도 자신이 이 존귀한 청년의 동반자요, 형제가 되겠노라고 선언했다. 이 편법은 성공을 거두었다. 신성한 형제 관계는 평화 시에나 전시에나 존중되었고 두 무리는 관대한 마음으로 용기와 충성심을 두고 겨루었다. 이러한 화합이 우연한 싸움으로 다소 흔들린 적이 단 한 번 있었다. 메디나의 애국적인 한 시민이 이방인들의 무례함을 비난했다. 그러나 그것이 이들을 추방하겠다는 끔찍한 암시로 들렸고, 그 말을 한 사람의 아들은 아버지의 머리를 사도의 발아래에 바치겠다는 말을 했다고 한다.

마호메트는 메디나에 정착한 뒤 제왕과 사제의 임무를 수행하기 시작했고, 신의 지혜를 받아 교의를 만든 판관에게 반대하는 것은 불경한 일이었다. 그는 증여 또는 매매를 통해 두 명의 고아의 유산인 약간의 땅을 가지게 되었는데, 그 선택받은 땅에 집을 짓고 거칠고 단순해도 아시리아 칼리프의 신전보다 훨씬 숭엄한 모스크를 세웠다. 그는 금 또는 은으로 만든 도장에 사도라는 호칭을 새겨 넣었고, 매주 회합에서 기도하고 연설할 때는 종려나무에 기대곤 하였다. 그가 거친 목재로 만든 의자나 제단을 사용한 것은 한참 후의 일이었다.[87] 6년간의

서기 622~632년.
마호메트의 위엄

[87] 알 자나비는 도장과 세 난이 이 신의 사도가 남긴 존귀한 유물이라고 평한다. 그리고 아불페다의 책에 있는 그의 정원에 대한 묘사를 인용한다.

88 코란 제8장과 9장은 가장 요란하면서도 공격적이다. 마라치는 신중하게는 아니었지만 타당하게 이 사기꾼의 표리부동한 언행에 대해 독설을 퍼부었다.

지배 후 무장한 이슬람교도 1500명이 다시 한 번 충성을 맹세했고 그들의 수장은 마지막 한 사람이 죽을 때까지, 그 무리가 완전히 해체될 때까지 보호해 주겠다고 재확인해 주었다. 같은 군영에서 메카의 대표는 신도들이 예언자의 말과 모습에 집중하고, 마치 예언자의 덕을 조금이라도 담고 있다는 듯 바닥에 떨어진 그의 침과 머리카락, 목욕하고 남은 물을 열심히 모으는 모습을 보고 매우 놀라 이렇게 말했다고 한다.

페르시아의 호스로우도, 로마의 황제도 보았지만 왕이 신하들에게 마호메트 같은 대접을 받는 광경은 본 적이 없소이다.

종교적 광신에서 우러나는 열정은 궁정에 대한 차갑고 형식적인 복종보다 훨씬 역동적이고 진실한 행동으로 표출된다.

이교도에 대한 전쟁을 선포한 마호메트

자연 상태에서는 누구나 무력으로 신체와 재산을 보호하고, 적들의 폭력을 물리치거나 예방하며, 적절한 수준의 보상과 보복을 기준으로 적대감을 키울 수 있는 권리를 가진다. 아랍인들의 자유 사회에서 신하와 시민의 의무에 따른 제약은 매우 약했으며, 마호메트는 평화롭고 자애로운 소명을 실행하는 동안 동포들의 부당한 행위로 권리를 빼앗기고 추방당했다. 메카의 망명자는 독립적인 사람들의 선택으로 제왕의 지위에 올랐고, 당연히 동맹 형성과 공격 또는 방어를 위한 전쟁을 우선 과제로 삼았다. 불완전한 인간의 권리가 무한한 신의 힘을 받아 무장할 수 있었고, 메디나의 예언자는 새로운 계시에서는 좀 더 격렬하고 호전적인 논조를 띠면서 과거의 온건함이 유약함의 결과였음을 보여 주었다.[88] 설득은 이미 시도해 보았고 관용의 시기는 지났으니 이제는 칼로 그의 종교를 전파하고 우상 숭배의 기념물들을 파괴하며, 시간이 얼마가 걸리든 이 지상에서 믿음 없는 자들을 쫓아내야 할 때가 왔다. 코란에서도 반복적으로 강조되고 있는 이러한 피비린내 나는 교리는 모세오경과 복음서의 저자에게서 나온 것이다. 애매한 원전을 해석하면 온건한 복음주의자도 예수가 이 땅에 평화가 아니라 칼을 가져왔다고 할 것이다. 그러나 사도들의 이름을 더럽힌 군주와 주교들의 인내심 없는 열정을 참을성 있고 겸손한 예수의 덕목과 혼동해서는 안 된다. 마호메트는 종교적인 전쟁을 수행하면서 모세, 사사(士師), 이스라엘의 왕들의 예에 보다 근접했을 것이다. 히브리 사람들의 군법은 아랍의 군법보다 훨씬 엄격하다.[89] 만군의 주님이 유대인들 앞에 실제로 나타났다. 만일 그들의 부름에 도시가 저항하면 그곳의 남자들은 예외 없이 칼 앞에 쓰러졌다. 가나안의 일곱 민족은 파멸의 운명에 놓였고, 그들 지역에 있는 모든 생명체는 살려 두어서는 안 된다는 필연적인 운명 앞에서는 회개도 전향도 소용없었다. 마호메트의 적은 우호, 복종, 전쟁 중에서 하나를 선택할 수 있었다. 이슬람 교리를 받아들이고 신앙을 고백하면 초기 사도들과 같은 육체적, 영적 혜택을 얻을 수 있게 되고, 새 종교를 전파하기 위해 같은 군기 아래 행진해야 했다. 예언자는 이해관계에 따라 관용을 베풀었지만 항복한 적을 짓밟는 경우는 드물었고, 조공을 바치면 믿지 않는 자들 가운데 가장 죄가 적은 자들에게 우상 숭배, 적어도 불완전한 신앙을 묵인한다고 약속하는 듯했다. 통치 몇 달 동안 그는 성전이라는 교훈을 실천했고 메디나의 성문 앞에 흰색 깃발을 게양하였다. 호전적인 신의 사도는 실제로 아홉 번의 전투 또는 포위 공격에 직접 참여했고,[90] 10년 동안 그와 부관들이 수행한 전투는 50회에 달했다. 아랍인들은 상인과 강도라는 직업을 계속 겸했고, 대상 행렬을 방어 또는 공격

[89] 이호수아, 다윗 등에 대한 실질적인 설명이 있는 『신명기』 10장, 12장을 지금의 그리스도교인이 읽으면 만족감보다는 경외감이 든다. 그러나 이전 시대의 랍비는 물론 주교들까지도 기쁘게, 그리고 성공적으로 요란스럽게 교회를 선전했다.

[90] 사도의 개인 무기고에는 칼 9자루, 기병창 3자루, 창 또는 단창 7자루, 화살통 1개, 활 3개, 갑옷 7벌, 방패 3개, 투구 2개, 거기다 흰색 군기 1개, 검은색 군기 1개, 말 20마리 등이 있었다. 그가 군사적으로 남긴 것이 두 가지가 전승문학에 기록되어 있다.

50장

하기 위한 소규모 출정이 계속되면서 마호메트의 군사는 무의식중에 아라비아 정복을 준비하게 되었다. 전리품의 배분은 신이 정한 법에 따라 규제되었다. 전체를 충실하게 한 더미로 다 모으고, 금과 은, 포로와 가축, 동산과 부동산의 5분의 1은 예언자가 종교적, 자선 용도로 썼다. 나머지는 승전 또는 수성에 성공한 병사들이 적절한 비율에 따라 나눠 가졌다. 전사자들이 받을 보수는 미망인과 그 자식들에게 주어졌고, 기병대는 말과 사람에게 이중의 분배 몫을 할당하여 증강시켰다. 아랍 유목민들은 사방에서 종교와 약탈을 목표로 하는 군기 아래로 유인되었고, 신의 사도는 여성 포로들을 부인이나 첩으로 맞아들이도록 허락해 주었다. 부와 미의 향유는 천국이 용맹한 이슬람 순교자에게 준비하고 있는 기쁨을 맛보기로 보여 준 것이다. 마호메트는 말한다.

칼은 천국과 지옥 모두를 여는 열쇠요, 신의 대의명분을 위해 흘린 피 한 방울, 싸우며 보낸 하룻밤은 두 달의 금식이나 기도보다 훨씬 효과가 있다. 누구든 전투에 참가하는 자의 죄는 용서받을 것이다. 심판의 날, 그의 상처는 눈부신 주홍빛으로 빛나고 사향처럼 향기로울 것이며, 잃어 버린 팔다리는 천사들과 케루빔의 날개가 대신 해 주리라.

아랍인들의 용맹한 영혼은 열렬한 종교적 믿음으로 불타올랐고 보이지 않는 세계가 그들의 상상 속에 생생하게 그려졌으며, 늘 혐오해 오던 죽음은 이제 희망과 열망의 대상이 되었다. 코란은 운명과 예정설의 교의를 가장 절대적인 의미로 설파하는데, 만일 인간의 행동이 이러한 사변적 신념의 지배를 받는다면 근면과 덕행은 완전히 사라져 버릴지도 모른다. 전

시대에 걸쳐 그 영향력은 투르크와 사라센인들의 용기를 고양시켰다. 마호메트의 최초의 교우들은 확신을 가지고 용맹하게 전장으로 나갔다. 기회가 없는 곳에는 위험도 없다. 그들은 자신들의 침대에서 죽게 될 것이므로, 날아오는 적들의 화살 속에서도 상처 입지 않고 오히려 안전할 것이라고 믿었다.[91]

쿠라이시족이 메디나 영토로의 왕래가 필요한 시리아와의 교역에 지장을 줄지도 모르는 마호메트의 복수를 우려하지 않아도 되었다면 아마도 그들은 마호메트의 도피로 만족했을 것이다. 아부 수피안 자신도 단 30, 40명의 수행원만을 데리고 낙타 1000마리로 구성된 부유한 대상을 직접 이끌었다. 이 행렬은 운이 좋아서인지 지략이 좋아서인지 마호메트의 경계를 피해 갔지만, 귀로에 이 쿠라이시족의 수장은 신성한 도적 떼가 매복하여 그를 기다리고 있다는 소식을 들었다. 그가 메카의 동포들에게 전갈을 보내자 그들은 서둘러 그를 구하지 않으면 교역품과 양식을 잃을지도 모른다는 두려움에 군대를 일으켰다. 마호메트의 신성한 군대는 이슬람교도 313명으로 이루어져 있었는데 그중 77명이 이주자, 나머지는 조력자였다. 이들은 낙타 70마리(야스리브의 낙타는 전쟁에 매우 강했다.)를 돌아가며 탔지만, 마호메트의 첫 제자들은 너무도 가난하여 말을 타고 전쟁에 참가한 사람은 단둘뿐이었다.[92] 메디나에서 20마일 떨어진 베데르의 비옥하고 유명한 골짜기[93]에서 그는 정찰대로부터 한쪽에서는 대상의 무리가, 다른 한쪽에서는 쿠라이시족 기병 100명, 보병 850명이 다가오고 있다는 보고를 받았다. 짧은 논쟁 끝에 그는 영광과 복수를 위해 재물을 포기하기로 했고, 자기 부대와 계곡을 따라 흐르는 맑은 시냇물을 숨기기 위해 가느다란 참호를 팠다. "오, 신이시여." 언덕에서 쿠라이시

메카의 쿠라이시족에 맞선 마호메트의 방어전

[91] 이에 관해서라면 어느 종교든 다른 종교를 비난할 수 없는 절대 운명에 성실이 보란에 엄격하게 드러나 있다. 릴랜드와 살레는 학자들의 견해를 대변하고 있으며 현대의 이행자들은 더 기인들의 확신, 사라져 가는 확신을 대변한다.

[92] 알 자나비는 기병이 70~80명 정도 있었다고 하며, 오후드 전투에 앞서 본대 30명, 기병 500명이 등록했다고 한다. 그러나 좀 더 정확한 아불페다의 말에 따르면 오후드 전장에서 이슬람교도들은 말 두 마리밖에 동원할 수 없었다. 스토니 지방에 낙타는 많았지만 말은 하피 또는 아라비아 사막에서만 큼 흔하지 않은 것 같다.

[93] 베데르 후니네는 메디나에서 20마일, 메카에서 40마일 떨어져 있으며, 이집트 대상이 지나는 길에 있다. 순례자들은 해마다 등불과 물물 등으로 예언자의 승리를 기념한다.

94 코란의 불명확한 표현 때문에 주석자들은 천사의 수를 1000, 3000, 9000 등으로 다르게 보고 있다. 그 중 가장 작은 수도 쿠라이시족 70명을 베기에는 충분했을 것이다.

서기 623년.
베데르 전투

족이 내려오자 그는 이렇게 외쳤다. "오, 신이시여. 우리가 패배한다면 누가 이 지상에서 당신을 경배하겠습니까? 내 병사들아, 용기를 내라. 일치단결하여 화살을 쏘라. 그러면 오늘은 너희들의 날이 될 것이다." 이 말을 한 그는 아부 바크르와 함께 왕좌 또는 제단에 올라 곧 가브리엘과 3000의 천사의 원조를 구했다. 그의 눈은 전장에 고정되어 있었고 이슬람교도들은 쓰러지고 압박당하고 있었다. 그 결정적인 순간 예언자는 왕좌에서 뛰쳐나와 말에 올라타고는 모래 한 움큼을 공중에 뿌리면서 외쳤다. "그들의 얼굴에 혼란이 뒤덮이게 하라." 양쪽 군사 모두 천둥같이 울리는 그의 목소리를 들었고, 상상 속에서 그들은 천사의 전사들을 떠올렸다.94 쿠라이시족은 부들부들 떨며 도망쳤고 가장 용맹한 병사 일흔 명이 살해당했다. 신도들의 첫 승리는 포로 일흔 명으로 장식되었고, 쿠라이시족의 시체는 훼손되고 모욕당했다. 포로들 가운데 가장 죄 많은 자 두 명은 처형되었고, 나머지 포로들은 몸값으로 은 4000드라크마를 받아 대상 행렬을 놓쳐 입은 손실을 어느 정도 보상받을 수 있었다. 한편 아부 수피안의 낙타 떼는 사막과 유프라테스 강을 헛되이 헤매다가 부지런한 이슬람교도들에게 붙잡혔고, 전리품 중 사도의 몫으로 책정된 5분의 1이 2만 드라크마나 되었다는 것을 보면 포획품이 분명 풍성했을 것이다. 대중의 분노와 개인적 손실에 자극된 아부 수피안은 3000명의 병사를 모아 700명에게는 갑옷을 입히고 200명은 말에 태워 기병대를 만들었다. 낙타 3000마리가 행군을 따랐고 아내 헨다는 메카의 여

서기 623년.
오후드 전투

성 15명과 함께 길에 올라 쉬지 않고 탬버린을 치며 군사의 사기를 북돋았으며, 카아바에서 가장 인기 있는 신(神) 호발

의 영광을 찬미했다. 950명의 신도들이 신과 마호메트의 군기를 받들었는데 병력의 차이는 베데르의 전장에서만큼 크지 않았으며, 승리에 대한 확신이 사도의 신적, 인간적 감각을 압도했다. 두 번째 전투는 메디나 북쪽 6마일 거리에 있는 오후드 산에서 벌어졌다. 쿠라이시족은 초승달 대형으로 접근했고, 기병대의 우익은 아랍 전사 중에서 가장 용맹하고 우수한 할리드가 지휘했다. 마호메트의 군대는 언덕 내리막길에 교묘하게 자리 잡았고 후방은 궁사 쉰 명이 지키고 있었다. 그들은 압박 공격으로 우상 숭배자들의 한복판으로 파고들어 중심을 무너뜨렸지만, 추격하면서 유리한 입지를 잃게 되었다. 궁사들은 자기 진지를 이탈했고 이슬람교도들은 전리품에 눈이 어두워 상관의 말에 불복하고 전열을 무너뜨렸다. 용맹한 할리드는 자신의 기병대를 이끌며 측면과 후방으로 돌아가 큰 목소리로 마호메트가 죽었다고 외쳤다. 사실 마호메트는 투창에 찔려 얼굴에 상처를 입었고 돌에 맞아 치아 두 개가 부러졌다. 그러나 이런 전쟁의 혼란 속에서도 신앙심 없는 자들이 예언자를 살해하는 죄가 얼마나 큰 것인지 아느냐고 꾸짖었고, 그의 상처를 지혈시키고 안전한 곳으로 옮긴 자에게는 축복을 내렸다. 사람들의 죄를 속죄하면서 죽어 간 일흔 명의 순교자가 생겨났는데, 사도에 따르면 그들은 형제를 맺었던 사람들끼리 짝을 지어 끌어안고 죽어 갔다고 한다. 잔인한 메카의 여인들은 시신을 난도질했고 아부 수피안의 아내는 마호메트의 숙부 하므자의 창자를 먹었다고 한다. 그들이 미신을 칭송하고 분노를 풀고자 했을지도 모른다. 그러나 이슬람교도들은 곧 전장으로 재집결했고 쿠라이시족은 메디나를 함락시킬 힘도 용기도 없었다. 메디나는 다음 해 적 1만 명의 공격을 받았고 이 세 번째

서기 625년,
제 민족 또는 참호의 전투

원정은 아부 수피안의 군기 아래 행진한 '제 민족'의 전쟁이라고도 하고, 3000명의 이슬람교도가 지키는 진영 앞에 있는 참호에서 따온 '참호'의 전투 등 여러 이름으로 불렸다. 마호메트는 신중하게 전면전을 거부했고 알리는 일 대 일의 대결에서 용맹을 떨쳤다. 전쟁은 연합군이 완전히 해체될 때까지 스무 날 동안 계속되었다. 바람과 비, 우박을 동반한 폭풍이 막사를 완전히 휩쓸어 버렸고 교활한 적 때문에 내부의 분란이 계속 일어났다. 연합군에게 버림받은 쿠라이시족은 이제 이 강력한 추방자의 왕권을 전복하거나 정복을 저지하려 들지 않았다.

<small>서기 623~627년, 아라비아의 유대인들을 정복한 마호메트</small>

케블라로 예루살렘을 맨 처음 선택한 것을 보면 마호메트가 초기에는 유대인들에게 우호적이었음을 알 수 있다. 만약 유대인들이 아라비아 예언자에게서 이스라엘의 희망과 약속된 구세주를 보았다면 모두가 행복해졌을지도 모른다. 그러나 유대인들의 완고함에 그의 호의는 화해할 수 없는 증오로 바뀌었고, 그러한 증오심으로 죽는 날까지 이 불운한 민족을 박해했다. 그의 박해는 신의 사도와 정복자라는 이중적 성격을 가지고 내세와 현세의 양쪽 세계로 확대되었다. 카이노카 부족은 메디나에서 도시의 보호를 받으면서 살고 있었는데 마호메트는 우연한 소요를 구실 삼아 그들을 소환한 뒤, 이슬람 종교를 수용하든지 전쟁을 할 것인지를 선택하라고 강요했다. 유대인들은 몸을 떨며 외쳤다. "아아, 저희는 무기도 사용할 줄 모르고 그저 선조들의 신앙과 예배를 지켜 왔을 따름입니다. 어찌하여 저희를 방어할 수밖에 없는 상황으로 몰아넣으십니까?" 이 불공평한 싸움은 15일 안에 끝이 났고, 마호메트는 동맹들의 끈질긴 요청에 마지못해 포로들의 목숨을 살려 주기로 했다. 그러나 그들의 재산은 몰수하고 무기는 이슬람교도들에게

넘겨주어 한층 더 효율적으로 사용했다. 700명에 이르는 이 비참한 추방자 무리는 아내와 아이들과 함께 시리아 국경에서 망명을 요청했다. 나디르 부족은 친선 접견에서 예언자를 암살하려 했기 때문에 그 죄가 더 컸다. 마호메트는 메디나에서 3마일 떨어진 성을 포위했지만 그들은 굳건하게 방어하여 명예로운 항복 조건을 얻어 냈다. 수비대는 나팔과 북을 울리며 명예롭게 전장을 떠날 수 있었다. 유대 부족들은 쿠라이시족의 전쟁을 자극하고 이에 동참했었는데, 여러 부족이 참호에서 퇴각하자마자 마호메트는 갑옷을 벗지도 않고 바로 그날 코라이다의 자손되는 적의 종족을 절멸시키기 위해 행군에 나섰다. 25일간에 걸친 저항 끝에 그들은 무조건 항복했다. 그들은 메디나의 옛 동맹들이 개입해 주리라고 믿었다. 물론 광신이 인간애라는 감정을 잊게 할 수 있다는 사실을 모르지는 않았을 것이다. 그들이 판단을 맡긴 덕망 있는 장로는 사형을 선고했고 유대인 700명이 쇠사슬에 묶여 이 도시의 장터로 끌려왔다. 그들은 처형장이자 동시에 매장지로 준비된 무덤 안으로 산 채로 내려갔고, 신의 사도는 이 무기력한 적들의 살육 광경을 아무런 흔들림 없이 지켜보았다. 그들의 양과 낙타는 이슬람 교도들이 나눠 가졌다. 가장 유용한 전리품은 갑옷 300벌, 화살촉 500개, 창 1000개였다. 메디나에서 북동쪽으로 엿새 걸리는 곳에 위치한 부유한 도시 카이바르는 아라비아 유대인 세력의 중심지이다. 그들의 영토는 사막 속에 있는 비옥한 땅이어서 목초지와 가축이 풍부했으며, 여덟 개의 성이 방어하고 있었는데 몇몇 성은 난공불락으로 여겨졌다. 마호메트의 군대는 기병 200명, 보병 1400명으로 이루어져 있었다. 정기적이고 힘든 포위 공격이 여덟 번이나 이어졌기 때문에 이들은 위험과 피로, 굶주림에 시달리고 있었고, 가장 뛰어나고 용맹

95 마호메트의 시종 아부 라페는 나중에 자기 이외에 일곱 사람이 함께 그 문을 땅에서 들어 올리려고 했지만 실패했다고 단언한다. 아부 라페가 증인이라고 하지만 그의 말을 입증해 줄 증인은 과연 누구인가?

96 유대인들의 추방은 엘마킨과 알 타바리가 확인해 준다. 그러나 니부르는 카이바르 부족이 여전히 유대 종교와 카라이트 종파의 신앙을 고백했으며, 대상을 약탈하는 데 모세의 제자들이 마호메트의 제자들과 결탁했다고 한다.

한 장수도 이번만은 절망적이라고 생각했다. 그러나 사도 마호메트는 신의 사자라는 이름을 하사한 알리의 예를 들며 그들의 신앙과 용기를 북돋웠다. 알리가 내리친 언월도가 거구의 히브리 용사의 가슴팍까지 꽂혔다는 말은 믿을 수 있을지 몰라도, 그가 왼손으로 육중한 둥근 방패를 휘두르며 요새의 문을 돌쩌귀부터 뜯어냈다고 하는 가공적인 이야기를 칭송할 수는 없다.95 성이 함락되자 카이바르는 항복하기로 했다. 부족의 수장은 마호메트가 지켜보는 가운데 숨겨 둔 재화가 어디 있는지 실토하라고 고문을 당했다. 유목과 농사에 종사하는 자들은 불확실한 관용을 얻었고, 정복자가 허용하는 범위에서 그와 그들 자신의 쌍무적인 이익을 위하여 재산을 늘려 가도 좋다는 허락을 얻었다. 카이바르의 유대인들은 우마르의 치세에 시리아로 이송당했다. 그의 고향 아라비아에서는 유일하며 진정한 종교를 고백해야 할 것이라고 명령한 마호메트의 유훈을 이 칼리프는 실행에 옮긴 것이다.96

서기 629년, 메카의 항복

마호메트는 매일 다섯 번씩 메카로 눈을 돌렸는데, 가장 성스럽고 강력한 동기에 자극되어 도망자의 신분으로 쫓겨난 그 도시와 신전에 정복자로 돌아가고 싶어했다. 그의 생각 속에는 늘 카아바가 있었고 산만한 꿈은 계시와 예언으로 해석되었다. 사도는 신의 깃발을 휘날렸고 그의 입에서는 너무도 성급하게 성공의 약속이 흘러나왔다. 메디나에서 메카로 향한 진군은 평화롭고 엄숙한 순례의 장엄함을 보여 주었다. 제물로 바치기 위해 선택하여 장식한 낙타 일흔 마리를 대열의 선두에 세웠다. 신성한 땅에 예를 표했으며 그의 관용과 신앙심을 증명하고자 포로들을 몸값 없이 풀어 주었다. 그러나 마호메트는 메카에서 하루 정도 거리에 있는 평원에 내리자마자 소리쳤다.

"그들은 호랑이 가죽으로 몸을 감싸고 있다." 쿠라이시족은 자신들의 인원수를 믿고 단호한 결의로 그의 진군을 막았다. 전리품이나 바라고 따라나선 사막의 유목민들은 지도자를 버리거나 배반할 가능성도 있었다. 여기서 이 용맹한 광신자는 냉정하고 신중한 정치가로 변모한다. 그는 교섭에서 신의 사도라는 자신의 지위를 포기했고, 쿠라이시족과 그들의 동맹들과 10년간의 휴전 협정을 맺었다. 자신의 종교를 신봉하는 메카의 도망자들의 귀환을 약속했고, 다음 해에 친구로서 메카에 들어가 순례 의식을 마치는 사흘 동안 머문다는 소박한 특권만을 명시했다. 이슬람교도들은 수치심과 슬픔에 휩싸여 퇴각했고, 그들의 실망은 성공이 확실하다고 누누이 말했던 예언자의 실패에 대한 당연한 비난일지도 모른다. 그러나 메카의 경관을 눈으로 본 순례자들의 신앙과 희망은 다시 불타올랐고, 그들은 칼을 칼집에 넣고 사도의 발걸음을 따라 일곱 바퀴를 돌면서 카아바 신전을 둘러쌌다. 쿠라이시족은 언덕으로 물러났고 마호메트는 관습에 따라 제물을 바친 뒤 4일째 되는 날 도시를 떠났다. 사람들은 그의 신앙심에 교화되었고, 적대 관계였던 수장들은 경외심을 가짐으로써 분열되거나 넘어갔다. 향후 시리아와 이집트를 정복할 할리드와 암르는 아주 적절한 시기에 쇠락해 가는 우상 숭배라는 대의명분을 저버렸다. 마호메트의 힘은 아라비아 부족들이 굴복하면서 더 커졌고, 메카 정벌에 1만 병사가 모였다. 약자의 위치에 놓인 우상 숭배자들에게 휴전 협정 위반이라는 판결이 쉽게 내려졌다. 광신과 규율은 행군을 재촉했고, 불꽃 1만 개의 빛이 쿠라이시족을 급습할 때까지 그들의 계획과 진군, 압도적인 병력은 비밀에 부쳐졌다. 자존심 강한 아부 수피안은 도시의 열쇠를 넘겨주면서 자기 앞을 사열하여 지나가는 다양한 무기와 군기를 감탄하며 바라보았고, 압

97 메카 정복 이후 볼테르가 그린 마호메트는 끔찍한 범죄를 상상하고 실행에 옮긴다. 시인은 자신이 역사적 사실을 근거로 하고 있지는 않다고 밝히면서, 신의 이름으로 전쟁을 수행하는 자는 무엇이든 할 수 있다고만 말한다. 이 격언은 관대하지도 철학적이지도 않다.

98 이슬람교 학자들은 메카를 힘으로 정복한 것인지 동의에 의해 굴복시킨 것인지에 대해 아직도 논쟁을 벌이고 있다. 이 논쟁은 정복자 윌리엄에 대한 우리의 논쟁만큼이나 중요하다.

99 아라비아 반도와 헤자즈 지방 또는 홍해의 항해에서 그리스도교도들을 배제함에 있어 샤르댕과 릴랜드는 이슬람교도들보다 더 엄격하다. 그리스도교도들은 모카와 심지어 게다의 항구에서도 별 문제없이 받아들여졌고, 비이슬람교도들이 접근할 수 없는 지역은 메카와 그 인근 지역뿐이다.

달라의 아들이 강력한 왕국을 손에 넣었다고 하면서 마호메트야말로 진정한 신의 사도라고 우마르의 언월도 아래에서 공언했다. 마리우스와 술라의 귀환이 로마인들의 피로 얼룩졌듯이, 마호메트의 복수심은 종교적 열정에 의해 자극되었고 학대를 당한 그의 추종자들은 대학살 명령을 수행할 준비가 되어 있었다. 그러나 이제 승자의 입장인 옛 도망자는 그들과 자신의 열정[97]을 충족시키는 대신 죄를 용서하고 메카의 여러 당파를 규합했다. 그의 군사는 세 개 부대로 나뉘어 도시에 입성했다. 할리드의 칼에 주민 스물여덟 명이 살해당했고 남자 열한 명과 여자 여섯 명이 마호메트의 판결로 추방당했다. 그러나 그는 자신의 부관의 잔인함을 탓했고, 가장 비난받아야 할 여러 죄인들이 그의 관용 또는 경멸 덕에 목숨을 건졌다. 쿠라이시족 수장들은 마호메트의 발아래 엎드렸다. "그대들이 부당하게 대한 자에게 어떤 자비를 기대하는가?" "친족의 너그러움을 믿을 따름입니다." "그 믿음은 헛되지 않다. 사라져라! 그대들은 안전하고 자유이다." 메카 사람들은 이슬람 종교를 고백하면 용서를 받았다. 추방당했던 신의 전도자는 7년간의 도피 생활 끝에 고향의 군주이자 예언자 자리에 올랐다.[98] 카아바 신전에 있던 우상 360개는 완전히 파괴되었으며 신의 집은 정화되고 치장되었다. 장래에 대한 모범을 남기기 위해 사도는 다시 한 번 순례의 의무를 완수했고, 신앙이 없는 자는 앞으로 이 신성한 도시에 발을 들여놓아서는 안 된다는 영구적인 법이 발효되었다.[99]

서기 629~632년,
아라비아의 정복

메카의 정복은 이제까지 운명의 성쇠에 따라 이 예언자의 웅변 또는 무력에 복종하거나 항거하던 아라비아 부족의 신앙과 복종을 확정지었다. 베두인족은 기질상 여전히 의례나 여론에 대해서는 무심했고, 코란의 교리도 허술하게 받아들여 유지했을 것이다. 그러나 한 완고한 부족이 조상들의 종교와 자유를 고수했으니, 후나인 전쟁은 그 단어 자체가 우상이라는 말에서 나왔다. 마호메트는 우상을 모두 파괴하겠다고 맹세했고 타예프의 동맹들은 우상을 방어하겠다고 맹세했다.[100] 이교도 4000명이 정복자를 급습하고자 은밀하고 빠르게 진군하였다. 그들은 쿠라이시족의 무기력한 태만을 불쌍히 여기고 경멸했지만, 그래도 최근 자신들이 섬기는 신을 부정하고 적의 굴레에 고개를 숙인 이 민족의 바람과 원조에 의지했다. 예언자는 메디나와 메카의 군기를 내세웠고, 베두인족 무리가 가세하면서 군사력이 증강되자 1만 2000명에 달하는 이슬람교도들은 불패의 힘을 가지게 되었다며 성급한 자만심에 들떠 있었다. 그들은 경계심 없이 후나인 계곡을 급습했다. 그러나 고지는 이미 적의 동맹군의 궁사와 투석병들이 점거하고 있었다. 그들의 수는 줄어들었고 군율은 깨졌으며 용기는 얼어붙었고, 쿠라이시족은 다가오는 적의 파멸에 미소 지었다. 흰 노새에 올라탄 채 예언자는 적에게 둘러싸였고, 영예로운 죽음을 맞기 위해 적들의 창끝을 향해 돌격했지만 그의 충성스러운 교우 열 명이 무기와 몸으로 이를 막았고, 그중 셋은 예언자의 발아래에 쓰러져 죽었다. 그는 슬픔과 분노에 휩싸여 "오 형제여"라고 되풀이해 외쳤다. "나는 압달라의 아들이며 진리의 사도다! 오 병사들아, 꿋꿋하게 신앙을 지켜라! 오 신이시여, 원군을 보내 주소서!" 호메로스의 영웅들처럼 큰 목소리로 숙부 압바스가 신에 대한 봉헌과 약속을 외쳤고, 그 소리가 골짜기에 울려 퍼졌다. 도망치던 이슬람교도들이 사방에서 신의 군기 아래로 모여들었고 마호메트는 다시 불이 지펴진 용광로를 기쁜 마음으로 지켜보았다. 그의 지휘와 모범으로 전세를 만회하게 되

[100] 아불페다와 가니에는 타예프의 포위와 그 전리품의 배분 등을 설명한다. 앞 자나비는 다우족의 기계 장치와 기계공에 대해 언급한다. 타예프의 비옥한 땅은 대홍수 때 떨어져 나가 시리아 영토의 일부로 추측된다.

자 그는 승전군에게 치욕을 안겨 준 적에게 무자비하게 복수하라고 기운을 북돋웠다. 그는 후나인 전장에서 지체 없이 행군해 메카에서 남동쪽으로 60마일 지점에 위치한 타예프의 강력한 요새를 포위했다. 타예프는 아라비아 사막 한가운데에 있는 비옥한 땅으로 이곳에서는 시리아 지역의 과실이 생산되었다. 포위 공격 기술에 정통한(어떻게 그렇게 되었는지는 모른다.) 우호적인 한 부족이 그에게 성벽을 부수는 파성추와 공성(攻城)용 무기 그리고 그 무기를 다룰 수 있는 병사 500명을 제공했다. 그는 타예프의 노예들에게 자유를 제안했고, 과실수를 잘라 버려 스스로 세운 법을 어겼고, 광부들을 시켜 땅을 파서 돌파구를 마련해 공격했지만 모두 헛수고였다. 20일간의 포위 공격 후 예언자는 후퇴를 명령했다. 그러나 그는 경건한 승리의 찬가를 부르며 물러나면서 믿음 없는 이 도시의 회개와 안전을 위해 기도하는 체했다. 이 행운의 원정에서 얻은 전리품은 포로 6000명, 낙타 2만 4000마리, 양 4만 마리, 은 4000온스였다. 후나인 전투에 참가한 한 부족은 우상을 버림으로써 자신들의 동족을 송환받았다. 마호메트는 전리품의 5분의 1을 병사들에게 양도하여 그들의 손실을 보상했으며, 병사들을 위해 자신이 테하마 지방의 나무 수만큼 가축을 보유하고 있으면 좋겠다고 말했다. 그는 쿠라이시족의 불평을 벌하는 대신 그들의 혀를 잘라 내고(스스로 그렇게 표현했다.) 관대함이라는 고단수의 방법으로 그들의 애정을 얻어 내려 했다. 아부 수피안 한 사람에게 낙타 300마리, 은 20온스를 선물했고, 메카는 코란이라는 수익성 있는 종교를 진심으로 받아들였다.

이주자와 조력자들은 온갖 고초를 겪은 자신들이 정작 승리의 순간에 홀대를 받고 있다고 불평했다. 지략이 뛰어난 지도자는 이에 답했다. "아아, 최근까지 적이었던 이들을, 아직 믿을 수 없는 개종자들을 우리 편으로 끌어들일 수 있게 참아 주시오. 나는 생명과 재산을 여러분의 보호에 맡겼소. 여러분이야말로 내 유배 생활과 왕국, 천국의 동반자요." 포위 공격이 반복될 것을 우려한 타예프의 장수들이 그를 따라왔다. "오 신의 사도시여, 저희들에게 3년의 휴전 기간을 주시고 그동안만이라도 고대로부터 내려온 경배를 할 수 있게 해 주십시오." "한 달도, 한 시간도 안 되오." "적어도 기도의 의무만이라도 면해 주십시오." "기도가 없으면 종교는 아무 소용이 없소." 그들은 말없이 굴복했고 사원은 파괴되었으며, 이와 마찬가지 파괴 명령이 아라비아의 모든 우상에 대해 내려졌다. 마호메트의 군사들은 홍해, 인도양, 페르시아 만에서 이슬람교도들의 환호성을 받았고, 메디나의 왕좌 앞에 무릎 꿇은 각지의 사절의 수는 (아라비아식 표현을 빌리자면) 익어 떨어진 대추야자만큼이나 많았다. 아라비아 민족 전체가 마호메트의 신과 권좌에 복종했고 공납이라는 부끄러운 이름은 사라졌으며, 자발적으로 또는 마지못해 내는 기부금과 십일조의 봉헌은 이슬람교의 예배 의식에 사용되었고, 11만 4000명의 이슬람교도가 사도의 마지막 순례 행렬에 동행했다.[101]

101 아불페다, 가니에, 엘마신. 아불페다 기우스가 마호메트의 마지막 정복과 순례에 대해 다루고 있다. 헤지라 9년은 '사절단의 해'라고 표현된다.

헤라클리우스는 페르시아 전쟁에서 승리하고 돌아왔을 때, 지상의 모든 군주와 민족들에게 이슬람 신앙을 고백할 것을 권하는 마호메트의 사절 가운데 한 명을 에메사에서 접견했다. 이를 근거로 광신적인 아랍인들은 그리스도교도 황제를 개종시킬 수 있을 것으로 은근히 기대했다. 허영심 많은 그리스인들은 메디나의 군주가 개인적으로 황제를 방문해 시리아 속주에 있는 부유한 지역과 안전한 사유지를 하사받았다는 말을 꾸며 냈다. 그러나 헤라클리우스와 마호메트의 우호 관계는 짧은

서기 629, 630년.
이슬람교도와
로마 제국과의 1차 전쟁

시간에 끝났다. 새로운 신앙은 사라센인들의 광폭한 기질을 진정시키기보다는 부추겼고, 사절 한 명이 살해당한 것을 구실 삼아 3000의 병력을 이끌고 요르단 동쪽의 팔레스타인 지역을 침공했다. 신의 군기는 자이드가 맡았는데 이 신흥 종교의 규율 내지 열정이 어찌나 대단했던지 아무리 신분 높은 장수라도 예언자가 보낸 노예 아래 기꺼이 복종했다. 그가 사망하면 자파르와 압달라가 차례로 지휘권을 넘겨받기로 되어 있었고, 셋 모두 사망하면 군대가 스스로 지휘관을 선출할 권한을 부여받았다. 세 명의 지휘관은 외국 군대에 맞선 이슬람교도들의 용맹성을 시험받는 첫 번째 군사 행동인 무타 전투에서 모두 살해당했다. 자이드는 군인답게 최전선에서 쓰러졌고 자파르의 죽음은 영웅적이고 기억할 만했다. 그는 오른손을 잃자 왼손으로 군기를 잡았고, 왼손마저 잘려 나간 채 영광의 상처를 쉰 군데나 입고 땅에 쓰러질 때까지 손 없는 뭉툭한 팔로 군기를 끌어안았다. 이 빈자리를 메우기 위해 나선 압달라는 "전진하라."고 외쳤다. "자신을 갖고 전진하라. 승리이든 천국이든 어느 것이나 우리의 것이 되리라." 한 로마인의 창에 그의 운명이 정해졌지만 쓰러지는 군기를 메카의 개종자 할리드가 받아 냈다. 그의 손에는 부러진 아홉 자루의 칼이 있었고, 이러한 그의 용맹으로 그리스도교도들의 수적 우세를 이겨 냈다. 한밤에 열린 군사 회의에서 할리드에게 지휘권이 주어졌고, 그 다음 날 펼친 노련한 작전으로 사라센의 승리 또는 퇴각이 결정되었다. 할리드는 동포와 적에게 '신의 검'이라는 명예로운 별칭으로 알려져 있다. 마호메트는 제단에서는 예언자적인 황홀함에 젖어 축복받은 순교자들의 왕관에 대해 설파했지만, 개인적인 자리에서는 인간적인 감정을 드러냈다. 그는 자이드의 딸이 슬퍼하며 우는 모습을 보고 눈물을 흘렸다. 그 모습을 본 숭배자는 놀라 "제가 지금 보고 있는 것이 무슨 광경입니까?" 하고 물었다. 이에 신의 사도는 "가장 충실한 친구의 상실을 슬퍼하는 한 친구의 모습일세."라고 답했다. 메카를 정복한 이후 아라비아의 군주는 헤라클리우스의 적대적인 행위를 막으려 노력하면서, 그 계획의 어려움이나 위험을 숨김없이 언급하고 로마인들에 대한 전쟁을 엄숙하게 선포했다. 이에 이슬람교도들은 낙담하여 자금, 말, 보급품의 부족과, 추수의 계절인데다 무더위는 견디기 힘들 것이라고 우겨댔다. 분개한 예언자는 이렇게 말했다. "지옥은 훨씬 더 뜨겁소." 그는 그들의 복종을 강요할 필요는 없다고 생각했지만, 돌아와서는 가장 죄가 무거운 자에게 50일간의 파문 선언을 내려 경고했다. 그들의 직무 유기는 아부 바크르와 오스만, 그리고 생명과 재산을 바친 충실한 교우들의 공적을 한층 돋보이게 했다. 마호메트는 기병 1만, 보병 2만 명으로 이루어진 군대 앞에 군기를 내걸었다. 행군은 참으로 고통스러웠고 피로와 갈증은 사막의 뜨겁고 치명적인 바람으로 더욱 심해졌다. 병사 열 명이 돌아가면서 낙타 한 마리를 탔고, 이 유용한 동물의 오줌을 마셔 갈증을 해소해야 하는 수치스러운 상황에 이르렀다. 그들은 메디나와 다마스쿠스에서 열흘 정도 떨어진 거리에 있는 타부크의 풀숲과 샘 근처에서 휴식을 취했다. 마호메트는 그곳을 넘어서는 전쟁 수행을 단념하고, 황제의 평화적인 의도에 만족한다고 주장했지만 아마도 동로마 제국의 군세에 기가 꺾인 것이리라. 그러나 적극적이고 용맹스러운 할리드는 그 무시무시한 이름을 널리 떨쳤고, 예언자는 유프라테스에서 홍해 수원(水源)지의 아일라에 걸쳐 여러 부족과 도시의 항복을 받았다. 마호메트는 그리스도교도 신민들에게 기꺼이 신변의 안전과 교역의 자유, 소유권, 예배의 자유 등을 허락했다. 아랍 동포들은 유

102 마호메트가 간질병이 있다고 주장한 이는 테오파네스, 조나라스 등의 그리스인들이며 호팅거, 프리도, 마라치도 아주 편협한 마음에서 이 주장을 받아들였다. 코란 중 두 장의 표제는 아무리 해도 그렇게 해석되지는 않는다. 이슬람교 주해학자들의 침묵, 무지는 가장 단호한 부정보다도 훨씬 단정적이다. 오클리, 가니에, 살레는 박애적인 측면을 옹호한다.

103 그의 열렬한 옹호자인 아불페다와 앎 자나비는 이 독(그가 예언자적 지식의 증거로 제시했기 때문에 더욱 경멸할 만하다.)에 대해 솔직하게 고백했다.

약함 때문에 그의 야망에 반대하지 못했고, 예수의 사도들은 유대교도들의 적에게는 소중한 존재였으므로, 지상에서 가장 강력한 이 종교에 공정한 항복 조건을 제시하는 것은 정복자의 이해관계에 맞는 일이었다.

서기 632년 6월,
마호메트의 죽음

마호메트는 나이 예순셋에도 기력이 정정하여 그의 사명에서 오는 육체적, 영적인 피로를 이겨 낼 수 있었다. 그가 간질병 발작을 일으킨다는 그리스인들의 터무니없는 주장도 혐오보다는 동정의 대상이 되었을 것이다.102 그러나 그는 한 유대 여인이 복수를 하기 위해 카이바르에서 자신에게 독을 먹였다고 굳게 믿었다.103 4년 동안 예언자의 건강은 약해졌고 병을 앓는 일이 늘어났는데, 가장 치명적이었던 것은 그의 이성을 이따금 앗아 가며 14일간 계속된 열병이었다. 그는 죽음의 시간이 다가옴을 깨닫자 미덕 또는 회개에서 우러난 겸손함으로 동포들을 교화했고 제단에 서서 이렇게 외쳤다. "만일 누구든 내가 부당하게 태형을 내린 자가 있다면, 내 등을 보복의 채찍에 맡기겠소. 내가 다른 이슬람교도의 평판을 해한 적이 있소? 그렇다면 그 사람은 회중 앞에서 내 잘못을 천명할 것이오. 자기 물건을 약탈당한 자가 있소? 내 얼마 안 되는 재산으로 그 빚을 갚을 것이오." 그러자 군중 속에서 누군가의 목소리가 들렸다. "있소. 내가 은 3드라크마를 받아야 하오." 마호메트는 이 말을 듣고 그 요구를 들어준 후 이 채권자에게 심판의 날이 아니라 현세에서 자신을 비난해 준 것에 대해 고맙다고 했다. 그는 다가오는 죽음을 절도 있고 확고하게 지켜보았다. 노예들(이름이 있는 남자 열일곱, 여자 열하나)을 해방시켰고, 장례 절차를 세부적으로 지시하고, 슬퍼하는 친구들의 비탄을 달래며 평화의 기도를 해 주었다. 죽기 사흘 전까지 그는 공식적으로 이루어지는 정기적인 기도를 수행했다. 자기 대신으로 아부 바크르를 택한 것은 충실한 오랜 벗을 성직 및 왕좌의 후계자로 지정한 것으로 보였기에, 그는 여기서 생겨날지도 모르는 위험과 시기를 현명하게 피해 더 이상의 확실한 지명을 거절하였다. 그의 모든 기능이 눈에 띄게 쇠약해진 순간, 그는 자기가 받은 모든 계시의 총집합체인 성스러운 책을 만들 수 있도록, 아니 구술할 수 있도록 펜과 잉크를 가져오게 했다. 실내에서는 그가 코란의 권위를 능가할 수 있게 둘 것인지에 대한 논쟁이 오갔고, 예언자는 제자들의 무례한 열정을 꾸짖을 수밖에 없었다. 여러 아내와 교우들이 입으로 전한 바를 조금이라도 믿는다면, 그는 생의 마지막 순간까지 사도로서의 위엄과 열렬한 신도로서의 신앙을 유지했다. 지상과 영원한 작별을 고하기 위한 가브리엘의 방문을 묘사하고, 신의 자비뿐만 아니라 은총에 대한 자신의 강렬한 믿음을 표현했다. 지인들과의 허물없는 대화에서 예언자는 죽음의 천사도 자신이 먼저 정중하게 청하지 않으면 자신의 영혼을 데려갈 수 없는 특권에 대해 말했다. 그 요청을 받아들이자마자 마호메트는 곧 죽음의 고통 속으로 떨어졌다. 그는 아내들 가운데 가장 사랑한 아예샤의 무릎 위에 머리를 떨어뜨리고 격렬한 고통으로 정신을 잃었다. 정신을 차린 그는 지붕을 향해 눈을 들고 명확하지만 떨리는 목소리로 띄엄띄엄 마지막 말을 내뱉었다. "오 신이시여! …… 제 죄를 용서하소서. …… 그렇습니다. …… 이제 갑니다. …… 천상에 있는 동료들의 곁으로." 그러고는 바닥에 깔린 카펫 위에서 평화롭게 숨을 거두었다. 시리아 정복을 위한 원정은 이 비통한 사건으로 중단되었다. 군대는 메디나의 성문 앞에서 정지했고 그의 장군들은 죽어 가는 주인 곁에 모여들었다. 예언자의 도시, 무엇보다 그의 집은 조용한 절망에서 나오는 요란한 슬픔의 현장이 되었다. 광신만이 희망과 위로의 빛을 줄 수 있었다. "우리에게 있어 신의 증인, 중재인, 조정자인 그분이 어떻게 죽을 수 있겠소? 신의 이름으로 그는 죽지 않았소. 모세와 예수처럼 그는 신성한 혼수상태에 빠져 있는 것이며, 곧 충실한 그의 백성들에게 돌아올 것이오." 오감의 증거는 무시되었고 우마르는 언월도를 꺼내 들고 예언자가 세상을 떴다고 하는 신앙 없는 자들의 목을 베어 버리겠다고 위협했다. 이 소동은 아부 바크르의 위엄과 중재로 가라앉았다. 그는 우마르와 군중들을 향해 이렇게 말했다. "너희들이 경배하는 것이 마호메트냐, 마호메트의 신이냐? 마호메트의 신은 영원히 살지만 사도는 우리와 같은 인간이다. 그 자신의 예언에 따르면 그는 인간의 공통적인 운명을 경험했다." 그는 자신이 죽은 바로 그곳에 친족들의 손으로 경건하게 묻혔다.[104] 메디나는 마호메트의 죽음과 매장으로 성지가 되었고, 수없이 많은 메카의 순례자들은 자발적인 신앙심에서[105] 예언자의 소박한 무덤 앞에[106] 머리를 숙이기 위해 먼길을 들리곤 한다.

[104] 비잔티움과 라틴인들은 마호메트의 철 무덤이 같은 힘을 가진 천연 자석의 힘으로 메카의 공중에 매달려 있다는 세속적이며 허황된 이야기를 만들어 퍼뜨렸다. 특별히 철학적인 탐구를 하지 않더라도 (1) 예언자는 메카에 묻히지 않았고, (2) 메디나의 무덤은 수백만 명이 방문하는 땅에 있다는 것으로 충분할 것이다.

[105] 알 자나비는 예언자와 그 교우들의 무덤을 방문하는 순례자의 여러 의무에 대해 설명한다. 이 박식한 궤변자는 자신의 기도 행위가 성스러운 교리의 의무에 가장 근접하다고 결론짓는다. 메카와 메디나 중 어느 곳이 더 뛰어난지에 대해서는 학자들의 의견이 엇갈린다.

[106] 아불페다와 가니에는 마호메트의 최후의 병과 죽음, 매장에 대해 설명하고 있다. 가장 사적이면서도 흥미로운 상황을 맨 처음 전한 것은 아예샤와 알리, 압바스의 아들 등이다. 그들은 메디나에 거주하면서 예언자 사후에도 오래도록 생존했기 때문에 이 경건한 이야기를 2세대, 3세대의 순례자들에게도 선할 수 있었다.

마호메트의 성격

마호메트의 삶을 끝맺음에 있어 이제 그의 단점과 장점을 비교 평가해 보면, 이 비범한 인물을 열렬한 종교인이라고 해야 할지 사기꾼이라고 해야 할지 결론을 내릴 수 있다고 나는 독자들에게 기대하고 있는지도 모르겠다. 그러나 아마 압달라의 아들을 친밀하게 잘 알았더라도 그러한 판단은 하기 힘들었을 것이며, 그 결정이 올바를지도 확실하지 않다. 12세기나 지난 지금 우리는 종교라는 향이 내뿜는 장막을 통해 그의 그림자를 뿌옇게 보고 있을 뿐이기 때문이다. 시간의 윤곽을 정말로 잡을 수 있다 해도 그 희미한 그림을 헤라 산의 은자, 메카의 전도자, 아라비아의 정복자에게 똑같이 적용할 수는 없을 것이다. 이 강력한 혁명의 창시자는 경건하고 관조적인 성격을 가지고 있었던 듯하다. 결혼으로 빈곤의 압박을 벗어나자마자 그는 야망과 탐욕의 길을 피했다. 마흔까지 순결하게 살았으므로 이름도 남기지 못하고 그대로 죽었을 지도 모른다. 신의 유일성은 천성과 이성에 가장 적합한 생각이고, 그는 유대교도, 그리스도교도들과 나눈 약간의 대화로 메카의 우상 숭배를 경멸하고 혐오하는 법을 배웠다. 구원의 교리를 전하고 조국을 죄와 오류의 지배에서 구하는 것은 인간 및 시민으로서의 의무였다. 끊임없이 같은 대상에 집중하는 정신적 에너지는 일반적 의무를 특별한 사명으로 바꿨고, 사색의 노력은 환희와 계시가 되었으며 보이지 않는 충고자인 내적인 감각은 신의 천사가 갖는 모습과 특성이라고 설명되었다. 열렬한 신앙에서 사기로 넘어가는 길은 위험하고 애매하다. 소크라테스의 악마는 어떻게 현자가 스스로를 속일 수 있고, 선량한 자가 어떻게 다른 사람을 속일 수 있으며, 자기기만과 의도적 사기가 혼합된 중간 단계에서 양심이 어떻게 잠들 수 있는지를 보여 주는 기억할 만한 사례이다. 관대하게 보면 마호메트가 본디 순수하고 온전한 박애라는 동기에서 시작했다고 볼 수도 있다. 그러나 한 인간으로서의 전도자는 자기 주장을 거부하고 논증을 경멸하며 삶을 박해하는 완고한 이교도들을 사랑할 수 없다. 개인적인 적은 용서한다 하더라도 신의 적을 미워하는 것은 합법적이라 할 수 있다. 마호메트의 가슴속에 자부심과 복수심이라는 완고한 열정이 불타올랐고, 그는 니네베의 예언자처럼 자신이 저주한 반도들의 파멸에 한숨지었다. 메카의 부당한 처사와 메디나의 선택에 한 시민이 군주로, 보잘것없는 전도자가 군대의 수장으로 탈바꿈했다. 그의 칼은 성도들의 모범으로 축성을 받았고, 죄 많은 세상에 역병과 지진을 일으켰던 바로 그 신은 개종 또

107 볼테르는 긴 글에서 노년의 예언자를 "동료들의 귀에 걸기 위해 목에 걸린 사슬을 끊은" 고행자와 비교한다.

는 응징을 위해 그의 종들의 용맹성을 일깨웠을지도 모른다. 정치력의 행사에 있어 그는 추종자들의 편견과 열정을 어느 정도 따르기 위해, 그리고 인류의 악덕마저도 그들의 구원 도구로 사용하기 위해 열렬한 신앙이 갖는 경직성을 완화시켜야 했다. 사기와 배반, 잔인함과 부당한 처사를 사용하면 신앙을 전파하는 데 도움이 되는 경우가 많은데, 마호메트는 전장에서 도망쳐 온 유대교도들과 우상 숭배자들을 살해할 것을 명령하거나 승인했다. 이와 같은 일을 반복하면서 마호메트의 성격은 서서히 망가져 갔음에 틀림없다. 추종자와 벗들 사이에서 예언자의 평판을 유지하는 데 필요한 개인적, 사회적 미덕을 아무리 실천한들, 이러한 사악한 행위를 제대로 보상할 수는 없었을 것이다. 말년에 그는 야망에 집중했고, 아마 정치인이라면 그가 청년기의 광신과 개종자들의 얄팍한 신앙을 돌아보고 은밀히 미소 지었을 것(사기꾼이 승리한 것이다!)이라고 의심했을 것이다.107 철학자라면 그들의 얄팍한 신앙과 그의 성공이 자신의 성스러운 사명에 대한 확신을 한층 강화시켰고, 그의 이해관계와 종교가 불가분의 관계에 있었고, 그의 양심은 성문법과 도덕률의 의무를 자신에게만 면해 주었다는 확신으로 위안을 얻었으리라고 말할 것이다. 타고난 순수성을 조금이라도 간직했다면 마호메트의 여러 죄는 진정성의 증거라고 인정할 수도 있을 것이다. 진리를 옹호하기 위해서라면 사기와 허위라는 기교를 부려도 죄가 어느 정도 덜어진다고 생각할지 모르지만, 그가 종말의 중요성과 정당성을 확신하지 않았다면 그 역시 방법의 불결함에 놀랐을 것이다. 정복자로서든 성직자로서든 그의 말이나 행동에서 꾸미지 않은 인간성을 알아낼 수 있다. 포로를 팔 때는 어머니를 자식과 떼어 놓아서는 안 된다고 하는 마호메트의 율령은 역사가들의 비난을 막거나 완화시킬

수 있을 것이다.[108]

마호메트의 양식(良識)은[109] 왕가의 허례허식을 경멸했다. 신의 사도는 사소한 집안일도 기꺼이 직접 했는데, 불을 지피고 바닥을 쓸고 양 젖을 짜고 자기 손으로 직접 신발과 옷을 수선했다. 그는 은둔자의 고행과 미덕을 떳떳지 않게 여겼으며, 애쓰거나 허영에서가 아니라 그저 순수하게 일반적인 아랍인이나 병사들의 금욕적 식습관을 지켜 냈다. 종교적인 행사에서는 그도 벗들과 소박하지만 풍성한 음식을 즐겼지만, 예언자의 집은 수 주일 동안 벽난로에 불을 지피지 않고 지내기도 했다. 그는 금주령을 솔선수범해 보였고 얼마 안 되는 보리 빵으로 배고픔을 달랬다. 우유와 꿀을 좋아했지만 대개는 대추야자 열매와 물을 먹었다. 그는 천성적으로 향료와 여자라는 감각적인 쾌락을 즐겼는데, 이슬람 종교에서는 이 둘을 금하지 않았고 마호메트는 자기 신앙의 열정이 이런 순수한 쾌락으로 더욱 커졌다고 확언했다. 뜨거운 기후는 아랍인들의 피를 끓게 하였는데, 고대의 작가들도 아랍인들의 호색한 낯빛에 대해 언급한 바 있다. 코란의 민법과 종교 법규가 그들의 무절제를 규제했다. 근친상간적 결혼은 비난을 받았고 무제한적인 일부다처제의 방종은 아내 또는 첩 네 명으로 제한되었으며, 잠자리나 지참금에 대한 그들의 권리도 공평하게 결정되었다. 이혼의 자유에는 찬성하지 않았고 간통은 중대한 범죄였으며, 남성이든 여성이든 사통을 하면 태형 백 대로 벌을 받았다.[110] 이렇게 법제자의 교리는 냉정하고 합리적이었다. 그러나 개인의 행동 면에서 보면 마호메트는 남자로서의 욕구를 충족시켰고 예언자로서의 권리를 남용했다. 특별한 계시로 자신이 국가에 부과한 법에서 면제되었고 여성은 아무런 제약 없이 그의 욕망의 대상

마호메트의 사생활

[108] 가니에는 예언자의 이 인간적인 유령과 예언자가 유도하고 승인한 카아브와 수피안의 살해를 똑같이 객관적으로 묘사한다.

[109] 마호메트의 가정사에 대해서는 가니에, 그의 식습관과 자녀, 아내들, 사이네브와의 결혼, 마리아와의 정사, 아예샤에 대한 모함 등에 대해서는 아분페다의 관련 글을 참조하라.

[110] 살레는 결혼, 이혼 등에 관한 법을 요약하고 있으며, 샐든의『유대인 아내』를 읽는 호기심 많은 독자라면 유대교의 법령을 여럿 알아챌 수 있을 것이다.

111 한 가지 기억할 만한 사건에서 칼리프 우마르는 추정 증거는 아무런 소용이 없으며 네 명이 간통 행위를 목격해야 한다고 판결했다.

이 되었다. 이 기묘한 특권은 신앙심 깊은 이슬람교도들 사이에서 추문보다는 시기심을, 시기심보다는 존경을 자아냈다. 현명한 솔로몬 왕이 아내 700명에 첩 300명을 거느렸다는 사실을 생각한다면, 아내 열일곱 또는 열다섯에 그친 이 아랍인의 절제를 칭찬해야 할지도 모른다. 열한 명은 메디나에서 사도의 집 주위에 각기 다른 집을 마련하고 차례로 그가 잠자리에 들기를 기다렸다. 특이한 것은 아부 바크르의 딸 아예샤를 제외하고는 모두 과부였다는 사실이다. 마호메트가 아예샤와 결혼한 것은 그녀가 아홉 살 때였으므로(이 기후에서 조숙함은 이 정도이다.) 그녀는 당연히 처녀였다. 아예샤는 젊음, 아름다움, 마음으로 우월한 지위를 확보하고 예언자의 사랑과 믿음을 얻었다. 아부 바크르의 딸은 예언자가 죽은 뒤에도 믿는 자들의 어머니로서 오랫동안 존경을 받았다. 그러나 그녀의 행동은 모호하고 신중하지 못했다. 어느 야간 행군에서 아예샤는 우연히 뒤처지게 되었고, 아침에 한 남자를 대동하고 진영으로 돌아왔다. 이때 마호메트는 질투를 느낄 뻔했지만 신의 계시로 그녀의 순결을 확인했다. 그리고 그녀를 비난하는 자들을 꾸짖고, 앞으로 여성은 간통 행위를 네 명의 남자 증인에게 목격당하지 않는 한 처벌해서는 안 된다는 가정의 화목을 위한 법령을 만들었다.111 이 호색한 예언자가 자이드의 아내 자이네브와 이집트 포로 마리아와 벌인 위험한 행동을 보면 자신의 평판 따위는 잊은 듯하다. 자신이 해방시켜 준 자유민이자 양자인 자이드의 집을 찾은 그는 헐렁한 일상복을 입은 자이네브의 아름다움을 보고는 갑자기 강한 애착과 욕망을 표현하는 말을 내뱉었다. 노예근성에서인지 감사에서인지 자이드는 그 암시를 알아듣고 주저 없이 자기 은인의 사랑에 순순히 굴복했다. 그들

마호메트의 부인들

의 부자 관계 때문에 의혹과 추문이 일자 대천사 가브리엘이 하늘에서 내려와 그 행위를 인정하고 파양을 선언했으며 신의 호의를 의심했다며 사도를 부드럽게 꾸짖었다. 여러 아내들 가운데 우마르의 딸 하프사는 자신의 침상에서 이집트 포로 마리아를 안고 있는 마호메트를 목격하였다. 하프사는 비밀을 지킬 것과 용서를 약속했고 마호메트는 마리아를 소유하지 않겠다고 맹세했다. 그러나 두 사람 모두 약속을 잊어버렸고 이에 가브리엘이 또다시 코란의 한 장을 들고 내려와 마호메트는 맹세를 지키지 않아도 된다며 책임을 면해 주고, 앞으로는 아내들의 시끄러운 잔소리에 귀 기울이지 말고 마음껏 포로나 첩들과 즐겨도 된다고 훈계했다. 그는 30일 동안 조용히 마리아만 데리고 은둔하여 천사의 명령을 수행했다. 사랑과 복수심이 충족되자 그는 아내 열한 명을 불러 놓고 그들의 불순종과 경솔함에 대해 꾸짖고 이 세상과 저 세상 양쪽에서 이혼해 버리겠다고 위협했다. 예언자의 침상에 오른 사람은 영원히 재혼할 수 없도록 되어 있었기 때문에 이것은 아주 무서운 선고였다. 마호메트의 무절제는 자연적 또는 초자연적 재능이라는 전승으로 변명되었을지도 모른다. 사도는 아담의 자손 서른 명을 합한 정도의 남성적인 힘을 가지고 있었는데, 13업(業)을 수행한 그리스의 헤라클레스와 겨룰 수도 있었을 것이다. 하디자에 대해 충실했기 때문에 그의 무절제는 제대로, 점잖게 용서되었을 것이다. 결혼 생활 24년 동안 젊은 남편은 일부다처제의 권리를 자제하였고, 존경할 만한 부인의 자긍심 혹은 애정은 경쟁자에게 한 번도 모욕을 받은 적이 없었다. 그는 하디자가 죽자 그녀를 모세의 누이, 예수의 어머니, 그가 가장 사랑한 딸 파티마와 함께 완벽한 네 여인이라는 반열에 올려놓았다. 이제 막 피어오르는 아름다움을 뽐내던 아예샤는 당돌하게 물음을

112 이 아랍 역사 개요는 데르벨로의 『동방 총서』(아부 바크르, 우마르, 오스만, 알리 등의 제목이 붙어 있다.), 아불페다, 아불파라기우스, 엘마킨의 『연감』(헤지라 해당 연도), 무엇보다 오클리의 『사라센 민족사』에서 발췌했다. 그러나 적대적인 종파에서 전승으로 전해 온 내용은 조심스럽게 보아야 한다. 수원지에서 흘러나와 멀리 흘러가면 갈수록 점점 더 진흙탕이 되는 물줄기와 같기 때문이다.

던졌다. "그분은 늙지 않았나요? 신께서 그분 대신 당신께 더 나은 짝을 주시지 않았나요?" 마호메트는 고마운 마음을 솔직하게 표현하며 이렇게 답했다. "신께 맹세컨대 아니라오. 더 나은 사람은 있을 수 없소! 그 여인은 사람들이 나를 경멸할 때 나를 믿어 주었고, 내가 세상에서 가난하고 핍박받을 때 그 궁핍함을 덜어 주었다오."

마호메트의 자녀들

종교와 제국의 창시자는 일부다처제의 특권을 이용하여 수많은 자손과 직계 후손을 가질 기회를 늘리고자 했을 것이다. 그러나 마호메트의 희망은 완전히 꺾이고 말았다. 그의 강력한 포옹에도 처녀였던 아예샤나 임신할 만큼 충분히 나이를 먹은 열 명의 과부들 모두 아이를 갖지 못했다. 하디자가 낳은 네 아들은 어릴 때 죽었고, 이집트 여인 마리아는 이브라힘을 낳아 마호메트의 사랑을 받았지만 15개월 후 예언자는 아들의 무덤에 눈물을 쏟아야 했다. 그는 적들의 조롱을 굳건히 견뎌 내면서 아이의 죽음 때문에 일식이 생긴 것은 아니라고 확언하여, 이슬람교도들의 아첨과 속기 쉬운 기질을 견제했다. 하디자는 딸도 넷 낳았는데 딸들은 모두 가장 충실한 제자들과 결혼했다. 위의 딸 셋은 아버지보다 먼저 죽었지만 아버지의 신임과 사랑을 받던 파티마는 사촌 알리와 결혼해 걸출한 자식들을 낳았다. 알리와 그 후손들의 업적과 불행과 관련해 사라센의 칼리프들에 대해 먼저 이야기하겠다. 칼리프라는 직함은 신의 사도의 대리인이자 후계자로서 신도들을 지휘하는 자를 의미한다.112

알리의 성격

알리는 출생 신분, 인척 관계, 성품이 뛰어나 동료들보다 높은 지위에 오를 수 있었고 이를 기반으로 아라비아의 왕좌가 비었을 때 왕권을 요구할 수도 있었다. 아부 탈리브의 아들인 그는 그 개인의 권리로서는 하심 가문의 수장이고 메카 시와 신전의 세습 군주이자 수호자였다. 예언의 빛은 사라졌지만 파티마의 남편은 장인에게서 상속권과 축복을 기대했을 것이며, 아랍인들은 과거에도 가끔 여성의 지배를 참은 적이 있었다. 예언자는 종종 두 외손자를 무릎 위에 앉히고 같이 놀기도 했고, 제단에서는 그들이 늙은 자신의 희망이라고, 천국의 청년 수장이라고 소개했다. 진정한 신도 중 첫 번째였던 알리는 현세에서나 내세에서 두 아들 앞에서 진군하고자 했을 것이다. 더 엄숙하고 엄격한 기질을 가진 사람이 있었다 하더라도 새로운 개종자들 가운데 알리의 열정과 미덕을 능가할 자는 없었다. 그는 시인, 군인, 성자의 자질을 모두 갖추고 있었고, 그의 지혜는 도덕적, 종교적 격언을 담은 모음집 속에서 여전히 살아 숨쉬고 있다.[113] 말로든 칼로든 알리와 대적하는 자는 누구든지 그의 달변과 용맹함에 굴복했다. 신의 사도가 형제이자 대리인 그리고 모세의 두 번째 아론이라고 부른 이 관대한 벗은 신의 사도의 첫 사명의 수행 순간부터 마지막 장례의 순간까지 한 번도 그를 저버리지 않았다. 후일 아부 탈리브의 아들은 자기 권리를 엄숙히 선언하여 자기 자신의 이익을 보호하지 않았다는 비판을 받는다. 그렇게만 했더라면 모든 경쟁자를 잠재우고 천국의 교의에 따라 자신의 후계 구도를 완결 지을 수 있었을 것이다. 그러나 의심할 줄 모르는 우리의 영웅은 자기 자신을 믿었고, 제국 내의 시기심과 반대파에 대한 공포로 마호메트는 결정을 잠시 보류하였다. 게다가 임종 침상은 아부 바크르의 딸이자 알리의 적인 교활한 아예샤가 지키고 있었다.

예언자가 침묵하고 죽어 버리자 사람들의 자유가 되살아났고, 그의 교우들은 후계자를 선정하기 위한 회합을 열었다. 알

[113] 오클리는 다소 주저하면서 아부 탈리브의 아들 알리의 것이라는 문구 10개의 영어본을 제시한다. 그의 시문은 역자의 열정으로 채색되어 있지만, 이 문장들은 인간 삶의 어둡지만 전형적인 모습을 보여 주고 있다.

114 오클리는 아랍 원전을 보고 아예샤가 신의 사도 후임으로 자기 아버지를 선출하는 데 반대했다고 주장한다. 이 사실은 그 내용만으로도 개연성이 없지만, 아불페다나 알 자나비, 알 부카리 등은 전혀 언급도 하고 있지 않다. 알 부카리는 특히 아예샤가 구전으로 전한 내용을 인용하고 있는데도 말이다.

서기 632년 6월,
아부 바크르의 통치

리의 세습 권리와 고상한 마음은 빈번한 자유 선출로 왕권을 부여하고 또 회수하려는 귀족 장로들에게는 불쾌한 일이었다. 쿠라이시족은 하심 가문 사람들의 긍지 높은 우월함을 도저히 받아들일 수가 없었다. 오래된 부족 간 싸움이 다시 일어났고 메카의 이주자들과 메디나의 조력자들은 각자의 공을 주장하고 나섰다. 독립적인 두 명의 칼리프를 선출하자는 성급한 제안을 채택했더라면 사라센인들의 종교와 제국은 초기에 완전히 궤멸했을 것이다. 이 소요는 갑자기 자신의 권리를 포기하고 손을 내밀어 자신은 온화하고 덕망 높은 아부 바크르의 첫 번째 신하가 되겠다고 선언한 우마르의 사심 없는 결단으로 가라앉았다. 이 불법적이고 성급한 조치는 그 순간의 긴박함과 사람들의 묵종으로 받아들여졌을지는 모르지만, 우마르 자신은 제단 위에서 만일 누군가 이슬람교도들의 투표에 미리 손을 쓴다면 선출된 사람이나 선출하는 사람 모두 죽게 될 것이라고 공언했다.114 아부 바크르가 즉위하자 메디나, 메카, 아라비아의 모든 지역이 그에게 복종했지만, 하심 가문만이 충성의 맹세를 거부했다. 하심 가문의 수장은 신의 사도의 딸이 사는 집이라도 불태워 버리겠다는 우마르의 위협에도 아랑곳없이 자기 집에서 6개월 이상 칩거하면서 침묵했다. 그러나 파티마의 죽음과 그의 당파 세력의 쇠퇴로 알리의 분노는 수그러들었다. 그는 신도들의 통솔자에게 마지못해 경의를 표했고 공동의 적을 막을 필요가 있다는 구실을 받아들였으며, 아랍인들의 통치권을 양보하겠다는 그의 정중한 제의를 현명하게 거절했다. 2년의 통치 후 노쇠한 칼리프는 죽음의 천사의 부름을 받았다. 마호메트의 교우들이 암묵적으로 재가한 유언장에서 그는 굳건하고 용맹한 덕을 갖춘 우마르에게 왕권을 넘겼다.

"저는 이 자리에 오를 이유가 없습니다."라며 우마르가 겸손하게 사양하자 아부 바크르는 "하지만 이 자리는 자네를 맞이할 이유가 있다네."라고 답했다. 그러고는 마호메트의 신이 자신의 선택을 인정하고 이슬람교도들을 조화와 복종의 길로 인도하기를 바라는 열렬한 기도를 하면서 숨을 거두었다. 기도가 헛되지 않았는지 은둔과 기도의 삶을 살던 알리가 경쟁자의 우월성과 위엄에 존경을 표시했고, 우마르는 그를 추켜세우며 신뢰와 존경을 표하고 제국을 양보한 것에 대해 위로해 주었다. 통치 12년째 되는 해에 우마르는 암살자에게 치명적인 상처를 입었는데, 자신의 아들과 알리의 이름을 공평무사하게 모두 물리치고 자신의 양심을 후임자 선정의 죄로 무겁게 하지 않겠다며, 존경할 만한 교우 여섯 명에게 신도들의 지도자를 선출하는 무거운 짐을 맡겼다. 이때도 알리는 그의 친구들에게서 자기 권리를 다른 사람들의 판단에 맡기고, 심지어 선출자의 역할을 받아들여 그들의 권위를 인정했다는 비난을 받았다. 그가 과감하게 코란과 전통뿐만 아니라 두 장로[115]의 결의까지도 엄격하게 그대로 따르겠다고 약속했다면, 그는 틀림없이 그들의 찬성표를 얻었을 것이다. 마호메트의 서기였던 오스만은 이러한 한계를 가지고 통치권을 받아들였다. 알리가 대중의 선출로 왕권과 성직을 부여받은 것은 세 번째 칼리프 다음, 예언자가 죽은 지 24년이 지나서였다. 아랍인들의 풍습은 자신들의 소박한 단순성을 유지하였고 아부 탈리브의 아들은 이 세상의 허례허식을 경멸했다. 기도 시간에 그는 얇은 면으로 된 옷을 입었고, 투박한 터번을 두르고는 한 손에 신발을 다른 한 손에는 지팡이 대신 활을 들고 메디나의 모스크로 갔다. 예언자의

서기 634년 7월, 우마르의 통치

서기 644년 11월, 오스만의 통치

115 두 장로란 실제 상담역 두 명을 의미하는 것이 아니라 아부 바크르와 우마르, 두 명의 선임자를 의미하는 것이라 본다.

교우들과 각 부족의 수장들은 새로운 군주에게 경의를 표하고 충성과 헌신의 표시로 그에게 오른손을 내밀었다.

투르크인과 페르시아인의 불화

야심의 경쟁에서 비롯된 해악은 대개 그것이 생겨난 시대와 지역에 국한되지만, 알리의 우호 세력과 적대자들 사이의 종교적 불화는 페르시아와 투르크인들의 꺼지지 않는 증오 속에 여전히 살아 있다.[116] 시아파 또는 분리파라는 명칭으로 불리는 페르시아인들은 마호메트의 교리에 새로운 신앙의 조항을 추가하였다. 마호메트가 신의 사도라면 그의 교우 알리는 신의 대리인이다. 그들은 개인적 대화나 공식적인 예배에서 칼리프와 이맘의 위엄에 대한 파기할 수 없는 알리의 권리를 가로챈 찬탈자 세 명을 통렬하게 비난했다. 우마르라는 이름은 그들의 언어에서 사악함과 불경함의 완전한 달성을 의미했다.[117] 정통 이슬람교도의 전통을 지지하는 수니파는 좀 더 객관적이고 적어도 좀 더 온건한 견해를 가지고 있다. 그들은 아부 바크르와 우마르, 오스만, 알리를 신성한 예언자의 정당한 후계자로서 추모하여 경의를 표한다. 그러나 후계의 순서는 신성한 교리에 따라 정해진다는 확신을 갖고 파티마의 남편에게는 맨 마지막, 가장 낮은 지위를 부여한다.[118] 미신에 흔들리지 않는 손으로 네 칼리프를 저울질하는 역사가라면 그들의 몸가짐은 한결같이 순수하고 모범적이었고, 신앙은 열렬했고 아마도 진심이었을 것이며, 부와 권세 속에서도 자신들의 삶을 도덕적, 종교적 의무를 수행하는 데 바쳤다고 단언할 것이다. 아부 바크르와 우마르의 공적인 미덕, 즉 전자의 사려 분별과 후자의 엄격함으로 그들의 치세에는 평화와 번영이 유지되었다. 그에 비해 오스만은 기질이 허약하고 고령으로 정복과 제국의 무게를 감당할 수 없었다. 그는 선택에 기만당했고 믿음에 배

---

[116] 페르시아인들의 분열은 지난 세기의 모든 여행자, 특히 그들의 대가인 샤르댕의 책 제2권과 4권에 설명되어 있다. 니부르는 우수성은 조금 뒤지지만 나디르 샤가 국가 종교를 바꾸려는 헛된 시도를 한 이후, 1764년에 글을 썼다는 이점을 가지고 있다.

[117] 우마르는 악마의 이름이고 그를 살해하는 자는 성인이다. 페르시아인들은 활을 쏠 때 종종 "이 화살이 우마르의 심장에 꽂히기를!" 하고 외친다.

[118] 가치의 순위를 매기는 것은 릴랜드가 설명한 교리와 오클리가 삽입한 수니파의 주장에 확실히 나타나 있다. 알리의 기억을 저주하는 관습은 40년 뒤 우마이야 왕조에서 스스로 폐지했다. 터키인 가운데 그가 이교도라고 비난하는 사람은 거의 없다.

신당했다. 신도들 가운데 가장 충실한 사람들도 그의 통치에 대해 무관심해지거나 적대적이 되었다. 그가 아낌없이 상을 내려도 배은망덕과 불만만 생겨날 뿐이었다. 불화의 기운이 여러 지방으로 퍼져 나갔고 그들이 대표들이 메디나에 모였다. 종속과 이성의 굴레를 거부한 절망적인 광신도들인 하즈라지족은 침해당한 권리의 보상과 압제자의 처벌을 요구하는 아랍 자유민들 사이에서 혼란을 일으키고 있었다. 쿠파, 바소라, 이집트, 사막의 여러 부족들이 무장봉기했고, 메디나에서 1리그가량 떨어진 곳에 진을 치고 자신들의 군주에게 정의를 행하든지 왕좌에서 내려오라는 거만한 요구를 내놓았다. 군주의 참회로 반도들은 무장을 풀고 해산했지만, 그의 적들의 간교로 그들의 분노에 다시 불이 붙었다. 또한 불성실한 서기가 문서를 위조해 그의 평판에 심각한 타격을 입히고 몰락을 부채질했다. 칼리프는 이슬람교도들의 존경과 신뢰라는 전임자들이 가졌던 유일한 방어막을 잃었다. 물과 식량은 6주 동안의 포위 공격으로 끊겼고, 허술한 궁정 문은 겁 많은 반도들이 양심의 가책을 느껴 지키고 있는 것이 고작이었다. 자신의 순진함을 악용한 사람들에게 버림받은 이 무력하지만 덕망 있는 칼리프는 죽음을 예견했다. 아예샤의 남동생이 암살자들의 앞장을 섰고 오스만은 무릎에 코란을 올려 둔 채 수많은 자상을 입었다. 닷새 동안의 혼란스러운 무정부 상태는 알리가 즉위하면서 진정되었는데, 만일 이 즉위를 거절했다면 총체적인 대량 학살이 있었을 것이다. 이 고통스러운 상황에서 그는 하심 가문의 수장에게 어울리는 위엄을 보였고 자신은 군림하기보다 봉사하겠다고 선언했으며, 민족의 모든 수장들에게 자발적이지는 않더라도 형식적인 동의라도 요구했다. 그는 우마르의 암살을 부

서기 655년 6월, 오스만의 죽음

추겼다는 비난을 받은 적은 없지만, 페르시아는 이 신성한 순교자의 축일을 무조건 기린다. 오스만과 신하들 사이의 싸움은 알리의 발빠른 중재로 가라앉았고, 알리의 장남 하산은 칼리프를 방어하다 모욕을 당하고 상처를 입었다. 그러나 하산의 아버지가 진정으로 반도들에게 힘껏 맞섰는지는 의심스럽지만, 그가 반도들이 저지른 범죄로 이득을 본 것은 확실하다. 사실 유혹의 힘은 너무 커서 아무리 쉽게 변하지 않는 고결한 사람이라도 흔들리고 타락했을 것이다. 이 야심 찬 왕위 계승 후보자는 더 이상 아라비아의 무력한 왕권을 추구하지 않아도 되었고, 사라센인들은 동방과 서방에서 승리를 거두었으며, 페르시아, 시리아, 이집트의 부유한 왕국은 이슬람교도들의 지도자의 세습 재산이 되었다.

서기 655~660년, 알리의 통치

　　기도와 묵상의 삶을 살았어도 알리의 군사적 활동은 멈추지 않았다. 그러나 나이가 들고 인간에 대해 오랜 경험을 쌓은 뒤에도 그의 행동에서는 여전히 혈기왕성한 청년의 성급함과 무분별함이 보였다. 그는 통치 초기 선물을 통해서든 속박을 통해서든 아랍의 가장 강력한 수장 두 사람 텔하와 주베이르의 충성을 다짐받았어야 했는데 그렇게 하지 못했다. 그들은 메디나에서 메카로 다시 바소라로 탈출해 반란의 군기를 높이 세웠고, 자신들이 봉사의 대가로 요구했지만 얻지 못한 이라크, 즉 아시리아의 통치권을 찬탈했다. 뻔히 보이는 모순을 애국심이라는 가면으로 가리고 이 오스만의 적들, 어쩌면 암살자일지도 모를 자들이 이제는 그의 피에 대한 복수를 외쳤다. 그들은 예언자의 아내 아예샤와 함께 도주했는데, 그녀는 죽는 순간까지 파티마의 남편과 그 후손들에 대해 꺼지지 않는 증오를 품고 있었다. 가장 이성적인 이슬람교도들은 신도들의 어머니가 군영에 직접 나타나고 성질을 드러낸다는 사실에 분개했지만, 미신을 믿는 무리들은 그녀의 존재가 정의를 성스럽게 정당화하고 자기들 대의명분의 성공을 확실히 해 준다고 믿었다. 칼리프는 충성스러운 아랍 병사 2만 명과 쿠파의 용맹한 조력자 9000명을 지휘하여 바소라 성벽 아래에서 수적으로 우세한 반도들을 무찔렀다. 반군 지도자 텔하와 주베이르는 모두 이슬람교도들의 무기를 동포의 피로 물들인 첫 번째 전투에서 죽었다. 군대를 격려하면서 횡대로 줄지은 병사들을 통과한 후, 아예샤는 전장에서 가장 위험한 한복판에 자리를 잡았다. 치열한 전투가 벌어지면서 그녀가 탄 낙타의 고삐를 쥐고 있던 일흔 명이 차례로 죽거나 부상을 입었다. 그녀가 앉아 있던 곳 또는 가마는 투창과 화살촉이 빽빽하게 박혀 마치 고슴도치처럼 되었다. 포로가 된 그녀는 정복자의 비난을 꿋꿋하게 이겨 내고, 사도의 미망인에게 어울리는 존경과 호의를 받으며 재빨리 마호메트 무덤 옆에 있는 본래 주거지로 돌려 보내졌다. 낙타의 날이라는 이름이 붙은 이 전투에 승리한 다음 알리는 더욱 강력한 적과 마주쳤다. 그가 바로 스스로를 칼리프라 칭하고 시리아 병력과 우마이야 가문의 지지를 받은 아부 수피안의 아들 무아위야였다. 시핀 평야[119]는 타프사쿠스 수로에서 유프라테스 강의 서안을 따라 뻗어 있다. 이 광활한 평원에서 두 경쟁자는 110일 동안 산발적인 전투를 벌였다. 아흔 번의 회전 또는 소규모 접전으로 알리는 병사 2만 5000명, 무아위야는 4만 5000명을 잃었는데, 전사자의 목록에는 마호메트의 군기 아래 베데르에서 싸운 25명의 노병의 명예로운 이름도 포함되었다. 이 피비린내 나는 전투에서 합법적인 칼리프는 용맹과 인간애라는 뛰어난 성품을 보여 주었다. 그의 군대는 적이 먼저 공격하기를 기다리고, 도망치는 동포들을 살려 주며, 전사자의 시

[119] 당년은 시핀 평야를 프로코피우스의 '게르만 족의 평원'이라고 한다.

신과 여성 포로들의 정조를 존중하라는 엄중한 명을 받았다. 그는 이슬람교도들이 흘릴 피를 구해 보고자 관대하게도 일 대 일 결투를 제안했지만, 두려움에 떨던 그의 적은 이 도전을 받아들이는 것은 사형 선고라 여기고 거절했다. 시리아군의 전열은 얼룩말을 타고 육중한 양날 검을 휘두르는 한 영웅의 대적할 수 없는 힘에 무너졌다. 그는 반도 한 명을 죽일 때마다 알라 아크바르, "신은 승리하신다!"를 외쳤는데, 하룻밤 전투에서 그 엄청난 외침을 400번이나 되풀이했다고 한다. 다마스쿠스의 군주는 이미 도주 계획을 세워 놓고 있었지만, 알리는 군사들의 불복종과 열렬한 신앙 때문에 확실한 승리를 놓쳤다. 무아위야가 선봉대의 창끝에 코란을 꿰어 들고 나와 그 내용에 엄숙하게 호소하자 군사들은 마음속으로 경외심을 느꼈고, 알리는 불명예스러운 휴전과 교활한 타협에 굴복할 수밖에 없었다. 그는 슬퍼하고 분노하면서 쿠파로 퇴각했고 그의 당파는 용기를 잃었다. 페르시아, 예멘, 이집트 등 멀리 떨어진 지역들은 간교한 그의 경쟁자의 힘에 굴복하거나 회유당했다. 아랍 민족의 세 수장을 겨냥한 광신적 행위는 단지 마호메트의 사촌에게만 치명적인 타격을 주었다. 메카의 신전에서 세 명의 하즈라지족, 즉 열성파 신도들이 교권과 국가의 혼란에 대해 담화를 나눴고, 그들은 알리와 무아위야, 그의 친구이자 이집트 총독인 암르가 죽어야 종교적인 평화와 통합을 복원할 수 있다는 데 동의했다. 암살자들은 각자 희생 대상자를 정하고, 칼에 독을 묻히고 나서 목숨을 걸고 실행 장소로 은밀하게 잠입했다. 그들의 결의는 모두 필사적이었지만 첫 번째 암살자는 암르를 잘못 알아 보고 그의 자리에 앉아 있는 부관을 찔렀다. 두 번째 암살자는 다마스쿠스 왕에게 심각한 상처를 입혔고, 세 번째 암살자는 쿠파의 모스크에서 합법적인 칼리프에게 치명적인 상처를 입혔다. 그는 63세를 일기로 사망했고 자비롭게도 자식들에게 암살자를 단칼에 보내라고 충고했다. 알리의 무덤120은 우마이야 가의 독재자들에게는 감추어져 있었지만,121 헤지라 4세대째에 들어서서 쿠파의 폐허 부근에 그의 무덤, 신전, 도시가 새로 건설되었다.122 무수한 시아파 교도들은 신의 대리인이 누워 있는 이 신성한 땅에서 쉬어 가며, 이 사막은 해마다 이곳에 신앙심을 표하는 것도 메카 순례만큼이나 가치가 있다고 여기는 많은 페르시아인들의 방문으로 활기를 띠고 있다.

마호메트를 박해하던 사람들이 그의 자손들이 물려받을 유산을 찬탈했고, 우상 숭배 옹호론자가 그의 종교와 제국의

서기 655 혹은
661~680년,
무아위아의 통치

최고 수장이 되었다. 아부 수피안은 격렬하고 완강하게 반대하면서 마지못해 천천히 개종했지만, 이 새로운 믿음은 필요성과 이해관계로 강해졌다. 그는 신을 섬겼고 싸움에 참가했으며 아마도 믿음을 가졌을 것이고, 우마이야 가문은 무지한 시절의 죄를 현재의 공훈으로 사면해 주었다. 아부 수피안과 잔인한 헨다 사이에서 태어난 무아위야는 아주 젊은 시기에 예언자의 서기라는 그럴듯한 지위에 올랐다. 우마르가 시리아의 통치권을 맡긴 뒤 그는 이 중요한 지역을 40년 이상 다스렸다. 그는 용맹하고 후하다는 명성을 잃지 않으면서 인간애와 중용의 덕을 지녔다는 평판을 즐기고, 감복한 백성들은 은인에게 애착을 느꼈다. 이슬람교도들은 승리를 거둔 뒤 키프로스와 로도스에서 획득한 전리품으로 부자가 되었다. 오스만의 암살자들을 쫓는다는 신성한 의무를 자신의 야망의 추진력과 구실로 사용했다. 순교자의 피 묻은 옷이 다마스쿠스의 모스크에 전시되었고, 그는 수장으로서 해를 입은 친족의 운명을 개탄했다. 시리아인 6만 명이 충성과 복수를 맹세하며 그에게 복종했다. 군인

120 온건한 수니파인 아불페다는 알리의 매장과 관련된 여러 의견을 설명하지만, 쿠파의 무덤을 택한다.

121 다울라트(서기 97?년)에서 나디르 샤(1743년)에 이르기까지 페르시아의 모든 독재자들은 백성들의 전리품으로 알리의 무덤을 장식했다. 돔은 구리로 되어 밝고 육중한 금테가 둘러져 있으며, 몇 마일 떨어진 곳에서 보아도 햇살에 비쳐 반짝거린다.

122 메셰드 알리라는 도시는 쿠파의 폐허에서 5~6마일, 바그다드 남쪽으로 120마일 떨어져 있다. 규모나 형태에서 근대 예루살렘과 비슷하다. 메셰드 후세인은 더 크고 인구가 많았으며 30마일 떨어진 곳에 있다.

이기도 한 이집트의 정복자 암르는 새로운 주군에게 가장 먼저 경의를 표했고, 예언자의 도시 이외의 지역에서 또 다른 아랍 칼리프들이 생겨날지도 모른다는 위험한 비밀을 폭로했다. 무아위야는 지략으로 적의 용맹함을 피했고, 알리가 죽은 뒤에는 그의 아들 하산의 퇴위를 이끌어 냈다. 하산은 세상을 통치하기에는 정신적으로 모자랐거나 너무 뛰어났고, 한숨조차 쉬지 않고 쿠파의 궁전에서 물러나 조부의 무덤 부근에 있는 초라한 암자로 들어갔다. 야심 찬 칼리프의 소망으로 마침내 선출 왕제에서 세습제라는 중대한 변화가 일어났다. 이에 대해 자유 또는 열렬한 신앙에서 비롯된 불만의 소리가 나온 것을 보면 아랍인들이 별로 내키지 않아 했다는 사실을 알 수 있으며, 메디나의 시민 네 명은 충성의 서약을 거부했다. 그러나 무아위야의 계획은 활발하고 노련하게 이행되었고, 나약하고 방탕한 그의 아들 야지드가 신도들의 지도자이자 신의 사도의 계승자로 선포되었다.

서기 680년 10월, 후세인의 죽음

알리의 아들의 자비심에 대해서 잘 알려진 이야기가 있다. 식탁에서 시중을 들던 한 노예가 실수로 끓는 수프가 든 접시를 주인에게 쏟았다. 조심성 없는 이 노예는 벌을 피하려고 바닥에 엎드려 코란의 한 구절을 읊었다. "천국은 자기 화를 다스릴 줄 아는 자." —— "나는 화나지 않았다." —— "또한 잘못을 용서하는 자." —— "네 잘못을 용서하마." —— "그리고 악행을 선행으로 갚는 자의 것이니." —— "네게 자유와 은화 400닢을 주마." 하산의 동생 후세인 역시 형처럼 신앙심이 깊었고 아버지의 기상을 물려받아 콘스탄티노플의 포위 공격에서 그리스도 교도들에 맞서 영예롭게 싸웠다. 하심계의 장자 신분과 신의 사도의 외손자라는 신성함으로 관심을 모았는데, 그는 일찍이 다마스쿠스의 독재자 야지드의 악덕을 경멸하고 그의 지위를 결코 인정하지 않았기 때문에 야지드에게 맞서 자기 권리를 행사할 수 있었다. 그의 대의명분을 지지하고 그가 유프라테스 강변에 모습을 드러내는 즉시 칼을 뽑아들 준비가 되어 있다는 14만 명의 이슬람교도 명부가 쿠파에서 메디나로 은밀히 전해졌다. 그는 현명한 친구들의 충고를 무시한 채 이 신의 없는 민족의 손에 자기 몸과 가문을 맡기기로 결심했다. 그러고는 여자와 아이들로 이뤄진 겁 많은 수행단을 데리고 아라비아 사막을 건넜다. 그러나 이라크 국경에 가까워질수록 그 나라가 얼마나 고립되어 있는지, 아니 적대적인지를 보고는 경계심을 느꼈고, 자신의 군대가 파멸하리라고 생각했다. 그의 불안감은 적중했다. 쿠파의 총독 우베이둘라는 반란의 불씨를 완전히 꺼버렸고, 후세인은 케르벨라 평원에서 도시와 강으로 가는 퇴로를 차단해 버린 기병 5000명에 둘러싸였다. 이때에도 그는 황제와 호스로우의 군사를 막아 낸 사막의 요새로 도망쳐 그를 방어하기 위해 1만 명의 전사를 갖춘 타이족의 충성에 몸을 맡길 수도 있었을 것이다. 그러나 그는 적의 수장과의 회담에서 명예로운 세 가지 조건을 제시하고 그중 한 가지 선택권을 달라고 요청했다. 즉 메디나로 귀환할 수 있게 해 주거나, 투르크족과 싸우는 전방 부대에 배치해 주거나, 안전하게 야지드 앞에 데려다 달라는 것이었다. 그러나 칼리프 또는 그의 부관의 명령은 지엄하고도 절대적이었다. 후세인은 포로이며 신도들의 지도자에 대해 범죄를 저질렀으니 항복하거나 반란의 대가를 치르라는 대답을 들었다. 그는 "죽음으로 나를 위협할 수 있다고 생각하는가?"라는 말로 답했다. 하룻밤의 짧은 유예 시간이 지난 후 그는 조용하고 엄숙하게 체념하고 자신의 운명을 마주하기로 했다. 다가오는 집안의 멸망을 슬퍼하는 누이 파티마의 한탄을 막으며 후세인은 말했다. "우리는 오로지 신만을 믿어야 한다. 천상과 지상에 있는 모든 것은 소멸하여 창조주에게 돌아가야 하지. 형과 아버지, 어머니는 나보다 훌륭하셨고, 모든 이슬람교도는 예언자의 예를 본받아야 한다." 그는 벗들에게 빨리 도망쳐 안전을 도모하라고 했지만, 모두가 한목소리로 사랑하는 주인을 버리거나 홀로 살아남기를 거부했다. 그들의 용기는 열렬한 기도와 천국에 대한 확신으로 더욱 강해졌다. 운명의 날 아침 후세인은 한 손에는 칼을, 한 손에는 코란을 들고 말에 올라탔다. 그의 순교자 부대는 기병 서른두 명, 보병 마흔 명이 고작이었지만, 측면과 후방은 아랍인들의 관습에 따라 천막 줄, 그리고 불붙인 장작단을 넣은 깊은 참호로 확보하고 있었다. 적은 마지못해 진군했고, 그들 중 장수 한 명은 추종자 서른 명과 함께 이 불가피한 죽음을 각오하고 있는 이들에 가세하기 위해 자기 진영을 버리고 이탈해 왔다. 파티마의 자손들은 절박한 상황이었기에 모든 접근전이나 일대 일 대결을 이겨 냈다. 그러나 포위 군대는 멀리서 수많은 화살을 쏘아댔는데 이에 말도 사람도 하나씩 차례로 쓰러져 갔다. 기도 시간에는 양편 모두에게 휴전이 허락되었고, 전투는 후세인의 마지막 동료가 죽으면서 마침내 끝이 났다. 후세인은 홀로 부상당한 몸을 이끌고 쓸쓸히 천막 입구에 앉아 물 한 모금을 마시고 있는데, 그 순간 화살이 입을 관통했다. 그는 두 아들과 조카를 자신의 무기로 죽였다. 그는 피투성이의 양손을 하늘로 치켜들고 산 자와 죽은 자를 위해 기도했다. 절망에 빠져 어쩔 줄 모르던 그의 누이는 천막에서 뛰쳐나와 쿠파군의 지휘관에게 후세인을 자신의 눈앞에서 죽이지 말라고 간청했다. 그의 근엄한 수염 위로 눈물이 흘러내렸다. 그리고 죽어 가는 영웅이 자신들 사이로 몸을 던지자 가장 용감한 병사들도 사방으로 물러났다. 그러자 신도들이 혐오하는 이름인 무자비한 샤메르가 그들의 비겁함을 꾸짖었고, 마호메트의 외손자는 창과 칼에 서른세 번이나 찔려 죽었다. 그들은 시신을 짓밟고 머리를 베어 쿠파의 성으로 가져갔고, 비정한 우베이둘라는 그의 입을 지팡이로 내리쳤다. 이를 본 한 늙은 이슬람교도가 탄식했다. "아아! 저 입술에서 나는 신의 사도의 입술을 보았건만!" 아주 오래전 일이고 지리적으로 많이 떨어진 곳에서 일어난 일이어도, 또 아무리 냉정한 독자라도 후세인의 비극적인 죽음에는 동정심이 생겨날 것이다.[123] 해마다 그의 순교를 기리는 축일에 페르시아의 숭배자들은 그의 무덤을 경건하게 순례하면서 슬픔과 분노가 더해진 종교적 열광에 영혼을 맡기곤 한다.[124]

알리의 누이와 그 자손들이 사슬에 묶여 다마스쿠스의 왕좌로 끌려오자 사람들은 대중적으로 신망도 있고, 칼리프에게 적대적이고, 이미 화해할 수 없을 정도로 깊은 상처를 입힌 이 종족을 근절하라고 충고했다. 그러나 야지드는 자비를 베풀었고 상중에 이 가족은 명예롭게 풀려나 메디나의 친족들과 함께 눈물을 흘릴 수 있었다. 순교의 영광은 장자 상속의 권리를 능가했고, 페르시아 교의에 따라 알리, 하산, 후세인, 그리고 후세인의 직계 후손 9세대까지 열두 명의 이맘[125]이 자리를 이어갔다. 이들은 군사나 재물, 신하를 거느리지 않았음에도 대대로 사람들의 존경을 받음으로써 통치하는 칼리프의 시기심을 자아냈다. 메카나 메디나, 유프라테스 강변이나 호라산 지방에 있는 그들의 무덤에는 지금도 여전히 그 종파의 신도들이 꾸준히 방문하고 있다. 그들의 이름은 종종 선동과 내란의 구실이 되었지만 이 고귀한 성인들은 현세의 허식을 경멸했고, 신의

마호메트와 알리의 후손

[123] 오클리의 흥미로운 서사를 여기에 축약했다. 원본은 길고 자세한데, 비애감을 자아내는 것은 거의 늘 조그마한 상황에 대한 세부 묘사이다.

[124] 데마르의 니부르는 아마도 유럽 여행가로는 유일하게 메셰드 알리와 메셰드 후세인을 방문했을 것이다. 이 두 무덤은 투르크인들의 손에 넘어갔는데, 그들은 페르시아 이교도들의 신앙심을 용인하면서 세금을 부과하고 있다. 후세인의 죽음을 기리는 축일에 대해서는 이 책에서도 여러 번 절절한 사르댕이 풍부하게 묘사하고 있다.

[125] 데르벨로의 총서에 있는 이맘에 대한 보편 조항을 보면 세습을 의미하는 것 같다. 이 열두 명의 삶에 대해서도 각각의 이름을 표제로 설명하고 있다.

126 적그리스도라는 이름이 황당해 보일지는 모르지만 이슬람 교도들은 모든 종교의 신화를 자유롭게 차용했다. 이스파한 왕가의 마구간에는 안장을 얹은 말 두 마리가 항상 대기하고 있었는데, 한 마리는 마하디, 또 한 마리는 그의 부관인 마리아의 아들 예수를 위해 준비해 둔 것이라고 한다.

127 헤지라 200년.(서기 815년)

128 페르시아의 마지막 왕들은 14세기의 성자 샤이크 세피의 후손이며, 그는 후세인의 아들 무사 카셈의 후손이라고 한다. 그러나 실제이든 허구이든 그 중간을 잇는 그 어떤 가계도 찾을 수 없다. 만일 그들이 정말 파티마의 후손이라면 9세기에 통치한 마잔데란의 군주에서 그 기원을 찾을 수 있을 것이다.

뜻에 몸을 맡겼으며, 그들의 순수한 삶을 종교의 연구와 실천에 바쳤다. 이들 중 마지막 열두 번째 이맘인 마하디는 안내자라는 이름으로 구분되며 전임자들의 은둔과 고결함을 능가했다. 그는 바그다드 부근에 있는 동굴에 몸을 숨긴 채 숨을 거두어 사망 시간과 장소도 알려져 있지 않다. 그래서 그의 숭배자들은 아직도 그가 살아 있고, 심판의 날에 나타나 다잘, 즉 적그리스도[126]의 압제를 타도할 것이라고 확신하였다. 2~3세기가 지나는 동안 마호메트의 숙부 압바스의 후손들은 3만 3000명으로 늘어났고,[127] 알리 일가도 그 정도로 번성했을 것이다. 이들 가운데 가장 비천한 자도 으뜸으로 꼽히는 위대한 군주보다 위상이 높았고, 가장 뛰어난 사람은 천사들의 완벽함조차 능가한다고 여겨졌다. 그러나 그들이 처한 험난한 운명과 이슬람 제국의 광대함은 뻔뻔하고 교활한 사기꾼들에게 자신들이 이 신성한 종족의 일가라고 주장할 수 있는 기회를 제공하였다. 스페인과 아프리카의 알 무아히드 왕조, 이집트와 시리아의 파티마 왕조, 예멘의 술탄들, 페르시아의 사파위 왕조[128]의 왕권은 이렇게 불확실하고 모호한 명칭으로 신성성을 부여받았다. 이 왕조들의 치세에 출생의 정통성에 이의를 제기하는 것은 위험한 일이었을 것이다. 파티마 왕조의 한 칼리프는 이런 버릇없는 질문에 언월도를 휘둘러 침묵시켰다. 무에즈는 "이것이 나의 혈통이다. 그리고 이것이"라고 말하면서 병사들에게 금을 한 움큼 뿌리며 덧붙였다. "나의 친족과 자식들이다." 군주, 학자, 귀족, 상인, 거지 등 여러 신분의 마호메트와 알리의 수많은 진짜 혹은 가짜 후손들의 무리는 족장, 지도자, 태수 등의 명칭을 부여받았다. 오스만 제국에서는 녹색 터번으로 이들을 구분지었고, 국고에서 연금을 받고 그들의 수장만이 그들에 대한 판결을 내릴 수 있었으며, 아무리 재력이나 성품이 떨어진다 해도 여전히 자기 출생 신분의 우월함을 당당하게 주장하였다. 칼리프 하산의 순수한 정통 일파인 300명으로 구성된 가계는 메카와 메디나의 신성한 두 도시에서 더럽혀지거나 의심받는 일 없이 보존되고 있어서 12세기가 지난 지금도 신전의 관리 권한 및 고향의 통치권을 가지고 있다. 마호메트의 명성과 업적은 평민 일가를 귀족으로 만들었고, 쿠라이시족의 혈통은 최근까지도 지상의 왕들의 위엄을 뛰어넘는다.[129]

마호메트의 재능에는 박수를 보낼 만하지만 그의 성공에 우리가 지나치게 감탄하고 있는지도 모른다. 수많은 개종자들이 말 잘하는 한 광신자의 교리와 열정을 받아들였다는 사실이 놀라운가? 그리스도 교회 내에서도 이단이 나올 때마다 이와 같은 유혹이 사도의 시대부터 개혁자의 시대까지 반복해서 시도되어 왔다. 한 개인이 칼과 왕홀을 잡고 자기 고향을 굴복시켰으며 승승장구하는 군사력으로 왕국을 세웠다는 사실이 믿을 수 없을 정도의 일인가? 동방 왕조의 역사에서 보면 비천한 신분에서 일어나 행운을 얻은 찬탈자가 엄청난 장애를 극복하여 광대한 제국을 건설하고 정복에 나서는 일이 있었다. 마호메트는 설교하고 싸우라는 계시를 받았다. 이 정반대 자질들의 결합은 그의 업적을 강화하면서 성공해 가는 데 도움이 되었다. 무력과 설득, 열렬한 신앙과 공포의 효력은 계속 상호작용을 일으켜 그 저항하기 힘든 힘 앞에 마침내 모든 장벽이 무너졌다. 그는 아랍인들에게 자유와 승리, 무력과 약탈, 현세와 내세에서 자신들의 소중한 열정을 향유하라고 외쳤다. 그가 부과한 제약은 예언자로서의 명성을 쌓고 사람들의 복종을 얻는 데 반드시 필요했다. 그의 성공에 걸림돌이 있다면 신의 유일성과 완전성에 대한 그의 합리적인 신념뿐이었다. 우리가 경

마호메트의 성공

[129] 칸테미르와 니부르가 마호메트와 알리 일가의 현재 상황을 가장 정확하게 설명하고 있다. 니부르가 『아라비아 연대기』를 구입하지 못한 것은 통탄할 일이다.

마호메트교의 영속성

이롭게 생각해야 할 것은 그의 종교의 전파가 아니라 그 영속성이다. 그가 메카와 메디나에 새겨 놓은 순수하고도 완벽한 인상은 12세기라는 세월의 대변화를 겪은 지금까지도 인도, 아프리카, 터키의 코란 신봉자들에게 남아 있다. 만일 그리스도의 사도 성 베드로나 성 바울이 바티칸으로 돌아간다면 아마도 그 웅장한 신전에서 신비로운 예식으로 경배받고 있는 신의 이름이 무엇이냐고 물어볼 것이다. 옥스퍼드나 제네바에서는 그나마 덜 놀라겠지만 아마도 교회의 교리 문답을 열심히 읽고, 자신들이 쓴 글이나 주님의 말에 대한 정통파 주해자들의 글을 연구해야 할 것이다. 그러나 화려함이나 규모가 한층 커진 성소피아 성당의 투르크식 돔은 마호메트가 메디나에 직접 세운 소박한 장막을 재현한 것이다. 이슬람교도들은 신앙과 헌신의 대상을 인간의 감각과 상상력의 수준으로 끌어내리려는 유혹에 한결같이 저항해 왔다. '나는 유일신을 믿으며, 마호메트는 신의 사도'라는 말은 이슬람의 단순하고도 변함없는 신앙 고백이다. 신의 지적 이미지가 가시적인 우상의 모습으로 위엄을 잃는 일은 결코 없으며, 예언자의 명예를 인간 도덕의 척도로 침해한 적도 없었다. 그리고 그의 살아 있는 교리는 사도들의 감사를 이성과 종교의 범위 안으로 제한시켰다. 알리의 숭배자들이 자신들의 영웅과 그 아내, 자손들을 신성시하였으며, 일부 페르시아 학자는 그 성스러운 본질이 이맘이라는 형태로 육신을 부여받았다고 주장했다. 그러나 수니파는 이와 같은 미신을 모두 비난했고, 그 불경함 때문에 성자와 순교자들의 숭배에 대한 경고가 적시에 나왔다. 신의 속성과 인간의 자유에 관한 형이상학적 문제는 그리스도교뿐만 아니라 이슬람교의 여러 학파에서도 활발히 논의되었다. 그러나 이슬람교는 대중의 감정에 관여하거나 국가의 평온을 교란시킨 적은 없었다. 이 중요한 차이는 아마도 왕권과 교권이 분리되었는가 통합되었는가의 차이에서 비롯되었을 것이다. 예언자의 후계자이자 신도들의 지도자인 칼리프들은 모든 종교적 혁신을 억누르고 저지하는 것이 이익이었다. 이슬람교도들은 성직자의 제도나 규율, 세속적·영적 야망에 대해 몰랐다. 그래서 율법에 정통한 학자들이 그들의 양심의 안내자이고 신앙의 신탁이었다. 대서양에서 갠지스 강까지 코란은 신학 뿐만 아니라 민사, 형사 법률 체계의 근본 경전이었고, 신의 의지라는 오류 없는 불변의 구속력이 인간의 행위와 재산을 규제하는 법을 지켜 주었다. 이와 같은 종교적 예속에는 실질적 불이익도 따랐다. 문맹인 법제자는 자신과 자기 나라의 편견에 오도당하는 일이 많았고, 아라비아 사막의 여러 제도는 부유하고 인구가 훨씬 많은 이스파한과 콘스탄티노플에 적용하기 힘들 수도 있다. 이런 경우 법관은 머리 위에 성스러운 책을 공손하게 올려놓고 형평의 원칙과 그 시대의 관습 및 정책에 좀 더 적합한 교묘한 해석을 대신 내놓는다.

마호메트에 대해 논할 때 마지막으로 고려해 보아야 할 것은 그가 공공의 행복에 끼친 유익한 또는 유해한 영향이다.

공공(公共)에 끼친 마호메트의 공과

그를 적대시하는 그리스도교도나 유대교도 중에서 가장 편협한 사람이라도 그가 자신들의 교리보다는 불완전하지만 건전한 가르침을 주고자 거짓 사명을 맡았다는 점은 인정할 것이다. 그는 자기 종교의 기초로서 그들의 옛 계시와 창시자들의 미덕과 기적의 진리 그리고 성스러움을 경건하게 여겼다. 아라비아의 우상들이 신의 권좌 앞에서 파괴되었고, 인간 제물의 피는 기도와 금식, 자선이라는 갸륵한 또는 순수한 신앙의 기

130 『근대 통사』의 저자들은 2절판 850쪽에 마호메트의 삶과 칼리프들의 연대기를 편집했다. 그들은 아랍 원전을 읽고 간혹 수정하는 혜택을 누렸지만, 거들먹거리는 자랑에도 불구하고, 이 책의 집필이 끝난 이후에도 그들에게서 별다른(혹시 있다 해도) 추가적인 정보를 얻지 못했다는 생각이 든다. 이 지루하게 긴 책은 철학이나 말맛에 고무되어 빨리 읽게 되는 것도 아니고, 불랭빌리에, 살레, 가니에 및 마호메트를 옹호하거나 적어도 공정하게 취급한 모든 작가들에 대해 중상에 가까운 편협함으로 비난을 퍼붓고 있다.

술로 대신했으며, 내세의 보상과 벌은 그의 손에 의해 무지하고 현세적인 세대에 더 잘 맞는 이미지로 그려졌다. 마호메트는 아마도 자기 나라 사람들이 사용할 도덕적, 정치적 체제를 구술할 능력은 없었을 것이다. 그러나 그는 신도들 사이에 자비와 우호의 정신을 불어넣었고 사회적 덕목의 실천을 권했으며, 법과 교리로 복수에 대한 갈망, 과부와 고아에 대한 억압을 저지했다. 적대적인 여러 부족이 신앙과 복종으로 하나가 되었고 내란으로 헛되이 소비되던 용맹성은 이제 외부의 적을 향해 강력하게 발휘되었다. 충격이 더 약했더라면 국내에서 자유롭고 국외에서는 공포의 대상이던 아라비아는 토착 군주들 아래서 번영했을 것이다. 그러나 광대하고 빠른 정복으로 통치력은 상실되었다. 그들의 식민지가 동방과 서방에 산발적으로 흩어져 있었고, 그들의 피는 개종자와 포로들의 피와 섞이게 되었다. 세 명의 칼리프 치세 이후로 왕좌는 메디나에서 다마스쿠스의 계곡, 티그리스 강 유역으로 옮겨 갔고 이 신성한 도시들은 불경한 전쟁으로 더럽혀졌다. 아라비아는 한 신하, 아마도 외지인의 혈통이 다스렸을 것이고, 사막의 베두인족은 지배의 꿈에서 깨어나 옛날의 고립된 독립 생활로 되돌아갔다.[130]

51

아랍 또는 사라센인들의 페르시아, 시리아, 이집트, 아프리카, 스페인 정복 · 칼리프, 즉 마호메트의 후계자들의 제국 · 그 지배하의 그리스도교도 등의 상황 · 그리스도교의 쇠퇴와 몰락

아라비아의 혁명은 아랍 민족의 기질까지 변화시키지는 못했다. 마호메트의 죽음은 독립의 신호탄이었고 이를 계기로

서기 632년, 아랍인들의 통일

성급하게 구축된 그의 권력과 종교는 기초부터 흔들렸다. 마호메트의 초기 제자들 가운데 소수의 충실한 무리는 그의 웅변에 귀를 기울였고 함께 고뇌했으며, 그를 따라 메카의 박해를 피해 탈출하거나 아니면 메디나의 성벽에서 피신해 오는 그를 맞아들였다. 마호메트를 자신들의 왕이요 예언자로 인정한 무수한 사람들은 그의 무기에 강요당했거나 그의 번영에 현혹된 사람들이었다. 다신론자들은 눈에 보이지 않는 단 하나의 신이라는 단순한 관념에 당황했다. 자존심 강한 그리스도교도들과 유대교도들은 현세의, 인간 입법자가 지우는 구속을 경멸했다. 그들의 신앙과 복종의 습성이 충분히 승인되지 않았고, 상당수의 개종자들은 이교도 조상들이 지녔던 오래된 모세의 율법 또는 가톨릭 교회의 의식과 신비적 교의, 성상(聖像), 성찬, 기쁨

에 넘치는 축일 등에 미련을 느꼈다. 아랍 민족의 이해 충돌과 여러 대에 걸친 반목은 아직 단결과 복종이라는 하나의 체제로 합체되지 않은 상태였고, 야만족들은 제아무리 가볍고 형식적일지라도 자신들의 정념을 억누르거나 관습을 모독하는 법규를 참지 못했다. 그들은 금주, 라마단의 금식, 하루 다섯 번의 기도 등을 규정한 코란의 종교적 지침에 마지못해 복종했다. 메디나의 국고를 채우기 위해 징수하는 기부금과 십일조는 영속적이고 수치스러운 공납의 지불과 이름만 다를 뿐이었다. 마호메트의 전례는 종교적 열광의 기운에 자극을 주었고, 그의 여러 숙적들은 감히 그 행동을 모방하며 살아 있는 예언자의 권위에 도전했다. 이주자와 조력자의 선두에 선 최초의 칼리프는 메카, 메디나, 타예프의 도시를 진압했다. 쿠라이시족은 적절하게 꾸짖음을 듣고 저지당하지 않았다면 경거망동하여 카아바 신전에 우상을 되살렸을지도 모른다. "메카의 백성들이여, 그대들은 이슬람의 종교를 가장 먼저 저버리고 가장 늦게 받아들이려 하는가?" 아부 바크르는 이슬람교도들에게 신과 그의 사도의 도움을 구하라고 훈계한 뒤 반도들의 합류를 거센 공격으로 미리 막겠다고 결의했다. 여자와 아이들은 산속으로 안전하게 피신했고 전사들은 열한 개의 군기를 휘날리며 행진하여 그들의 무력을 널리 알렸다. 군대의 등장은 신도들의 충성심을 되살리고 확인시켜 주었다. 변덕스러운 부족들은 겸허하게 회개하며 기도, 금식, 자선의 의무를 받아들였다. 몇 가지 엄격한 본보기를 성공적으로 보이자 가장 용맹스러운 변절자도 신과 할리드의 칼 앞에 굴복했다. 홍해와 페르시아 만에 있으면서 예만나[1]의 비옥한 곳, 메디나에도 뒤지지 않을 만한 어느 도시에서 모세일라마라는 이름의 강력한 지도자가 예언자 행세를 했고 하니파 부족이 그의 말에 귀를 기울였다. 한

---

[1] 13세기에는 약간의 유적과 종려나무가 남아 있던 그 땅은 지금은 그 교리조차 잘 알려져 있지 않은 한 예언자의 예지와 무력에 점령당했다.

여자 예언자는 그의 명성에 이끌렸고, 스스로 하늘의 선택을 받았다는 자들은 말과 행동에서 품위를 팽개치고 밀교적이고 호색한 교제로 며칠을 보냈다. 그의 코란이라 일컬어지는 책에서 나온 모호한 문장은 아직도 남아 있다. 모세일라마는 자기 소명에 대해 긍지를 느끼며 지상의 일부를 나누어 주겠다고 제안했다. 마호메트는 그 제안에 경멸을 표하며 거절했었다. 그러나 마호메트의 후계자들은 이 협잡꾼의 빠른 성장을 두려워했다. 4만 명의 이슬람교도들이 할리드의 군기 아래로 모여들었다. 그들은 첫 번째 전투에서 1200명의 군사를 잃고 패퇴했으나, 그들의 사령관의 기량과 끈기는 우세하여 이교도 1만 명을 살육하고 패배를 복수했다. 모세일라마는 한 에티오피아 출신 노예에 의해, 마호메트의 숙부에게 치명적인 상처를 입힌 것과 같은 투창에 맞아 죽었다. 수장도 대의명분도 없는 아라비아 각지의 반란군들은 승승장구하는 신흥 왕국의 힘과 규율에 빠르게 정복되어 갔다. 이제 국민 전체가 다시 한 번 코란의 종교 아래로 들어갔으며 전보다 훨씬 더 단단하게 종교로 결속되었다. 칼리프들의 야망은 사라센인들의 활동적인 기질에 즉각적으로 영향을 끼쳤다. 그들의 용맹성은 성전을 수행하면서 결속되었고 종교적 열정은 저항과 승리로 확인되었다.

사라센인들의 빠른 정복을 보면 초기 칼리프들은 이슬람 군대를 직접 지휘했고, 전장의 최고 지위에서 순교의 관을 얻고자 했음을 짐작할 수 있다. 실제로 아부 바크르, 우마르, 오스만의 용기는 예언자가 박해를 받을 때와 전쟁 중에 시험받았다. 천국에 대한 개인적인 확신이 그들에게 현세의 쾌락과 위험을 경멸하도록 가르쳤음은 틀림없는 사실이다. 그러나 그들은 노년 또는 중년에 권좌에 올랐고 종교와 정의를 안으로

칼리프의 성격

돌보는 것이 군주의 가장 중요한 의무라고 여겼다. 우마르가 예루살렘 공격에 참여했던 것을 제외하면 이들이 실제 가장 긴 여정에 나선 것은 메디나에서 메카로의 잦은 순례뿐이었다. 이들은 예언자의 묘 앞에서 기도하거나 설교하면서 조용히 승전보를 받곤 했다. 그 금욕적이고 검소한 그들의 삶은 덕성 또는 습관의 결과이고, 그들의 소박함에 대한 긍지로 지상의 왕들이 보유한 허영에 찬 웅대함을 경멸했다. 아부 바크르는 칼리프 자리에 오르면서 국가에 대한 봉사로 재산이 늘어나는지 아닌지를 명확하게 해 두고자 딸 아예샤에게 전 재산을 엄격히 관리하라고 명했다. 그는 급여로 금화 세 닢, 낙타 한 마리, 흑인 노예 한 명을 거느리는 데 드는 비용이 자신의 권리라고 생각했고, 매주 금요일 자신의 돈과 공금에서 쓰고 남은 것을 이슬람교도들 가운데 가장 존경할 만한 사람, 다음은 가장 궁핍한 사람에게 나누어 주었다. 그가 죽고 나서 남은 재산으로 조잡한 옷 한 벌과 금화 다섯 닢이 후계자 우마르에게 전달되자, 그는 이 존경스러운 모범을 따르지 못하는 자신의 무능력을 개탄했다. 그러나 우마르의 금욕과 겸손도 아부 바크르에 뒤지지 않았다. 식사는 보리 빵 또는 대추야자가 전부였고 물 이외에는 마시지 않았다. 그는 열두 군데나 찢어져 너덜거리는 옷을 입고 설교했다. 정복자에게 충성의 선서를 하려던 페르시아의 한 태수는 우마르가 메디나의 모스크 계단 위에서 거지들과 함께 잠들어 있는 모습을 발견하기도 했다. 절약은 관대함의 원천이고, 늘어난 세입은 우마르에게 과거와 현재에 신도들이 한 봉사에 대해 정의롭고 영속적인 보상을 할 수 있게 해 주었다. 자기 소득에는 관심이 없는 그는 예언자의 숙부 압바스에게 먼저 은화 2만 5000드라크마의 가장 큰 금액을 수당으로 지급했다. 베데르 전장에서 살아남은 노장들에게는 5000드라크마가 배당되었고, 가장 비천한 마호메트의 동반자들에게도 3000드라크마의 연금이 지급되었다. 비잔티움, 페르시아 군대와의 초기 전투에서 싸운 노병들에게는 1000드라크마를 지급했고, 연공 서열에 따라 최저 50드라크마까지의 단계별 수당을 우마르 군대의 병사들에게 지급했다. 우마르와 아부 바크르의 치세에 동방의 정복자들은 신과 민중의 신뢰할 만한 종이었다. 막대한 공공 재화는 평화와 전쟁을 수행하는 비용으로 봉헌되었으며, 정의와 관대함을 신중히 발휘하여 사라센인들의 기강을 유지했다. 그들은 흔치 않은 기교로 전제 정치의 신속한 실행력과 공화정의 공정하고 간소한 격률을 통합했다. 알리의 영웅적인 용기와 무아위야의 유능한 사리 분별은 신하들의 경쟁심을 자극했다. 내란 기간 중에 여러 분파에서 발휘된 재능들이 이제 예언자의 신앙과 지배를 확산하는 데 좀 더 유용하게 활용되었다. 다마스쿠스 궁전의 게으름과 허영 속에서, 우마이야 왕조의 군주들은 한결같이 정치가로서의 자질도 성인으로서의 자질도 부족했다. 그런데도 이름도 모르는 민족들에게서 획득한 전리품을 계속해서 그들 왕좌의 발아래에 바치고, 아랍 민족의 위대함이 계속 상승한 것은 지도자의 능력이 아니라 민족정신 때문임에 틀림없다. 물론 적들의 취약함도 중요한 한 요인이다. 마호메트의 탄생 시기는 운 좋게도 페르시아인, 로마인, 유럽의 여러 야만인들이 가장 타락하고 혼돈된 시기와 일치한다. 트라야누스의 제국은 말할 것도 없고 콘스탄티누스와 샤를마뉴 제국 시대만 했더라도 야만적인 사라센인들의 공격을 격퇴할 수 있었을 것이며, 광신의 물결은 아라비아의 사막 속에서 흐지부지 사라졌을 것이다.

공화정기의 로마가 승리를 거두던 시절, 원로원의 목적은 군단을 하나의 전쟁에 국한시키는 것, 즉 첫 번째 적이 두 번

정복

째 적의 공격을 유발하기 전에 완전히 굴복시키는 것이었다. 아라비아 칼리프들의 담대함 또는 열의는 이 소극적인 정책을 무용지물로 만들었다. 그들은 아우구스투스와 아르타크세르크세스의 후예들을 동시에 침공했고 승리했다. 경쟁 관계에 있던 두 제국이 그토록 오랫동안 함께 경멸해 왔던 적에게 동시에 희생당했다. 우마르의 치세 10년 동안 사라센군은 3만 6000개 도시 또는 요새를 그에게 복속시켰고, 4000개의 이교 교회 또는 신전을 파괴했으며 마호메트의 종교를 전파하기 위해 1400개의 모스크를 건립했다. 마호메트가 메카에서 도주한 지 백 년, 그 후계자들의 군대와 지배력은 인도에서 대서양까지 뻗어 나갔는데, 그 다양하고 광범위한 지역을 현재의 (1) 페르시아 (2) 시리아 (3) 이집트 (4) 아프리카 (5) 스페인으로 분류해도 좋을 것이다. 이 일반적인 구분으로 앞으로의 설명을 진행할 것이다. 멀리 떨어져 있고 흥미가 적은 동방 정복에 대해서는 간단히 설명하고, 로마 제국의 경계 안에 포함되어 있던 국가들에 대한 자세한 설명은 뒤로 미루겠다. 이러한 부족함에 대해 안내자들의 글이 맹목적이고 불충분하다는 불만을 표하는 것으로 변명을 대신하고자 한다. 그리스인들은 논쟁에서는 달변이지만 적의 승리를 축하하는 일에는 그다지 열심이 아니었다. 1세기 동안의 무지 기간이 지난 후에 첫 번째 이슬람교도 연대기가 구전을 기초로 편찬되었다.[2] 편찬된 여러 아랍어와 페르시아어 문헌 가운데[3] 우리의 번역가들은 가장 나중에 나온 불완전한 단편들을 발췌해 왔다. 아시아인들은 역사 기술의 기교와 재능이 없었고[4] 비평의 법칙도 몰랐다. 그들의 작업 대다수는 동시대에 대한 수도사들의 기록과 비교할 수 있겠으나, 그것들이 철학과 자유의 정신으로 생생하게 그려지

[2] 타바리 또는 알 타바리는 타보레스탄 출신으로 바그다드의 유명한 학자이며 아랍의 리비우스이다. 그는 헤지라 302년(서기 914년)에 통사를 완결하였다. 지인들의 요청에 따라 그는 3만 장 분량의 작업을 좀 더 합리적인 수준으로 줄였다. 그러나 그 저작의 아라비아어 원전은 페르시아어와 터키어 번역으로 알려져 있을 뿐이다. 이븐 아미드 또는 엘마킨의 사라센 역사는 위대한 타바리의 저작의 축약판이라고 할 수 있다.

[3] 프리도(Prideaux), 오클리(Ockley), 크루아(Petit de la Croix)가 정한 저자 목록 이외에도 200~300여 개의 동방 역사 또는 연대기가 들어 있는 타리크(Tarikh)의 동방 도서 목록 가운데 타바리의 역사보다 더 오래된 것은 3~4개 정도밖에 되지 않는다. 라이스케(Reiske)도 동방의 문헌에 대해 활발하게 설명하고 있다. 그러나 그의 작업과 크루아의 프랑스어 번역본은 실패로 끝났다.

[4] 귀녜스(M. de Guignes)는 아랍의 역사가를 무미건조한 연대기 편자 아니면 과장되고 화려하기 그지없는 웅변가의 두 부류로 구분했다.

는 일은 결코 없었다. 한 프랑스인의 동방 문집[5]이 가장 박식한 이슬람 법률학자에게도 오히려 더 많은 것을 가르쳐 줄 것이다. 아랍인 가운데서는 다음에 다룰 그들 자신들의 공적에 대해 그만큼 명쾌하고 폭넓게 다루는 역사학자를 찾을 수 없으리라.

(1) 초대 칼리프의 지배 첫 해, '신의 칼'이자 이교도의 채찍으로 불리던 부관 할리드는 유프라테스 강 유역으로 진군하여 안바르와 히라를 점령했다. 바빌론의 폐허 서쪽, 사막의 가장자리에 아랍의 한 정주성 부족이 주거를 정했다. 히라에는 그리스도교를 믿으면서 600년 이상 페르시아의 지배를 받아 온 왕조가 있었다.[6] 이 몬다르 가(家)의 마지막 후예는 할리드에 패배하여 살해당했고 그 아들은 메디나에 포로로 압송되었다. 귀족들은 예언자의 후계자 앞에 엎드렸고 백성들은 동포들의 선례와 성공에 유혹받았다. 칼리프는 대외 정복의 첫 번째 결실로서 금화 7만 닢이라는 연례 조공을 받아들였다. 정복자들도 역사가들도 자신들의 밝아 오는 미래의 위대함에 놀랐다. 엘마킨은 이렇게 말한다. "할리드는 주목할 만한 많은 전투를 치렀다. 엄청난 수의 이교도들이 살육당했고 승리한 이슬람교도들은 막대한 전리품을 얻었다." 그러나 무적의 할리드는 곧 시리아 전쟁으로 전속되었고 페르시아 국경 공격을 수행한 지휘관들은 적극성 내지 신중함이 떨어졌다. 사라센군은 유프라테스 강 수로를 잃고 퇴각했다. 그들은 건방진 마기교도의 추격대를 섬멸하기는 했으나 바빌론 사막에는 여전히 잔존 병력이 남아 있었다.

서기 632년, 페르시아 침입

페르시아인들은 분개하고 두려워하며 잠시 내전을 중단했다. 신관과 귀족들은 호스로우의 사망과 헤라클리우스의 퇴진

서기 636년, 카데시아 전투

[5] 데르벨로(M. d'Herbelot)의 『동방 총서』. 이 책임감 있는 저자의 성품에 대해서는 그의 친구인 테베노(Thevenot)를 참조할 것. 그의 저작은 기분 좋은 문집으로 누구의 취향이든 만족시킬 수 있을 것이다. 그러나 나는 알파벳 순서에 따른 배열을 받아들이기가 힘들며, 아랍 역사보다 페르시아 역사가 훨씬 더 만족스럽다고 생각한다. 비즈들루(Visdelou)와 갈랑(Galland)의 최근 같에서 보충된 내용은 성격이 좀 다른 것으로 여러 가지 이야기와 격언, 중국의 고사 모음집이다.

[6] 몬다르 왕조에 관한 연대기는 포콕(Pocock)이, 지리는 당빌(d'Anville)이 설명하고 있다. 포콕은 알레포의 이슬람 법률학자보다도 아랍어를 더 잘 알고 있었다. 당빌 또한 모든 시대와 세계 모든 지역의 기후에 대해 정통했다.

이후 3~4년 안에 잠깐 동안 나타났다 사라진 왕위 찬탈자 가운데 여섯 번째인 아르제마 여왕을 만장일치로 왕위에서 추방했다. 왕관은 호스로우의 손자 야즈데게르드의 머리 위에 씌워졌다. 그리고 한 천문학적 시기[7]와도 일치하는 시기에 사산 왕조와 조로아스터교의 몰락이 기록되어 있다. 왕자는 열다섯 살로 아직 어리고 경험이 없는 터라 위험한 교전을 피했다. 당시 왕실의 군기는 루스탐 장군이 쥐고 있었고, 확실하지는 않지만 남아 있는 3만 명의 정예군이 대왕의 신하와 동맹군을 모두 합해 12만 명으로 늘어났다고 한다. 1만 2000에서 3만으로 늘어난 이슬람교도들은 카데시아 평원에 진지를 세웠다.[8] 그들의 전열은 비대한 이교도들의 무리에 비해 인원수는 적었지만 군사적으로는 훨씬 우세했다. 이쯤에서 늘 하는 이야기를 다시 하겠다. 아랍군의 공격은 빈틈없고 잘 짜인 보병으로 이루어진 그리스나 로마군의 전술과는 달랐다. 아랍 군대는 주로 기마병과 궁사로 이루어져 있었고, 일 대 일 대결이나 소규모 접전으로 중단되거나 재개되기 일쑤였던 그들의 교전 방식은 별다른 승패 없이 며칠 동안 계속되곤 했다. 카데시아에서 벌어진 전투의 여러 단계는 각각의 특징적인 명칭으로 구분되었다. 첫 번째는 시리아 동포 6000명이 적시에 나타났기 때문에 '원군'의 날이라고 이름 붙었다. '격동'의 날이라는 이름은 아마도 전투 중이던 한쪽 또는 양쪽 군대의 혼란을 표현한 것 같다. 야간 전투가 일어난 세 번째 시기는 알아들을 수 없는 맹수들의 울부짖음과 비견된 요란한 소음 때문에 '울부짖음'의 밤이라는 색다른 이름이 붙었다. 페르시아의 운명을 결정지은 아침이 밝아 왔고 때마침 불어 온 회오리바람이 이교도들의 얼굴에 먼지 구름을 끼었었다. 무기가 맞부딪치는 소리가 루스탐의 막사까지 울려 퍼졌지만, 그는 자신과 이름이 같은 고대의 영웅

[7] 120년 주기를 말한다. 그 끝에는 30일의 윤달이 있어 현재 우리가 사용하는 윤년을 대신하고 태양력의 완전성을 회복시켰다. 1440년의 엄청난 공전에서 이 윤달은 첫 달부터 열두 번째 달까지 계속해서 제거되어 갔다. 그러나 하이드(Hyde)와 프레레(Fréret)는 서기 632년 6월 16일로 이의 없이 정해져 있는 야즈데게르드의 시대 이전에 이러한 변화 중 완성된 것이 열두 개였는지 여덟 개였는지에 관해 깊은 논쟁에 빠져들었다. 유럽의 탐구 정신이 아무것도 알려져 있지 않고 아주 먼 고대의 일에 대해서도 너무나 열심히 파고드는 것은 아닐까!

[8] 누비아의 지리학자는 카데시아가 바그다드에서 61리그 떨어진 곳에 있었다고 한다. 오테르(Otter)는 이 거리를 15리그로 보며 이곳에 대추와 물이 공급되었다고 한다.

과는 달리 군용의 행낭과 금은보화를 가득 실은 노새 행렬 사이에 있는 시원하고 조용한 장막 안에 누워 있었다. 그는 위험하다는 소리를 듣자마자 벌떡 일어나 도망쳤지만 한 용맹한 아랍 병사에게 붙잡히고 말았다. 이 병사는 루스탐의 발을 잡아채고 머리를 베서 창끝에 꽂아 높이 올리고는 곧장 전장으로 돌아와 많은 페르시아 병사들을 파멸과 공포로 몰아넣었다. 사라센인들도 7500명의 군사를 잃었음을 인정하는 카데시아 전투를 가장 잘 설명하는 말은 아마 집요함과 잔학일 것이다. 페르시아 제국의 군기는 전쟁터에서 끌어내려져 노획되었다. 이 군기는 고대 페르시아의 구세주로 나선 한 대장장이의 가죽 앞치마를 나타내는 것이었으나, 이 영웅적인 빈곤을 상징하는 깃발은 이제 많은 귀중한 보석에 가려져 있었다. 이 승리 이후 이라크 또는 아시리아의 부유한 지역들이 칼리프에게 복종했고, 그의 정복은 지금까지도 페르시아의 무역과 항해를 통제하는 바소라의 신속한 창건으로 확실해졌다. 페르시아 만에서 80마일 거슬러 올라가는 지점에서 하나의 넓은 강으로 합쳐지는 유프라테스 강과 티그리스 강은 아랍인들의 강이라는 적절한 명칭이 붙었다. 그 중간 지점, 강의 합류점과 어귀 사이에 있는 서쪽 연안에 새로운 거주지가 세워졌다. 처음에는 800명의 이슬람교도가 있었으나 그 유리한 입지 조건으로 금세 인구가 늘어나 번성하는 수도로 성장하게 되었다. 공기는 매우 뜨거웠으나 맑고 깨끗했으며 목초지는 종려나무와 가축으로 가득했다. 인접한 계곡의 한 곳은 아시아의 4대 천국 또는 정원 가운데 하나로 칭송받았다. 초기 칼리프의 치세에 이 아랍 관할 식민지는 페르시아 남부의 속주로까지 뻗어 나갔다. 이 도시는 교우들과 순교자들의 무덤으로 성화되었고, 유럽 선박들은 지금도

바소라 건설

이 바소라의 항구를 인도 무역의 편리한 요항이자 중계지로서 자주 이용한다.

서기 637년 3월,
마다인 약탈

카데시아에서 패배했지만 강과 운하가 교차하는 지형의 넘기 힘든 장벽으로 승전을 거둔 사라센 기병대에게 저항할 수 있었을 것이다. 성벽을 부수는 로마의 무기도 견디어 낸 크테시폰 또는 마다인 성벽이 사라센인의 화살에 무너질 리 없었다. 그러나 패주하는 페르시아인들은 그들의 종교와 제국의 최후의 날이 임박했다는 공포심에 압도되고 말았다. 가장 강력한 요새도 반역이나 비겁함에 무너졌고 왕은 몇몇 가족과 보물을 가지고 메디아 언덕 기슭에 있는 홀완으로 도망쳤다. 전투가 시작된 지 석 달째, 우마르의 부관 사이드는 아무런 저항도 받지 않고 티그리스 강을 건넜다. 수도는 공격을 받았고 산발적인 저항은 이슬람교도 기병대를 더욱 잔인하게 만들었는데, 그들은 종교적인 황홀경에 빠져 이렇게 외쳤다. "이것이 바로 호스로우의 백색 궁전이며, 이것이 바로 신의 사도의 약속이다!" 헐벗은 사막의 도적 떼는 갑자기 그들의 희망을 넘고 지식으로는 측정할 수도 없는 많은 재물을 얻었다. 각 방에서 교묘하게 숨겨져 있거나 보라는 듯이 전시된 보물이 나왔고 금과 은, 각양각색의 옷, 귀중한 가구가 상상을 초월할 정도로 쏟아져 나왔다.(아불페다는 그렇게 기술하고 있다.) 또 다른 역사가는 이 계산 불능의 무한한 물량을 터무니없게도 금화 300만 닢이라고 정의한다. 부와 무지의 대비를 보여 주는 아주 사소하지만 재미있는 일화가 있다. 인도양의 머나먼 섬에서 많은 양의 용뇌유(龍腦油)[9]를 수입해 밀랍과 섞어 동방의 궁전을 윤내는 데 사용하고 있었다. 이 향기로운 나뭇진의 이름과 성질을 모르는 사라센인들은 이것을 소금으로 잘못 알고 빵과 섞어 먹고는 그

[9] 용뇌수는 중국과 일본에서 자란다. 그러나 질이 떨어지는 용뇌유 수백 파운드가 보르네오와 수마트라산의 귀한 수액 1파운드와 교환되었다. 아랍인들이 용뇌유를 처음 수입했던 곳은 이 섬들이었을지도 모른다.

쓰디쓴 맛에 놀랐다. 궁전의 여러 방 가운데 한 곳은 길이와 폭이 60큐빗이나 되는 실크 카펫으로 장식되어 있었다. 파라다이스 아니면 정원이 바닥에 그려져 있었는데 금 자수와 보석으로 꽃과 과일, 덤불 등을 묘사해 놓았으며, 거대한 정사각형의 테두리가 다양한 초록으로 둘러쳐져 있었다. 아라비아의 장군은 자연과 인공이 잘 결합되어 만들어진 이 엄청난 노작을 보면 칼리프가 기뻐하리라는 생각에 병사들에게 카펫의 소유권을 포기하라고 설득했다. 그러나 예술성이나 왕가의 위엄에 전혀 무관심한 엄격한 우마르는 메디나의 동포들에게 전리품을 나누어 주었다. 이 그림은 찢어져 파괴되고 말았지만 그 자체의 가치가 워낙 높아 알리 한 사람 몫만도 2만 드라크마에 팔렸을 정도였다. 추적자들이 호스로우의 왕관과 흉갑, 허리띠와 팔찌를 나르던 노새 한 마리를 붙잡아 이 훌륭한 전리품들을 이슬람교도들의 지도자에게 바쳤다. 흰 수염에 털투성이 팔, 거친 풍채의 노병이 위대한 호스로우의 전리품으로 치장한 모습을 보면, 아무리 엄숙한 동료라 할지라도 미소를 지을 수밖에 없었다. 크테시폰은 약탈 이후 버려지고 점차 파멸해 갔다. 사라센인들은 이곳의 공기와 지형을 싫어했고 우마르는 장군들의 건의를 받아들여 유프라테스 강 서쪽으로 통치 본부를 옮기기로 하였다. 어느 시대에든 아시아 도시들의 건설과 파괴는 아주 쉽고 빨랐다. 돌과 목재가 없는 이 지역에서는 가장 튼튼한 건축물이라 해도[10] 겨우 햇빛에 말린 벽돌을 그 지방에서 나오는 역청성의 시멘트로 굳혀 지은 것이었다. 쿠파(Cufa)라는 이름은 갈대와 흙으로 지은 집이라는 뜻이다. 그러나 이 새로운 수도의 위상을 지탱하는 것은 경험이 풍부한 많은 노병과 그들의 재력, 신념이었다. 아무리 현명한 칼리프도 수만 명

쿠파 건설

[10] 아시리아의 유적 가운데 가장 큰 것은 바빌론에 있는 벨루스의 탑과 크테시폰에 있는 호스로우의 방인데, 허영심 많고 호기심 많은 여행자 발레(Pietro della Valle)는 이 두 곳을 모두 방문했다.

11 그 표현은 어찌나 무지와 놀라움으로 가득한지 아테네의 웅변가가 카스피 해 연안을 벗어나 본 적도 없는 알렉산드로스 대왕의 북극 정벌을 설명하고 있는 것과 비슷하다. 이 기억할 만한 주장은 아르벨라 전투 1년 뒤 가을에 아테네에서 이루어졌으며, 알렉산드로스는 다리우스를 추격하여 히르카니아와 박트리아나로 진군하고 있었다.

의 병사를 자극했다가 혹시 반란이 일어날 것을 두려워하여 그들의 방자함을 묵인했다. 쿠파의 도움을 청했던 알리는 이렇게 말했다. "쿠파의 주민들이여, 그대들의 용맹에 대해서는 잘 알고 있었소. 그대들은 페르시아의 왕을 타도했고 군대를 격파했으며 그의 유산을 모두 차지했소." 이 정복은 잘룰라와 네하벤드의 전투로 완성된다. 야즈데게르드는 잘룰라를 잃자 홀완에서 달아나 과거 키루스가 그의 용맹스러운 동료 전사들과 함께 달려 나왔던 파르스의 산중으로 자신의 수치와 절망을 숨기기 위해 들어갔다. 백성들의 용기는 왕조의 용기보다 더 오래 지속되었다. 15만 페르시아인이 하마단이라고도 불리는 에크바타나 남쪽의 산간 지역에서 종교와 나라를 위해 세 번째이자 마지막 저항을 시도했다. 아랍군은 네하벤드의 결정적 전투를 승리 중의 승리라고 부른다. 페르시아의 장군들이 꿀을 가득 실은 노새와 낙타 무리를 몰고 도주하다가 잡혔다는 말이 사실이라면, 우연한 이 사건은 사소하거나 기이하기는 하지만 동방 군대가 얼마나 호사스러운 장애물에 맞닥뜨렸는지 말해 주는 것이리라.

서기 637~651년, 페르시아 정복

페르시아의 지리에 대해 그리스인과 라틴인들은 아주 모호하게 서술하였지만, 그중 가장 유명한 도시는 아랍인들이 침략하기 훨씬 오래전부터 있었던 듯하다. 하마단과 이스파한, 그리고 카스윈, 타우리스, 레이의 정복으로 아랍인들은 점점 카스피 해 연안으로 접근했다. 메카의 웅변가들은 이미 북극곰자리가 보이지 않는 곳까지 진군해 인간의 거주 지역을 벗어난 곳에 다다른 이슬람교도들의 성공과 기개를 칭송했다.[11] 그들은 또다시 서방과 로마 제국을 향해 방향을 바꾸어 모술의 다리에서 티그리스 강을 건넜고, 아르메니아와 메소포타미아 지역의 점령지에서 승리한 시리아 군대와 합류했다. 마다인 궁전에서 동쪽으로 향한 진군도 빠르고 광범위했다. 그들은 티그리스와 굴프 만을 따라 진군했고, 산을 넘어 에스타차르, 즉 페르세폴리스의 골짜기로 침투하여 마기교 제국의 마지막 성소를 욕보였다. 호스로우의 손자는 페르시아의 과거와 현재를 구슬프게 상징하듯 무너져 내리는 기둥과 파괴된 동상들 사이에서 급습을 당할 뻔했다. 그는 더욱 발걸음을 재촉하여 키르만 사막으로 피신했으며, 호전적인 세게스탄인[12]에게 원조를 청하고 터키와 중국령 경계에서 누추한 피난처를 찾았다. 그러나 승리한 군대는 지칠 줄 몰랐다. 아랍인들은 군대를 나누어 겁많은 적을 추격했다. 칼리프 오스만은 고대 박트리아인들의 왕국이었던 저 거대하고 인구가 많은 지역인 호라산에 처음으로 입성하는 장군에게 그 통치권을 주겠다고 약속했다. 장군들은 이 조건을 받아들였는데 사실 이런 포상은 그런 공로에 해당하는 값어치가 있었다. 마호메트의 군기가 헤라트와 메로우, 발크의 성벽에 꽂혔고, 승리한 지휘관은 거품을 뿜어내는 기병대 말들이 옥수스 강물을 마실 때까지 멈추지도 쉬지도 않았다. 전반적인 무정부 상태에서 각 도시와 성곽의 통치자들은 따로 조건부 항복을 얻어 냈는데, 그 항복 조건은 승자의 평가, 신중함 또는 동정에 의해 결정되었다. 신앙 고백만으로 형제와 노예가 뚜렷하게 구분되었다. 아와즈와 수사의 군주 또는 태수인 하르모잔은 고결하게 저항하다 자신의 몸과 통치령을 칼리프의 뜻에 내맡길 처지가 되었는데, 당시 이 두 사람의 면담은 전형적인 아라비아 풍습을 보여 준다. 성격이 쾌활한 이 야만인은 우마르의 면전에서 그의 명령에 따라 금실로 수놓인 비단 옷과 루비와 에메랄드로 장식된 왕관을 빼앗겼다. 정복자는 옷을 벗은 포로에게 이렇게 물었다. "이제 신의 심판을, 불충과

12 '세게스탄인'은 시지스탄의 사람들을 말한다.

복종에 각각 어떤 보답이 주어지는지를 알겠는가?" 하르모잔이 답했다. "아아! 진실로 통감하고 있습니다. 우리 모두 무지했을 때에는 육신의 무기를 가지고 싸웠고 백성들은 저보다 뛰어났습니다. 그래도 그때는 신께서 중립을 지키셨습니다. 그러나 이제 신께서 그대의 편을 들어 주시니 그대들이 우리 왕국과 종교를 멸했습니다." 고통스러운 대화에 압박된 이 페르시아인은 참을 수 없는 갈증을 호소했지만 물 한 잔을 마시는 동안 살해당하지 않을까 하는 두려움을 느꼈다. 그러자 칼리프는 이렇게 말했다. "겁먹지 마시오. 그대의 생명은 이 물을 다 마실 때까지는 안전할 것이오." 하르모잔은 그 약속을 믿고 곧장 물병을 바닥에 내던져 깨뜨렸다. 우마르는 이러한 잔꾀에 보복하려 했으나 그의 동료들이 맹세는 신성한 것이라며 만류하였다. 그리고 하르모잔은 즉시 개종하여 사면을 받았을 뿐만 아니라 금화 2000닢의 급여까지 받게 되었다. 페르시아의 행정은 인구와 가축, 토지에서 나오는 수익 등을 실제로 조사하여 행해졌다. 칼리프들의 조심성을 증명하는 이 업적은 모든 시대의 철학자들에게 교훈을 줄 것이다.

서기 651년, 마지막 왕의 죽음

야즈데게르드의 도피는 고금을 통하여 잘 알려진 두 개의 강, 인도의 산맥에서 흘러나와 카스피 해로 흘러드는 옥수스 강과 야크사르테스 강 너머로까지 이어졌다. 그는 야크사르테스의 비옥한 땅인 파르가나의 타르칸 왕에게 융숭한 대접을 받았다. 사마르칸트 왕은 소그디아나와 스키타이의 투르크 부족과 함께 이 몰락한 군주의 한탄과 약속에 마음이 움직였고, 그는 탄원 사절을 중국 황제에게 보내 좀 더 견고하고 강력한 동맹을 확보했다. 당 왕조의 시조인 고결한 태종은 로마 제국의 안토니누스에 비견할 수 있을 것이다. 백성들은 번영과 평화를 누렸고 그의 지배권은 타타르의 마흔네 유목민 집단에게도 인정받았다. 카슈가르와 코텐의 최전선 주둔군은 야크사르테스와 옥수스 강 연안에 사는 그들의 이웃과 접촉하는 일이 잦았고, 새로 정착한 페르시아인들은 중국에 마기교의 천문학을 전하였다. 태종은 아랍인들의 빠른 팽창과 위험할 정도의 접근에 경계심을 느꼈을 것이다. 중국의 영향력과 아마도 원조로 야즈데게르드의 희망과 조로아스터교 숭배자들의 열정이 되살아났다. 그는 투르크족 군대를 이끌고 조상들의 유산을 정복하러 되돌아왔다. 이슬람교도들은 운 좋게도 칼 한 번 휘두르지 않고 그의 파멸과 죽음을 지켜보았다. 호스로우의 손자는 자기 부하에게 배신당했고 메로우의 선동적인 주민들에게 모욕당했으며, 자신의 동맹군인 야만족에게 패하여 추격당했다. 그는 한 강둑에 이르러 물방앗간 주인에게 급히 배로 강을 건너게 해 주면 반지와 팔찌를 주겠다고 했다. 이 촌부는 왕의 다급한 상황을 몰라서인지 아니면 무관심해서인지 자기 물방앗간의 하루 수입이 은화 4드라크마인데, 제대로 보상해 주지 않으면 일을 멈출 수 없다고 대답했다. 이렇게 머뭇거리며 지체하는 동안 사산 왕조의 마지막 왕은 투르크 기병대에 붙잡혀 죽음으로써 그 불운한 치세 19년을 마감하였다.[13] 그의 아들 피루즈는 중국 황제의 낮은 신분의 근위병 대장직을 수락했고, 부카리아 지역의 망명 왕족들은 오랫동안 마기교 숭배를 계속했다. 그의 손자는 왕의 칭호를 이어받았지만 별 성과 없는 시도 끝에 중국으로 돌아가 장안의 궁에서 마지막 나날을 보냈다. 이렇게 해서 사산 왕조의 남자 후계자는 대가 끊기고 말았다. 그러나 포로로 잡힌 페르시아 왕실의 딸들은 예속 또는 결혼을 통해 정복자들에게 주어졌고, 칼리프와 이맘의 혈통은 그들의 왕족 출신 어머니들의 피로 품격이 높아졌다.[14]

[13] 여기서는 엘마킨, 아불파라기우스, 아불페다, 데르벤로의 다양한 설명을 조화시키고자 했다. 야즈데게르드의 최후는 불운했을 뿐만 아니라 분명하지 않다.

[14] 야즈데게르드의 두 딸은 알리의 아들 하산과 아부 바크르의 아들 모하메드와 결혼했다. 하산은 수많은 자손을 남겼다. 피로우스의 딸은 칼리프 왈리드의 아내가 되었고, 그들의 아들 야지드는 사실 여부는 분명하지 않지만 페르시아의 호스로우, 로마의 황제, 아바르 투르크족 왕의 자손이라고 했다.

서기 710년, 트란속시아나 정복

페르시아 왕국이 몰락한 이후 옥수스 강이 사라센족과 투르크족 영역의 경계선이 되었다. 아랍인의 기백은 이 좁다란 국경선도 곧 뛰어넘었다. 호라산의 통치자들은 끊임없는 침공에 박차를 가했고, 투르크족 여왕이 보카라 언덕 너머로 허겁지겁 도망가느라 떨어뜨린 반장화(半長靴)가 여러 승리 중 하나를 장식하기도 했다.[15] 그러나 스페인은 물론 트란속시아나[16]의 최종적인 정복은 왈리드의 영예로운 치세 동안에는 이루어지지 않았다. 낙타 몰이꾼 카티바라는 이름은 한 성공한 부관의 출신과 공훈을 알려 준다. 카티바의 동료 가운데 한 명이 인더스 강변에 최초로 마호메트의 군기를 꽂는 동안, 카티바는 무력으로 옥수스 강, 야크사르테스 강과 카스피 해 사이의 광활한 지역을 예언자와 칼리프에게 복속시켰다. 이교도들에게 금화 200만 닢의 공납을 부과했고 그들의 우상을 소각하거나 파괴했으며, 이 지휘관은 카리즈메의 새 모스크에서 설교했다. 몇 차례의 전투 후 투르크 유목민들은 다시 사막으로 내몰렸고, 중국 황제는 승자인 아랍인들과 우호적인 관계를 도모했다. 고대인들의 소그디아나 지역이 번성한 것은 아마도 대부분 그들의 근면함 덕분일 테지만, 이 토양과 기후의 장점은 마케도니아 왕들의 치세 이래로 잘 알려지고 개발되어 왔다. 사라센인들이 침공하기 이전 카리즈메, 보카라, 사마르칸트는 북방 유목민들의 지배를 받는 부유하고 인구가 조밀한 지역이었다. 이 도시들은 이중의 성벽으로 둘러싸여 있었고 훨씬 더 넓은 외부 성채 안에 인근 지역의 밭과 정원이 들어가 있었다. 인도와 유럽에서 서로 필요한 것은 모두 소그디아나 상인들이 부지런히 채웠고, 사마르칸트의 제조업자들로부터 아마를 종이로 만드는 귀한 기술이 서방 세계로 확산되었다.[17]

---

[15] 그것의 값은 금화 2000 닢으로 매겨졌으며 지야드의 아들이자 후일 후세인을 살해하여 악명 높은 우베이둘라가 차지하였다. 그의 형제 살렘은 부인을 동반했는데 그녀는 옥수스 강을 건넌 최초의 아랍 여성이었다.(서기 680년) 그녀는 소그디아나 공주의 왕관과 보석을 빌렸다, 아니 훔쳤다.

[16] 아불페다의 지리학 가운데 일부분을 그리브스(Greaves)가 번역한 것이 허드슨(Hudson)의 군소 지리학자 전집에 삽입되어 있다. 발음은 더 부드럽지만 같은 의미를 가진 트란시아나라는 이름은 크루아 그리고 몇 명의 현대 동양학자들이 적절하게 사용했다. 그러나 이것이 고대의 저자들에서 기원한다고 하는 것은 잘못이다.

[17] 사서인 카시리는 믿을 만한 증언을 듣고 종이는 헤지라 30년에 중국에서 사마르칸트로 처음 수입되었고, 메카에서는 헤지라 88년에 발명, 아니 소개되었다고 말했다. 에스쿠리알 도서관은 헤지라 4~5세기 정도에 만들어진 것으로 보이고 종이 원고를 보관하고 있다.

(2) 아부 바크르는 신앙과 통치의 합일을 회복하자마자 아라비아 여러 부족에게 회람시킬 서한을 발송했다.

서기 632년,
시리아 침입

가장 자비로우신 신의 이름으로 진정한 신도들에게. 그대들에게 건강과 행복, 신의 자비와 축복이 있기를 빕니다. 이렇게 글을 드리는 것은 제가 진정한 신도들을 시리아로 파견하여[18] 그 땅을 이교도들의 손에서 구할 생각이기 때문입니다. 종교를 위한 투쟁은 신에 대한 복종의 행위임을 알아주셨으면 합니다.

전령들은 각지에서 일어난 경건하고 군사적 열의가 담긴 소식을 가지고 돌아왔고 메디나 진영은 계속해서 용맹한 사라센인들로 채워졌다. 그러나 사라센인들은 당장 작전에 돌입하자며 더위와 부족한 보급품에 대해 불만을 제기하고, 칼리프의 늑장에 대해 참을성 없이 불평하고 비난했다. 군사의 수가 모두 채워지자 아부 바크르는 언덕에 올라 군사와 말, 무기를 점검하고 작전이 성공하기를 기원하는 열렬한 기도를 올린 후, 걸으면서 첫날의 행군에 직접 참가했다. 장군들이 얼굴을 붉히며 말에서 내리려 하자, 칼리프는 종교를 위해 봉사하는 자는 말을 타는 사람이건 걷는 사람이건 똑같은 공을 세우는 것이라며 그들이 가진 마음의 부담을 덜어 주었다. 원정군의 장군들에게 내린 그의 훈시[19]는 지상에 있는 야망의 대상을 획득하는 동시에 한편으로는 이러한 것들을 경멸하는 듯한 호전적인 종교적 열의에서 나온 것이었다. 예언자의 후계자는 이렇게 말했다.

그대들이 항상 신 앞에 있으면서 죽음의 문턱에 있고, 확실한 심판과 천국에 대한 희망 앞에 있음을 기억해야 하오. 불의

[18] 시리아 정복에 대한 별도의 역사서가 알 와키디에 의해 저술되었다. 그는 서기 748년에 태어나 822년에 사망한 바그다드의 하급 재판관이었고, 이집트 정벌, 디아르베키르 정벌 등에 대해서도 글을 남겼다. 아랍인들에 대한 최근의 보잘것없는 연대기에 비하면 알 와키디의 저술은 오래되었으며 양이 많다는 장점을 가지고 있다. 그는 당시 사람들에 대해 꾸밈없이 기술하고 있다. 그러나 그의 서술 방식은 불완전하고 사소하며 개연성이 없는 경우가 너무 많다. 이보다 더 나은 기록을 찾을 때까지는 박식하고 기백 있는 번역가 오클리가 라이스케의 혹평을 받을 이유가 없다. 오클리의 노작이 감옥 안에서 완성되었다는 사실이 유감스럽다.

[19] 시리아 전쟁 때의 훈시 등은 알 와키디와 오클리가 묘사하고 있다. 그러나 결국 그들의 상황적 묘사는 생략해야 할 것이며 그것을 인용할 필요는 없다. 다른 저자들의 덕을 보았다는 사실도 주지할 것.

와 압제를 피하시오. 휘하 부대의 사랑과 신뢰를 유지할 방법을 형제들과 상의하고 연구하시오. 신의 전투를 수행할 때는 등을 돌리지 말고 남자답게 행동하시오. 그러나 그대들의 승리가 여자와 아이들의 피로 얼룩지지 않도록 하시오. 종려나무를 상하게 하지 말 것이며 옥수수 밭을 불태워서도 안 되오. 과실수는 절대 베어서는 안 되며 식용으로 도축하는 경우 외에는 가축에게 해를 가해서도 안 될 것이오. 다른 사람과 서약이나 계약을 하거든 반드시 지키고 언행이 일치하도록 하시오. 진군을 하다 보면 수도원에 은거하여 신에게 봉사하는 종교인들을 만나게 될 것이오. 그런 자들은 그대로 두어야 하며 죽이거나 수도원을 파괴해서는 안 되오.[20] 사탄의 무리에 속하는 머리 깎은 자들도 만나게 될 텐데,[21] 그러한 자들은 반드시 머리를 부숴 버릴 것이며 그들이 이슬람교도가 되거나 연공을 바치지 않는 이상, 자비를 베풀어서는 안 되오.

불경스럽거나 경박한 모든 대화와 과거의 싸움에 대한 위험한 회상은 아랍인들 사이에서 엄격하게 금지되었다. 군영의 소란스러움 속에서도 종교적으로 지킬 것은 충실히 지켰다. 작전을 수행하는 사이사이 기도와 명상, 코란을 읽었다. 과음을 하거나 가벼운 음주에 대해서도 발바닥을 80대 때리는 형벌이 가해졌다. 처음에는 뜨거운 열정으로 몰래 숨어서 죄지은 자들 상당수가 스스로 잘못을 밝히고 벌을 내려 달라고 요구하였다. 잠시 주저하던 끝에 군대의 지휘권이 메카의 이주자이자 마호메트의 동반자인 아부 오베이다에게 넘어갔다. 독특한 온화함과 자비로운 기질로 그의 열정과 헌신을 퇴색시키는 일 없이 사람들을 부드럽게 만들어 갔다. 그러나 전쟁이 위기 상황에 놓일 때마다 병사들은 할리드의 뛰어난 천재성을 요구했다. 군

[20] 이 훈시에도 불구하고 파우(M. Pauw)는 베두인 족들을 그리스도교 수도사들의 무자비한 적이었다고 주장한다. 나는 아랍인들의 탐욕에 대해 의구심을 느끼며 이 독일 철학자의 편견을 의심하는 쪽이다.

[21] 7세기에도 수도사들은 대개 속인이었다. 그들은 머리를 길게 기르고 단정치 못했는데 성직자 서품을 받으면 머리를 밀었다. 동그랗게 바싹 깎은 머리는 신성하고 신비한 가시관이었다. 그러나 이는 또한 왕관이었으며 모든 성직자는 왕이었다.

주의 선택이 누가 되었든 간에 '신의 칼'은 실제와 명성에 있어 사라센 최고의 지도자였다. 그는 아무런 주저 없이 복종하였고 누구에게나 질투심 없이 상담을 해 주었다. 그의, 아니 그 시대의 정신이 그러한 것이었기에 할리드는 신앙의 군기가 어린아이 또는 적의 손안에 있다 하더라도, 그 신앙의 군기 아래 기꺼이 봉사하겠다고 공언하였다. 실제로 승리를 거둔 이 이슬람교도는 영광과 부와 통치권을 약속받았다. 그러나 그는 현세의 부만이 유일한 자극제라면 보상은 거기에서 그치리라는 가르침을 받았다.

시리아의 열다섯 개 지역 가운데 요르단 강 동쪽에 있는 경작 지대는 로마의 허영심 때문에 아라비아라는 이름으로 치장되어 왔다. 사라센인들이 행사한 최초의 무력은 민족적 권리라는 외양으로 정당화되었다. 이 지역은 다양한 상업 이익으로 부를 쌓았고 황제들의 경계로 요새로서 보호를 받았다. 게라사, 필라델피아, 보스라 등의 도시22는 성벽을 세워 적어도 적의 기습 공격에는 대비하고 있었다. 보스라는 메디나로부터 열여덟 번째 역참이 있는 곳에 위치했는데, 그 길을 해마다 이 지역과 사막의 풍요로운 시장을 방문하던 헤자즈와 이라크의 대상들은 잘 알고 있었다. 아랍인들에 대한 끝없는 경계심으로 주민들은 군사 훈련을 받았다. 시리아어로 강력한 방어용 탑이라는 의미를 가진 보스라의 성문에서는 1만 2000마리의 말이 언제든지 출격할 수 있었다. 무방비한 도시와 국경에서 달아나는 사람들을 상대로 거둔 최초의 성공에 고무된 4000명의 이슬람교도 파견대는 보스라에 항복을 권하고 요새를 공격했다. 그들은 수적으로 시리아인들에게 압도당했지만 기병대 1500명을 이끌고 온 할리드 덕택에 목숨을 구했다. 그는 이 모험적인 전

보스라 포위 공격

22 암미아누스는 게라사와 필라델피아와 함께 보스라의 성벽을 '비할 데 없이 견고하게 쌓은' 성벽이라고 칭송한다. 이들은 아불페다 시대에도 같은 칭송을 얻을 만했는데, 아불페다는 이 도시를 하우란의 대도시로 다마스쿠스에서 4일 걸리는 거리에 있다고 쓰고 있다.

23 사막과 군대의 사도는 이 간편한 물 대용품을 허락해야만 했다. 그러나 아라비아와 페르시아의 결의론자들은 많은 세부 사항과 구분으로 그의 자유로운 허락에 대해 면박을 주었다.

투를 나무랐고 전쟁터로 돌아가 신의 유일성과 사도의 약속만을 믿고 행동하고 있던 덕망 있는 친구 세르자빌을 구해 냈다. 짧은 휴식을 끝내고 나서 이슬람교도들은 물 대신 모래로 목욕을 했고,23 할리드는 그들이 말에 오르기 전에 아침 기도문을 읊었다. 보스라 시민들은 자신들의 힘을 믿고 문을 활짝 열어 군대를 평원으로 내보내면서 자신들의 종교를 수호하다 죽겠노라고 맹세했다. 그러나 이 평화의 종교는 사라센인들 전체에 울려 퍼진 "싸워라, 싸워라! 천국, 천국이여!"라는 광신적인 외침에 저항할 수가 없었다. 도시의 소요, 울려 퍼지는 종소리, 성직자와 수도사들의 외침은 그리스도교도들의 혼란과 무질서를 증폭시켰다. 230명을 잃었지만 아랍군은 여전히 평야에서 우위를 차지하고 있었고, 보스라의 성벽은 인간 또는 신의 도움을 기대하는 십자가와 봉헌된 군기들로 가득했다. 총독 로마누스는 일찌감치 항복을 권유했다가 시민들에게 경멸당하고 강제로 자리에서 물러난 뒤 복수할 기회를 노리고 있었다. 야간에 열린 회담에서 그는 적에게 자기 집에서 성벽 아래로 나 있는 지하 통로에 대해 알려 주었다. 칼리프의 아들은 이 새로운 동맹자를 믿고 백 명의 지원자를 이끌고 갔다. 그의 이 담대한 모험이 성공하여 동료들은 도시로 쉽게 진입할 수 있었다. 할리드가 종속과 공납 조건을 부과한 다음 이 배교자 혹은 개종자는 시민들이 모여 있는 앞에서 자신의 배반적인 공적을 공공연히 인정했다. 로마누스는 이렇게 말했다.

나는 현세에서나 내세에서나 너희들과의 교제를 거부한다. 나는 십자가에 못 박힌 자와 그를 경배하는 모든 자를 부정한다. 나는 내 주(主)로서 신을, 내 신앙으로서 이슬람을, 내 성전으로서 메카를, 내 형제로서 이슬람교도를, 내 예언자로서 마호메트를 선택한다. 그분은 우리를 올바른 길로 인도하도록, 신의 적에 합류하는 자들에 맞서 진정한 종교를 칭송하기 위해 이 세상에 보내지셨다.

다마스쿠스에서 4일 거리에 있는 보스라의 정복으로 고무된 아랍군은 시리아의 고대 도시를 공격했다. 그들은 이 향기로운 땅의 작은 숲과 샘물 사이에 위치하고 성벽에서 얼마 떨어지지 않은 곳에 진지를 구축하고, 최근 비잔티움군 5000명의 증원으로 힘을 얻어 결의를 단단히 한 이 도시의 시민들에게 마호메트의 신앙, 공납, 전쟁 중에 하나를 고르라는 통상적인 안을 내놓았다. 군사 기술의 쇠퇴기에는 초창기와 마찬가지로 장군들이 직접 적의 도전을 받고 수락하고는 했다.24 다마스쿠스 평원에서 많은 군사들의 창끝이 떨렸고, 할리드의 기량은 포위당한 도시에 대한 최초의 공격에서도 이미 발휘되었다. 끈질긴 전투 끝에 그는 풍채 당당하고 존경할 만한 맞수였던 그리스도교도 장군 한 명을 제압하여 포로로 잡았다. 그리고 즉시 팔미라 총독이 선물로 준 새 말로 갈아타고 전방을 향해 나갔다. 친구 데라르가 말했다. "잠시 쉬게나. 내가 자네의 자리를 대신하겠네. 자네는 이 자와 싸우느라 지쳐 있지 않나." 지칠 줄 모르는 사라센인은 이렇게 답했다. "오, 데라르! 우리는 내세에 쉬게 될걸세. 오늘 열심히 일하는 자는 내일 반드시 쉬게 되지." 할리드는 지치지 않는 열정으로 두 번째 적수의 도전에 맞서 싸워 이겼다. 그들은 자신의 신앙을 포기하기를 거부한 두 포로의 머리를 잘라 도시 한가운데로 던졌다. 다마스쿠스 사람들은 몇몇 장군들의 결투와 국지적인 교전 때문에 더욱 철저한 방어를 해야 했다. 그들이 보낸 전령이 신속하고 강

서기 633년, 다마스쿠스 포위 공격

24 표면적 역사를 예리하고 경쾌하게 바라보는 볼테르는 초기 이슬람교도들과 일리아드의 영웅들, 트로이 공격과 다마스쿠스 공격 사이에 나타나는 유사성에 놀랐다.

25 이 문구는 코란의 구절이다. 우리 시대 최후의 광신도들과 마찬가지로 이슬람교도들은 일상에서나 또는 중요한 경우에 모두 그들의 성서를 이용하고는 했다. 그 문체는 브리튼의 풍토와 방언에 이식된 히브리 말보다는 훨씬 자연스럽게 말할 수 있는 것이었다.

력한 원군을 약속받고 돌아왔지만, 소란스러운 승리의 함성에 아랍 진영도 그 사실을 알게 되었다. 약간의 논쟁 끝에 장군들은 황제가 보낸 병력이 전투에 투입될 때까지 다마스쿠스 공격을 거두거나 중지하자는 결의를 했다. 할리드는 퇴각하면서 좀 더 위험한 후방에 배치되고자 하였으나 아부 오베이다의 의견에 순순히 물러섰다. 그러나 위기의 순간에 그는 기병 6000과 보병 1만의 공격을 받은 동료를 구하기 위해 급히 달려갔고, 자신들의 패배를 다마스쿠스에 알릴 수 있는 그리스도교도는 거의 없었다. 이번 전투는 매우 중요했기 때문에 시리아와 팔레스타인 국경에 분산되어 있는 사라센인들을 규합할 필요가 있었다. 훗날 이집트의 정복자가 된 암르에게 그가 보낸 회람용 명령서를 여기에 싣는다.

가장 자비로우신 신의 이름으로 할리드가 암르에게 건강과 행복을 빕니다. 그대의 형제인 이슬람교도들이 아이즈나딘으로 진군하려 합니다. 그곳에는 우리에게 대적할 목적을 가진 7만 명의 비잔티움 군사들이 있고, 그들은 신의 빛을 입김으로 불어 끄려 하고 있습니다. 그러나 신께서는 이교도들을 무시하고 그 빛을 보전해 주실 겁니다.[25] 그러므로 가장 높으신 신의 뜻에 부합한다면 이 편지가 그대의 손에 전달되는 즉시 수하 병력을 이끌고 아이즈나딘으로 와 주십시오.

그는 이 부름에 기꺼이 따랐고 같은 날 같은 장소에서 이슬람교도 4만 5000명은 자기들의 행동과 열정의 결과를 신의 축복으로 돌렸다.

페르시아 전쟁에서 승리한 지 약 4년 후 헤라클리우스와 동로마 제국의 평화는 다시금 새로운 적에 의해 흔들렸고, 동방의 그리스도교도들은 적이 믿는 종교가 지닌 힘을 명확히 이해하고 있는 이상으로 몸으로 강하게 느꼈다. 황제는 콘스탄티노플이나 안티오크의 궁전에서 시리아 침공, 보스라 함락, 다마스쿠스의 위기 같은 소식에 잠을 깨곤 했다. 노병과 신병 7만 명이 헴스 또는 에메사에서 웨르단 장군 휘하로 모여들었다.[26] 주로 기병대로 구성된 이 군대는 시리아군, 비잔티움군 또는 로마군이라 부를 수 있을 것이다. 그들의 출신 또는 전쟁 지역에서 보면 시리아군이고, 그들 군주의 종교와 언어에서 보면 비잔티움군이며, 여전히 콘스탄티누스의 후계자들이 계속 더럽히고 있는 그 자랑스러운 이름에서 보면 로마군이었다. 웨르단이 황금 사슬로 장식된 흰 노새를 타고 기장과 군기에 둘러싸여 아이즈나딘 평원에 나왔을 때, 맨손으로 적의 상태를 살피러 나온 용맹스러운 전사가 가까이 다가오는 것을 보고 놀랐다. 그리스도교도들에 대한 증오, 전리품에 대한 욕심, 위험에 대한 경멸이 이 대담한 사라센인을 지배하는 열정이었다. 임박한 죽음도 종교적 확신을 흔들거나, 그의 고요한 결의를 어지럽히거나, 솔직하고 호기 넘치는 그의 유쾌한 기질을 막지는 못했다. 그는 아무리 절망적인 전투에서도 용맹하고 신중했으며 운이 좋았다. 수많은 위험을 겪으면서 이교도의 손에 세 번이나 잡히고도 끝내 살아남아 시리아 정복 원정에 참가하여 공적을 회상하고 그 보상을 누릴 수 있었다. 그는 이번에도 웨르단이 보낸 서른 명의 로마인들과 창을 들고 홀로 싸웠다. 그리고 열일곱 명을 죽이거나 말에서 떨어뜨린 후 환호하는 형제들 곁으로 안전하게 돌아왔다. 장군이 그의 성급함을 온화하게 꾸짖자 그는 군인다운 단순함으로 스스로를 변호했다.

서기 633년 7월,
아이즈나딘 전투

[26] 테오파네스는 웨르단이라는 이름을 몰랐으며, 이 장군이 아르메니아 소속이었다고 해도 이름으로만 보자면 그 면모나 발음상 그리스적인 곳이 전혀 없다. 비잔티움 역사가들이 동방식 이름을 못 알아듣게 했다면 이 사례에서 아랍인들도 적에 대해 충분히 보복한 셈이다. 그들이 그리스 문자를 오른쪽에서 왼쪽으로 베껴 쓰면서 앤드류(Andrew)라는 흔한 이름을 의문의 웨르단(Werdan)과 비슷하게 만들어 낸 것은 아닐까?

아닙니다. 제가 먼저 시작한 것이 아닙니다. 그들이 먼저 저를 잡으러 왔고, 신께서 제가 등을 돌리는 것을 보실까 두려웠습니다. 저는 정말 열심히 싸웠고, 적들과 싸우는 것을 분명 신께서 도와주셨다고 생각합니다. 그리고 제가 장군님의 명령에 불복종하는 것이 아닐까 염려하지 않았다면, 이렇게 돌아오지 않았을 겁니다. 저들이 이미 우리 손에 있다는 것을 저는 알 수 있습니다.

양쪽 군대가 둘러선 가운데 한 덕망 높은 비잔티움인이 나오더니 평화를 위한 관대한 조건을 제의했다. 각 병사에게 터번과 옷 1벌, 금화 1닢, 지휘관에게는 옷 10벌과 금화 100닢, 그리고 칼리프에게는 옷 100벌과 금화 1000닢을 선물하여 사라센인들의 퇴각을 돈으로 사려고 하였다. 할리드는 성난 미소로 거절을 분명히 표했다.

하찮은 그리스도교도들이여, 너희들은 어떤 선택을 해야 할지 잘 알고 있다. 코란과 공물 아니면 칼이다. 우리는 평화보다 전쟁에 기쁨을 느끼는 민족이며, 곧 너희들 재물과 가족, 그리고 너희들 자신의 주인이 될 것이니 지금 제안하는 그 보잘것없는 자선을 경멸하노라.

상대에게 이렇게 확실한 경멸감을 표시했음에도 불구하고 그는 자신들의 위험을 깊이 인식하고 있었다. 이전에 페르시아 전쟁에 참가하여 호스로우의 군대를 보았던 자들조차도 이렇게 강력한 군세는 본 적이 없다는 점을 인정하고 있었기 때문이다. 지략이 뛰어난 이 사라센인은 적의 우세함을 이용해 용기를 자극할 새로운 동기를 이끌어 냈다.

지금 그대들의 눈앞에 있는 것은 로마인들의 연합군이다. 우리가 비록 달아날 수 있는 희망은 없지만 하루 만에 시리아를 정복할 수도 있다. 이 전쟁의 승패는 그대들의 기강과 인내심에 달려 있다. 저녁까지 힘을 아껴 두라. 우리의 예언자는 저녁에 정복하시곤 했다.

연속된 두 번의 전투에서 그는 절도 있는 단호함으로 적의 공격과 내부의 불만을 막아 냈다. 마침내 로마 연합군의 사기도 화살도 다 떨어졌을 무렵 할리드는 공격과 승리의 신호를 내렸다. 살아남은 로마 제국군은 안티오크나 카이사레아, 다마스쿠스로 도망쳤고, 이슬람교도 470명의 죽음은 이교도 5만 명 이상을 지옥으로 보냈다는 평가로 보상받았다. 전리품은 수많은 군기, 금과 은으로 된 십자가, 보석, 금과 은으로 된 굴레, 수없이 많은 호화로운 갑옷과 의복 등 헤아릴 수 없을 정도였다. 전리품에 대한 분배는 다마스쿠스를 함락할 때까지로 연기되었지만, 적시에 보급된 무기는 새로운 승리를 뒷받침했다. 이 영광스러운 소식은 칼리프의 왕좌까지 전달되었으며, 예언자의 사명에 가장 냉담하고 적대적이던 아랍 부족들까지도 시리아에서 거둔 수확에 한몫 끼어들고자 안달이었다.

슬픈 소식은 비통과 공포만큼이나 빠르게 다마스쿠스에 전해졌다. 다마스쿠스의 주민들은 자신들의 성벽 위에서 아이즈나딘의 영웅들이 진격해 오는 것을 지켜보았다. 암르는 9000명의 기병대를 이끌고 선봉에 섰고 사라센인들은 강력한 진영을 짜고 그 뒤를 차례로 따랐다. 그리고 최후방은 검은 독수리가 그려진 군기를 높이 든 할리드가 직접 막고 있었다. 그는 2000명의 기병대를 이끌고 도시 주변을 돌며 순찰했고, 평원을 돌며

다마스쿠스로 귀환한 아랍인들

원군이나 첩보를 막는 일은 데라르에게 맡겼다. 나머지 아랍 수장들은 다마스쿠스의 일곱 성문 앞에서 각자의 배치 장소에 자리 잡고 있었다. 새로운 활력과 자신감을 가지고 이 도시에 대한 공격이 재개되었다. 그리스인과 로마인들의 전술과 노고, 군사적 장비들을 사라센인들의 단순하지만 성공적인 작전에서는 찾아볼 수 없었다. 사라센군은 이 도시를 참호보다는 차라리 무기로 포위하면서 성 안의 공격을 막아 냈고, 기습 공격을 시도했으며 기근이나 불만이 생기기를 기다리는 것으로 충분했다. 다마스쿠스는 아이즈나딘의 시련을 황제와 칼리프 사이의 단호한 최종 판결로 받아들일 수도 있었지만, 주민들은 헤라클리우스와의 관계로 잘 알려져 있던 귀족 토마스의 모범과 권위를 보고 다시 용기가 불타올랐다.[27] 밤의 소란과 불빛은 아침 공격을 계획하고 있음을 알리는 것이었다. 아랍군의 종교적 열정을 경멸하는 듯한 태도를 취하던 이 그리스도교의 영웅은 미신적인 지략을 활용했다. 양쪽 군대 모두가 볼 수 있는 정문 앞에 십자가를 높이 세우고 주교가 성직자들과 함께 행렬에 참가하여 예수의 성상 앞에 신약 성서를 바쳤다. 양편의 군대는 신의 아들이 그의 종들을 보호하고 자신의 진실을 옹호해 달라는 기도에 분개하거나 분발하였으며 이 전투에는 끊임없는 분노가 넘쳐흘렀다. 뛰어난 궁사인 토마스의 실력은[28] 가장 용맹한 사라센인들에게도 치명적인 상처를 입혔는데, 그들의 죽음은 한 여걸이 복수해 주었다. 아반의 아내는 남편을 따라 성전에 나섰다가 죽어 가는 남편을 부둥켜안으며 이렇게 외쳤다.

여보, 당신은 참 행복하십니다. 우리를 함께하게 해 주셨다가 이제는 갈라놓으시는 신에게로 돌아가셨군요. 저는 당신의

[27] 아랍인들은 허영 때문에 토마스가 황제의 사위라고 믿었다. 우리는 헤라클리우스가 두 아내에게서 낳은 자식들을 잘 알고 있으며, 그의 딸인 황녀가 다마스쿠스에서 망명 중에 결혼했을 리는 없다.

[28] 알 와키디는 "독 화살로"라고 말하고 있다. 그러나 이 조악한 창작은 그리스인과 로마인들의 관행에 비추었을 때 너무도 모순되는 것이기에, 나는 이 경우 사라센인들의 악의적인 믿음을 의심하지 않을 수 없다.

죽음을 복수하고 힘닿는 대로 최선을 다해 당신이 있는 곳으로 가려 합니다. 당신을 사랑하니까요. 이제 신에게 저를 바치니 앞으로 그 어떤 남자도 제 몸에 손을 대지 못할 것입니다.

여인은 신음 소리도 내지 않고 눈물 한 방울도 흘리지 않은 채 남편의 시신을 씻기고 일반적인 예에 따라 땅에 묻었다. 아반의 용감한 미망인은 자신이 고향에서 사용하여 익숙한 남자용 무기를 집어 들고 전투가 가장 치열한 곳에서 싸우고 있는 남편의 살인자를 찾아 나섰다. 첫 번째 화살은 군기를 들고 있는 자의 손을 꿰뚫었고, 두 번째 화살은 토마스의 눈에 상처를 입혔다. 의기소침해진 그리스도교도들의 눈에 군기도, 지휘관도 보이지 않았다. 그러나 다마스쿠스의 씩씩한 수호자는 피신하기를 거부하고 성벽에서 상처를 치료했다. 전투는 저녁까지 계속되었고 시리아인들은 무기에 기대 쉬었다. 밤의 적막 속에서 커다란 종을 한 번 울려 신호를 주자 성문이 열리고, 각 성문에서 맹렬한 부대가 뛰쳐나와 잠자고 있는 사라센의 진영을 덮쳤다. 할리드가 맨 먼저 무장을 갖췄다. 기병대 400명의 선봉에 선 그는 위험한 곳으로 달려들었고, 열렬한 기도를 내뱉는 동안 강철 같은 뺨으로 눈물이 흘러내렸다. "오 잠들지 않는 신이시여! 당신의 종들을 굽어 살피시어 적의 손에 넘어가지 않게 해 주십시오." '신의 칼'이 토마스의 용맹과 승리를 저지했다. 위험을 느낀 이슬람교도들은 전열을 가다듬고 돌진하는 적을 측면과 후방에서 공격했다. 수천 명의 병사를 잃은 그리스도교 장군은 절망의 탄식을 내뱉으며 퇴각했고, 사라센인들의 추격은 성벽의 무기 때문에 저지당했다.

70일간의 포위 공격 끝에[29] 다마스쿠스인들의 인내력과 보급품은 바닥을 드러냈고, 제아무리 용맹한 지휘자라도 그 빈곤

[29] 아불페다는 다마스쿠스를 함락시키는 데 70일밖에 주고 있지 않지만, 엘마킨은 이 의견을 언급하면서도 그 기간을 6개월로 연장시키며 사라센인들이 돌을 발사하는 무기를 사용했다는 것에 주목한다. 그러나 다마스쿠스 함락은 우마르의 치세 동안 이루어진 것으로 만장일치의 합의가 이루어져 있으므로, 6개월로 기간을 늘린다 해도 아이즈나딘 전투(서기 633년 7월)와 우마르의 즉위(서기 634년 7월 24일) 사이의 간극을 채우기에는 불충분하다. 아마도 트로이 전쟁 때와 마찬가지로 70일간의 공격 마지막 날까지 원정과 파병 등으로 작전이 지연되었을 것이다.

> 서기 634년,
> 습격과 항복으로
> 점령된 다마스쿠스

앞에서는 굴복할 수밖에 없었을 것이다. 화평 조건과 전쟁 중의 경험으로 그들은 할리드의 맹렬함을 두려워하고 아부 오베이다의 온화한 덕성을 존경하라는 가르침을 얻었다. 자정이 되자 성직자와 시민들 중에서 선발된 사절단 백 명이 이 온화한 지휘관의 천막으로 안내되었고, 마호메트의 동반자가 신의 로 동의한 서면 협정을 가지고 돌아왔다. 그것은 모든 적대 행위를 중단할 것이며, 자발적으로 떠나는 자는 가져갈 수 있는 만큼의 재산을 가지고 안전하게 성을 빠져나갈 수 있으며, 칼리프에게 공물을 바치는 시민들은 개인 토지와 집의 소유권을 유지하며, 일곱 개 교회도 계속 사용하고 보유할 수 있다는 내용이었다. 이러한 조건에 따라 신분 높은 인질들과 아부 오베이다의 진영에서 가장 가까운 성문이 그의 손에 넘어갔다. 그의 병사들은 수장의 온건함을 그대로 따랐고, 그가 파멸에서 구해 준 사람들은 순순히 감사의 뜻을 표했다. 그러나 협정의 성공이 시민들의 경계심을 늦췄고 같은 시각 이 도시 반대편은 배신당해 기습 공격을 받았다. 아랍인 백 명이 동쪽 성문을 열어젖히고 난입한 것이다. "자비는 없다." 호전적이고 잔인한 할리드는 이렇게 외쳤다. "신의 적들에게 자비는 없다." 그의 나팔 소리가 울려 퍼지자 다마스쿠스의 거리에는 그리스도교도들의 피가 홍수처럼 흘렀다. 성 마리아 교회에 도착한 그는 동료 병사들의 평화로운 모습에 놀랐고 화가 났다. 그들이 칼은 칼집에 그대로 둔 채, 수많은 사제와 수도사들에게 둘러싸여 있었던 것이다. 아부 오베이다는 장군을 맞이하며 이렇게 말했다. "신께서 항복이라는 방식으로 이 도시를 내 손에 넘겨주시고 신도들이 싸우는 수고를 덜어 주셨소." 분개한 할리드는 이렇게 말했다. "그러면 저는, 저는 지도자의 부관이 아님

니까? 이교도들은 검으로 멸망시켜야 합니다. 공격하라!" 아부 오베이다가 자애로움 이면에 점잖고 위엄 있는 단호함을 갖추고 있지 않았던들, 굶주리고 냉혹한 아랍인들은 반색하고 이 명령에 따랐을 것이고 다마스쿠스는 완전히 사라졌을 것이다. 그는 무서움에 떠는 시민들과 격렬한 야만인들 사이를 가로막으면서 거룩한 신의 이름으로 자신의 약속을 존중하라고, 분노를 누르고 상관들의 결정을 기다리라고 설득했다. 지휘관들은 성 마리아 교회로 들어갔고 격렬한 논쟁 끝에 할리드는 그의 동료의 논리와 권위에 어느 정도 승복했다. 아부 오베이다는 서약의 신성함을 지켜야 하며, 약속을 그대로 지킴으로써 이슬람교도들이 얻을 명예와 이익, 그리고 약속을 깨뜨렸을 때 다른 시리아 도시들이 불신과 절망을 느끼게 되면 맞서야 할 완강한 저항을 한번 생각해 보라고 설득했다. 그리하여 할리드는 칼을 거두었고, 다마스쿠스에서 아부 오베이다에게 항복한 지역은 항복 조건의 혜택을 즉시 입을 것이며, 최종 결정은 칼리프의 정의와 지혜에 맡긴다는 데 합의하였다. 대다수의 사람들이 종교의 자유와 공납이라는 조건을 받아들임으로써 다마스쿠스에는 오늘날에도 그리스도교도 2만 명이 살고 있다. 그러나 용맹한 토마스와 그의 군기 아래에서 싸우던 자유민 출신의 애국자들은 가난과 망명이라는 대안을 택했다. 인접한 목초지에 성직자와 속인, 병사와 시민, 여자와 아이들로 이루어진 많은 야영지가 형성되었다. 그들은 두려움에 떨며 가장 귀중한 재산만 급히 주워 담았고, 크게 탄식하거나 묵묵히 고통을 느끼며 자신들의 고향 집과 파르파르의 쾌적한 강변을 포기했다. 할리드의 강직함은 그들의 고통을 목격하고도 전혀 흔들리지 않았다. 그는 다마스쿠스 시민들과 곡물 창고의 소유권을 두고 논쟁을 벌이고 수비대를 협정의 혜택에서 제외시키려고 애썼으며, 망명자들이 각자 검이나 창, 활 중 하나로 무장할 수 있다는 데 마지못해 동의했다. 그리고 3일의 유예 기간 후에는 그들을 이슬람교도의 적으로 간주하여 추격하고 그에 합당하게 대하리라고 단호하게 선언했다.

> 다마스쿠스인들에 대한 추격

다마스쿠스의 망명자들은 한 시리아 청년의 열정으로 완전히 멸망하고 말았다. 요나스라는 이름의 이 도시의 귀족[30]은 한 부유한 집안의 처녀와 약혼을 했는데, 그녀의 부모가 결혼식을 늦추는 바람에 이 처녀는 자신이 선택한 남자와 도망치고 말았다. 그들은 케이산 성문의 야간 보초병에게 뇌물을 주고 빠져나갔는데 앞장섰던 남자가 아랍 군대에 포위되었다. 그러나 그리스어로 "새가 잡혔다."고 외치는 남자의 소리에 여자는 재빨리 돌아갔다. 불행한 요나스는 할리드와 죽음을 앞에 두고 유일한 신과 그의 사도 마호메트에 대한 신앙을 고백하고, 순교의 날이 올 때까지 용감하고 진정한 이슬람교도의 의무를 다했다. 이 도시가 함락되자 그는 자신의 연인 에우도키아가 숨어 있는 수도원으로 달려갔지만, 그 여인은 연인인 그를 잊었고 심지어 배교자라고 경멸하였다. 그녀는 자신의 나라보다 종교를 선택했다. 할리드의 정의는 자비를 몰랐지만 남자든 여자든 다마스쿠스의 주민을 폭력으로 억류하지는 않았다. 이 장군은 협정상의 의무 수행과 새로 정복한 도시를 관리하느라 나흘 더 도시에 머물게 되었다. 별 기대 없이 시간과 거리를 계산해 보고는 피와 약탈에 대한 욕구는 사라졌지만, 그는 지친 망명자들을 아직도 따라잡을 수 있을 것이라고 확언하는 요나스의 끈질긴 청에 귀를 기울였다. 그러고는 그리스도교도 아랍인으로 가장한 4000명의 기병대를 이끌고 추격에 나섰다. 그들은 기도할 때만 잠시 멈춰 섰을 뿐이며, 길잡이는 주변의

[30] 포키아스와 에우도키아라는 이름의 이 연인들의 운명에 대해서는 휴즈(Mr. Hughes)가 「다마스쿠스의 포위」라는 우리 시대의 가장 인기 있는 비극으로 만들었으며, 이 작품은 자연과 역사, 시대의 관습과 가슴속의 감정을 잘 묘사한다는 보기 드문 장점을 가지고 있다. 배우들이 어리석게 신중하여 주인공의 죄와 여주인공의 절망이 깊이 표현되지 않는다. 포키아스는 배교자가 아니라 명예로운 동맹자로서 아랍인들에게 봉사하고, 그들의 추격을 유도하는 것이 아니라 자기 동포들을 구하기 위해 급히 달려가며, 할리드와 데라르를 죽인 후 자신도 치명적인 상처를 입고 에우도키아 앞에서 죽는다. 이에 그녀는 콘스탄티노플로 가서 수녀가 되겠다는 결의를 밝힌다. 참 서늘한 재앙이다!

지리를 완벽하게 알고 있었다. 아주 오랫동안 뚜렷하고 명확하게 나타나던 다마스쿠스인들의 발자국이 갑자기 사라졌지만, 그는 대상의 무리가 산 쪽으로 접어들었고 곧 손에 들어올 것이라며 위안을 주었다. 리바누스 산등성이를 건너면서 그들은 심한 고난을 참아야 했는데, 이때 광신도들의 식어 가는 열정을 북돋운 것은 꺾이지 않는 이 연인의 열정이었다. 그들은 한 농부에게서 황제가 망명자 무리에게 연안을 따라 서둘러 콘스탄티노플로 오라는 명령을 내렸다는 말을 들었다. 이것은 아마 안티오크의 병사와 시민들이 그들의 수난을 보고 들으면 용기를 잃을 것을 우려했기 때문이리라. 사라센인들은 도시의 성벽에서 관찰되지 않는 길을 통해 가발라[31]와 라오디케아의 영토로 안내되었다. 칠흑 같은 어둠 속에 비는 계속 내렸고 산 하나를 사이에 두고 로마 군대가 주둔하고 있었다. 계속해서 형제들의 안전을 우려하고 있던 할리드는 동료에게 자신의 불길한 꿈에 대해 나직하게 얘기했다. 새벽이 밝아 오면서 시야가 다시 밝아지자 그들은 한 쾌적한 계곡에 있는 다마스쿠스 망명자들의 천막을 볼 수 있었다. 휴식과 기도의 시간을 잠시 가진 뒤 할리드는 기병대를 넷으로 나눠 첫 번째 부대는 충직한 데라르에게 지휘를 맡기고 마지막 부대는 자신이 직접 지휘하였다. 그리고 쓸 만한 무기도 부족하고 슬픔과 피곤에 지친 무리에게 달려들었다. 아랍인들은 사면되어 풀려난 포로 한 명을 제외하고 남녀의 구분 없이 모든 그리스도교도가 언월도의 칼날을 벗어나지 못했다며 흡족하게 생각했다. 다마스쿠스에서 가져온 금과 은이 군영에 뿌려졌고 300더미의 귀한 비단옷들로 헐벗은 야만인 병사들에게 옷을 입힐 수 있었다. 학살이 자행되는 소란 속에서 요나스는 자신이 쫓던 상대를 기어이 찾아냈다. 그러나 에우도키아의 분노는 그의 마지막 배신 행위에

[31] 아랍인들이 지나온 가발라와 라오디케아의 마을들은 여전히 쇠락한 상태로 남아 있다. 그리스도교도들은 따라잡히지 않았더라면 오론테스 강을 건너 알렉산드리아에서 콘스탄티노플로 가는 대로에 다시 접어들었을 것이다.

32 다이르 아빌 쿠도스 (Dair Abil Kodos). '신성한'이라는 형용사인 마지막 단어를 삭제하면 다마스쿠스와 헬리오폴리스 사이의 리사니아스의 아빌라를 발견하게 된다. 그 이름('아빌(Abil)'은 포도밭을 의미한다.)은 그 위치와도 들어맞아 나의 추측을 정당화해 주고 있다.

더욱 거세게 불타올랐고, 그의 저주스러운 포옹에 저항하다가 자기 스스로 가슴에 단검을 꽂았다. 헤라클리우스의 딸로 생각되는 토마스의 미망인은 몸값 없이 목숨을 구하고 풀려났다. 그러나 이런 할리드의 관대함은 그에 대한 경멸의 표시였다. 이 오만한 사라센인은 도전장을 냄으로써 황제의 권좌를 모욕했다. 할리드는 로마 속주의 심장부를 150마일 이상 침입해 있었지만, 침투할 때와 마찬가지로 비밀스럽고 신속한 행동으로 다마스쿠스로 돌아갔다. 우마르가 즉위하자 '신의 칼'은 지휘권을 빼앗겼지만, 그의 성급함을 비난한 칼리프도 할리드의 용맹성과 지휘 능력을 칭찬하지 않을 수 없었다.

아빌라 시장

다마스쿠스 정복자들의 또 다른 원정도 마찬가지로 현세의 부에 대한 그들의 탐욕과 동시에 경멸성을 잘 보여 준다. 그들은 이 지역 농산물과 생산품이 해마다 다마스쿠스에서 30마일가량 떨어진 곳에 있는 아빌라³²의 시장에 모이고, 또 이 시기에 한 경건한 은자의 오두막을 순례자들이 방문한다는 것을 알고 있었다. 특히 이번에는 교역과 미신적 관습의 축제가 트리폴리 총독 딸의 결혼식과 맞물려 고상하게 꾸며진다는 소문을 들었다. 영광스럽고 성스러운 순교자 자파르의 아들 압달라가 기병대 500명을 이끌고 이교도 약탈이라는 경건하고도 수익성 좋은 과업을 수행하고자 나섰다. 아빌라의 장터에 접근한 그는 신부의 신병을 호위하는 기병대 5000명 이외에 유대인과 그리스도교도, 비잔티움인과 아르메니아인, 시리아 원주민과 이집트에서 온 이방인의 무리 등 1만 명이나 되는 사람들이 모여 있는 데 놀랐다. 사라센인들은 행군을 멈췄고 압달라가 말했다. "나는 절대 돌아갈 수 없다. 적의 수는 많고 위험은 크다. 그러나 현세에서든 내세에서든 우리가 받을 보상은 아주 훌륭하며 확실하다. 각자 전진을 하든 후퇴를 하든 하고 싶은 대로 하라." 그의 군기 아래서 이탈한 이슬람교도는 단 한 명도 없었다. 압달라는 그리스도교도인 안내자에게 말했다. "길을 계속 안내하라. 그러면 예언자의 동반자들이 무엇을 할 수 있는지 알게 될 것이다." 그들은 다섯 부대로 나뉘어 공격해 들어갔다. 그러나 급습으로 초반에 우위를 보이기는 했으나 수많은 적에게 포위되고 압도당할 처지에 놓였다. 이 용감한 군대는 검은색 낙타 몸에 찍힌 흰 점에 비유할 수 있을 것이다.[33] 해질 무렵 무기를 손에서 놓고 영원의 문턱에서 가쁜 숨을 몰아쉬던 그들은 멀리서 다가오는 먼지구름을 발견했고, '테크비르'[34]라는 환성을 들었다. 그리고 그들은 곧 자신들을 구하기 위해 기병대를 이끌고 전속력으로 달려오는 할리드의 군기를 볼 수 있었다. 그리스도교도들은 그의 공격에 무너졌으며 트리폴리 강까지 쫓겨 학살당했다. 그들은 팔기 위해 내놓은 상품, 물건을 사기 위해 가져온 돈, 혼례용 장식품, 그리고 총독의 딸과 그녀의 시녀 마흔 명 등 다양한 재물을 장터에 남겨두고 떠났다. 과일, 식료품, 가구, 돈, 접시, 보석을 말과 당나귀, 노새 위에 부지런히 실은 다음, 이 신앙심 깊은 도적 떼는 의기양양하게 다마스쿠스로 돌아갔다. 은둔자는 할리드와 짧게 성난 논쟁을 벌이고는 순교의 왕관을 거부하고 피와 유린으로 황량해진 이곳에서 살아 갔다.

아주 오래전부터 농경으로 개량되어 온 국토 중 하나인 시리아[35]는 누구에게나 선호의 대상이었다. 기후상의 더위는 인접한 바다와 산, 풍부한 나무와 물 덕택에 누그러졌고, 비옥한 땅에서 나오는 농작물은 식량을 제공하고 인간과 가축의 번식을 도왔다. 다윗 시대로부터 헤라클리우스의 시대에 이르기

서기 635년,
헬리오폴리스와 에메사
포위 공격

[33] 오클리는 이 수사학적 표현을 감히 원전에 넣지 못하고 그저 주석을 달아, 아랍인들의 비유 가운데는 이 유용하고 친근한 동물에 대한 것이 많다는 언급만 하고 있는데 나는 그보다는 과감하다. 아마도 라플란드 사람들의 노래 가운데서는 순록이 이와 마찬가지로 유명할 것이다.

[34] 우리는 '테크비르 (tecbir)'를 듣네.
 아랍인들은 공격의 외침을 그렇게 부르지.
 그들은 크게 탄원하며
 마치 정복을 요청하는 듯
 하늘에 답을 구하네.
그들의 성전에서 너무도 강력했던 이 단어는 'Kabbara'라는 단어의 제2 활용형의 동사 능동태이다.(오클리가 색인에서 그렇게 말하고 있다.) 그 의미는 '신은 가장 강력하다!'는 뜻이다

[35] 아불페다의 지리학에서 그의 고국인 시리아에 대한 설명은 가장 흥미롭고 믿을 만한 부분이다. 이것은 아라비아어와 라틴어로 편찬되었으며, 코흘러(Kochler)와 라이스케의 박식한 주석과 이븐 올 와르디의 지리학에서 몇 가지를 발췌하고 있다. 현대의 여행기 중에서는 포콕의 설명이 가장 박식하고 권위 있는 작품이다. 그러나 저자는 자신이 실제로 본 것과 책에서 읽은 것을 섞어 놓은 경우가 너무 많다.

51장 297

36 포콕의 과장된 2절판 책보다는 몬드렐(Maundrell)의 8절판 책이 훨씬 더 만족스럽다. 그러나 영국으로 팔미라와 바알베크의 유적을 들여온 도킨스(Dawkins)와 우드(Wood)의 뛰어난 설명과 그림은 그 이전의 모든 설명을 능가하고 있다.

까지 이 지역은 오래되고 번창하는 도시들로 넘쳐 났고, 주민들은 많고 부유했다. 그리고 전제주의와 미신에 따른 점진적인 황폐화에도, 최근에 일어난 페르시아 전쟁의 참화 끝에도 시리아는 여전히 사막의 탐욕스러운 부족들에게 매력적이고 충분한 보상을 해 주는 땅이었다. 다마스쿠스에서 알레포와 안티오크에 이르는 열흘 걸리는 거리의 평원에는 오론테스 강의 굽이진 흐름을 따라 서쪽 강둑으로 물이 흘렀다. 오론테스 강과 지중해 사이에는 리바누스와 안티리바누스의 언덕이 북쪽에서 남쪽으로 형성되어 있었다. 두 곳의 눈 덮인 산마루 곁에 같은 방향으로 인접해 있는 길고 풍요로운 골짜기에는 '우묵한'이라는 수식어가 붙어 있었다. 시리아의 지리와 정복사에서 그리스와 동방식 이름으로 표시되는 도시들 가운데 에메사 또는 헴스라는 곳과 헬리오폴리스 또는 바알베크라는 곳에 대해 전자는 이 평원의 중심지로, 후자는 이 골짜기의 수도로 구별할 수 있다. 이 도시들은 마지막 로마 황제 치세에도 강력하고 인구가 많았다. 포탑은 멀리서 보아도 번쩍거렸고 광활한 땅은 공공 및 민간의 건물로 뒤덮여 있었다. 시민들은 그 기개 또는 자긍심으로, 부 또는 사치로 유명했다. 이교 신앙의 시대에 에메사와 헬리오폴리스는 모두 바알(Baal) 또는 태양 숭배에 빠져 있었는데, 그들의 미신과 광휘의 쇠락은 여러 기묘한 운명으로 두드러진다. 시문(詩文)에서 리바누스 산봉우리에 비유되던 에메사의 신전은 오늘날 전혀 흔적이 남아 있지 않지만, 이에 비해 고대 작가들이 보지 못한 바알베크의 폐허는 유럽 여행자들의 호기심과 경탄을 자아낸다.36 신전의 크기는 길이 200피트에 폭 100피트였다. 정면은 여덟 개의 기둥으로 이루어진 이중의 주랑 현관으로 되어 있었는데 그 한 면이 14피트 정도 되었을 것이다. 각각의 기둥은 높이 45피트로 세 개의 거대한 암석 또는 대리석으로 만들어졌다. 코린토스 양식의 비율과 장식은 그리스인들의 건축 양식을 보여 주지만, 바알베크가 한 번도 군주의 거주지가 된 적이 없었기 때문에 민간 또는 시의 자금으로 도대체 어떻게 이 웅장한 구조물을 지을 비용을 감당할 수 있었는지는 도무지 알 수가 없다.37 다마스쿠스를 정복한 후 사라센인들은 헬리오폴리스와 에메사로 진군했지만, 더 큰 규모의 공격과 전투를 이미 설명했기 때문에 되풀이하지는 않겠다. 전쟁을 수행할 때 그들의 정책은 칼만큼이나 효과적이었다. 사라센인들은 개별적인 단기 평화 협정으로 적을 해체시켰고, 시리아인들에게는 우호와 적대 관계 중 어느 것이 나은지 스스로 비교하게 했다. 언어와 종교, 관습을 친숙하게 이해하도록 했으며, 은밀한 거래를 통해 자신들이 공격할 도시들의 병기고와 군수품 저장고에 있는 물건들을 사들였다. 그들은 부유하거나 완고한 도시들의 공납액을 올렸는데 칼키스 단 한 도시에 금 5000온스, 은 5000온스, 비단옷 2000벌에 당나귀 5000마리에 실을 수 있는 분량의 무화과와 올리브를 내게 했다. 그러나 휴전 또는 항복 조건은 충실하게 이행되었다. 포위된 바알베크의 성 안으로 들어가지 않겠다고 약속한 칼리프의 부관은 이 도시의 여러 당파가 서로 싸운 끝에 외국 군주의 조정을 요청할 때까지 자기 막사에서 조용히 머물고 있었다. 시리아 평원과 계곡을 완전히 정복하는 데는 채 2년이 걸리지 않았다. 그러나 이슬람교도들의 사령관은 지지부진한 진군에 대해 꾸짖었고, 사라센인들은 비분과 후회의 눈물로 자신들의 잘못을 탄식하며 지휘관들에게 자신들을 이끌어 성전을 수행할 수 있게 해달라고 간청했다. 에메사 성벽 아래에서 진행된 최근 작전에서 사람들은 할리드의 사촌인 한 아랍 젊은이가 다음과 같이 외치는 소리를 들었다. "검은 눈동자의 소녀들이 나를 내려다보고

37 동방 사람들은 이 경이를 편의적으로 설명하고 있다. 바알베크의 건물들을 요정 아니면 귀신이 지었다는 것이다. 아불페다와 이븐 차우켈은 시바인이 건축한 것이라고 했는데 이는 허황되기는 덜 하지만 모르는 소리이기는 마찬가지이다.

있는 것 같소. 그중 한 사람은 이 세상에 나타나면 온 세상이 그녀의 사랑을 얻기 위해 애태울 정도로 아름답소. 그중 한 사람은 손에 초록색 비단 손수건과 보석이 박힌 모자를 들고 나를 향해 손짓하며 여기로 빨리 오라, 그대를 사랑한다고 외치고 있소." 이렇게 외친 뒤 그는 그리스도교도들에게 돌진하여 그들의 진영을 쑥대밭으로 만들었으나 마침내 헴스의 총독에게 투창을 맞고 쓰러졌다.

서기 636년 11월, 야르무크 전투

사라센인들은 황제의 군대에 맞서 자신들의 용맹과 열의를 최대한 발휘해야 했다. 로마 황제는 거듭되는 패전으로 이 사막의 배회자들이 이제 정복을 달성했고, 그 정복을 머지않아 영원한 기정사실로 굳히리라는 사실을 깨달았다. 유럽과 아시아의 속주에서 8만 명의 군사가 육로와 해로를 통해 안티오크와 카이사레아로 이송되었다. 경무장한 군대는 가산족 그리스도교도 아랍인 6만 명으로 구성되어 있었다. 그들은 마지막 군주인 자발라의 군기 아래 선두에 나섰다. 비잔티움 사람들의 격언 가운데 다이아몬드를 자르는 데는 다이아몬드가 가장 효과적이라는 말에 따른 것이다. 헤라클리우스는 전장의 위험에 몸을 드러내지 않았으나 자신감에서인지, 어쩌면 낙담해서인지 모르지만 이 땅과 전쟁의 운명은 단 한 번의 전투로 결정이 나야 한다는 단호한 명령을 내렸다. 시리아인들은 로마와 십자가 군기 아래 집결했지만, 이곳 귀족과 시민, 농민들은 자신들을 피지배자로 억압하며 이방인이나 국외자로 취급하여 경멸하는 방종한 군대의 불의와 잔인함에 분개했다. 이러한 강력한 준비 상황에 대한 정보가 에메사에 진지를 세우고 있는 사라센인들에게 보고되었고, 장수들은 싸울 결의를 다졌지만 그래도 우선 회의가 소집되었다. 신앙심 깊은 아부 오베이다는 그 자리에서 순교의 영광을 기대했을지도 모르지만, 지혜로운 할리드는 지원군의 원조와 이교도들의 공격을 기다릴 수 있는 팔레스타인과 아라비아 변경으로 명예스럽게 후퇴하자고 제안했다. 신속한 전령이 곧바로 메디나 왕좌로부터 우마르와 알리의 축복과 예언자 미망인의 기도, 그리고 이슬람교도 8000명의 원군과 함께 돌아왔다. 이들은 오는 도중에 비잔티움 파견 부대를 궤멸시켰으며, 야르무크에서 형제들의 진영에 합류해서는 할리드가 이미 가산족의 그리스도교도 아랍인들을 섬멸하여 뿔뿔이 흩어지게 했다는 기쁜 소식을 들었다. 헤르몬 산에서 발원한 샘물이 보스라 인근에서는 열 개의 도시를 의미하는 데카폴리스 평원으로 급류가 되어 흘러내렸다. 야르무크라는 이름을 가지게 되면서 순수성을 잃은 히에로막스는 티베리아스 호로 짧게 흐르다 사라졌다.[38] 그다지 알려지지 않은 이 강의 제방은 길고도 유혈이 낭자한 치열한 전투로 주목받게 되었다. 이렇게 중대한 시기에 민중의 요구와 아부 오베이다의 겸손으로 이슬람교도 가운데 가장 공적이 큰 사람이 다시 지휘권을 잡게 되었다. 할리드는 정면에 진지를 세웠고 그의 동료는 후방에 배치하여, 그의 존경할 만한 모습과 마호메트가 예전에 카이바르 성벽 앞에 내걸었던 노란색 군기를 이용해 탈주병들이 생기지 않도록, 그리고 그로 인한 무질서가 발생하지 않도록 했다. 최후방 전투 진지에는 데라르의 누이와 이 성전에 지원한 아라비아 여인들이 있었는데, 그녀들은 활과 창을 능숙하게 다룰 줄 알았고 할례받지 않은 약탈자들의 포로가 되어서도 정조와 종교를 지켜 냈다.[39] 장군들의 훈시는 짧고 강력했다. "천국이 그대들 앞에 있고 지옥의 불길이 그대들 뒤에 있다." 그러나 로마 기병대의 세력이 너무나 강해 아랍군의 우익은 패배하여 주력 부대에서 떨어져 나가고 말았다. 그들은 혼란 속

[38] 릴랜드(Reland)는 이 성지에 대해 설명할 수 있는 능력이 있었다. 그리스와 라틴, 히브리와 아라비아 문헌을 모두 잘 알고 있었기 때문이다. 야르무크, 즉 히에로막스에 대해서는 켈라리우스와 당빌도 언급하고 있다. 아랍인들, 아불페다마저도 자신들의 승리의 장소를 인정해 주는 것 같지 않다.

[39] 이 여인들은 고대 아말레크족에 기원을 두고 있는 하미야르 부족이었다. 이 부족의 여성들은 과거 아마존 종족처럼 말을 타고 싸우는 데 익숙했다.

40 "우리는 15만 명을 죽였고 4만 명을 포로로 잡았습니다." 아부 오베이다는 칼리프에게 이렇게 말했다. 나는 그의 정확성이나 수치를 믿을 수 없으며, 아랍 역사가들이 영웅을 위해 연설문과 서한을 만드는 풍조에 빠져 있지 않았나 의심할 수밖에 없다.

41 아불페다는 자발라의 시적인 푸념과 한 아랍 시인의 찬양시를 기록하고 있다. 이 아랍 시인에게는 가산족의 수장이 우마르의 대사의 손에 금화 500닢이라는 선물을 들려 보냈다.

에서 세 번씩이나 퇴각하였고 세 번째 퇴각했을 때, 여인들의 꾸짖음과 질타에 다시 공격에 나섰다. 작전을 수행하는 중간중간에 아부 오베이다는 형제들의 천막을 방문했고, 서로 다른 시간에 해야 하는 기도 두 가지를 한 번에 읊어 휴식 시간을 늘려 주었다. 그리고 손수 형제들의 상처를 감싸 주며 이교도들은 그들과 똑같은 고난을 겪어도 보상은 같이 누리지 못한다는 격려의 말을 해 주었다. 4030명의 이슬람교도들이 전장에 묻혔다. 아르메니아 궁사들의 실력은 너무도 뛰어나 후일 그 영광된 봉사를 하는 동안 한 눈을 잃었노라고 자랑하는 사람이 700명이나 되었다. 시리아 전쟁에 참가했던 고참병들은 이번 전투가 가장 힘들고 절망적이었다는 사실을 인정했다. 이 전투는 동시에 가장 결정적이기도 했다. 수천 명의 비잔티움군과 시리아 병사들이 아랍인들의 칼에 쓰러졌고, 많은 사람들이 패배한 후에 숲과 산속에서 살해당했다. 또 많은 사람들이 야르무크 강을 얕은 여울로 착각해 빠져 죽었다. 이런 피해가 아무리 과장되었다 하더라도,40 그리스도교도들은 모두 자신들의 죄에 대한 피비린내 나는 처벌을 인정하고 탄식했다. 로마 장군 마누엘은 다마스쿠스에서 죽었거나 시나이 산의 수도원으로 몸을 숨겼다. 비잔티움 궁정에 망명한 자발라는 아라비아의 관습에 개탄하면서도 그리스도교의 대의를 따른 자신의 불운한 선택에 대해 탄식했다.41 자발라는 한때 이슬람교 성직자가 되는 맹세를 하려 했으나 메카로 순례를 갔다가 동료 한 사람을 때리게 되었고, 칼리프가 엄격하고도 공정한 판결을 내릴 것에 겁을 먹은 나머지 달아났던 것이다. 승리한 사라센인들은 다마스쿠스에서 한 달간 쾌락과 휴식을 즐겼고, 전리품은 아부 오베이다의 재량으로 분배되었다. 병사 한 명과 그의 말에 똑같은 몫이 주어졌고, 고귀한 아라비아산 준마를 모는 자들은 그 두 배를 받았다.

야르무크의 전투 이후 로마 군대는 더 이상 전장에 나타나지 않았고, 사라센인들은 요새로 둘러싸인 시리아 도시 중 첫 번째 공격 대상을 골랐다. 그들은 카이사레아와 예루살렘 중 어디로 진군해야 할지 칼리프에게 조언을 구했고, 알리의 조언에 따라 즉시 예루살렘을 공격한다는 결정을 내렸다. 이교도들이 보기에 예루살렘은 팔레스타인의 제1 또는 제2의 도시에 불과했지만, 신앙심 깊은 이슬람교도들은 이 도시를 모세, 예수, 마호메트의 계시가 이루어진 성전(聖殿)으로 여기고 메카와 메디나 다음으로 경배하며 방문했다. 급습이냐 또는 협정이냐를 시험해 보기 위해 우선 아부 수피안의 아들이 아랍인 5000명과 함께 파견되었다. 그로부터 11일째 되는 날 아부 오베이다의 전 병력이 도시를 포위하였다. 그는 아일리아의 지휘관들과 시민들에게 관례적으로 항복 권고문을 보냈다.[42]

서기 637년, 예루살렘 정복

[42] 이 도시의 이름에서는 속(俗)이 성(聖)을 이겼다. 예루살렘은 독실한 그리스도교도들에게는 알려져 있었으나, 아일리아(아일리우스 하드리아누스의 속국)라는 법적, 대중적 호칭으로 로마인들에게서 아랍인들에게로 전해졌다. 성스러운 '알 코즈(Al Cods)'라는 명칭이 예루살렘의 본 이름으로 사용된다.

올바른 길을 따르는 모든 이에게 건강과 행복이 있기를! 그대들은 신은 하나이며 마호메트는 그 사도임을 증언해야 하오. 만일 거부한다면 조공을 바치고 즉시 우리에게 복속될 것이오. 그렇지 않으면 그대들이 술이나 돼지고기를 좋아하는 것 이상으로 죽음을 좋아하는 우리 군사들을 보낼 것이오. 나 역시 신께서 기뻐하신다면 그대들을 대신해 싸우고 있는 자들을 멸해 그대들의 자손들을 노예로 만들기 전에는 여기서 물러나지 않겠소.

그러나 이 도시는 사방이 계곡과 가파른 언덕으로 방어되고 있었다. 시리아 침공 이후 성벽과 탑을 열심히 복구했고, 야르무크의 망명자들 중 가장 용감한 자들이 피난처에서 가장 가까운 곳에 머무르고 있었다. 토착민과 이방인들 모두 그리스도의 성묘를 방어하면서 사라센인들의 가슴속에 강렬하게 불타고 있는 것과 똑같은 열정을 어느 정도 느낄 수 있었다. 예루살렘의 포위는 4개월간 계속되었다. 공격 없이 지나는 날이 없었으며 군대의 각종 장비들이 성벽에서 끊임없이 작동했다. 아랍인들에게 혹한의 겨울은 훨씬 더 고통스럽고 파괴적이었지만 그리스도교도들은 마침내 포위 군대의 인내심에 항복했다. 대주교인 소프로니우스가 성벽 위에 나타나 통역의 목소리를 빌려 회담을 요구했다. 그는 칼리프의 부관을 설득해 불경한 과업을 그만두게 하려는 헛된 시도 끝에, 우마르가 직접 참석하여 그의 권한으로 안전을 보장한다는 조항을 승인해야 한다는 특별 조항을 포함한 공정한 조건부 항복을 백성들의 이름으로 제안했다. 이 사안에 대해 메디나의 회의에서 논쟁이 있었고, 이 장소의 신성함과 알리의 충고로 칼리프도 자기 군대와 적의 희망을 수용하려고 마음먹었다. 그의 검소한 여행은 허영과 압제를 과시하는 왕실 행렬보다 훨씬 빛났다. 페르시아와 시리아의 정복자는 붉은 낙타에 타고 있었고, 낙타는 양옆에 곡물 한 자루, 대추야자 열매 한 자루, 나무로 된 접시, 가죽 물병을 싣고 있었다. 그는 정지할 때마다 여행을 수행하는 사람들 모두에게 소박한 식사를 함께 나누자는 초대를 했고, 기도와 훈계로 식사를 축성했다. 그는 이 여행 또는 순례에서 정의를 주관하는 데 힘을 쏟았다. 아랍인들의 방종한 일부다처제를 개혁하고 착취와 학대에서 공납자를 구하며, 사라센인들의 비단옷을 벗기고 먼지로 얼룩진 그들의 얼굴을 그대로 드러내게 함으로써 그들의 사치를 경계했다. 칼리프는 예루살렘이 시야에 들어오자 큰 소리로 "신은 승리하시리라. 오! 주여, 저희 정복이 평화롭게 이루어질 수 있도록 도와 주십시오."라고 외치고 머리카락으로 만든 거친 천막을 세우고 조용히 자리를 잡았다. 그는 항복 문서에 서명한 뒤 두려워하지도, 경계하지도 않고 도시에 입성하여 이곳의 종교적인 고대의 풍습에 대해 소프로니우스와 정중하게 담화를 나누었다.[43] 소프로니우스는 새로운 주군 앞에 절하고 「다니엘서」의 말을 빌려 조용히 중얼거렸다. "황폐하게 하는 자의 가증스러움이 성소에 있도다." 기도 시간에 두 사람은 성 부활 교회 안에 나란히 섰다. 그러나 칼리프는 그리스도교식 기도를 거부하고 콘스탄티누스 교회 계단 앞에서 기도드리는 것으로 만족했다. 나중에 그는 소프로니우스에게 그 신중하고 명예로운 이유를 밝혔다. "내가 그대의 청을 들어주었더라면 이슬람교도들은 앞으로 나의 선례를 따른다는 핑계로 조약을 파기하려 들었을 것이오." 그의 명령에 따라 솔로몬 사원 터가 모스크 건설을 위한 부지로 마련되었고,[44] 10일간의 체류 기간에 그는 자신이 정복한 시리아의 현재와 미래의 방침을 정비했다. 메디나에서는 칼리프가 예루살렘의 신성함이나 다마스쿠스의 아름다움 때문에 체재 기간을 더 늘리지 않을까 질투하였을지도 모른다. 하지만 그가 신의 사도의 묘로 자발적으로 신속하게 귀환하자 그러한 우려는 해소되었다.[45]

시리아 전쟁에서 남은 과업을 달성하기 위해 칼리프는 별도의 두 부대를 편성하였다. 암르와 야지드 휘하의 선발된 분견대는 팔레스타인 진영에 남았지만 그보다 규모가 큰 아부 오베이다와 할리드 휘하의 부대가 안티오크와 알레포를 향해 북진했다. 알레포, 즉 그리스인들이 말하는 베로이아는 아직 속주 내지 왕국의 수도로 알려져 있지는 않았고, 주민들은 미리 복종을 약속하고 빈곤을 호소하면서 목숨과 종교에 대한 타협

서기 638년, 알레포와 안티오크 정복

[43] 아랍인들은 예루살렘에서 오랫동안 지켜 온 예언에서 미래의 정복자인 우마르의 이름과 종교, 인품에 대해 설명하고 있다며 떠벌린다.

[44] 당빌의 정확한 조사에 따르면 후대의 칼리프들이 확장, 장식한 우마르의 모스크는 고대 사원의 터 위에 지어졌으며, 길이는 215투아즈이고, 폭은 172투아즈였다. 누비아의 지리학자는 이 웅장한 구조물이 코르도바의 모스크에 이어 규모나 미학적 측면에서 아주 훌륭하다고 주장한다. 코르도바의 모스크의 현재 상태에 대해서는 스윈번(Mr. Swinburne)이 멋지게 묘사한 바 있다.

[45] 수많은 예루살렘의 연대기 가운데 오르되는 포콕의 옥스퍼드 판 윈고 가운데 하나를 찾아 안 와키디의 불완전한 설명을 보충하는 데 사용했다.

[46] 페르시아의 티무르 역사가는 알레포의 성이 100큐빗 높이의 암석 위에 세워졌다고 말한다. 이 문서의 프랑스 번역자는 이는 그가 이곳을 한 번도 가 보지 않았음을 증명한다고 주장한다. 이 성은 이제 도시 한복판에 아무런 위력도 없이 성문 하나만을 가지고 서 있으며, 그 반경은 500~600보폭 정도에 지나지 않고 수로는 더러운 물로 반쯤 차 있다. 동방의 요새는 유럽인의 눈에 하잘것없어 보인다.

을 얻어 냈다. 그러나 알레포의 성[46]은 이 도시와 달리 높은 인공적인 토루 위에 우뚝 서 있었다. 양쪽 측면은 가파른 절벽이었고 사암을 마주하고 있었으며 폭넓은 수로는 인근의 샘물을 끌어와 채울 수 있었다. 3000명의 군사를 잃은 뒤에도 이곳의 수비대는 여전히 방어를 계속하였다. 용맹한 세습 총독 유키나는 감히 평화라는 말을 꺼냈다는 이유로 자신의 친형제인 수도사를 살해했다. 시리아 전쟁 중 가장 힘들었던 4~5개월 동안의 포위 공격으로 수많은 사라센인들이 죽고 부상을 당했다. 그들이 1마일 떨어진 곳으로 물러났음에도 유키나는 경계를 늦추지 않았다. 300명의 포로들을 성벽 앞에서 참수했지만 그리스도교도들은 전혀 두려워하지 않았다. 아부 오베이다의 침묵과 마침내 터져 나온 불만은 자신들의 희망과 인내심이 이 철옹성 앞에서 바닥났음을 칼리프에게 알려 주었다. 우마르는 이렇게 답했다.

> 나는 그대의 수많은 성공에 여러 모로 감동받았소. 그러나 어떤 일이 있어도 성의 포위를 풀어서는 아니 되오. 그대가 후퇴하면 우리 군대의 명성은 떨어질 터이고 그리되면 이교도들이 사방에서 달려들 것이오. 신께서 이 사태를 종결지으실 때까지 알레포 앞에 계속 머물러 있으면서 주변 지역을 순회하여 양식을 징발하시오.

아라비아의 전 부족에서 말이나 낙타를 타고 몰려든 자원병들이 신실한 지휘관의 훈계를 뒷받침해 주었다. 그 가운데는 노예 출신이지만 체격이 장대하고 용감무쌍한 결의를 갖춘 다메스도 있었다. 그는 군대에 들어온 지 47일째 되는 날 서른 명의 병사만을 이끌고 성을 공격해 보겠다고 제안했다. 할리드는 경험상 그의 제안을 추천했고, 아부 오베이다는 공공의 근심을 없앨 수만 있다면 자신도 기꺼이 노예의 군기 아래에서 봉사할 수 있다며 동포들에게 다메스의 천한 출신을 경멸하지 말라고 훈계하였다. 그의 작전은 짐짓 후퇴하는 척하면서 사라센인들의 본영을 알레포에서 1리그쯤 떨어진 곳에 세우는 것으로 시작되었다. 병사 서른 명이 언덕 기슭에 매복했고, 다메스는 그의 그리스인 포로들의 무지에 화가 나기는 했지만 마침내 취조에 성공했다. 글을 읽지 못하는 이 아랍인은 이렇게 말했다. "신께서 이 개들에게 저주를 내리시기를. 정말로 이상하고 야만적인 언어를 사용하는군!" 가장 어두운 밤 시간에 그는 일찍이 자세히 조사해 둔 접근하기 가장 쉬운 곳을 기어올랐다. 아마 이곳은 암석 크기가 더 작거나 경사가 덜 가파르거나 경계가 덜 삼엄했을 것이다. 가장 튼튼한 사라센인 일곱 명이 서로의 어깨에 올라탔으며, 기골이 장대한 노예의 넓고 강건한 등이 맨 아래에서 인간 기둥의 무게를 받치고 있었다. 이 고통스러운 암벽 타기의 선봉이 마침내 흉벽 맨 아래쪽을 잡고 기어올라 조용히 보초병을 찔러 아래로 던져 버렸다. 서른 명의 병사들은 "오 신의 사도시여, 우리를 도와 구원해 주소서."라고 경건한 기도를 반복하면서 자기들의 긴 터번 끝을 이용해 서로를 끌어 올려 성 안으로 잠입하였다. 다메스는 소란스러울 정도로 즐겁게 구원을 축하하고 있는 사령관의 성을 대담하고도 조심스러운 발걸음으로 탐색했다. 동료들과 다시 합류한 그는 성문 안쪽을 공격했고, 보초를 제압한 뒤 문을 열어 도개교를 내리고는 할리드가 새벽녘에 도착하여 그들을 위험으로부터 구하고 정복을 확실히 할 때까지 이 좁은 통로를 지켜 냈다. 강력한 적이었던 유키나는 적극적이고 유용한 개종자로 탈바꿈했고, 사라센의 장군은 다메스의 영예로운 상처가 치유될 때

51장 307

47 아랍인들의 안티오크 정복일은 조금 중요하다. 테오파네스 연대기에 나오는 세계의 연대를 엘마킨의 역사에 나오는 헤지라의 연대와 비교하면 서기 638년 1월 23일과 9월 1일 사이에 정복되었다는 결론을 내릴 수 있다. 알 와키디는 이 사건이 8월 21일 화요일에 일어났다고 하는데 이는 날짜와 요일이 맞지 않다. 그해 부활절이 4월 5일이었으므로 8월 21일은 금요일이어야 한다.

까지 알레포에 군대를 두어 노예가 이룩한 공헌에 경의를 표했다. 시리아의 수도는 여전히 아아자즈 성과 오론테스 철교로 방어되고 있었다. 이 중요한 요지들을 잃고 로마의 마지막 군대마저 패하자 안티오크[47]의 영화는 흔들렸고 마침내 굴복하였다. 이 도시의 안전은 금화 30만 닢을 치르고서야 되찾을 수 있었으나, 알렉산드로스 대왕 후손들의 왕국의 중심지이자 아시아에서 로마 제국 통치의 근거지로 카이사르가 자유, 경건, 신성 등의 이름을 붙였던 이 도시는 칼리프들의 속박 아래 지방 도시라는 열등한 지위로 떨어지고 말았다.

서기 638년,
헤라클리우스의 도망

헤라클리우스는 자신의 생애 초년기와 말년기의 불명예와 허약성으로 페르시아 전쟁의 영광을 더럽히고 말았다. 마호메트의 후계자들이 전쟁과 종교라는 칼을 빼어 들었을 때 그는 끝없을 듯한 고난과 위험에 놀랐다. 그는 천성적으로 게을렀으며, 이미 병든 늙은 황제로 다시금 노력하려는 열정을 불태울 수 없었다. 그는 수치심과 시리아인들의 끈덕진 요청에 전쟁터에서 성급히 떠날 수는 없었지만, 더 이상 영웅은 없었다. 다마스쿠스와 예루살렘을 잃고 아이즈나딘과 야르무크에서 피비린내 나는 전투가 일어난 것은 어느 정도 이 군주의 부재 또는 잘못된 행동 때문이라고 해도 좋을 듯하다. 그는 그리스도의 묘를 방어하기는커녕 자기 의지를 관철시키기 위해 교회와 국가를 형이상학적 논쟁에 끌어들였다. 헤라클리우스는 두 번째 결혼에서 낳은 자식에게 제위를 물려주면서 자신이 상속받은 유산 가운데 가장 귀한 부분을 무기력하게 빼앗겼다. 그는 안티오크 성당에서 주교들이 참석한 가운데 십자가 밑에 엎드려 군주와 국민들의 죄를 한탄했다. 그의 고백은 신의 심판에 저항하는 일은 거만하고 불경한 짓이라는 사실을 세상에 보여 주었다. 사라센인들이 전투에서 실제로 무적의 힘을 발휘한 것은 그들 자신이 무적이라는 인식을 가지고 있었기 때문이다. 유키나의 탈주와 거짓 참회, 반복된 배반을 생각해 보면, 황제 자신이 그리스도교도의 적을 위해 황제와 국가를 배반하려는 음모를 꾸미는 배신자와 배교자들에게 둘러싸여 있다는 의심을 품게 된 것도 당연하다. 역경의 시기에 나타난 온갖 전조와 왕관이 떨어지는 꿈 때문에 그의 막연한 공포는 더욱 커졌다. 그는 시리아에 영원히 작별을 고한 후 소수의 수행원을 데리고 비밀리에 배를 타고 떠났으며, 그의 신하들의 충성 의무를 면제해 주었다. 헤라클리우스의 장남 콘스탄티누스는 팔레스타인의 세 개 속주의 행정 도시인 카이사레아에 4만 명의 군대와 함께 주둔하고 있었다. 그러나 개인적인 일로 비잔티움 궁정에서 그를 소환했고, 아버지가 도주하자 자신은 칼리프의 연합 세력에 맞설 능력이 없다고 생각하게 되었다. 그의 선봉 부대는 한겨울에 눈 덮인 리바누스 산을 넘어온 아랍인 300명과 흑인 노예 1000명의 대담한 공격을 받았고, 할리드의 군대가 이들을 빠르게 뒤따랐다. 안티오크와 예루살렘의 부대들은 북쪽에서 남쪽으로 해변을 따라 전진했고, 마침내 이들의 군기는 페니키아 도시들의 성벽 아래에서 집결했다. 트리폴리와 티르는 배반당했다. 별달리 의심을 받지 않은 쉰 척의 수송선이 포위된 항구에 진입하다가 붙잡힘으로써 때맞춰 사라센 진영에 무기와 보급품을 가져다주는 꼴이 되었다. 그들의 노고는 예기치 못한 카이사레아의 항복으로 마무리되었고 로마의 군주는 이미 어둠을 틈타 도망쳤다.[48] 무방비 상태의 시민들은 금화 20만 닢을 내놓고 관용을 구했다. 람라, 프톨레마이스 또는 아크레, 시켐 또는 네아폴리스, 가자, 아스칼론, 베리투스, 시

시리아 전쟁의 종결

[48] 방만하고 모호한 연대기 속에서 내가 참고로 한 것은 (콘스탄티누스 7세의 의전 책 속에 있는) 정통한 기록이다. 이 기록은 서기 638년 6월 4일 황제가 콘스탄티노플 궁정에서 장남 콘스탄티누스가 참석한 가운데 동생인 헤라클리우스에게 제위를 물려주었다고 확인해 주고 있다. 또한 황제의 행렬은 639년 1월 1일에는 교회를, 같은 달 4일에는 대경기장을 방문했다.

돈, 가발라, 라오디케아, 아파메아, 히에라폴리스 등 나머지 지역은 더 이상 정복자의 의지에 저항하려 들지 않았다. 이로써 시리아는 폼페이우스가 마케도니아의 마지막 왕을 퇴위시킨 지 700년 만에 칼리프의 주권 아래 머리를 숙였다.

서기 633~639년, 시리아의 정복자들

여섯 차례의 출정으로 계속된 포위와 전투는 수천 명의 이슬람교도들의 생명을 앗아 갔다. 그들은 순교자라는 말을 들으며 기꺼이 죽어 갔다. 마지막 순간에 자신의 누이와 어머니를 껴안으면서 내뱉은 한 아랍 청년의 말이 그들의 소박한 신앙을 잘 표현한다.

제가 종교라는 대의명분에 생을 바치게 된 것은 시리아에서의 쾌락이나 현세의 퇴색해 가는 희열 때문이 아닙니다. 저는 신과 신의 사도의 은총을 구할 뿐입니다. 그리고 예언자의 동반자 중 한 분께 순교자의 영혼은 천국의 과실을 맛보고 천국의 강에서 물을 마시는 초록색 새들의 무리 가운데 머물게 된다는 말을 들었습니다. 안녕히. 우리는 선택된 자들을 위해 신께서 마련한 숲과 연못 사이에서 다시 만날 겁니다.

신앙심 깊은 포로들은 소극적이기는 해도 힘든 결의를 실행에 옮기기도 했는데, 마호메트의 한 사촌은 사흘 간 굶고도 이교도들이 악의적으로 내놓은 유일한 음식인 포도주와 돼지고기를 거절한 일로 칭송을 받았다. 그러나 일부 동포들의 유약함에 엄격하고 광신적인 자들은 격분했다. 아메르의 아버지는 신의 약속과 예언자의 기도를 부정하여 그리스도교 성직자들과 함께 지옥의 맨 밑바닥으로 떨어지게 될 아들의 배교와 파멸에 대해 감상적인 어조로 한탄했다. 살아남아 자신의 신앙을 지킬 수 있었던 한층 운 좋은 아랍인들도 금욕적인 지도자 때문에 자신의 영화를 마음껏 누리지 못했다. 아부 오베이다는 사흘간 쉬고 나서 안티오크의 화려함이 지닌 파괴적인 힘에 전염되지 않도록 자신의 군대를 철수시켰고, 그들의 종교와 미덕은 가난과 노동이 주는 엄한 규율에 의해서만 유지될 것이라고 칼리프에게 다짐했다. 그러나 우마르는 자기 자신에게는 매우 엄격했지만 동포들에게는 관대하고 친절했다. 찬사와 감사 기도를 드린 뒤 그는 연민의 눈물을 흘렸다. 그리고 바닥에 앉아 자기 부관들의 엄격함을 타이르는 답서를 써 내려갔다. 예언자의 후계자는 이렇게 말했다.

> 신께서는 신앙심 깊은 자들, 자선을 행한 자들에게 현세의 좋은 것들을 향유하는 것을 금하지 않으셨소. 그러므로 그들이 휴식을 취하고 나라가 줄 수 있는 좋은 것들을 자유롭게 취하도록 해야 했소. 만일 아라비아에 가족이 없는 사라센인이 있다면 시리아에서 결혼해도 될 것이오. 여자 노예를 원하는 자가 있다면 필요한 만큼 살 수도 있소.

정복자들은 이 관대한 허락을 이용하거나 남용할 준비가 되어 있었다. 그러나 그들이 승리한 해에는 사람과 가축이 많이 죽어 나갔고 시리아 전쟁으로 사라센인 2만 5000명이 죽었다. 그리스도교도들까지도 아부 오베이다의 죽음을 슬퍼했을지는 모르지만, 동포들은 예언자가 천국의 후계자로 명명한 열 명의 선택받은 자들 가운데 아부 오베이다도 들어 있었음을 기억해 냈다.[49] 할리드는 그의 동료들보다 3년 정도 더 살았으며 신의 칼이라 일컬어지던 그의 무덤은 에메사 부근에 있다. 아라비아와 시리아에 칼리프의 제국을 세운 그는 신의 특별한 뜻이라는

[49] 마호메트는 사도들에 대한 칭찬을 기술적으로 다양하게 했다. 우마르에 대해 그는 자신 이후에 예언자가 나타난다면 그것은 바로 우마르일 것이며, 큰 재앙 속에서도 우마르는 신의 정의에 따라 사면될 것이라고 말하곤 했다.

생각에 더욱 용맹해졌고, 마호메트의 축복을 받은 모자를 쓰고 있는 한 이교도들의 투창 속에서도 자신은 무적이라고 여겼다.

최초의 정복자들이 있던 곳에 그 자손과 동포들이 새로운 세대를 이루기 시작했다. 시리아는 우마이야 왕조의 영토와 지지 기반이 되었고, 이 강력한 왕국의 수입과 군사, 함선들은 칼리프들의 제국을 사방으로 확장시키는 데 쓰였다. 그러나 사라센인들은 지나친 명성을 경멸하는 듯했고, 그들의 역사가들도 자신들의 화려하고 빠른 승전보 속에 가려진 부차적인 몇 가지 정복에 대해 거의 언급하지 않을 정도였다. 시리아의 북쪽에서 그들은 타우루스 산맥을 지나 킬리키아와 그 수도이자 아시리아 왕들의 고대 기념물인 타르수스를 굴복시켰다. 그들은 산맥의 두 번째 산마루를 넘어 저 멀리 흑해 해안과 콘스탄티노플 인근까지 종교의 빛이 아니라 전쟁의 불꽃을 퍼뜨렸다. 동쪽으로는 유프라테스와 티그리스 두 강의 수원지까지 전진했다.[50] 오랜 분쟁 지역이던 로마와 페르시아의 경계는 영원히 무너졌다. 샤푸르와 누시르반의 공격에 저항했던 에데사와 아미다의 성벽, 다라와 니시비스의 성벽이 먼지가 되어 사라졌고, 성스러운 도시 아브가루스는 신앙 없는 정복자에게 그리스도의 성상이 편재(遍在)함을 주장했으나 소용이 없었다. 시리아 왕국은 서쪽으로는 바다에 둘러싸여 있어서 해안의 작은 섬 또는 반도인 아라두스의 멸망은 10년 뒤로 늦춰졌다. 그러나 리바누스 구릉 지대는 목재가 풍부했고 페니키아의 무역은 뱃사람들을 중심으로 활발하게 이루어졌다. 범선 1700척으로 이루어진 선단은 사막의 원주민들로 채워지고 장비를 갖추었으며, 로마 황실의 해군은 이들을 보고 팜필리아 암벽에서 헬레스폰투스로 달아났다. 헤라클리우스의 손자인 황제는 싸움을

서기 639~655년, 시리아 정복자들의 전진

[50] 알 와키디는 『메소포타미아 정복사』도 집필한 듯하나, 이 책에서 참고한 역자들은 이를 읽지 않은 듯하다. 야고보파 장로인 텔마르의 『디오니시우스 연대기』는 서기 637년에 에데사가, 641년에 다라가 함락되었다고 기록하고 있으며, 주의 깊은 독자라면 테오파네스의 연대기에서 다소 미심쩍은 정보를 얻을 수도 있을 것이다. 메소포타미아의 도시는 대부분 항복과 함께 양도되었다.

시작하기도 전에 이미 꿈과 말장난으로 기세가 꺾여 있었다.[51] 사라센인들은 바다의 지배권을 장악했고 키프로스, 로도스, 키클라데스 섬이 연이어 그들의 난폭한 침공을 받았다. 기원전 300년, 성과는 없었지만 기념할 만한 데메트리우스의 로도스 섬 포위 공격[52]은 이 해상 공화국에 전승 기념비의 소재와 주제를 제공했다. 높이 70큐빗의 태양신 아폴론의 거상이 항구 입구에 세워져 그리스의 자유와 예술을 기념했다. 56년간 로도스 섬에 서 있던 이 거상은 지진으로 무너졌지만 그 큰 몸체와 거대한 파편들은 8세기 동안 땅에 흩어져 있었으며, 흔히 고대 세계의 불가사의의 하나로 불리고 있다. 부지런한 사라센인들은 이 파편들을 모아 에데사의 한 유대인에게 팔았는데, 그 유대인은 놋쇠로 만든 그 무거운 물건들을 낙타 900마리에 나누어 실어야 했다고 전해진다. 물론 이 태양신의 도시의 번영을 장식했던 거대한 인물상 100개와 조각상 3000개까지 포함시키기는 해야겠지만 어쨌든 대단한 무게임에는 틀림없다.

(3) 이집트 정복은 아무리 평범한 사라센인도 종교적 열정이 자신의 본성보다 훨씬 격상되었던 시대, 사라센 최초의 승자 가운데 한 사람의 성격으로 설명할 수 있을 것이다. 암르의 태생은 미천하지만 걸출했다. 유명한 창녀였던 그의 어머니는 다섯 명의 쿠라이시족 남자들 가운데 누가 아버지인지 결정할 수 없었지만 생김새로 보아 아이는 그녀의 연인 중 가장 오래된 아아시의 자식으로 판명되었다.[53] 암르의 청년기는 그의 친족들의 격한 감정과 편견에 휩싸여 있었다. 그의 시적 천재성은 마호메트의 인격과 교리에 반대하는 풍자시에서 발휘되었고, 그의 기민함은 지배 당파 때문에 에티오피아 왕의 궁정에 피신한 종교적 망명자들을 따라다니는 데 사용되었다.[54] 그러

이집트.
암르의 성격과 삶

[51] 그는 자신이 데살로니카에 있는 꿈을 꾸었는데 이는 아무런 해도 없고 무의미한 꿈이었다. 그러나 자신의 예언자 또는 스스로의 비겁함 때문에 그는 그 불길한 말, 즉 다른 자에게 승리를 주라는 말 속에 숨겨진 확실한 패배의 징조를 믿게 된다.

[52] 로도스 섬과 그 도시, 그리고 아폴론 신의 거상과 관련된 모든 사실은 메우르시우스의 노작에 편찬되어 있다. 그는 또한 좀 더 큰 크레타와 키프로스 섬에 대해서도 마찬가지로 노작을 만들어 냈다.

[53] 이 일화는 칼리프와 그의 친구들 면전에서 욕을 한 기세 충천한 노파 때문에 알게 된다. 그녀는 암르의 침묵과 무아위야의 관대함에서 기운을 얻었다.

[54] 가니에(Gagnier)는 압델 발시데스에 대한 아비시니아의 역사 또는 로맨스를 인용한다. 그러나 이 대사의 임무와 대사에 관한 사실에 대해서 생각해 볼 수는 있다.

나 그는 이런 사명을 마치고 비밀스럽게 개종자가 되어 돌아왔다. 이성 또는 이해관계로 그는 우상 숭배를 거부했고 친구인 할리드와 함께 메카에서 도망쳤다. 메디나의 예언자는 자신의 대의명분을 가장 확고하게 지지해 주는 두 사람을 동시에 포옹하는 만족감을 누렸다. 신앙심 깊은 군대를 이끌고 싶은 암르의 성급함을 우마르는 오늘 신하인 자도 내일 군주가 될 수 있다는 꾸짖음으로 자제시켰다. 그러나 마호메트의 초기 두 계승자들은 그의 공적을 결코 지나치지 않았다. 그들은 팔레스타인 정벌에서 그의 군대에 빚을 졌으며, 시리아의 모든 전투와 포위 공격에서 그는 장수다운 기질로 모험을 즐기는 병사들의 용기를 단결시켰다. 메디나를 방문했을 때 칼리프가 그토록 많은 그리스도교 병사들을 쓰러뜨린 검을 보고 싶다고 하자 아아시의 아들은 평범한 짧은 언월도를 칼집에서 꺼냈다. 우마르가 놀라는 것을 알아챈 이 겸손한 사라센인은 "애석하지만 검 자체는 쓰는 사람의 솜씨가 없으면 시인 파레즈다크의 검보다 날카롭지도 육중하지도 않습니다."라고 말했다. 그는 이집트를 정복한 이후 칼리프 오스만의 경계심 때문에 소환당했다. 그러나 군인으로서 정치가로서 그리고 웅변가로서 야망을 품고 있던 그는 잇따른 고난을 겪으면서도 일개 사인(私人)의 위치에 머물러 있지 않았다. 협의회와 전장에서의 그의 강력한 지원으로 우마이야 왕조가 확립되었다. 무아위야는 감사의 표시로 이제 신하의 지위 이상의 충실한 친구에게 이집트의 행정과 세입을 맡겼다. 암르는 자신이 나일 강가에 세운 궁정과 도시에서 생을 마감했다. 임종할 때 그가 자녀들에게 남긴 말은 아랍인들에게 웅변과 지혜의 본보기로 칭송받고 있다. 그는 자신의 청년 시절을 개탄했으나 여전히 시인의 허영에 휩싸여 있었던 이 회오자는 어쩐지 자신의 불경했던 작품의 해악을 과장하고 있는 듯하다.

암르는 팔레스타인의 자기 진영에서 이집트 침공을 위한 칼리프의 출군을 눈치챘거나 예견했다. 우마르는 호스로우와 황제의 옥좌를 뒤흔든 자신의 신과 검을 믿었다. 그러나 사람들이 이 과업의 웅대함과 이슬람 병력의 왜소함을 비교하자, 그는 자신의 성급함을 비난하는 소심한 주위 사람들의 말에 귀를 기울였다. 파라오의 자긍심과 위대함은 코란을 읽는 사람들에게는 이미 알려져 있었다. 열 차례에 걸쳐 반복된 불가사의한 조짐도 60만 이스라엘 자손들의 승리는 고사하고 탈출의 성공에 영향을 주기에도 충분하지 않았다. 이집트의 수많은 도시들은 인구가 매우 많았고 건축물은 튼튼하고 견고했다. 더욱이 무수히 많은 지류를 가진 나일 강은 그 자체만으로도 극복하기 힘든 장애물이었고, 곡창 지대는 로마군이 굳건하게 지키고 있었다. 이러한 난국에 처하자 이슬람교도들의 사령관은 운 또는 신의 결정에 자기 자신을 맡겼다. 4000명밖에 되지 않는 아랍군의 선봉에 선 용맹한 암르는 우마르가 보낸 사자가 자신을 뒤쫓아왔을 때 이미 가자에 있는 진지를 떠나 진군하고 있었다. 명령서에는 모호하게 적혀 있었다. "아직 시리아에 머물러 있다면 지체 없이 퇴각하시오. 그러나 이 서신을 받았을 때 그대가 이미 이집트 국경에 도달해 있다면 확신을 가지고 전진하고 신과 동포들의 구원을 믿으시오." 암르는 경험, 어쩌면 첩보를 통해 궁정의 변덕스러움을 미리 알고 있은 듯하다. 그는 진군을 계속하여 이집트 땅에 군영을 설치하도록 했으며, 장교들을 모아 그 자리에서 서한의 봉인을 뜯고 읽은 후 자신들이 머무르고 있는 곳의 이름과 위치를 묻고는 칼리프의 명령에 기꺼이 복종하겠다고 선언했다. 30일간의 포위 공격 끝에 그는

서기 638년 6월, 이집트 침입

55 폭(2946피트)과 나일 강의 다리에 대한 이 희귀하고도 기묘한 사실은 덴마크의 여행가와 누비아의 지리학자만이 다루고 있다.

56 나일 강은 4월부터 눈에 띄지 않을 정도로 조금씩 수위가 상승하기 시작한다. 물은 하지(夏至) 이후의 달부터 눈에 띄게 크게 불어나며, 30년간의 기록을 보면 수위가 가장 높은 때는 7월 25일과 8월 18일 사이이다.

파르마, 즉 펠루시움을 손에 넣었다. 그리고 이름처럼 이집트의 열쇠라 할 수 있는 그곳은 헬리오폴리스의 유적과 현재의 카이로 부근까지 이집트로 들어가는 문을 열어 주었다.

멤피스, 바빌론, 카이로

피라미드들이 있는 곳의 동쪽과 델타의 남쪽에서 약간 떨어진 나일 강의 서쪽을 따라 이어지는 주위 150펄롱의 멤피스는 고대 왕들의 위용을 과시하였다. 프톨레마이오스와 카이사르의 치세하에 정치의 중심이 해안으로 옮겨 갔기 때문에 이 고대 수도는 알렉산드리아의 예술과 풍요로움에 빛을 잃었으며, 궁전과 사원들은 황량한 폐허로 변했다. 그러나 아우구스투스 시대와 콘스탄티누스 시대까지도 멤피스는 여전히 속주의 여러 도시 가운데 가장 크고 인구가 많은 도시로 간주되었다. 강폭이 3000피트나 되는 나일 강의 양쪽 연안은 강 중간에 농경지와 부락이 있는 로우다라는 작은 섬을 사이에 두고 각각 예순 척과 서른 척의 배로 이루어진 배다리로 연결되어 있었다.55 이 다리 동쪽 끝에는 바빌론 시가지와 로마 군대의 군영이 있었는데, 이것이 나일 강의 통행과 이집트의 제2의 도시를 보호하고 있었다. 멤피스 또는 미스라의 일부라고도 할 수 있는 이 중요한 요새는 우마르의 부관의 부대에 포위되었고, 곧이어 원군 4000명이 도착했다. 성벽을 부수는 장비는 시리아 동맹군의 기술과 노력으로 만들어진 것으로 생각된다. 그러나 포위 공격은 7개월이나 이어졌고, 성급한 침략자들은 나일 강의 범람으로 꼼짝하지 못하고 위험한 상황에 놓이게 되었다.56 그들의 최후 공격은 대담하고 성공적이었다. 그들은 쇠로 된 대못을 박아 요새화시킨 수로를 지나 성곽 공격용 사다리를 놓고 '신은 승리하신다.'는 구호를 외치며 요새 안으로 진입했고, 남아 있던 그리스인들을 배와 로우다 섬으로 쫓아냈다. 이곳은 그 후에 정복자에게 페르시아 만과 아라비아 반도에서 쉽게 교통할 수 있는 중요한 곳으로 여겨졌다. 멤피스의 유적은 버려졌고 아랍인들의 막사는 영구적인 주거지로 바뀌었다. 최초의 모스크에는 마호메트의 동반자 여든 명이 참석하여 축복을 내렸다.57 나일 강 동쪽 연안에 있는 그들의 진영에 새로운 도시가 세워졌고, 바빌론과 포스타트의 서로 인접한 지역은 지금의 폐허 상태로 옛날의 미스라 또는 카이로라는 폭넓은 교외 지역의 이름과 혼동되고 있다. 그러나 사실 승리의 도시라는 뜻의 카이로라는 이름은 좀 더 엄밀하게 말하면 파티마 왕조의 칼리프들이 10세기에 세운 근대적인 수도에 속한다. 이 도시는 점차 강가에서 후퇴했지만 세소스트리스 유적으로부터 살라딘까지의 그것들을 주의 깊게 살펴보면 건축의 연속성을 발견할 수 있을 것이다.58

그러나 아랍인들은 그 국토의 한가운데에서 강력한 동맹자를 얻지 못했다면 영광스럽고 유익한 과업을 이룩한 후 틀림없이 사막으로 물러났을 것이다. 알렉산드로스 대왕의 신속한 정복에 도움을 준 것은 토착민들의 미신과 반란이었다. 그들은 이집트의 신전들을 불태우고 불경스럽게도 아피스 신의 살을 먹어 치운 마기교의 사도인 페르시아 압제자들을 끔찍이도 싫어했다. 10세기가 지난 뒤에도 비슷한 이유로 이와 똑같은 혁명이 일어났고, 이해할 수 없는 교리를 지지하는 콥트파 그리스도교도들도 마찬가지로 열렬했다. 단성론 논쟁의 기원과 과정, 그리고 한 나라를 한 분파로 개종시켜 결국 이집트인들을 자신들의 종교와 통치로부터 이간시켜 버린 황제들의 박해에 대해서는 이미 설명한 바 있다. 사라센인들은 야고보파 교회의 구원자로 영접을 받았으며, 멤피스에 대한 포위 공격이

서기 638년, 콥트파 또는 야고보파의 자발적 복종

57 무르타디는 완고한 한 시민으로서 이 주제에 대해 열정적이고 세밀하게 설명하는데, 그의 전승은 상당히 진실되고 정확한 느낌이 있다.

58 새로운 그리고 옛 카이로의 위치는 잘 알려져 있고 설명도 많이 되었다. 과거와 현대의 이집트에 대해 잘 알고 있는 두 명의 저자는 상세한 조사를 마치고 나서 멤피스가 옛 카이로의 바로 맞은편인 기자에 있었다고 결론을 지었다. 그러나 포콕, 니부르, 당빌의 권위 내지는 주장도 무시해서는 안 될 것이다. 이들은 멤피스가 남쪽으로 수 마일 더 떨어진 모한나 마을 쪽에 있었다고 한다.

진행되는 동안 승리한 군대와 노예 국민 사이에서는 비밀스러운 협의가 시작되었다. 모카우카스라는 부유한 이집트 귀족은 자신의 속주에 대한 행정권을 확보하기 위해 자신의 신앙을 숨겼다. 페르시아 전쟁의 혼란을 틈타 그는 독립을 얻고자 했으며 마호메트의 대사는 그에게 군주의 지위를 주었다. 그러나 그는 값진 선물을 내놓고 애매모호한 치하의 말로 새로운 종교를 받아들이라는 제안을 거절했다.[59] 그는 자신이 받은 신뢰를 저버려 헤라클리우스의 분노를 샀지만 오만과 두려움 때문에 굴복하기를 주저했다. 사리사욕으로 말미암아 국민의 애정과 사라센인들의 지원에 자신을 맡기게 된 것이다. 암르와의 첫 번째 회견에서 모카우카스는 코란이냐 조공이냐 칼이냐 하는 통상적인 선택에 관한 질문을 들은 뒤 전혀 불쾌한 감정 없이 이렇게 말했다.

> 그리스인들은 칼의 대결을 따르기로 결심했으나, 저는 현세에서나 내세에서나 그리스인들과 같은 종파에 속하고 싶지 않습니다. 또한 저는 비잔티움의 압제자와 칼케돈 공의회, 그리고 그의 멜키트교도 노예들을 영구히 버릴 것을 선언합니다. 저 자신과 동포들은 복음의 고백과 그리스도의 유일성 안에서 살고 죽을 것입니다. 우리는 그대들 예언자의 계시를 받아들일 수는 없지만 평화를 바라고 있으며, 그 현세의 정복자들에게 기쁜 마음으로 조공을 바치고 복종할 것입니다.

조공은 그리스도교도 한 명당 금화 두 닢으로 정해졌으나, 노인과 수도사, 여자, 16세 미만의 미성년자들은 개인 조공이 면제되었다. 멤피스 상하 지역의 콥트인들은 칼리프와의 동맹을 맹세했고 그 지역을 여행하는 모든 이슬람교도들에 대해 3일

---

[59] 모카우카스는 예언자에게 두 명의 하녀를 붙인 두 명의 콥트 여인, 환관 한 명, 설화 석고로 만든 항아리, 순금으로 만든 금괴, 향유(香油), 꿀, 최상의 이집트 아마포, 종자가 뛰어난 말, 노새, 당나귀를 보냈다. 마호메트의 대사는 헤지라 7년(서기 628년) 메디나에서 파견되었다.

간 환대할 것을 약속했다. 안전 보장에 대한 협약에 따라 멜키트교도들의 교권적, 민사적 전제 정치는 끝났다. 모든 성직자가 성 키릴루스의 파문을 외쳤고, 교회의 세습 재산과 교회 건물들은 온 나라에서 승리와 복수의 순간을 마구잡이로 즐기는 야고보파 교도들에게 반환되었다. 암르의 긴급한 호출에 그들의 총대주교 벤야민이 사막에 그 모습을 드러냈다. 첫 번째 회견 후 암르는 감동하여 일찍이 이 정도로 순결한 태도와 존경할 점을 지닌 그리스도교 사제와 대화를 나누어 본 적이 없다고 말했다. 멤피스에서 알렉산드리아로 진군하는 동안 우마르 군대의 안전은 이집트인들의 종교적 열의와 감사에 달려 있었다. 도로와 다리는 부지런히 복구되었고 진군하는 동안 줄곧 정보와 보급품이 끊이지 않았다. 토착민의 10분의 1 수준에 지나지 않았던 이집트 내 비잔티움인들은 민중의 저버림에 압도되었다. 그들은 언제나 증오의 대상이었지만 더 이상 두려움의 대상은 아니었다. 행정 장관은 집정관석을, 주교는 설교단을 버렸고, 멀리 떨어진 곳에 있던 수비대는 그 주변의 군중의 급습을 받거나 그들 때문에 굶주려야 했다. 나일 강을 타고 바다까지 안전하고 신속하게 빠져나갈 수 없었더라면 출신이나 언어, 관직, 종교에서 그 밉살스러운 이름과 연관된 그 누구도 도망칠 수 없었을 것이다.

상(上)이집트의 속주에서 그리스인들이 후퇴하면서 델타 지대의 섬에 상당한 병력이 집결하게 되었다. 나일 강의 자연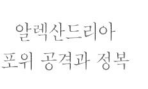

알렉산드리아 포위 공격과 정복

적, 인공적 수로는 강력한 방어 거점을 구축해 주었고, 알렉산드리아로 가는 길의 장애물은 22일간에 걸친 전면전 및 국지전에서 사라센인들이 승리하면서 꾸준히 제거되었다. 사라센인들의 정복 연대기에서 알렉산드리아 포위 공격전은 아마 가장 위험하고 중대한 전투였을 것이다. 이 세계 최초의 무역 도시에는 생존과 방어 수단이 풍족하게 채워져 있었다. 많은 주민들은 소중한 인간의 권리, 종교, 재산을 위해 싸웠고, 토착민들의 적개심은 평화와 관용이라는 공통된 은혜로부터 그들을 제외시키는 듯했다. 바다는 늘 열려 있었다. 헤라클리우스가 민중의 고통을 헤아리고 있었다면 로마인과 야만족으로 이루어진 군사를 새로이 투입하여 제국의 제2 도시를 구할 수 있었을 것이다. 비잔티움 병력은 10마일 반경으로 분산 배치되어 있어 적군의 적극적인 책략에 좋은 조건이 되었다. 직사각형 지형의 두 측면은 바다와 마라이오티스 호가 둘러싸고 있었고 좁은 두 끝은 각각 10펄롱의 거리밖에 되지 않았다. 아랍인들의 노력은 공격의 어려움과 전리품의 가치에 비해 과한 것은 아니었다. 메디나의 왕좌에 있는 우마르의 눈은 이 부대와 도시를 주시하고 있었다. 그는 목소리를 높여 아라비아 부족들과 전투 경험이 풍부한 시리아인들의 무장을 요청하였고, 이집트의 특별한 평판과 비옥함으로 성전의 가치가 있음을 강조하였다. 압제자의 파멸 또는 추방을 갈구하던 신앙심 깊은 토착민들은 암르에게 적극적으로 협력하였다. 아마도 그들 동맹들의 모범이 그들의 전투 정신에 다시 불을 지폈을 것이다. 한편 모카우카스는 희망에 부풀어 자신의 무덤으로 알렉산드리아의 성 요하네스 교회를 정했다. 대주교 에우티키우스는 사라센인들이 사자처럼 용맹하게 싸운다고 말했다. 그들은 거의 매일 포위된 자들로부터의 공격을 막아 내는 한편 도시의 성벽과 망루를 공격했고, 공격이 있을 때마다 이슬람교도들의 전방에서는 암르의 검과 군기가 번쩍였다. 어느 기억할 만한 날 암르는 자신의 무모한 용기로 말미암아 곤경에 처했다. 그를 따라 성으로 진입했던 부하들은 밖으로 밀려났고 암르는 동료 한 명,

노예 한 명과 함께 그리스도교도들의 포로가 되었다. 적의 사령관 앞으로 끌려 나간 암르는 위엄은 잊지 않았으나 처지는 잊고 말았다. 당당한 태도와 확고한 어조로 그가 칼리프의 장수라는 사실이 드러났고, 한 병사가 이 오만한 포로의 목을 치기 위해 도끼를 높이 들어올렸다. 그러나 그의 노예가 기지를 발휘하여 목숨을 구할 수 있었다. 그의 노예는 재빨리 주인의 얼굴을 내리치면서 분노한 어조로 상관들 앞에서는 입을 다물라고 말했다. 이것을 보고 남의 말을 잘 믿는 그리스인은 속아 넘어가고 말았다. 그들은 협상 제안에 귀를 기울였고 좀 더 지위 높은 사절을 보내라며 포로들을 석방했다. 암르의 진영은 환호하며 장군의 귀환을 알렸고 이교도들의 어리석음을 비웃었다. 14개월간의 포위 끝에 2만 3000명의 사망자를 내고서야 마침내 사라센인들이 승리했다. 사기가 꺾이고 수적으로도 감소한 그리스인들은 병사들을 배에 싣고 떠남으로써 마호메트의 군기가 이집트 수도의 성벽에 내걸렸다. 암르는 칼리프에게 이렇게 보고했다.

    소인은 이 서쪽의 위대한 도시를 함락시켰습니다. 이 도시의 부와 아름다움을 일일이 열거하기는 어렵습니다. 그저 이 도시에는 궁궐 4000개, 욕장 4000개, 극장 또는 연회장 400개, 채소 가게 1만 2000개, 조공을 바치는 유대인 4만 명이 있다고만 아뢰겠습니다. 이 도시는 조약이나 조건부 항복 없이 무력으로 굴복시켰고, 우리 이슬람교도들은 한시라도 빨리 승리의 결실을 맛보고 싶어합니다.

그러나 이슬람교도의 지도자는 이런 약탈 행위에 대한 요구를 완고히 물리쳤고, 부관들에게 알렉산드리아의 부와 재물은 공

⁶⁰ 테오파네스와 케드레누스의 기록은 일관되지 않지만, 정확한 파기(Pagi)는 니케포루스와 『동방 연대기』로부터 서기 641년 2월 11일, 알렉산드리아 함락 50일째로 사망 일로 발췌하고 있다. 50일의 4분의 1 정도면 이 소식을 전하기에 충분했을 시간이다.

공의 이익과 신앙의 전파를 위해 잘 보존하라고 명했다. 주민의 수를 헤아려 조공 의무를 부과했고, 야고보파 신도들의 열의와 분노는 사그라졌으며, 아라비아의 속박을 받던 멜키트교도들은 자신들의 예배 의식을 눈에 띄지 않게 해서 조용하고 평화롭게 치를 수 있었다. 이 치욕적이고 재앙에 가까운 사건을 알게 되자 이미 나빠지고 있던 황제의 건강은 더욱 악화되었고, 헤라클리우스는 알렉산드리아가 함락된 지 7주일 후 수종으로 숨을 거두었다.⁶⁰ 그의 손자가 아직 미성년인 상태에서 비잔티움 궁정은 일상의 생계 수단을 빼앗긴 민중들의 아우성 때문에 이집트의 수도를 탈환하는 전쟁을 감행할 수밖에 없었다. 그리하여 로마 함대와 군대는 4년 사이에 알렉산드리아의 항구와 성벽을 두 번이나 점령했지만, 이들은 트리폴리와 누비아의 전투 때문에 벌어진 내환으로 소환되었다 돌아온 암르에게 두 번 다 격퇴당했다. 그러나 접근이 쉬워 공격이 반복되고 끈질긴 저항이 계속되자, 암르는 이교도들을 세 번째로 바다로 몰아낼 수 있다면 알렉산드리아를 어디에서나 접근 가능한 매음굴처럼 만들겠다고 맹세했다. 그 맹세대로 그는 몇 군데 성벽과 망루를 허물었으나 시민들은 이 도시에 대한 징벌에서 면제되었고, 승리한 사령관이 병사들의 광포함을 제지시킨 곳에는 자비의 모스크가 세워졌다.

알렉산드리아 도서관

박식한 아불파라기우스가 설명한 알렉산드리아 도서관의 운명에 대해 언급하지 않고 지나친다면 독자의 기대를 저버리는 일이 될 것이다. 암르는 기질상 그의 동포들에 비해 호기심이 많고 사고가 자유로웠다. 이 아라비아의 수장은 여가 시간에 암모니우스의 마지막 제자로 문법과 철학을 열심히 공부하여 '필로포누스(Philoponus)'라는 별명을 얻은 요하네스와 대화하기를 즐겼다.[61] 필로포누스는 이 친밀한 교제에 용기를 얻어 자신에게는 더할 나위 없이 귀하지만 야만인들에게는 하찮은 선물을 달라고 간청한 것으로 보인다. 이 왕립 도서관은 정복자의 시찰과 확인으로 알렉산드리아의 전리품 가운데 유일하게 찬탈당하지 않았다. 암르는 이 문법학자의 소망을 들어줄 생각이었으나 지나치게 청렴한 성격 탓에 아무리 작은 것이라도 칼리프의 동의를 받지 않고 넘겨줄 생각은 없었다. 우마르는 광신도의 무지를 보여 주는 그 유명한 답을 했다고 한다. "그리스인들의 글이 신의 서적과 의견이 일치한다면 쓸모없으니 보존할 필요가 없다. 의견이 일치하지 않는다면 해로운 글들이므로 마땅히 파기해야 할 것이다." 이 판결은 맹목적인 복종으로 집행되어 종이 또는 양피지에 쓰여진 책들이 도시에 있는 욕장 4000곳으로 나누어 보내졌는데, 믿기지 않을 정도로 많은 분량으로 이 값비싼 땔감을 모조리 태우는 데만도 6개월이 더 걸렸다고 한다. 아불파라기우스의 『왕조사』는 라틴어 판본으로 세상에 알려진 후 여러 차례 번역되었고, 그때마다 학자들은 이러한 지식과 예술, 천재성, 유물의 파괴에 진심으로 분개했다. 그러나 여기서 말하는 사실과 그 결과를 모두 부정하고 싶은 생각이 강하게 든다. 이 사실은 확실히 이상하다. 역사가 자신도 "읽으면 놀랄 것이다!"라고 말하고 있지만, 600년이라는 세월이 흐른 뒤 메디아의 국경 지역에서 한 이방인이 쓴 유일한 글은 이집트 태생 그리스도교도인 초창기의 연대기 편자 두 명이 침묵하는 바람에 균형을 잃었다. 가장 먼저 연대기를 쓴 에우티키우스는 알렉산드리아의 정복에 대해 방대한 분량의 글을 남겼다.[62] 우마르의 엄격한 판결은 이슬람 결의론자들의 건전하고 정통적인 계율과는 일치하지 않는다. 그들은 전쟁으로 얻은 유대교도와 그리스도교도들의 종교 서적은 절

[61] 이 노작을 사랑하는 자 (φιλόπονος)의 글 가운데 상당수는 현존하고 있으나 오늘날의 독자들에게는 인쇄가 되어 있든 그렇지 않든 간에 읽기 어렵기는 거의 마찬가지이다. 그의 장황한 주해에서 주로 대상으로 삼고 있는 것은 모세와 아리스토텔레스였고, 그의 저작 중에는 서기 617년 5월 10일에 쓰여진 것도 있다. 간혹 그와 같은 이름을 쓰던 현대인(클라크(John Le Clerc))은 근면함에서는 필로포누스에 필적하고 분별과 실질적인 지식에서는 오히려 그를 훨씬 능가한다.

[62] 에우티키우스의 연대기와 엘마킨의 사라센사(史)에서는 이 기묘한 일화를 찾아보았자 소용없을 것이다. 아불페다와 무르타디, 그리고 수많은 이슬람 교도들이 침묵한 것은 그리스도교 문헌에 대해 무지했기 때문이다.

63 유대교도 또는 그리스도교도들의 종교 서적을 불태우지 않도록 한 이유는 신이라는 명칭 자체에 대한 존경심 때문이다.

64 나는 퀸틸리아누스의 책 중에 한 부분을 즐겁게 읽는 경우가 아주 많은데, 이 현명한 비평가는 그 글 중에서 그리스와 라틴의 고전을 열거하고 감상한다.

65 갈레누스, 플리니우스, 아리스토텔레스 등을 말한다. 워튼(Wotton)은 이 주제에 대한 템플(William Temple)의 색다른 상상력에 대해 매우 분별력 있게 논박한다. 그리스인들이 야만족의 학문을 경멸했음을 생각하면 인도나 에티오피아의 서적들이 알렉산드리아 도서관에 있었을 가능성은 희박하다. 또한 그 서적들을 배제하였다고 해서 철학 분야에 어떤 큰 손실이 있었다는 사실도 증명되지 않는다.

대로 불태워서는 안 되며, 이슬람교도들이 이교도의 과학, 역사가 또는 시인, 의사 또는 철학자들을 합법적으로 활용할 수 있다고 주장했다.63 마호메트의 초기 후계자들은 좀 더 파괴적이었을지 모르지만, 분서가 그들의 시대에 자행되었다면 책이 모자라 불길은 금세 꺼지고 말았을 것이다. 카이사르가 자신을 방어하기 위해 본의 아니게 낸 화재, 알렉산드리아의 도서관이 겪은 참화나 우상 숭배의 흔적들을 파괴하고자 애쓴 그리스도교도들의 편견이 불러온 손실에 대해서는 다시 언급하지 않겠다. 그러나 안토니누스 시대로부터 테오도시우스의 치세로 내려오면서 궁정과 세라피스 신전에 프톨레마이오스 왕조의 호기심과 기품으로 수집된 40만 또는 70만 권의 책이 더 이상 남아 있지 않다는 사실을 여러 동시대인들의 증언을 통해 알 수 있을 것이다. 교회나 대주교관에는 수많은 책이 있었을지 모르지만, 아리우스주의자와 단성론자 논쟁에 대한 수많은 서적들이 정말로 욕장에서 태워졌다면 철학자는 그것을 궁극적으로 인류에게 도움이 된 일이라고 미소 지으며 용인할 것이다. 그보다는 로마 제국의 멸망과 관련된 훨씬 귀중한 도서관의 소실이 더 안타깝지만, 지나온 시간과 무지가 낳은 황폐화, 전쟁의 참화를 생각하면 우리가 입은 손실보다는 오히려 소장하고 있는 보물들이 놀라울 뿐이다. 기묘하고 흥미로운 많은 사실들이 잊혀져 갔다. 로마의 위대한 세 명의 역사가가 쓴 작품들은 불완전한 상태로 전해졌고, 우리는 그리스인들의 서정시나 단장격 시, 극시 등의 작품이 주는 많은 즐거움을 빼앗겼다. 그러나 시간과 우연이 불러일으킨 불행들 속에서도 고전 가운데 고대로부터64 최고의 천재성과 영광을 인정받은 작품들은 살아남았다. 지금까지 전해 내려오는 고대 학문의 스승들65은 그들의 선행자들의 저작을 읽고 비교했다. 예술이나 자연에 관한 어떤 중요한 진실이나 유용한 발견이 현대에 전해지지 못한 채 사라졌다고 생각하는 것은 옳지 않다.

[66] 무르타디의 이 기묘하지만 믿을 만한 정보는 오클리나 오늘날의 세계사 편찬자들이 놓친 부분이다.

암르는 이집트를 통치하면서[66] 정의와 정책이라는 요구, 즉 신이 보호하는 법에 의한 사람들의 이해와 사람이 보호하는 동맹에 의한 사람들의 이해를 균형 있게 유지했다. 정복과 해방 과정에서 일어난 최근의 소란 속에서 콥트인의 말과 아랍인의 칼은 이 지역의 평화에 가장 좋지 않은 영향을 끼쳤다. 암르는 콥트인에 대해 당파와 불법 행위는 이중으로 처벌받을 것이라고 공언했다. 그가 개인적인 적으로 간주하고 혐오하는 폭로자들은 처벌하고, 그들이 시기하여 상처 입히려고 했던 무고한 동포들은 상을 주겠다는 것이었다. 그는 아랍인들에게 종교와 명예를 생각하여 자신들의 인격의 위엄을 지키고, 절제된 행동을 하여 신과 칼리프의 사랑을 받고, 그들의 신앙을 믿는 사람을 구하고 보호하며 승리의 정당하고 풍성한 대가에 만족하라고 설득했다. 세입에서도 그는 단순하고 폭압적인 인두세를 폐지하고 농업과 교역의 순이익에서 비용을 공제한 일정 비율의 세금을 거두는 방식을 취했다. 조공의 3분의 1은 공공복지에 필수적인 수로와 운하의 연례 정비를 위해 징발했다. 암르의 통치하에서 이집트의 풍요로운 수확이 기근 상태의 아라비아를 먹여 살렸다. 멤피스에서 메디나까지 가는 긴 길에는 곡물과 식량을 가득 실은 낙타 행렬이 끊이지 않았다. 그러나 암르는 자신의 비범한 재능으로 곧 역대 파라오나 프톨레마이오스 왕조, 황제들이 시도했거나 실행해 온 해상 수송을 재개시켰고, 나일 강에서 홍해까지 적어도 80마일 길이의 운하를 개통시켰다. 지중해와 인도양까지 뻗어 나갈 수도 있었을 이 내륙 항로는 쓸모없고 위험하다며 얼마 후에 공사가 중단되었

67 이 확실하지 않은 운하에 대해서는 당빌과 1770년 스트라스부르크에서 출판된 글을 참고할 수 있다. 게으른 투르크인들까지도 이 두 바다를 연결하려는 사업을 검토한 바 있다.

68 13세기 카이로의 무르타디가 쓰고 마자린 추기경이 이 아라비아어 원고를 번역한 소논문 한 권이 1666년 파리에서 바티에르(Pierre Vatier)에 의해 출간되었다. 이집트의 고대 제도에 대한 설명은 다소 황당하고 믿기 힘들지만 자기 조국의 정복과 지형에 대한 설명에 대해서는 존경과 평가를 받을 만하다.

69 카이로에 20년 동안 거주했던 마이예(Maillet) 영사는 나일 강의 이 다채로운 경치에 대해 회고한다. 케임브리지 대학의 그레이(Gray)는 이보다 훨씬 예리하게 시적인 눈으로 동일한 대상을 관찰했다.
사방에 펼쳐진 찌는 듯한 더운 기후 속의 경이.
여름의 흙 위로 풍성하게 불어난 나일.
그 넓은 가슴에서 생명과 신록이 솟아나며.
강은 이집트 전체를 그 물길로 감싼다.
빠른 돛을 달고 모험심 강하게 노를 저어,
거뭇한 피부의 사람들은 미풍을 앞서 간다.
아니, 미약한 흐름에 몸을 맡기고
주위를 에워싼 물결 위로 솟아올라 반짝이는
이웃 도시들로 향한다.

다. 왕좌가 메디나에서 다마스쿠스로 옮겨졌고, 비잔티움 함대들이 아라비아의 신성한 도시들로 가는 길을 탐색했을지도 모른다.67

부와 인구 과밀

칼리프 우마르는 자신의 새로운 정복지에 대해 그 명성이나 코란의 신화를 통해 알게 된 불완전한 지식만을 가지고 있었다. 그는 자신의 부관에게 파라오와 아말레크 부족의 왕국에 대해 바로 눈앞에 그려 볼 것을 요구했다. 이에 암르는 이 특별한 왕국에 대해 생생하고 정확한 모습으로 묘사하고 있다.68

오, 신도들의 지도자시여, 이집트는 풍화한 산과 붉은 모래 사이에 있는 검은 땅과 녹색 식물의 합성물입니다. 아스완에서 바다까지는 말을 타고 한 달이 걸리는 거리입니다. 계곡을 따라 흐르는 강에는 아침저녁으로 두 차례씩 하느님의 축복이 내리며, 해와 달의 회전으로 그 수위가 변합니다. 해마다 신의 섭리로 땅에 자양분을 주는 샘과 수원(水源)이 다시 열리면, 나일 강은 이집트 왕국 전역으로 큰 소리를 내며 불어난 물을 흘려보냅니다. 들판은 이로운 홍수로 뒤덮이고 사람들은 색칠한 돛단배를 타고 서로의 마을을 왕래합니다. 이 물결로 다양한 종자를 잘 키울 수 있는 비옥한 진흙이 생겨납니다. 들판을 뒤덮은 농부의 무리는 마치 부지런한 개미를 보는 듯합니다. 그들의 나태한 천성은 감독의 채찍과 풍성한 꽃과 과일의 수확을 기대하며 자극을 받습니다. 기대가 어긋나는 일은 별로 없지만, 그들이 호밀과 보리, 쌀, 콩, 과실수, 가축에서 끌어내는 부는 노동하는 자와 소유한 자 사이에서 불공평하게 분배됩니다. 계절의 변화에 따라 이 국토의 토양은 은빛 물결과 에메랄드빛 초록, 황금빛 수확기에는 짙은 노란색으로 뒤덮입니다.69

그러나 가끔 이러한 이로운 질서는 무너지기도 하는데, 정복 첫 해에 강이 오랫동안 말라붙거나 갑작스레 수위가 올라갔다는 사실은 다음의 교훈적인 우화를 좀 더 사실감 있게 만들어 준다. 우마르가 신앙심에서 해마다 처녀를 제물로 바치는70 인신 공양을 금하였다. 나일 강은 칼리프의 명으로 제물이 고요한 물결로 던져질 때까지 조용히 가라앉아 있다가, 하룻밤 사이 갑자기 16큐빗이나 솟아올랐다는 말도 전해진다. 아랍인들은 새로운 정복지에 경탄한 나머지 낭만적 기질을 너무 왕성하게 발휘한 듯하다. 가장 근엄한 작가도 이집트에는 2만 개의 도시 내지 마을이 있고,71 비잔티움인, 아랍인, 콥트인만으로도 조공을 내야 하는 국민이 600만 명이며, 남녀노소를 모두 합쳐 인구가 2000만 명에 달하고, 매년 칼리프의 금고에 바쳐진 금은화가 3억 닢이었다72고 묘사하곤 했다. 이성을 가진 사람이라면 이 터무니없는 주장에 깜짝 놀랄 것이며, 아마 거주 가능한 지역을 측정해 보면 이는 한층 명백해질 것이다. 회귀선에서 멤피스에 이르는 계곡은 폭이 12마일도 되지 않고, 델타 지대는 2100평방리그의 평지로 프랑스 면적의 12분의 1밖에 되지 않는다.73 좀 더 정확하게 조사하면 한층 합리적인 추측이 가능할 것이다. 한 서기의 실수로 적힌 3억이라는 숫자는 금화 430만 닢이라는 적당한 수입으로 줄여야 할 것이고, 그중 90만 닢은 병사들의 급여로 지급되었다. 금세기 그리고 12세기에 작성된 두 가지 믿을 만한 통계치에서는 마을과 도시의 수를 2700개로 본다.74 한 프랑스 영사는 카이로에 오래 거주한 후에 이집트 인구를 이슬람교도, 그리스도교도, 유대인을 모두 합해 400만 명이라고 말하였다. 이 정도의 수치는 믿지 못할 만큼은 아니지만 좀 넉넉하게 잡은 듯 하다.75

(4) 나일 강에서 대서양에 이르는 아프리카 정벌76을 처음

70 독자들은 그리스도교도 황제 치하에서 인신 공양을 했다거나 마호메트의 후계자들이 행했다는 기적을 쉽게 믿지 않을 것이라 생각한다.

71 마이예는 이 숫자가 일반적인 견해를 나타낸다며 덧붙여 이 마을들에는 대개 2000~3000명의 주민이 있고, 대부분의 도시가 현재의 대도시보다 큰 것으로 여겨졌다고 언급하고 있다.

72 데르벨로, 아버스낫(Arbuthnot), 귀네스는 주저 없이 이 수치를 받아들였다. 이들은 아마도 프톨레마이오스보다는 아피아누스를, 즉 74만 탈렌트, 이집트 또는 알렉산드리아 탈렌트로 계산하면 1억 8500만에서 3억 파운드에 가까운 연수입이 있었다는 기록을 그 증거로 내세울 것이다.

73 당빌의 측정. 파우는 까다롭게 트집을 잡기는 했지만 그 역시도 추측의 범위를 2250평방리그 정도로밖에 확대하지 못했다.

74 슐텐스(Schultens)의 일람표는 2396개의 도시를, 당빌의 일람표는 카이로의 회계부를 참조해 2696개의 도시를 담고 있다.

75 마이예는 허심탄회하고 분별력 있는 논조를 보이고 있다. 그러나 이 프랑스 영사는 학식보다는 관찰력이 더 뛰어났다. 그는 그리스와 라틴 문헌에 대해서는 무지했고 아랍인

들에 대한 허구적인 이야기에 대해 대단히 만족했다. 아랍인들의 최고의 지식은 아불페다가 편집한 것인데, 최근 두 번의 이집트 여행은 사바리(Savary) 때문에 즐겁고 볼니(Volney)에게서는 가르침을 얻었다. 볼니가 전 세계를 여행할 수 있으면 좋으리라.

76 아프리카 정복에 대한 설명은 프랑스의 두 번역가, 카르돈(Cardonne)과 오테르(Otter)의 아라비아 문헌 번역에 기반을 두고 있다. 이들은 서기 1331년 스무 권 이상의 백과사전을 집필한 노바이리(Novairi)에게서 주요 자료를 얻었다. 다섯 부분으로 이루어진 내용은 (1) 물리학 (2) 인류 (3) 동물 (4) 식물 (5) 역사로 구성되어 있다. 아프리카에 대한 내용은 마지막 5부의 6장에서 다루고 있다.

77 아프리카누스(Leo Africanus)와 마르몰(Marmol)은 트리폴리 지역과 시(市)에 대해 묘사하고 있다. 아프리카누스는 무어인 학자이자 여행가로 로마에서 포로로 잡혀 있을 때 아프리카 지형에 대한 글을 쓰거나 번역했다. 그는 로마에서 교황 레오 10세의 이름을 따 개명하고 또 개종했다. 스페인 사람인 마르몰은 카를 5세의 군인이었는데 그도 무어인들의 포로가 된 상태에서 아프리카 견문록을 편찬했다. 마르몰은 아프리카에 관한 책도 읽고 실제로 가 보기도 했으나.

아프리카. 서기 647년, 압달라의 1차 침입

시도한 이는 칼리프 오스만이다. 이 신성한 계획은 마호메트의 동반자들과 부족장들의 승인을 얻었고, 2만 명의 아랍인들이 신도들의 지도자에게 선물과 축복을 받고 메디나로부터 진군했다. 그들은 멤피스의 병영에서 또 2만 명의 동포들과 합류했는데, 전쟁의 지휘는 최근 이집트 정복자의 자리를 승계한 사이드의 아들이자 칼리프의 의형제인 압달라가 맡았다. 그러나 군주의 총애와 총애받는 신하로서의 이점도 그의 배교 죄의 기억을 지울 수는 없었다. 압달라는 초기에 개종한 뒤 문장력이 좋아 코란의 필경이라는 중요한 업무를 맡았지만, 신의를 저버리고 원전을 손상시켰을 뿐만 아니라, 자신이 저지른 실수를 비웃고는 법의 심판을 피하고 사도의 무지를 폭로하기 위해 메카로 도망쳤다. 메카가 정복된 후 그는 마호메트의 발아래 엎드려 눈물로서 사죄했고 오스만의 청원에 마지못해 사면 조치가 내려졌다. 확실한 충성심과 장점을 살린 그는 종교를 위해 봉사했고 더 이상 종교를 버릴 생각은 하지 않았다. 압달라는 출생 신분과 재능 덕에 쿠라이시족 사이에서 명예로운 지위를 차지했으며, 아라비아의 기마 민족 가운데서도 가장 용맹하고 솜씨 좋은 기수로서 명성을 얻게 되었다. 그는 4만 이슬람 병사의 선두에 서서 이집트에는 알려지지 않은 아프리카의 서쪽 지역으로 진군했다. 로마 군대라면 바르카 사막을 뚫지 못했을 것이다. 그러나 아랍인들에게는 낙타가 있었고 이 사막의 부족들에게는 별 두려움 없는 익숙한 토양과 기후였다. 힘든 행군 끝에 그들은 트리폴리77 성벽 앞에 막사를 쳤다. 해안에 면해 있는 이 도시에는 명성과 부, 사람들이 점차 집중되어 바르바리 지역에서 제3의 지위를 차지하게 된 곳이다. 비잔티움 지원군은 해안에서 급습을 받고 뿔뿔이 흩어졌지만 트리폴리 성벽은 첫 번째 공격을 견뎌 냈다. 사라센인들은 사령관 그레고리우스[78]가 진군하자 힘든 포위 공격을 포기하고, 차라리 성공과 실패를 결정지을 수 있는 확실한 행동을 취해야겠다고 생각했다. 그의 군기를 따라온 병사가 12만이라고는 하나 로마 제국 정규군은 무장도 하지 않은 채 무질서하게 군세, 아니 병사들 중 대부분을 차지한 아프리카인과 무어인들 사이에 묻혀 보이지 않았을 것이다. 그레고리우스는 코란을 받아들이거나 아니면 조공을 바치라는 양자택일의 요구를 분개하며 거절했고, 양쪽 군대는 며칠 동안 새벽부터 맹렬히 싸웠으며 정오가 되어서야 피로와 무더위 때문에 각자의 진지로 돌아가곤 했다. 용감하고 뛰어난 미인으로 알려진 그레고리우스의 딸도 그의 옆에서 함께 싸웠다고 전해진다. 그녀는 아주 어릴 때부터 말을 타고 활을 쏘며 언월도를 휘두르는 검술을 익혔다. 그녀의 훌륭한 무기와 자태는 전장에서 가장 확실하게 눈에 들어왔다. 아라비아 장군의 목을 베어 오는 사람에게 금화 10만 닢과 자기 딸을 신부로 주겠다고 발표하자 아프리카의 젊은이들은 이 명예로운 포상을 받을 생각에 흥분했다. 압달라는 동포들의 간절한 요청에 따라 전장에서 빠져 나와야 했는데, 사라센 병사들은 지휘관이 후퇴했다는 사실과 대등하거나 불리한 전투 상황 때문에 사기가 떨어지게 되었다.

후일 알리의 적수가 되었고 칼리프의 아버지가 되었으며 이집트 정복전에서 용맹을 떨친 아랍 귀족 주베이르[79]는 바빌론 성벽에 가장 먼저 공격용 사다리를 놓은 사람이었다. 아프리카 전쟁에서 그는 압달라의 병력과 떨어져 있었다. 전투가 벌어졌다는 소식을 듣자 열두 명의 동료들과 함께 비잔티움 군

사령관 그레고리우스와 그의 딸

아랍인들의 승리

아프리카인 레오의 기발한 작품에서 풍부하게 나타나는 호기심 많고 폭넓은 통찰력은 갖지 못했다.

[78] 테오파네스는 그레고리우스의 죽음보다는 패배에 대해 언급한다.

[79] 주베이르는 알리에게 반발했으나 알리는 주베이르의 죽음을 눈물로 기렸다. 동일인이 확실하다면 바빌론 함락에서 그가 보여 준 용맹은 에우티키우스가 언급하고 있다.

영을 뚫고 먹지도 쉬지도 않은 채 동포들과 위험을 함께하고자 전진했다. 그는 전장을 돌아보며 물었다. "우리 장군님은 어디 계신가?" "막사에 계십니다." "막사가 이슬람교도들의 장군이 있을 곳이란 말인가?" 압달라는 얼굴을 붉히며 자신이 살아 있는 것이 중요하다고 말하고, 로마의 사령관이 제시한 유혹에 대해서도 설명했다. 주베이르가 대답했다. "이교도들의 비열한 시도에 대해 역습을 가하십시오. 군사들에게 그레고리우스의 머리를 베어 오면 그 딸을 포로로 주고 또 금화 10만 닢을 주겠다고 하십시오." 칼리프의 장군은 주베이르의 용기와 분별력을 믿고 자신의 방책을 직접 시행하도록 위임했다. 이로써 오랫동안 이어지던 균형이 사라센인들에게 유리한 쪽으로 기울게 되었다. 부족한 군사력을 기민함과 책략으로 메우느라 병력의 일부는 막사에 숨어 있게 하고, 나머지는 정오가 될 때까지 적과 간헐적으로 사소한 접전을 벌이게 했다. 양쪽 병력은 모두 힘없이 후퇴했는데 두 진영의 병사들은 말에서 고삐를 벗기고, 갑옷을 벗은 다음 저녁의 재충전과 다음 날의 전투를 준비했다. 아니, 적어도 그렇게 하는 것처럼 보였다. 그러다 갑자기 공격 소리가 들렸다. 아라비아 진영은 의기충천하고 대담한 병사들을 새로 투입했고, 비잔티움과 아프리카 병사들의 긴 대열은 급습을 받아 궤멸되었다. 어쩌면 광신도들의 눈에는 이 이슬람 병사들이 하늘에서 내려온 천사들로 보였을 것이다. 그레고리우스는 주베이르의 칼에 쓰러졌고 복수와 죽음을 원하던 그의 딸은 사로잡혀 포로가 되었다. 패잔병들은 아랍인들의 창칼을 피해 수페툴라라는 도시로 도망쳐 이 도시마저 환란에 말려들게 했다. 수페툴라는 카르타고 남쪽 150마일 거리에 세워진 도시로 경사가 완만한 시내가 흐르고 노간주나무의 작은 숲으로 뒤덮여 있었다. 지금도 개선문, 주랑, 코린트 양식으로 지은 세 곳의 신전 등의 유적에서 로마인들의 웅대함을 보고 감탄할 것이다. 이 부유한 도시가 함락되자 지역민들과 야만인들이 사방에서 정복자에게 자비를 구했다. 정복자의 허영심 또는 종교적 열정은 조공 제안이나 신앙 고백으로 만족을 느꼈을지도 모르지만, 그의 손실과 피로, 전염병의 창궐로 확실한 기반을 다지기는 힘들었다. 사라센인들은 15개월에 걸친 전투 끝에 아프리카 원정에서 얻은 포로와 재물을 가지고 이집트 국경으로 후퇴해 버렸다. 칼리프 몫의 5분의 1에 해당하는 금화 50만 닢이 상금 명목으로 총애하는 신하 한 명에게 내려졌다. 그러나 약탈품을 실제로 배분할 때 보병 한 명당 금화 1000닢, 기마병 한 명당 3000닢을 나누어 가진 것을 생각하면 이 불합리한 처리는 상황을 두 배로 나쁘게 만들었다. 그레고리우스를 쓰러뜨린 자는 가장 귀한 전리품을 요구할 수 있었지만, 주베이르는 사령관의 딸이 자신의 모습을 보고 눈물을 흘리며 비명을 지를 때까지 침묵을 지켰기 때문에 그레고리우스를 처치한 병사가 전사한 것으로 생각한 사람도 있었을 것이다. 불행한 처녀는 아버지를 죽인 자에게 노예로 주어졌지만 그는 이를 거절하며 자신의 칼은 종교에 봉사하기 위해 바쳐진 것이며, 덧없는 미인의 매력이나 현세의 부 이상의 보상을 받기 위해 노력한 것이라고 침착하게 말했다. 그의 성정에 훨씬 어울리는 보상은 칼리프 오스만에게 전투의 성공을 알리는 영광스러운 임무를 맡는 것이었다. 동료들과 장군들, 백성들이 메디나의 모스크 앞에 모여 주베이르의 흥미로운 이야기를 들었다. 그가 자신의 무용담을 제외한 모든 사실을 말하자 아랍인들은 압달라의 이름과 영광스러운 할리드, 암르의 이름을 함께 외쳤다.

사라센인들의 서방 정복은 우마이야 왕조의 성립으로 생긴

80) 테오파네스는 콘스탄티노플까지 전해졌을지 모를 아랍인들의 서방 정벌에 대한 모호한 소문을 싣고 있다. 아퀼레이아의 부제인 바느프리드(Paul Warnefrid)는 이 시기 그들이 알렉산드리아에서 시칠리아와 아프리카로 함대를 파견했다고 한다.

서기 665~689년,
아프리카로
전진한 사라센인

모든 분쟁이 해결될 때까지 20년 가까이나 유예되었다. 사실 칼리프 무아위야는 아프리카인들이 직접 불러들인 것이었다. 헤라클리우스의 후계자들은 아프리카인들이 아랍인들과 부득이하게 약정한 조공에 대해 알고 있으면서도, 이러한 부담을 동정하고 줄여 주기는커녕 비슷한 금액의 또 다른 조공을 그 보상 또는 벌금으로 부과했다. 비잔티움의 대신들은 가난과 파멸을 한탄하는 이들의 불만에 귀를 막고 있었다. 아프리카인들은 절망하여 차라리 한 나라만의 지배를 받는 것이 더 낫다고 생각하게 되었다. 행정과 군에 대한 권한을 받은 카르타고 총독이 착취를 하면서 로마 속주 내의 분리파 교회 신도들은 물론이고, 심지어 가톨릭교도들도 압제자의 권력뿐만 아니라 종교까지도 부인하기에 이르렀다. 무아위야의 제1 부장은 명성을 얻을 만한 사람으로 중요한 도시를 함락함으로써 3만 명의 비잔티움 군대를 격파했으며, 포로 8만 명을 붙잡아 시리아와 이집트의 용감한 용병 부대를 그들의 전리품으로 더욱 풍요하게 했다.80) 그러나 아프리카의 정복자라는 호칭은 그 계승자인 아크바에게 돌아가야 마땅하다. 그는 1만 명의 가장 용맹한 아랍인들의 선봉에 서서 다마스쿠스에서 진군해 왔으며, 이들의 주요 병력은 수천 명의 야만인들이 개종하면서 미약하나마 증강되었다. 아크바의 진로를 정확하게 찾아내기는 어려울 뿐만 아니라 꼭 필요한 작업도 아니다. 아프리카 내륙 지역에는 군대와 요새를 갖춘 동방인들이 살고 있는 것으로 상상되었다. 자브나 누미디아 같은 호전적인 속주에서라면 8만 명 정도의 원주민들이 무장했을 수도 있지만, 쇠락하던 농업을 생각하면 마을이 360개가 있었다는 것은 다소 사리에 맞지 않는다. 또한 이 내륙 지역의 고대 수도인 에르베, 즉 람베사의 유적을 보았을 때, 그 둘레가 3리그였다는 말도 맞지 않는다. 해안 쪽으로 가면 부기아와 탕헤르처럼 잘 알려진 도시들이 사라센 승리의 경계선을 좀 더 확실하게 보여 준다. 여전히 교역의 흔적이 남아 있는 편리한 항구 부기아는 번성하던 시절에 가옥만 2만 채나 있었다고 한다. 인근 산에서 채굴되는 풍부한 철은 호기로운 민족에게 방위 수단을 공급했을지도 모른다. 멀리 떨어져 있는 유서 깊은 팅기, 즉 탕헤르는 그리스와 아랍의 우화에서 묘사되고 있는데 성채의 벽은 놋쇠로, 지붕은 금과 은으로 만들어졌다는 아랍 우화의 비유적인 표현은 힘과 풍요로움의 상징으로 해석할 수 있을 것이다. 수도의 이름을 사용하고 있는 마우리타니아 팅기타나라는 속주[81]는 로마인들이 이곳의 일부분을 발견하여 자리 잡게 되었다. 다섯 곳의 거주지는 협소한 경계로 둘러싸여 있고 남부 지역은 상아와 시트론 나무를 얻기 위해 삼림을 탐험하거나,[82] 자줏빛 조개를 찾아 해안을 뒤지는 사치품 중개상을 제외하고는 거의 들어가는 사람이 없었다. 두려움을 모르는 아크바가 이 국토의 심장부로 뛰어들었고, 훗날 그의 후계자들이 페즈와 모로코라는 훌륭한 도시들을 세운[83] 황무지를 가로질러 마침내 대서양과 대사막의 경계까지 진출하였다. 수스 강은 아틀라스 산맥 서쪽에서 발원하여 나일 강처럼 인근 토양을 비옥하게 하고 카나리아, 즉 포추니트 제도에서 다소 떨어진 바다로 흘러들어 간다. 강기슭에는 법도, 규율도, 종교도 없는 야만인 종족 무어인의 마지막 후손들이 살고 있었다. 그들은 낯설고 저항하기 힘든 동방 군대를 보고 놀랐다. 금이나 은이 없는 그들에게서 얻을 수 있는 최고의 전리품은 아리따운 여자 포로들이었고, 이들 중 일부는 나중에 금화 1000닢에 팔리기도 했다. 아크바의 열정은 여전했지만 끝없이 펼쳐진 바다에 진군이 막히자 그는 타고 있던 말에 박차를

[81] 멜라는 그의 페니키아 선조들이 팅기타나에서 스페인으로 이주했으므로 좀 더 주목할 만하다. 그는 클라우디우스 황제가 이 지역을 완전히 정벌할 당시에 이곳에 살고 있었다. 그러나 30년쯤 후 플리니우스는 자신이 참고한 책의 저자들이 너무 게을러 조사를 하지 않았고, 너무 오만하여 이 거칠고 머나먼 지역에 대한 무지를 솔직히 고백하지 않았다고 비판했다.

[82] 이 어리석은 유행은 여자들이 진주를 좋아하는 것만큼이나 로마 남자들 사이에 널리 퍼졌다. 지름 4~5피트 정도 되는 원탁이 8000, 1만 또는 1만 2000파운드 값에 팔렸다.

[83] 샤리프들의 공적과 위엄의 첫 번째 배경이 된 이 지역은 메르몰(Mermol)의 책 제3권 말미에 왕조의 기묘한 역사 속에서 언급된다. 『마우리타니아 역사 연구』 제3권은 페즈와 모로코 왕국의 역사와 지형에 대해 기술하고 있다.

가해 파도 속으로 뛰어들어 가 하늘을 우러러보며 미친 듯이 외쳤다.

> 위대하신 신이시여! 제가 가는 길이 이 바다로 막히지만 않았다면, 저는 서쪽의 알려지지 않은 왕국들을 향해 계속 진군하며 당신의 신성한 이름이 가지신 영원성을 설파하고, 당신 이외의 신을 경배하는 대역죄를 저지르는 민족들에게 칼을 들이댈 수 있었을 것입니다![84]

그러나 신세계를 동경하던 이 이슬람교의 알렉산드로스 대왕은 자신의 최근 정복지를 지키지 못했다. 비잔티움인과 아프리카인의 완전한 이탈로 그는 대서양 연안에서 철수했고, 그의 주위에 남아 있는 병력은 명예로운 죽음을 가능하게 할 정도뿐이었다. 그의 최후는 민족적 덕목의 본보기를 보여 주며 위엄을 얻었다. 명령에 반대하다 공격에 실패한 한 패기 있는 장수가 이 아랍 사령관의 군영으로 끌려왔다. 모반을 꾀하는 자들은 그가 불만을 품고 복수하리라 생각했으나, 그는 그들의 제안을 무시하고 계획을 폭로했다. 위기의 순간이 닥치자 아크바는 그에게 채웠던 족쇄를 풀어 주고 몸을 피하라고 충고하였다. 그러나 그는 자신의 경쟁자의 군기 아래에서 죽기를 택했다. 벗으로, 순교자로 서로를 포옹한 후 그들은 언월도를 휘두르고 칼집을 부러뜨리며 끈질기게 전투에 임하다가 서로의 곁에서 쓰러지고 말았다. 아프리카 원정군의 세 번째 사령관 주헤이르는 전임자들에 대한 복수를 해 주었지만 결국 그들과 같은 운명을 맞이했다. 그는 여러 전투에서 원주민들을 무찔렀으나 카르타고를 구하기 위해 콘스탄티노플에서 보낸 강력한 군대에 무너졌다.

[84] 오테르는 이 외침에 강한 광신도적인 어조를 담았으나 카르돈은 이를 완화시켜 코란을 설파하려는 경건한 바람으로 묘사했다. 그러나 두 사람 모두 노바이리의 원전을 참조했다.

무어족의 상투적인 책략은 침략자들의 편에 서서 약탈품을 나눠 갖고 신앙을 간증하면서도, 이슬람교도들이 후퇴하거나 불리해지기라도 하면 다시 독립과 우상 숭배라는 그들의 야만적인 상태로 되돌아가는 것이었다. 아크바는 야만인들의 변덕을 막아 주고, 전쟁에 대비해 사라센인들의 재산과 가족을 대피시킬 수 있는 아라비아의 식민지를 아프리카의 심장부에 세울 것을 신중하게 제안했다. 이러한 목적에서 헤지라 50년, 그는 대상의 거점이라는 명목으로 식민지를 건설하였다. 지금은 모두 폐허가 되었지만 카이로안은 50마일 가량 남쪽에 있는 튀니지 왕국에서 여전히 제2의 자리를 차지하고 있다.[85] 해안에서 12마일 서쪽으로 떨어져 위치한 덕분에 비잔티움과 시칠리아 함대로부터 이 도시를 보호할 수 있었다. 야생의 사나운 짐승과 뱀이 멸종된, 숲이라기보다는 황무지가 된 땅을 개간했을 때 모래투성이의 평야에서 로마 도시의 흔적이 발견되었다. 카이로안은 채소를 먼 곳에서 들여왔고, 샘이 모자라 주민들은 간간이 내리는 빗물을 수조와 저수통에 받아야 했다. 그러나 아크바가 기울인 노력 덕분에 이러한 장애를 극복할 수 있었다. 그는 3600보폭에 달하는 경계를 따라 벽돌로 담을 쌓았고 5년 뒤에는 총독의 관저 주변에도 많은 사람들이 살게 되었다. 거대한 모스크는 화강암, 반암, 누미디아의 대리석으로 만든 500개의 기둥이 받치고 있었다. 카이로안은 제국은 물론 학문의 중심지가 되었지만 이는 후대의 일이다. 새로운 식민지는 아크바와 주헤이르의 계속된 패배로 흔들렸고, 서방 정복은 아라비아 왕국의 내란으로 다시 중단되었다. 용맹한 주베이르의 아들은 우마이야 왕조에 대항해 12년간의 전쟁과 7개월간의 포위 공격을 버텨 냈다. 압달라는 사자의 용맹과 여우의 지략

서기 670~675년, 카이로안의 건설

[85] 이상하게도 이름도 별로 비슷하지 않은 그리스의 키레네와 아랍의 카이로안을 착각하는 실수가 빈번하다. 이 두 도시는 해안을 따라 1000마일은 떨어져 있다. 위대한 투아누스 역시 이러한 실수를 저질렀는데, 이는 아프리카에 대한 공식적이고 자세한 설명을 하면서 저지른 실수이기에 더욱 용인하기 힘들다.

[86] 아불페다, 엘마킨, 아불파라기우스의 아라비아 연대기 이외에도 데르벨로와 오클리의 글을 참조할 수 있다. 오클리는 압달라와 그의 어머니가 나눈 슬픈 마지막 대화에 대해 설명하지만, 그 죽음에 대한 어머니의 슬픔이 신체에 끼친 영향. 즉 아흔 살의 나이에 월경을 다시 시작했다는 사실은 빠뜨렸다.

을 모두 갖췄다고 전해지지만, 아버지의 용맹은 물려받았을지 언정 아버지와 같은 자비심은 없었다.[86]

서기 692~698년, 카르타고 정복

내부적으로 평화가 찾아들자 칼리프 압달말리크는 아프리카 정벌을 재개하였다. 이집트 총독 하산은 군기를 전달받고 이 중요한 과업을 위해 군사 4만 명과 이집트의 수입을 바쳐야 했다. 승패의 부침 속에서 사라센인들은 내륙의 여러 지방을 점령했다 잃기를 반복했다. 그러나 해안 지역만은 여전히 비잔티움의 수중에 있었다. 하산의 전임자들은 카르타고의 명성과 요새에 두려움을 느꼈는데 실제로 이 도시에서는 카베스와 트리폴리 피난민들이 방위병으로 모집되고 있었다. 하산의 군대는 훨씬 용맹하고 운도 좋았다. 그는 아프리카의 수도를 함락하고 약탈했는데 정복자의 기쁨은 그리스도교도 원군의 등장으로 그리 오래가지 못했다. 로마의 귀족 요하네스는 경험 많고 명성 높은 장군으로 콘스탄티노플에서 동로마 제국의 병력을 출병시켰다. 여기에 시칠리아 함대와 군사들이 가세했고, 강력한 고트족 병력이 스페인 왕국의 신앙심과 종교를 잃을지 모른다는 두려움에 원군으로 참가하였다. 연합 해군이 항구의 입구를 가로지른 쇠사슬을 끊었고 아랍인들은 카이로안 또는 트리폴리로 후퇴했다. 그리스도교도들이 상륙하자 시민들은 십자가가 그려진 깃발을 보고 환호했으며, 승리 또는 해방이라는 헛된 꿈을 꾸며 그 겨울을 보냈다. 그러나 아프리카는 회복 불가능할 정도로 파괴되었다. 종교적 열의와 분노로 가득 찬 이슬람교도 총사령관은 다음 해 봄에 나설 공격에 대비해 수륙 양면으로 군사력을 증강시켰고, 로마의 귀족은 카르타고의 주둔지와 요새로부터 철수할 수밖에 없었다. 우티카 부근에서 2차 전투가 벌어졌고 비잔티움과 고트족 병사들은 또다시 패배했다. 하산은 병력의 일부밖에 투입하지 않았지만, 그래도 때맞춰 승선하지 않았다면 그들은 하산의 칼을 피하지 못했을 것이다. 카르타고는 잿더미가 되었고 디도와 카이사르의 거주지는 그 후 200년 이상 황폐한 상태로 있다가, 파티마 왕조의 초대 칼리프가 그 일부, 옛 영역의 20분의 1 정도 되는 지역에 다시 사람을 거주시켰다. 16세기 초 아프리카 서쪽 제2의 도시는 모스크 하나, 학생 없는 학교, 25~30개의 상점과 극빈한 상태에서도 카르타고 원로원 의원이라는 오만함을 드러낸 농부 500여 명이 사는 오두막으로 상징되었다. 이 하잘것없는 마을도 카를 5세가 골레타 요새에 주둔시킨 스페인 군대에 의해 전멸되었고, 이로써 카르타고의 흔적은 모두 사라졌다. 아마 호기심 많은 여행자의 발길이 중간 중간 끊어진 아치 형태의 수로를 따라가지 않았던들 이곳은 영원히 알려지지 않았을 것이다.

비잔티움군을 격퇴하기는 했지만 아랍인들이 아직 이 땅을 완전히 지배한 것은 아니었다. 초기 황제들 치하에서는 아주 유순했지만 비잔티움 군주들의 치하에서는 아주 만만찮은 내륙 속주의 무어인, 즉 베르베르인[87]들은 마호메트 후계자의 종교와 권세에 대해서는 난폭하게 계속 저항했다. 독자적인 여러 부족이 카히나 여왕의 깃발 아래에서 어느 정도 통합과 규율을 유지하고 있었는데, 무어인들은 여성들의 예언자적인 성격을 존중했기 때문에 침입자들 못지않게 열정적으로 그들을 공격했다. 하산의 노장 부대는 아프리카를 방어하기에 역부족이었고 오랜 세월에 걸쳐 쟁취한 정복지를 단 하루 만에 빼앗겼다. 아랍의 장군은 홍수처럼 쏟아지는 군사들의 위세에 압도당해 이집트 국경으로 피신했고 5년 동안이나 칼리프가 약속한 원

서기 698~709년, 아프리카 최종 정복

[87] '바르바르(Barbar)'라는 단어는 네 시기로 구분해 그 내력을 추적할 수 있다. (1) 호메로스의 시대. 아마도 그리스와 아시아인들이 같은 말을 사용했을 시절에 야만적인 종족들에게 바르바르라는 의성어를 붙였는데, 이러한 종족들은 발음과 문법이 매우 거칠고 조잡한 언어를 사용했다. (2) 최소한 헤로도투스 시대부터 이 단어는 그리스인들의 언어와 풍습을 모르는 모든 종족에게 사용되었다. (3) 플라우투스 시대. 로마인들은 이 모욕적인 말을 받아들여 아무렇지 않게 스스로를 야만인이라 칭하다가 이탈리아와 그 속주는 그 대상에서 서서히 제외시켰고, 이 불명예스러운 호칭을 제국의 경계 너머에 있는 야만인이나 적대 국가에 사용하기 시작했다. (4) 모든 면에서 이는 무어인들에게서 기인한다. 이 친숙한 단어는 라틴어에서 와서 아프리카 북부 해안을 따라 현지 말로 고착되었다.

군을 기다렸다. 사라센인들이 후퇴하자 승리한 여자 예언자는 무어족 장군들을 모아 놓고 기묘하고도 야만적인 정책을 제안했다.

우리의 도시들과 그 도시에 매장되어 있는 금과 은이 앞으로도 계속 아랍인들을 끌어들일 겁니다. 이 사악한 광물은 우리 욕망의 대상이 아니지요. 우리는 땅에서 나는 단순한 생산물로 충분합니다. 도시들을 파괴합시다. 이 사악한 보화들을 그 폐허 속에 묻어 버립시다. 적들의 탐욕을 자극할 것이 없어지면 그들도 아마 이 용맹한 민족의 평정을 깨는 일을 그만둘 것입니다.

이 제안은 만장일치로 박수를 받으며 수용되었다. 이로써 탕헤르에서 트리폴리까지의 건물, 적어도 요새를 모두 파괴하고, 과실수를 베었으며, 일용할 양식을 모두 없앰으로써 비옥하고 사람들로 붐비던 곡창 지대는 사막으로 변했다. 후세의 역사가들은 조상들의 거듭된 번영과 참화의 흔적을 찾아볼 수 있었다. 이것이 근대 아랍인들의 이야기이다. 그러나 이것은 그들의 고대 역사에 대한 무지, 신기한 이야기를 즐기는 성향, 야만인들의 철학을 찬양하는 풍습이 도나투스파와 반달족들이 최초로 맹위를 떨친 이래 300년 동안의 참화를 하나의 임의의 줄거리로 만들어 묘사한 것으로 보인다. 이 폭압의 과정에서 카히나 역시 파괴에 일조했을 것이고, 그녀의 부당한 지배에 마지못해 굴복했던 도시들은 이런 전체적인 파괴를 경계하며 겁에 질려 불화를 일으켰을 것이다. 그들은 더 이상 비잔티움 군주들이 돌아올 것을 기대하지도 바라지도 않았다. 질서와 정의가 주는 혜택은 현재의 예속 상태를 더 낫게 해 주지는 않았다. 그래서 가장 열성적인 가톨릭교도들도 무어인들의 맹목적이고 거친 우상 숭배보다는 코란의 불완전한 진실을 선호했을 것이다. 사라센 장군은 다시 속주의 구세주 대접을 받았고, 이 문명사회의 우방들은 이 땅의 야만인들에 대적하여 음모를 꾸몄다. 예언자 여왕은 첫 번째 전투에서 살해당했고 이로써 미신과 제국의 근본 없는 체제는 전복되었다. 하산의 후계자 시대에도 이와 같은 기운이 되살아났다가 무사(Musa)와 그의 두 아들의 활약으로 마침내 잠잠해졌다. 이때 포로가 30만 명이었다는 것으로 미루어 반란군의 수를 짐작할 수 있을 것이다. 이 가운데 6만 명, 즉 칼리프의 분배 몫인 5분의 1은 국가 재정을 채우기 위해 팔려 나갔다. 야만족 청년 3만 명은 군대에 징발되었고, 코란의 지식과 관습을 가르치려는 무사의 신앙심 깊은 노력으로 아프리카인들은 신의 사도와 이슬람교도의 지도자에게 복종하게 되었다. 유랑하는 무어인들은 기후와 통치, 식생활과 거주 형태 면에서 사막의 베두인들과 아주 닮았다. 그들은 종교와 함께 아랍의 언어와 이름, 기원을 자랑스럽게 받아들였고 이방인과 토착민들의 피가 서서히 섞여 갔다. 같은 민족이 유프라테스 강에서부터 대서양까지, 아시아와 아프리카의 모래밭에 퍼져 있는 것 같았다. 그러나 5만 호의 순수한 아랍인들이 천막을 가지고 나일 강 너머로 이주했으며, 이들이 리비아 사막에 퍼졌다는 사실은 부인할 수 없다. 또한 다섯 무어 부족이 여전히 아프리카 백인이라는 호칭과 성격을 지닌 채 그들의 야만적인 언어를 유지하고 있다는 것도 사실이다.[88]

[88] 아프리카누스의 책 1권과 쇼(Dr. shaw)의 관찰을 보면 바르바리, 아랍, 무어의 유랑 부족들에 대해 어느 정도 알 수 있다. 그러나 쇼의 경우 이 야만인들을 다소 두려워했고, 바티칸에 잡혀 있던 아프리카누스는 그리스나 로마의 지식을 얻었다기보다 아라비아의 지식을 잃은 것 같다. 그가 저지른 큰 실수들은 대개 이슬람 역사의 초기 부분에서 발견할 수 있다.

(5) 북쪽에서 남쪽으로 정복을 계속하면서 고트족과 사라센인들은 유럽과 아프리카 국경에서 서로 마주쳤다. 사라센인들은 종교의 차이는 적의와 전쟁의 합리적인 이유라고 생각했다.

스페인. 서기 709년, 아랍인들의 최초의 계획

> 89 아랍인들은 안달루시아(Andalusia)라는 이름을 스페인 반도 전체에 적용했다. 그 어원이 이상하게도 반달족의 나라인 반달루시아(Vandalusia)라는 추측도 있었다. 그러나 아랍어로 저녁, 서쪽의 땅을 뜻하는 카시리의 한달루시아(Handalusia). 다시 말해 그리스어의 헤스페리아(Hesperia)가 가장 적절하다.
>
> 90 고트 왕권의 몰락과 부활에 대해서는 마리아나(Mariana)가 설명하고 있다. 이 역사가는 자신의 존귀한 작품에 로마 고전의 문체와 기운을 녹여냈다. 12세기 이후에 대한 그의 지식과 판단은 안심하고 믿을 만하다. 그러나 예수회였던 그는 종교적 편견에서 자유롭지 못했고, 경쟁자인 부캐넌(Buchanan)과 마찬가지로 아주 황당무계한 국가적 전설을 받아들이고 꾸며 낸다. 그는 비판과 연대기적 사실을 지나치게 간과하고 활발한 상상력으로 역사적 증거의 간극을 메운다. 이러한 간극은 크며 자주 보인다. 톨레도의 대주교, 스페인 역사의 아버지 로드리고는 아랍 정복 500년 후의 사람인데, 초기 역사의 기록은 바다조스의 이시도르와 레온의 왕 알폰소 3세 등이 집필한 맹목적인 연대기를 평범하게 발췌하여 구성한 정도이다. 나는 이것을 파기의 연대기에서밖에 본 적이 없다.

오스만 시대에는 이미 그들의 해적 선단이 안달루시아 해변을 약탈했고,[89] 또한 고트족 원군이 카르타고를 구해 주었다는 사실도 잊지 않았다. 지금도 그렇지만 그 시대의 스페인 왕은 헤라클레스의 기둥의 하나이며 좁은 해협으로 유럽 맞은편의 또 하나의 기둥과 나뉘어 있는 케우타 요새를 소유하고 있었다. 마우리타니아라는 아프리카의 작은 지역은 여전히 정복의 대상이었지만, 승리로 교만에 빠져 있던 무사는 고트족 장군 훌리안 백작의 용기와 경계심으로 케우타 성벽에서 격퇴당했다. 무사는 실망하고 당황했지만 이 그리스도교도 장군이 보낸 예기치 못한 전갈을 받고 안도했다. 그는 자신의 요새와 신병과 칼을 마호메트의 후계자에게 맡기고, 그들의 군사들을 스페인의 심장부로 안내하겠다는 수치스러운 영예를 자청했다.[90] 그가 배신한 원인을 찾아보면 스페인인들은 아마도 그의 딸 카바에 대한 민간의 속설을 되풀이할 것이다. 이 이야기에는 왕에게 유혹 또는 강간당한 처녀와 복수를 갈망하여 종교와 나라를 버린 아버지가 등장한다. 군주들의 열정은 대개 음탕하고 파괴적이지만, 그 자체로도 낭만적인 이 유명한 이야기에 대한 외적 증거는 빈약한 편이다. 게다가 스페인의 역사를 보면 그 원인보다는 노련한 정치가가 대담하게 맞서 싸울 만한 이해관계나 정책상의 동기가 있었음을 알 수 있다. 위티자가 사망 내

고트 왕국의 상태

지 폐위당한 이후 그의 두 아들은 고트족의 귀족 로데리크의 야망 때문에 왕위 계승권을 찬탈당했는데, 로데리크의 아버지는 속주의 공작 또는 총독이었고 전제 정치의 희생양이었다. 왕위는 여전히 선출제였지만, 왕위에 오를 교육을 받은 위티자의 아들들은 일개 사인(私人)의 신분으로 떨어진 자신들의 처지를 못 견뎌했다. 그들의 분노는 궁정의 위선으로 가려져 있

었기 때문에 더욱 위험했고, 추종자들은 자신들이 받은 총애에 대한 기억과 혁명에 대한 전망으로 흥분했다. 또 이들의 숙부 오파스는 톨레도와 세빌리아의 대주교로 교회의 제일인자이며 국정에서는 두 번째 실력자였다. 훌리안 백작은 실패한 파벌의 치욕을 함께 당했을 것이고, 새로운 치세에 두려움만 많았을 뿐 희망은 품을 수 없었다. 더욱이 분별없는 로데리크 왕은 자신과 가족이 입은 상처를 잊을 수도, 용서할 수도 없었던 것 같다. 이 백작의 공훈과 영향력은 그를 유용하거나 또는 만만치 않은 신하가 되게 하였다. 그의 영지는 방대했고 그를 따르는 자들은 그 수가 많고 용감했으며, 안달루시아와 마우리타니아를 지배한다는 점에서 스페인 왕권의 열쇠가 그의 손에 있다는 사실이 극명하게 드러났다. 그러나 혼자만의 힘으로 군주에게 대항하기에는 약했기 때문에 그는 외세의 도움을 얻으려 했고, 성급하게 무어인들과 아랍인들을 끌어들여 800년 동안의 재앙이라는 결과를 낳았다. 서신 또는 개인적인 면담에서 그는 조국의 부와 무방비 상태, 인망 없는 왕의 약점, 나약한 국민들의 타락을 털어놓았다. 고트족은 더 이상 로마의 긍지를 꺾고, 여왕의 손에서 제국민을 구하고, 도나우 강에서 대서양까지 진출했던 용맹한 야만족이 아니었다. 알라리크의 후계자들은 피레네 산맥으로 세상과 단절된 채 오랜 평화 속에서 하는 일 없이 세월을 보냈고, 여러 도시의 성벽은 먼지가 되어 스러졌으며, 젊은이들은 무기를 다룰 줄 몰랐고, 그들의 과거의 명성은 그들을 전쟁터에서 침략자들의 첫 번째 공격 대상이 되게 하였다. 야심만만한 사라센인은 공격이 쉬우면서도 중요하다는 사실에 흥분했지만, 실행은 이슬람교도들의 지도자와 협의가 끝날 때까지 연기되었다. 그의 사자가 서방의 잘 알려지지 않은 나라를 칼리프의 종교와 왕좌에 통합시켜도 좋다는 왈리드의 허락을 받고 돌아왔다. 무사는 탕헤르에 있는 집에서 비밀스럽게, 조심스럽게 서신 교환을 계속하고 준비를 서둘렀다. 그러나 그와 함께 음모를 꾸민 자들이 후회를 하면, 자신은 영광과 전리품에 만족하며 아프리카와 유럽을 가르는 바다 너머까지 이슬람교를 전파할 야심은 없다고 거짓으로 안심시켰다.[91]

서기 710년 7월, 아랍인들의 1차 습격

무사는 이슬람교도의 군대를 이국 땅의 반역자들과 이교도들에게 맡기기에 앞서 그들의 힘과 용맹을 시험해 보았다. 아랍인 100명, 아프리카인 400명이 배 네 척에 나눠 타고 탕헤르 또는 케우타에서 건너왔다. 상륙한 곳은 그들의 장군인 타리프의 이름이 붙은 해협의 반대쪽 해안이었다. 이 기억할 만한 사건[92]이 일어난 것은 헤지라 91년 라마단 월, 카이사르의 스페인력[93] 748년 7월, 서기 710년으로 본다. 그들은 첫 주둔지에서 험한 땅을 헤치며 훌리안 성[94]까지 18마일을 행군했고, 바다로 돌출해 있는 녹색의 곶을 보고 이곳을 초록 섬이라고 이름 붙였다. 그들이 받은 극진한 대접, 그들의 군기에 합류한 그리스도교도, 비옥하고 전혀 방어가 되어 있지 않은 속주로의 침입, 풍부한 전리품, 안전한 귀환 등은 그들의 동포들에게 승리를 예감하게 하는 길조로 받아들여졌다. 다음 해 봄 노련한 군사와 지원병 5000명이 용맹하고 지략이 뛰어난 타리크의 지휘하에 출전했고 병사들은 상관의 기대 이상의 능력을 발휘했다. 필요한 운송 수단은 너무나 충실한 동맹이 부지런히 제공

서기 711년 4월, 아랍인들의 2차 습격

했다. 사라센군은 유럽 쪽 헤라클레스의 기둥 또는 곶에 상륙했는데,[95] 본래의 뜻과 달라졌지만 우리에게 친숙한 지브롤터(게벨 알 타리크(Gebel al Tarik))라는 이름은 타리크의 산이라

[91] 동방의 사가들. 엘마킨, 아불파라기우스, 아불페다는 스페인 정복을 조용히 건너뛰거나 한 단어로 설명한다. 카르돈은 다소 낯선 내용을 이것저것 섞고, 귀네스는 훨씬 간결하게 언급하면서 노바이리 등 아랍 저자들을 소개한다. 에스쿠리알의 도서관 사서는 기대를 충족시켜주지는 못했지만, 그래도 단편적인 자료를 부지런히 찾아 주었다. 정복의 역사에 관해 라지스의 원본, 하질 등의 글에서 단편적이지만 귀중한 설명을 찾을 수 있었다. 이 경우 파기는 친구인 롱그뤼 (Abbé de Longuerue)의 아랍 관련 지식에서 많은 도움을 얻었고, 이 책도 이들의 합작에서 큰 도움을 얻었다.

[92] 톨레도의 로드리고가 헤지라의 음력을 율리아누스력과 비교하면서 한 가지 실수를 저질러 바로 니우스, 마리아나 그리고 많은 스페인 역사가들이 최초 침략이 일어난 해를 서기 713년으로, 크세레스 전투 시점을 714년 11월로 보았다. 3년의 차이는 근대의 연대학자, 특히 파기가 정확하게 연구하면서 파악한 것이다. 파기는 혁명을 원래 상태대로 복원해 냈다. 고대의 이런 실수를 받아들이는 카르돈 같은 학자는 용서할 수 없을 정도로 무지하거나 부주의했다.

[93] 기원전 38년부터 시작되는 카이사르력은 14세기까지 스페인에서 법정 책

는 뜻이다. 군영의 참호는 영국인들이 부르봉 왕조의 기술과 권세에 저항했던 그 요새들의 최초의 모습이다. 인근 지역의 총독들은 톨레도 궁정에 아랍인들이 상륙하여 진군 중이라는 사실을 알렸다. 로데리크는 이 건방진 이방인들을 급습하여 포박해 데려오라는 명을 받든 부관 에데코가 패배하고 나서야 얼마나 큰 위험이 닥쳤는가를 깨달았다. 궁정의 부름을 받고 고트 왕국의 공작, 백작, 주교, 귀족들이 각자의 부하들을 이끌고 모여들었다. 언어, 종교, 관습 등이 아주 유사한 스페인 민족들 사이에서 한 아랍 역사가가 사용한 로마인들의 왕이라는 호칭은 쓰지 않아도 되었을 것이다. 그의 군대는 9만 내지 10만 명의 군사로 편성되었다. 그들의 충성도와 규율이 그 수와 어울리는 수준이었다면 아마도 무적의 군대가 되었을 것이다. 타리크의 군대는 사라센 병사 1만 2000명으로 증강되었는데 그리스도교도 불평분자들은 훌리안 백작의 영향에 끌렸고, 한 무리의 아프리카인들은 코란이 주는 속세의 축복을 가장 탐욕스럽게 맛보았다. 카디즈 만 부근에 있는 크세레스[96]는 왕국의 운명을 결정지은 대규모 전투가 일어난 곳으로 유명하다. 만으로 흘러드는 구아달레테 강이 두 진영을 갈라놓았고 이곳에서 3일간 전진과 후퇴를 반복하는 소규모 전투가 있었다. 4일째, 두 군대는 좀 더 격렬한 결전에 돌입했다. 그러나 알라리크가 진주 왕관을 쓰고 황금과 비단실로 수놓은 치렁치렁한 예복을 입고 흰 노새 두 마리가 끄는 상아 가마에 기대고 앉은 한심한 후계자를 보았다면, 아마도 얼굴을 붉혔을 것이다. 사라센 군대는 용맹스럽기는 했지만 수적으로 압도당했고, 크세레스의 평원에서 1만 6000명의 병사가 쓰러졌다. 타리크는 살아남은 자들에게 이렇게 말했다.

7월,
아랍인들의 승리

력으로 널리 사용되었다. 그 기원은 아마도 해상과 육지 모두에 평화가 찾아와 세 집정관의 힘과 구역이 확정되었기 때문이라고 본다. 스페인은 아우구스투스의 속주였고, 아우구스투스 황제에게 첫 신전을 바친 타라고나는 군주를 이렇게 추켜세우는 방법을 동방에서 차용한 듯하다.

[94] 이 길과 땅, 훌리안 백작의 낡은 성, 숨겨진 보물에 대한 스페인 사람들의 미신적인 믿음 등에 대해서는 라바(Père Labat) 신부가 늘 그렇듯 익살스럽게 설명하고 있다.

[95] 아불페다는 이 전쟁의 시형도를 설명하지만, 무사의 부관이 스스로 배를 태워 버리는 절박하고 쓸모없는 짓을 했다고 믿기는 힘들다.

[96] 크세레스(아스타 레기아의 로마 식민지)는 카디즈에서 2리그 거리밖에 되지 않는다. 16세기에 이곳은 곡창 지대였고 크세레스산 포도주는 유럽 여러 나라에도 널리 알려져 있다.

동포들이여, 앞에는 적이 있고 뒤에는 바다가 있소. 우리가 어디로 도망치겠소? 그대들의 지휘관을 따르시오. 나는 목숨을 내놓든지 아니면 발아래 엎드린 로마인들의 왕을 짓밟든지 할 것이오.

절망이라는 방편 이외에 그는 훌리안 백작, 위티자의 아들들 및 형제와 은밀하게 서신을 교환하고 한밤의 만남을 가졌다. 가장 중요한 위치를 맡고 있던 톨레도의 두 군주와 대주교의 시의적절한 변절로 그리스도교군의 대열은 깨졌다. 그러자 모든 전사들은 두려움 또는 의심으로 자신의 안전을 우선으로 생각하게 되었다. 남은 고트군 병사는 그 후 3일간 뿔뿔이 흩어지거나 도주와 추격 과정에서 목숨을 잃었다. 전체적인 혼란 속에서 로데리크는 가마에서 내려 가장 빠른 준마 오렐리아에 올라타고 도주했다. 이렇게 군인다운 죽음을 피하였으나 바에티스 또는 구아달퀴비르 강에서 훨씬 수치스러운 죽음을 맞았다. 고트 왕의 왕관과 의복, 준마는 강둑에서 발견되었으나 시체는 물에 휩쓸려 갔으므로, 칼리프는 아마 체면 또는 무지에서 신분 낮은 다른 자의 머리를 다마스쿠스 궁 앞에 의기양양하게 내놓았을 것이다. 아랍의 한 훌륭한 사가는 이렇게 말한다. "전장에서 도망가는 왕의 운명은 그러한 것이다."[97]

서기 711년, 고트 왕국의 멸망

훌리안 백작은 죄악과 오명에 너무도 깊이 빠져 있었기 때문에, 조국이 멸망하는 것만이 그의 유일한 희망이 되었다. 크세레스 전투 이후 그는 승리한 사라센군에게 가장 효과적인 전략을 권했다.

고트 왕은 죽었고 귀족들은 그대들을 보고 도망쳤으며, 군

[97] 일부 스페인 사람들은 로데리크 왕이 은자의 동굴로 피신했다고 하며, 또 어떤 사람들은 그가 산 채로 뱀 굴에 던져져 "이 놈들이 내가 가장 죄를 많이 지은 부분을 먹어 치우는구나."라며 한탄스럽게 외쳤다고 한다.

대는 궤멸했고 사람들은 충격에 빠져 있소. 충분한 함대를 파견하여 바에티카 유역의 도시들을 확보하시오. 우왕좌왕하는 그리스도교도들이 시간을 갖고 안정을 찾아 새로운 왕을 선출하는 일이 없도록 장군께서 직접, 지체 없이 톨레도까지 진군하시오.

타리크는 이 충고에 따랐다. 이전에 칼리프가 직접 석방시킨 로마군 포로이자 개종자인 타리크는 기병대 700명을 이끌고 코르도바를 공격했다. 그는 강을 헤엄쳐 건너 도시를 급습했고 그리스도교도들을 큰 교회에 몰아넣었는데, 이들은 그 안에서 3개월 동안 방어를 계속했다. 또 다른 파견 함대는 바에티카 해안 지역을 제압했다. 이곳은 무어인 지배의 마지막 시기에 이르러서도 좁은 공간에서 인구가 밀집한 그라나다 왕국을 형성하고 있던 곳이었다. 바에티스 강에서 타구스 강까지의 타리크의 진군[98]은 안달루시아와 카스틸리아를 나누는 시에라모레나 산맥을 통해 이루어져 톨레도 성벽 앞에 군대를 이끌고 나타났다. 열성적인 가톨릭교도들은 이미 성인들의 유물을 가지고 도망쳤다. 성문은 굳게 닫혀 있었지만 그것도 승자 쪽에서 공평하고 합리적인 항복 조건에 동의할 때까지뿐이었다. 망명을 원하는 자들은 개인 재산을 가지고 떠날 수 있었다. 일곱 군데의 교회에서는 예배를 볼 수 있었고 대주교와 성직자들은 직무를 자유롭게 수행할 수 있었으며, 수도사들의 고행 여부도 자신이 결정하였다. 고트인들과 로마인들은 모든 민사, 형사 사건들을 자신들의 법으로, 행정관의 관할 구역에서 다루었다. 타리크는 정의롭게 그리스도교도들을 보호하는 한편, 가장 중요한 승리를 비밀스럽게 또는 공개적으로 도와준 유대교도들에게 감사하며 정책적으로 그들에게 보상을 해 주었다. 이 버

[98] 스윈번이 노새를 타고 측정한 바에 따르면 코르도바에서 톨레도까지 가는 직선 거리는 72시간 반이 걸린다. 그러나 더디고 우회하는 군대의 경우 더 긴 시간을 산정해야 할 것이다. 아랍 군대는 세르반테스 덕택에 전 세계의 독자에게 고전의 땅이 되어 버린 라만차를 건너갔다.

림받은 민족은 추방 또는 세례라는 양자택일을 강요하는 스페인 국왕과 종교 회의의 박해에 대해 복수할 기회를 기꺼이 받아들였다. 그들의 과거와 현재의 위상을 비교하는 것만으로도 그들의 충성심은 확보되었으므로, 모세와 마호메트의 사도들 간의 동맹은 그들이 함께 추방되는 마지막 순간까지 계속되었다. 아랍의 지휘관은 톨레도 왕도로부터 북쪽으로 지금의 카스틸리아와 레온까지 정벌의 범위를 넓혔다. 그러나 그의 군대에 항복한 도시의 수를 일일이 열거하거나, 로마인들이 동방에서 들어왔고 고트인들이 로마의 전리품으로 획득했으며 아랍인들이 다마스쿠스의 왕좌 앞에 바친 에메랄드 탁자[99]에 대해 다시 설명할 필요는 없을 것이다. 무사의 부관이 향한 곳은 아스투리아스 산맥 너머 히혼이라는 항구 도시였다. 그는 여행자와 같은 빠른 발걸음으로 지브롤터의 기둥에서 비스케이 만에 이르는 700마일을 보무도 당당히 진군했다. 정복할 땅이 더 이상 없었기 때문에 그는 군을 되돌렸지만, 한편으로 톨레도로 소환되어 사령관의 부재중에 한 왕국의 정복에 나선 자신의 전단 행위에 대해 해명해야 했다. 좀 더 미개하고 혼란한 상태에서도 로마군에 200년 동안을 저항해 온 스페인이 불과 수개월만에 사라센군에게 궤멸되고 말았다. 스페인이 어찌나 쉽게 항복하고 협정을 맺었던지, 조건 없이 그들의 포로가 된 것은 코르도바 총독뿐이었다고 기록되어 있다. 고트족의 대의는 크세레스 전투에서 이미 땅에 떨어졌고, 왕국의 모든 지역은 전체적 혼란 속에서 일치단결해 대항해도 이길 수 없었던 적에게 개별적으로는 대항하지 않으려 했다. 2년간에 걸쳐 기근과 전염병이 돌면서 대적할 힘도 이미 소진되었고, 항복하지 못해 몸이 달아 있던 각 지역 총독들은 아마도 포위 공격에 대비해 보급품을 모으는 것이 얼마나 힘든지 과장해서 말했을 것이다. 그

[99] 『아랍 역사』에서 톨레도의 로드리고는 에메랄드 탁자에 대해 설명하며 아랍어로 메디나트 알메이다(Medinat Almeyda)라는 이름을 집어넣는다. 로드리고가 이슬람교 작가들에 대해 잘 아는 것 같기는 하지만, 그가 노바이리의 글을 읽고 전사(轉寫)했다는 귀네스의 주장에는 동의할 수 없다. 그는 노바이리가 역사를 집필하기 백 년 전에 이미 사망했기 때문이다. 이 잘못된 주장은 아주 큰 오류에 근거를 두고 있다. 귀네스는 13세기의 역사가이자 톨레도 대주교인 크시메네스(Roderic Ximenes)를 16세기 초 스페인 추기경인 크시메네스와 착각한 것이다. 크시메네스 추기경은 역사적인 문헌에 언급되기는 하지만 역사와 관련된 저술은 하지 않았다.

리스도교도들의 무장 해제에는 미신적인 두려움도 일조했다. 영리한 아랍인은 꿈, 징조, 예언에 관한 이야기, 궁궐의 한 방에서 발견된 스페인의 미래의 정복자들의 초상에 관한 이야기를 조장했다. 그러나 큰 불길의 씨앗은 아직 남아 있었으니, 패배를 모르는 일부 망명자들은 아스투리아스 계곡에서 빈곤하지만 자유로운 삶을 택했다. 이 용감한 산악 주민들은 칼리프의 노예들을 물리쳤고, 펠라기우스의 검을 가톨릭교도 왕들의 왕홀로 변모시켰다.[100]

[100] 당빌은 고트 왕국이 아스투리아스에서 부활한 것을 간결하지만 확실하게 설명하고 있다.

이렇게 빠른 성공 소식이 전해지자 무사의 칭찬은 시기심으로 변해 버렸고, 타리크 때문에 자신이 정복할 곳이 하나

서기 712, 713년,
무사의 스페인 정복

도 남지 않을 것이라는, 불만을 갖는 정도가 아니라 두려움마저 느끼기 시작했다. 그는 아랍 군사 1만 명, 아프리카 군사 8000명을 이끌고 직접 마우리타니아에서 스페인으로 건너갔다. 쿠라이시족의 가장 서열 높은 귀족이 그와 동행했고, 그의 장남은 남아서 아프리카를 돌보았다. 그 아래로 아들 셋은 아버지의 용맹한 과업에 참가할 수 있을 정도로 나이도 찼고, 또 그럴 만한 기상도 지니고 있었다. 알자지르에 상륙한 무사는 훌리안 백작의 정중한 환대를 받았는데, 백작은 양심의 가책을 누르고 아랍군이 승리했다고 해서 자신이 그 대의에 가세한 의의가 전혀 손상되지는 않았음을 말과 행동으로 보여 주었다. 무사의 칼을 받을 적은 아직도 남아 있었다. 고트족은 뒤늦게 후회를 하며 침략자들과 자신들의 병력을 비교했다. 타리크가 진군하지 않았던 도시들은 스스로 난공불락인 듯 생각했고 용감한 애국자들이 세비야와 메리다 요새를 방어했다. 이들 도시는 자신의 군영을 바에티스 강에서 아나스 강으로, 구아달퀴비르 강에서 구아디아나 강으로 옮겨 가며 공격한 무사의 노력

앞에 차례로 포위당해 함락되었다. 그는 루시타니아의 고대 수도의 다리, 수로, 개선문, 경기장 등 로마의 웅대한 유물을 직접 보고 같이 있던 동료 네 명에게 이렇게 말했다. "이 도시를 만들기 위해 인류가 그 기술과 힘을 모두 모았다고밖에 생각할 수 없구나. 그 주인이 되는 자는 행복하리라!" 이러한 행복을 그는 자신이 얻고자 했지만, 아우구스투스의 유능한 로마 군단 후손들이 이번만은 선대의 영예를 지켜 나갔다. 그들은 성벽 안에 틀어박혀 있는 것을 떳떳하지 않다고 여기고 아랍군과 평원에서 전투를 벌였는데, 돌산의 후미진 곳이나 폐허에서 나타난 복병 때문에 경솔함의 대가를 치렀고 돌아갈 길도 막혀 버렸다. 바퀴 달린 공성(攻城)용 나무 사다리를 성벽 아래까지 끌고 갔지만 메리다의 방어는 끈질기고 길었다. '순교자들의 성'으로 불리는 이 성채는 이슬람교도들이 입은 손실을 영원히 증언한다. 포위당한 도시의 인내심도 마침내 기근과 절망에 굴복했고, 신중한 승리자는 자비와 존경이라는 이름으로 자신의 조급함을 숨겼다. 망명 또는 공납이라는 양자택일이 허락되었고 교회는 두 종교로 나뉘었다. 포위 공격에서 사로잡히거나 갈리키아로 피신한 자들의 재산은 몰수당해 이슬람교도들의 보상으로 쓰였다. 무사의 부관은 메리다와 톨레도의 중간 지점쯤에서 칼리프의 대리인을 맞이하여 고트 왕의 궁전으로 안내했고, 그들의 첫 대면은 차갑고 형식적이었다. 스페인의 재화에 대해 정확하게 보고하라는 요구가 있었고 타리크는 의심을 받고 모욕을 당하였다. 결국 이 영웅은 옥에 갇혀 매도된 다음 무사의 손에 직접 또는 그의 명령에 의해 불명예스럽게 채찍질을 당했다. 그러나 초기 이슬람교도들의 규율은 너무도 엄격했고, 열정은 무엇보다 순수했으며, 정신은 너무도 온순하여 이렇게 공공연한 불명예를 당하고도 타리크는 타라코넨시스 속주를 정복하라는 명을 받들어 다시 임무에 나섰다. 쿠라이시족은 사라고사에 모스크를 세웠다. 바르셀로나 항구는 시리아 배를 받아들였고 고트인들은 피레네 산맥 너머 셉티마니아 또는 랑그도크[101]의 갈리아 속주까지 추격당했다. 카르카손의 성모 마리아 교회에서 무사는 은으로 만든 기마상 일곱 개를 발견했다고 하는데, 이를 그대로 두었을 리는 없다. 나르본네시스의 기둥을 마지막으로 그는 갈리아와 루시타니아 쪽의 해안으로 발길을 돌렸다. 그의 아들 압델라지즈는 아버지가 없는 동안 세빌리아의 반란자들을 벌하고 말라가에서 발렌시아에 이르는 지중해 해안을 정복했다. 신중하고 용맹한 테오데미르와 그가 맺은 첫 협정은 당시의 관습과 정책을 잘 보여 준다.

'나시르의 아들 무사의 아들인 압델라지즈와 고트의 영주 테오데미르 간에 합의하고 선서한 평화의 조건.' 가장 자비로우신 신의 이름으로 압델라지즈는 다음과 같은 조건의 화평을 맺는다. 테오데미르의 통치권은 아무런 침해도 받지 않으며, 그리스도교도들의 아내와 자녀, 종교와 신전에 대해 생명 또는 재산상의 어떠한 위해도 가하지 않는다. 테오데미르는 오리우엘라, 발렌톨라, 알리칸트, 몰라, 바카소라, 비헤라(지금의 베하르), 오라(또는 옵타)의 일곱 도시와 로르카를 기꺼이 넘긴다. 칼리프의 적을 원조하거나 비호해서는 안 되며 적들의 계획에 대한 정보가 있다면 충실하게 이를 전한다. 테오데미르와 고트족 귀족들은 모두 매년 금화 한 닢, 밀과 보리를 각각 네 두량, 일정량의 꿀, 기름, 식초를 바치며, 그들의 봉신 모두도 상술한 공납의 절반씩을 부담한다. 헤지라 94년 라하브 4일, 이슬람교도 증인 네 명의 이름과 함께 서명하다.[102]

[101] 노바이리, 귀네스, 카르돈 등의 해석자들은 무사가 나르본네시스까지 갔다고 한다. 그러나 톨레도의 로드리고도 에스쿠리알의 윈고도 이에 대해 전혀 언급하지 않고 있으며, 한 프랑스 연대기에 따르면 사라센군의 침공은 스페인 정복 9년째인 서기 721년에야 있었다고 한다. 무사가 피레네 산맥을 지나기는 했는지 의문이다.

[102] 이 협약은 헤지라 94년 라하브 4일, 즉 서기 713년 4월 5일에 서명되었다. 이 날짜를 보면 테오데미르의 저항이 더 길었고 무사의 통치가 좀 더 뒤에 일어난 것 같다.

103 여러 아랍 사가들이 증언하고 있는 이 계획은 크리미아에서 로마로 진군하려던 미트리다테스, 또는 동방을 정복하고 북쪽으로 귀환하려던 카이사르의 계획에 견줄 만하다. 그러나 이 세 가지의 계획보다 뛰어난 것은 실제로 성공한 한니발의 과업이다.

테오데미르와 그 신하들은 드물게 관대한 대접을 받았지만 조공의 비율은 그리스도교도의 복종 또는 저항의 정도에 따라 10분의 1에서 5분의 1까지 차등해서 부과한 듯하다. 이 혁명에서는 광신도들의 세속적 또는 종교적 열정 때문에 부분적인 재난도 많았다. 어떤 교회들은 새로운 예배로 모독을 당했고 일부 유물이나 성상은 우상과 혼동되었으며, 몇몇 반역자들은 칼을 받아야 했고 도시 하나(코르도바와 세빌리아 사이의 이름을 알 수 없는 곳)가 완전히 파괴되었다. 그러나 고트족의 스페인 침공이나 카스틸리아와 아라곤 왕들의 국토와 주권 회복에 비하면 아랍 정복자들의 중용과 규율은 크게 칭찬받을 만한 일이다.

서기 714년, 무사의 불명예

무사는 흰 수염에 붉은 분을 칠해 자신의 나이를 속이려 했지만 그의 위업은 인생 말년에야 달성되었다. 그러나 실천과 천상의 영광을 사랑했던 그의 가슴은 여전히 청춘의 열정으로 불타고 있었고 스페인 점령은 유럽 지배의 첫걸음일 뿐이었다. 그는 육해군으로 강력하게 무장하고 또다시 피레네 산맥을 넘어 갈리아와 이탈리아에서 쇠락해 가고 있는 프랑크족과 롬바르드족의 왕국을 정복하고 바티칸의 설교단에서 유일신에 대해 설파할 준비를 하고 있었다. 거기서부터 더욱 전진하여 게르마니아의 야만족들을 정복하고, 도나우 강의 수원지로부터 강줄기를 따라 흑해까지 진군하며, 콘스탄티노플의 비잔티움, 즉 로마 제국을 전복시킨 다음 유럽에서 아시아로 돌아오면서 새로운 정복지를 안티오크와 시리아 속주들에 합병시키려 했다.103 그러나 쉽게 시행될 수도 있었을 이 원대한 과업은 평범한 자들에게는 터무니없는 것으로 보였음에 틀림없다. 꿈을 좇던 이 정복자는 곧 자신의 의존성과 예속 상태를 깨닫게 된다. 타리크의 우호 세력이 그의 업적과 억울함을 효율적으로 보고

했기 때문에 다마스쿠스 궁정은 무사를 비난하고 그의 의도를 의심했으며, 그가 첫 부름에 응하지 않자 좀 더 엄격하고 강제적인 소환장을 보냈다. 칼리프의 용맹스러운 사자가 갈리키아 지방의 루고에 있는 주둔지로 들어가 사라센과 그리스도교도 군사 앞에서 그의 말에 재갈을 물리고 고삐를 당겨 멈춰 세웠다. 무사 자신과 군대의 충성심이 복종의 의무를 자각시켰는데, 그의 치욕감은 자신의 원수도 소환되었으며, 두 아들 압달라와 압델라지즈에게 두 곳의 행정권을 넘겨도 좋다는 허락을 받았다는 사실로 덜 수 있었다. 케우타에서 다마스쿠스에 이르는 머나먼 개선 행진에서 그는 아프리카의 전리품과 스페인의 보물을 과시했다. 행렬에서는 황금 관과 허리띠를 한 고트족 귀족 400명이 눈에 띄었고, 출신 또는 미모를 기준으로 선발된 남녀 포로의 수가 1만 8000에서 3만 명에 달했다고 한다. 그가 팔레스타인의 티베리아스에 당도하자마자 술라이만이 보낸 개인 사자가 칼리프가 병환 중이며 위독하다는 전갈을 전했다. 칼리프의 동생이자 후계자로 여겨지던 그는 개선 행렬을 자신이 등극한 뒤로 미루고 싶었던 것이다. 만일 왈리드가 회복된다면 무사의 지체는 범죄 행위로 간주될 것이었기에 그는 진군을 계속했다. 그러나 다마스쿠스에 도착해 보니 왕좌에 앉아 있는 사람은 이미 자신의 적이었다. 인기 있는 적수에 대한 편파적인 판결에서 그는 허영심과 거짓을 말했다는 이유로 유죄 선고를 받았다. 벌금으로 금화 20만 닢이 부과되었는데, 이로써 빈털터리가 되든지 벌금을 내고도 돈이 남는다면 그의 탐욕이 증명되는 셈이었다. 무사는 자신이 타리크에 내린 것과 똑같은 모욕을 당하였는데, 대중 앞에서 채찍질을 당한 뒤 궁전 정문 앞에서 종일 땡볕에 서 있었다. 그러고 나서 메카 순례라는 종교적인 구실하에 망신을 면하고 유배되었다. 무사의 몰락으로 칼리프의 분노는 가라앉았지만, 강력한 가문에 상처를 입혔다는 두려움 때문에 이 가문을 멸족시켜야 했다. 아프리카와 스페인에 있는 믿을 만한 칼리프의 시종들에게 그 가문에 대한 사형 선고가 은밀하고도 신속하게 전달되었다. 이 피비린내 나는 처형에서는 실제로 정의를 행했는지는 모르지만 형식은 무시했다. 압델라지즈는 코르도바의 모스크 또는 궁전에서 음모자들의 칼에 살해당했다. 그들은 이 총독이 왕의 영예를 요구했으며, 수치스럽게도 로데리크의 미망인 에길로나와 결혼하여 그리스도교도와 이슬람교도 모두를 불쾌하게 했다고 비난했다. 그러고는 잔인하게도 이 반역자의 얼굴을 알겠느냐 하는 모욕적인 질문과 함께 아들의 수급을 그의 아버지에게 보냈다. 그는 분개하며 소리쳤다. "알고 말고. 이 아이의 무고함을 주장하오. 그를 죽음에 이르게 한 자들은 그와 똑같은, 아니 한층 정의로운 운명을 맞이할 것이오." 무사가 연로하고 절망에 빠져 있어서 왕의 권세도 그를 더 이상 건드리지 않았고, 그는 마음의 상처에서 오는 고통 때문에 메카에서 죽음을 맞았다. 그의 적수 타리크는 좀 더 나은 대접을 받았는데 공훈 덕택에 용서를 받고 노예 무리에 섞일 수 있었다.[104] 훌리안 백작이 받아 마땅한 죽음이라는 상을 사라센인의 손에는 아니더라도 실제로 받았는지는 알 수 없다. 다만 사라센인들이 위티자의 아들들에게 배은망덕했다는 이야기는 움직일 수 없는 증거로 거짓임이 판명되었다. 이 두 왕족 출신 젊은이들은 복권되어 아버지의 개인 세습 재산을 물려받았지만, 장남 에바가 사망하자 그의 딸은 숙부 시게부트의 폭력으로 자신의 몫을 부당하게 빼앗겼다. 이 고트족 처녀는 칼리프 하심에게 자신의 억울함을 호소하여 유산을 되찾았고, 아랍 귀족과 결혼한 뒤 얻은 두 아들 이삭과 이브라힘은 스페인에서 출신과 부에 합당한 대접을

[104] 8세기의 아랍 작품 두 편. 무사의 생애와 타리크의 공훈에 대한 시가 소실된 것 또는 그 내용을 모르는 것이 애석할 따름이다. 이 두 편의 글 중 한 편인 무사의 생애는 학살을 피한 그의 손자가 집필한 것이고, 다른 시는 스페인의 칼리프 압달라만 1세의 신하가 쓴 것이다. 그는 이 정복자의 노병들과 대화를 나누었을지도 모른다.

받았다.

속주는 이방인들이 유입되고 토착민들이 승전국을 모방하면서 동화된다. 잇달아 카르타고인과 로마인, 고트인의 피가 섞인 스페인은 불과 수 세대 만에 아랍인의 이름과 풍습을 흡수했다. 좁은 고향 땅보다 멀리 떨어져 있는 행운을 택한 수없이 많은 문무관들이 초기의 정복자들과 칼리프의 부장 스무 명을 따랐다. 신앙심 있는 식민지를 건설하면서 개인과 공공의 이익이 늘어났고, 스페인의 도시들은 동방 선조들의 부족 또는 국가를 자랑스럽게 기념했다. 여러 민족이 섞여 있었지만 승리한 타리크와 무사의 군사들은 '스페인 사람'이라는 이름으로 정복의 권리를 주장하면서도 이집트의 동료들이 무르키아와 리스본에 건설한 식민지를 공유하는 것을 허락했다. 다마스쿠스 궁정 근위대는 코르도바에, 에메사 근위대는 세빌리아에, 키니스린 또는 칼키스 근위대는 하엔에, 팔레스타인 근위대는 알자지르와 메디나 시도니아에 정착했다. 예멘과 페르시아 토착민들은 톨레도와 내륙 지방 주위에 널리 분포했고, 그라나다의 비옥한 땅은 아랍 부족 가운데 가장 순수하고 숭고한 자손 1만 명에게 주어졌다.[105] 간혹 유익할 때도 있지만 대개는 위험한 경쟁심이 이 대대로 전해 오는 파벌 사이에서 자라났다. 정복 10년 후에 바다와 강, 항구, 주민과 도시, 기후, 토양, 광물 등을 포함한 이 속주의 지도가 칼리프 앞에 펼쳐졌다. 자연의 선물은 2세기 동안 근면한 사람들의 농경[106]과 제조업, 상업에 의해 활용되었지만, 그 근면의 성과는 그들의 상상력으로 과장되었다. 스페인을 통치한 우마이야 왕조의 초대 칼리프는 그리스도교도들의 지지를 요청했고, 화평과 보호 칙령을 내리며 금 1만 온스, 은 1만 온스, 말과 노새 각 1만 필, 갑옷과 투구, 창

> 아랍인들 치하에서 스페인의 번영

[105] 앞부분의 인용은 발렌시아의 아랍인이 지은 스페인 전기, 뒷부분의 인용은 칼리프 연대기와 아프리카, 스페인 왕조 연대기, 특히 카시리가 거의 완성본을 만든 그라나다 왕국사에서 인용했다. 그라나다 출신 작가이자 노바이리, 아불페다와 같은 시대를 살았던 카테브(Ebn Khateb)는 역사학자, 지리학자, 의사, 시인이었다.

[106] 세빌리아의 한 아랍인이 12세기의 농업에 대해 남긴 방대한 글이 에스쿠리알 도서관에 소장되어 있는데 카시리가 이를 번역하려 한 것 같다. 그는 아랍인은 물론 그리스인, 라틴인 등 인용된 저자들의 명단을 제시하고 있다. 그러나 이 안달루시아 사람이 동포인 콜루멜라라는 매개를 통해 이러한 이방인들을 보았다고 해도 대단한 일이다.

107 카르돈은 그 수입이 프랑스리브르로 계산하면 1억 3000만이었다고 말한다. 화평과 번영이라는 그림은 일관되게 피비린내 나는 무어족의 연대기를 어느 정도 부드럽게 해 준다.

108 배척당한 종파와 관용을 얻은 종파, 하르비(Harbii)와 성서를 믿는 자들, 특정한 신의 계시를 믿는 자들을 어떻게 구분하는지는 칼리프 알마문이 우상 숭배자들 또는 카라이의 사바이아인들과 나눈 대화를 통해 명확하게 정의되어 있다.

각 1000개씩을 징수하는 데 그쳤다. 그의 후계자 중에서 가장 강력했던 칼리프는 같은 왕국에서 해마다 금 1240만 5000디나르, 즉 600만 파운드 정도107를 조공으로 징수했다. 이 금액은 10세기 그리스도교 군주들의 전체 수입을 다 합친 것보다도 많았을 것이다. 왕좌가 있는 코르도바에는 모스크 600개, 욕장 900개, 가옥 20만 채가 있었고, 그는 일류 도시 80개, 이류와 삼류급 도시 300개를 관할했다. 비옥한 구아달퀴비르 강 유역에는 1만 2000에 달하는 마을과 부락이 있었다. 아랍인들이 사실을 과장했을지는 모르나, 그들이 스페인의 부와 농경, 인구가 가장 번성했던 시대를 만들어 냈고 그것을 기록하고 있음은 사실이다.

종교적 관용

예언자는 이슬람교도들의 전쟁을 축성했지만, 칼리프들은 그의 삶이 보여 준 다양한 모범 가운데 이교도들의 저항을 줄일 수 있는 관용이라는 교훈을 선택했다. 아라비아는 마호메트의 신의 신전이자 세습 재산이었지만, 지상의 여러 민족들을 그리 시기하거나 애정을 가지고 보지 않았다. 이슬람교 신봉자들은 그의 이름을 모르는 다신교도들과 우상 숭배자들을 합법적으로 소탕할 수 있었지만, 현명한 정책에 따라 이를 정의라는 의무로 대체하였다. 힌두스탄을 정복한 이슬람교도들은 비관용적인 광신 행위 끝에 그 신앙심 깊고 인구 많은 지역의 불상은 남겨 두었다. 아브라함, 모세, 예수의 제자들은 좀 더 완벽한 마호메트의 계시를 받아들이라는 진지한 권고를 받았다. 그러나 그들이 믿음 대신 조공을 바치겠다면 양심과 종교적 예배의 자유는 허락되었다.108 전장에서 붙잡힌 포로들은 이슬람 신앙 고백만으로 목숨을 구할 수 있었다. 여자들은 반드시

이슬람교의 전파

그녀 주인의 종교를 따르도록 했고, 어린 포로들을 교육하면서 진심으로 믿는 개종자들이 점차 늘어났다. 신앙심 깊은 아랍인들의 부대를 증강시킨 수백만 명의 아프리카와 아시아 개종자들은 유일신과 신의 사도를 믿고 고백하라는 강압보다는 유혹을 받았을 것이다. 경구를 반복하고 할례를 받으면 신하이든 노예이든, 포로이든 범죄자이든, 그 즉시 승리한 이슬람교도의 자유롭고 평등한 동지로 신분이 상승되었다. 모든 죄가 용서되었고 모든 계약이 해지되며 독신 서약은 인간의 본성을 참작하여 폐기되었다. 수도원에서 잠자고 있던 활발한 기상이 사라센의 나팔 소리에 잠을 깼고, 세계적 격변 속에서 새로운 사회의 모든 구성원은 능력과 용기에 비례해서 신분이 상승되었다. 대중의 마음은 아랍 예언자의 현세의 축복뿐만 아니라 보이지 않는 축복에도 유혹을 받았다. 관대하게 보면 많은 개종자들이 예언자 계시의 진실성과 신성함에 대해 진심으로 확신했는지도 모른다. 그것은 호기심 많은 다신교도의 눈에도 인간과 신의 본성에 합당한 것으로 보였으리라. 조로아스터교의 체제보다 순수하고, 모세의 율법보다 관용적인 마호메트의 종교는 7세기에 복음의 단순성에 오점을 남긴 신비주의와 미신의 교리에 비하면 이성에 모순되는 요소가 훨씬 적은 것 같았다.

페르시아와 아프리카에 걸친 광범위한 속주에서 마호메트의 신앙 때문에 민족 종교는 뿌리째 뽑혔다. 마기교의 모호한 신학만이 동방의 종파 가운데 남아 있었지만, 불경한 조로아스터의 글[109]도 아브라함이라는 경건한 이름을 빌려 일련의 신의 계시에 교묘하게 연결될 수 있었다. 그들의 사악한 악령 아리만은 빛의 신의 호적수 또는 피조물로 묘사된다. 페르시아의 신전에는 우상이 없었지만 태양과 불에 대한 경배는 심각한 범

페르시아 마기교도의 몰락

[109] 그들 자신, 아니 적어도 이슬람교도들은 조로아스터교의 성서인 젠드 또는 파젠드를 아브라함이 천국에서 받은 열 권의 책 가운데 하나로 여겼고, 그들의 종교는 아브라함의 종교라는 명예로운 이름을 얻었다. 조로아스터의 종교에 대해서는 순수하고 자발적인 묘사는 전혀 없는 듯하다. 프리도는 그가 바빌론에서 어떤 유대교 예언자의 포로로 붙잡혀 노예이자 학자로 일했다는 의견을 받아들인다. 유대교도들을 지배했던 페르시아인들은 어쩌면 그들의 주인이라는 영예, 하찮것없는 영예를 주장할지도 모르겠다.

110 동방 세계를 충실하고 흥미롭게 그린 『천일야화』는 해마다 이슬람교도 한 명을 공양으로 바쳤다고 하는 마기교도 또는 불의 숭배자들을 가장 생생하게 그리고 있다. 조로아스터의 종교는 힌두교와 전혀 유사성이 없는데도 이슬람교도들은 이 둘을 종종 혼동한다. 티무르도 이러한 실수 때문에 칼을 간 것이다.

111 이 독특한 이야기는 데르벨로가 콘데미르의 신앙에 대해 다루면서 언급하고, 미르콘드 자신도 다루고 있다.

112 헤라트 출신인 미르콘드는 페르시아어로 창세기부터 헤지라 875년(서기 1471년)에 이르는 동방 통사를 저술했다. 904년(서기 1498년) 이 역사학자는 군주의 도서관을 관장하는 임무를 맡았고, 7부 또는 12부로 구성된 칭송받는 그의 작품을 아들 콘데미르가 헤지라 927년, 서기 1520년에 세 권으로 축약했다. 크루아가 가장 정확하게 칭송하는 이 두 저자를 데르벨로는 부정확하게 혼동하고 있다. 그가 콘데미르라는 잘못된 이름으로 발췌한 수많은 내용은 아들이 아니라 아버지의 저술이다.

113 명망과 권세를 가진 마지막 마기교도는 마르다비지였던 듯하다. 그는 10세기 초 카스피 해 부근에 있는 페르시아 북부 지역을 다스렸다. 그러나 그의 군대와 후계자들은 이

죄적인 우상 숭배로 낙인찍힐 수 있었다.110 마호메트는 실제로, 칼리프들은 신중하게, 좀 더 온화한 감성을 쓰기로 했다. 마기교도, 즉 조로아스터교도들은 유대교도와 그리스도교도와 함께 율법의 민족으로 인정받았다. 헤지라 3세기경 헤라트 시(市)에서는 민간의 종교적 열광과 공적인 관용이 생생하게 대비되었다.111 이슬람법은 해마다 조공을 바치는 대가로 헤라트의 조로아스터교도들에게 시민적, 종교적 자유를 허용했으나, 새로 지어진 소박한 모스크는 바로 옆에 있는 웅장하고 화려한 오래된 불의 신전에 압도되었다. 한 광신적인 이맘은 설교를 하면서 이 수치스러운 옆 건축물에 대해 개탄하고 신도들의 유약함 또는 무관심을 비난했다. 그의 말에 흥분한 대중이 격동하여 모여들었고 기도소 두 곳이 곧 불길에 휩싸여 사라졌으며, 불탄 자리에 생긴 공터에 즉시 새로운 모스크를 짓기로 하였다. 피해를 입은 마기교도들은 호라산에 있는 군주에게 호소했고 처벌과 구제를 약속받았다. 그러나 놀랍게도 침착한 성품을 지닌 나이 지긋한 헤라트 시민 4000여 명이 그러한 우상 숭배의 성전은 아예 존재한 적이 없다고 이구동성으로 진술하는 것이 아닌가. 심문은 끝났고 그들의 양심은 이 신성하고 칭찬할 만한 위증에 만족했다.(고 역사가 미르콘드는 말한다.)112 그러나 페르시아 신전의 대부분은 열렬한 숭배자들이 눈에 띄지 않게, 전체적으로 그 신전들을 떠났기 때문에 몰락한 것이다. 눈에 띄지 않은 것은 특별히 어떤 시간이나 장소, 박해나 저항이 없었기 때문이고, 전체적이었던 것은 시라즈에서 사마르칸트에 이르기까지 전 지역이 코란의 신앙을 받아들였기 때문이다. 토착어가 보전되어 페르시아 이슬람교도들의 내력을 알 수 있다.113 끈질긴 이교도들은 산과 사막에서 선조들의 미신을 계속 믿으며 살았고, 마기교의 전통은 인더스 강 유역의 키르

만 지방, 수라트의 망명자들 사이에, 그리고 지난 세기 압바스 1세가 이스파한 성문 앞에 세운 거류지에 희미하게 남아 있었다. 최고 제사장은 예즈드에서 18리그 떨어진 엘부르즈 산으로 물러났고 영원한 불은 (계속 타고 있을지라도) 속세의 사람들이 접근할 수는 없었다. 그가 기거하는 곳은 조로아스터교도들의 학교이고 신탁이며 순례지였다. 조로아스터교도들의 거칠고 꼭 닮은 모습을 보면 그들의 혈통이 다른 민족과 섞이지 않았음을 알 수 있다. 장로들의 관할하에 있는 8만 가구는 순수하고 근면한 삶을 살고 있는데, 이들은 몇 가지 진기한 수공예품을 팔아 양식을 구했으며 종교적인 의무감과도 같은 열정을 가지고 땅을 경작했다. 그들은 위협과 고문으로 조로아스터의 예언서를 요구하는 압바스 1세의 폭정을 무지함으로 견뎌 냈고, 잘 알려지지 않은 남은 마기교도들은 그들의 수장들이 온정을 베풀거나 아예 무시한 덕택에 살아남았다.114

슬람 신앙을 고백하거나 수용했고, 그 왕조(서기 933~1020년)에 조로아스터교가 몰락한 것 같다.

114 페르시아의 조로아스터교도들의 현황은 샤르댕의 글을 참조했다. 그는 오늘날의 여행가들 중에 가장 박식한 편은 아니지만 가장 사리분별이 있고 호기심이 많다. 같은 여행가인 발레, 올레아리우스 (Olearius), 테베노, 타베르니에(Tavernier) 등의 글도 찾아보았으나 허사였고, 이들은 이 흥미로운 사람들을 알아보지도 못했고 주의도 기울이지 않았다.

아프리카에서 그리스도교의 쇠퇴와 몰락

아프리카 북부 해안 지역은 오랫동안 완벽하게 복음의 빛이 비치다가 완전히 꺼진 유일한 곳이었다. 카르타고와 로마에서 전해진 예술은 무지에 파묻혔고, 키프리아누스와 아우구스티누스의 교의는 더 이상 아무도 연구하지 않았다. 도나투스파, 반달족, 무어족 사람들의 분노로 감독 교회 500개가 와해되었다. 성직자의 열의와 수는 줄어들었고 규율이나 지식, 희망도 없는 백성들은 순종적으로 아라비아 예언자의 속박 아래로 떨어졌다. 비잔티움 군대가 물러간 지 50년이 채 지나지 않았을 때, 아프리카의 한 무장이 칼리프에게 그들이 개종하여 조공이 폐지되었다고 보고했다. 그가 자신의 기만과 반란 의도를 숨기려 했더라도 이 그럴듯한 구실은 이슬람 신앙이 빠

서기 749년

115 파기는 궁지 높은 로마 교황이 그리도 정중하게 서신을 보낸 무어족 군주의 이름과 가문에 대해 조사했다.

116 10세기 중반 코르도바의 한 성직자는 오토 1세 황제의 용맹한 사절에게 이러한 죄를 범하는 관습에 대해 꾸지람을 받았다.

서기 837년

르고 폭넓게 전파되고 있었기 때문에 가능한 것이었다. 그 다음 세대에 주교 다섯 명으로 구성된 특사단이 알렉산드리아에서 카이로안으로 파견되었다. 그들은 야고보파 대주교에게 꺼져 가는 그리스도교의 불씨를 보존하고 되살리라는 명을 받았다. 그러나 라틴족의 이방인이며, 가톨릭교도들의 적이기도 한 외국 성직자들의 간섭은 아프리카 성직자들의 위계질서가 몰락하고 와해되고 있다는 것을 암시했다. 성 키프리아누스의 후계자가 수많은 종교 회의를 주도하고 로마 교황의 야망과

서기 1053~1076년

동등한 경쟁 관계를 유지할 수 있는 시절은 이미 아니었다. 11세기에 이르러 카르타고의 폐허에 임명된 불운한 사제는 바티칸에 군사와 보호를 간청했고, 사라센인들이 자신의 옷을 벗기고 알몸에 채찍질을 하고 있으며 그 자리를 넘보는 애송이 부주교 네 명이 자신의 권위에 대해 논쟁을 벌이고 있다고 호소했다. 그레고리우스 7세가 쓴 두 통의 서한은115 가톨릭교도들의 고난을 덜어 주고 무어족 군주의 자긍심을 만족시키기 위한 것이었다. 교황은 서한에서 술탄에게 그들 둘 다 같은 신을 섬기며 아브라함의 품에서 만나기를 바란다고 했다. 그러나 형제들을 축성해야 할 세 명의 주교가 이미 보이지 않는다는 한

서기 1149년 등, 스페인에서 그리스도교의 쇠퇴와 몰락

탄은 교단이 빠르게 무너지고 있음을 보여 준다. 아프리카와 스페인의 그리스도교도들은 오래전부터 할례 관습과 술과 돼지고기에 대한 법적인 금지 사항을 지켜 왔다. 그들의 민간적 또는 종교적 복종에는 '모자라브'(아랍화한 사람들이라는 뜻)라는 이름이 붙었다.116 12세기 중반경에는 그리스도교 예배와 성직의 세습 제도가 바바리 해안 지역을 비롯해 코르도바

와 세비야, 발렌시아와 그라나다 왕국에서도 폐지되었다.[117] 알 무아히드, 즉 유일신 교도들의 왕좌는 아주 맹목적인 광신에 기반을 두고 있었으며, 그들의 유별난 엄격함은 시칠리아와 카스틸리아, 아라곤과 포르투갈 군주들의 승리와 이교를 용납하지 않는 종교적 열정에서 나왔거나 그로 인해 정당화되었다. 모자라브의 신앙은 때로 교황의 사절단에 의해 되살아났는데, 카를 5세가 상륙하자 일부 라틴계 그리스도교도 가문에서는 튀니스와 알제리에서 다른 마음을 품기도 했다. 그러나 복음의 씨앗은 재빨리 뿌리 뽑혔고, 트리폴리에서 대서양에 이르는 긴 지역에서 로마의 언어와 종교에 대한 기억은 완전히 상실되었다.[118]

서기 1535년

11세기의 혁명 후 터키 제국의 유대교도와 그리스도교도들은 아랍 칼리프들이 허용한 양심의 자유를 즐겼다. 정복 시대 초기, 멜키트라는 이름이 비잔티움 황제에 대한 은밀한 애착을 드러낸다는 이유로 가톨릭교도들의 충성심은 의심을 받았지만, 황제의 철천지원수인 네스토리우스파와 야고보파는 진심으로 이슬람교 지배의 자발적인 우호 세력이 되었다는 인정을 받았다. 그러나 이러한 편파적인 감정도 시간이 지나고 체념하면서 나아졌다. 가톨릭교도들은 이집트의 교회를 같이 썼고,[119] 동방의 모든 종파들은 관용이라는 공동의 혜택을 받았다. 대주교와 주교, 성직자의 지위, 면책권, 국내 관할권은 행정관이 보호해 주었으며, 학식 있는 사람은 비서나 의사로 채용되어 많은 수입을 올렸고, 공적이 크면 도시나 속주를 다스리게 되었다. 압바스 왕조의 한 칼리프는 페르시아를 통치하는 데는 그리스도교도들이 신뢰할 만하다고 말했다고 한다. "이

그리스도교도들에 대한 관용

---

117 파기는 카스틸리아의 페르디난드가 세비야 등을 수복했을 때 포로를 제외하고는 그리스도교도를 찾을 수 없었고, 비트리아코(James à Vitriaco)가 서기 1218년에 아프리카와 스페인의 모자라브 교회들에 대해 서술한 것은 전 시대의 책에서 베낀 것이라고 정확하게 설명한다. 또한 헤지라 677년(서기 1278년)이라는 연도도 코르도바 그리스도교도들의 시민권을 기술한 법률집이 작성된 해가 아니라 사본이 만들어진 해이다. 유일한 반대자는 유대교도들뿐이었고, 그라나다 국왕 아불 와레드(서기 1313년)는 이들을 용인하지 않을 수도 관용을 베풀 수도 있었다.

118 아프리카누스가 아프리카에 잠재하고 있는 그리스도교의 흔적을 하나라도 발견했다면 로마에 있는 주인들의 마음에 들었을 것이다.

119 단의론이 이단이라는 오점 때문에 초기 그리스계 장로들은 황제에게 충성심이 덜한 것으로 보인 반면, 아랍인들에게는 덜 불쾌하게 받아들여졌을 것이다.

120 모타드헤드(재위 서기 892~902년). 마기교도들은 여전히 제국의 여러 종교 사이에서 그 이름과 위상을 유지하고 있었다.

121 릴랜드는 이슬람의 정책 및 법 체제의 일반적인 제약을 설명해 준다. 에우티키우스와 데르벨로는 지금도 유효한 칼리프 무타와킬(서기 847~861년)의 압제적인 칙령에 대해 언급한다. 칼리프 우마르 2세의 박해는 그리스인 테오파네스가 설명하면서 아마도 과장한 듯하다.

122 성 에울로기우스는 코르도바의 순교자들(서기 850년 등)을 기리며 옹호하다가 마침내 자신도 희생된다. 칼리프가 주관하는 한 종교 회의에서는 그들의 성급함을 모호하게 비난했다. 중도적인 플뢰리(Fleury)는 그들의 행동을 고대의 규율, 교회의 권위 등과 연결 지을 수 없다고 한다. 그들의 진정한 행위는 9세기 스페인 교회의 모습을 잠깐이지만 강하게 엿볼 수 있게 한다.

슬람교도들은 지금의 재산을 탕진할 것이고, 마기교도들은 몰락을 아쉬워할 것이며, 유대교도들은 다가올 구원을 조급하게 기다릴 뿐이오."120 그러나 전제 정치의 노예들에게는 총애 아니면 오명이라는 양자택일밖에 없었다. 포로 신세와도 같은 동방 교회들은 어느 시대에나 지배자의 탐욕이나 편견으로 고통을 받아 왔다. 일상적이고 법적인 제재는 그리스도교도들의 자긍심 내지는 종교적 열정상 모욕으로 느껴졌을 것이다.121 마호메트가 죽은 지 약 200년 후에 그들은 한 단계 낮은 지위를 나타내는 색의 터번이나 허리띠로 다른 사람들과 구분되었고, 말이나 노새가 아니라 당나귀를 여자와 같은 자세로 타고 다녀야 했다. 그들의 공공건물은 물론 개인의 건물도 이슬람교의 그것보다 더 작은 규모로 지어야 했고, 거리나 욕장에서는 아무리 신분이 낮은 자들에게도 길을 비키거나 머리 숙여 인사해야 했다. 증언조차도 이슬람교도에게 불리하게 작용하는 경우에는 거부되었다. 그들의 예배에는 웅장한 행렬도 종소리나 찬송가도 금지되었고, 설교나 대화 중에 국교에 대한 경의를 표해야 했으며, 모스크에 들어가거나 이슬람 교도를 꾀어내려는 불경한 시도를 하면 반드시 벌을 받았다. 평화와 정의가 존재하는 시절에는 복음을 부정하거나 코란을 받아들이라는 강요를 받지 않았지만, 마호메트의 법에 대해 신앙을 고백했다가 버리는 배교자는 죽음이라는 형벌을 받았다. 코르도바의 순교자들은 자신들의 변절을 공공연히 고백하거나 예언자와 그 종교에 대해 비난했기 때문에 재판관의 판결을 자극했다.122

헤지라 1세기 말 칼리프들은 지구상에서 가장 강력하고 절대적인 군주들이었다. 그들의 특권은 권리상으로나 실제상으

그리스도교도들의 고난

로나 귀족들의 권세, 백성들의 자유, 교회의 특권, 원로원의 표결 또는 국헌의 존재로 제한을 받지 않았다. 마호메트의

서기 718년, 칼리프들의 제국

동반자들이 갖는 권위는 그들의 죽음과 함께 소멸되었고, 아랍 부족의 수장, 즉 에미르들은 평등과 독립의 정신을 사막에 남겨 두고 왔다. 마호메트의 후계자들에게 제왕과 성직자의 지위가 통합되었고 코란이 그들의 행위의 규범이었다면, 그들은 이 성스러운 책의 최고 판정관이자 해석자였다. 그들은 정복자의 권리로 동방의 민족들을 지배했는데, 이 민족들은 자유라는 것을 몰랐으며 전제 군주의 폭력과 가혹한 처사에 희생되면서도 그 행위를 칭송하는 데 익숙했다. 우마이야 왕조의 마지막 칼리프의 시대, 아랍 제국은 크게 확장되어 동쪽에서 서쪽까지, 즉 타르타리와 인도 국경에서 대서양 연안까지 가려면 200일이 걸렸다. 아랍 역사가들의 표현을 빌리자면 겉옷의 소매에 해당하는 아프리카의 길고 좁은 지역을 잘라 내더라도, 파르가나에서 아덴, 타르수스에서 수라트에 이르는 견고하고 탄탄한 통치 권역은 동서남북에 걸쳐, 대상의 속도로 가도 4~5개월은 걸릴 것이다. 아우구스투스와 안토니누스의 치세에 널리 퍼졌던 것과 같은 확고한 통합과 복종은 찾아보기 힘들지만, 이슬람 종교의 확산은 이 광활한 대지에 보편적으로 유사한 관습과 생각을 불어넣었다. 사마르칸트에서 세빌리아까지 모두가 코란의 언어와 법률을 열심히 연구했고, 무어족과 인도인들은 메카 순례에서 동포와 형제로서 서로 포옹했다. 아랍어는 티그리스 서쪽의 모든 지역에서 일상의 언어로 채택되었다.[123]

[123] 코란에 사용된 아랍어는 메카 대학에서 현재 사어(死語)로서 가르치고 있다. 덴마크 여행가는 이 고대의 말을 라틴어와, 헤자즈와 예멘의 구어(口語)를 이탈리아어와, 시리아, 이집트, 아프리카 등의 아랍 방언을 프로방스어, 스페인어, 포르투갈어와 비교한다.

52

아랍군이 두 차례 콘스탄티노플을 포위 공격함 · 아랍군의 프랑스 침공, 카를 마르텔에게 패배함 · 우마이야 왕조와 압바스 왕조 사이의 내전 · 아랍인들의 학문 · 칼리프들의 사치 · 크레타, 시칠리아, 로마로의 해상 모험 · 칼리프 제국의 쇠퇴와 분열 · 비잔티움 황제들의 패배와 승리 · 니케포루스 포카스, 치미스케스

아랍인들이 처음에 사막에 진출했을 때 자신들도 그렇게 짧은 시간 안에 손쉬운 성공을 거두리라 생각하지 못했기 때문에 의외의 성과에 깜짝 놀랐을 것이 분명하다. 하지만 인더스 강 유역과 피레네 산맥에 이르는 넓은 지역에서 성공을 쌓아 가면서, 언월도의 칼날을 끊임없이 휘두르고 자신들의 신앙의 힘을 시험하는 동안 그들은 무적의 자신들에게 저항할 수 있는 나라가 있음을 알고는 이전에 못지않게 놀랐을 것이다. 어쩌면 예언자의 후예가 가지는 통치권을 한정시키는 국경선이 있다는 사실에 놀랐을지도 모른다. 그들 병사들과 광신자들의 자신감은 전혀 근거가 없는 것이 아니었다. 오늘날을 살아가는 냉정한 역사학자가 사라센인들의 급속한 이동 경로를 추적하다 보면, 그리스도교 교회와 그 국가가 압박해 오는 피할 수 없는 위험에서 어떻게 벗어났고, 어떻게 무사할 수 있었는지를 설명하기 위한 연구를 해야만 할 지경이다. 스키타이와

아랍인들의 정복의 한계

사르마티아의 사막은 그 광활한 면적과 혹독한 기후, 그리고 빈곤함으로 오히려 보호를 받았을 수도 있고 또 북방 유목민들의 용기가 그 지역을 지켜 냈을 수도 있다. 중국은 매우 멀리 떨어져 있어서 접근하기 어려웠다. 하지만 온대 지역은 대부분 마호메트교 정복자의 지배를 받고 있었다. 비잔티움 사람들은 전쟁이 불러온 재난과 가장 풍요로운 속주를 상실하게 된 일들로 완전히 비탄에 잠겨 있었다. 그리고 유럽의 야만족들은 고트 왕국이 순식간에 쇠망해 가는 모습을 보면서 몸을 떨었을 것이다. 이번 장에서 나는 영국의 우리 조상들과 갈리아에 사는 이웃 민족들을 코란이라는 종교와 문명의 멍에에서 구해 준 사건들과 로마의 주권을 지켜 내고 콘스탄티노플이 야만족에 예속되는 일을 지연시킨 사건들, 그리고 그리스도교도들의 방어욕을 고취시킨 사건과 그 적들 사이에 분열과 부패의 씨앗을 퍼뜨린 사건들도 이야기해 보려 한다.

서기 668~675년,
아랍인들의 1차
콘스탄티노플 포위 공격

마호메트가 메카에서 탈출한 후 46년 만에 그의 신도들은 콘스탄티노플의 성벽 아래 무장한 모습으로 나타났다.[1] 그들은 황제의 도시를 처음으로 포위하는 군대는 죄를 용서받는다는 그 진위를 알 수 없는 예언자의 말에 힘입어 사기가 충천해 있었다. 오랫동안 로마군이 이뤄 낸 승리의 영광은 이 새로운 로마의 정복자에게 그대로 계승되었을 것이고, 제권과 상권이 집약되어 있는 이곳에는 제국의 부가 축적되어 있었다. 그래서 칼리프 무아위야는 그의 경쟁자를 누르고 왕위에 오르자마자 내전으로 흘린 피에 대한 죄의식을 씻고자 성전을 벌여 성공을 거두고 그 영광으로 내전의 상처를 치유하고자 했다. 육상과 해상에 걸친 전쟁 준비는 이 중대한 목적을 이루기에 걸맞은 규모를 자랑했다. 무아위야의 군대는 역전의 용사 수피

---

[1] 테오파네스는 7년간에 걸친 콘스탄티노플 포위 공격이 서기 673년에 시작되었고 사라센족이 그 후 4년간 평화로운 시절을 향유했다고 말하고 있다. 하지만 이것은 명백한 모순이다. 페타비우스(Petavius), 고아르(Goar), 파기(Pagi)가 이것을 삭제하려 노력해 왔다. 아랍인 중에서 엘마킨은 이 시기를 헤지라 52년(서기 672년 1월 8일)으로 보았고, 아불페다는 헤지라 48년(서기 668년 2월 20일)이라고 보았다. 나는 이것이야말로 가장 믿을 만하고 알맞은 주장이라고 생각하고 있다.

안이 지휘하였지만, 신도 지도자의 아들이자 후계자인 야지드의 참전과 그 본보기가 군대의 사기를 진작시키고 있었다. 그에 비해 당시 비잔티움 제국의 군주는 조심스럽기 짝이 없고 배짱도 없어서, 콘스탄티누스의 이름을 더럽히기나 하면서 조부가 되는 헤라클리우스가 다스리던 치욕스러운 시절을 그대로 답습하고만 있었다. 그리스인들에게는 기대할 것이 거의 없는 상황이었고, 그들의 적들은 두려울 것이 전혀 없었다. 사라센의 해군은 지금도 터키의 미약한 통제권 아래서 수도를 방위하는 자연 방벽의 역할을 하는 무방비 상태의 헬레스폰투스 해협을 어떤 저항도 받지 않고 가로질러 지나게 되었다.[2] 이 아랍 선단은 수도에서 7마일 떨어져 있는 헤브도몬의 궁전 근처에 닻을 내리고 상륙했다. 그로부터 며칠 동안 새벽부터 저녁까지 계속해서 공격 전선은 금문(金門)에서 동부의 곶까지 확대되었고, 최고의 전사들은 뒤이어 진격해 오는 군대가 압박감을 더해 주고 있는 까닭에 추진력을 얻었다. 하지만 포위군은 콘스탄티노플의 자원과 저력을 과소평가하고 있었다. 높이 치솟은 견고한 성벽에는 훈련이 잘된 병력이 상당수 배치되어 방어하고 있었고, 자신들의 종교와 제국에 위기가 닥쳤다는 상황 인식은 로마군의 사기를 다시 한 번 진작시켰다. 정복당한 속주의 망명자들은 다마스쿠스와 알렉산드리아를 공격하여 그 방어를 새롭게 하는 데 신경 쓰도록 했고, 사라센군은 인공 불의 기묘하고도 놀라운 효과에 깜짝 놀랐다. 이렇게 효과적이면서도 거센 저항에 직면한 포위군은 프로폰티스 해를 사이에 두고 유럽과 아시아 해안 지역을 약탈하는 좀 더 손쉬운 일로 시선을 돌리게 되었다. 그리고 4월에서 9월까지 바다를 장악하고 있다가 겨울이 다가오자 약탈품과 식량을 쌓아 둘 군수품 창고가 세워진 수도에서 80마일 떨어진 키지쿠스 섬으로 후퇴하였

[2] 다르다넬스 해협의 상황이나 방어 상황은 토(Baron de Tott)의 회고록에 드러나 있다. 그는 러시아의 침공에 맞서 그곳을 방어하라고 사람들을 보냈다고 한다. 당시 중요한 지위에 있던 사람이라서 좀 더 자세한 이야기를 들을 수 있으리라고 예상했지만, 그가 이 부분을 쓴 것은 독자에게 뭔가를 가르쳐 주기보다는 재미를 위해서였던 모양이다.

다. 인내심이 강해서였는지 아니면 지지부진한 작전 탓이었는지는 모르지만 어찌 되었든 사라센인들은 이와 같은 식으로 여섯 해 여름에 걸쳐 공격과 후퇴를 반복하였다. 서서히 희망은 사그라졌고 왕성한 기력은 약해져 갔다. 결국 난파를 당하거나 질병이 휩쓸고 가는 재난을 겪고, 거기에 창과 불의 공격으로 포위군은 아무런 성과도 없이 대담한 계획을 포기할 수밖에 없게 되었다. 그들은 콘스탄티노플에 대한 포위 공격으로 입은 막대한 손실에 비탄에 잠기거나 순교한 이슬람교도 3만 명을 추도하였을 것이다. 특히 아부 아유브, 즉 욥의 엄숙한 장례식은 그리스도교인들의 호기심을 자아냈다. 이 존경할 만한 아랍인은 최후까지 마호메트의 곁을 지킨 동료이자 메디나에서 도망쳐 온 마호메트를 돌보아 준 안사르라는 조력자 집단의 한 사람이다. 그는 젊은 시절에 베데르와 오후드에서 성스러운 깃발 아래에서 싸웠고, 장년이 되어서는 알리의 벗이자 지지자가 되었다. 그리고 남은 생을 먼 타지에서 코란에 적힌 원수들에 대항하는 위험한 전쟁을 치르며 보냈다. 사후에 존경을 받았지만 그의 무덤은 780여 년 동안 사람들의 관심을 받지 못해서 그 위치조차 알려지지 않다가 마호메트 2세가 콘스탄티노플을 정복하고 나서야 주목받게 되었다. 시의적절하게도 환영이(모든 종교가 이런 종류의 환영을 만들어 낸다.) 나타나 성벽 아래의 항구 안쪽에 성스러운 장소가 있음을 알려 주었다. 그래서 아유브가 안장된 모스크 사원은 그 이후 터키 술탄의 취임식을 군인답게 간소하게 치르는 장소로 당연하게 선정되었다.

서기 677년,
화평과 조공

이 포위 공격은 동서 양쪽 세계에서 로마군의 명성이 되살아나게 하는 결과를 낳았고, 사라센군들의 영광을 일시적으로나마 그늘지게 하였다. 비잔티움 제국의 대사는 다마스쿠스의 쿠라이시족의 수장 회의에 정중한 초대를 받는다. 그리고 두 제국 사이에는 30년간의 화평, 즉 휴전 협정을 체결하게 되면서 해마다 혈통 좋은 말 50필과 노예 50명 그리고 금화 3000닢을 조공으로 정해 이슬람교 신도들을 통솔하던 지도자의 위엄을 손상시켰다.³ 늙은 칼리프는 자신의 통치권을 유지하기를 간절히 바라다가 평안하고 조용히 생을 마쳤다. 무어족과 인도인들이 그의 이름에 벌벌 떨고 있는 사이에 그의 궁전과 다마스쿠스의 도성은 비잔티움 제국에서 가장 견고한 방벽인 리바누스 산맥에 거주하는 마론파에게 공격당하여, 마침내 이들은 그리스인들의 수상쩍은 정책으로 무장 해제되어 다른 곳으로 이주당하였다. 아라비아와 페르시아의 배반 이후에 우마이야 왕조는⁴ 시리아와 이집트 왕국으로 축소되었고, 비탄에 잠겨 두려움에 떨던 이들은 그리스도교도들의 강압적인 요구에 굴복하고 말았다. 그래서 조공은 태양력으로 365일의 매 하루가 지날 때마다 노예 1명과 말 1필 그리고 금화 1000닢씩으로 늘어나게 되었다. 하지만 제국이 압달말리크가 이끄는 군대와 그의 정책으로 다시 한 번 통일되고 나서 압달말리크는 이러한 예속 상태는 자존심보다도 도의적으로 옳지 않은 일이라 여기고 조공을 중단했다. 비잔티움 제국은 이 일에 대해 분노했지만 제정신이 아닌 듯한 유스티니아누스 2세의 폭정과 민중의 반란 그리고 황제의 적대자들과 계승자들이 자주 바뀌는 등의 일로 아무런 행동도 취할 수 없었다. 사라센인들은 압달말리크가 호스로우와 카이사르의 상(像)이 들어 있는 금화로 페르시아와 로마의 보화를 소유할 수 있다는 사실에 만족하고 있었다. 그런데 압달말리크의 명으로 국가에서 운영하는 조폐창이 건설되어 은화와 금화가 주조되었다. 이곳에서 주조된 디나르(Dinar)의 명각은 비록 일부 소심한 궤변가들이 혹평할 수도 있

³ 테오파네스는 비잔티움인이었지만 이 조공을 바치게 된 데에 평가를 받을 만한 가치가 있는 사람이다. 이 사실은 아랍의 역사에 대해 아불파라기우스가 쓴 글을 보면 확실하다.

⁴ 이런 국내에서 일어난 혁명에 대해서는 오클리(Ockley)가 『사라센의 역사』 2권에 분명하고 자연스러운 문체로 기술하고 있다. 오클리는 인쇄된 저서에서뿐만 아니라 옥스퍼드 필사본에서도 소재를 끌어다 썼다. 그가 감옥 대신에 보들레이아 도서관에 들어앉아 있기만 했더라면 그의 저술은 좀 더 깊은 연구를 바탕으로 쓰여질 수 있었을 것이다. 그 자신과 그의 나라에 걸맞지 않은 일이라 하겠다!

겠지만, 마호메트가 섬긴 신의 불변성을 공포하고 있다.[5] 칼리프 왈리드의 치세에는 비잔티움의 말과 문자가 공식적인 국가 재정 보고서에 사용되는 것이 금지되었다. 이런 변화가 현재 우리가 사용하는 아라비아 내지 인도 숫자의 발명 또는 그 사용을 더욱 장려했다고 본다면, 한 관청의 규제가 산수, 대수학 등의 수학이라는 학문 전반에 걸쳐 가장 중요하고 위대한 발견을 촉진시켰다고 말할 수 있을 것이다.[6]

서기 716~718년,
2차 콘스탄티노플
포위 공격

칼리프 왈리드가 하릴없이 다마스쿠스의 옥좌에 앉아 있는 동안 그의 부관들은 트란속시아나와 스페인 정복을 달성하였고, 그 사이에 사라센의 제3 군대는 소아시아의 여러 속주로 퍼졌다가 비잔티움 제국의 수도 근방까지 도달하였다. 하지만 두 번째 포위 공격을 시도했다가 실패한 것은 좀 더 공격적이고 호전적인 기개를 지닌 왈리드의 동생 술라이만의 야심 탓이었다. 압제자 유스티니아누스가 보복을 당해 처형된 후에 비잔티움 제국에서는 혁명이 일어났고, 그 와중에 미천한 서기관이었던 아나스타시우스, 즉 아르테미우스는 우연인지 아니면 뛰어난 재능 때문인지 모르지만 비어 있던 황제의 자리를 차지하게 되었다. 그는 전쟁 소식에 놀랐는데 다마스쿠스에 보낸 사절은 사라센인들이 육상과 해상에 군사를 준비시키고 있으며, 그 규모가 과거에 경험했던 정도나 현재 예상할 수 있는 정도를 모두 초월한다는 무시무시한 소식을 가지고 돌아왔다. 아나스타시우스는 그의 지위나 임박한 위험의 정도에 걸맞은 예방조치를 취했다. 그는 3년간의 포위 공격에 견뎌 낼 수 있는 생활 수단을 마련하지 못한 사람은 모두 도성에서 물러나라는 단호한 칙령을 반포했다. 그리고 곡물 창고와 무기고를 가득 채우고 성벽을 보수하여 강화했으며, 돌이나 화살 또는 불을 던

---

[5] 최초로 경화를 주조한 시기를 비잔티움의 역사가들이 추정하는 것보다 5~6년 이후인 헤지라 76년, 즉 서기 695년으로 추정하고 있는 엘마킨은 일반적으로 사용되는 금화 디나르의 무게를 이집트의 드라크마에 견주어 설명했다. 이는 우리가 사용하는 금형(金衡)으로 2페니(48그레인)와 같을 것이다. 그리고 현재 영국의 파운드화로 보면 8실링의 무게와 같은 정도였던 것 같다. 엘마킨과 아랍계 내과 의사들의 이야기를 통해 보면 디나르 중에는 그 두께가 2디르헴과 같은 것도 있고, 디르헴의 절반 두께에 해당하는 것도 있었다고 추론할 수 있다. 그리고 가치나 무게는 은화 한 닢이 디르헴과 같은 정도였던 것 같다. 오래되었지만 상태가 양호한 동전 하나가 헤지라 88년에 와아세트에 떨어져 있다가 보들레이아 도서관에 보관되었는데, 이것은 카이로 기준을 적용해서 4그레인 정도에 해당되었다.

[6] 빌루아종(M. de Villoison)이 제기하는 매우 낯설지만 그럴듯한 견해에 따르면 우리가 사용하는 아라비아 숫자는 인도인이나 아랍 사람들이 만든 것이 아니다. 보이티우스의 시대 훨씬 이전에 그리스와 라틴 수학자들이 사용한 것이다. 서방에서 과학이 사라지게 된 후 이 숫자들을 원본에서 차용해 아랍식으로 사용하게 되었고, 11세기에 라틴어에서 복원되기에 이르렀다.

지기 위한 기구들을 성벽이나 서둘러 건조한 쌍돛대 범선에 배치해 놓았다. 적의 기선을 제압하는 것이 적을 격퇴하는 것보다 더 명예로울 뿐만 아니라 더 안전한 법이다. 그래서 일반적으로 비잔티움인들이 생각하지 못한 공격 방안, 즉 적군이 이집트 함대를 위해 리바누스 산에서 잘라 페니키아 해안가를 따라 쌓아 놓았던 삼나무 목재를 불태워 버리는 방안이 세워졌다. 하지만 이 원대한 계획은 당시 제국에서 새로운 호칭인 '옵세쿠이움 테마'라고 불린 군관구 병사들의 비겁함 또는 반역으로 좌절되었다. 그들은 자신들의 지휘관을 살해하고 로도스 섬에서 군기를 버리고 인접한 대륙으로 흩어져 들어가서는, 한 소박한 재무관에게 황제의 옷을 입힘으로써 자신들의 죄를 사면받거나 또는 자신들의 행위에 대한 보상을 받으려 했다. 테오도시우스라는 이름을 가졌다는 점이 원로원과 사람들의 마음을 끌었는지 모르지만, 몇 달이 지난 후에 그는 수도원으로 들어가 버리고 좀 더 강력한 이사우리아인인 레오에게 제국과 제국의 수도를 방어하는 긴급한 임무를 맡겼다. 사라센인 중에서 가장 두려운 존재로 알려진 칼리프의 동생 모슬레마는 페르시아인과 아랍인으로 구성된 12만 병사를 이끌고 진격했는데, 병사들은 대부분 말이나 낙타를 타고 있었다. 이들은 티아나, 아모리움, 페르가무스에 대한 포위 공격에서 성공을 거두었고, 이 전쟁은 군사 기술을 익히고 희망을 키우는 데 충분할 만큼 지속되었다. 헬레스폰투스에 위치한 그 유명한 아비두스 해로를 통해 역사상 처음으로 이슬람교도 군대가 아시아에서 유럽으로 이동하였다. 모슬레마는 그곳에서부터 프로폰티스 해에 있던 트라키아의 여러 도시를 우회하여 콘스탄티노플의 육지 쪽을 포위하면서, 자신의 군영을 참호와 보루 구축으로 강화하였다. 그리고 포격 무기를 배치하고 포위당한 군대가 완강하게 저항하더라도 다음 해 파종과 추수 때까지 기다리겠노라는 단호한 결의를 말과 행동으로 만천하에 선포했다. 비잔티움인들은 도시 주민 한 명당 부과되는 금액의 배상금을 기꺼이 치르고서라도 자신들의 종교와 제국을 구할 마음이 얼마든지 있었다. 하지만 이런 관대한 제안은 철저하게 거부당했는데, 당시 모슬레마는 이집트와 시리아의 원주민들로 이루어진 무적의 지원군이 빠른 속도로 진격하고 있다는 사실에 더욱 고무되어 자신만만해 했다. 지원군의 함선은 1800척에 달하는 것으로 알려져 있었다. 이렇듯 함선이 많다는 것은 함선의 크기가 그다지 크지 않았다는 사실을 반증하는 것으로, 튼튼하고 커다란 선박은 스무 척이 있었지만 그 큰 크기 때문에 이동 속도가 더뎠다. 또 큰 배임에도 그 안에는 중무장한 군인 백 명 정도가 승선하고 있을 뿐이었다. 이 거대한 함대는 순풍을 받으며 잔잔한 바다 위를 지나 보스포루스 해협 입구를 향해 전진했는데, 비잔티움인들의 말에 따르면 해협의 표면이 마치 움직이는 산림으로 덮인 것처럼 온통 어두워졌다고 한다. 바로 그날 밤 사라센의 사령관은 수륙 양면으로 총공격에 나서기로 결정했다. 비잔티움의 황제는 적군의 자신감을 더욱 부추길 목적으로 평소에 항구의 출입구를 막기 위해 쳐 놓은 쇠사슬을 한쪽으로 치워 놓았다. 적군이 이것을 절호의 기회인지 아니면 함정인지 망설이고 있는 동안에 파괴의 사절이 손을 뻗쳐 왔다. 비잔티움의 화공선(火攻船)들이 그들을 향해 진격해 온 것이다. 아랍인들과 그들의 무기 그리고 배는 모두 화염에 휩싸였고, 이리저리 도망치던 이들은 서로 부딪치거나 바다에 빠져 사라졌다. 로마라는 이름조차 뿌리째 뽑아 버리겠노라고 위협하던 거대한 해군은 더 이상 그 흔적조차 찾아볼 수 없게 되었다. 그렇지만 더욱 치명적이면서 회복 불가능한 손실은 칼리프

술라이만의 죽음이었다. 그는 콘스탄티노플에 맞서기 위해 동방의 나머지 군대를 이끌고 진군 준비를 하는 중에 시리아에 있는 킨니스린, 즉 칼키스 근처에서 진지를 세우고 있다가 소화 불량으로 죽음을 맞이하였던 것이다.7 모슬레마 형의 왕위는 친족이면서도 대립하고 있던 이에게 넘어갔다. 하지만 이 역동적이고 유능한 군주의 왕좌도 한 고집쟁이의 쓸모없고 악독한 미덕으로 그 힘이 약화되었다. 새로운 왕이 깜짝 놀라 맹목적인 양심의 가책을 만족시키는 일을 하는 동안에도 포위 공격은 계속되어 겨울을 지내고 있었다. 하지만 이것은 칼리프 우마르의 결단에 의해서라기보다는 방치해서 일어난 일이었다.8 그런데 그해 겨울은 유난히 추위가 심했다. 두꺼운 눈이 백 일 이상 땅을 뒤덮고 있어서 이집트와 아라비아의 더운 지역에서 살던 원정 병사들은 꽁꽁 얼어붙은 진지에서 거의 죽은 듯이 웅크리고 앉아 제대로 움직이지 못했다. 하지만 봄이 돌아오자 이들은 원기를 회복했고 이들을 위한 두 번째 지원이 이루어졌다. 곡물과 무기 그리고 병사들을 가득 실은 두 선단이 도착하자 그동안의 곤궁함을 해결할 수 있었다. 첫 번째 선단은 알렉산드리아에서 출발한 400척의 운송선과 갤리선으로, 두 번째 선단은 아프리카 여러 항구에서 떠나온 360척의 선박으로 구성되어 있었다. 또다시 비잔티움의 화포가 불을 뿜었지만 이번에는 전멸당하는 일을 피할 수 있었는데, 이는 이슬람 군대가 일정한 거리를 유지해야만 한다는 사실을 경험을 통해 배웠기 때문이었다. 또 한편으로는 이집트 수병들이 배를 몰고 그리스도교 황제에게 투항하는 배신을 했기 때문이기도 했다. 수도의 통상과 교통은 다시 원활해졌고 수산물들은 주민의 필요를 모두 충족시켰을 뿐만 아니라 심지어 사치스러운 생활도 가능하게 해 주었다. 한편 모슬레마의 군대는 곧 기아와 질병

7 칼리프는 달걀 두 바구니와 무화과 열매 두 바구니를 차례로 먹었다. 이런 식사는 과즙과 설탕이 넘치는 것이었다. 메카로 순례에 나서서는 한 끼 식사로 석류 열매 20개와 닭 6마리 그리고 타예프의 포도를 엄청나게 먹었다고 한다. 정말 이렇게 먹었다면 우리는 아시아 통치자의 사치스러움이 아닌 식욕에 감탄해야 할 것이다.

8 그는 신과 함께하기를 간절히 갈구했다. 그래서 마지막으로 걸린 병을 완전히 고치기 위해서 귀에 연고도 바르려 하지 않았다. 우마르는 셔츠도 단 한 벌뿐이었고 사치가 만연한 그 시대에도 1년 동안 고작 2드라크마를 사용했다.

9 니케포루스와 테오파네스는 콘스탄티노플의 포위 공격이 8월 15일(서기 718년)에 거행되었다는 데 모두 동의하고 있다. 하지만 직접 사건을 목격했던 니케포루스가 그 포위 공격이 13개월간 지속되었다고 단언하고 있는 반면, 테오파네스는 니케포루스보다 1년 앞선 8월 15일에 공격이 시작되었다고 추정하는 실수를 저지른 것 같다. 파기가 이런 모순된 서술에 대해 언급한 적은 없었던 것 같다.

10 중세와 비잔티움 시대에 대한 확실하고 끈기 있는 안내자인 뒤캉주는 그리스의 불을 사용한 몇몇 다른 나라에 대한 정보를 수집해서 남겼지만 그 양은 많지 않다.

이라는 재난을 겪게 되었는데, 기아에 관한 문제를 어떻게든 허기를 달래는 식으로 해결하려다 보니, 불결하고 이상한 음식까지도 먹게 되면서 질병이 무서운 속도로 퍼져 나갔다. 정복욕과 심지어 열정조차 모두 사라져 버렸다. 더욱이 사라센인들은 혼자서든 아니면 무리를 이루어서든 옴짝달싹 할 수도 없었다. 자신들의 전열에서 조금만 벗어나면 트라키아 농민의 무자비한 보복을 당할 처지에 놓여 있었기 때문이다. 불가리아 군대가 레오 황제의 약속과 선물에 넘어가 도나우 강에서 이곳으로 건너왔는데, 이 야만스러운 외인 부대는 과거 제국에 가한 악행에 대한 보상으로 2만 2000명의 아시아인을 격퇴하거나 학살하였다. 게다가 라틴 세계의 미지의 프랑크족도 그리스도교의 대의를 방어하기 위해 육해군이 모두 군장을 차리고 있기 때문에 곧 프랑크족의 가공할 원조가 있을 것이라는 소문은 군영과 도시에 아주 색다른 기대감을 안겨 주었다. 13개월의 포위 공격 끝에[9] 모든 것을 포기하고 있던 모슬레마는 마침내 칼리프로부터 철군해도 좋다는 반가운 허락을 받게 되었다. 아랍 기병대는 지체 없이 헬레스폰투스를 지나 아시아의 속주들을 통과하는 행군에 나섰다. 하지만 그들의 우군은 비티니아 지역에서 섬멸되었고, 남아 있던 선박들도 험악한 날씨와 화재로 연이어 훼손되어 겨우 다섯 척의 갤리선만이 알렉산드리아 항구에 도착해서 그들이 겪은 믿기 어려운 수많은 재난에 대한 이야기를 전할 수 있었다.

사라센들의 실패와 철군

그리스 불의 발명과 사용

두 번에 걸친 포위 공격에서 콘스탄티노플을 방어할 수 있었던 것은 '그리스 불(Greek fire)'의 실제적인 효능과 그 진기함, 그리고 그 무기가 주는 공포에 있다고 할 수 있다.[10] 이

인공 화염을 합성하고 관리하는 것에 대한 중요한 비밀은 칼리프에 대한 충성 맹세를 저버리고 비잔티움 제국의 황제에게 찾아간 시리아의 헬리오폴리스 출신 칼리니쿠스가 전해 주었다.[11] 화학자이자 기술자인 한 사람의 능력은 많은 함대와 군대의 원조에 버금가는 위력을 발휘했다. 이러한 군사 기술의 발명과 개량은 매우 다행스러운 일로, 동로마 제국이 타락하여 사라센인들의 젊은 활기와 호전적인 열정에 맞서 싸울 능력을 상실한 곤궁한 시기를 위해 마련해 둔 것이었다. 이 특별한 합성물을 분석해 보려고 하는 역사가라면 자신이 잘 모르는 분야라는 사실을 경계해야 하고, 더불어 비잔티움 제국에 대한 안내서도 본디는 진실을 드러내는 데 무신경하고 초자연적인 경향을 보이는데, 이 경우에는 진실을 감추려 하는 경향이 있다는 사실을 인식해야 할 것이다. 그들의 애매하고 믿을 수 없는 기록이지만 그나마 남아 있는 문헌으로 그리스 불의 주요 성분을 유추해 보면 나프타,[12] 즉 액체 역청이라는 가볍고 끈적끈적한 가연성 기름으로[13] 땅에서 솟아 나오며 공기와 접촉하는 즉시 불이 붙는다. 나프타에는 그 비율이나 방법은 알지 못하나, 유황과 상록 전나무에서 추출한 수지도 혼합되어 있다. 이 합성물에서는 짙은 연기와 커다란 폭발음을 내면서 수직으로 상승할 때뿐만 아니라 아래로 떨어지거나 그 이후의 과정에서도 격렬한 불꽃이 사그라지지 않는 강한 화염이 뿜어져 나왔다. 물을 끼얹었어도 꺼지기는커녕 오히려 더욱 거세게 타올랐다. 비잔티움 사람들이 '액체' 불 또는 '해상의' 불이라고 일컫는 이 강력한 화약품의 기세를 꺾을 수 있는 것은 오직 모래나 소변 또는 식초뿐이었다. 비잔티움 제국을 상대하는 적군의 골칫거리는 이 무기가 육해를 막론하고 그 어떤 전투나 포위 공격에서도 한결같이 효력을 발휘한다는 것이었다. 그리스

[11] 캐드레누스는 이 예술가를 이집트의 헬리오폴리스의 폐허 속에서 데리고 왔다. 화학은 이집트인들 고유의 학문이었다.

[12] 나프타는 비트리(James de Vitry)가 동양의 기름통이라고 표현한 예루살렘 역사 속에서는 불을 내는 기름으로 기술되어 있다. 나프타가 존재했다는 증거는 매우 희박하지만 존재 가능성은 매우 높다. 킨나무스는 그리스의 불을 페르시아의 불이라고 불렀고, 나프타는 티그리스 강과 카스피 해 사이에 알려져 있었다. 플리니우스에 따르면 메데아가 복수하는 데 나프타가 유익하게 쓰였다.

[13] 화학에 대한 지식을 고취시키는 데 가장 좋은 교본으로 알려진 왓슨(Dr. Watson)의 화학 에세이를 보면 기름과 역청의 다양한 종류에 대해 알 수 있다. 고대인들도 이에 대해 다소 부족하나마 지식을 갖고 있었는데 그 내용은 스트라보와 플리니우스의 저서에 나타나 있다.

의 불은 커다란 그릇에 담아 놓았다가 망루에서 내리붓는다든지, 돌이나 쇠로 만든 빨갛고 뜨거운 공에 넣어 발사하거나, 이 가연성 높은 기름을 듬뿍 빨아들인 아마천이나 삼베를 화살이나 창에 둥글게 감아 쏘거나 던지기도 했다. 때로는 적에 대한 대대적인 응징을 위해 화공선에 그리스의 불을 장착해서 보내는 경우도 있었지만, 대개는 갤리선의 뱃머리에 장착되어 마치 액체로 된 격렬한 불꽃을 토해 내는 듯한 무시무시한 괴물 입처럼 생긴 구리로 만든 기다란 관을 통해 발사했다. 이 중요한 기술은 콘스탄티노플에서 제국의 수호신으로 보전되었다. 포와 갤리선을 동맹국에 대여해 주는 일은 가끔 있었지만, 그리스의 불을 합성하는 방법은 철저하게 비밀에 부쳤다. 그리스의 불에 대해 도무지 알 수 없다는 사실과 그 놀라운 위력은 적들을 더욱 두려움에 떨게 했다. 제국의 행정에 관한 보고서에서 저자로 나선 황제는 야만족들의 끈질긴 요구와 무분별한 호기심을 교묘히 피해 갈 수 있는 가장 좋은 요령과 해답을 적어 놓았다. 요컨대 그리스의 불에 관한 비밀은 한 천사가 초대 황제이자 가장 위대한 황제였던 콘스탄티누스 대제에게 계시한 것인데, 이때 성스러운 명령도 함께 내려 주었다는 것이다. 즉 하늘의 이 선물은 로마 제국에게 내리는 특별한 축복으로 외국으로 전달해서는 안 되고, 그에 따라 황제나 그 신민들은 이를 어기면 모두 반역죄와 신성 모독죄에 대한 세속적인 처벌과 영적인 처벌을 받게 되기 때문에 종교적 침묵을 지켜야 한다는 것이다. 간혹 불경스러운 행동을 하면 어느 순간 그리스도교도들이 섬기는 신이 내리는 초자연적인 천벌을 받게 된다. 이와 같은 조심성 덕분에 그리스의 불에 관한 비밀은 400년 이상 동로마 제국 안에 묶여 있을 수 있었다. 11세기 말에는 모든 해양 모험과 모든 기술에 능통하다는 피사의 상인들조차 그리스의 불을 만드는 법을 몰라 피해를 입었다. 그러다가 마침내 시리아와 이집트가 벌인 성전에서 이슬람교도들은 자신들을 물리치기 위해 고안해 낸 이 신무기를 그리스도교도들의 머리 위에 쏟아붓는 반격을 가했다. 이슬람교도들이 이 기술을 스스로 발견해 냈는지 아니면 훔쳐 냈는지는 알 수 없다. 사라센인들의 창과 칼을 업신여기던 한 기사는 좀 더 앞선 시기에 프랑스의 문필가들이 '그리스의 불(feu Gregeois)'이라고 기술한 것처럼, 불을 쏟아 내는 무시무시한 기구가 연출해 내는 광경과 그 굉음을 접한 다음 자신과 동료들이 느꼈던 두려움에 대해 실감나게 이야기했다. 주앵빌이 기술한 바에 따르면[14] 그것은 큰 통의 굵기만큼 크고 마치 긴 꼬리를 가진 용처럼 공기를 가르며 날아왔는데, 우레와 같은 포성을 내며 번개처럼 빠르게 발사되었다고 한다. 이 죽음을 불러오는 불빛은 밤의 어둠을 쫓아 버렸다고도 한다. 그리스의 불, 지금은 오히려 사라센의 불이라고 해야 할 이 무기는 14세기 중반까지 계속 사용되었는데,[15] 이 시기에 이르러서는 질산칼륨, 유황, 목탄의 과학적 또는 우연적인 합성이 인류의 역사와 전쟁사에 새로운 혁명을 일으켰다.[16]

    콘스탄티노플과 그리스의 불이 유럽의 동쪽 입구에서 아랍인들을 격퇴했다고 볼 수 있을 것이다. 하지만 피레네 산맥이 있는 서쪽 입구에서는 갈리아의 여러 속주들이 스페인의 정복자들에게 협박을 받거나 침략을 당하고 있었다.[17] 프랑크 왕국이 쇠퇴해 가자 만족할 줄 모르는 광신자들이 공격을 감행하기에 이르렀다. 클로비스의 후손들은 유산으로 물려받은 호전적이고 용맹한 기질을 완전히 잃어버렸고, 불운 또는 무능력 때문에 메로빙거 왕조의 말기 왕들에게는 '게으름뱅이'라는 별

서기 721년 등, 아랍인들의 프랑스 침입

[14] 우리는 그리스의 불이 투석기처럼 작동하는 기구에서 투창이나 화살촉과 함께 발사되었다는 사실을 알아내기 위해서는 이 문헌에 의지할 수밖에 없다.

[15] 기존에 성립된 명성을 흔들고자 하는 시기심에서 현대인들은 화약을 15세기 이후, 그리고 그리스의 불을 14세기 이후에도 사용했던 것으로 이야기하고자 시도해 왔다. 하지만 이 무기들을 발명했던 시기보다 앞서 나타나는 증거는 분명하지 않거나 만족스럽지 않은 편이다. 그리고 그 이후의 기록은 사기로 의심되거나 쉽게 믿음을 줄 수 없는 경우가 많다. 초기에 성을 둘러싸고 공격을 감행하던 때에도 기름과 유황을 합성한 가연성 물질이 사용되었다. 그리고 그리스의 불은 그 특성이나 효과를 보면 화약과 밀접한 관계가 있는 것이 분명하다. 최초의 공격이나 이어진 두 번째 공격이 모두 오래된 일로서 프로코피우스가 한 구절만 언급하고 있는 관계로, 스페인에서 아랍의 역사에 관한 사실은 파악하기가 가장 어렵다.

[16] 재능이 비범한 수도사 베이컨(Friar Bacon)은 구성 성분 중에서 질산칼륨과 유황, 두 가지는 밝혔지만 횡설수설 늘어놓은 문장에서 세 번째 성분은 감추고 있다. 마치 자신이 알아낸 사실이 가져올 결과를 두려워하기라도 하는 것 같다.

17 카를 마르텔이 아랍인을 격퇴하고 프랑스를 침략한 이야기를 보고자 한다면 톨레도의 대주교 크시메네스(Roderic Ximenes)가 쓴 아랍 역사를 참고하라. 크시메네스 이전에는 파켄시스(Isidore Pacensis)의 그리스도교 연대기가 있고, 노바이리(Novairi)의 마호메트 역사가 있다. 이슬람교도들은 자신들의 손실에 대해서는 간단하게 기록하거나 아예 침묵했다. 하지만 카르돈(M. Cardonne)은 익명의 한 작가와 이븐 할리칸 그리고 히드자시의 저서에서 모든 정보를 모아 간단하게 설명을 해냈다. 프랑스의 연대기에 적혀 있던 사건들과 성인들의 삶은 과거의 연대기와 찬사 모음집에 수록되었다.

18 몇몇 근대의 비평가들이 메로빙거 왕조의 약점을 과대포장한 데에는 샤를마뉴 대제의 각료 탓이 크다고 비난하고 있다. 하지만 전체적인 윤곽은 정확한 편이다. 프랑스 독자들은 부알로(Boileau)의 『보면대(譜面臺)』에 적힌 아름다운 글을 영원히 반복해서 읽을 것이다.

19 식민지가 되기 이전인 로마력 630년, 폴리비우스가 살던 시대에는 나르본이 최초의 가톨릭 주교가 머물던 켈트인들의 마을로 알려진 곳 중에서 가장 북쪽에 있었다.

명이 붙게 되었다.[18] 이들 왕은 아무런 권력도 없는 권좌에 올라 이름도 남기지 못한 채 무덤으로 사라져야 했다. 콩피에뉴 부근에 있는 한 변방의 궁전이 그들의 거주지, 즉 감옥으로 지정되었다. 하지만 해마다 3월이나 5월에 소가 끄는 수레를 타고 프랑크족의 회합 자리에 참석하여 외국 사절을 접견하고, 궁내부 장관이 제출한 법률을 재가했다. 이리하여 궁내부 장관인 내무 대신이 국민의 대리인이자 군주의 주인이 되었다. 관직이 개별 가족의 세습 재산이 되어 버리자 연로(年老) 피핀은 자기의 아내와 아들을 성년에 이른 국왕의 후견인이 되도록 해 두었다. 이 무기력한 정권은 피핀의 서자 중에 가장 과감한 아들에 의해 강제로 쫓겨났다. 절반은 야만적이고 절반은 타락한 통치권은 거의 와해되어 지방의 영주와 제후들은 나약한 왕조를 경멸하고 업신여기게 되었고, 궁내부 장관의 야심을 흉내 내기에 이르렀다. 이런 독립적인 제후 중에 가장 대담하고 가장 성공한 아퀴텐의 대공 외드는 갈리아의 남부 속주에서 왕의 권력을 찬탈하고 나아가서 왕이라는 칭호까지 사용하였다. 고트족, 가스코뉴족, 프랑크족은 모두 그리스도교도인 이 영웅의 깃발 아래 결집했다. 외드는 사라센인들이 처음 침입해 왔을 때 이를 격퇴했는데, 이때 칼리프의 부관 자마가 툴루즈 성벽 아래에서 자신의 군대와 함께 목숨을 잃고 말았다. 자마의 후임자들의 야심은 복수심까지 더해져 더욱 불타올랐다. 그래서 새로운 정복의 의지를 다지며 수단과 방법을 다해 피레네 산맥을 넘었다. 로마 제국의 최초의 식민지가 된 것처럼 나르본[19]은 그 유리한 지형으로 또다시 이슬람교도들의 목표가 되었다. 이슬람교도들은 셉티마니아의 속주, 즉 랑그도크를 스페인 왕국에 종속시키는 것이 정당하다고 주장했다. 가스코뉴의 포도원과 보르도 시(市)는 다마스쿠스와 사마르칸트의 군주가 점령하게 되었고, 가론 강 하구에서 론 강의 하구에 이르는 프랑스 남부 지역은 아랍의 종교와 풍습으로 물들었다.

하지만 이 좁은 지역은 압달라만 또는 압데라메라는 자의 경멸을 샀다. 그는 칼리프 하심이 스페인 백성들과 군인들의 바람에 부응하여 복권시킨 자였다. 압달라만은 경험이 풍부한 역전의 용사이자 대담무쌍한 지휘관으로 프랑스나 유럽의 다른 지역을 모두 예언자에게 복종시키겠다고 선언하고, 가공할 군대의 선두에 서서 자연이나 인간이 가하는 어떠한 방해 공작도 물리칠 수 있다는 강한 자신감으로 진격해 나갔다. 그가 가장 먼저 해결해야 할 과제는 피레네 산악 지대에서 가장 중요한 통로를 장악하고 있는 자기 나라의 모반자들을 물리치는 일이었다. 무어족의 우두머리 무누자는 아퀴텐의 군주와의 동맹을 받아들였는데, 외드는 개인적 이익을 위해서였는지 아니면 공익을 위해서였는지 확실하지 않지만 자신의 딸을 이 아프리카 이교도의 품에 바쳤다. 하지만 가장 강력한 방비를 자랑하던 세르다뉴 요새가 우세한 군사력에 포위당하게 되었고, 반역자는 산악 지대에서 사로잡혀 학살당했다. 미망인이 된 외드의 딸은 이슬람교 지도자의 욕망 또는 허영심을 채우는 도구로 다마스쿠스로 압송되었다. 피레네에서 출발한 압데라메는 지체 없이 론 강을 건너 아를의 포위 공격에 나섰고, 그리스도교도 군대가 이 도시를 구해 내려고 했다. 그리하여 이들 지휘관의 무덤은 13세기까지 남아 있었고, 수천 구의 시신이 급류를 타고 지중해로 흘러내려 갔다. 압데라메가 이끄는 군대는 해안 쪽에서도 이에 못지않은 성공을 거두었다. 그는 보르도 만에서 합류되는 가론 강과 도르도뉴 강을 아무런 어려움 없이 건넜고, 강을 건너고 나서야 두려움을 모르는 외드의 진영을 발견

서기 731년,
압데라메의 원정과 승리

하였다. 외드는 다시 군사를 일으켜 두 번째 전투를 버텨 내고 있었지만, 그리스도교도들의 서글픈 고백에 따르면 거듭되는 패배로 학살당한 신도의 수는 하느님만이 아실 정도로 엄청났다. 승리한 사라센인들은 페리고르, 생통쥬, 푸아투로 프랑스식 이름을 잃어버리지 않고 약간 변형된 채 그대로 오늘날까지 이어지고 있는 아퀴텐의 속주를 침략했다. 압데라메의 깃발은 투르와 상스의 성벽 위에, 적어도 성문 앞에 세워지게 되었고, 그가 파견한 군대는 리옹과 브장송 같은 잘 알려진 도시에까지 이르는 부르고뉴 왕국 전역에 배치되었다. 압데라메는 전혀 자비를 베풀지 않았기 때문에 그가 이곳을 짓밟은 기억은 사람들의 입을 통해 오랫동안 전해졌다. 그 후 무어족 또는 이슬람교도들이 프랑스를 침공한 사실은 기사도를 다룬 이야기가 상당히 왜곡된 채 이탈리아의 시인들에 의해 우아한 미사여구로 꾸며져 많은 우화의 기초가 되었다. 사회와 기술이 쇠퇴해 가면서 황폐화한 도시에서 사라센인들이 약탈할 만한 것은 빈약했고 값비싼 전리품들은 교회와 수도원에서 발견되었는데, 그들은 이곳에서 장식품을 떼 낸 다음 그대로 불태워 버렸다. 푸아티에의 힐라리우스와 투르의 마르탱 두 수호 성인도 자신들이 묻힌 곳을 지키는 기적의 힘을 발휘하는 법을 잊고 있었다. 사라센군의 승리 행진은 지브롤터 기둥에서 루아르 강기슭에 이르는 수천 마일까지 이어져 있었는데, 이 정도 길이의 행진이 그대로 다시 한 번 이어졌다면 사라센인들은 폴란드 국경과 스코틀랜드 고지대까지 도달했을 것이다. 라인 강은 나일 강이나 유프라테스 강보다 건너기 어려운 곳이 아니었으므로, 아랍 함대는 해전을 겪지 않고도 템즈 강 하구까지 항해할 수 있었을 것이다. 그랬다면 옥스퍼드 대학에서 코란의 해석으로 학위 시험을 치르고, 이 대학 설교단에서는 할례받은 사람들에게 마호

메트가 계시한 신성한 진리를 논증하게 되었을지도 모른다.[20]

한 사람의 천부적인 재능과 행운이 위기에 처한 그리스도교 세계를 구하였다. 연로 피핀의 서자 카를은 프랑크족의 궁재(宮宰)라는 칭호에 만족하였지만, 그는 왕가의 조상이 될 자격이 있었다. 24년간 열심히 나라를 다스리면서 그는 왕권의 위엄을 되살려 유지했고, 게르마니아와 갈리아의 모반자들을 엘베 강과 론 강 그리고 대서양 연안의 세 지역에서 동시에 출정하여 깃발을 내건 용사들의 무력으로 연달아 쳐부수었다. 나라가 위기에 처하자 국민들은 한목소리로 그를 불러냈는데, 경쟁자였던 아퀴텐의 군주는 탄원자와 피난민에 둘러싸여 그를 불러야 하는 처지가 되어 버렸다. 프랑크인들은 외쳤다.

서기 732년, 카를 마르텔에게 패배한 사라센인들

아, 슬프도다! 이 얼마나 불운한 일인가! 이 얼마나 모욕적인가! 오랫동안 아랍인들의 명성과 정복 소식을 들어 왔다. 그들이 동방에서 공격해 올 것을 경계하고 있었다. 그런데 지금 그들은 군사나 병기(그들에게는 둥근 방패가 없었다.)가 우리보다 열세임에도 불구하고 스페인을 점령하고 우리 국토의 서쪽을 침략하고 있다.

그러자 사려 깊은 궁재가 답했다.

내 조언을 따른다면 이들의 행군을 가로막거나 섣불리 공격을 감행할 생각은 하지 말아야 하오. 그들은 급류와 같아서 그 물줄기를 강제로 막아서는 것은 위험한 일이오. 부를 누리겠다는 갈망과 승리에 대한 자신감이 그들의 용맹과 사기를 높여 주고 있소. 용기는 병력이나 병기보다 더 유용하오. 그들이 빼

[20] 하지만 나는 최근 옥스퍼드의 뱁톤 강좌에서 아랍 교수인 와이트(Mr. White)가 선보인 강의처럼 독창적이면서 기품 있는 논쟁을 생산해냈을지는 의심스럽다. 그가 마호메트의 종교나 특징에 대하여 생각하고 있는 바는 언제나 자신의 주장을 뒷받침하기 위해 각색되는 경향이 있지만, 대개는 진실과 이성을 근거로 하고 있다. 그는 훌륭한 언변을 생동감 있게 구사하는 변호인의 자리를 고수하고 있지만 때로는 역사가나 철학자의 장점까지 취할 줄도 안다.

앗은 보화가 거추장스러워 짐으로 느껴질 때까지 기다리시오. 재물 때문에 그들의 의견이 갈리기 시작하면 우리의 승리를 보장할 수 있을 것이오.

이 절묘한 계획은 아마도 아랍 작가들이 지어낸 이야기일 것이다. 카를이 처한 상황이 어쩔 수 없이 군사 행동을 연기하도록 했는데, 여기에는 매우 이기적인 이유, 즉 모반을 일으킨 아퀴텐의 군주가 다스리는 지역을 황폐화시키고 그 자존심을 뭉개고자 하는 은밀한 바람이 작용하였다. 하지만 카를의 이런 지연 작전은 본인의 의지와는 상관없이 불가피했다고 보는 것이 더 적절할지도 모르겠다. 첫 번째와 두 번째 전투에서 활약한 상비군 수는 알려져 있지 않으며 왕국의 절반 이상이 사라센인들의 손아귀에 들어갔다. 네우스트리아와 아우스트라시아의 두 프랑크족은 각자가 처한 상황에 따라 닥쳐오는 위험을 지나치게 경계하거나 아니면 지나치게 무관심한 태도를 보이고 있었다. 게피다이족과 게르만족은 그리스도교도 지휘관이 내건 깃발에서 지리적으로 너무나 멀리 떨어져 있어서 그 힘이 분산되어 있었다. 그리스도교도 지휘관은 군사들이 다 집결하자마자 투르와 푸아티에 사이의 프랑스 중심부를 샅샅이 뒤져서 적군을 찾아냈다. 훌륭한 지휘관을 둔 군대는 산줄기를 타고 숨어서 행군했기에 압데라메는 예상치 못한 이들의 출현에 매우 놀랐을 것으로 보인다. 아시아, 아프리카, 유럽의 여러 민족들도 세계 역사를 바꾸어 놓을 이번 전투에 앞다투어 출전하였다. 산만한 전투로 보낸 6일 동안은 동방의 기병대와 궁사들이 우위를 차지했지만, 7일째 되는 날 벌어진 접근전에서 동방 군대는 게르만족의 강인한 힘과 건장한 체격에 압도당하였다. 강인한 심장과 무쇠와 같은 주먹을 지닌 게르만족은 자신들의 후대는 시민적 권리와 종교의 자유를 누려야 한다고 생각하였다. 카를은 '망치'라는 뜻의 '마르텔'이라고 불렸는데, 거기에는 매우 효과적이면서 피할 수 없는 강력한 공격을 감행한다는 의미가 담겨져 있었다. 외드는 원한과 경쟁심으로 다시 용기를 내게 되었다. 역사적인 관점에서 보자면 그들의 동료들이야말로 프랑스 기사도를 보여 주는 진정한 동지이자 영웅적인 전사들이었다. 유혈이 낭자한 전투에서 압데라메는 전사하였고, 저녁이 다가오자 사라센 군대는 자신들의 진영으로 퇴각하였다. 그날 밤 아프리카와 스페인, 그리고 예멘과 다마스쿠스의 많은 부족들은 절망과 혼란에 빠진 나머지 서로를 향해 무기를 겨누는 지경에까지 이르러 남아 있던 군사들은 순식간에 와해되어 버렸고, 각 부족의 수장은 자신의 신변 안전을 위해 개별적으로 서둘러 퇴각하였다. 승리한 그리스도교도들은 동이 틀 무렵에야 적진이 매우 조용하다는 점을 눈치채고, 탐정을 보내 상황을 보고받고 텅 빈 천막 안에 있는 보화를 조사하였다. 하지만 몇몇 유명한 유물을 제외하고는 전리품 중에 합법적인 주인의 품으로 돌아간 것은 아주 적었다. 승전보는 곧 그리스도교 세계에 퍼져 나갔고, 이탈리아의 수도사들은 카를의 망치에 숨을 거둔 이슬람교도가 35만내지 37만 5000명인데 반해,[21] 투르 야전에서의 그리스도교도 사상자는 1500명에 불과하다는 말을 진심으로 믿으며 단언하였다. 하지만 이 믿기 어려운 이야기에 오류가 있음은 추격전 중에 벌어질 수도 있는 우발적인 사고와 함정을 우려하여 게르만족 동맹군을 해산시켜 고향의 숲으로 돌아가도록 한 프랑크군 사령관의 신중함으로도 충분히 증명할 수 있다. 정복자가 이처럼 활개 치지 못했다는 것은 상당한 정도의 전력 손실이 있었음을 반증하는 것으로, 이들이 가장 잔인하게 적을 학살한 것은 전투 대열을 이루고 있었을 때라기

[21] 이 숫자는 아퀼레이아의 부제이기도 했던 역사가 바느프리드(Paul Warnefrid)가 언급한 것이다. 그리고 로마 교회의 사서였던 아나스타시우스는 참가했던 이들 중에 프랑스 군인들이 난공불락이었다고 묘사하고 있다. 그가 교황에게 전한 편지에서 외드는 승리의 영광을 강탈했다고 나온다. 이런 이유로 프랑스의 연대기 편찬자는 그를 비난했다. 하지만 그 편찬자 역시도 그릇된 정보를 가지고 외드가 사라센인들을 침략했다고 비난하고 있다.

22 나르본과 그 밖에 셉티마니아 지역은 카를 마르텔의 아들 피펜이 되찾았다. 그 후 37년이 지나 아랍인들의 갑작스러운 침략이 있었고, 이때 잡혀간 포로들은 코르도바의 궁전을 건설하는 데 동원되었다.

23 이 교회 서한은 샤를마뉴 대제의 손자 루드비히에게 전해진 것으로, 솜씨 좋은 힌크마르가 서기 858년에 작성한 것으로 추정된다. 그리고 서명은 랭스와 루앙 지역에 있던 주교들이 한 것으로 보인다. 하지만 바로니우스와 프랑스 비평가들은 주교가 나서서 만든 이 소설을 경멸하면서 인정하지 않고 있다.

보다는 도망가는 적군의 등 뒤에서 공격했을 때였다. 하지만

프랑크족에게 쫓겨난 사라센인들

어찌되었든 프랑크족의 승리는 완전무결했다. 아퀴텐을 되찾는 일은 외드가 이끄는 군대가 해냈고 아랍인들은 갈리아 지역을 다시 정복할 수 없었으며, 그들은 곧 카를 마르텔과 그의 용감한 백성들에 의해 피레네 산맥 건너편으로 쫓겨나게 되었다.22 이렇게 그리스도교 세계를 구원한 이는 그의 칼로 살아남을 수 있었던 성직자들에 의해 성자의 반열에 올려지거나 아니면 적어도 감사의 말이라도 들었을 법하지만, 이 궁재는 나라가 곤궁했던 까닭에 주교와 대수도원장들의 재산이나 수입을 국가의 안정과 병사들에 대한 보상을 위해 써야 하는 처지에 있었다. 이 때문에 그가 세운 공적은 잊혀졌고 그의 신성모독만을 기억하게 되었다. 갈리아에서 열린 종교 회의에서는 카롤링거 왕조의 한 군주에게 보내는 편지를 통해 그의 조상이 저주를 받았으며, 그 조상의 무덤을 파자 화염 냄새와 무시무시한 용이 나타나 지켜보던 이들이 깜짝 놀랐다는 주장이 대두되었다. 그리고 당시의 한 성인은 카를 마르텔의 영혼과 육체가 지옥의 나락에서 영원히 불타는 반가운 환영을 보았다고도 했다.23

서기 746~750년, 압바스 가(家)의 등극

다마스쿠스의 궁전에서는 서방 세계에서 속주 하나나 군대 하나를 잃는 것보다 국내의 경쟁자가 성장하고 그 세력이 커지는 일이 훨씬 더 골칫거리였다. 우마이야 왕조의 역대 칼리프들은 시리아인들을 제외한 백성들의 사랑을 받아 본 적이 없었다. 마호메트의 삶은 시리아인들의 우상 숭배와 반란을 참을성 있게 견뎌 왔음을 말해 주고 있다. 이들은 억지로 개종을 했고 그들의 등극은 변칙적이고 당파적이었으며, 그들의 왕위

는 아랍에서 가장 고귀하고 성스러운 피로 견고해졌다. 그들의 일족에서 가장 선량하고 경건한 사람으로 꼽히는 우마르는 자신에게 붙은 칭호에 불만이 있었지만, 개인적인 공적이 아무리 뛰어나도 왕위 계승의 서열을 어긴 것을 정당화할 수는 없는 법이었다. 그래서 충실한 신자들의 시선과 바람은 신의 사도인 마호메트의 친족들과 하심 가문을 향하게 되었다. 이들 중에 파티마 가문은 무분별하든가 소심한데 비해 압바스의 후손들은 용기와 분별력을 갖추고 가문을 크게 일으키겠다는 희망을 품고 있었다. 이들은 시리아의 잘 알려지지 않은 곳에 머물면서 비밀리에 앞잡이와 사절들을 파견해 동방의 속주들에 자신들에게 양도될 수 없는 세습권이 있음을 역설하도록 했다. 그리고 위대한 예언자의 숙부인 압바스의 아들 압달라가 낳은 아들인 알리의 아들이 되는 모하메드는 호라산의 대표자들을 접견하고, 아무런 대가도 없이 금화 40만 닢을 받았다. 모하메드가 죽고 난 후 신호를 보내 줄 지도자만 기다리고 있는 수많은 열성 신도들은 그의 아들 이브라힘의 이름으로 충성을 맹세했다. 호라산의 총독은 자신의 충언에도 불구하고 아무런 조치도 취하지 않고 있는 다마스쿠스의 칼리프들을 안타깝게 지켜보다가, 결국 자신의 추종자들과 함께 아부 무슬림의 반체제 군사들에 의해 메루의 도시와 궁전에서 쫓겨났다.[24] 압바스 왕조를 일으킨 장본인으로 불리는 킹메이커는 궁에서 보여 주는 통례적인 감사와 함께 자신의 공적이라고 생각하는 바에 대하여 충분한 보상을 받게 되었다. 이민족의 피가 섞였을지도 모르는 천한 혈통이라는 것도 아부 무슬림의 야심을 꺾을 수 없었다. 그는 아내들을 소중히 지키고, 재산을 아끼지 않고 나누어 주며, 다른 이들뿐만 아니라 자기 자신이 피를 흘리는 일에도 주저함이 없었다. 그는 적군 60만 명을 격멸했다고 자랑스레 떠

[24] 그의 아내를 태우던 말은 즉시 죽였고 마구는 불태웠는데, 이는 그 위에 다른 남자가 올라타지 않도록 하기 위함이었다. 부엌 가구를 나르기 위해서 1200마리의 노새와 낙타가 동원되었고, 매일 3000개의 케이크와 양 100마리에 가금류와 쇠고기류 고기도 엄청나게 소비되었다.

벌였지만 어쩌면 이 숫자는 사실이었는지도 모른다. 두려움을 모르고 매사 진지한 태도와 확고한 자신감을 지닌 그는 전투가 벌어지는 날 외에는 절대로 웃지도 않았다고 한다. 각 무리는 색깔로 자신들을 드러냈는데 녹색은 파티마 왕가에, 우마이야 왕조는 백색으로 구별하였다. 그리고 우마이야 왕조와 가장 적대적이었던 압바스 왕조는 자연스레 검은색을 자신들의 색으로 선택했다. 압바스 왕조의 사람들이 걸친 옷과 터번은 음습한 색으로 염색되었고, 9큐빗 길이의 장대에 매달린 검은 깃발은 아부 무슬림이 지휘하는 군대의 맨 앞에서 펄럭이고 있었다. '밤'과 '그늘'이라고 비유적으로 불리던 그 깃발은 하심 가문의 혈통이 영원히 이어지며, 그 가문과 확고한 동맹을 맺고 있음을 분명하게 나타내는 상징이었다. 인더스 강에서 유프라테스 강에 이르는 동부 지역은 백색파와 흑색파 간의 분쟁으로 어수선했고, 대개는 압바스 왕조가 승리하였다. 하지만 그들의 승리는 수장에게 닥친 불운으로 그 영광의 빛이 바랬다. 다마스쿠스 왕궁은 오랜 무기력함에서 깨어나 이브라힘이 백성들과 예언자에게 호감을 사려고 훌륭한 수행원들을 이끌고 메카를 순례하는 것을 저지하기 위해 한 개 기병대를 파견하여 그들의 행진을 막아서고 그의 신변을 구속하였다. 제대로 왕족의 대접도 받아 보지 못했던 불운한 이브라힘은 족쇄가 채워진 채 하란의 토굴 속에서 숨을 거두었다. 그의 동생 사파흐와 알 만수르는 폭군의 추격을 피해서 쿠파에 숨어 있다가 민중의 열광과 자신들의 동부 지역 지지자들이 다가오고 있다는 사실에 힘입어 그 모습을 드러냈다. 금요일, 사파흐는 자기 종파 색깔의 칼리프 복장을 하고 종교적, 군사적 격식을 갖추고 위풍당당하게 모스크로 향했다. 설교단에 오른 그는 마호메트의 정통 후계자 자격으로 기도를 올리고 설교를 했다. 그가 자리에서 물러나자 그의 친족들이 자발적 지지자들을 충성의 맹세로 결속시켰다. 하지만 이 중요한 다툼의 승패는 모스크가 아니라 자브 강변에서 결정되었다. 모든 점에서 백색파에게 유리하게 전세가 전개되고 있었다. 이미 왕권이 수립되어 있었고, 12만 명의 병사가 그 6분의 1에 해당하는 적군에 맞서면 되는 상황이었으며, 칼리프 마르완이 직접 출정하여 공을 세우기도 했다. 마르완은 우마이야 왕조의 14대 칼리프이자 최후의 칼리프이다. 그는 왕위에 오르기 전에 그루지야 전투에서 메소포타미아의 당나귀라는 별명을 얻을 정도로 용감한 장수였다.[25] 아불페다가 지적한 대로 그의 가문이 몰락할 운명에 놓이지만 않았던들 그는 가장 위대한 군주 중의 한 사람으로 손꼽혔을 수도 있다. 인간이 제아무리 불굴의 정신을 갖추고 신중하게 행동한다 하더라도 그 운명을 거스르려는 노력은 헛된 일일 뿐이다. 마르완의 명령은 잘못 이해되었거나 불복종만을 낳았다. 그가 불가피한 용무로 말에서 내렸는데 그 말이 혼자서 집으로 돌아오는 바람에 그가 죽었다는 그럴듯한 소문이 퍼졌고, 그의 경쟁자의 숙부되는 압달라는 열정적인 흑색파 군대를 훌륭하게 지휘하고 있었다. 되돌릴 수 없을 정도로 대패한 마르완은 모술로 도망쳤지만 성벽에는 압바스 가문의 깃발이 휘날리고 있었다. 그래서 그는 급하게 티그리스 강을 건너 하란에 있는 자신의 성을 우울한 눈길로 쳐다보며 다시 유프라테스 강을 건너서 다마스쿠스의 방어를 포기하였다. 그리고 지체 없이 팔레스타인을 지나서 부시르에 도착해서는 나일 강가에 자신의 운명을 결정할 최후의 진영을 설치하였다. 압달라가 숨 돌릴 틈도 없이 뒤쫓아오고 있어서 칼리프의 발걸음은 빨라졌다. 압달라는 행군하면서 더욱 강인해지고 신망을 얻고 있었다. 남은 백색파는 이집트에서 전멸하였고, 마르완의 목숨을 앗아 가면서

[25] 그는 메소포타미아의 관리로 지냈다. 아랍에는 적진에서 절대로 도망치는 법이 없는 호전적인 당나귀의 용기를 칭송하는 격언이 있다. 마르완이라는 성은 호메로스의 비유를 정당화해주고 있으며, 당나귀를 멍청하고 하등한 것의 상징으로 생각하고 있는 현대인들을 침묵시킬 수 있을 것이다.

서기 750년 2월, 우마이야 가의 몰락

그의 모든 근심까지도 함께 가져가 버린 창은 승리를 쟁취한 수장에게도 기쁨이었지만 불운한 패장에게도 그리 나쁘지 않은 것이었다. 정복자의 무자비한 심문으로 적대자 일족의 먼 친족까지도 목숨을 잃었다. 그들의 뼈는 사방으로 흩어졌고 평판은 더럽혀졌으며, 후사인의 순교로 폭군의 후대에게 복수가 가해지게 된다. 적군이 관대함을 베풀 것으로 기대하고 투항한 우마이야 일족 여든 명은 다마스쿠스에서 열린 연회에 초대되었지만 환대는커녕 무차별적인 학살에 희생되었는데, 식탁 아래로 시체들이 고꾸라져 있었고 손님들을 위한 잔치는 죽어 가는 이들의 신음 소리가 만들어 내는 음악으로 활기를 더해 갔다. 내전을 거쳐 압바스 왕조는 더욱 공고해졌지만 그리스도교도들은 마호메트의 사도들이 서로를 증오하고 서로 손실을 본 것에 대해 기뻐할 수 있었을 뿐이다.

서기 755년, 스페인의 반란

만일 이 혁명의 결과가 사라센 제국의 통일과 권세를 해체시키지 않았더라면, 전쟁으로 사라져 버린 많은 인구는 다음 세대에서 신속하게 복원될 수도 있는 일이었다. 우마이야 왕족을 추방하는 와중에 압달라만이라는 젊은이 한 명이 적의 분노를 피해 달아날 수 있었다. 적들은 이 방랑하는 망명자를 찾아 유프라테스 강가에서 아틀라스 산골짜기에 이르는 지역을 샅샅이 수색했다. 그가 스페인의 접경 지역에 모습을 나타내자 백색파의 사기가 되살아났다. 압바스 왕조의 이름과 대의는 애초에 페르시아인들이 주장하던 것들이었고, 서방 지역은 이번 내전에 연루되어 있지 않았기 때문에 왕위에서 물러난 왕가의 종복들은 여전히 상속받은 토지와 관직을 위태롭게나마 유지하고 있었다. 그렇기에 그들은 두려움과 분노 그리고 감사의 복잡한 감정에 이끌려 이 칼리프 하심의 손자에게 선조의 왕위를 계승하도록 했다. 절박한 상황에서 극단적인 신중함이나 경솔함은 마찬가지 결과를 불러일으킨다. 백성들은 박수갈채를 보내며 그가 안달루시아 해안으로 상륙하는 것을 환영했다. 전투를 한차례 성공적으로 치른 후 압달라만은 코르도바를 수도로 왕위를 세움으로써 대서양에서 피레네 산맥에 이르는 지역을 250년 이상 통치한 스페인 우마이야 왕조를 창건했다. 압달라만은 함대와 군사를 이끌고 그의 영토를 침입한 압바스 왕조 군대의 부관을 전장에서 죽였다. 이 알라라는 부관의 수급은 소금과 장뇌로 절여져 용감한 사자로 하여금 메카의 궁 앞에 매달아 놓게 하였다. 칼리프 알 만수르는 그 무시무시한 적으로부터 자신이 육로나 해상으로나 멀리 떨어져 있다는 사실에 안도했다. 양측 모두는 공세를 취하겠다는 호언이나 계획을 아무런 성과도 올리지 못하고 취소하게 되었다. 스페인은 제국의 본류에서 떨어져 동방 지역에 끊임없는 적의를 품고, 콘스탄티노플과 프랑스를 통치하는 그리스도교도 군주들과는 평화와 우의를 다졌다. 진위를 알 수 없는 알리의 자손이라고 알려져 있는 이들, 즉 마우리타니아의 이드리스 왕조 그리고 아프리카와 이집트에서 좀 더 강력한 권세를 누린 파티마 왕조는 이러한 우마이야 왕조 사례를 그대로 답습하였다. 10세기에는 마호메트가 누리던 지위를 놓고 각각 바그다드, 카이로안, 코르도바에 군림하던 세 명의 칼리프가 서로를 파문하면서 다툼을 벌였다. 그런 와중에 이들은 이단자가 이교도보다 더 역겹고 악하다는 사실에만 의견의 일치를 보였다.

메카는 하심 가문에 세습되어 온 땅이었지만 압바스 왕조는 마호메트의 출생지인 그 도시에 거주할 생각을 하지 않았다.

칼리프령의 삼분

26 바그다드 궁전의 주춧돌이 놓인 시기는 헤지라 145년, 서기 762년이다. 그리고 압바스 왕조의 마지막 인물인 무스타심은 헤지라 656년, 서기 1258년 2월 20일 타타르족의 손에 죽었다.

27 메디나트 알 살람(Medinat al Salem), 다르 알 살람(Dar al Salem). 바그다드라는 말의 어원에는 이견이 존재하지만 그 첫 음절이 페르시아 말로 정원을 의미한다는 점은 인정되고 있다. 그래서 다드의 정원이라고 불렀다고 하는데, 여기서 다드는 그리스도교도 은자로서 그가 머물던 곳이 그 지역에 있던 유일한 거주지였다고 한다.

28 내가 계산하기로는 금화는 8실링이었고 은화와의 비율은 12대 1이었다. 하지만 에르페니우스의 숫자에 대한 답은 못하겠다. 라틴어는 산수에 대해서는 야만적인 수준을 벗어나지 못했다.

서기 750~960년, 칼리프들의 사치

다마스쿠스는 우마이야 왕조의 선택을 받아 불명예스러운 일을 당하고 그 왕조의 피로 더럽혀졌다. 그래서 잠시 망설이던 끝에 사파흐의 동생이며 그의 후계자가 된 알 만수르는 그 후 500년에 이르는 동안 제국을 통치했던 수도인 바그다드에 주춧돌을 놓아 궁전을 건설하였다.26 수도로 정해진 곳은 티그리스 강변 동쪽으로, 모다인 유적지에서 상류 쪽으로 15마일 정도 올라간 지점이었다. 이중 성벽을 원형으로 쌓아 올려 방비한 이 수도는 지금은 한낱 지방 도시로 쇠퇴해 있지만, 당시에는 매우 급격히 발전하여 한 유명한 성자의 장례식에 바그다드와 그 인근에서 모인 남자들만 80만명이고, 여자는 6만 명이 될 정도였다고 한다. 이 '평화의 도시'27에서 동방의 풍요로움이 한창인 시기를 지내면서 압바스 왕조는 초기 칼리프들의 근검절약과 금욕의 생활을 우습게 여기고, 페르시아 왕들의 화려함을 좇으려는 마음을 품게 되었다. 많은 전쟁을 수행하고 여러 건물을 축조한 알 만수르는 유산으로 금과 은 약 3000만 파운드를 남겼는데,28 이 재산은 불과 수 년 사이에 그 후손들이 덕을 베풀거나 또는 악행을 일삼는 데 모두 탕진하고 말았다. 그의 아들 마하디는 단 한 번의 메카 순례 여행에서 금화 600만 디나르를 썼다. 그가 700마일에 달하는 주요 도로를 따라 저수지를 만들고 역참을 세운 일은 경건하고 자비로운 동기에서 비롯되었다고 할 수도 있지만, 수십 마리 낙타에 눈을 실어 나른 것은 원주민들을 놀라게 해 주는 정도나 왕족의 식사에 나오는 음료와 과일을 신선하게 하기 위한 일로밖에는 볼 수가 없다. 알 만수르의 손자 알마문의 후한 씀씀이를 칭송하는 것은 아첨꾼에게나 가능했을 것이다. 그는 한 속주에서 벌어들인 총수입의 5분의 4에 해당하는 금화 240만 디나르를 말 등자에서 발을 빼기도 전에 모두 다 써 버렸다. 알마문은 결혼식을 올리면서도 수없이 많은 큰 진주로 신부의 머리 위를 장식했고,29 토지와 가옥은 복권처럼 운이 좋은 사람에게 나누어졌는데 이는 알마문의 무분별한 씀씀이를 짐작하게 한다. 왕궁의 화려함은 제국의 기운이 쇠퇴해 가면서 약화되기는커녕 더욱 요란스러워져 갔다. 비잔티움의 한 사절은 약체 군주로 알려진 무크타디르가 보여 준 장엄한 궁전의 모습에 경탄과 동시에 동정을 보낸 것 같다. 역사가 아불페다는 말한다.

칼리프의 군대는 기병과 보병 모두 전투 태세를 갖추고 있었는데 그 수가 무려 13만 명에 달했다. 그의 옆에는 아끼는 노예들과 관료들이 화려한 옷을 차려입고 서 있었는데, 그들은 모두 금은보석으로 번쩍거리는 허리띠를 두르고 있었다. 이들 곁에는 환관이 7000명 있었는데 그 가운데 4000명은 백인이고 나머지는 흑인이었다. 문지기 또는 수위라고 부를 수 있는 이만해도 700명에 달했다. 호화롭게 장식된 여러 척의 유람선과 보트가 티그리스 강을 따라 유유히 흘러가고 있었다. 물론 궁전 역시 못지않은 화려함을 자랑하고 있었다. 3만 8000장의 태피스트리가 벽에 걸려 있었는데, 그중 1만 2500장은 비단에 금실로 수를 놓은 것이었다. 바닥에 깔린 카페트가 2만 2000장이었고, 사자 100마리를 기르고 있었는데 한 마리마다 사육사를 따로 두었다.30 이토록 보기 드물게 화려하고 사치스러운 구경거리에는 또 18개의 커다란 가지를 늘어뜨린 금과 은으로 만든 나무가 있었다. 가지마다 금과 은으로 만들어진 나뭇잎과 다양한 새들이 달려 있었다. 기계 장치로 자동으로 움직이고 있던 이 새들은 본래의 울음소리로 지저귀고 있었다. 비잔티움의 사절은 이 놀라운 광경을 보면서 칼리프가 있는 왕좌 앞으로 안

29 아불페다는 알마문의 호함과 사치를 묘사하고 있다. 밀턴(Milton)도 이런 동방의 풍습에 대해 간단히 언급한 바 있다. "화려한 동방은 그 부유한 손으로 야만족의 진주와 황금을 왕들에게 부어 주도다." 나는 로마 황제들이 했던 일을 표현하기 위해 현대에서 쓰는 '복권'이라는 말을 사용한 바 있다. 이는 황제가 군중 사이에 던져 아무나 잡아서 가지게 한 경품을 가리키는 것이다.

30 앤터모니의 벨(Bell)이 러시아 사절을 수행하고 페르시아의 불운한 국왕 후세인을 접견했을 때, 두 마리 사자가 소개되었다고 하는데 이는 맹수를 다스리는 왕의 힘을 상징하기 위함이었다.

31 이 사절이 바그다드를 찾은 것은 헤지라 305년, 서기 917년이었다. 아불페다의 글이라고 인용한 것은 학식 높고 정감 있는 솔즈베리의 해리스(Mr. Harris)가 약간 변용하여 영어로 번역한 것을 이용하였다.

32 스페인의 아랍족의 건축과 취향에 대한 의견은 그라나다의 알함브라에 있는 접시와 그곳에 적힌 설명을 기반으로 상상해 볼 수 있겠다.(스윈번(Swinburne)의 여행기)

내되었다.³¹

서방에서는 스페인의 우마이야 왕조가 이슬람교 지도자라는 지위를 이와 비슷한 화려함으로 유지해 갔다. 압달라만 3세 대왕은 자신이 가장 아끼는 왕후 제흐라를 위해 코르도바에서 3마일 떨어진 곳에 도시와 궁전, 정원을 조성하였다. 모든 것을 완성하는 데 25년이라는 세월과 300만 파운드 이상의 돈을 썼는데, 인색함 없이 자신의 취향을 발휘할 수 있었던 왕은 당대 최고 기술의 조각가와 건축가인 콘스탄티노플의 예술가들을 초빙했다. 스페인, 아프리카, 그리스, 이탈리아에서 가져온 대리석으로 만든 1200개의 기둥은 장식적인 기능까지 하고 있었다. 알현실의 벽면은 황금과 진주로 장식되어 있었고, 중앙에 있던 거대한 연못 주위는 동물과 새의 진기하고 값비싼 조각들로 둘러싸여 있었다. 정원에 세워진 높은 건물에도 이와 비슷한 연못과 분수가 물이 아니라 정제된 수은으로 채워져 무더운 날씨에 더없이 쾌적한 분위기를 연출해 냈다. 그런데 압달라만의 궁전에는 왕후와 후궁, 흑인 환관의 수가 무려 6300명에 달했다. 압달라만이 출정할 때면 1만 2000명의 기병이 그를 호위했는데 병사들의 언월도와 허리띠에는 금이 박혀 있었다.³²

개인과 공공의 행복에 끼친 영향

한 개인의 입장에서 우리의 욕망은 가난과 종속으로 끊임없이 억압을 받지만 전제 군주에게는 무수히 많은 목숨과 노동력이 바쳐지는데, 전제 군주가 세운 법은 맹목적으로 집행되며 그가 바라는 것은 즉시 충족된다. 그 화려한 모습을 상상하는 것만으로도 우리는 그대로 압도된다. 이성적으로 아무리 냉정하게 판단한다 해도 당시 왕족들이 누리던 보살핌과 안락함을 느껴 볼 수 있는 기회가 생긴다면 완강하게 거절할 수 있는 이가 지극히 드물 것이다. 그래서 압달라만의 경험을 빌려 보는 것이 어느 정도 필요할지도 모른다. 그가 선보인 호사스러움은 우리의 감탄과 선망을 자아낼 것이다. 그러면 이 칼리프가 죽은 뒤 그의 개인 방에서 발견된 믿을 만한 문서를 여기에 옮겨 보겠다.

나는 지금까지 약 50년 동안 평화와 승리 속에서 제국을 통치해 왔다. 백성들은 나를 사랑하고 적들은 나를 두려워하며 동맹국은 나를 존경한다. 부, 명예, 권력, 쾌락은 언제든지 원하는 만큼 누릴 수 있어서 지극히 행복하니, 지상에는 내가 누리지 못할 그 어떤 축복도 없다. 이런 환경에서 온전히 내 몫이라 할 수 있는 진정으로 행복했던 날을 꼽아 보았더니 겨우 14일이었다. 오, 사람들이여! 현세의 것에 대해서 그 어떤 확신도 갖지 말지어다!33

33 솔로몬이 이 세상의 덧없음에 대하여 한탄했던 이 고백과 (수도원장의 장황하지만 설득력이 있는 시를 읽어 보라.) 세그헤드 황제의 행복했던 열흘에 관한 이야기는 인간의 삶에 대해 중상모략하려는 자들에 의해 자랑스레 인용될 것이다. 이들의 기대는 과도하고 이들이 어림하는 정도는 공정하지 않다. 내 경우로 말하자면 (확실하게 말할 수 있는 유일한 예가 바로 나이기 때문이다.) 내가 행복했던 시간은 스페인의 칼리프가 계산한 얼마 안 되는 숫자보다는 훨씬 더 많다. 그리고 나는 주저함 없이 덧붙여 말할 수 있는데, 그 시간 중 상당 부분이 지금의 글을 쓰는 동안에 느꼈던 행복이다.

개인의 행복과는 아무런 상관도 없는 칼리프의 사치는 아랍 제국의 활력을 위축시켰고 진보나 발전을 이루는 데 장애가 되었다. 마호메트의 초기 후계자들은 오로지 세속적이고 종교적인 정복에만 골몰했기 때문에 자신들의 기본 생활에 필요한 것들이 다 충족된 후에는 모든 수입을 건전한 일에 쏟아부었다. 하지만 압바스 왕조는 욕망을 충족시키는 데 열중하면서도 절약을 경멸하는 이중적인 태도로 피폐해져 갔다. 야망을 펼치기 위해 훌륭한 목표를 이루려 하기보다는 자신들의 시간과 열정 그리고 정신을 겉치레와 쾌락에 낭비하는 데 만족하며 지냈다. 전장에서 보인 용기에 대한 보상은 여자와 노예들이 착복했고, 화려한 궁을 유지하느라 제왕이 머물 군영을 건설하는 데조차

34 굴리스탄(Gulistan)은 마호메트와 의사가 나눈 대화를 기술하고 있다. 예언자 자신도 수학에 조예가 있었고 가니에(Gagnier)는 지금껏 그의 이름 아래 전해 오는 격언을 끌어냈다.

어려움을 겪었다. 신하들과 백성들에게도 이와 비슷한 풍조가 퍼져 나갔다. 국민들의 열정과 부지런함은 사치와 낭비로 시간이 지나면서 점차 약해져 갔다. 그들은 사업에 종사하여 부를 쌓거나 문예 분야에 정진하여 명성을 얻으려 애쓸 뿐이었다. 전쟁은 더 이상 사라센인들이 열정을 쏟을 대상이 아니었다. 급여를 늘리고 하사품을 자주 줄 것이라는 약속에도 불구하고, 과거 천국을 향한 희망을 품고 전리품을 바라며 우마르와 아부 바크르의 군기 밑으로 모여들었던 자발적인 투사의 후예들을 끌어들이기에는 역부족이었다.

서기 754년 등, 813년 등, 아랍인들 사이의 학문 도입

우마이야 왕조의 통치 기간 동안 이슬람교도의 학문은 코란의 해석과 모국어로 쓴 시문과 웅변에 한정되어 있었다. 전장에 나가 계속해서 위험에 노출되는 백성들은 의학 더 정확하게 말하면 외과적 수술의 치유력을 중시했지만, 안타깝게도 아랍의 의사들은 굶주림에 시달리면서 훈련과 금주가 자신들의 환자의 대부분을 빼앗아 갔다며 불평을 늘어놓았다.34 여러 차례 내전을 겪은 후, 압바스 왕조의 신민들은 이런 정신적 무감각 상태에서 깨어나면서 여유를 갖고 세속적인 학문의 습득에 대한 흥미를 느끼게 되었다. 이런 추세를 가장 먼저 장려한 사람은 칼리프 알 만수르로 그는 마호메트의 율법에 대한 지식을 익히고 천문학의 연구에도 정진했다. 왕위를 압바스 왕조 7대 왕인 알마문이 이어받으면서 그는 조부의 계획을 완성하였고 뒷전에 밀려 있던 뮤즈의 신들을 다시 불러들였다. 콘스탄티노플에 있던 그의 사절과 아르메니아, 시리아, 이집트에 있는 대사들은 칼리프의 명령에 따라 그리스 학문에 관한 서적을 수집해서 뛰어난 번역가들에게 아랍어로 번역하도록 하였다. 백성들에게는 이 교훈적인 글을 부지런히 정독하라

고 권유하였고, 마호메트의 후계자도 역시 학술 토론회와 학자들의 집회에 겸손한 마음가짐으로 기꺼이 참석했다. 아불파라기우스는 이렇게 말했다.

> 칼리프는 학자들이 신의 선민이며 자신의 이성적 재능을 향상시키기 위해 평생을 바치는 그의 가장 유용한 최고의 종복임을 알고 있었다. 중국인들과 투르크인들의 저속한 야망은 그들이 다루는 연구나 야만적인 욕구의 탐닉에서는 빛을 발할지도 모른다. 하지만 이런 솜씨 좋은 예술가들도 벌집의 육각형과 피라미드형 방들을 본다면 감탄한 나머지 경쟁심을 잃고 말 것이다.[35] 불굴의 의지를 가진 영웅들도 사자와 호랑이의 엄청난 사나움을 두려워하였다. 호색적인 향락을 즐기는 이들이라도 가장 거칠고 탐욕스러운 네발짐승에는 미치지 못한다. 지혜를 가르치는 사람이야말로 진정한 선각자요, 이 세상의 입법가이다. 그들의 도움이 없다면 세상은 무지와 야만 속에 빠져들고 말 것이다.[36]

알마문의 열정과 호기심은 그 뒤를 이은 압바스 왕조의 군주들에 의해 그대로 계승되었을 뿐만 아니라, 그들의 경쟁 상대인 아프리카의 파티마 왕조와 스페인의 우마이야 왕조도 그와 마찬가지로 학자들을 보호하고 학문을 장려했다. 여러 속주의 독립적인 수장들도 각 왕조와 같은 대권을 주장하며, 사마르칸트와 보카라에서 페즈와 코르도바에 이르는 모든 지역에서 경쟁적으로 학문을 장려하고 그에 합당한 보상을 하며 심미안을 키우게 했다. 한 술탄의 고관은 금화 20만 닢을 바그다드에 학교를 설립하도록 기증하였고 더욱이 해마다 1만 5000디나르의 세비까지 바쳤다. 교육의 성과는 귀족들의 자제에서 장인의 아이

[35] 하지만 이들이 진귀하다고 생각했던 건축술은 레오뮈르(Réaumur)의 글에서도 볼 수 있다. 그곳에 등장하는 육각형은 피라미드로 이루어져 있다. 되도록 적은 양의 재료로 끝이 만들어진 피라미드의 삼면이 이루는 각도는 큰 것은 109도 26분, 작은 것은 70도 34분으로 측정한 것이 수학자의 생각이었다. 실제 측정해 보았더니 각각 109도 28분, 70도 32분이었다. 하지만 이 완벽한 조화는 기술자들 덕분에 만들어진 것이었다. 벌들이 기하학의 고수가 아니었던 것이다.

[36] 이븐 아흐메드가 말하기를 헤지라 462년, 서기 1069년에 사망한 톨레도의 카디가 아불파라기우스의 글에 이 진귀한 구절을 더했고, 포콕의 『아랍 역사의 표본』의 글을 더 인용했다. 칼리프의 치하에서 번창했던 철학자와 의사 등에 관한 수많은 일화는 아불파라기우스의 왕조 이야기의 가장 큰 장점이 되고 있다.

들에 이르는 다양한 계층에 널리 전해졌다. 빈궁한 학자들에게는 충분한 수당이 지급되었고, 공적이나 업적을 세운 교수는 그 보상으로 충분한 급여를 받았다. 모든 도시에서 학문에 흥미를 가진 이들과 허영심에 가득 찬 부자들이 나서서 아랍의 문학을 수집하고 필사했다. 개인적 차원으로 연구를 하던 한 학자는 보카라 술탄의 초대를 책을 실어 나르는 데 400마리의 낙타가 필요하다는 이유로 거절하기도 했다. 파티마 왕조의 왕립 도서관에는 우아한 글씨체로 필사되어 호화롭게 제본된 10만 권의 책이 소장되어 있었다. 이 서적들은 카이로의 학생들도 어렵지 않게 대여해 볼 수 있었다. 하지만 이 정도는 스페인의 우마이야 왕조가 60만 권의 장서를 보유했는데 그중 44권은 도서 목록을 적어 놓은 것에 지나지 않는다는 말을 그대로 믿는다면 그리 대단하다고 할 수 없을 것이다. 우마이야 왕조의 수도인 코르도바와 인접 도시인 말라가, 알메리아, 무르키아 등지에서는 300명이 넘는 문인이 배출되었고, 안달루시아 왕국의 도시에는 70개 이상의 공공 도서관이 있었다. 아랍의 학예 시대는 몽골족의 대침략이 있기까지 약 500년간 지속되었고, 유럽 역사상으로는 가장 어둡고 나태한 시기였다. 하지만 서방에서 과학의 태양이 떠올랐기 때문에 그때 이후 동방의 학문이 쇠퇴하고 타락한 것으로 보였는지도 모른다.

아랍인들의
실질적인 학문 발전

유럽의 도서관과 마찬가지로 아랍의 도서관에서도 무수히 많은 장서들 중 상당 부분이 그 지역에서나 가치 있는 내용이나 상상에 의한 내용을 담고 있었다. 책장에는 문체가 내국인들의 기호와 풍습에 맞도록 개작된 웅변가와 시인들의 작품이 빼곡했다. 그리고 각 세대마다 새롭게 등장한 인물이나 새로운 사건에 대해 이야기하고 있는 통사나 개별 서사 내용이 있었고, 예언자가 세운 율법을 차용한 법령이나 법학의 주해서와 코란과 정통 교리에 관한 해설서, 각종 신학 관계 부류의 책들, 나아가서는 논쟁가, 신비가, 철학자, 도학자, 회의주의자나 신앙인이 각자 내린 짐작에 따라 최고 또는 최초의 작가가 된 이들에 대한 이야기도 많았다. 사변 작업이 필요한 학문은 철학, 수학, 천문학, 의학의 네 분야로 압축할 수 있다. 그리스 현자들의 저작은 아랍어로 번역되고 주해가 달리게 되었다. 몇몇 저작물은 지금 그 원본을 찾을 수 없기 때문에 동방에서 제작한 번역물에 의해 복원된 것을 참고할 수밖에 없다.[37] 여기에는 아리스토텔레스, 플라톤, 유클리드, 아폴로니우스, 프톨레마이오스, 히포크라테스, 갈레누스 등의 작품을 연구하여 정리한 것도 있다.[38] 시대의 유행과 함께 다양해져 왔던 이상적인 체계 중에서 아랍인들은 그 내용이 모호하건 명료하건 상관없이 어떤 시대의 독자들에게도 똑같이 이해될 수 있는 스타기라 출신인 아리스토텔레스의 철학을 택했다. 플라톤은 아테네인들을 위해 글을 썼기 때문에 그가 타고난 재능을 발휘해 사용한 비유법은 그리스의 종교와 언어에 너무나 밀접하게 얽혀 있었다. 그리스의 종교가 소멸된 후에 어디서 나타나는지 알 수 없었던, 아리스토텔레스를 계승한 소요학파의 주장이 동방의 여러 분파에서 벌어지는 논쟁에서 우세한 위치를 차지하게 되었다. 소요학파의 창설자는 그로부터 한참 후에 스페인의 이슬람교도들에 의하여 라틴 학파로서 부활된다. 플라톤의 아카데메이아와 아리스토텔레스의 리카이움에서 가르친 물리학은 관찰이 아니라 논증에 입각한 학문이었기 때문에 진정한 의미의 지식의 발전을 더디게 만들었다. 무한 또는 유한 정신에 대한 학문인 형이상학은 단순히 미신을 보조하는 역할에 머무는 경우가 비일비재했다. 하지만 인간의 능력은 변증법

[37] 예를 들면 아폴로니우스가 원뿔 곡선에 대해 쓴 책 중 제5권, 6권, 7권(8권은 여전히 찾고 있다.)은 1661년에 피렌체에서 인쇄되었다. 하지만 5권은 그 이전에 비비아니(Viviani)의 수학적 선견지명으로 복원되었다.

[38] 아랍어로 번역된 이런 서적들의 장점에 대해서는 르노도(Renaudot)가 자유롭게 논의한 바 있으며 가시라(Gasira)가 종교적으로 변호한 바 있다. 플라톤, 아리스토텔레스, 히포크라테스, 갈레누스 등의 서적은 대개 후나인(Honain)이라는 네스토리우스파의 의사 덕이다. 네스토리우스파는 당시 바그다드에서 득세하던 교파였는데 후나인은 서기 876년에 사망하였다. 그는 수많은 번역서 작업을 지휘했고 그의 아들이나 제자가 번역한 작품을 자신의 이름으로 출간했다.

39 아리스토텔레스의 범주에 관해 가장 엄밀하게 다룬 것은 해리스(James Harris)의 『철학적 합의』이다. 그는 그리스 문학과 철학에 대한 연구를 되살리려 노력했다.

40 알렉산드리아의 디오판투스(Diophantus)가 살던 시기는 알려지지 않았다. 하지만 그가 쓴 여섯 권의 책은 여전히 존재하고, 그리스의 플라누데스와 프랑스의 메지리악(Meziriac)이 실례를 들어 설명하고 있다.

의 기교를 익히고 그것을 실행하면서 강화되었다. 아리스토텔레스의 10범주는 우리의 관념을 집약하여 조직화하였고,[39] 그의 삼단 논법은 논쟁에 사용할 수 있는 예리한 무기가 되었다. 이 삼단 논법은 사라센인들의 학교에서 매우 훌륭하게 사용되었지만, 이것은 원래 진리를 탐구하기보다는 오류를 찾아내는 데 좀 더 효과적이었기 때문에 새로운 세대의 스승과 학생들도 논리적 논증의 쳇바퀴 속에서 맴돌기만 해야 했다. 수학은 시간이 흘러감에 따라 항상 진보하고 발전할 뿐 절대로 뒤로 물러서는 법이 없다는 특성 때문에 다른 학문과는 조금 다른 양상을 보였다. 하지만 내가 알기로 고대의 기하학은 15세기 이탈리아인들에 의해 복원되었다. 아랍인들이 겸손하게 증언한 바에 따르면 그 이름의 기원이 무엇이건 간에 대수학이라는 학문은 그리스인 디오판투스의 공적이다.[40] 아랍인들은 천문학이라는 고상한 학문을 좀 더 성공적으로 손질하였는데, 천문학은 인간의 정신을 고양시키고 우리의 작은 행성과 순간에 불과한 존재감을 업신여기도록 했다. 관측을 위해 사용되는 값비싼 기구는 알마문이 조달하였고, 칼데아인이 사는 땅은 여전히 광대한 평원과 구름 한 점 없는 지평선을 제공하였다. 그의 수학자들은 시나아르의 평원과 쿠파의 평원에서 지구의 궤도를 정확하게 측정하여 우리가 사는 천체 둘레를 2만 4000마일이라고 결론지었다. 압바스 왕조의 치세로부터 티무르의 자손들의 치세에 이르는 동안 별들을 망원경을 사용하지 않고 관찰하였다. 바그다드, 스페인, 사마르칸트 등지에서 측량된 천문학 수치표는 미세한 오차들을 수정하는 데 도움을 주었지만, 프톨레마이오스의 가설을 감히 부인하지 못했기 때문에 태양계를 발견하는 데는 도움이 되지 못했다. 동방의 궁전에서는 과학의 진리가 무지함과 어리석음에 의해서만 칭찬되었기 때문에 천문학자들은 점성술의 공허한 예언으로 그 품위를 떨어뜨리지 않고는 무시당하기 일쑤였다.[41] 하지만 아랍인들은 약학 분야에서만큼은 공적에 따른 박수갈채를 받아 왔다. 메수아, 지베르, 라지스, 아비세나의 이름은 그리스의 위대한 거장들과 나란히 거론되고 있다. 바그다드에서 허가를 받고 영리를 목적으로 개업한 의사만도 860명이었다. 스페인에서는 가톨릭 군주의 목숨이 사라센인들의 의술에 달려 있게 되기도 했다.[42] 그들의 직계 자손인 살레르노 학파는 이탈리아와 유럽에서 치료 기술의 지침을 부활시켰다. 개별 교사들의 성공은 개인적이고 우발적인 원인에 영향을 받았음이 분명하지만, 그들의 이론과 그 실행의 근간을 이루는 해부학, 식물학, 화학의 세 가지 학문에 대한 전반적인 지식의 정도는 어느 정도 가늠할 수 있을 것이다.[43] 죽은 이를 숭배하는 미신의 영향으로 그리스인과 아랍인 모두 해부 범위는 원숭이와 네발 달린 짐승에 그치고 말았다. 신체에 관한 좀 더 실질적이고 가시적인 지식은 갈레누스의 시대에 밝혀졌고, 인간 골격에 관한 좀 더 정밀한 조사는 근대 기술자들의 현미경과 주사 바늘을 위해서 유보되어 있었다. 식물학은 실질적인 이익을 낳는 학문으로 열대 지방에서 발견된 2000종의 식물은 디오스코리데스의 식물 표본에 더 추가되었을 것이다. 어떤 전통의 지식은 이집트의 사원이나 수도원에서 숨겼을지도 모른다. 기술과 제조를 실행에 옮기는 과정에서 대부분의 유용한 경험을 얻게 되었다. 하지만 화학이라는 학문의 시작이나 그 발전은 사라센인들의 산업에 힘입은 바 크다. 그들은 증류기를 발명하여 명명하였고, 자연계의 세 가지 계(界)의 물질을 분석하였으며, 산성과 알칼리성의 유사성과 차이점을 조사했고, 유해한 광물을 부드럽고 유익한 의약품으로 변환시키기도 하였다. 하지만 아랍의 화학자들이 가장 열성적으로

[41] 점성술이 참이라고 인정한 것은 알부마자르였다. 아랍 세계의 천문학자들은 대부분 금성과 수성이 아니라 태양과 목성을 보면서 예언을 했다. 페르시아의 천문학자들이 이룬 학문적 업적에 대해 알고 싶다면 샤르댕(Chardin)을 참고하라.

[42] 시기 956년에 레온의 왕 돈보 산초는 코르도바 의사에게 치료를 받았다.

[43] 왓슨(Watson)(『화학의 원리』)은 아랍인들이 지닌 독보적인 장점을 인정했다. 하지만 9세기에 유명했던 게베르의 신중한 고백을 인용했는데, 그가 이룬 학문적 성과, 즉 물질의 변동과 같은 것은 고대 현자들로부터 차용한 것이라고 했다는 것이다. 그들의 지식이 독창적인 것이었거나 아니면 응용을 통해 발전시킨 것이거나에 상관없이 그들의 화학 기술과 연금술은 마호메트가 나타나기 적어도 300년 전에 이집트에서 알려져 있었던 것으로 보인다.

탐구한 분야는 금속의 변성과 불로불사의 영약을 만들려는 것이었다. 많은 사람의 재산과 사고력이 연금술이라는 도가니 속에서 증발하여 버렸는데, 이 위대한 작업을 성취하고자 하는 경향은 신비, 전설, 미신에 힘입어 더욱 거세어졌다.

학식, 심미안, 사고의 자유의 결핍

그러나 이슬람교도들은 그리스와 로마와의 밀접한 교류를 통해 얻을 수 있는 고대에 관한 지식, 순수한 심미안, 사고의 자유와 같은 가장 유익한 혜택을 받아들이지 않았다. 모국어에 대한 자부심으로 아랍인들은 외국어 학습을 가치 없는 일로 여겼다. 그리스어 번역자들은 그리스도교도 백성들 중에서 뽑았는데, 그들은 그리스어 원전에 의거하기도 했지만 대개는 시리아어 번역본으로 중역을 했다. 천문학자와 의학자들은 넘쳐났지만, 그리스의 시인과 웅변가 역사가들조차 누구 한 사람도 사라센 언어로 이야기할 수 있도록 교육받은 예가 없었다.44 아마도 호메로스의 신화는 이 가혹한 광신자들의 증오를 불러일으켰을 것이다. 그들은 마케도니아인들이 다스리던 식민지와 로마와 카르타고의 속주들을 나태와 무지 상태에서 소유하고 있었다. 플루타르코스와 리비우스가 그려 낸 영웅들은 망각 속에 묻혀 버렸고, 마호메트 이전의 세계 역사는 페르시아 왕들과 예언자, 족장들의 짧은 전설로 축소되어 버렸다. 그리스·라틴 학교에서 교육을 받은 탓에 우리의 마음에 배타적 가치관의 기준이 심어져 있는지도 모르지만, 나는 내가 알지 못하는 언어를 사용하는 국가의 사고 방식이나 그 문학을 비난하고자 하는 마음은 없다. 그렇지만 나는 고전이 많은 것을 가르쳐 준다는 것을 알고 있으며, 동방 사람들의 절도 있고 품위 있는 문체, 적절한 비율을 자랑하는 예술 작품, 시각이고 지적인 아름다움을 구현해 낸 형식, 서사시와 서정시가 선보이는

44 아불파라기우스는 시리아어로 번역된 호메로스의 두 서사시를 언급했다. 역자는 리바누스 산에 있던 그리스도교 마론파인 테오필루스로 그는 8세기 말에 로하. 즉 에데사에서 천문학을 믿는다고 공언했다. 그의 작품은 문학적으로 진기한 것이다. 나도 읽어 본 적이 있는데, 플루타르코스의 삶이 터키어로 번역된 이유가 마호메트 2세가 사용하기 위해서라고는 생각하지 않는다.

규칙적인 구조 등 배울 것이 많다고 생각한다.[45] 진리와 이성을 중시하는 풍조에서는 애매모호한 관점이 적다. 아테네와 로마의 철학자들은 사회적·종교적 자유의 축복을 마음껏 누렸고 그 권리를 주장했다. 그들의 도덕과 정치에 관한 저서들이 자유롭게 읽혔더라면 동방 전제 정치의 족쇄가 서서히 풀어지고, 탐구 정신과 이교도에 대해 관용을 베푸는 자유로운 정신이 퍼져 나가 급기야 아랍의 현인들이 자신들의 칼리프가 폭군이고 자신들이 신봉하던 예언자가 사기꾼일지도 모른다는 의심을 하게 만들 수도 있었을 것이다.[46] 미신의 특성은 추상적인 학문이라도 소개될라치면 민감한 반응을 보인다는 점이다. 율법 학자 중에 좀 더 엄격한 이들은 알마문이 호기심을 갖는 일조차 경솔하고 해를 끼치는 것이라고 비난했다. 군주와 백성들의 지치지 않는 열정은 예정설에 대한 믿음과 천국에 대한 소망 그리고 순교에 대한 열망 때문이라고 해야 할 것이다. 사라센의 젊은이들이 군영에서 나와 학원으로 몰려가고, 충성스러운 군대가 감히 독서와 사색을 하게 되면서 그들의 칼날은 무뎌지고 말았다. 그러나 그리스인들의 어리석은 허영심은 자신들의 학문을 독점하기 위해 애썼고, 그 신성한 학문의 불을 동방의 야만족에게 마지못해 나누어 주었다.

우마이야 왕조와 압바스 왕조 간의 거듭되는 혈투 속에서 그리스인들은 자신들이 예전에 본 손해에 대해 앙갚음하고, 국경을 넓힐 기회를 갖게 되었다. 그러나 비잔티움 궁전의 제위에 여자와 그 여자의 아들, 즉 이레네와 콘스탄티누스가 앉아 있는 동안 반대로 좋은 기회를 잡은 새 왕조의 세 번째 칼리프 모하디가 처절한 보복에 나섰다. 페르시아와 아랍의 병사 9만 5000명이 하룬 또는 아룬이라 불리는 그의 둘째 아들의 지

서기 781~805년, 로마인들에 맞선 하룬 알 라시드의 전쟁

[45] 나는 존스(William Jones)가 쓴 『아시아 시에 대한 라틴인의 주해』를 기쁜 마음으로 정독했다. 이 책은 저자가 훌륭한 언어학자로서 연구에 몰두하던 젊은 시절에 쓰여진 것이다. 지금은 그의 심미안과 판단력이 더욱 성숙하였으므로, 그 열정이 다소 수그러들었을지도 모르고 동방 세계에 부여했던 찬사도 다소 시들해졌을 수도 있겠다.

[46] 아랍의 철학자 중에 아베로에스는 이슬람교도, 그리스도교도, 유대교도의 종교를 모두 경멸했다는 비난을 받고 있다. 각 종파의 사람들은 아베로에스가 세 종교 중 두 종교에 대해 보여 주었던 경멸은 합당한 것이라고 동의할 생각을 갖고 있다.

휘 아래 티그리스 강에서 트라키아보스포루스 해협으로 진격하게 되었다. 하룬의 군대가 크리소폴리스, 즉 스쿠타리의 고지 건너편에 진지를 구축하자 콘스탄티노플의 궁전에 있던 이레네는 로마의 군대와 속주를 잃게 되었다는 사실을 저절로 알게 되었다. 대신들은 여제의 동의 또는 묵인 아래 굴욕적인 강화 조건을 받아들였고, 형식적으로 군주 상호 간에 몇 가지 선물이 교환되었지만 동로마 제국에 해마다 금화 7만 디나르의 조공이 부과되었다는 사실을 숨길 수는 없었다. 사라센인들은 본국에서 멀리 떨어진 적국의 한가운데로 지나치게 서둘러 진격해 있었기 때문에 퇴각을 위해 충실한 안내인과 충분한 보급품을 확보하는 일이 시급했다. 그럼에도 상가리우스 강과 험준한 산 사이의 길목을 반드시 지나쳐야만 하므로, 그곳에서 피로한 군대를 포위 공격으로 쳐부술 수 있다고 말할 용기를 가진 그리스인은 단 한 명도 없었다. 이 원정이 있고 나서 5년 뒤 하룬은 아버지와 형의 뒤를 이어 왕위에 올랐다. 압바스 왕조에서 가장 강력하고 용맹한 이 군주는 샤를마뉴 대제의 맹우이자 수많은 어린 독자들이 아랍 이야기에서 만나는 가장 익숙한 불후의 영웅이다. '알 라시드(Al Rashid)'라는 별칭은 '공명정대함'이라는 뜻인데, 이 이름은 잘못이 없는 것처럼 보이는 후덕한 바르마크족을 전멸시킨 일로 더럽혀졌다. 하지만 이 군주는 자신이 지휘하는 군대에게 약탈당한 한 가난한 과부가 코란의 한 구절을 인용하며 부주의한 폭군에게 신과 후대의 심판을 받게 되리라는 협박에 귀를 기울이기도 했다. 그의 궁전은 숙련된 기술로 화려하게 장식되어 있었다. 그러나 하룬은 23년의 통치 기간 동안 호라산에서 이집트에 이르는 지역의 여러 속주를 계속해서 방문했고, 메카 순례를 아홉 번이나 했다. 또 로마령도 여덟 차례나 침공했다. 그들은 조공을 거절할 때마다 한 달 간의 약탈이 1년 동안 굴복하는 것보다 훨씬 값비싼 대가를 치르게 된다는 사실을 깨닫게 해 주었다. 그러나 콘스탄티노플의 몰인정한 어머니가 퇴위할 수밖에 없게 되고 추방당하자, 그 뒤를 이은 니케포루스는 이러한 종속과 치욕의 휘장을 치워 버리기로 마음먹었다. 칼리프에게 보낸 황제의 서한에는 당시 페르시아에서 그리스에 이르는 지역에 널리 보급된 체스 게임에 빗대어 지적한 신랄한 내용이 담겨 있었다.

여제는(이레네를 지칭한 것이었다.) 칼리프를 루크(rook, 차(車))로 생각하고 자신은 폰(pawn, 졸(卒))으로 생각하고 있었지요. 그 심약한 여성은 야만족에게서 두 배를 거둬들일 수 있다고 생각하고 조공을 약속했지만 그렇지 못했지요. 그러므로 이전의 부당한 조치의 결과를 복원시켜 주시오. 그리하지 않겠다면 검이 내리는 결정을 감수하시오.

이 말과 함께 사절들은 한 묶음의 칼을 칼리프의 왕좌 앞에 던졌다. 칼리프는 이러한 협박에도 미소를 지으면서 역사적으로 대단한 평판을 얻게 되는 자신의 명검 '삼사마(samsamah)'를 빼어 들어 그리스인 사절들의 가냘픈 팔을 단칼에 잘라 버렸다. 그러고 나서는 터무니없을 정도로 간단한 서한을 구술했다.

신도들의 지도자 하룬 알 라시드가 로마의 개 니케포루스에게 세상에서 가장 자비로운 신의 이름을 빌려 말하노라. 불신자의 아들이여, 그대의 편지는 잘 읽었도다. 답신은 쓰지 않을 것이지만 그 답을 직접 보게 되리라.

47 당시 라카의 위치를 알기 위해서는 당빌(d'Anville)의 지도를 참고하라. 『아라비안나이트』에서는 하룬 알 라시드가 바그다드에서만 지낸 것으로 묘사하고 있다. 하룬은 압바스 왕조의 왕좌가 있어야 할 자리가 바그다드라고 인정하고 있었다. 하지만 그곳의 거주민들의 악행으로 그는 그 도시를 떠나 있었다.

48 투른포(M. de Tournefort)는 콘스탄티노플에서 트레비존드에 이르는 항해를 하다가 하룻밤을 헤라클레아에서 지내게 되었다. 그는 두 눈으로 직접 당시의 상황을 관찰했고 그 도시의 고서를 수집했다. 우리는 멤논의 단편을 통해 헤라클레아의 역사를 알고 있다. 이 단편은 포티우스가 보관해 온 것이다.

실제로 답신은 프리기아 평야에 타오르는 불길과 그곳을 적신 피로 쓰여지게 되었다. 호전적인 아랍인들의 기세는 비잔티움 제국의 황제가 약간의 속임수를 쓰면서 후회하는 듯한 태도로 겨우 막아 낼 수 있었다. 승리를 거둔 칼리프는 고단한 원정 끝에 유프라테스 강의 라카에 있는 애용하는 궁전으로 물러났다.47 하지만 500마일의 거리와 혹한은 그의 적수에게 평화를 위협하자는 생각을 하도록 만들었다. 니케포루스는 혹독한 겨울 타우루스 산의 눈을 뚫고 행군해 온 이슬람교 지도자의 신속함과 대담함에 깜짝 놀랐다. 니케포루스는 전술이나 정치적 전략이 모두 고갈되자 4만 명의 신민이 널브러져 있는 전장에서 세 군데 부상을 입은 채 도망치게 되었다. 하지만 비잔티움의 황제는 항복을 수치스럽게 여겼고 칼리프는 승리를 굳히기로 마음먹었다. 급여를 받고 정규군 명단에 올라 있는 13만 5000명과 모든 분파가 가세한 30만 이상의 인원이 압바스 왕조의 검은색 깃발 아래 행진했다. 그들은 티아나와 안키라를 넘어서 소아시아 일대를 휩쓸었고, 한때 번영한 곳이었지만 현재는 조그만 마을로 쇠락한 폰투스헤라클레아로 침입해 들어갔다.48 당시 그곳은 낡은 성벽에 의지해 상당 기간 버틸 수 있었기 때문에 동방 군대의 한 달에 걸친 포위 공격을 막아 냈다. 결국 성은 함락되었고 모든 것이 완벽하게 파괴되었다. 하지만 하룬이 그리스의 이야기를 잘 알고 있었다면, 그는 그 부속물, 즉 곤봉, 활, 화살통 그리고 사자의 가죽까지 모두 황금으로 조각해 놓은 헤라클레스의 조각상을 아까워했을 것이다. 흑해에서 키프로스에 이르는 바다와 육지 전역이 완전히 황폐해져 갔기 때문에 니케포루스의 오만한 도전은 움츠러들 수밖에 없었다. 새롭게 맺은 강화 조약으로 헤라클레아의 폐허는 승리와 교훈의 상징으로 영원히 그 상태로 내버려 두었고, 조공으로 바치는 주화에는 하룬과 그의 세 아들의 얼굴과 이름을 새기도록 하였다. 하지만 이처럼 군주가 여럿이 된 것은 로마라는 이름의 불명예를 불식시키는 데 기여했을 것 같다. 칼리프인 그들의 아버지가 세상을 떠나고 난 뒤 그 계승자들은 내전에 휩싸이게 되고, 승리를 거둔 관대한 알마문은 외국의 과학을 도입하는 것과 국내 평화를 회복하는 일만으로도 너무나 힘겨웠다.

바그다드에서는 알마문이, 콘스탄티노플에서는 말더듬이 미카엘이 치세하던 시기에 크레타와 시칠리아는 아랍인이 정복한 상태였다.

서기 823년, 아랍인들의 크레타 정복

이들의 정복지는 유피테르와 미노스의 명성에 대해 무지한 그들 역사가에 의해 무시당하였지만, 이제 당대에 일어난 사건들을 좀 더 정확하게 보기 시작한 비잔티움의 역사가들은 간과하지 않았다. 스페인의 풍토나 그 통치 체제에 불만을 품은 안달루시아인 한 무리가 자발적으로 해상 모험에 나섰지만, 열두 척에 불과한 갤리선을 타고 항해했던 까닭에 그들이 벌인 교전은 해적 행위로 보아야 마땅하다. 백색파(우마이야 왕조)에 속한 사람들과 그 지배를 받는 백성이었던 그들은 합법적으로 흑색파 칼리프의 영토를 침범할 수 있었다. 이들은 한 무리의 반란 분자들의 안내를 받아 알렉산드리아에 침공하여[49] 피아 구분 없이 무작정 베어 내고 쓰러뜨렸고, 교회와 모스크를 무차별적으로 약탈했으며 6000명 이상의 그리스도교도를 포로로 팔아먹었다. 그리고 이집트의 수도에 기지를 구축하였지만 마지막에는 알마문이 이끄는 군대에 진압되었다. 이로써 나일 강어귀에서 헬레스폰투스 해협에 이르는 지역의 해안과 섬들은 비잔티움의 소유이거나 이슬람의 소유이거나 상관없이 잔혹한 약탈의 대상이 되었다. 그들은 크레타의 비옥함을 직접 보고 부러워하였을 뿐만 아니라 약탈을 직접 하

[49] 르노도는 이집트에서 안달루시아계 아랍인들이 저지른 약탈과 파괴 행위를 묘사했지만, 그것을 크레타 정복과 연관 짓는 것은 잊어버렸다.

는 것에 맛이 든 탓에 다시금 마흔 척의 갤리선으로 무장하고 본격적인 공격에 나섰다. 안달루시아인들은 아무런 제지도 받지 않고 대담하게 섬 전체를 돌아다니다 약탈품을 가지고 바닷가로 내려와 보니 선박이 불길에 휩싸여 있었다. 그들의 수장 아부 카아브가 자신이 불을 질렀다고 고백하자 모두 큰소리로 아우성치며 수장이 미쳤거나 배신했다고 규탄했다. "무엇이 불만인가?" 이 교활한 수장이 대답했다. "나는 그대들을 꿀과 젖이 흐르는 땅으로 데리고 왔다. 여기가 진정 우리가 살 곳이다. 고된 노동을 벗어나 편히 쉬면서 나고 자란 불모의 땅은 잊어버리라." "그럼 아내와 아이들은 어쩌란 말이오?" "우리의 아름다운 포로가 아내의 자리를 대신할 것이고, 그들의 품 안에서 새로운 아이의 아버지가 될 것이다." 이들의 첫 거주지는 수다(Suda)의 후미진 만에 성벽을 세우고 해자를 판 군영이었지만 한 배교적인 수도사가 그들을 좀 더 쾌적한 동쪽 지역으로 인도해 주었다. 그들의 요새이자 거주지가 된 칸닥스라는 지명이 시간이 흐르면서 칸디아라는 명칭으로 바뀌어 섬 전체를 가리키게 되었다. 미노스 왕 시대에 백 개에 이르던 도시는 서른 개로 줄어들었는데, 이 중에서 단 한 도시, 아마도 키도니아만이 그리스도교의 신앙 고백을 지켜 내고 실질적인 자유를 유지할 용기를 가지고 있었다. 크레타의 사라센 병사들은 이윽고 함선을 수리하고 이다 산의 목재를 사용하여 주 돛대를 만들어 바다에 띄웠다. 138년간의 적대 기간 동안 콘스탄티노플의 군주들은 무기력한 전투와 헛된 욕설로 이 방탕자 해적들을 공격했다.

서기 827~878년, 시칠리아 정복

시칠리아를 빼앗기게 된 것은 미신적인 엄격한 행위 때문이었다. 황제는 수녀원에서 수녀 한 명을 훔쳐 낸 한 호색한 젊은이에게 혀를 절단하라는 판결을 내렸다. 사건의 주인공 에우페미우스가 도망쳐 아프리카의 사라센인의 정책과 이성에 호소하여 황제의 자의를 입고 100척의 선박과 700필의 말과 1만 명의 보병을 이끌고 귀환했다. 이들은 고대 셀리누스의 폐허 근처에 있는 마자라에 상륙했다. 하지만 몇 차례 승리를 거둔 후에 그리스군들은 시라쿠사를 되찾았고 배신자는 시라쿠사의 성벽 앞에서 처형당하였으며, 그들의 아프리카 동료들은 자신들의 말고기로 연명할 수 밖에 없는 처지가 되었다. 이번에는 안달루시아의 동포들이 강력한 원군을 보내 그들을 구출하였다. 섬의 주요 부분인 서쪽 지역이 서서히 정복되었고 팔레르모의 널찍한 항이 사라센인들의 육해군이 머물 기지로 선정되었다. 시라쿠사는 약 50년간 그리스도와 황제에게 맹세한 신앙을 지켜 왔다. 최후에 벌어진 치명적인 포위 공격에서 시민들은 예전에 아테네와 카르타고의 권력에 저항했던 정신을 얼마간 보여 약 20일간 포위군의 파성추, 투석기, 갱도 작전 등의 공격을 버텨 냈다. 황제의 함대 승무원들이 성모 마리아에게 바치는 교회를 세우는 일로 콘스탄티노플에 발이 묶이지 않았더라면 이 도시는 어쩌면 구원을 받을 수 있었을지도 모른다. 테오도시우스 부제는 주교와 다른 성직자들과 함께 쇠사슬에 묶인 채 제단에서 끌려나와 팔레르모로 압송되어, 지하 감옥에 갇힌 채 죽음이냐 배교자가 되느냐 하는 고난을 계속해서 겪어야 했다. 그의 연민을 자아내는 우아한 푸념은 그의 조국의 비문으로 읽혀도 좋을 것이다. 로마 제국의 정복으로 시작해 결국 이런 재난을 겪게 된 시라쿠사는 점차 쇠퇴하여 이제 예전의 오르티기아의 낙후된 섬으로 전락하고 말았다. 하지만 그 유물만은 여전히 귀중하여 성당의 헌금 접시는 은제로 무게만 5만 파운드에 달하였으므로, 전리품 전체는 금화 100만 닢(약

[50] 시칠리아의 아랍 역사에 대한 것은 아불페다에게서 차용했다. 그리고 무라토리가 쓴 『이탈리아사(史) 저술가들』 1권에서도 빌려 온 정보가 있다. 귀네스(M. de Guignes)도 몇몇 중요한 사실을 더해 주었다.

40만 파운드)의 값어치를 가졌던 것으로 추정되며, 포로는 타우로메니움을 강탈하고 아프리카에 노예로 데려간 그리스도교도 1만 7000명을 넘어섰던 것으로 보인다. 시칠리아에서 그리스인의 종교와 언어는 완전히 근절되었고, 새로운 세대는 매우 유순하여 1만 5000명의 소년이 파티마 왕조의 칼리프의 아들과 같이 할례를 받고 성인식을 올렸다. 아랍의 군대가 팔레르모, 비제르타, 튀니스 항에서 출격하여 칼라브리아와 캄파니아에 있는 150개 도시를 공격하고 약탈하였다. 로마의 교외 지역조차 황제와 사도의 이름으로 보호받을 수 없었다. 이슬람교도들이 단결해 있었다면 이탈리아는 예언자의 제국에 쉽게 함락되어 영광스러운 획득물이 되었을 것이다. 하지만 바그다드의 칼리프는 서방에서 그 권위를 잃어버렸고 아글라브 왕조와 파티마 왕조는 아프리카의 속주를 강탈했다. 시칠리아의 이슬람 수장들은 독자적인 정권 수립을 갈망하고 있었다. 이제 정복과 지배의 욕망은 약탈을 목적으로 하는 침략이 반복되는 지경으로 타락하였다.[50]

서기 846년,
사라센인들의 로마 침입

패배한 이탈리아가 고난을 겪는 중에 로마의 이름은 장중하고도 애처로운 회상을 불러일으켰다. 아프리카 해안에서 온 사라센 함대가 대담하게도 테베레 강어귀로 들어와 여전히 그리스도교 세계의 중심지로서 숭상되고 있는 이 도시로 다가왔다. 성벽과 성문은 그나마 시민들이 벌벌 떨면서 지키고 있었지만 성 베드로와 성 바울의 묘소와 성전이 있는 바티칸 언덕과 오스티아 가도의 교외 지역은 그대로 방치되어 있었다. 그들의 눈에 보이지는 않지만 엄연히 존재하는 불가침의 신성함이 고트족과 반달족 그리고 롬바르드족에게서 그곳을 지켜냈지만, 아랍인들은 복음이나 전승을 모두 가치 없다고 생각했고 코란의 가르침은 그들의 탐욕을 가치 있게 보이게 하여 더욱더 부채질하였다. 이들은 그리스도교의 신상(神像) 앞에 바쳐진 값비싼 봉헌물들을 약탈했고, 성 베드로 성당에 있는 은제 제단도 떼 내었다. 만약 성당 건물이 온전히 남아 있다면 그것은 사라센인들이 양심의 가책을 느꼈기 때문이라기보다는 너무나 서두른 탓일 것이다. 그들은 아피아 가도를 따라가다가 푼디를 약탈하고 가예타를 포위했지만, 그들 내부에서 분열이 일어나면서 로마의 성벽 옆으로 비켜났고 유피테르의 신전은 메카의 예언자가 씌우려던 멍에를 벗어날 수 있었다. 위험이 여전히 로마인들의 목전에 있었고 그들의 병력으로는 아프리카 수장의 공격을 막아 내기 어려웠다. 그들은 자신들의 라틴 군주의 보호를 요청하였지만 카롤링거 왕조의 군기는 야만족이 파견한 군대의 손에 무참히 짓밟혔다. 그들은 비잔티움 황제의 복위를 꾀했지만 그런 시도는 반역이었고 원조를 받을 수 있는 곳은 너무나 멀고 불확실했다. 이들의 고민거리는 이승에서의 영적 지도자의 죽음으로 더 심각해진 것으로 보인다. 하지만 임박한 비상 사태는 하느님의 소명을 받는다는 형식을 빌린 음모를 집어치우게 했고, 만장일치로 교황 레오 4세[51]를 추대함으로써 교회와 로마의 안전을 보전하게 되었다. 이 교황은 로마 토박이로서 공화정 초기 시대의 용기와 기백이 가슴에 가득 차 있었다. 조국이 쇠락해 가는 가운데 그는 로마 중앙 광장의 잔해 속에 우뚝 솟아 있는 견고하고도 숭고한 원기둥처럼 의연히 혼자서 일어섰다. 그는 치세 초기에는 유물을 정화하고 유적을 정비하는 일과 기도와 예배 행진에 정진하는 등 대중들의 마음속에 희망을 되살려 주고 상상력을 치유해 줄 수 있는 종교 의식을 치르는 데 힘을 쏟았다. 평화를 확신해서가 아니라 당시의 가난과 고난이 심했던 탓에 도시의 방위는 한동안

[51] 볼테르는 교황 레오 4세의 성격을 매우 좋아했던 것으로 보인다. 그가 선보인 개략적인 표현을 빌려 왔으나, 포럼의 광경을 통해 좀 더 분명하고 생생한 모습을 머릿속에 그릴 수 있었다.

방치되었다. 교황에게 허락된 시간이 짧고 재정이 열악했지만 레오는 사정이 허락하는 한도 내에서 고대의 성벽을 복구하라고 명했다. 적들이 가장 접근하기 쉬운 곳에 열다섯 개의 탑을 신축하거나 개조하였는데, 이들 중 두 개는 테베레 강 양쪽을 바라볼 수 있는 위치에 있었다. 그리고 적 함대가 거슬러 올라오는 것을 지연시키기 위해 강을 가로질러 쇠사슬을 걸어 놓았다. 로마인들은 가예타에 대한 포위 공격이 풀리고, 적군 중 일부는 신을 두려워하지 않는 약탈을 일삼다가 파도에 휩쓸려 비명에 갔다는 반가운 소식을 듣고 잠시나마 공격이 미뤄질 것으로 확신하였다.

서기 849년, 레오 4세의 승리와 통치

그러나 잠시 연기되었던 폭풍은 두 배의 강도로 로마를 덮쳤다. 아버지에게서 재산과 군대를 상속받고 아프리카를 다스리고 있던 아글라브 왕조의 아랍인과 무어족의 함대는 사르디니아의 항구에 잠시 기항하여 보급을 받고 로마에서 16마일 떨어진 테베레 강 하구에 닻을 내렸다. 잘 훈련된 수많은 병력은 위협적으로 보였고, 이번 침략이 일시적이 아니라 정복과 지배라는 욕망에 따른 진지한 기도임을 드러내고 있었다. 하지만 레오는 경계심을 늦추지 않았고 이런 일을 대비해 비잔티움 제국의 종속국들, 가예타, 나폴리, 아말피 등 자유로운 해양 국가들과 동맹을 맺어 두었다. 위험이 닥치자 이미 사라센 함대를 격파한 적이 있는 나폴리 군주의 아들 카이사리우스가 이들 국가의 선단을 이끌고 오스티아 항에 모습을 드러냈다. 카이사리우스는 주요 참모들과 함께 라테란 궁전으로 초대를 받았다. 영민한 교황은 그들이 맡은 임무를 물어보고 천우신조와 같은 원조를 놀라움과 기쁨으로 받아들였다. 무장한 시민군 무리가 오스티아 항까지 교황을 수행하였는데, 그곳에서 교황은 많은 원조군을 사열하고 축복해 주었다. 원군의 병사들은 교황의 발에 입 맞추고 군인다운 헌신적인 태도로 성체 배령을 받고, 파도 속에서 성 베드로와 성 바울을 가호하셨던 하느님이 거룩한 하느님의 이름을 거부하는 자들에 대항하여 싸우기 위해 달려온 투사들의 손에 힘을 달라는 레오의 기도에 귀를 기울였다. 한편 이슬람교도들도 이와 비슷한 기도를 올리고 결코 뒤지지 않는 단호한 결의를 다진 뒤 그리스도교도의 선단을 공격하러 나섰다. 그리스도교도의 선단은 해안을 따라 늘어서 좀 더 유리한 지점을 확보한데다가, 때마침 갑작스럽게 다부진 체격의 수병의 용기와 솜씨도 무력하게 만드는 폭풍우가 불어닥쳐 승리는 동맹군 쪽으로 기울어졌다. 그리스도교도들이 안성맞춤격인 항구에서 안전하게 피신해 있는 동안, 아프리카인들은 거센 비바람 속에서 암초와 섬들에 부딪혀 뿔뿔이 흩어져 조각나고 말았다. 난파와 굶주림을 이겨 내고 살아남은 이들은 한 명도 발견되지 않았지만 혹여 있다고 해도 무자비한 추격자에게서 자비로움을 기대할 수는 없었다. 칼과 교수대로 많은 위험스러운 포로를 줄인 후에 살아남은 사람들을 좀 더 효과적으로 활용하기 위해 그들이 무너뜨리려고 했던 신성한 건물을 복구하는 데 투입시켰다. 교황은 로마 시민들과 동맹군을 이끌어 사도들의 성당에 감사의 예물을 바쳤다. 또 이번 해전의 승리로 획득한 전리품 중에 엄청난 양의 순은으로 만든 아랍 활 열세 개를 갈릴레아의 어부를 기리는 제단 주위에 걸어 놓았다. 레오 4세는 치세 기간 동안 로마를 방위하고 아름답게 치장하는 데 열중하여 성당을 개축하고 정비하였으며, 거의 4000파운드에 달하는 은을 봉헌해서 성 베드로 성당의 유실된 부분을 보수했다. 제단도 216파운드 무게의 황금으로 만든 접시로 장식했는데, 그 접시에는 교황과 황제의 초상이 새겨져 있었고, 둘레에는 줄에 꿰어 놓은 진주알이 둘러져 있었다. 그러나 레오에게 더 큰 명예는 이런 허황된 화려함보다는 온정 어린 배려로 호르타와 아메리아의 성벽을 재건하고, 켄툼켈라이에서 방랑하던 유랑민들을 해안에서 12마일 떨어진 곳에 새롭게 건설한 레오폴리스로 이주시킨 일이다. 교황의 관대함으로 코르시카 사람들은 아내와 자녀들과 함께 테베레 강어귀에 있는 포르토에 정착하게 되었다. 쇠락해 가던 도시는 그들을 위해 복구되었고, 논밭과 포도밭은 새로운 정착민들에게 배분되었다. 이들의 노고는 말과 소라는 선물로서 보상되었고, 사라센인들에 대한 복수를 다짐하는 건장한 망명자들은 성 베드로의 깃발 아래서 생사를 맹세했다. 사도들이 모셔진 곳을 방문한 서방과 북방의 민족들이 바티칸 교외에 크고 번화한 거리를 서서히 형성하게 되었는데, 그 다양한 거주민들은 사용하는 언어로 그리스인, 고트인, 롬바르드인, 색슨인 등으로 구별하였다. 그러나 이런 유서 깊은 지역은 여전히 신성 모독의 죄가 일어날 가능성이 있었으므로, 이곳을 성벽과 탑으로 봉쇄하려는 의도에서 통치 권력은 할 수 있는 모든 명령을 내리고 자선에 의해 공급되는 모든 노력을 다했다. 신앙심에서 나온 4년간의 수고는 끊임이 없었고, 지칠 줄 모르는 교황의 노력으로 단 한 순간도 쉼 없이 이어졌다. 바티칸에 명명했던 '레오의 도시'라는 이름에서 교황의 이기심은 없으나 세속적인 열정이라 볼 수 있는 명예에 대한 욕심을 찾아볼 수도 있겠지만, 교황이 자신의 봉헌에 대해 자랑하고자 하는 마음을 품었다는 사실도 그가 보여 준 그리스도교인다운 고해 성사와 겸허함을 생각하면 어느 정도 용납할 수도 있을 것이다. 경계선은 교황과 성직자들이 참회복을 입고 재를 뿌려 맨발로 밟아 다녔고 승리의 노래는

서기 852년,
레오 시(市)의 건립

찬송가와 연도로 바뀌었다. 성벽에는 성수가 뿌려졌고 의식은 사도들과 천사들이 보호하는 가운데, 과거의 로마와 새롭게 단장된 로마가 그 순결함을 지키고 번영하며 난공불락의 요새가 되도록 해 달라는 기도로 마무리되었다.[52]

말더듬이 미카엘의 아들 테오필루스 황제는 콘스탄티노플을 다스렸던 중세기 군주 가운데 가장 활동적이고 기개가 높은 군주 중의 한 사람이었다. 그는 공격을 위해서였거나 방어를 위해서였거나에 상관없이 다섯 번에 걸쳐 직접 군대의 행렬에 나서서 사라센인들과 맞서 싸우며 가공할 공격을 감행하여 패전하거나 실패하는 경우에도 적군의 존경을 받았다. 테오필루스는 마지막 원정에서 시리아를 침공하여 인적이 드물고 마을에서 멀리 떨어진 소조페트라라는 곳을 포위한 적이 있었다. 칼리프 무타심은 우연하게도 이곳에서 태어났는데, 그것은 그의 아버지 하룬이 아내와 첩들 중에서 가장 사랑하는 여인을 전시나 평화 시에도 항상 데리고 다녔기 때문이다. 그때 마침 칼리프의 상황은 한 페르시아 사기꾼이 반란을 일으켜 사라센의 군사력을 소진하고 있는 중이어서, 자신이 매우 좋아하는 이곳을 지키기 위해 적군이 물러가 주기를 탄원하는 것이 고작이었다. 이런 간청은 오히려 역효과를 낳아 황제는 상대의 가장 민감한 부분인 자존심에 상처를 입히기로 마음을 굳혔다. 소조페트라는 흔적도 남지 않게 초토화되고, 시리아인 죄수들은 잔인하게 손발이 잘리거나 거세당했으며 1000명에 이르는 여자 포로들은 멀리 떨어진 곳으로 추방당했다. 이들 가운데는 압바스 왕조의 한 부인이 포함되어 있었는데, 그녀는 절망에 빠져 무타심의 이름을 부르며 울부짖었다. 그리스인들이 준 모욕은 그 여인의 한집안인 칼리프에게 자신의 더럽혀진 명예를

서기 838년, 테오필루스와 무타심 사이의 아모리움 전쟁

[52] 아랍인들과 그리스인들 모두 아프리카인들의 로마 침공에 대해서 침묵하고 있다. 라틴 연대기는 설명이 충분하지 않다. 9세기 교황들에 대해 믿을 만한 역할을 하는 당대의 안내자는 로마 교회의 사서인 아나스타시우스이다. 레오 4세의 삶은 24쪽에 걸쳐 적혀 있는데, 그 대부분이 미신에 사로잡힌 사사로운 일이라고 해도 글쓴 사람보다는 그의 영웅을 탓해야 한다. 그 영웅은 교회보다는 군영에서 더 많은 시간을 보낸 사람이었기 때문이다.

53 무타심의 삶에서도 다음과 같은 경우에 같은 숫자를 적용해 볼 수 있다. 무타심은 압바스 왕조 8대 칼리프였고, 8년 8개월 8일 동안 치세했으며, 8명의 아들과 8명의 딸을 두었고, 8000명의 노예와 금화 800만 닢을 남겼다.

54 아모리움에 대해 과거의 지리학자들이 언급하는 경우가 거의 없었다. 그래서 로마의 여행기에는 완전히 빠져 있다. 6세기 이후에 주교의 방문을 받게 되었고, 결국에는 갈라티아의 중심지가 되었다.

회복하고 여인의 부름에 답하지 않을 수 없게 만들었다. 두 형의 치세에 막내 동생이 물려받은 것은 아나톨리아, 아르메니아, 그루지야, 키르카시아에 한정된 지역뿐이었다. 그는 최전방에서 군사적 재능을 발휘하게 되었다. '8자 투성이'라는 별칭이53 붙은 이유 중에 가장 인정할 만한 부분은 그가 코란의 적군에 맞서 승리한 여덟 차례의 전투이다. 직접 참여한 이 전투에서 이라크, 시리아, 이집트의 군대는 아라비아와 투르크의 유목민에서 신병을 보충했다. 그의 기병대는 궁전의 마구간의 13만 필의 말에서 상당수를 제했다 하더라도 상당했을 것으로 보인다. 장비에 쓰인 돈만도 400만 파운드, 즉 금 10만 파운드에 달하는 정도로 추정된다. 타르수스에 집결한 사라센인들은 세 무리로 나뉘어 콘스탄티노플을 향하여 도로를 따라 진군했다. 무타심은 직접 중앙 부대를 지휘하고 선봉대의 지휘는 아들 압바스에게 맡겼다. 압바스는 첫 번째 출정이었으므로 성공한다면 그 영광이 더하고, 실패한다고 해도 덜 치욕스러울 것이었기 때문이다. 칼리프는 자신이 받은 모욕을 되갚기 위해 똑같은 정도의 치욕스러운 일을 준비하고 있었다. 테오필루스의 아버지는 프리기아의 아모리움 출신54으로 황제를 탄생시킨 그곳은 많은 특권을 누리고, 많은 기념비로 장식되어 있었다. 대부분의 사람들은 모르고 있었지만 그곳은 황실과 궁정의 입장에서는 콘스탄티노플에 못지않게 중요한 가치가 있었다. 사라센 병사들은 아모리움이라는 이름을 방패에 새겼고, 세 개 군단이 이 신성한 도시의 성벽 아래에 합류하였다. 현명한 고문관 한 명이 아모리움의 거주민을 이주시키고 야만족의 무모한 분노에 텅 빈 성곽만을 넘겨주자고 건의했지만, 황제는 포위 공격과 전투로 조상의 땅을 방어하겠다는 좀 더 고매한 해결책을 선택하였다. 적군과 가까워지자 이슬람교도들의 선두의 모습이 드러났는데, 로마인들의 눈에는 창과 투창이 촘촘히 심어져 있는 것처럼 보였다. 하지만 전투의 성과는 양쪽 어느 쪽에도 그리 영광스럽지 못했다. 아랍군은 격파되었지만 그것은 비잔티움 제국에 정착해 있다가 종군한 페르시아 출신 용병 3만 명의 창검이 거둔 성과였다. 비잔티움 제국의 군대가 격퇴된 것도 투르크족 기병대의 화살 탓이었다. 만일 그들의 활시위가 밤에 내린 비로 느슨해져 있지만 않았더라면 황제와 함께 전장에서 빠져나갈 수 있었던 그리스도교도들은 거의 없었을 것이다. 퇴각한 군대는 3일을 꼬박 가야 하는 곳에 있는 도리라이움에 이르러서 한숨을 돌렸다. 테오필루스는 공포에 떨고 있는 자신의 기병대를 둘러보면서 군주와 군사가 모두 도망쳐 온 것을 눈감아 주었다. 자신들의 열세를 확인한 후 황제는 아모리움의 파멸만은 면할 수 있지 않을까 하는 헛된 희망을 품었지만, 냉혹한 칼리프는 로마 황제의 기도와 바람을 경멸하며 무시해 버리고, 자신의 위대한 복수의 증인으로 삼기 위해 로마 사절을 억류하였다. 이들 사절은 칼리프의 치욕을 목격하는 증인이 될 뻔했다. 55일간이나 활발한 공격을 하였지만 충성스러운 사령관과 노련한 수비대 그리고 필사적인 시민들의 저항에 부딪히게 되었다. 만약 성 안에 있는 반역자가 사자와 황소가 새겨진 성벽이 가장 약하다는 정보를 가르쳐 주지 않았더라면 사라센인들은 포위 공격을 풀고 물러났을지도 모른다. 무타심은 자신의 다짐을 무자비하리만큼 엄격하게 수행하였다. 칼리프는 충분해서라기보다는 피곤에 지쳐 싫증이 날 만큼 파괴한 후에 바그다드와 이웃해 있는 사마라의 새 궁전으로 돌아갔다. 이에 불운한 테오필루스는 서방에서 그와 경쟁하고 있던 프랑크 왕국의 황제에게 늦게나마 도움이 필요하다고 탄원하였다. 아모리움의 포위 공격 중에 그들이 처치한 이슬람교도 병사는 대략 7만 명이었지만, 그에 대한 앙갚음으로 칼리프는 그리스도교도 3만 명을 학살하였고, 그와 맞먹는 숫자의 포로들에게 극악한 학대 행위를 하였다. 양측은 필요에 따라 가끔씩 감옥에 갇힌 죄수를 맞바꾸거나 몸값을 요구하기도 했다.55 하지만 두 제국이 종교와 국가의 위신을 걸고 맞붙은 상황에서 평화 상태는 믿을 수 없었고 전쟁은 무자비했다. 전장에는 막사도 거의 없었는데 적의 칼날을 피한 이들이라도 절망적인 노예 상태를 선고받거나 극심한 고문을 당해야 했다. 한 가톨릭 군주는 산 채로 가죽이 벗겨지거나 끓는 기름이 담긴 커다란 솥에서 처형된 크레타의 사라센인들의 운명을 만족스러운 표정으로 이야기하기도 했다.56 무타심은 단지 자신의 명예를 위해 번성하던 한 도시와 20만의 생명과 수많은 재산을 희생시켰다. 하지만 무타심은 짐을 싣고 가던 노새와 함께 구덩이에 굴러 떨어져 괴로워하고 있던 한 늙은 노인네를 구해 주기 위해 타고 있던 말에서 내려 옷에 흙을 묻히는 인정도 있었다. 죽음의 사자에게 이끌려 가는 순간 무타심이 기쁜 마음으로 회상하였던 것은 둘 중 어떤 행동이었을까?

서기 841~870년 등, 투르크 경호대의 소요

압바스 왕조의 8대 칼리프였던 무타심이 숨을 거두면서 그 왕가와 국가의 영광도 함께 소멸되었다. 동방의 전 지역으로 퍼져 나간 아랍의 정복자들이 이집트, 시리아, 페르시아 등지의 노예나 다름없는 사람들과 섞여 지내면서, 사막 생활을 하면서 몸에 익었던 자유로움과 호방한 기질은 어느새 종적을 감추게 되었다. 남방인들이 용맹하다는 말은 선입견을 통해 인위적으로 만들어진 것이다. 그들의 열정적인 활력이 스러져 버리자, 칼리프의 외인부대는 강인한 용맹함을 자연스레 익힌 북방 지역의 인원으로 충당되었다. 옥수스 강과 야크사르테스 강 너

---

55 아불파라기우스는 타르수스에서 서쪽으로 하루 거리 정도 떨어진 두 제국의 경계, 즉 킬리키아의 라무스 강 다리 위에서 이뤄진 이 색다른 거래 중 하나를 기술하고 있다. 이슬람교도 4460명, 여자와 아이 800명, 동맹군 100명을 같은 수의 그리스인과 맞바꾸었다. 그들은 다리 한가운데서 서로를 지나쳐 걸어가서 동포들의 품으로 돌아갔다. 그리고 각자 '알라 아크바(Allah Acbar, 알라는 가장 위대하다.)'와 '키리에 엘레이손(Kyrie Eleison, 주여 우리를 불쌍히 여기소서.)'를 외쳐댔다. 아모리움의 감옥에 갇혔던 사람들 대부분이 이들 중에 있었던 것 같다. 하지만 같은 해 (헤지라 231년)에 그들 중 가장 유명한 인사 42명이 칼리프의 명에 따라 참수를 당하여 순교자가 되었다. 바질레프(M. A. Vasil'ev)는 친절하게도 1808년에 발간된 42명의 아모리움 순교자에 대한 그리스 문헌의 개정판을 내게 보내 주었다.

56 이 사라센인들은 약탈자, 배교자 취급을 받으며 매우 엄격하게 다뤄졌다.

머에 거주하던 투르크인들 중 체격이 옹골찬 젊은이들을 전쟁터에서 잡아 오거나 돈을 주고 사와서는 이슬람교의 신앙 고백 교육과 전장의 기술을 가르쳤다. 투르크족 경호대가 중무장한 채로 후원인의 옥좌를 경호하고, 그들의 지휘관은 속주나 궁정의 지배권을 찬탈했다. 맨 처음 이 위험한 선례를 만들어 낸 무타심은 수도 한복판에도 5만 명 이상의 투르크인들을 끌어들였다. 이들의 방탕한 행동으로 사람들은 분개하여 군과 민간 사이에 분쟁이 발생했고, 이로 인해 칼리프는 바그다드에서 벗어나 이 평화의 도시에서 티그리스 강을 따라 12리그 북쪽에 있는 사마라에 애지중지하는 외국인 병사들의 군영과 자신의 주거지를 세우게 되었다.57 그의 아들 무타와킬은 시기심이 많고 잔인해서 신하들의 미움을 샀다. 그러자 그는 이방인들의 충성에 의지했고, 불안한 가운데 야심이 컸던 이방인들은 혁명의 풍요한 약속에 유혹당했다. 이들이 만찬 시간에 칼리프의 숙소로 쳐들어간 것은 칼리프의 아들이 사주를 한 것인지는 정확하지 않지만 적어도 그가 원인이 된 것만은 분명하다. 반란을 일으킨 이방인들은 칼리프가 자신의 생명과 안위를 보호해 달라며 하사한 그 칼로 칼리프를 일곱 토막 내어 살해해 버렸다. 문타시르는 아버지의 피가 여전히 흥건한 왕좌에 자랑스레 올라앉았지만 6개월의 치세 기간 내내 양심의 가책으로 비통함에 젖어 지내야 했다. 문타시르가 호스로우의 아들이 저지른 죄악과 그에 따른 징벌을 상징하는 낡은 태피스트리를 보고 눈물 흘린 것이 사실이고, 그의 생명이 슬픔과 후회로 단축되었다는 것이 사실이라면, 비참한 죽음을 맞이하여 큰소리로 자신은 현세와 내세를 모두 잃었다고 울부짖은 이 존속 살해범에 대해 약간의 동정심을 가질 수도 있겠다. 어찌되었거나 이런 반란이 일어난 후부터는 왕족의 휘장이며 마호메트의 옷과 지

57 그는 수메레 또는 사마라고 불리던 이름을 세로멘라이라는 기발한 이름으로 바꾸었다. 처음에는 바꾼 이름을 만족스러워했다.

팡이가 모두 외인 용병의 손아귀로 들어가 찢어졌다. 이방인들은 4년 동안 세 명의 칼리프를 세웠다가 퇴위시키거나 살해했다. 투르크 용병들이 두려움이나 분노 또는 탐욕에 젖어 흥분하게 되면, 이들 칼리프들은 끌려 나와 작열하는 태양 아래 발가벗긴 채 철봉으로 매를 맞다가 결국에는 피할 길이 없는 죽음의 순간을 늦추기 위해 자신의 직위를 사임하고야 말았다. 그러나 맹렬한 폭풍우도 가라앉거나 사라지게 마련이다. 압바스 왕조는 소란함이 다소 진정된 바그다드로 돌아오게 되었고, 투르크족의 오만방자함은 좀 더 단호하고 교묘한 사람에 의해 억제되고, 그들의 병력은 원정에 나섰다가 갈라지고 무너져 버렸다. 하지만 동방의 국가들은 예언자의 후계자를 무시해도 좋다는 사실을 알게 되었고, 국내의 평화도 권력과 규율이 완화되었을 때에야 유지될 수 있었다. 군부 전제 정치의 해악은 이처럼 똑같아서 로마 근위병에 대한 이야기를 되풀이하는 것만 같은 생각이 든다.

서기 890~951년,
카르마트파의 기원과 발전

상업이 성하고 쾌락을 쫓거나 학문을 추구하는 경향으로 말미암아 열정의 불꽃이 사그라지는 동안에 그것은 현세와 내세 모두를 통치하고자 하는 야망을 품은, 선택받은 소수의 가슴속에서 몇 배 더한 열기로 타오르고 있었다. 메카의 사도가 제아무리 주의를 기울여 예언서를 봉해 놓았다 하더라도, 광신의 마음과 이성조차(이성이라는 말을 오용한다면 이렇게 말할 수도 있을 것이다.) 아담, 노아, 아브라함, 모세, 예수, 마호메트에 이르기까지 계속해서 사명을 감당하고 있다는 사실에서, 이들이 공통적으로 모신 신이 때가 되면 좀 더 완벽하고 영원한 율법을 계시할 것이라고 생각할 수 있었다. 헤지라 277년에 쿠파 인근 지역에서 카르마트라는 이름의 한 아랍인 설교자가 나타나 자기는 인간의 형상을 한 메시아와 대화할 수 있는 안내인이자 지도자요, 실체요, 말씀이요, 성령이며, 낙타이며, 메시아의 전령이고, 마호메트의 대리인, 알리의 아들, 세례 요한, 대천사 가브리엘의 대리인이라고 하면서 당당하고 이해할 수 없는 칭호를 사용했다. 그가 쓴 불가사의한 책에서 코란의 가르침은 좀 더 영적인 관념으로 다듬어졌다. 세정식, 금식, 순례의 의무를 완화시켰고 금기된 음식과 포도주를 마음껏 먹을 수 있도록 허락해 주었다. 또 매일 쉰 번의 기도를 반복하는 것으로 제자들의 열성을 고취시켰다. 거칠고 난폭한 군중들이 소요를 일으키거나 나태한 생활을 영위하는 모습에 쿠파의 위정자들이 주목하게 되었지만, 소극적인 박해가 오히려 이 새로운 종파가 더욱 발전하도록 도와준 셈이 되었다. 그리고 그 이름은 이 종파를 이끈 예언자가 세상을 떠난 후에 더욱 숭상받게 되었다. 그의 열두 제자는 아불페다가 '이성도 종교도 하나 없는 인종'이라고 말한 베두인족 사이로 퍼져 나갔다. 그들의 설교는 성공을 거두어 아라비아에 새로운 혁명의 징후가 보였다. 카르마트파는 압바스 왕가의 왕통을 부인하고, 바그다드의 칼리프들이 보여 준 세속적인 사치를 극도로 혐오하였기 때문에 반란을 일으킬 만반의 준비를 갖추고 있었다. 이들은 신과 백성들에게 불려 나가 예언자의 역할을 수행하고 있는 이맘에게 맹목적이고 절대적인 복종을 맹세한 까닭에 통제하기가 쉬웠다. 그는 율법에 따른 십일조 대신에 재산과 노획품의 5분의 1을 요구하였다. 가장 흉악한 범죄는 불복종뿐으로 신도들은 비밀 엄수의 서약을 통해 단결하고 그 조직을 숨겼다. 유혈 충돌이 있은 후에 이들은 페르시아 만에 있는 바레인의 한 지역에 정착하게 되었고, 널리 퍼져 지내던 사막의 부

서기 900년 등,
카르마트파의 군사적 공훈

족들은 아부 사이드와 그의 아들 아부 타히르의 권위에 복속했다기보다는 그 칼날에 굴복하였다. 반란을 일으킨 이맘 부자는 10만 7000명의 광신도를 집결시킬 수 있었다. 칼리프가 이끄는 용병 부대는 자비를 요구하지도, 받아들이려고도 하지 않는 적군의 등장에 당황했다. 이 두 군대가 보인 의지나 인내심의 차이는 3세기 동안 번영을 누린 아랍인들의 성격에 변화가 일어났음을 나타냈다. 용병 부대는 접전이 있을 때마다 대패하여 라카, 바알베크, 쿠파, 바소라의 도시들은 점령당하고 강탈당했다. 바그다드는 경악했고 칼리프는 궁전의 장막 뒤에 숨어 두려움에 떨었다. 아부 타히르는 대담하게도 500명도 되지 않는 기병대를 이끌고 티그리스 강을 건너 수도의 성문으로 진군해 갔다. 무크타디르의 특명에 따라 다리는 사전에 파괴되어 있었기 때문에 칼리프는 모반을 일으킨 주동자의 머리나 그 사체를 가져오기를 고대하고 있었다. 칼리프의 부장 한 명이 연민인지 공포심에서인지 위험을 알리고 재빨리 도망치도록 권했다. 두려움을 모르는 카르마트파의 이맘이 칼리프의 사절에게 이렇게 말했던 것이다. "너희 지배자는 3만 명의 병사의 선두에 서 있다. 하지만 그를 맞으러 기다리는 이들은 여기 있는 세 명과 같은 정도의 사람들이다." 이 말과 동시에 이맘은 주위에 서 있던 세 명에게 고개를 돌려 첫 번째 사람에게 단검으로 자신의 가슴을 찌르도록 명령하고, 두 번째 사람에게는 티그리스 강으로 뛰어들어 가고, 나머지 한 사람에게는 절벽 아래로 몸을 던지라고 명령하였다. 그들 모두 단 한 마디의 불평도 없이 그의 명령에 따랐다. 이맘은 말을 이어 갔다. "지금 본 것을 그대로 전하시오. 오늘 저녁이 되기 전에 당신의 지휘관은 쇠사슬에 묶여 내 개들과 함께 있게 될 것이오." 그리고 그날 저녁이 되기 전 습격이 일어났고 협박은 그대로 실행되었다. 카르마트파의 강탈은 메카를 숭배하는 것에 대한 혐오로 정당화되었는데, 그들은 순례자들로 이루어진 여행자단을 약탈했고, 2만 명의 헌신적인 이슬람교도들이 뜨거운 모래사막에서 굶주림과 목마름에 시달리다가 죽게 만들었다. 또 다른 해에는 순례자들이 아무런 방해도 받지 않고 가도록 내버려 두었지만, 아부 타히르는 헌신제를 드리는 순간에 그 성스러운 도시를 맹공격하고 이슬람교도들이 가장 값지게 여기는 유물을 짓밟아 버렸다. 시민과 이방인 3만 명이 칼날에 희생되었고, 성스러운 경내는 3000구의 사체가 매장되어 오염되었다. 젬젬의 우물에는 피가 넘쳐흘렀고 금으로 만든 관은 뽑혀 나갔으며, 카아바 신전의 장막은 이 불경스러운 종파 사람들의 손에서 갈기갈기 찢겨 나갔다. 민족의 제일 기념비인 검은돌은 승리의 징표로 침입자들의 본거지로 옮겨졌다. 이 잔인한 신성모독 행위를 감행한 카르마트파는 계속해서 이라크, 시리아, 이집트의 국경 지역을 휩쓸고 다녔다. 그러나 이 광신적 열정의 원리와 원칙은 그 뿌리에서부터 흔들리고 있었다. 양심의 가책 때문인지 아니면 탐욕 때문이었는지는 정확하지 않으나, 어찌되었건 메카 순례를 다시 허용했고 카아바의 검은돌도 반환되었다. 누가 이들을 멸망시켰는지는 새삼 이야기할 필요도 없을 것이다. 카르마트파 사건은 칼리프 제국의 쇠망 과정에서 두 번째로 눈에 띄는 원인으로 생각할 수 있다.

서기 929년, 메카를 약탈한 카르마트파

세 번째로 가장 명백한 쇠망 원인은 제국 자체의 거대함과 육중함이었다. 칼리프 알마문은 동서 두 제국을 통치하는 일이 2피트 평방의 체스 판의 말을 움직이는 것보다 쉬웠다고 호언장담했을 수도 있지만, 짐작건대 그는 두 가지 게임 모두에

서기 800~936년, 속주들의 반란

서 치명적인 실수를 저질렀음에 틀림없다. 나는 압바스 왕조 중에서 최초의 가장 강력한 칼리프의 권위도 멀리 떨어진 속주에서는 상당히 약화되어 있었을 것이라고 생각한다. 전제 정치는 군주가 자신의 모든 통치권을 대리인에게 위임하는 것이라고 할 수 있다. 권력의 분립과 균형은 몸에 배어 있던 복종의 습관을 해이하게 만들고, 소극적인 신민들에게도 민간 정부의 기원과 운용에 대한 관심을 불러일으키게 만든다. 황제의 자식으로 태어난 사람이 통치 능력을 갖춘 경우는 드문 일이지만, 한 개인의 신분 상승, 즉 농부나 노예에서 좀 더 나은 지위를 누리게 되는 경우에는 그 용기와 능력이 매우 출중하리라고 추정하게 된다. 중앙에서 멀찍이 떨어진 곳의 통치자라면 자신에게 맡겨진 자산과 그 상속권을 안전하게 확보하고자 하는 마음을 품게 된다. 백성들도 자신들의 통치권자가 가까이에 있는 것을 기뻐할 것이 당연하다. 따라서 그 야망을 이루기 위해서는 재산과 군대의 지휘권이 목표인 동시에 수단이 된다. 칼리프의 부관이 자신의 대리인이라는 직위에 만족하는 동안에는 눈에 띄는 변화가 일어나지 않는다. 그들은 자신이나 아들을 위해 하사금을 간청하는 한 여전히 신도 지도자의 특권과 그 이름을 공적인 기도문에 올리거나 주화에 새겨 넣는다. 하지만 오랜 시간 동안 대물림하여 권력을 행사하다 보면 왕족으로서의 긍지를 품고 왕족에 어울리는 태도를 취하게 되었다. 전쟁이냐 평화냐, 보상이냐 징벌이냐 하는 문제는 오로지 그들 자신의 의지에 달린 문제였다. 속주의 대리 통치로 얻는 수익은 그 지역을 위해 사용하거나 통치자의 개인적인 사치를 위해 따로 보관되었다. 그리하여 예언자의 후계자들은 정기적인 인력과 재화를 상납받는 대신에 코끼리나 매, 비단 옷 그리고 약간의 사향이나 호박 같은 겉보기에 화려한 선물을 받고 우쭐해

했다.58

스페인이 압바스 왕조의 현세나 영적 지배권에 대해 반란을 일으킨 후에 불복종의 조짐이 처음 나타난 곳은 아프리카의 속주였다. 매사 빈틈없고 엄격한 하룬의 부관이었던 아글라브의 아들 이브라힘은 자신의 이름과 권력을 아글라브 왕조에 유증하였다. 전략인지 무기력 탓인지는 모르겠지만 칼리프는 이런 모욕과 손해를 무시하고 오로지 대서양 연안의 페즈에 왕국과 도시를 세운59 이드리스 왕조의 창시자만을 집요하게 뒤쫓았다. 동방에서 첫 번째 왕조는 하룬의 아들들이 내란을 벌였을 때, 둘째 아들인 알마문을 열렬히 지지한 영웅 타히르의 후손들이 세운 타히르 왕조60였다. 타히르는 옥수스 강 유역의 통치자라는 허울 좋은 명목으로 추방되었지만, 그의 후계자들은 예의 바르고 겸손한 품행과 함께 국경을 안전하게 지키고, 백성들의 행복을 보장하면서 4대에 걸쳐 호라산 지역을 통치하며 독립성을 유지했다. 이들의 자리를 빼앗은 것은 동방의 연대기에 자주 등장하는 도둑질을 하기 위해 구리 세공(사파르 왕조라는 이름의 연유이다.) 일을 집어치운 모험가들 중에 한 사람이었다. 라이스의 아들 야쿠브는 어느 날 밤 시스탄 태수의 창고에 찾아갔다가 소금 덩어리에 발이 걸려 넘어지면서 뜻하지 않게 소금을 맛보게 되었다. 동방인들 사이에서 소금은 환대의 상징이므로 이 경건한 도둑은 아무것도 훔치거나 해하지 않은 채 그대로 돌아갔다. 이 명예로운 행동이 드러나

독립 왕조들

서기 800~941년,
아글라브 왕조

서기 829~907년,
이드리스 왕조

서기 813~872년,
타히르 왕조

서기 872~902년,
사파르 왕조

58 아랍 제국의 왕조에 대해서는 아불페다, 아불파라기우스, 알마킨의 연대기에서 적절한 시기에 맞춰 찾아볼 수 있고, 적절한 명칭에 대해서는 데르벨로(d'Herbelot)의 사전에서 찾아볼 수 있다. 귀네스가 정리한 표를 보면 개괄적으로 연대순으로 정리해 놓고 역사적 일화들을 끼워 넣은 것을 알 수 있다. 하지만 혈통에 집착하는 경향이 있어서 시간과 장소의 순서를 혼동하는 경우가 있다.

59 착오가 있다는 비난을 피하기 위해서 귀네스가 이드리스 왕조에 대해 잘못 다루었던 점을 따져 봐야 하겠다. (1) 페즈의 도시와 왕국을 세웠던 시기는 헤지라 173년이 될 수 없다. 그때 왕조의 창시자는 아주 어린 유복자였기 때문이다. 168년에 메카에서 도망쳐 나온 알리의 후손이 그의 아버지였다. (2) 이드리스 왕조의 창시자 이드리스는 믿기 어려운 120년간의 장수를 해서 헤지라 313년에 사망한 것이 아니라, 한창 나이였던 214년에 명을 달리했다. (3) 이드리스 왕조는 훗족의 역사가 말했던 것보다 23년 더 빠른 헤지라 307년에 무너졌다.

60 타히르 왕조와 사파르 왕조에 대한 이야기는 사만 왕조의 부흥과 함께 연대기에 서술되어 있고, 미르콘드가 쓴 라틴어 번역본에서도 찾아볼 수 있다.

면서 야쿠브는 용서를 받았을 뿐만 아니라 신임까지 얻게 되었다. 처음 그가 군대를 이끈 것은 자신을 믿어 준 은인인 태수를 위해서였지만, 나중에는 온전히 자기 자신을 위해서 페르시아를 정복하고 압바스 왕조의 본거지를 압박하였다. 바그다드로 향하는 행군 길에 이 정복자는 열병에 걸렸다. 그는 병상에 누운 채 칼리프의 사절과 회견했다. 그의 탁자에는 언월도와 딱딱하게 굳은 검은 빵 한 조각 그리고 양파 한 다발이 놓여 있었다.

만약 내가 죽는다면 당신의 주군은 공포에서 해방될 것이오. 만약 내가 살아난다면 우리의 승패는 결정될 것이오. 만약 내가 패배한다면 나는 아무 거리낌 없이 젊은 날의 검소한 운명으로 돌아갈 수 있소.

높은 곳에 서 있다가 아래로 내려오는 일이 그리 만만하지는 않았을 것이므로, 그의 시기적절한 죽음은 그 자신에게뿐만 아니라 칼리프에게도 안식을 안겨 주었다. 칼리프는 상당한 양보를 하면서 시라즈와 이스파한의 궁전으로 동생 암르를 퇴각시킨 대가를 치렀다. 압바스 왕조는 싸우기에는 너무 허약하고 용서하기에는 너무나 자존심이 강했다. 그래서 강력한 힘을 지닌 사만 왕조를 불러들였고, 이들은 기병대 1만을 이끌고 옥수스 강을 건넜다. 그

서기 874~999년,
사만 왕조

들은 등자를 나무로 만들었을 정도로 행색이 초라했지만, 매우 용맹하여 그들보다 수적으로 여덟 배나 많은 사파르 왕조의 군대를 상대로 승리를 거두었다. 포로가 된 암르는 쇠사슬에 묶인 채 감사의 뜻을 전하는 헌물로 바그다드의 궁전에 바쳐졌다. 승리의 주역은 트란속시아나와 호라

산을 양도받은 것에 만족하였기에, 페르시아 지역은 한동안 다시 칼리프에게 충성을 바쳤다. 시리아와 이집트의 속주는 그들의 투르크인 노예들인 툴룬과 이흐시드의 두 부족에 의해 두 번이나 분할되었다. 종교나 풍습에서 마호메트와 동국인이라고 볼 수 있는 이 야만족은 궁전에서 벌어진 유혈 분쟁을 딛고 일어서서 속주의 통치권을 독립적으로 행사하는 왕권을 세우기에 이르렀다. 그들의 이름은 당시 용맹성이 매우 뛰어나다는 평판을 얻었다. 하지만 이 두 강력한 왕조의 창건자는 말과 행동으로 야망의 허망함을 고백하였다. 툴룬 왕조의 창시자는 죽음의 순간에 자신의 권력이 지닌 한계를 모르던 죄인에게 자비를 베풀어 달라고 신에게 간청하였다. 후자는 40만 병사와 8000명의 노예를 거느리고 있으면서도 자신이 잠을 청하는 개인 침소는 그 어떤 사람도 보지 못하게 했다. 그들의 아들들은 제왕의 부도덕과 악덕을 배웠고 이집트와 시리아는 30년간 압바스 왕조의 지배에서 벗어났다가 다시 속하기를 반복했다. 칼리프 제국이 쇠망해 가는 동안에 모술과 알레포라는 중요한 두 도시가 있는 메소포타미아는 하마단족의 아랍 수장들이 차지하고 있었다. 이들의 궁정 시인들은 부끄러운 줄도 모르고 신의 섭리가 그들의 용모를 아름답게 했고, 말은 유창하게, 두 손은 용맹하고 관대하게 했다고 반복해서 노래했다. 하지만 하마단 왕조가 세워지고 치세 기간의 일을 제대로 전하면 배반과 살인 그리고 존속 살해의 그림이 떠오르게 된다. 이 운명적인 시기에 페르시아 왕국은 다시 부와이 왕조에게 점령되었다. 칼을 휘두른 세 형제는 나라의 지

서기 868~905년, 툴룬 왕조.
서기 934~968년, 이흐시드 왕조

서기 892~1001년, 하마단 왕조

서기 933~1055년, 부와이 왕조

61 그들이 추종하던 한발 (Ahmed Ebn Hanbal)은 네 교파 중 한 지파의 우두머리로서 보다 관대하고 너그러운 성품을 지녔다. 그는 헤지라 164년에 바그다드에서 출생했고 같은 장소에서 헤지라 241년에 죽음을 맞이했다. 그는 코란의 생성에 관한 논쟁에 참여해 어려움을 겪었다.

주요 기둥이라는 식의 다양한 호칭으로 불렸다. 이들은 카스피해에서 인도양에 이르는 지역에서 자신들 이외의 다른 군주를 절대로 인정하지 않으려 했다. 그들의 치세 동안 페르시아의 언어와 풍조는 되살아났고, 아랍인들은 마호메트가 죽은 지 304년 만에 동방의 왕권을 찬탈당하게 되었다.

서기 936년 등, 바그다드 칼리프들의 파멸 상태

압바스 왕조 제20대 칼리프이며 마호메트의 39대 후계자인 라디는 신도 지도자라는 명칭을 받을 만한 자격이 있는 마지막 인물이었다. 즉 백성들과 이야기하고 학자들과 대화를 나눌 수 있는 마지막 사람(아불페다의 말에 따르면 그렇다.), 자신의 안위를 챙기느라 고대 칼리프들의 부와 위엄을 주장하는 일은 절대로 하지 않을 사람이었다. 그의 뒤를 이은 동방의 군주들은 가장 쇠락한 상태로 전락했고, 노예나 다름없는 상황에서 타격을 입고 모욕을 당하는 처지가 되었다. 속주에서 반란이 일어나 칼리프의 통치권은 바그다드 성벽 안으로 제한되었다. 그러나 수도에는 아직도 예전의 영광을 자랑하고 자신의 현실에 불만을 품은 상태에서 이전에는 조공과 전리품으로 채워졌던 국고를 대신 채워야 한다는 압박을 받고 있는 수많은 군중이 있었다. 하지만 이들은 파벌로 나뉘어 분쟁을 일삼으며 나태하게 지냈다. 완고한 한발[61]의 추종자들은 돈독한 신앙심을 핑계로 가정생활의 즐거움을 침해하고, 평민들과 태수들의 집으로 쳐들어가 포도주 통을 엎어 버리고 악기를 부수고 악사들에게 매질을 하는가 하면, 잘생긴 젊은이들이 어울리기만 하면 파렴치한 혐의를 씌우며 그 명예를 손상시켰다. 두 사람이 모여 하는 일이면 어김없이 한 명은 알리를 따르는 열성적인 신자이고 다른 한 명은 그 적대자가 되었다. 압바스 왕조는 자신들의 왕위를 부인하고 선조를 저주하는 열성적인 신도들의 요란스러운 불만의 목소리에 상황의 심각성을 깨달았다. 난폭한 백성들을 제압할 수 있는 것은 오로지 군사력뿐이었지만 누가 용병들을 엄하게 훈련시키고 그 탐욕을 만족시켜 줄 수 있었겠는가? 아프리카와 투르크족 출신의 친위대는 서로를 향해 칼을 뽑아 들었고, 최고 사령관(emir al Omra)은 군주를 옥에 가두거나 퇴위시키고 모스크와 하렘의 성역까지 침범했다. 칼리프가 인접한 태수의 궁전이나 군영으로 피신하더라도 예속 관계가 달라지는 것을 전제로 할 때만 제대로 된 도움을 구할 수 있었다. 결국 칼리프는 절망적인 심정으로 페르시아의 술탄인 부와이 왕조를 불러들이게 되었다. 부와이 왕조의 군대는 저항하기 힘들 정도의 압도적인 무력으로 바그다드의 파벌들을 모두 굴복시켰다. 세 형제 중 둘째인 무이즈 알 다울라트가 행정과 군의 모든 권력을 장악하고는 신도 지도자의 개인 경비로 6만 파운드의 봉급을 지불하는 아량을 베풀었다. 하지만 이로부터 40일이 지난 후, 호라산의 사절을 접견하던 칼리프는 수많은 백성들이 벌벌 떨면서 지켜보는 가운데 이방인의 명령을 따르던 그의 용병들의 거친 손에 이끌려 옥좌에서 끌어내려져 지하 감옥에 갇혔다. 그의 궁전은 약탈당하고 두 눈은 뽑혔는데, 이로써 압바스 왕조의 비굴한 야망은 허망하기 짝이 없는 불명예와 위험을 초래하고 말았던 것이다. 불행한 사건이 연이어 일어나는 가운데 호사스러운 생활을 즐기던 칼리프들은 왕조 초창기의 소박함과 진중함을 되찾았다. 갑옷과 비단옷을 빼앗긴 칼리프는 금식하고 기도하면서 코란과 수니파의 전통을 연구하여 열렬하고 해박한 신학적 지식으로 성직자의 임무를 수행했다. 백성들은 여전히 사도의 후계자요 율법을 전하는 제사장이며 신도들의 양심인 칼리프를 존경하고 있었으므로, 이방의 폭군들이 분열하거나 그 세력이 약해지는 틈을 타

62 비잔티움 사람들이 니케포루스에게 정작 어울리는 비난과 경멸어린 호칭을 붙이지 않고, 허황되게 호칭하는 불편한 상황에 리우트프란드의 성마른 성격은 더욱 격화되었다.

63 조나라스의 암시에도 불구하고 크레타가 니케포루스 포카스에게 완전히 정복되었다는 사실은 믿기 어렵다.

서 압바스 왕조 사람이 바그다드의 통치권을 되찾아오기도 했다. 그러나 이들의 불행은 알리의 후예임을 자처하는 파티마 왕조가 승승장구함으로써 더욱 격화되었다. 이들은 아프리카의 오지에서 일어나 압바스 왕조와 경쟁을 벌여, 이집트와 시리아에서 승리를 거두고 압바스 왕조의 교권과 세속적 권력을 모두 소멸시켜 버렸고, 나일 강의 군주는 티그리스 강에 임한 겸손한 성직자를 모욕하였다.

서기 960년, 비잔티움인들의 계획

테오필루스와 무타심이 벌인 전쟁이 끝난 뒤 백 년간 칼리프의 권력이 기우는 동안에 양국이 벌인 적대적인 접촉은 지울 수 없는 증오와 매우 근거리에 있다는 이유로 해상과 육상을 통한 몇 차례의 충돌로 한정되어 있었다. 그러나 동방의 이슬람 세계가 동요하면서 무너질 때, 비잔티움인들은 이슬람을 정복하여 복수할 수 있을지도 모른다는 바람으로 무기력 상태에서 깨어났다. 바실리우스가 제위에 오르면서 마케도니아 왕조를 연 이후 비잔티움 제국은 평화로운 가운데 위엄을 지키고 있었다. 비잔티움 제국은 하찮은 태수와의 전투에서 전력을 발휘하기 쉬웠을 수도 있다. 이슬람 태수의 배후에는 같이 마호메트의 신앙을 따르는 동포가 위협을 가하며 공격을 가하고 있었기 때문이었다. 백성들은 군영에서는 명성이 자자했지만 수도에서는 그리 평이 좋지 않은 황제 니케포루스 포카스에게 환호와 갈채 속에서 사라센의 사신(死神)이니 샛별이니 하는 대단한 호칭을62 붙여 주었다. 그는 동방의 장군 또는 위대한 하

크레타 함락

인이라는 하급자의 지위에서 크레타 섬을 몰락시키고, 오랫동안 로마 황제의 통치권에 도전하면서도 아무런 징벌도 받지 않은 해적들의 본거지를 섬멸하는 공을 세웠다.63 그의 군

사적 재능은 불명예스러운 손실을 입으며 실패를 거듭했던 예전의 작전과 전투를 성공적으로 수행하면서 여실히 발휘되었다. 사라센인들은 니케포루스 포카스가 선박에서 해안가까지 닿는 평평한 다리를 놓아 병사들을 안전하게 상륙시키는 모습에 당황했다. 칸디아를 포위 공격하는 데는 7개월이 소요되었는데, 아프리카와 스페인의 동포들의 잦은 도움은 크레타 섬 원주민들의 절망을 더욱 부추겼다. 비잔티움군이 거대한 성벽과 이중 해자를 급습하고 나서도 도심의 거리와 가택에서 여전히 필사적인 저항이 일어나 전투가 이어졌다. 수도의 제압으로 섬 전체가 점령당하면서 유순한 백성들은 정복자가 베푸는 세례를 순순히 받아들였다. 콘스탄티노플은 오랫동안 잊고 지냈던 개선식 행렬에 박수를 보냈다. 하지만 니케포루스의 야망을 만족시킬 수 있는 정도의 보답은 황제의 왕관뿐이었다.

바실리우스의 4대 직계 손인 로마누스 2세가 사망한 후 과부가 된 테오파노는 당대의 두 영웅, 니케포루스 포카스와 그를 암살한 치미스케스와 연이어 결혼하였다. 이 두 사람 모두 테오파노의 어린 아들의 보호자이자 동료로서 치세를 담당했다. 이들이 군대를 지휘했던 12년이야말로 비잔티움 연대기에서 가장 화려한 시절이다. 이들이 전장에 이끌고 나온 병사들과 연합군은 적군의 눈에는 적어도 20만에 이르는 대병력으로 보였다. 그리고 이들 가운데 약 3만 명은 흉갑으로 무장하고 있었다.[64] 4000마리의 노새 행렬이 그들과 함께 행군하였고, 야간에 군영은 쇠못을 빙 둘러 박아 방어하였다. 결말이 나지 않는 유혈 전투가 연이어 일어났다면 자연스레 몇 년이 지나는 동안 무슨 일이 생겼을까 생각하게 될 것이다. 그러나 나는 이 두 황제가 카파도키아에서 바그다드에 이

서기 963~975년, 니케포루스 포카스와 요하네스 치미스케스의 동방 정복

[64] 리우트프란드는 비잔티움의 군사력을 얕보는 경향이 있지만, 아시리아에 대항하여 니케포루스가 8만 명의 군사를 이끌었다는 점은 인정하고 있다.

킬리키아 정복

르는 지역을 정복한 이야기를 간단하게 다루려고 한다. 킬리키아의 모프수에스티아와 타르수스에 대한 포위 공격에서 그들이 이끄는 군대의 인내심과 기량이 처음으로 발휘되었다. 이런 점에서 나는 당시 이들에게 로마군이라는 이름을 붙이는 데 주저함이 없다. 사루스 강을 사이에 두고 두 지역으로 나누어진 모프수에스티아에서는 20만의 이슬람교도들이 죽거나 노예가 될 운명에 처해 있었다. 그것은 놀라울 정도로 많은 숫자로 도시 인근 지역의 거주민까지 포함된 것임이 분명하다. 그들은 급습으로 포위되고 점령당했지만 결국 타르수스의 몰락을 가져온 것은 서서히 진행된 기근 때문이었다. 그리하여 사라센인들은 명예를 지킬 수 있을 정도의 조건에서 항복하자마자 멀리서 이집트의 해군이 원군으로 오는 모습을 보고 분한 마음이 생겼다. 이집트 해군은 안전 통행증을 지닌 채 시리아 국경까지 이동했다. 그곳에는 이전부터 그리스도교도 일부가 아랍인들의 지배를 받으며 조용히 지내고 있었고, 비어 있는 거주지에는 새로운 사람들이 들어가게 되었다. 하지만 모스크는 마구간으로 변하고 설교단은 화염에 휩싸였다. 동방 교회에서 약탈해 온 황금과 보석으로 만들어진 수많은 십자가는 황제의 경건한 신심을 위해서였는지 아니면 탐욕을 만족시키기 위해서였는지는 알 수 없지만 감사의 선물로 황제에게 바쳐졌다. 또 황제는 타르수스와 모프수에스티아의 성문을 떼어 승리의 기념비로 콘스탄티노플의 성벽에 걸어 놓았다. 이 두 명의 로마 황제는 아마누스 산의 좁다란 길목을 손에 넣고 안전하게

시리아 침공

지킨 후에, 시리아의 심장부로 계속해서 병력을 이동시켰다. 하지만 안티오크의 성벽을 공격하지 않았는데, 니케포루스

는 미신 때문이었는지 아니면 자비심에서였는지 모르지만 고대로부터 전해지는 동방의 중심지를 존중한 듯하다. 그는 도시 주위를 참호로 둘러싸는 정도로 만족하고, 부관에게 그대로 주둔한 채 봄이 올 때까지 인내심을 발휘하며 기다릴 것을 지시했다. 하지만 한겨울의 어느 비 오는 칠흑 같은 밤, 용감한 한 장교가 300명의 병사를 이끌고 성벽에 접근해서 성곽 공격용 사다리를 걸어 인접한 탑 두 개를 점령한 다음 수적 열세에도 불구하고 용감하게 맞서, 마지못해 출동한 사령관의 늦었지만 효과가 있었던 원조가 올 때까지 버텨 냈다. 학살과 약탈의 한바탕 소동이 가라앉자 카이사르와 그리스도의 통치 질서가 회복되었다. 이로써 아프리카의 함대와 시리아의 육군으로 구성된 10만 사라센군의 분전은 안티오크의 성벽 앞에서 무위로 돌아가고 말았다. 알레포의 왕도는 하마단 왕조의 사이페도울라트의 통치를 받고 있었는데, 그는 수도와 왕국을 팽개치고 서둘러 퇴각함으로써 과거의 영광에 먹칠을 하였다. 알레포의 성벽도 없이 우뚝 솟아 있던 궁전에서 로마의 침입자들은 무기가 가득한 화약고와 1400마리의 노새가 있는 마구간, 금과 은이 가득 들은 300개의 부대를 발견하고 크게 기뻐하였다. 하지만 도시의 성벽은 침입자의 파성추 공격을 버텨 내고 있어서 포위군은 인접한 자우샨 산에 군영을 차렸다. 포위군이 퇴각하자 성 안의 주민과 용병 간에 싸움이 격화되면서 성벽의 방비를 포기하게 되었다. 시장 바닥에서 서로를 비난하는 일에 열중하는 동안에 그들은 급습한 공동의 적이 휘두르는 칼에 그만 패하고 말았다. 남자들은 적의 칼에 살해되었고 1만 명의 젊은이들은 포로가 되었다. 진귀한 노획품만으로도 운반할 짐승이 감당하지 못할 정도로 무거워서 나머지 물건들은 모두 불태웠다.

안티오크 복구

10일간 무법천지로 지배하던 로마인들은 헐벗은 채 피 흘리는 도시를 남겨 두고 다른 곳으로 행군해 가 버렸다. 시리아를 침공해서 그들은 농민들에게 땅을 경작하도록 명령하고 그 다음 계절에 자신들이 직접 추수할 계획을 세웠다. 백 개 이상의 도시를 복종시키고 주요한 모스크에 있던 열여덟 개의 설교단을 마호메트의 제자들의 신성 모독에 대한 보복으로 불태웠다. 히에라폴리스, 아파메아, 에메사 등 고전적인 이름들이 잠시 동안 정복지의 명단에 다시 실리게 되었다. 치미스케스 황제는 다마스쿠스라는 지상 낙원에 진영을 세우고 복종을 맹세하는 백성들의 속전(贖錢)을 받았다. 로마군의 파죽지세를 멈추게 한 것은 페니키아의 해안가에 있는 난공불락의 트리폴리 요새뿐이었다. 헤라클리우스 시대 이후로 타우루스 산맥 아래로 흐르는 유프라테스 강은 비잔티움 병사들에게는 건너기 힘든, 아니 아예 눈으로 볼 수 없는 지역이었다. 그런 강이 승승장구하는 치미스케스에게는 자유롭게 통행할 수 있도록 길을 내주었던 것이다. 나도 고대 로마의 국경을 이루었던 지역으로 티그리스 강에 인접한 유명한 도시였던 사모사타, 에데사, 마르티로폴리스, 아미다, 니시비스를 황제가 쳐부쉈던 그 속도를 흉내 내야 할 모양이다. 그의 열정은 에크바타나에 있으면서 아직 아무도 손대지 않은 보화를 차지하겠다는 욕망에 자극되었다. 에크바타나는 비잔티움 제국의 역사가가 그 이름 아래 압바스 왕조의 수도를 은폐해 온 것으로 유명하다. 피난민들이 경악에 가까운 말로 황제의 공포스러운 명성을 곳곳에 퍼뜨려 놓았지만, 마음에 들 만한 바그다드의 보물은 이미 그 지역 전제 군주의 탐욕과 낭비벽으로 다 써 버린 후였다. 부와이

유프라테스 강 통과

바그다드의 위험

왕조의 부관의 강력한 요구와 백성들의 애원 때문에 칼리프는 바그다드의 방어를 위해 물자를 조달해야만 했다. 어찌할 바를 몰라 당황하던 무티는 자신이 거느리고 있는 군사력이나 세입이나 속주를 모두 탈취당해, 더 이상 지탱할 수도 없는 왕위를 포기할 마음의 준비가 되어 있다고 말했다. 태수가 이런 간청을 받아들이지 않자 궁전의 가구를 모두 팔아 금화 4만 닢을 마련했지만 곧 개인적인 용도로 다 써 버렸다. 하지만 바그다드의 불안은 그리스인들이 퇴각하면서 곧 해소되었다. 황제는 싫증이 날 만큼의 공을 올렸으므로 동방의 전리품을 산더미처럼 싣고 콘스탄티노플로 돌아갔다. 그리고 개선식에서 금화와 은화 300만 닢과 향료, 비단을 선보였다. 하지만 동방의 권력은 이런 일시적인 폭풍우에 잠시 휘청거리기는 했지만 완전히 무너지지는 않았다. 그리스인들이 떠난 후 망명했던 군주는 다시 수도로 돌아왔고 백성들은 강제로 올린 충성의 맹세를 부인했다. 이슬람교도들은 다시 한 번 자신들의 성전을 정화했고, 그리스도교 순교자와 성자들의 성상을 쓰러뜨렸다. 네스토리우스파와 야고보파는 정통 교리를 주장하는 주인보다는 사라센인을 더 좋아했다. 멜키트교도와 그 교리는 교회와 국가를 지탱하기에는 역부족이었다. 이러한 광대한 정복지 중에서 킬리키아의 도시들과 키프로스와 더불어 안티오크만이 로마 제국이 영원히 이용할 수 있는 영지로 완전히 회복되었다.

10세기 동로마 제국의 상황 · 확장과 분할 · 부와 세입 · 콘스탄티노플 궁전 · 칭호와 관직 · 황제의 자부심과 권한 · 비잔티움, 아랍, 프랑크족의 전술 · 라틴어의 소실 · 비잔티움인들의 고립

10세기의 암흑에서 한 줄기 역사의 빛이 비치기 시작하는 듯하다. 우리는 호기심과 경외심에 들뜬 마음으로 콘스탄티누스 포르피로게니투스 황제가 장년의 나이에 도달해 아들을 교육시키고자 집필한 저서를 열어 보고자 한다. 이것으로 전시나 평화 시 또 국내외를 막론한 동로마 제국의 상황을 모두 살펴볼 수 있을 것으로 기대한다. 맨 처음 저술한 책에서는 콘스탄티노플의 궁전과 교회에서 열린 화려한 의식에 대해 자세하게 묘사하고 있다. 자신이 직접 주최한 것과 선조들의 관행을 포함해 모든 것이 담겨 있다.[1] 두 번째 책에서 그는 군관구, 즉 '테마(theme)'에 대한 상세한 개관을 시도하고 있다. 이 테마라는 명칭은 당시 유럽과 아시아에서 공히 불리던 것이었다. 로마 군대의 규율과 훈련 방법, 병법 그리고 육해 군사 작전에 대해서는 훈시하는 듯한 어조로 세 번째 책에 적혀 있는데, 이

동로마 제국에 대한 기록

콘스탄티누스 포르피로게니투스의 저서들

[1] 콘스탄티누스의 『비잔티움 황실 및 교회의 의전에 관하여』는 콘스탄티노플에서 부다, 프랑크푸르트, 라이프치히까지 유포되었다. 그러다가 라이프치히에서 라이크와 라이스케의 손을 거쳐 훌륭한 판본으로 출간되었다. 편집자들의 고된 작업을 칭송해야 하는데, 이들은 고된 노동의 대상이 된 것에 포함될 가치 있는 것이나 가치 없는 것을 이용하는 일에 성공했다.

저서는 콘스탄티누스가 썼거나 아니면 아버지 레오가 썼는지도 모른다.² 제국의 행정에 대해 기술한 네 번째 책에서는 비잔티움 제국이 이 땅 위의 나라들과 우호적이거나 적대적인 교류를 맺은 것에 대한 정략적 비책을 보여 주고 있다. 법률 체계, 농업, 역사에 관한 저술에 힘을 썼던 일은 마케도니아 왕조의 후손들의 명예를 드높이고 신민들에게 이익이 되는 결과를 낳은 것으로 보인다. 민법에 관한 법전과 체계를 담고 있는 바실리카 60권은³ 마케도니아 왕조가 번성한 시대의 시작을 연세 명의 황제가 치세하던 시기에 그 틀을 갖추기 시작했다. 농업 기술은 고대의 최고 현인의 여가 시간을 즐겁게 하였고, 그들로 하여금 펜을 휘두르게 했다. 그들이 선택한 교훈은 콘스탄티누스의 『농경학』 전 20권에 포함되어 있다. 콘스탄티누스의 명령에 따라 역사적인 악행과 선행의 사례가 53권의 책에 정리되었고,⁴ 모든 신민은 지난 역사에서 얻은 교훈이나 경고를 자신이나 동시대를 사는 다른 이에게 적용해 볼 수 있었을 것이다. 동로마 제국의 통치자는 위엄 있는 입법가에서부터 교사와 필경사의 낮은 역할까지를 모두 감당하였다. 그의 후계자들과 백성들은 그 아버지다운 걱정을 무시했지만 우리는 그 영원한 유산을 이어받아 향유할 수 있다.

포르피로게니투스의 저서들의 결함

좀 더 세밀하게 살펴보면 조상이 주신 선물의 가치는 평가 절하되고, 그에 따라 후손들의 감사하는 마음도 줄어든다. 이런 황제의 보물을 소유하고 있으면서도 우리는 여전히 사료가 부족하여 아는 것이 없다고 한탄하며 슬퍼하는지도 모른다. 이 황족 저자들의 위업은 희미해지다가 무관심과 경멸 속에서 사라지게 될 것이다. 바실리카는 유스티니아누스의 법전을 부분적으로 차용해 엉망으로 망쳐 놓은 변칙적인 그리스어 번역본

---

² 레오와 콘스탄티누스의 『전술론』의 출간은 라미(John Lami)가 메우르시우스의 작품과 편집본에서 새롭게 발견해 낸 필사본의 도움으로 이루어졌다. 하지만 본문은 개악되어 망친 그대로이다. 번역서는 애매모호하고 부적절하다. 새로 편집한다면 비엔나의 왕립 도서관에 있는 쓸 만한 자료들이 도움이 될 것이다.

³ 역사적인 민법학자로서 파브리키우스, 하이네키우스, 잔노네를 논하는 것은 실용적으로 고려할 만한 일이다. 비잔티움 법체계에 관해 서술한 41권의 책은 파브로투스가 2절판 7권으로 편집하여 라틴어로 출간했다. 다른 책 4권은 그 후에 발견되어 미르만(Gerard Meerman)의 『시민법 및 교회법 용어 새 사전』에 삽입되었다. 레운클라비우스는 60권 모두에 관한 개요를 정리한 목차시를 내놓았다.

⁴ 33권의 책 중에서 보존되어 출간된 것은 『사절에 관하여』와 『덕과 악덕에 관하여』의 2권뿐이다.

에 불과하다 할 만하다. 그러나 과거의 로마 민법학자들의 양식은 종종 편협한 신앙에 좌우되었고, 이혼이나 축첩 그리고 이자를 붙이는 것을 절대적으로 금지하여 교역의 자유와 개인의 행복을 억압했다. 역사서를 접하게 된 콘스탄티누스의 백성들은 그리스와 로마의 독특한 미덕에 감탄했을 수도 있고, 옛날의 인간성이 갈망하던 숭고함과 힘의 최고점이 어느 정도였는지를 배우기도 했을 것이다. 하지만 대(大)로고데테, 즉 제국의 재상이 명을 받아 작성한 성인들의 삶에 대한 새로운 책은 이와 반대되는 결과를 초래했음에 틀림없고, 그 음흉한 미신적 성격은 번역자 시메온[5]이 화려하게 가공된 전설들을 덧붙여 더욱 강해졌다. 현인의 눈으로 보면 교회력에 등장하는 성인들의 업적이나 기적은 조물주가 내려 주신 은혜를 더욱 키워 형제 동포들의 일용할 양식이라도 만들어 내는 농부 한 사람의 노동보다 가치가 없다. 하지만 『농경학』을 저술한 황제는 크세노폰 시대 이후 줄곧 왕과 영웅이 갖추어야 할 기량으로 가르쳐 온 파괴의 기술에 대한 지침을 상술하는 데 좀 더 심혈을 기울였다.[6] 하지만 레오와 콘스탄티누스의 전술론에는 그들이 살던 시대의 불순한 성향이 섞여 있었다. 거기에는 독창적인 재능이 결여되어 있었던 것이다. 그들은 승리를 통해 확인된 격언과 규칙들을 무조건 베껴 적었다. 또한 방법이나 문체에서도 적절하지 못하고 미숙해서 아주 멀리 떨어져 있고 전혀 어울리지도 않는 제도, 이를테면 스파르타와 마케도니아의 밀집대형을, 카토와 트라야누스, 아우구스투스와 테오도시우스의 보병 군단을 혼동하고 있다. 이런 식의 군사적 기본 지식이 효용성이 있는지, 중요하기는 한지 의심의 여지가 있는 것이다. 전반적인 이론은 이성적인 판단 아래 세워진 것이지만, 전술이 얼마나 유용한가 또 얼마나 어려운가는 그것을 실제로 어떻게

[5] 시메온 메타프라스테스의 삶과 저서에 대해서는 한키우스가 서술했다. 성자들에 대해 글을 쓰는 이 전기 작가는 그럴듯하거나 전혀 말이 안 되게 설명하고 있는 것을 적당히 다시 쓰는 작업에 몰두했다. 그의 그리스식 미사여구는 수리우스가 라틴어로 번역한 책에서 다시 한 번 바뀌었다. 그래서 원본을 제대로 볼 수 없는 부분은 거의 없다고 할 수 있다.

[6] 『키루스의 교육』 중 첫 번째 책에 따르면 페르시아에는 이미 전술을 가르치는 교사와 전쟁을 연구하는 학문이 존재했다. 전술에 관한 모든 문헌을 잘 편집해 내는 일은 학자가 노력할 만한 충분한 가치가 있는 일일 것이다. 학자가 근면하다면 새로운 필사본을 찾아낼 수 있고, 연구에 힘쓰다 보면 고대의 군(軍) 역사를 조명할 수도 있을 것이다. 하지만 이런 학자는 군인으로서의 자질도 갖추어야 한다. 하지만 안타깝게도 이킬리우스는 그렇지 않다.

응용하는가에 달려 있다. 병사들의 기강은 학습보다는 훈련을 통해 형성된다. 하지만 지휘관의 능력은 침착하지만 신속한 판단력으로 결정되는 바, 이러한 품성은 군대와 국가의 운명을 결정짓게 된다. 전자가 생활하면서 습관으로 익히는 것이라면 후자는 순간적인 섬광과 같은 것이다. 전술을 배워서 승리한 전투는 비평 원칙에 따라 창작된 서사시와 다름이 없다. 의례에 관한 책은 교회의 순수성과 제국의 권력이 서서히 쇠퇴해 가기 시작한 이후, 교회와 제국을 좀먹고 있던 비루한 허례허식을 장황하게 설명하고 있으면서도 여전히 부족한 부분이 있는 해설서이다. 테마, 즉 군관구에 대한 개괄적인 글은 구전되어 오던 도시의 기원이나 도시에 거주하던 이들의 악행에 대한 풍자시나 적혀 있는 것이 고작이었을 것을 통치자의 호기심으로 매우 정확하고도 유용한 정보를 제공할 수 있게 되었다. 역사가는 이런 정보들이라면 기꺼운 마음으로 기록했을 것이다. 하지만 수도와 속주에 거주하던 인구수, 세금과 수입 액수, 신민들과 군대에서 복무하는 이방인들의 수와 같이 흥미로운 정보를 철학자 레오와 그의 아들 콘스탄티누스가 주목하지 않았다 하더라도 역사가에게 그다지 비난받을 만한 일은 아니다. 그의 국가 행정에 대한 서적 역시 이와 비슷한 흠이 있지만 특별한 장점을 지니고 있기도 하다. 민족마다 고대 풍습은 의심스럽거나 가공의 전설일 가능성이 있지만, 이 책에서는 야만족의 지리와 풍속에 대해 명확하고 상세하게 기술하고 있다. 이들 가운데 프랑크족만이 자신들의 잣대로 동로마 제국의 대도시를 관찰하고 기술할 만큼의 실력을 갖추고 있었다. 오토 대제의 사절로 파견된 크레모나의 주교는 10세기 중반 콘스탄티노플의 상황을 그려 낸 바 있다. 활기찬 어조로 생생하게 묘사

리우트프란트 사절단

한 글에서는 날카로운 관찰력이 돋보인다. 저자 리우트프란드가 편견과 격정에 치우친 면이 있다 해도 자유와 천재성이 지닌 본원적인 특성으로 무마될 수 있을 정도이다. 그가 국내외에서 수집한 자료들이 충분하지 않음에도 나는 그것들을 바탕으로 비잔티움 제국의 외형과 내실, 이를테면 속주들과 그 부, 군사력과 문민 통치, 비잔티움인의 성격과 문학을 헤라클리우스의 치세로부터 프랑크족이나 라틴인의 침략이 성공리에 이루어졌던 시기에 이르기까지의 600년 동안을 살펴볼 것이다.

테오도시우스의 두 아들이 제국을 완전히 분할하여 다스리게 된 이후, 게르마니아와 스키타이의 야만족 무리들은 로마 제국의 여러 속주로 퍼져 나가 고대 로마가 지녔던 황제의 통치권을 소멸시켜 버렸다. 콘스탄티노플이 허약하다는 사실은 영토 확장 때문에 드러나지 않았고, 국경은 침범당하지 않거나 적어도 그 형태를 어느 정도 유지할 수 있었을 뿐만 아니라, 유스티니아누스는 아프리카와 이탈리아를 정복하는 탁월한 공로로 그 영토를 넓히기까지 했다. 그러나 이런 새로운 정복지의 획득은 일시적이고 위태롭게 보였다. 동로마 제국의 절반에 달하는 영토는 사라센군에 의해 갈가리 찢겨 나갔다. 시리아와 이집트는 아랍의 칼리프들에게 제압당했고, 아프리카를 평정한 다음 그들의 부장들은 당시 고트 왕국으로 변해 버린 스페인의 로마 속주를 침략하여 정복하였다. 지중해의 여러 섬도 사라센의 해군력에 점령당해 신실한 아랍의 태수나 반란을 일으킨 태수들이 킬리키아의 요새와 크레타의 항구와 같이 멀리 떨어진 주둔지에서 황제의 위엄이나 제국 수도의 존엄성을 모욕하기도 했다. 여전히 황제에게 복종하는 속주가 남아 있기는 했으나 이들의 모습도 이전과는 달랐다. 총독, 집정관, 백작

제국의 군관구. 속주. 경계

등의 지배 체제가 헤라클리우스의 후계자들이 널리 보급한 것으로 황제가 직접 서술한 바 있는 테마, 즉 군관구제로 변경되었던 것이다. 29개의 테마 중 12개는 유럽에 17개는 소아시아에 있었다. 테마의 유래는 잘 알려져 있지 않고 그 명칭의 어원도 워낙 다양해서 의심스럽다. 또한 각 테마의 구역을 설정한 것도 자의적이어서 변동이 심한데, 우리 귀에 이상하게 들리는 몇몇 테마의 이름은 각 지역을 방어할 목적으로 유지시킨 부대의 상징과 그 특성에서 유래한 것이다. 비잔티움 군주들은 허영심에 사로잡혀 잃어버린 영토를 추억하고 이제는 희미해진 정복의 흔적을 되살리는 일에 매달리고 있었다. 유프라테스 강 서쪽에는 신(新)메소포타미아가 건설되어 시칠리아라는 명칭과 총독은 칼라브리아의 비좁은 협로로 옮겨 가게 되었다. 베네벤툼 공국의 일부는 롬바르디아의 테마라고 불렸다. 아랍 제국이 쇠망해 가는 시기에 콘스탄티누스의 후계자들은 자신들의 자긍심을 높이는 데 좀 더 손쉬운 상황을 맞이하게 되었다. 니케포루스, 치미스케스, 바실리우스 2세 등의 승전보는 제국의 명망을 되살리고 국경선을 확장시켰다. 킬리키아와 안티오크, 크레타 그리고 키프로스는 또다시 그리스도와 로마 황제에게 충성 서약을 하게 되었고, 이탈리아 반도의 3분의 1이 콘스탄티노플 황제의 영토에 편입되었다. 불가리아 왕국은 파괴되었고, 마케도니아 왕조 말기의 패권은 티그리스 강 수원지에서 로마 근방 지역으로까지 확대되었다. 11세기에 들어서면서 새로운 적의 출현과 또 다른 불운으로 제국의 앞날에 어둠이 드리워졌는데, 이탈리아에 남아 있던 영토는 대담한 노르만족에게 빼앗기고, 아시아라는 가지 대부분은 투르크족 정복자들에 의해 로마라는 줄기에서 잘리고 말았다. 이런 수모를 겪은 후에도 콤네누스 왕조의 황제들은 도나우 강에서 펠로폰네수스 반도에 이르는 지역과 벨그라데에서 니케아에 이르는 지역 그리고 트레비존드와 굽이굽이 흐르는 메안데르 강까지의 지역에 계속해서 군림하였다. 트라키아, 마케도니아, 그리스 등의 거대한 속주들도 이들 황제에게 복종하기에 이르렀고, 키프로스, 로도스, 크레타를 정복하자 신성한 바다, 즉 에게 해에 있던 쉰 개의 섬도 따라서 다스리게 되었다. 제국의 다른 영토도 유럽 왕국 중에서 가장 큰 규모를 자랑하는 국가의 면적을 능가하는 수준이 되었다.

이들 황제는 위엄을 내보이며 그리스도교 군주들 중에서 자신들이 가장 위대한 도시를 소유했으며,7 가장 많은 재화를 벌어들였고, 가장 번성하는 국가를 이룩했다고 자신 있게 말할 수도 있었을 것이다. 제국이 쇠망의 길로 들어서서 결국 몰락하는 가운데 서방의 여러 도시들도 운명을 같이했다. 이리하여 로마의 폐허는 물론 파리와 런던의 판잣집이나 토담, 좁은 면적 등은 라틴족 이방인들에게 콘스탄티노플의 광대함과 정황, 웅대한 궁전과 교회 그리고 무수한 사람들의 기예와 사치에 대해 찬찬히 살펴볼 기회를 주지 않았다. 콘스탄티노플의 보화들은 페르시아와 불가리아의 침입과 아랍과 러시아의 침략을 유발할 위험성이 있었지만, 도시의 위력은 그들을 격퇴한 적이 있었고 여전히 격퇴할 수 있을 것으로 생각되었다. 이에 비해 속주들은 확실히 운도 따라 주지 않았고 안전하지도 않았다. 거칠고 사나운 야만족의 침입에 짓밟히지 않은 속주와 도시가 거의 없을 정도였는데, 이들은 속주를 영원히 소유할 가망이 없음을 알았기 때문에 더욱 약탈을 일삼았다. 유스티니아누스 시대 이후 동로마 제국은 이전보다 못한 수준으로 쇠퇴하게 되었다. 파괴의 위력이 향상과 진보의 위력보다 더 활개 치

부(富)와 인구

7 유럽과 아시아를 방문했던 유대인 여행가의 말에 따르면, 콘스탄티노플은 아랍인들의 위대한 도시인 바그다드와 비슷한 정도에 지나지 않았다.

고, 전쟁의 처참함은 교권과 통치권을 모두 차지한 폭군에 의해 더욱 심해져 갔다. 야만족의 손아귀에서 탈출해 온 포로들은 자신이 섬기는 군주가 부리는 자들에 의해 약탈당하고 투옥되었다. 비잔티움인의 미신은 기도를 강요해 정신을 이완시키고 금식을 하게 해서 몸을 쇠약하게 만들었다. 무수히 많은 수도원이 운영되고 수많은 축일을 기념하면서, 많은 노동력과 적지 않은 시간이 빼앗기게 되어 생활상의 일을 할 수 없게 되었다. 하지만 비잔티움 제국의 신민들은 여전히 제 민족 중에서 가장 현명하고 근면했다. 그들의 국토는 토양, 기후, 지형의 유리함 덕분에 자연의 축복을 누리고 있었다. 그들이 지닌 끈기 있고 평화로운 기질은 유럽의 봉건적 무질서와 호전적인 기질보다 더 유용하여 학문의 발전과 유지에 도움이 되었다. 여전히 제국에 복속되어 있던 속주들은 완전히 적에게 빼앗긴 속주에서 탈출해 온 망명자들로 인구가 더 많아지고 다시 부유해졌다. 칼리프의 멍에에서 벗어난 시리아, 이집트, 아프리카의 가톨릭교도들은 원래의 군주에게 충성을 맹세하고 교우들과 공동체를 세웠다. 이들은 탈출하면서 압제자의 징발을 피한 재산을 들고 나와 피난길에 도움을 받았는데, 콘스탄티노플은 알렉산드리아와 티르에서 온 피난민을 받아들였다. 적국의 종교박해를 피해 도망쳐 나온 아르메니아와 스키타이의 수장들은 환대를 받았고, 그 추종자들은 새로운 도시를 세우고 버려진 황무지를 개간하는 데 노력하였다. 유럽과 아시아 양쪽의 많은 지역이 이런 망명자들의 거주지라는 이름을 지니게 되거나, 아예 그 지역의 풍속을 따르며 지내는 공동체가 세워지거나, 아니면 적어도 과거의 기억을 공유하는 곳이 되었다. 제국의 영토 안에서 무장한 채 지내던 야만족의 여러 부족들도 서서히 교회와 국가의 규율에 길들여져 교화되어 갔는데, 이들을 비잔티움인들과 따로 떼어 보면 이들의 후세는 충성스럽고 신실한 병사들을 공급해 준 인력 보급소였다. 만약 우리에게 비잔티움 제국의 스물아홉 개 테마에 대해 조사할 수 있는 충분한 자료가 있다면 하나의 실례만 선택해서 살펴보아도 호기심을 채울 수 있을 것이다. 참으로 다행스러운 일은 가장 흥미로운 속주 하나를 분명하게 살펴볼 수 있다는 것인데, 펠로폰네수스라는 그 이름은 고전물을 읽는 독자들의 관심을 불러일으킬 것이다.

일찍이 8세기에 성상 파괴론자들이 치세하던 난세에 그리스와 펠로폰네수스에 들끓던 무리는 불가리아 왕의 군사력을 능가하던 슬라브족이었다. 카드모스, 다나오스, 펠롭스 같은 아득한 옛날의 이방인들은 그 비옥한 토지에 정치와 학문의 씨앗을 뿌려 두었지만, 이들 북방의 야만족은 시들어 말라 버린 뿌리의 남은 부분마저 송두리째 뽑아 버렸다. 그들의 난입으로 국토와 주민이 변모하여 그리스 혈통은 더럽혀지고, 펠로폰네수스의 자랑스러운 귀족들은 오히려 이방인과 노예라는 낙인이 찍히게 되었다. 그 후 역대 군주의 노력으로 영토는 야만족으로부터 되찾아 어느 정도 정화시킬 수 있었다. 얼마 되지 않는 나머지는 복종을 맹세하고 조공과 군역을 약속하는 속박을 짊어졌지만, 이런 맹세와 약속은 여러 번 번복되거나 지켜지지 않았다. 파트라스에 대한 포위 공격은 아프리카의 사라센인들과 펠로폰네수스의 슬라브인이 기이하게도 협력하게 되면서 일어났다. 절체절명의 위기에 처한 파트라스의 시민들에게 코린토스의 총독이 오고 있다는 선의의 거짓말이 용기를 불러일으켰다. 용기를 얻은 그들의 대담한 반격은 성공을 거두어 침략자들은 배에 올라탔고 반역자들은 항복하였다. 그날의 승리는 사도 성 안드레아의 역할을 맡아 최전선에서 싸운 실체가

펠로폰네수스의 상태: 슬라브인들

없는 한 이방인의 덕분이었다. 그의 유골을 담은 성물함은 승리의 트로피로 장식되었고, 포로로 잡혀 온 족속은 영원히 파트라스의 대주교 좌 교회에 종속되어 헌신하게 되었다. 헬로스와 라케다이몬 인근 지역의 두 슬라브 부족이 반란을 일으켜 펠로폰네수스 반도의 평화가 깨지는 일이 종종 발생하게 되었다. 이들은 비잔티움 정권이 약해진 틈을 타서 공격하거나 제국의 압제에 저항하곤 했다. 결국 그들과 적대 관계에 있던 동포가 직접 나서서 이 에제리인(人)과 밀렝기인(人)들의 권리와 의무를 규정한 황금 칙령을 내렸는데, 이들이 매년 바쳐야 하는 조공은 금화 1200닢으로 정해졌다. 우리의 황제 지리학자(콘스탄티누스 7세)는 이런 이방인들과 상당한 박해를 받은 헬로트의 피를 이어받은 국내의 토착인들을 엄격하게 구분했다. 로마인, 특히 아우구스투스의 관대함으로 해변의 도시들은 스파르타의 지배에서 벗어났고, 그들은 자유로운 라코니아인이라는 의미의 '엘레우테로(Eleuthero)'라는 자랑스러운 명칭

라코니아의 자유민

을 얻었다. 하지만 이들은 콘스탄티누스 포르피로게니투스가 제국을 다스리던 시기에 암벽투성이 해안에서 조난당한 이들에게 비인도적인 약탈을 일삼아, 자유를 주장할 수 없는 치욕을 겪으면서 '마이노테스(Mainotes)'라는 이름을 얻게 되었다. 곡식은 자라지 않지만 올리브는 풍성하게 수확할 수 있었던 그들의 영토는 말레아 곶까지 확대되었다. 이들은 비잔티움의 총독이 임명한 수장이나 군주를 섬겼지만, 금화 400닢이라는 가벼운 조공을 바치는 것으로 모든 의무에서 벗어났기 때문에 종속되어 있다기보다는 오히려 자유로웠다. 라코니아의 자유민들은 로마인들과 비슷해서 오래전부터 그리스의 종교에 집착하고 있었다. 바실리우스 황제의 열정으로 이들은 그리스도교

신앙을 받아들이고 세례를 받았지만, 베누스와 넵투누스 신전에는 로마 제국에서 우상 숭배를 금지한 후에도 500년 동안 소박한 열성 신자들의 발길이 끊이지 않았다. 펠로폰네수스의 테마에는 여전히 마흔 개에 이르는 도시가 있었는데, 10세기 당시 스파르타, 아르고스, 코린토스의 쇠퇴 정도는 고대의 찬란하던 시점과 오늘날의 황폐한 시점의 중간쯤에 해당되었다. 속주에서는 소유 토지와 성직록을 참고해서 각각의 주민들에게 군 복무의 의무를 부과하였는데, 직접 복무를 하든지 대리인을 세우든지 해야 했다. 재력이 있는 소작인들은 금화 5닢을 납부해야 했고, 이들보다 여력이 부족한 이들은 몇몇이 모여서 같은 정도의 인두세를 나누어 내야 했다. 이탈리아 전쟁이 발발했을 때 펠로폰네수스 반도 사람들은 자발적으로 금 100파운드(영국 화폐로 4000파운드)와 무기와 마구를 갖춘 1000마리의 말을 헌납하는 것으로 군역을 면제받았다. 교회와 수도원도 자신들이 할당받은 만큼의 헌금을 했다. 성직의 명예를 팔아 신의 이름을 더럽히는 돈을 우려냈던 것이다. 레우카디아의 빈곤한 주교도 금화 100닢의 부담을 져야 했다.

> 펠로폰네수스의 도시들과 세입

그러나 속주의 부와 세입 관리는 공정하고도 왕성한 제조업과 교역을 기반으로 하고 있었다. 몇몇 자유로운 정책의 증거를 직접세의 면제에 관한 규정에서 찾아볼 수 있는데, 펠로폰네수스의 선원들과 양피지와 자주색 염료를 만드는 사람들에 대해서는 면세 정책을 취한 것이다. 이런 면세 제도는 당연히 리넨과 모직 그리고 특히 비단을 제조하는 이들에게도 확대 적용되었을 것이다. 리넨과 모직을 생산하는 이들은 호메로스 시대부터 그리스에서 흔히 볼 수 있었지만, 비단을 생산하는 일

> 제조업, 특히 비단 제조업

은 아마도 유스티니아누스 재위 시절에서야 볼 수 있었을 것이다. 코린트, 테베, 아르고스에서 행해진 이런 제조 기술은 수많은 사람들에게 음식과 일을 제공해 주었는데, 남자와 여자, 어른과 아이들은 그 나이와 체력에 따라 일을 할당받았다. 이들 중 상당수가 집에서 부리는 노예들이었다고 하면, 작업을 지시하고 그 수익을 거두는 이들은 자유로운 위치에서 명예를 누렸다고 볼 수 있다. 부유하고 관대한 펠로폰네수스의 한 기혼녀가 자신이 양자로 삼은 황제 바실리우스에게 보낸 선물은 의심의 여지없이 그리스의 직조기로 짜 낸 것이다. 다니엘리스는 가는 모직사로 공작의 꼬리 반점을 본떠서 수를 놓은 양탄자를 만들어 보냈는데, 그 크기는 대천사장 미카엘과 예언자 엘리야 그리고 그리스도의 이름으로 새롭게 세워진 교회 바닥을 모두 덮을 정도였다. 또한 그녀는 다양한 용도와 명칭을 지닌 비단과 리넨 600필을 보냈다. 비단은 티르의 염료로 염색되었고 바느질로 수놓아져 있었다. 리넨은 아주 가는 실로 직조되어 전체 한 장을 둘둘 말면 속이 빈 대나무 안에 집어넣을 수 있을 정도였다. 시칠리아의 한 역사가는 그리스인들의 제조품에 대해 기술하면서 그 값을 비단의 무게와 질감, 직물의 촘촘함, 색의 아름다움, 자수 재질과 그 모양새에 따라 구분했다. 일반적인 상품은 한 가닥이나 두세 가닥의 실을 합쳐서 만들어도 충분했지만, 좀 더 값어치가 나가는 튼튼한 세공을 위해서는 여섯 가닥의 실을 합쳤다고 한다. 또 그는 여러 색깔의 옷감 가운데는 불꽃처럼 타오르는 진홍빛과 부드러운 빛을 내는 녹색이 있었음을 지적하고 이를 화려한 웅변적 어조로 칭송했다. 자수는 비단실이나 황금으로 놓았는데 줄무늬나 동그라미 같은 단순한 장식보다는 한층 섬세한 모양의 꽃무늬를 더 품위 있게 여겼다. 궁전이나 제단에서 입을 예복은 보석으로 화려하게 꾸며지기도 했는데 동방의 진주를 실에 꿰어 몸에 감기도 했다. 12세기에 이르기까지 그리스도교 국가 중에서 그리스만이 이 우아한 사치품을 만들 수 있는 기술을 가진 일꾼과 곤충을 소유하고 있었다. 하지만 동서를 다스리던 칼리프들은 자기들의 가구와 의상을 이교도인 불신자들에게서 빌려 오는 것을 부끄럽게 생각했기 때문에 부지런하고 영민한 아랍인들은 그 비밀을 훔쳐 내고 말았다. 그리하여 스페인의 두 도시 알메리아와 리스본은 비단 제조와 사용 그리고 수출에서도 유명세를 타게 되었다. 시칠리아에 비단을 처음 소개한 이들은 노르만인들이었는데, 이러한 교역의 이동을 가능하게 했다는

시칠리아에 소개된 비단

점에서 로제르의 승리는 어느 시대에서나 볼 수 있는 획일적이고 무익한 적개심만을 드러내는 전쟁과 명확히 구분된다. 코린토스, 아테네, 테베를 강탈한 후 그의 부장은 남녀 직공과 장인을 포로로 잡아 배에 태워 철수함으로써 자신의 주군에게는 명예로운 전승 기념품을 바쳤고, 비잔티움 황제에게는 불명예스러운 일이 되었다. 그 선물의 가치를 익히 깨달은 시칠리아의 왕은 포로를 교환할 때 코린토스와 테베의 남녀 직공들은 제외시켰다. 비잔티움 제국의 역사가가 기술한 바에 따르면 이들 직공은 다리우스를 섬기던 옛날의 에레트리아인들처럼 야만적인 주인 밑에서 고된 노역에 시달렸다. 팔레르모의 궁성 안에는 근면한 거류민들이 사용할 커다란 건물이 세워졌고, 비단 직조 기술은 서방 세계에서 급증하는 수요를 충족시키기 위해 직공들의 후손과 제자들에게 전해졌다. 시칠리아의 직조업이 쇠퇴한 것은 아마도 이 섬에 소요가 일어나고, 이탈리아의 여러 도시들에서 경쟁이 일어났기 때문일 것이다. 서기 1314년에는 같은 종파의 공화국 중에서 루카만이 이 수지맞는 사업의

8 무라토리가 이탈리아어로 쓴 『고대의 풍습』에서 인용한 필사본과 법전의 내용이다.

전매권을 누리고 있었다. 하지만 대규모 내란이 일어나면서 비단 제조자들이 피렌체, 볼로냐, 베니스, 밀라노, 심지어 알프스 산맥 너머에 있는 나라로까지 흩어져 기술을 전수하였다. 그 후로 13년이 지난 다음 모데나는 법령에 따라 뽕나무 재배를 의무화하고, 생사에 대해 관세를 부과하였다.8 북부의 기후는 누에를 치기에는 그다지 적합하지 않음에도 불구하고 프랑스와 영국의 직조업은 이탈리아와 중국에서 생산된 원료를 공급받아 번창하게 되었다.

비잔티움 제국의 세입

여기서 나는 다시 한 번 불평을 하지 않을 수 없다. 이 시대의 기록이 애매하고 희귀한 까닭에 비잔티움 제국의 세금, 세입, 자원에 대해 정확한 평가를 하지 못하기 때문이다. 유럽과 아시아의 모든 속주에서 흘러들어 온 금과 은의 작은 냇물은 제국의 저수지로 흘러들어 영원히 마르지 않는 풍성한 샘을 이루었다. 줄기에서 갈라져 나가는 가지가 새로 생길 때마다 콘스탄티노플의 저수지는 상대적으로 더욱 커져 갔다. 전제 정치의 격률은 국가의 부를 수도로, 수도의 부를 궁전으로, 궁전의 부를 황제에게 집중시켰다. 12세기에 동로마 제국을 방문했던 한 유대인 여행자는 비잔티움의 부유함에 감탄하느라 정신이 없을 지경이었다. 투델라의 벤야민은 이렇게 말했다.

비잔티움 제국에 바쳐지는 조공이 해마다 쌓이는 이곳이야말로 모든 도시의 여왕이다. 높이 치솟은 건물마다 비단, 자줏빛 염료, 황금이 가득한 귀중한 창고로 차고 넘친다. 콘스탄티노플에서는 군주가 날마다 금화 2만 닢을 쓴다고 하는데, 이를 위해서 도시의 점포와 술집 그리고 시장 더 나아가 육로와 해상을 통해 콘스탄티노플을 자주 방문하는 페르시아와 이집트,

러시아와 헝가리, 이탈리아와 스페인의 상인들에게 세금을 부과한다.9)

금전 문제에 관한 유대인의 권위는 그 명성이 자자하므로 그의 말을 순순히 받아들여야 하겠지만 365일 동안 벌어들이는 세입이 700만 파운드를 초과한다면, 적어도 그리스 달력에 있는 수많은 축일은 제해야 하지 않겠는가 하는 생각이 든다. 테오도라와 바실리우스 2세가 축적해 놓은 방대한 재산은 막연하게나마 그들이 공급받은 부의 정도와 그 재원을 짐작할 수 있게 해 준다. 미카엘의 모후는 수도원으로 물러나기 전까지 배은망덕한 아들의 낭비벽을 폭로하거나 견제할 요량으로 그가 물려받은 재산의 정도를 사실 그대로 기록해 놓고자 했다. 그녀의 죽은 남편과 자신이 모아 놓은 재산은 금 10만 9000파운드와 은 30만 파운드에 달했다. 바실리우스의 탐욕은 그의 용맹함과 부유함에 못지않았다. 승리를 거둔 그의 군대는 상금으로 궁전 지하 창고에 보관해 두었던 황금 20만 파운드를 통째로 받았다.(대략 800만 파운드 정도의 금액이다.) 이런 규모의 재산 축재는 오늘날에는 이론상이나 실제상으로도 인정받을 수 없으며, 우리는 국가의 부를 국가 지불 능력이나 남용의 정도를 기준으로 계산하려는 경향이 있다. 그러나 지금까지도 자신의 적들에게는 무서운 군주와 동맹들로부터 존경받는 공화국에서 이 고대의 격언을 받아들이고 있다. 이 양자 모두 자국의 평화와 군사력 강화라는 목표를 이루게 해 주었다.

당장 사용해야 하는 것이나 장래를 위해 대비해야 할 것을 막론하고 무엇보다 중요하고 가장 우선으로 하는 사용처는 황제의 허례허식과 쾌락을 위한 것이었다. 이와 같은 황제의

9) 『투델라의 베아민의 여행』. 히브리어 원문을 프랑스어로 번역한 것은 아이같이 대담한 바라티에(Baratier)였다. 그의 저서로는 미숙한 학문을 기술한 책이 한 권 더 있다. 이 유대인 랍비가 실수와 거짓을 저질렀다고 해서 그가 쓴 여행기의 진실 여부를 모두 부인할 수는 없다.

황제들의 허영과 사치

[10] 이집트의 총독으로 재임했던 줄리앙이 쓴 것으로 생각되는 풍자시에 따르면, 비잔티움 궁전은 유피테르 신전, 페르가무스의 궁전, 루피니아 숲, 키지쿠스에 있는 하드리아누스 신전, 피라미드, 파루스 등을 모두 압도하는 규모를 자랑했다. 줄리앙은 71편의 풍자시를 지었지만 이것은 불충분한 자료이다.

개인 경비 액수를 정하는 것은 전적으로 그의 재량에 달려 있었다. 콘스탄티노플의 군주들은 자연의 소박함과는 거리가 먼 존재였지만, 계절이 바뀌면 각자의 취향이나 유행에 따라 수도의 매연과 소란스러움에서 벗어나 좀 더 깨끗한 공기를 마실 수 있는 한적한 곳을 찾았다. 또 포도 수확기에 시골에서 열리는 축제를 즐기거나 즐기는 척했다. 여가 시간에는 사냥을 하거나 보다 조용한 낚시를 즐겼고, 한창 뜨거운 여름에는 더위를 피해 그늘에 누워서 바다에서 불어오는 시원한 바람을 쐬며 휴식을 취했다. 아시아와 유럽의 섬과 해안가에는 황제의 화려한 별장들이 늘어서 있었다. 하지만 그들은 자신을 낮추고 자연 경관에 어울리도록 노력하는 겸손함 대신에, 한결같이 정원에 대리석 구조물을 세워 군주의 부유함을 드러내고 건축자의 노고를 과시하느라 여념이 없었다. 상속과 몰수라는 불상사가 연이어 일어나면서 도시와 교외의 수많은 대저택들의 소유권을 넘겨주게 되었는데, 그중 열두 개는 국가의 고관대작의 손에 떨어졌다. 하지만 황제가 지내는 중심 건물인 대궁전은 11세기 동안 성 소피아 대성당과 전차 경기장 그리고 프로폰티스 해안가로 이어지는 수많은 테라스로 이루어진 정원에 둘러싸인 같은 장소를 고수하고 있었다. 콘스탄티누스가 처음 지은 건물은 고대 로마 건물을 그대로 따라 했거나 거의 흡사한 모습이었지만, 그 뒤를 이은 후계자들이 조금씩 개량하면서 고대 건축물에 필적할 만큼의 성과를 올리게 되었고,[10] 10세기에 이르러서 비잔티움 궁전은 그 튼튼함이나 크기 그리고 웅장함에서 의문의 여지가 없을 정도로 탁월하여 적어도 라틴인들에게는 감탄의 찬사를 들을 수 있게 되었다. 하지만 수많은 세월 동안 많은 노동력과 재화를 쏟아부어 불규칙하게 쌓아 올리는

콘스탄티노플 궁전

바람에 개별 건물은 건축자와 그 시대의 특징의 표현하기도 했지만, 공간이 부족하다는 구실로 내심 만족스러우면서도 전임자가 세운 건물을 부숴 버리기도 했다. 테오필루스 황제 시절의 재정은 국내에서 사치와 화려한 생활을 영위하기에 충분할 정도로 여유가 있었다. 자신의 자신감과 관대함으로 압바스 왕조를 놀라게 한 황제의 총애하는 사절이 선물로 바그다드의 칼리프가 최근에 티그리스 강 유역에 세운 궁전의 모형을 받아 가지고 왔다. 황제는 즉시 그 모형을 본떠 원래 모형을 능가하는 건물을 지었다. 테오필루스가 새로 지은 건축물에는 정원과 다섯 개의 교회가 있었는데, 교회 중 한 곳은 그 크기와 아름다움에서 특히 돋보였다. 세 개의 반구형 지붕이 올려졌고, 금으로 도금한 청동 지붕은 이탈리아의 대리석으로 만든 기둥이 지지하고 있었다. 벽은 다양한 색깔의 대리석으로 장식되어 있었다. 교회 정면에 있는 그리스 문자인 시그마의 형상이 새겨진 반원형 현관은 프리기아산 대리석으로 만든 열다섯 개의 기둥이 받치고 있었다. 지하 저장고도 이와 비슷한 구조로 만들어져 있었다. 시그마 현관 앞에 있는 광장에는 분수가 만들어졌는데 이 분수대 가장자리는 은 접시가 둘러져 있었다. 계절이 바뀔 무렵이면 분수에는 물 대신 가장 진귀한 과일이 가득 채워졌다. 백성들은 이 과일들을 마음대로 먹을 수 있었는데, 바로 이 광경을 지켜보는 일 역시 황제의 즐거움이었다. 황제는 이 소란스러운 광경을 대리석 계단을 올라가 궁전의 테라스까지 이어지는 높은 곳에 내놓은 금은보석으로 휘황찬란하게 장식된 옥좌 위에 앉아서 즐겼다. 그 아래에는 근위대 장교와 행정 장관, 경마장의 분파의 수장들이 쭉 앉아 있었고, 이 계단 아랫부분에는 시민들이, 그 아래에는 무희들과 가수들 그리고 무언극 배우들 무리가 자리를 잡고 있었다. 광장 주위에는 법원과 무기고 그리고 행정 처리와 오락 관계의 다양한 공간이 있었다. 자색실(室)이라는 이름은 황후가 해마다 그곳에서 자줏빛과 진홍빛을 띤 가운을 직접 나누어 주었기 때문에 생긴 것이다. 길게 늘어선 일련의 방들은 각각 계절을 상징하는 것으로 대리석과 반암, 많은 양의 금은과 값진 보석들과 함께 그림, 조각상 그리고 모자이크로 장식되었다. 장엄한 분위기를 좋아하는 황제는 그 시대의 예술가들이 기량을 마음껏 발휘하도록 하였지만, 고상한 취향을 자랑하는 아테네인들은 나뭇잎과 가지까지 달린 황금 나무에 인공적인 소리를 지저귀는 새들이 수도 없이 둥지를 틀고 있고, 거대한 황금 덩어리로 만든 두 마리 사자가 실제로 숲 속에서 포효하는 듯한 모습을 만들어 낸 이들의 비용만 많이 드는 경박한 노력을 경멸했을 것이다. 테오필루스의 후계자들과 바실리우스를 잇는 이들 그리고 콤네누스 계통을 잇는 후계자들도 자신들의 거주지에 기념할 만한 것을 남기는 일에 선대 황제들에게 뒤지지 않았다. 궁전에서 가장 화려하고 위풍당당한 부분은 황금제 트리클리니움(식탁)이라는 거창한 칭호가 붙은 식당이었다. 황제에 못지않게 지체 높고 재산이 많은 귀족들도 황제를 따라 하려는 마음이 깊었다. 그래서 비단과 자수로 장식된 가운을 입고 말을 타고 거리를 지나기도 했는데 이때 아이들은 그들을 황제라고 생각했다. 마케도니아인 바실리우스와의 초기 인연을 소중히 여긴 펠로폰네수스 반도에 사는 한 지체 높은 귀부인은 허영심인지 아니면 자상함에서였는지 양자로 삼은 황제가 이룬 위대한 업적을 찾아보게 되었다. 부인은 파트라스에서 콘스탄티노플까지 500마일에 이르는 여행길에서 나이 때문인지 아니면 게으름 때문인지 모르지만 말이나 마차를 타는 피로함을 거부

가구와 시종

했다. 다니엘리스가 탄 쾌적한 가마인지 침대인지 모를 것을 열 명의 건장한 노예들이 어깨에 짊어졌다. 크게 무리가 가지 않는 거리만큼씩만 가마를 메고 가다가 다른 노예들과 교대했기 때문에 가마꾼으로 선발된 노예는 총 300명에 달했다. 비잔티움 궁전에서는 자식이 바치는 존경을 받으며 여왕 대접을 받았다. 이 부인이 어떻게 재산을 모았는지는 알 수 없으나, 그녀가 가지고 온 선물은 황제의 위엄을 욕보이지 않을 수준이었다. 앞서 아마실과 명주실 그리고 양모를 원료로 하는 펠로폰네수스의 정교하고도 진귀한 생산품에 대해 언급한 바 있지만, 이 부인이 헌상한 것 중에서 황제의 마음을 가장 흡족하게 한 것은 환관을 포함하여 300명에 이르는 미소년이었다. 역사가는 이 일에 대해 다음과 같이 서술했다. "부인은 여름철의 파리에게 양치기의 낙농장이 딱 어울리는 만큼이나 궁전의 공기가 이런 곤충들에게 더 쾌적하다는 사실을 모르지 않았다." 다니엘리스는 살아 있는 동안 펠레폰네수스에 있는 자신의 영유지 대부분을 황제에게 증여했을 뿐만 아니라, 유언을 통해 바실리우스의 아들인 레오를 포괄적인 유산 상속자로 지정했다. 유산 상속이 이루어진 후 여든 곳이나 되는 별장 또는 농지가 황제의 소유 영지에 포함되었고, 다니엘리스가 부리던 3000명의 노예는 새로운 주인에 의해 해방되어 이탈리아의 해안가로 이주하여 속령에서 살게 되었다. 우리는 한 명의 귀부인의 예를 통해 황제들의 부의 정도와 그 화려함을 짐작할 수 있다. 하지만 인간의 향락은 그리 다양하지 않고, 또 그 가치가 얼마이든 간에 사치스러운 삶을 누리는 것은 나라의 재산을 관리하는 위치에서보다는 자기 자신의 재산을 사용할 때 더욱 자유롭고 안전할 수 있다.

    귀족과 평민의 차이를 없애려는 절대 군주 체제에서는 군주

11 뒤캉주(Ducange)는 콘스탄티노플, 로마, 프랑스의 왕관에 관한 학구적인 글을 발표한 바 있다. 하지만 그가 다룬 서른네 개의 왕관 중에 안나가 기술한 왕관과 정확히 부합되는 것은 없었다.

황제 가문의 명예와 칭호

만이 유일한 명예의 원천이며, 궁전이나 제국에서의 지위는 황제의 자의적인 의사로 수여하거나 박탈할 수 있는 칭호나 관직에 따라 좌우되는 것이다. 베스파시아누스에서 알렉시우스 황제에 이르기까지의 1000년 이상 동안에 카이사르라는 호칭은 아우구스투스라는 최고의 칭호가 재위 중인 황제의 아들과 형제들에게 부여되어 좀 더 자유롭게 통용된 이후에는 2인자가 아니 좀 더 낮은 제2 서열을 의미하게 되었다. 강력한 조력자였던 누이의 남편에게 약속을 깨지 않으면서 동등한 권력을 주지 않고도 그의 동생 이사키우스에게 충성을 다했던 점에 대한 보상을 위해 교활한 알렉시우스는 이 땅에서 최고로 불리는 새로운 고위직을 만들어 황제 아래에 두었다. 그리스어의 뛰어난 유연성 덕분에 황제는 아우구스투스와 황제라는 이름을 합성할 수 있었다.(세바스토스(Sebastos)와 아우토크라토르(Autocrator)) 그래서 탄생한 합성어가 격조 높은 칭호인 '세바스토크라토르(Sebastocrator)'였다. 이 호칭은 카이사르의 바로 위이며 황제 바로 아래 단계의 지위를 가리킨다. 공식적인 환호에서는 이 칭호를 반복했고, 그와 황제를 구별해 주는 것은 머리와 다리에 있는 특정한 장식뿐이었다. 황제만이 자줏빛이나 붉은빛의 편상 반장화를 신을 수 있었고, 위가 닫힌 왕관이나 페르시아 왕을 흉내 내어 만든 삼중 관을 쓸 수 있었다.[11] 왕관은 천이나 비단으로 만든 높이 치솟은 피라미드 모양의 모자에 천이 보이지 않을 정도로 많은 보석과 진주를 장식해서 만들었는데, 왕관부는 황금으로 만든 평평한 원통과 두 개의 아치형으로 되어 있고, 아치 모양이 교차하는 꼭대기에는 십자가나 공 모양이 장식되어 있으며, 양쪽에는 진주로 만든 끈이나 단(lappet)이 늘어져 있었다. 카이사르와 세바스토크라토르의 반장화는 진홍빛이 아니라 녹색이었고 위가 트인 왕관을 쓰고 있었는데, 값비싼 보석이 비교적 적게 장식되어 있었다. 알렉시우스의 명령에 따라 카이사르와 어깨를 나란히 하거나 그 바로 아래에 있는 지위에 대해서는 그리스인들의 귀를 만족시켰을 '판히페르세바스토스(Panhypersebastos)'와 '프로토세바스토스(Protosebastos)'라는 새로운 이름이 붙여졌다. 이 호칭은 아우구스투스라는 소박한 이름보다 더 우위에 있으며 월등하다는 의미를 내포하고 있었다. 이리하여 성스러운 초기 로마 군주의 호칭이 비잔티움 궁전의 관리들과 친족들에게까지 마구 붙여져 격이 떨어지게 되었다. 알렉시우스 황제의 딸은 이렇게 사람들의 바람과 명성을 교묘하게 등급으로 매겨 버리는 자기 만족을 찬양하고 있지만, 언어라는 학문은 능력이 가장 미천한 사람도 접근할 수 있어서 이 헛된 어휘들은 알렉시우스 후계자들의 오만함으로 더욱 풍부해졌다. 황제들은 자신이 총애하는 아들이나 형제에게 주군, 즉 '데스포트(Despot)'라는 한층 더 고귀한 호칭을 수여했는데, 이 지위에는 새로운 미사여구가 붙고 또 다른 특권이 더해져서 황제 바로 아래 위치에 해당하게 되었다. 이와 같이 (1) 데스포트 (2) 세바스토크라토르 (3) 카이사르 (4) 판히페르세바스토스 (5) 프로토세바스토스의 다섯 가지 칭호는 대부분 황제의 혈육에게만 한정되어 있었는데 이는 바로 황제의 주권의 소산에 해당되었다. 하지만 이런 칭호를 받은 사람은 실제적인 기능을 수행하지 못하는 단순한 명예직에 머물렀기 때문에 이들의 존재는 무의미했고 그 권위는 위태로웠다.

그러나 모든 군주 국가에서 통치의 실질 권력은 궁전과 국고 그리고 함대와 군대를 다스리는 대신들이 나누어 집행하기

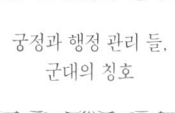
궁정과 행정 관리 들, 군대의 칭호

마련이다. 다만 호칭은 다를 수 있다. 백작과 총독 그리고 법무관이나 재무관은 변혁의 시간이 흐르면서 부지불식간에 사라지고, 대신에 그들의 부하가 그들 위로 올라서서 국가 최고의 명예를 차지하였다. (1) 모든 물건이 군주 한 사람의 것이 되는 군주 국가에서는 궁전을 관리하고 의전을 치르는 일이 가장 중요한 업무가 된다. 유스티니아누스의 치세에 명성을 자랑하던 '쿠로팔라타(Curopalata)'의 자리는 처음에는 의상 관리 임무만을 맡았던 '프로토베스티아레(Protovestiare)'라는 관직이 대신하게 되었다. 이 관직은 쿠로팔라타의 지위를 대신하는 시점에서부터 허례허식과 사치스러운 일을 수행하는 수많은 하인들을 감독하는 권한까지 가지게 되었다. 또 그는 은 지팡이를 들고 황제를 공적으로나 사적으로 접견하는 자리에 모두 참석했다. (2) 그 옛날 콘스탄티누스 대제의 체제에서는 '로고데테(Logothete)', 즉 출납원이라는 호칭은 세금을 거두는 사람에게 붙여졌다. 주요 관리들은 각각 담당하는 분야에 따라 토지 담당, 우편 담당, 군사 관련, 황제의 사적 재산 담당과 나라의 재산 담당 로고데테 등으로 나뉘었는데, 세입과 법을 관장하는 최고 감독관인 대(大)로고데테는 라틴 왕국의 대법관에 비견할 만했다. 그의 눈길은 수도의 행정 전반에 미쳤고, 수도장관과 시종장 그리고 국새, 공문서, 황제만이 할 수 있는 신성한 서명에 사용되는 붉은색 또는 진홍색 잉크 등의 보관 책임자의 복종과 도움을 받았다.[12] 외국 사절의 안내와 통역을 담당하는 직위의 명칭은 터키어에 기원을 두고 있는 대(大) '키아우스(Chiauss)'와 '드라고만(Dragoman)'인데,[13] 이 두 명칭은 현재의 터키 궁정에서도 여전히 사용하고 있다. (3) 근위병을 일컫는 겸손한 명칭과 임무로부터 '도메스티크(Domestic)'는 점차 장군을 가리키는 호칭으로 격상되었다. 유럽과 아시아의

[12] 레오 1세(서기 470년) 때부터 사용하여 현재에도 최초의 법령집에 남아 있는 황제의 잉크는 선홍색과 자주색을 혼합한 색깔이다.

[13] 타게르만(Tagerman)은 통역자(interpreter)의 아랍식 이름이다.

군대를 말하는 동서 두 제국의 테마에서는 종종 분열이 일어났고, 결국 '대(大)도메스티크'는 육군에 대한 전반적이고 절대적 지휘권을 위임받았다. '프로토스트라토르(Protostrator)'는 원래 황제가 말 등에 올라탈 때 도와 주는 임무를 맡고 있었는데 시간이 지나면서 전장에 있는 대(大)도메스티크의 부관 역할을 하기에 이르렀고, 나중에는 마구간과 기병대의 관리, 수렵과 매사냥에서 황제를 수행하는, 역할까지 모두 맡게 되었다. '스트라토페다르크(Stratopedarch)'는 군영의 대(大)법무관이었고, '프로토스파타이레(Protospathaire)'는 근위대를 지휘했으며, '콘스타블레(Constable)'[14]와 '대(大)헤타이리아르크(Hetaeriarch)' 그리고 '아콜리트(Acolyth)'는 각각 프랑크족과 야만족 그리고 바랑기족, 즉 잉글랜드인 부대의 지휘관을 가리키는 호칭이었다. 이들은 비잔티움 제국이 쇠퇴하던 시기에 군대의 주축을 이루던 외인부대였다. (4) 해군의 지휘는 '대공(great Duke)'의 휘하에 두었는데 부재 시에는 함대의 '대(大)드룽가이레(great Drungaire)' 또는 그의 대리인 '에미르(Emir)', 즉 '아드미랄(Admiral)'이 지휘를 맡았다. 사라센어에 어원을 둔 이 명칭은 근대 유럽 언어에 도입되어 사용하게 되었다. 이렇듯 동로마 제국의 문무의 위계 제도는 일일이 열거할 필요도 없는 여러 호칭과 관직들로 구성되어 있었다. 이들의 명예와 대우, 의상, 칭호, 인사 예절과 각각의 우위 정도는 자유 시민들의 기본법을 세우는 것보다 더 공들여서 정해졌다. 이 오만과 예종의 금자탑이라 할 만한 구조는 법체계가 거의 완성될 쯤 제국의 폐허 속에 영원히 묻혔다.[15]

지고한 신에게나 합당할 가장 숭고한 칭호와 가장 겸손한 자세가 아첨과 두려움 때문에 우리와 다를 바 없는 피조물에

황제 숭배

[14] 라틴어의 기마대장(Comes stabuli)이나 프랑스어 총사령관(Connétable)에서 뜻이 달라져 굳어진 어형이다. 11세기 그리스에서 군사 용어로 사용되었고 프랑스에서도 이즈음에 사용하였다.

[15] 이렇게 서훈과 관직을 대략적으로 살펴본 것은 쿠로팔라타에서 인용한 것이다. 그는 투르크족이 콘스탄티노플을 침략하는 와중에 살아남았고, 고아르(Goar)의 원고와 박식한 예수회 수도사인 그레치(Gretser)의 세 권의 저서를 통해 예증되었다.

게 팔려 버렸다. 땅에 엎드려 황제의 발치에 입 맞추는 경의의 표시는 디오클레티아누스가 페르시아의 노예제에서 차용한 것이지만, 이것은 비잔티움 제국의 마지막 세기까지 더욱 노골적으로 변형되어 계승되었다. 종교의 자부심을 지킨다는 의미에서 일요일에는 제외되었지만, 이 굴욕적인 경의의 표시는 황궁에 들어오는 모든 이들에게 요구되었다. 왕관과 자의 착용이 허용된 제후들에서 시작하여 독립된 주권을 지닌 통치자와 아시아, 이집트, 스페인의 칼리프 그리고 프랑스와 이탈리아의 국왕들, 거기에 고대 로마를 승계한 라틴 제국의 황제에 이르는 이들을 대표하는 사절도 예외 없이 부복해야 했다. 크레모나의 주교인 리우트프란드는 콘스탄티노플에서의 교섭 과정에서 프랑크인으로서의 자유로운 기개와 주군인 오토의 위엄을 강하게 주장하였지만, 솔직한 그의 글 속에서 황제를 처음 접견하는 자리에서 겪은 굴욕을 쉽게 찾을 수 있다. 황제가 앉아 있는 옥좌로 다가가자 황금 나무의 새들이 지저귀기 시작했고, 이어서 황금 사자 두 마리의 포효가 더해졌다. 두 명의 동료와 함께 리우트프란트는 머리를 조아리고 땅에 엎드리도록 요구받았다. 그리고 세 번이나 땅바닥에 이마를 대야만 했다. 몸을 일으켰지만 아주 잠깐 사이에 옥좌는 바닥에서 천장 높이 올려져 황제의 모습이 한층 현란하고 새롭게 보였다. 회견은 오만하고도 위엄 있는 침묵 속에서 마무리되었다. 솔직하고도 자세한 서술이 돋보이는 이 보고서에서 크레모나의 주교는 비잔티움 궁정의 의전을 묘사하기도 했는데, 이런 의식들은 여전히 터키 궁정에서 행해지고 있는 것들이다. 또 지난 세기에 모스크바, 즉 러시아의 대공이 보존해 왔던 것이기도 하다. 이 사절은 베네치아에서 콘스탄티노플에 이르는 머나먼 여정을

접견

육로와 해로로 이동해 황금 문 앞에 도착했는데 그를 영접하기 위해 나온 관리의 인도에 따라 준비된 쾌적한 궁으로 안내되었다. 하지만 이 궁전은 일종의 감옥이었고, 빈틈없이 그를 감시하는 간수는 내국인이든 이방인이든 그 누구와도 만나지 못하도록 방해했다. 사절은 첫 번째 접견에서 자신의 주군이 보내는 노예들과 황금 꽃병과 값비싼 갑옷을 선물로 전했다. 황제는 사절이 보는 앞에서 관리들과 군인들에게 급여를 지급하여 자신의 부를 과시했다. 사절은 황제가 여는 연회에도 참석하였는데,[16] 그곳에 참석한 사절들은 비잔티움인들이 존경하는가 아니면 경멸하는가에 따라 좌석을 배치받았다. 황제는 가장 총애한다는 표시로 자신의 식탁에서 자신이 맛본 요리를 그대로 하사했고, 그의 마음에 드는 사람에게는 옷을[17] 하사하고 물러가게 하였다. 궁전 안에서 직무를 수행하는 문무백관들의 노고는 황제의 시선이나 미소로 보상받았다. 황제는 손짓이나 고갯짓으로 명령을 내렸다. 또 그의 앞에서는 지상의 모든 위대함도 침묵하고 복종하였다. 백성들은 수도에서 열리는 정례 행진이나 특별 행진에서나 황제의 모습을 볼 수 있었다.

행렬과 환호

정책상의 의식은 종교 의식과 연결되어 있어서 황제는 그리스 달력에 표시된 축제일에 맞춰 정기적으로 교회를 방문했다. 행렬이 있기 전날 밤에 전령이 황제의 은혜롭거나 경건한 의도를 전달하면 거리는 깨끗하게 청소되고 도로에는 꽃이 가득 깔리며, 창문과 발코니에는 더없이 값비싼 가구와 금은 식기가 진열되거나 비단으로 만든 커튼이 쳐졌다. 또 혹시 모를 백성들의 소란을 잠재우고 억제하기 위해 엄격한 풍기 단속이 이어졌다. 행진은 군 장교가 이끄는 군부대가 선두에 서고 그 뒤를 이어 고관들과 대신들의 기다란 행렬로 이루어졌다. 황제는 환관과

[16] 연회의 오락거리 중에는 한 소년이 이마 위에 24피트 길이의 막대기 또는 창을 올려놓고, 손에는 2큐빗 길이의 막대기를 들고 천장 바로 아래에서 균형을 잡는 것이 있었다. 두 명의 소년이 발가벗은 채로 띠를 서로에게 두른 채. 한 사람씩 서로를 잡고 기어오르고 일어서서 움직이다가 다시 내려가는 식의 묘기도 있었다.

[17] 갈라(Gala)는 믿을 수 없겠지만 아라비아 말로 칼라(Cala) 또는 칼로아트(Caloat)에서 유래된 것으로 '예복'이라는 의미이다.

도메스티크의 호위를 받으며 교회 입구에 도착하면 총대주교와 성직자들의 엄숙한 영접을 받으며 교회 안으로 들어선다. 환호 소리는 무례하고 아무렇게나 질러대는 군중의 자발적인 함성에 맡겨 놓지 않았는데, 환호를 보내기에 가장 좋은 자리에 경마장의 청색당과 녹색당의 두 파벌이 앉아 있었다. 한때 수도의 안위를 흔들었던 이 두 파벌의 격한 갈등은 어느새 황제에 대한 복종심을 서로 자랑하는 수준으로 가라앉아 있었다. 이 사람들은 한쪽에 앉아서 황제를 칭송하는 노래를 서로 화답하는 식으로 불러댔다. 이들의 합창은 시인이나 음악가가 지휘했고, 모든 노래의 가사에는 황제 만세와 승리라는 후렴구가 반복해서 붙었다. 이와 같은 환호성과 박수갈채는 접견이나 연회 그리고 교회에서 똑같이 실행되었다. 황제의 무한한 지배력의 증거로 이 환호와 갈채는 제국의 명성을 실제로 또는 가상으로 유지하고 있던 용병들에 의해 라틴어, 고트어, 페르시아어, 프랑스어 심지어 영어로도 번역되어 반복되었다. 콘스탄티누스 포르피로게니투스의 붓으로 이런 양식과 아첨의 기술은 오만하고 간단하게 정리되었는 바, 그 뒤를 이은 후손들의 허영심이 많이 더 보태져 이런 의식들을 더욱 풍성하게 만든 것 같다. 그러나 한 군주가 차분한 어조로 회상한 것을 보면 이와 같은 환호성은 그 어떤 지역에서나 그 어떤 군주의 치세에서나 항상 존재했다고 말할 수 있다. 그리고 만일 낮은 신분에서 제위에 오른 사람이라면, 그의 전임자의 목숨을 노리는 음모를 꾸미거나 전임자의 재산을 투기하는 바로 그 순간에 환호성을 지르던 자신의 목소리가 그 누구보다 크고 열정적이었다는 사실을 기억할 수 있었을 것이다.

콘스탄티누스는 명성이나 신앙을 가지지 못한 북방의 제후들이 로마 제국의 군주에게 자신의 딸을 시집보내거나, 미혼의 황족과 자신이 결혼하는 것으로 황제의 혈통과 자신의 가문을 이으려는 야망을 가졌다고 말한다. 이 늙은 황제는 아들에게 자긍심을 지키고 지략을 세우는 것에 대한 비밀스러운 처세법을 가르쳐 주면서 이런 부당하고 오만한 요구를 거절해야만 하는 가장 합당한 이유를 제시한다. 이 사려 깊은 황제에 따르면 모든 동물은 본성에 따라 자기 자신이 속한 종 가운데서 자신의 반쪽을 찾기 마련이다. 그런데 인류는 각자가 사용하는 언어와 종교 그리고 풍습에 따라 여러 부족으로 나뉜다. 때문에 혈통의 순수성을 지키는 것을 공과 사를 통틀어 삶의 조화를 보존할 수 있는 길이라고 여겼다. 외부의 피가 섞이면 부조화와 무질서를 낳는 온상이 마련되는 것이다. 바로 이것이 로마의 현자들의 생각이고 그들이 실천했던 일이었다. 그들이 세운 법체계에서는 내국인과 이방인의 혼인을 금지하였다. 자유와 덕성의 시대에 원로원 의원은 자신의 딸과 황제가 혼인하는 것은 생각지도 않았을 것이다. 마르쿠스 안토니누스의 영광은 한 이집트 여인을 아내로 맞이함으로써 더럽혀졌고, 티투스 황제는 사람들의 비난 때문에 내키지 않는 마음으로, 마찬가지로 내키지 않아 하는 베레니케와 이혼해야 했다.[18] 이 항구적인 금혼령은 콘스탄티누스 대제의 터무니없는 지지를 얻으며 재확인되었다. 여러 나라, 특히 이교도 국가의 사절들은 교회와 수도를 세운 이가 이러한 기묘한 결연을 비난하고 있다는 엄숙한 충고를 받았다. 돌이킬 수 없는 이 법규는 성 소피아 대성당의 제단에 각인되었고, 자의의 위엄을 더럽히려는 불경한 군주들은 로마와의 종교적, 사회적 교류에서 제외되었다. 만약 이 사절들이 비잔티움의 역사를 아는 불성실한 패거리의 귀띔을 받았더라면, 그들은 이 가식적인 법규를 위반한 세 가지 중

이방인과 결혼한 황제들

[18] 이 유대인 미녀가 당시 50세가 넘었을 것이라는 사실을 다른 곳에서 유념한 적이 있었던가? 사려 깊은 라신(Racine)은 매우 신중하게 그녀의 나이와 고향을 숨기고 있다.

요한 사례를 들어 항변할 수도 있었을 것이다. 레오의 결혼, 아니 그보다는 그의 아버지 콘스탄티누스 4세는 코자르족 왕의 딸과 결혼했고, 로마누스의 손녀와 불가리아의 군주가 혼례를 올렸으며, 프랑스 또는 이탈리아 여인인 베르타와 콘스탄티누스 포르피로게니투스 자신의 아들이 부부의 연을 맺은 일이 있었다. 이런 항의에 대해 준비한 답변의 내용은 이 법규의 난점을 해결하는 데 도움이 되었다. (1) 콘스탄티누스 코프로니무스의 행위와 죄상은 다 아는 사실이다. 교회의 세례반을 더럽히고 성상에 대한 전쟁을 포고한 이단자인 이 이사우리아인은 실제로 야만족 출신의 아내를 품에 안았다. 이런 불경스러운 결연으로 그의 죄상은 극에 달했고, 때문에 교회와 후대의 근거 있는 징계와 비난을 받았다. (2) 로마누스는 적법한 황제라고 주장할 수 없다. 그는 법률에 무지하고 제국의 명예는 안중에 없는 평민 출신의 제위 찬탈자였다. 그의 아들 크리스토포루스는 신부의 아버지로서 황족 중에 서열 3위에 해당하였고, 모반을 일으킨 아버지의 공범이자 부하였다. 불가리아인은 신실하고 헌신적인 그리스도교도로 제국의 안전은 수천 명의 포로의 몸값과 함께 이 요상한 결연에 달려 있었다. 하지만 그 어떤 상황도 콘스탄티누스의 법률에서 예외로 인정받을 수 없으므로, 성직자와 원로원 의원과 백성은 로마누스의 행위를 비난했다. 그리하여 황제는 살아 있을 때도, 죽고 나서도 국가적 치욕을 가져온 자라는 비난을 받았다. (3) 이탈리아 왕 위고의 딸과 아들을 결혼시킨 것 때문에 현명한 콘스탄티누스는 한층 영예로운 항변을 만들어 냈다. 신성한 콘스탄티누스 대제는 일찍이 프랑크족의 충성심과 용맹함에 주목하였으며, 그의 예언자적 정신은 그들이 장래에 매우 융성하는 환상을 보게 되었다. 그래서 이들만이 통혼 금지 법에서 제외되었다. 위고는 샤를마뉴의 직계 자손이었고, 그의 딸 베르타는 프랑크 왕가의 가계와 그 종족의 특장을 물려받은 셈이다. 진실과 악의가 내는 목소리는 서서히 제국의 황궁이 저지른 실수나 착오를 누설했다. 위고가 혼란의 시기에 프로방스의 패권을 강탈하고 이탈리아 왕국을 침입한 것은 부인할 수 없다 하더라도, 그가 상속받은 재산은 프랑크 왕국이 아니라 아를의 일개 백작령으로 축소되었다. 위고의 아버지는 일개 영주에 지나지 않았고, 베르타가 어머니 가계로부터 카롤링거 왕가의 핏줄을 이어받았다고 해도 그것은 발자취마다 부도덕과 서출로 얼룩져 있었다. 위고의 조모는 로타르 2세의 아내라기보다는 첩실이던 유명한 발드라다였는데, 로타르 2세는 간통과 이혼에 이어 재혼으로 바티칸 궁전의 격렬한 비난을 초래했던 인물이다. 그의 어머니, 흔히들 대(大)베르타라고 일컫는 여인은 아를의 백작에 이어 투스카니의 후작과 결혼했다. 프랑크 왕국과 이탈리아 왕국은 그녀가 벌이는 정사에 아연실색했고, 60세에 이르기까지 각계각층에 있던 그녀의 연인들은 앞다투어 그녀의 야망을 위해 봉사했다. 이렇게 음란한 모계의 본을 이탈리아의 왕이 그대로 물려받은 바 위고가 총애한 세 명의 첩실은 베누스, 유노, 세멜레라는 고전적인 이름을 하사받았다. 베누스의 딸이 비잔티움 궁의 간청으로 시집을 갔는데 베르타라는 이름은 에우독시아로 바뀌었고, 장차 동방 제국을 물려받을 로마누스 2세와 약혼을 하게 되었다. 이렇게 외국인과 혼인하게 되었으나 결혼식은 두 사람이 아직 어린 까닭에 계속 뒤로 미뤄지다가, 5년 후 약혼녀의 사망으로 파혼하게 되었다. 로마누스 황제의 두 번째 아내는 평민 출신이었지만 로마 태생이었고, 그들 사이에서 태어난 두 딸 테오파노와 안네는 지상의 군주들과 결혼하였다. 맏딸은 오토 대제가 사절단을 통하거나 무기로 위협하는 등의 방법으로 결혼을 요구해 오자 평화 보증의 약속으로 오토 대제의 장남에게 보내졌다. 법률상으로 색슨족이 프랑크 왕국의 특권을 어디까지 부여받을 수 있는가 하는 것이 문제될 수 있지만, 모든 의심은 서방 제국을 부흥시킨 한 영웅의 명성과 신심 앞에서 사라졌다. 시아버지와 남편이 죽은 뒤 테오파노는 자신이 낳은 오토 3세가 미성년인 동안 로마, 이탈리아, 독일을 다스렸고, 라틴인들은 좀 더 고귀한 의무를 수행하기 위해 자신의 조국에 대한 기억을 포기한 여제의 미덕을 찬양했다. 여제의 동생 안네의 결혼 문제에서는 모든 적대감을 감수하였으며, 위엄에 대한 배려는 불가피한 사정과 두려움이라는 강력한 논쟁 때문에 필요 없게 되었다. 북방의 이교도이며 러시아 대공인 블라디미르는 로마의 황족의 딸과 결혼하고자 했다. 그는 전쟁을 일으키겠다고 위협하거나 개종을 약속하였으며, 내전을 일으킨 반란군을 소탕할 강력한 원군을 제공하겠다고 하여 자신의 의지를 실현시켰다. 조국과 종교를 지키기 위해 희생양이 된 비잔티움의 황녀는 선대부터 살아온 궁전을 떠나 야만족의 손아귀에 내맡겨져, 보리스테네스 강변이나 북극권 근처에서 절망적인 생활을 하게 되었다. 하지만 안네의 결혼은 운이 좋았고 다산하였다. 프랑스 왕 앙리 1세는 유럽과 그리스도 교권에서 가장 변방에 있는 이 땅에서 황족의 피를 이어받은 안네의 손자 예로슬라우스가 낳은 딸을 아내로 맞아들였다.

서기 972년, 독일의 오토

서기 988년, 러시아의 블라디미르

전제 권력

비잔티움 궁전에서 황제는 자신을 얽어매고, 전원에서 보낼 수 있는 고즈넉한 여가조차 방해하는 의식과 말 한 마디,

몸짓 하나하나를 규제하는 엄숙한 예절에 얽매인 첫 번째 노예였다. 하지만 수백만 명의 목숨과 안위가 황제의 자의적인 의지에 달려 있었다. 사치와 향락의 유혹보다도 더 상위에 있는 결연하고 확고부동한 이성이라도 자신과 다를 것이 없는 사람들을 마음대로 부리는 한층 실질적인 즐거움에 빠져들 수 있는 법이다. 입법권과 행정권이 모두 군주 한 사람에게 집중되어 있었고, 마지막 남은 원로원의 권위마저 철학자 황제인 레오 6세의 치세에 이르러서는 완전히 사라져 버렸다. 예속에 따른 무기력은 비잔티움인들의 정신을 마비시켰다. 그들은 제아무리 격렬한 반란을 일으켜도 자유로운 국가 제도에 대해서는 감히 생각하지도 않았다. 군주 개인의 자질과 성격만이 백성들의 행복의 척도가 되고 근원이 되었다. 거기에 미신이 더해져 사람들을 옴짝달싹하지 못하게 만들었다. 그리하여 성소피아 성당에서 총대주교가 황제에게 관을 엄숙하게 씌워 주게 되었고, 백성들은 제단 아래에서 황제의 가족과 그 통치에 절대적이며 무조건적인 복종을 서약했다. 황제 측에서는 가능한 한 사형이나 사지 절단과 같은 극형은 자제하겠노라고 약속했다. 또 황제는 자신의 종교적 신념에 대해 자신이 직접 서명하여 확약하였고, 일곱 번에 걸친 종교 회의에서 정한 포고령과 교회법을 준수할 것을 약속했다. 하지만 자비를 베풀겠다는 언약은 애매하고 분명하지 않았다. 그는 자기 신민들에게가 아니라 모습이 보이지 않는 판사에게 맹세했기 때문에, 속죄를 해야 하는 이단의 죄를 저지른 경우가 아닌 바에는 천국의 대행자라는 이들은 기꺼운 마음으로 군주의 가벼운 죄를 용서하고 황제에게 불가침의 절대 권리가 있음을 설교했다. 비잔티움의 성직자들 자신도 행정을 책임지는 황제의 백성이 되는 상황

대관식 서약

에서 폭군이라도 등장하면 그의 고갯짓 하나에 주교가 새로 임명되거나 다른 곳으로 전출되는 일이 일어나기도 하고, 추방되거나 불명예스러운 처형을 당하게 되었다. 제아무리 부유하고 막강한 영향력을 행사하는 성직자라도 라틴 교회의 성직자들처럼 독립된 입지를 가질 수 없었다. 콘스탄티노플의 총대주교는 그의 로마 동지가 세속적인 명성을 누린다고 비난하면서도 속으로는 부러운 마음을 품었다. 하지만 다행스럽게도 자연의 법칙과 필요성으로 인해 무제한의 전제주의는 제약을 받게 된다. 제국의 주권자는 자신의 지혜와 덕성에 따라 성스럽고 고단한 통치의 의무를 성실하게 수행하는 데 여념이 없게 된다. 하지만 악덕과 비행을 많이 저지른 황제라면 왕홀이 너무나 무거워 손에서 떨어뜨리게 마련이다. 곁에서 보는 황제의 행동은 아무도 눈치채지 못하는 방식으로 총애를 받는 신하나 몇몇 대신의 조정을 받게 마련인데, 황제를 조정할 수 있는 이들은 자신의 개인적 이익을 위해 공권을 남용하는 일을 서슴지 않는다. 어떤 위험한 순간에는 절대 권력을 휘두르는 군주라도 노예근성으로 무장한 백성들의 변덕이나 이성에 공포심을 가지게 될 수도 있다. 제왕의 권력 확장으로 어쩌면 그 안전성과 견고함을 잃게 되는 결과를 맞이할 수도 있다는 것을 경험이 입증하고 있다.

비잔티움인, 사라센인, 프랑크족의 군사력

절대 군주가 그 어떤 명분을 대거나 그 어떤 주장을 펴더라도, 국내외에 산적한 적으로부터 스스로를 보호하기 위해 의지할 수 있는 것은 결국 검의 위력뿐이다. 샤를마뉴 대제 시대로부터 십자군 시대에 이르기까지 비잔티움, 사라센 그리고 프랑크의 위대한 제국과 국민들은 서로를 차지하기 위해 쟁탈전을 벌였다. 이들의 군사력은 그들의 용기와 기량 그리고 재력과 온 나라의 힘을 모아 동원할 수 있는 최고 수장에 대한 복종심을 통해 가능할 수 있을 것이다. 비잔티움인들은 첫 번째 조건에서는 다른 경쟁자들에 비해 상당히 뒤처졌지만, 두 번째와 세 번째 전쟁 수행 능력에서는 프랑크족보다 월등했고 사라센인들과는 비슷했다.

비잔티움인들은 재력이 상당했기 때문에 보다 빈곤한 나라에서 사람을 사 올 수 있었고, 해안에 출몰하여 성가시게 구는 적군을 격퇴하고 해안선을 보호하기 위한 해군을 유지하는 일도 충분히 가능했다. 콘스탄티노플의 황금과 슬라브인과 투르크인, 불가리아인과 러시아인의 피 값의 교역은 양쪽에 모두 유익했기에 가능했다. 용병의 용맹함으로 콘스탄티노플은 니케포루스와 치미스케스의 승리를 거둘 수 있었다. 용병들은 자기 나라 국경에 적의가 가득한 민족이 지나치게 가까이 접근하는 경우에는 조국의 평화와 안녕을 위해 부름을 받고 귀국하여, 보다 먼 곳에 있던 국가의 잘 관리된 공격 방법을 사용하여 나라를 지켜 냈다. 타나이스 강 하구에서 헤라클레스의 기둥에 이르는 지중해 지역의 지배권은 언제나 콘스탄티누스 대제의 후계자들이 주장을 하였고, 실제로도 여러 번 확보하였다. 그들의 수도에는 해운에 관련된 점포와 능수능란한 조선 기술자들로 넘쳐 났고, 비잔티움과 아시아의 해안선이 길고 후미진 만과 섬이 많은 탓에 사람들은 항해술에 능숙하게 되었다. 그리고 베네치아와 아말피와의 교역을 통해 제국의 선단에는 충분한 선원이 확보되었다. 하지만 펠로폰네수스 전쟁과 포에니 전쟁 이후로 활동 무대가 더 이상 확대되지 못했기 때문에 조선술은 점점 쇠퇴해 간 것으로 보인다. 3줄이거나 6줄 심지어 10줄에 걸쳐 노 젓는 사람이 배치된 대형 선박을 건조한

비잔티움 해군

기술은 오늘날의 기술자들과 마찬가지로 콘스탄티노플의 조선 기술자들에게도 알려지지 않았다.[19] 비잔티움 제국의 드로모네스는[20] 경갤리선으로 2열의 노가 고작이었다. 각 층에는 스물네 개의 노 젓는 자리가 있었고, 각 자리에는 두 명의 노 젓는 사람이 양쪽 끝에 앉아 부지런히 노를 저었다. 여기에 전시에는 갑옷 드는 병사를 거느리고 고물에 우뚝 올라선 함장 또는 백인대장, 키를 잡은 두 명의 조타수, 그리고 이물에는 닻을 다루는 장교 한 명과 적함을 향해 액체 불을 조준하고 발사하는 또 한 명의 장교가 있었다. 조선술이 처음 발달하기 시작한 시기에는 함대원 전원이 선원과 병사의 일을 모두 감당해야 했다. 이들은 모두 공격과 방어를 위한 무기를 몸에 지니고 있었는데 상갑판에서는 활과 화살을 사용했고, 아래에서는 현창으로 창을 내밀어 찔렀다. 때로는 전쟁을 수행하는 배는 좀 더 크고 단단하게 건조되기도 했다. 전투와 항해를 위한 일도 병사 70명과 230명의 선원들에게 좀 더 규칙적으로 배분되었다. 하지만 대개의 경우 그들의 함대는 조종하기 수월한 가벼운 함선들로 구성되었다. 펠로폰네수스의 말레아 곶에 대한 고대로부터 전해 오는 두려움이 여전했기 때문에 제국의 함대는 코린트 지협을 가로질러 육로로 5마일을 이동했다.[21] 해양 전술의 기본 원리는 투키디데스 시대 이후로 변한 것이 없다. 갤리선단은 여전히 초승달 대형으로 전진하여 적진의 정면으로 달려들면서, 적 함대의 취약한 측면을 자신들의 날카로운 뱃머리로 눌러 버리려 했다. 투석과 투창을 위한 장비는 튼튼한 목재로 만들어져 갑판의 한가운데에 설치되었다. 또 적 함대에 병사를 침투시키기 위해서 무장한 병사를 실은 바구니를 들어 올리는 기중기를 이용했다. 근대인들이 사용하는 해전 교본에 나오는 매우 분명하고 세밀한 신호 언어는 당시에는 깃발의 색과 다양

[19] 데메트리우스의 해군에는 노 젓는 사람이 15줄이나 16줄에 이르렀다. 이 모든 이들이 실제로 노를 저었다. 프톨레마이오스 2세의 함대에 있던 40줄의 노는 떠다니는 궁전이라 불리는 배에 사용되었다. 아버스낫(Dr. Arbuthnot)에 따르면 이 떠다니는 궁전의 용적 톤수는 영국 해군의 100포술 연습함을 1로 보았을 때, 4와 1/2의 용적이라 할 수 있다.

[20] 레오의 드로모네스(Dromones)는 노가 두 열이 있는 것을 분명하게 보여 준다. 그런데 메우르시우스와 파브리키우스의 번역에서는 트리메레스라는 전통적인 호칭을 아무렇게나 사용하는 바람에 이 분명한 설명을 오히려 망쳐 놓았다. 비잔티움의 역사가들도 이런 부정확한 기술의 잘못을 저지른 바 있다.

[21] 콘스탄티누스 포르피로게니투스는 조용히 이 작전을 칭송했다. 하지만 펠로폰네수스 반도 주변을 배를 타고 도는 일은 소심하고 배짱 없는 그의 설명에 따르면 수천 마일의 세계 일주였다.

한 위치로 표현했기 때문에 정확한 명령을 보내기에는 불충분했다. 어두운 밤에는 선두에 선 갤리선에서 비추는 불빛을 이용해서 추격, 공격, 정지, 후퇴 등의 명령을 전했다. 육지에서라면 간단한 메시지를 불을 이용해 산꼭대기에서 산꼭대기로 전달함으로써 500마일의 거리를 여덟 개 봉화대를 거쳐서 전할 수 있으므로, 콘스탄티노플에서는 몇 시간이면 타르수스에 있는 사라센인들의 적대적인 움직임을 알 수 있었다.[22] 비잔티움 황제의 병력이 어느 정도였는지는 크레타 섬 함락에 동원되었던 병기에 관해 자세하게 보고한 흥미로운 자료를 통해서 짐작해 볼 수 있다. 112척의 갤리선과 팜필리아형 대형 선박 75척이 수도와 에게 해의 여러 섬 그리고 아시아와 마케도니아, 그리스 등지의 여러 항구에서 출범을 위한 준비를 갖추었다. 함대에는 3만 4000명의 선원과 7340명의 병사, 700명의 러시아인, 그들의 선조가 레바논 산맥에서 이주해 온 마르다이트인 5087명이 타고 있었다. 이들에게 매달 지급되는 급여는 금 34센테나리로, 이는 13만 6000파운드 정도로 추산된다. 아무리 생각해 보아도 이 작은 섬 하나를 정복하는 데 그 모든 장비와 비축물을 준비하고, 말에게 먹일 사료와 사람이 먹을 빵을 끝도 없이 공급하고, 옷가지와 리넨 천과 무기를 무한정으로 대었다는 것을 이해하기 어렵다. 하지만 번영하는 식민지를 건설하기 위해서라면 그 정도는 충분히 필요했을 것으로 생각할 수 있다.

그리스 불(Greek fire)의 발명은 화약의 발명처럼 전쟁 기술에서 획기적인 변화를 가져오지 못했다. 하지만 콘스탄티누스 대제의 수도와 제국은 이 액체로 된 가연성 물질 덕분에 사라센인의 공격을 막아 낼 수 있었고, 이것은 해상전과 포위 공격

비잔티움인들의 전술과 성격

[22] 테오파네스의 후계자는 다음 장소의 이름을 지었다. 타르수스 근처에 있는 룰룸의 성, 아르가이우스 산, 이사부스, 아이길루스, 마마스의 언덕, 키리수스, 모킬루스, 아우크센티우스의 언덕, 대궁전의 파루스의 해시계. 그는 소식이 얼마 지나지 않아 전달될 것이라고 단언했다. 천박한 부연 설명은 너무 많은 것을 말하고자 해서 아무것도 말하지 못하고 있다.

에서 가공할 위력을 발휘했다. 그러나 이 무기는 화약처럼 개량의 여지가 없었고 실제로도 개량되지 못하고 말았다. 따라서 태곳적부터 사용되던 투석기, 노포(弩砲), 파성추 등이 요새를 방어하고 적진을 공격하는 데 가장 빈번하고 효과적으로 사용되었다. 더욱이 전쟁의 승패는 한 줄로 늘어서서 재빨리 화공을 퍼붓는 보병의 공격으로 결정 나는 것이 아니어서, 비슷한 불길을 퍼붓는 적군에 대항하여 갑옷과 투구로 보병들을 보호하려는 것은 무모한 일이었다. 철과 강철은 여전히 파괴하거나 안전을 지키기 위해 흔히 사용되는 재료였다. 10세기에 사용된 투구, 둥근 방패, 흉갑은 그 생김새나 재질에서 알렉산드로스나 아킬레스의 군대를 보호하던 장비와 본질적으로 크게 다르지 않았다. 하지만 근대 그리스인은 고대 로마 보병의 몸을 보호해 주던 중장비의 무게를 이겨 내고 장비를 손쉽게 사용하면서 손에서 놓치 않는 일에 익숙하도록 노력하는 대신에, 행렬을 뒤따르는 가벼운 전차에 내려 놓았다가 적군이 다가오면 내키지 않는 거추장스러운 장비를 서둘러 착용했다. 이들의 공격 무기는 검, 전투용 도끼, 창으로 구성되어 있었는데, 마케도니아식 창은 그 길이가 4분의 1만큼 짧아져서 한층 더 조작하기 쉬운 12큐빗 또는 12피트 정도로 줄었다. 스키타이인과 아랍인들이 사용한 화살의 날카로움에 대해서는 비잔티움 병사들이 모두 통감하고 있었다. 황제들은 궁술(弓術)이 쇠퇴하면서 국운이 기울게 되었다고 한탄하며, 병사들에게 40세까지는 활 쏘는 훈련을 부지런히 하라고 충고 내지 명령하였다. 통상적으로 부대는 300명 단위로 편성되지만, 레오와 콘스탄티누스의 보병은 4열과 16열이라는 두 극단의 중간쯤이 되는 8열로 편성되었다. 하지만 기병대는 여러 가지 상황을 충분히 고려해서 최후방부의 말들이 치고 달려오는 일이 일어나도 선두에서 압박감을 느끼지 않도록 하기 위해 4열로 공격을 감행했다. 기병대나 보병대의 대열이 갑절로 늘어나는 경우가 있었다면 이러한 조심스러운 배열은 대열이 늘어나 보일 수도 있지만, 야만족의 검과 창에 맞서는 용기를 지닌 이들은 소수일 뿐으로 군대의 용맹함을 믿을 수 없게 되었다는 사실을 암암리에 폭로하는 일이 되었다. 전투 대형은 그때그때의 지형, 목적, 적군의 병력 등에 따라 다양했을 것이 틀림없지만, 통상적인 배열은 2열의 상비군과 예비군으로 이루어져 비잔티움인들의 판단력뿐만 아니라 기질에도 가장 적합한 희망을 품는 일과 안전을 위한 대비책을 모두 취하고 있음을 보여 주고 있다. 적에게 격퇴당하는 경우에 최일선에 있는 대열은 두 번째 대열 사이로 후퇴하고, 예비군은 두 진영으로 나뉘어 측면으로 돌아가서 후퇴를 엄호하거나 승리를 확실하게 만들었다. 권위로 내리는 명령은 적어도 이론상으로는 비잔티움 군주의 칙령이나 교서를 통해 진영을 세우거나 진군을 하기도 했고, 훈련을 하거나 기동 연습을 하는 등 무엇이든 실행에 옮겨졌다.[23] 철공소와 직조기 또 실험장의 기술이 만들어 낼 수 있는 한도 안에서 모든 무기와 보급품은 군주의 재력과 수많은 인부들의 노동을 통해 풍족하게 공급되었다. 하지만 황제의 그 어떤 권력이나 기술로도 전쟁에서 가장 중요한 무기인 병사를 만들어 낼 수는 없었다. 콘스탄티누스가 쓴 궁전 의전서에서는 황제가 언제나 승리를 거두고 안전하게 개선했다고 되어 있지만,[24] 그가 쓴 『전술론』에서는 패전을 피하고 전쟁을 지연시키는 것 이외에 다른 뾰족한 방편을 말하지 못하고 있다. 일시적으로 승리를 거두었음에도 비잔티움인들은 그들 자신과 이웃 나라로부터 좋은 평가를 받지 못했다. '차가운 손과 수다스러운 혀'라는 평판이 일반적인 비잔티움인들에 대한 묘사인데, 『전술론』의 저자는 수도에

[23] 『전술론』의 서문에서 래오는 당시의 재난과 군기 문란에 대해 서슴없이 비난하고 있다. 그리고 양심의 가책도 없이 비난을 되풀이하고 있는데, 다음 세대에 콘스탄티누스 군의 군기도 그런 혹평을 피해 가지 못한 것으로 보인다.

[24] 황제가 포로가 된 사라센인의 목덜미를 짓밟는 모습을 보라. 그렇게 하는 동안 사람들은 "우리 적을 발판으로 삼으시도다!"라며 환호하고, 마흔 번이나 "신이시어, 우리를 불쌍히 여기소서."라고 외쳤다.

25 『전술론』 18장에서 각 나라별 전술을 다루었는데, 이는 매우 중요한 사료로서 레오의 작품 중 가장 유용한 것이다. 이 로마 황제는 너무나도 자주 사라센인들의 무기와 풍습에 대해 연구하라는 요청을 받았다.

서 포위 공격을 당하였고, 사라센인이나 프랑크족이라는 이름만 들어도 몸을 벌벌 떨던 최후의 야만족들도 콘스탄티노플의 허약한 군주에게서 빼앗은 금은 메달을 자랑스럽게 과시하였다. 비잔티움인들의 통치 기관과 국민성이 거부하고자 했던 특질은 어느 정도는 종교의 영향에서 기인한 것일지도 모르지만 비잔티움인의 종교는 오로지 그들에게 인고와 복종을 가르칠 뿐이었다. 아주 잠깐 동안이지만 로마의 율법을 되살리고 그 영광을 재현한 니케포루스 황제는 이교도들과 성전을 벌이다 목숨을 잃은 그리스도교도들에게 순교자의 영예를 부여하려는 마음을 품었다. 하지만 이런 정략적인 정책은 총대주교와 주교, 원로원의 주요 의원들의 반대로 끝내 무산되고 말았다. 이 반대자들은 군인이라는 피비린내 나는 직업으로 더럽혀진 자는 3년간 성도들과의 교제에서 배제되어야 한다는 성 바실리우스의 율법을 강하게 주장했다.

사라센인들의 성격과 전술

이런 식으로 양심의 가책을 느껴야 한다는 비잔티움인의 주장은 초기 이슬람 교도들이 전쟁에 참여하지 못하게 되었을 때 흘린 눈물과 비교되는데, 이런 저급한 미신과 높은 기개를 자랑하는 열정의 대조는 한 철학자에게 두 경쟁 국가의 역사를 한눈에 조망할 수 있게 해 주었다. 최후의 칼리프가 다스리던 백성들은[25] 예언자와 동행했던 조상들의 신앙과 열정이 상당 부분 타락했음을 알고 있었다. 하지만 그들의 용맹한 교의는 아직도 전쟁의 주역이 신이라고 믿고 있었다. 비록 잠재되어 있지만 활기가 넘치는 광신의 불꽃은 이들의 신심 한가운데서 여전히 빛을 발하고 있었는데, 특히 그리스도교 국가와 국경을 이루고 살고 있는 일부 사라센인들은 어떤 일이 일어날 때마다 종종 그 뜨거운 불길을 재점화하곤 했다. 그들의 정규군은 주군의 군기에 따라 싸우고, 주군의 신변을 보호하도록 교육받은 용감한 노예로 구성되어 있었다. 하지만 시리아와 킬리키아, 아프리카와 스페인의 이슬람교도들은 이교도에 대항해 성전이 선포하는 나팔 소리에 잠에서 깨어났다. 부자들은 신을 위해 승리를 거두거나 죽음을 불사하겠다는 공명심을 갖고 있었고, 가난한 사람들은 약탈물을 획득할 희망에 부풀었다. 노약자와 여자들은 그들을 대리할 사람을 무기와 말과 함께 전장으로 보냄으로써 갸륵한 성의로 조국에 충성했다. 이들이 착용한 공격용 무기와 방어용 무기는 그 위력과 질에서 로마인들의 그것과 엇비슷했으며, 말과 활을 다루는 솜씨는 로마인을 능가했다. 검과 말의 굴레 그리고 허리띠에 박은 육중한 은은 번영하는 나라의 장대함을 과시하려는 것이었는데, 남부의 일부 흑인 궁사들을 제외한 아랍인들은 선조들이 맨몸으로 용맹함을 떨쳤던 일을 경멸하기에 이르렀다. 그들은 마차 대신에 낙타와 나귀 그리고 노새를 길게 세워서 이끌고 다녔고, 그들이 깃발로 장식한 수많은 동물은 주인들의 병력 규모와 화려함을 증대시키는 것 같았다. 적군의 기병대는 종종 동방 낙타의 기이한 모습과 역겨운 냄새에 당황해 했다. 갈증과 더위를 참아 내는 불굴의 의지를 발휘하던 이들도 겨울 추위에는 꽁꽁 얼어붙었고, 앉아서 조는 습관이 있다는 근심 때문에 야습에 대비한 엄중한 경비가 요구되었다. 이들의 전투 대형은 첫 번째 줄에는 궁수들이, 두 번째 줄에는 기병대가 자리 잡은 견고한 2열의 병사들이 긴 사각형을 이루는 형태였다. 전투를 벌일 때는 단호한 의지로 맹렬한 공격성을 유지하면서 앞으로 돌진하여 적군이 무기력해지도록 압박을 가하면서 공격할 기회를 참고 기다렸다. 하지만 그들이 격퇴당해 이리저리 흩어지는 경우에는 대형을 재정비해서 전투를 다시 시작하는 법을 알지 못

26 리우트프란드는 비잔티움인들과 사라센인들의 신탁을 해석해서 서술했다. 계시의 유행이 지난 후였기 때문에 이 해설서에서 과거에 대해서는 분명한 역사적 사실을 기술했고, 미래는 어둡고 불가사의하게 묘사되고 잘못된 내용이 많았다. 이런 장단점을 충분히 감안해서 편견 없이 공정한 평가를 내린다면 그 제작 날짜를 결정할 수 있을 것이다.

했다. 이런 상황에서 신이 적군의 편에 섰다는 식의 미신적 편견이 나돌며 실망감이 증폭되기도 했다. 칼리프 체제의 쇠망은 이런 두려운 생각들을 뒷받침하는 결과를 낳았고, 이슬람교도와 그리스도교도의 각 진영에서는 양편이 서로 패배하리라는 애매모호한 예언이 넘쳐났다.26 아랍 제국의 통일은 와해되었지만 각 독립적인 무리들만 해도 인구가 많고 강성한 왕국에 버금가는 상황이었다. 알레포와 튀니스의 태수들은 육해군의 군사력에서부터 기술과 산업 그리고 재력이 함부로 볼 수준이 아니었다. 사라센인들과의 전쟁과 평화를 겪는 과정에서 콘스탄티노플의 역대 군주들은 이들이 규율이라는 면에서는 야만적 요소를 전혀 가지고 있지 않으며, 독창적인 재능은 부족하다 하더라도 호기심과 모방에서는 뛰어나다는 사실을 알게 되었다. 물론 모조품이 원본보다는 불완전한 것이 사실이기 때문에, 그들의 배나 무기 그리고 요새는 기술 면에서 다소 떨어졌다. 사실 이들은 자신들에게 혀를 주신 신이 중국인들의 손과 그리스인의 두뇌를 한층 더 정교하게 만들었다는 고백을 스스럼없이 하곤 했다.

프랑크족 또는 라틴인들

라인 강과 베저 강 사이에 살던 게르만 부족들이 승전보를 울리며 이탈리아와 게르마니아 그리고 갈리아의 대부분 지역을 제압한 적이 있었다. 비잔티움인들과 아랍인들은 프랑크족이라는 공통된 이름을 라틴 교회의 이 그리스도교도들에게 붙여 주었다. 이 서방의 제국민은 대서양 해안 너머까지 샅샅이 알고 있었다. 이 거대한 제국은 샤를마뉴라는 지도자에 의해 통합을 이루었지만 얼마 지나지 않아 샤를마뉴 일족의 타락과 분열로 황제의 권력은 무력화하였다. 이 권력이 계속 살아 있었다면 비잔티움의 황제에 대항하여 그리스도교도의 이름에 가한 모욕을 설욕할 수 있었을 것이다. 공적인 재원의 지출과 상공업자의 군역에의 동원, 여러 속주와 군대의 상호 원조, 엘베 강 하구에서 테베레 강 하구에 이르는 지역에 배치된 정규군의 함대를 적군은 더 이상 두려워하지 않았고 백성들도 신뢰하지 않았다. 10세기 초에 이르러 샤를마뉴의 혈통은 거의 사라졌고 그가 다스리던 제국은 서로를 적대시하는 독립국들로 분열되었다. 제왕이라는 호칭은 가장 야심만만한 수장이 차지하였지만, 이들이 일으킨 반란은 무질서한 불화의 종속 관계가 길게 이어지는 가운데 계속해서 모방되었다. 모든 속주의 영주들은 자신들의 주군을 무시하고 봉신을 억압하였으며, 자신들과 비슷한 정도의 영주나 이웃한 이들에게 끊임없이 적개심을 드러내는 행동을 하였다. 개별적 전투로 말미암아 통치의 골격은 와해되었지만 백성들의 호전적인 기상은 더욱 커져 갔다. 근대 유럽 체제에서 검의 위력은 적어도 대여섯의 열강에 의해 발휘되었다. 그들의 군사 행동은 평생을 군사 전략을 연구하고 몸소 실행에 옮긴 사람들의 명령으로 멀리 떨어져 있는 국경지대에서 수행되었기 때문에, 그 외의 지역은 전쟁의 와중에서도 평온한 나날을 보낼 수 있었다. 그저 세금이 크게 늘어나거나 감소되는 것으로 전장의 변화를 감지했을 것이다. 10세기와 11세기의 무질서한 상황에서는 모든 농부가 병사였고, 모든 마을이 요새로, 모든 숲과 계곡이 살육과 강탈의 무대가 되었으므로 각 성의 영주들은 군주이며 무사가 되어야 하는 일을 감당했다. 이들 영주는 무모할 만큼의 자신감 속에 자신의 용맹함과 지략으로 가족의 안전을 지키고, 영지를 수호하며, 자신이 입은 상처에 대한 앙갚음을 해 줄 수 있으리라고 믿었다. 하지만 보다 대규모의 정복자들과 마찬가지로 이들은 방어 전쟁의 특권을 너무나 쉽게 위반하였다. 육체와 정신의 능력은 다가오는 위험과 결단의 필요성으로 단련되었고, 친구를 저버리기를 거부하는 그 정신이 똑같이 적군을 용서하기를 거절했다. 행정권을 지닌 비호자의 안전한 보살핌 아래에서 잠자기보다 그들은 법의 권위를 자랑스럽게 경멸했다. 봉건적인 무정부 시대에 농기구와 기술은 유혈 무기로 변형되었고, 시민의 평화로운 생업과 종교 사회는 파괴되거나 부패하였다. 주교가 자기의 주교관을 투구로 바꿔 쓰게 되었는데, 이는 직무상의 의무라기보다는 시대의 양식에 강제된 바가 크다.27

프랑크족 또는 라틴인들의 성격과 전술

프랑크족은 스스로 높은 자부심을 가지고 자유와 전투를 사랑해서 비잔티움인들은 그런 모습을 경의와 공포심을 가지고 주목하였다. 콘스탄티누스 황제는 이렇게 말했다.

프랑크족은 무모한 일에도 대담하고 용맹스럽다. 그 불굴의 기개는 위험과 죽음을 경멸하는 지경에 이르게까지 한다. 전쟁터에서나 근접 공격에서도 이들은 아군의 숫자나 적군의 숫자를 계산하는 법도 없이 최전방으로 육박하여 적군을 향하여 돌격한다. 병사들은 혈연과 우정으로 단단히 결속되어 있어서, 그들은 가장 아끼는 동지에 대한 복수나 그 동지를 돕겠다는 생각만으로 전투에 임했다. 그들의 눈에 퇴각은 수치스러운 도망이었고, 도망은 씻을 수 없는 치욕이었다.28

이처럼 고귀하고도 대담무쌍한 기개로 무장한 민족은 그 장점만큼이나 단점이 많았기 때문에 확실한 승리를 거두지 못했다. 이들의 해군력이 쇠퇴하게 되자 군사력을 교란시키고, 교역을 통한 물자 공급에 나선 비잔티움인과 사라센인들이 해상권을 장악했다. 기사도가 정립되기 이전이었기에 프랑크족은 무례

---

27 성직자와 녹을 받는 성직자의 규율에 관한 것은 토마생(Thomassin) 신부의 글이 유용하다. 샤를마뉴 대제의 법체계에서 주교들은 본인이 직접 나라에 봉사하는 일을 면제받고 있었다. 하지만 반대로 봉사를 받는 일은 9세기에서 15세기에 이르기까지 매우 유행하였는데, 이는 성인들과 학자들이 침묵하거나 아예 본을 보이는 바람에 더욱 장려되었다.

28 『전술론』 18장에서 레오 황제는 프랑크족 군사들의 악행과 미덕을 자세히 기술하고 있다. 롬바르드족 또는 랑고바르드족도 살펴보고 있다.

하고 기병대 활동에 서툴렀으며, 자신들의 무지를 자각한 프랑크족 병사들 중에는 위험한 지경에 처하면 말에서 내려 싸움을 벌이기도 했다. 창을 사용하는 법이나 나는 무기의 사용을 익히지 못했던 까닭에 이들은 거추장스러운 긴 칼과 무거운 갑옷을 착용하고 커다란 방패를 사용해야 했다. 비잔티움 병사들의 무미건조한 풍자를 빌려 표현하자면 이는 다루기 힘든 무절제함을 방치한 그들의 탓이다. 독립을 숭앙하는 그들은 예속의 멍에를 경멸하여 자신들의 수장이 애초 약속했던 복무 기간을 넘겨서도 전장에 붙들어 놓으려 하면 당장 부대의 깃발을 던져 버렸다. 사방에 퍼져 있던 그들보다 용맹하지는 못하지만 좀 더 교활한 적들의 덫에 걸리곤 했다. 그들은 돈으로 쉽게 매수되기도 했으며, 가까이 다가온 적에 대한 경계를 게을리하거나 불침번을 제대로 서지 않아서 한밤중에 급습을 받기도 했다. 어느 해 여름에 출정으로 쌓인 피로감으로 그들은 인내심에 바닥을 드러냈고, 게걸스러운 식욕 때문에 충분한 음식과 포도주가 공급되지 못하면 금세 절망에 빠져 버렸다. 프랑크족의 이러한 성격은 내국인이나 외국인의 눈에 명백하게 드러난 일종의 지역적, 민족적 특색이지만, 나는 그것이 풍토 때문이라기보다는 우연의 산물이라고 생각하고 싶다. 오토 대제의 사절한 명은 콘스탄티노플 궁전에서 색슨족은 펜보다는 검으로 싸운다는 것을 주장하고, 적군에게 등을 보이는 불명예를 택하느니 차라리 죽음을 선택한다고 단언했다. 프랑크족 귀족들에게 그들의 허름한 영지에서 벌이는 전쟁과 약탈은 삶의 유일한 즐거움이요, 살아가기 위한 생업이며 영광이었다. 이들은 비잔티움인들이 보기에도 고대 롬바르드족의 용맹스러움과 자유분방함을 잃어 가고 있는 이탈리아인의 궁전과 연회의 화려함, 그리고 세련된 예의범절을 비웃게 되었다.

라틴어의 망각

유명한 카라칼라의 칙령에 따라 브리타니아에서 이집트에 이르는 지역의 백성들은 로마인이라는 이름과 특권을 공유할 수 있었다. 이들의 군주는 이 거대한 제국의 어떤 곳에서도 원하는 만큼 머물 수 있었다. 로마 제국이 동서로 분리되었어도 관념적인 통일은 성실하게 보존되고 있어서, 아르카디우스와 호노리우스의 후계자들은 그 칭호나 법률 그리고 지위에 있어서 동일 권한을 갖고 있는 공동 통치의 주권자이며 불가분의 동료라고 선언하였다. 서로마 제국이 붕괴된 이후 황제의 자의가 가지는 주권은 콘스탄티노플의 수장에게만 속하게 되었는데, 그들 중에서도 유스티니아누스는 60년간 나뉘어 있던 제국에서 최초로 고대 로마의 통치권을 부활시켰고, 정복자의 권한으로 로마 제국의 고귀한 칭호를 사용할 권리를 주창하였다. 그의 후계자의 한 사람인 콘스탄스 2세는 허영심이었는지 불만이 있어서였는지 모르지만, 트라키아의 보스포루스 지역을 포기하면서까지 테베레 강변에 대한 원초적인 명예 회복을 꾀하였다. 이에 대하여 악의에 찬 비잔티움의 한 사가는 한탄하면서 마치 꽃다운 나이의 아름다운 처녀를 파멸시키고 주름지고 노쇠한 노파의 추함을 드러내거나 더 두드러지게 한 것과 마찬가지로 어이없는 일이라 했다. 하지만 롬바르드족의 무력이 그의 이탈리아 정착을 방해하였고, 결국 그는 정복자가 아닌 망명객으로 로마에 입성하여 12일 동안 머물며 약탈한 후 고대 세계의 수도를 영원히 버렸다. 이탈리아의 최후의 반란과 분리는 유스티니아누스의 정복 사업이 완성되고 나서 약 2세기가 지난 뒤에 이루어졌다. 유스티니아누스가 다스리던 시대부터 라틴어 사용이 천천히 감소하기 시작했다. 입법자 유스티니아누스는 『법학제요』, 『칙법휘찬』, 『학설휘찬』을 편찬하는

데 동방 제국의 법정이나 군영, 콘스탄티노플의 원로원, 궁전에서 신성하게 사용되는 언어이자 로마 제국에서 공식적으로 사용하기에 합당하다고 칭송한 라틴어를 사용하였다. 하지만 이 외래 방언은 소아시아 여러 속주의 백성들과 병사들에게는 알려진 바가 없었고, 제국의 관리와 법률 해석가조차도 상당수가 완벽하게 이해하지 못하고 있었다. 짧은 마찰을 겪은 뒤 자연과 관습은 결국 인간의 권력이 만들어 낸 진부한 제도를 압도하였다. 유스티니아누스는 상당수 백성들을 위해 두 가지 언어로 법률을 공포하게 되었다. 법학에 관한 그의 방대한 저서는 차례로 번역되기에 이르러 원본은 잊혀지고 번역본만이 남아 연구의 대상이 되었고, 고유한 장점을 가지고 있어서 확실히 선호할 만한 그리스어가 비잔티움 제국에서 대중 언어일 뿐만 아니라 법률 용어로서의 지위를 획득하기에 이르렀다. 유스티니아누스의 뒤를 잇는 후계자들의 출생지와 거주지는 그들을 로마의 언어로부터 점차 소원해지게 하였고, 티베리우스는 아랍인들로부터, 마우리키우스 황제는 이탈리아인으로부터 초대 비잔티움 황제, 즉 새로운 왕조와 제국의 창건자로 간주되었다. 헤라클리우스가 죽기 이전부터 이미 조용한 혁명이 진행되어 라틴어의 잔해는 겨우 법률상의 용어와 궁전의 환호 소리에 쓰이게 되었다. 샤를마뉴와 오토에 의해 서로마 제국이 부활한 후에 프랑크족과 라틴인이라는 명칭은 똑같은 의미와 외연을 획득하게 되었다. 이 오만한 야만족은 어느 정도 타당한 근거를 가지고 자신들에게 로마의 지배권과 언어를 사용할 우선권이 있다고 주장하였다. 그들은 로마의 복장과 언어를 포기해 버린 동로마 제국의 이방인들을 모욕했다. 그들의 이성적이고 합리적인 관행은 비잔티움인이라고 불리는 것을 정당화시키는 데 충분하였다. 하지만 그 대상이 되었던 백성들과 군주

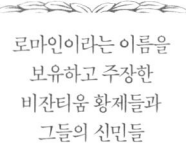
로마인이라는 이름을
보유하고 주장한
비잔티움 황제들과
그들의 신민들

29 말쿠스에 따르면 이 호메로스의 책은 바실리스쿠스의 시대에 전소되었다. 이것이 새로 쓰여지면서 아마 뱀의 가죽이 사용되었을지도 모른다. 참으로 믿을 수 없고 이상한 일이지만!

는 이런 모욕적인 호칭을 단호히 거절하였다. 시간이 흐름에 따라 그 어떤 변화가 일어났다 하더라도, 동로마 제국은 아우구스투스와 콘스탄티누스로부터 시작된 정통 계보를 면면히 이어 오고 있다고 주장했고, 타락과 쇠미가 극심했던 최악의 시기에도 로마인이라는 이름은 콘스탄티노플 제국의 마지막 자락에 계속해서 붙어 있었다.

무지의 시기

동로마 제국의 행정 업무가 라틴어로 처리되고 있는 동안에도 그리스어는 철학과 문학의 용어였다. 어휘가 풍부하고 완벽에 가까운 언어를 사용하는 이들은 그들의 로마 제자들의 모방적 취향과 차용된 학문을 선망하지 않았다. 이교가 소멸되고 시리아와 이집트의 지배권을 잃어버리게 되었으며, 알렉산드리아와 아테네의 학교가 없어진 이후에 그리스어로 된 학문은 점차 일부 정규 수도원과 특히 이사우리아인인 레오 황제 재위 시절에 불탔지만, 콘스탄티노플의 왕립 학교로 모이게 되었다. 당대의 화려한 문체의 영향을 받아 이 학교의 장(長)은 학문의 태양이라고 불렸고, 각 학부별 교수 열두 명은 황도 12궁에 비유되었다. 3만 6500권의 장서를 보유한 도서관은 학문을 탐구하는 이들을 위해 개방되어 있었다. 도서관에는 전설 속의 거대한 뱀과 같은 길이 120피트를 자랑하는 양피지 두루마리로 된 호메로스의 작품의 고대 사본이 소장되어 있었다.29 하지만 7세기와 8세기는 불화와 암흑의 시대로서 도서관은 소실되고 학원은 폐쇄되었으며, 우상 파괴자들은 고대 문명의 원수로서 지탄을 받았고, 학예에 대한 야만적인 무지와 경멸로 헤라클리우스와 이사우리아 황통에 속하는 군주들은 치욕을 당하고 있다.

우리는 9세기에 들어서면서 학문 부흥의 최초의 서광을 찾아볼 수 있다.[30] 아랍인들의 광신이 사그라지면서 칼리프들은 제국의 속주를 정복하기보다는 학예 분야 정복에 의욕을 보였다. 그들의 왕성한 호기심은 비잔티움인들의 경쟁심에 다시 불을 붙임으로써 그들의 고대 서적에 쌓인 먼지를 털어 내게 되었고, 이제까지 학문 연구의 즐거움과 진리 추구만을 자신들의 노고에 대한 보상으로 여기던 철학자의 참된 가치를 인식하게 되면서 그에 대한 보상을 하도록 했다. 미카엘 3세의 숙부, 바르다스는 학문을 보호하고 지원하는 데 인색함이 없어서 오늘날의 사람들이 그에 대한 것을 기억하고 그의 야심을 너그럽게 용서하게 되었다. 그의 조카가 보유한 재산의 일부가 바르다스의 악덕과 어리석은 행위에서 나온 탐닉에 유용됨으로써 마그나우라 궁전에 학원이 개설되었는데, 바르다스가 직접 참석하여 학생과 교사의 경쟁심을 자극했다. 그들의 수장은 테살로니카의 대주교이며 철학자인 레오였는데, 천문학과 수학에 관한 그의 해박한 학식은 동방의 이민족들도 감탄해마지 않았다. 이 불가해한 학문은 알고 있는 범위를 넘어서는 지식은 무엇이든 마술이나 영감의 결과임에 틀림없다고 가정하는 사람들의 가벼운 믿음 탓에 과장되었다. 바르다스의 간곡한 요청으로 그의 친구인 유명한 포티우스는[31] 속계에서 학문에 정진하는 자유로운 삶을 포기하고 총대주교 자리에 올랐다. 그 결과로 동로마 제국과 서로마 제국의 종교 회의에서는 서로를 번갈아 가면서 파문하고 사면했다. 성직자로서 증오를 고백했음에도 불구하고 그의 사색은 깊었고, 지칠 줄 모르는 독서와 능수능란한 어법을 자랑하는 이 박식한 학자에게 시를 제외한 모든 학문과 기술은 낯설지 않았다. 근위대장의 직무를 수행하는 동안에도

그리스 학문의 부활

[30] 수도사 베이컨처럼 철학자 레오는 자신도 모르게 요술쟁이로 변해 버렸다. 하지만 같은 이름을 가진 황제에게 전한 신탁을 자신이 만든 것이라면 그런 대접을 받지 못할 것도 없다. 필사본에 적힌 레오의 물리학은 비엔나 도서관에 있다.

[31] 포티우스가 종교적 품성을 지녔고, 문예에 조예가 깊었다는 사실은 한키우스와 파브리키우스가 상세하게 밝히고 있다.

포티우스는 바그다드의 칼리프에게 사절로 파견된 적이 있다. 박학다식과 비판력의 살아 있는 기념비라고 해야 할 그의 책에서는 추방되었던 아니 유폐되었다고 하는 것이 옳을 지루한 시간에 대한 이야기는 대충 서둘러 작성되어 있다. 모두 280명에 이르는 문인, 역사가, 웅변가, 철학자, 신학자들을 다룬 이 책은 어떤 명확한 기준을 세워서 비판한 것이 아니라 각 학자들의 서술이나 교리를 요약하고 그 문체와 특징을 평가하며, 교회 교부들과 당시의 미신을 타파하려는 절도 있고 자유로운 비평을 담고 있다. 당시 바실리우스 황제는 자신의 교육이 부족함을 한탄하면서 포티우스에게 자신의 아들이자 후계자인 레오의 교육을 부탁했다. 레오의 재위 시절과 그 아들 콘스탄티누스 포르피로게니투스 치세 동안은 비잔티움 문예사상 가장 번성한 시기 중 하나였다. 그들의 관대함 덕분에 왕립 도서관은 고대의 재보들로 가득했다. 황제가 직접 나서거나 다른 조력자가 나서서 무지한 대중을 억압하거나 하는 일 없이 그 호기심을 이끌어 낼 수 있도록 발췌본과 요약본을 만들었다. 법률의 집대성인 바실리카 외에도 농사와 전쟁, 즉 인간의 육성과 파괴에 대한 기술 역시 열심히 보급되었고, 그리스와 로마의 역사는 쉰세 개의 항목으로 요약되었다. 이들 중 사절단에 대한 것과 미덕과 악덕에 관한 두 항목만이 시대의 파괴를 벗어나 우리에게 전해지게 되었다. 독자들은 누구든지 상황에 따라서 과거 세계의 모습을 떠올리면서 각 페이지의 교훈이나 경고를 실제 생활에 적용할 수 있고, 빛나던 시대의 모범에 감탄하고 더 나아가 그 본을 받을 수 있을 것이다. 나는 비잔티움 제국의 그리스 학자들이 세운 업적에 대해 상술할 생각은 없다. 다만 그들이 고대의 학문을 열심히 연구하였다는 점에서 근대인들이 감사하며 그들을 기억해야 한다는 것만 말하고 싶다. 그 덕택으로 오늘날의 학자들은 여전히 스토바이우스의 철학 비망록, 수이다스의 문학 역사 사전, 1만 2000행에 600편의 이야기를 수록한 체체스의 『천년기(千年記)』, 제우스 신에게 젖을 먹였다는 염소의 뿔 이야기로부터 400명의 문인 이름과 그 출전을 밝혀낸 테살로니카의 대주교 에우스타티우스의 호메로스에 관한 주석 등에서 많은 도움을 받고 있다. 이들 원전으로부터, 수많은 주석가와 비평가들이 존재했다는 사실로부터 12세기의 문예 부흥의 규모를 추정할 수 있다. 콘스탄티노플은 호메로스와 데모스테네스, 아리스토텔레스와 플라톤의 천재성 덕분에 계몽되었다. 오늘날 풍요를 마음껏 누리거나 당연시하며 관심을 두지 않고 있는 우리지만 테오폼푸스가 저술한 역사, 히페리데스의 연설문, 메난드로스의 희극,32 알카이우스와 사포의 송시를 읽을 수 있었던 그 세대를 부러워해야 할 것이다. 원전에 대한 주석을 자주 달아 주었다는 것은 그리스 고전이 존재했을 뿐만 아니라 많은 이들이 애독했다는 사실을 입증한다. 당시의 사회 전반의 지적 수준은 황족의 신분으로 수사학과 철학을 연마한 에우도키아 여제와 안나 콤네나 황녀라는 두 사람의 여성 식자의 예를 통해 가늠할 수 있겠다. 수도의 평민들이 사용하는 일상 용어는 천하고 미개했지만, 때로는 아티카 말의 순수성을 모방한 듯한 교회와 궁전에서 선보인 대화나 작문은 좀 더 우아하고 정확한 문체를 사용했다.

우리의 현대 교육에서는 더 이상 상용되지 않는 죽은 두 가지 언어를 연마하는 일이 필요한 측면도 있지만, 고통스러운 일로 젊은 학생들의 의욕을 저하시키고 시간을 낭비시키고 있는지도 모른다. 시인이나 웅변가들은 조화로움이나 세련미가 없는 우리의 조상들이 사용한 야만스러운 토착어에 오랫동안

심미안과 천재성의 쇠퇴

32 애매한 전문 증거에 따르면 보시우스(Gerard Vossius)와 클라크(Le Clerc)는 프셀루스(Michael Psellus)가 메난드로스의 스물네 작품의 희곡에 대해 한 말을 언급하고 있다. 이것은 콘스탄티노플에 있는 필사본에 지금도 남아 있다. 하지만 이런 고전학 연구는 신학 교수의 진중한 태도와 상반되어 보인다. 신학 교수는 형이상학의 범주에 대해 곰곰이 생각하는 법이다. 아마도 셀리우스(Sellius)를 프셀루스와 혼동하여 사용한 모양이다. 셀리우스는 메난드로스의 희곡에 대해 논하는 글을 썼다.

얽매여 있었다. 이들 문인들의 천재성은 본보기가 되거나 가르침을 받을 대상이 없는 상태에서 자신들의 판단이나 기호에 따라 좌우되었다. 하지만 콘스탄티노플의 비잔티움인들은 백성들이 사용하던 언어에서 불순한 부분을 제거한 다음에 고대의 언어를 자유롭게 사용하게 되었다. 이 고대 언어는 인간의 예술중에서 가장 만족스러운 조합을 자랑하고 있었고, 최고의 숙련자라면 정통하게 알고 있는 지식이었다. 이 숙련자들은 그 나라의 최고 인물에게 기꺼운 마음으로 언어 습득을 지도했다. 하지만 이런 장점들이 오히려 타락한 사람들의 수치심과 비난을 격화시키는 요인이 되기도 했다. 그들은 힘없는 두 손에 그들의 조상이 남겨 준 보물을 그저 쥐고만 있을 뿐, 그 성스러운 유산을 새롭게 하고 더 발전시키고자 하는 생각은 물려받지 못했다. 그들은 오로지 읽고, 찬양하며, 복종했는데 그 무기력한 영혼은 사유와 행동이 불가능한 것처럼 보였다. 10세기라는 긴 시간이 지나는 동안에도 인류의 행복을 장려하거나 그 위엄을 드높일 수 있는 마땅한 방법을 단 한 가지도 발견하지 못했고, 고대의 사변적인 체계에 단 하나도 새로운 생각을 더하지 못했으며, 인내심 있는 문하생의 자리를 이어받은 자들은 자신의 시대가 오면 다음에 올 노예 세대를 가르치는 독선주의자 교사가 되었다. 역사, 철학, 문예에 대한 작품에서는 본질적으로 아름다움이 내재된 문체나 생각이 담기거나 독창적인 상상력이 발휘되거나 하는 것이 하나도 없었으며, 심지어 모작조차도 성공적이지 않았다. 산문에서는 비잔티움의 작가들에 대한 최소한의 공격도 필요가 없는데, 그들의 솔직담백하고 겸손한 소박함으로 비난을 피해 갈 수 있지만 당시에 가장 달변이라고 생각되던 웅변가조차[33] 그들이 간절히 본받고 싶어했던 모범과는 거리가 먼 수준이었다. 한 장씩 펼쳐 보면 우리의 심미안

[33] 비잔티움을 혹평했던 것에 대해 뒤캉주는 겔리우스, 히에로니무스, 페트로니우스, 하마르톨루스, 롱기누스의 권위서를 일렬로 세웠다. 이들은 한때 규범과 모범을 보여 주었다.

과 이성은 자신을 높이면서 독자들을 놀라게 하기 위해 애매모호함과 과장이라는 연막으로 평범한 의미를 덮어 버리려는 눈물겨운 노력을 기울인다. 거창하고 진부한 단어, 어색하고 난해한 어법, 심상의 불일치, 거짓과 적절하지 않은 어린아이 같은 장식 때문에 피곤할 지경인 것이다. 그들의 산문은 운문의 나쁜 영향으로 날아오르는데 반해 운문은 산문보다 더 단조롭고 무미건조했다. 비극, 서사시, 서정시는 침묵하였다. 콘스탄티노플의 음유 시인은 수수께끼나 경구를 쓰거나 송덕문이나 설화를 만드는 것 이상은 하는 일이 드물었다. 이들은 운율을 맞춰 작시하는 법조차 잊고 있었으며, 호메로스의 선율이 아직도 귓가에 맴도는 각운과 음절을 정치 시(詩, political verses) 또는 도시의 시(city verses)라는 계통도 알 수 없는 것을 받아들여 운율을 모두 혼동시켰다. 비잔티움인들의 정신은 이제 세속적인 학문에까지도 지배력을 확대시켜 버린 미천하고 오만한 미신의 굴레에 갇히고 말았다. 비잔티움인들의 이성은 형이상학적 논쟁을 곤혹스러워했다. 환영과 기적을 믿고 있던 이들은 개연성 있는 근거로 판단하던 원칙을 모두 잊어버렸고, 그들의 감식안은 수도사의 설교, 설교와 열변의 부조리한 뒤섞임으로 부패하였다. 이런 하찮은 학문조차도 월등한 재능을 남용했던 까닭에 더 이상 고귀한 대접을 받지 못했다. 그리스 교회의 지도자들은 고대의 신탁을 찬미하고 그것을 모방하는 것만으로도 만족하였고, 성직자를 키워 내는 학교에서는 아타나시우스나 크리소스토무스와 명성을 겨룰 만한 인재를 배출하지 못했다.[34]

34 8세기의 성 요하네스 다마스케누스와 마찬가지로 성 베르나르도 그리스 교회의 마지막 교부로 숭배되었다.

사변적이고 활동적인 삶을 살고자 할 때 국가와 개인의 경쟁심은 인류의 진보와 노력의 성과를 불러일으키는 가장 강

국가 경쟁력의 결핍

력한 원천이다. 고대 그리스의 도시 국가들은 묘하게 통일과 독립이 교차하는 상황을 겪었다. 이런 상황은 형식에서는 다소 완화되었지만 그 규모는 더욱 확대된 상태로 근대 유럽의 제국민에게 승계되었다. 언어, 종교, 풍습이 한데 어우러지면서 각자 서로의 장점을 관찰하고 판단하게 되었고, 통치의 독립성을 유지하며 자신들의 이익을 추구하였기 때문에 승리를 거두어 서로 우위를 점하려고 노력하게 되었다. 로마인들의 상황은 그리 순조롭지는 않았지만, 국가적 특성이 정착되는 초기 공화정 시절에는 라티움과 이탈리아의 여러 나라에서 이와 엇비슷한 경쟁심이 불타올랐다. 그들은 학문과 기술 분야에서는 그리스의 거장과 어깨를 나란히 하거나 더 우월한 지위를 누리고자 노력하였다. 황제의 제국이 인간 정신의 활력과 진보성을 억압했던 것은 사실이지만 그 광대한 판도는 국내의 경쟁이 가능하게 만드는 여유를 주었다. 하지만 그 판도는 서서히 줄어들어 처음에는 동쪽만의 제국으로 축소되다가 최종적으로는 그리스와 콘스탄티노플로 한정되자, 비잔티움의 신민들은 고립된 상태에 빠져 무력하고 비굴해졌다. 그들은 이제까지 자기들이 사람이라고 부르지도 않은 북방의 야만족들에게 탄압을 받게 되었다. 좀 더 세련된 아랍의 언어와 종교는 양자가 생각하는 모든 사회적 교류에서 넘을 수 없는 장벽이었다. 유럽의 정복자들은 그리스도교 신앙을 공유하는 동포였지만 프랑크족이나 라틴인들의 언어는 처음 대하는 것이었고, 그들의 풍속과 예의범절은 무례하였기 때문에 헤라클리우스의 후계자들은 전시나 평화 시에 상관없이 이들과의 교류가 드물었다. 전 세계에서 홀로 독야청청하며 자만에 빠져 지내던 비잔티움인들은 외국의 장점을 접하면서 자신들을 평가하는 혼란을 겪을 여지도 없었다. 이들이 달리기라도 하다가 기절했다고 해도 이상할 것이 전혀 없었는데, 그도 그럴 것이 속도를 내도록 압박하는 경쟁자가 있었던 것도 아니고, 승리의 관을 씌워 줄 심판자가 있었던 것도 아니기 때문이었다. 유럽과 아시아의 각 나라는 성스러운 땅으로 원정을 떠나면서 함께 어울리게 되었고, 콤네누스 왕조 시대가 되면서 비로소 비잔티움 제국 내에서도 학문을 드높이고 전훈을 세우는 일에 조금씩 열을 올리며 경쟁이 되살아나게 되었다.

바울파의 기원과 교의 · 비잔티움 황제들의 박해 · 아르메니아의 반란 · 트라키아로의 이주 · 서방 세계에서의 전파 · 개혁의 원인과 결과

그리스도교 신앙 고백을 살펴보면 다양한 민족성이 뚜렷이 드러난다. 시리아와 이집트 민족은 정적이고 사색적인 묵상에 전념했다. 로마인들은 다시 한 번 세계를 지배할 야심을 품었고, 생기발랄하고 수다스러운 비잔티움인들은 형이상학 이론에 관한 논쟁에 전력을 다했다. 삼위일체와 성육신의 불가해한 신비는 절대적인 복종은커녕 격렬하고 복잡한 논쟁을 야기했다. 논쟁은 자비심과 이성을 희생시킨 대가로 신앙을 확장했다. 니케아 공의회에서 7세기 말에 이르기까지 이러한 영적 전쟁은 교회의 평화와 통합을 가로막았다. 이것은 제국의 쇠망에도 지대한 영향을 미쳤으므로, 역사가는 교회 연대기 중 다사다난한 시기였던 이때의 종교 회의에 관심을 쏟고 교리를 조사하며 종파들을 하나씩 짚어 보아야만 했다. 8세기 초부터 비잔티움 제국 말기까지는 논쟁이 거의 수그러들었다. 호기심은 사그라지고 열정도 식어 버려 여섯 차례의 종교 회의에서 포고

> 그리스 교회의
> 무기력한 미신

된 법령으로 가톨릭 신앙 규약들이 확립되었다. 아무리 헛되고 해롭다 할지라도 논쟁에는 어느 정도 지적 능력과 훈련이 필요한 법이다. 지친 비잔티움인들은 단식하고 기도하면서 총대주교와 휘하 성직자에게 맹목적으로 복종하는 데 만족하게 되었다. 오랜 종교적 미망 속에서 성(聖) 처녀와 성자, 그들의 환영과 기적, 유물과 동상은 사제의 설교 소재이자 일반 민중의 숭배 대상이었다. 민중이라는 호칭은 시민 사회에서 최고 계층에 있는 사람들에게까지 확대 적용해도 무리가 없을 것이다. 이사우리아 황제들은 시기가 좋지 않음에도 불구하고 다소 거친 방법으로 국민의 정신을 일깨우려 했다. 그들의 영향력 덕분에 이성을 따르는 자들이 어느 정도 생겨나기는 했으나 이해관계나 공포심에 좌우되는 자들이 훨씬 더 많았다. 그러나 동방 세계는 눈에 보이는 신의 표상을 받아들였고 이를 잃었을 때 아쉬워했으므로 성상(聖像)이 부활하자 정통파는 축제를 벌여 경축했다. 이처럼 사회 전체가 수동적으로 같은 의견을 받아들이게 되면서, 교계 지도자들은 박해를 가해야 하는 고역에서 해방되거나 박해를 가하는 즐거움을 빼앗겼다. 고대의 이교는 자취를 감추었고 유대인들도 소리를 죽이고 눈에 띄지 않는 곳으로 사라졌다. 라틴인과의 논쟁은 국가의 적과 먼 거리에서 간헐적으로 벌이는 싸움에 지나지 않았다. 시리아와 이집트의 종파들은 아랍 칼리프의 비호 아래에서 자유로이 관용을 누렸다. 7세기 중반경 마니교의 한 분파가 영적 전제주의의 희생물로 선택되었다. 그들은 인내했으나 결국 절망에 빠져 반란을 일으켰다. 추방자들은 서방 세계 전체에 변화의 씨를 뿌렸다. 이처럼 중요한 사건들을 초래한 만큼 바울파의 교의와 역사를 짚어 볼 필요가 있다. 그들이 스스로를 변호할 수 없으므로, 우리는 공정한 판단으로 그들의 적대자들이 남긴 기록 중에서 좋은 점은 확대하고 나쁜 점은 축소하거나 의심하면서 봐야 한다.

그노시스파는 그리스도교 초기 시대를 어지럽혔으나 교회의 위대함과 권위에 제압당했다. 미미한 잔당은 가톨릭의 부, 학식, 교세와 겨루거나 이를 뛰어넘지 못하고, 동로마와 서로마의 수도에서 쫓겨나 유프라테스 강 경계선을 따라 촌락과 산속으로 몸을 숨겼다. 5세기경까지 마르키온파의 일부 흔적을 발견할 수 있었으나,[1] 결국은 수많은 종파가 마니교라는 오명을 쓰고 사라져 갔다. 감히 조로아스터와 그리스도의 교의를 조화시키려 했던 이 이단들은 양측 종교로부터 똑같이 무자비한 증오의 대상이 되었다. 헤라클리우스 황제의 손자 시대에 시리아 왕국이라는 명칭보다는 루키아누스의 출생지로 더 유명한 사모사타 인근에서 한 개혁가가 출현하여, 진리를 전하고자 선택된 사자로 바울파의 추앙을 받았다. 콘스탄티누스는 마나날리스의 초라한 거처에서의 시리아 포로 생활로부터 돌아온 한 부제를 극진히 대접했다가, 그리스인들과 그노시스파 성직자들이 조심스럽게 속인들의 눈을 피해 감추어 두었던 신약성서를 헤아릴 수 없이 귀한 선물로 받았다. 이 책은 그의 공부의 길잡이가 되고 신앙의 준거가 되었다. 그의 해석에 반론을 제기한 가톨릭교도들도 그의 텍스트가 거짓 없는 진짜라는 사실은 인정한다. 그는 성 바울의 글과 인품에 각별한 애착을 갖고 관심을 기울였다. 바울파라는 이름은 어떤 무명 교사로부터 적대자들이 빌려 온 것이다. 그러나 그들은 틀림없이 이교도 출신 사도에 대한 자신들의 애착을 자랑스럽게 여겼을 것이다. 콘스탄티누스와 동료들은 스스로를 디도, 디모데, 실바노, 두기도 등 바울의 사도들의 이름으로 불렀고, 아르메니아와 카파도키아에서 모은 신도 집단에도 사도의 교회들의 이름을 붙

서기 660년 등, 바울파의 기원 또는 성 바울의 추종자들

[1] 테오도레투스 시대에 시리아의 키루스 교구에는 800개의 마을이 있었다. 이 중 두 군데에는 아리우스파와 에우노미우스파가 살았고 여덟 개 마을에는 마르키온파가 살았는데, 열성적인 주교가 이들 모두를 가톨릭 교회로 복귀시켰다.

였다. 그들은 이러한 순진한 비유로 초기 시대의 모범과 기억을 되살리고자 했다. 사도 바울의 충성스러운 추종자들은 복음서와 그의 서신을 통해 원시 그리스도교의 교리를 탐구했다. 프로테스탄트 독자라면 성공 여부는 차치하고라도 그들의 탐구 정신에 박수갈채를 보낼 것이다. 그러나 바울파의 성서는 진짜라고는 해도 완전하지 않았다. 바울파 창설자들은 할례받은 유대인인 성 베드로의 서신 두 통은[2] 제외시켰다. 그들은 성 베드로가 자기들이 가장 좋아하는 사도(성 바울)와 율법에 대한 복종을 놓고 논쟁을 벌인 사실을 쉽게 용서할 수 없었다.[3] 그들은 가톨릭 교회의 포고로 신성시되어 온 구약과 모세 오경과 예언서를 경멸한다는 점에서는 그노시스파와 같았다. 새로운 실바노나 할 콘스탄티누스는 그들 못지않게 대담하게, 틀림없이 그들보다 더 많은 이유를 들어 동방의 종파들이 방대한 양의 화려한 책으로 펴낸 계시,[4] 히브리 족장과 동방 현자의 허무맹랑한 저작물, 초기 시대에 정통파 경전을 압도했던 가짜 복음서, 서신, 행전, 마니와 유사한 이단 저자들의 신학, 발렌티니아누스의 풍부한 공상이 빚어낸 30세대설을 부인했다. 바울파는 마니교파의 기록과 견해를 진지하게 비난하면서, 성 바울과 그리스도의 순수한 추종자들에게 부당하게도 마니교파라는 혐오스러운 낙인을 찍었다고 불평했다.

성 바울파의 성서

바울파 개혁가들은 교회의 연쇄적인 체계 중 많은 고리를 파괴했다. 그들은 불경한 이성을 기적과 신비에 굴복시킬 만한 목소리를 지닌 교부들의 수를 줄임으로써 더 많은 자유를 누렸다. 그노시스파는 가톨릭 교회가 확립되기 전 초기에 분리되었다. 그러나 바울파는 규율과 교의의 점진적인 혁신에 맞서

성 바울파의 신앙과 예배의 단순함

---

[2] 고대인과 현대인 중에서도 몇몇 가장 존경받는 인물들은 바울파가 성 베드로의 두 번째 서신을 제외한 것을 옹호한다. 그들은 마찬가지로 요한 계시록도 무시했다. 그러나 이것이 죄가 된다고 할 수는 없으니, 9세기경 비잔티움 사람들은 요한 계시록의 신뢰성과 명성에는 무관심했던 것이 틀림없다.

[3] 포르피리우스의 악의를 피하지 못했던 이 논쟁은 사도들 한쪽 또는 양쪽에 얼마간 오류와 수난이 있었으리라고 가정한다. 크리소스토무스, 히에로니무스, 에라스무스는 이를 그리스도교도를 이롭게 하고 유대인을 교화하기 위한 가짜 싸움, 신성한 사기극으로 보았다.

[4] 이 이단의 장서에 관심이 있는 사람들은 보소브르(Beausobre)의 연구를 참조해도 좋겠다. 성 아우구스티누스는 아프리카에서조차 마니교파의 책을 서술할 수 있었다.

성 바울과 복음주의자들이 침묵으로 스스로를 지킨 것 못지않게 습관과 반감으로 스스로를 방어했다. 바울파의 눈에는 미신이 마법처럼 탈바꿈시켜 놓은 사물이 본래의 모습으로 보였다. 사람의 손을 빌리지 않고 만들어졌다는 성상은 평범한 장인의 작품이었다. 거기에 어떤 가치나 장점이 있다면 나무와 화폭에 가해진 장인의 솜씨 덕일 뿐이었다. 기적의 유물은 생명도 효력도, 원래의 소유주라고 주장되는 인물과 아무 관계도 없는 한 줌 뼈와 재에 불과했다. 생명을 지닌 참된 십자가라는 것도 튼튼하거나 혹은 썩은 나무토막에 지나지 않았다. 그리스도의 육신과 피는 자연의 선물이며 은총의 상징인 빵 한 덩어리와 포도주 한 잔이었다. 성모는 천상의 영예와 순결한 처녀성을 박탈당했다. 성인과 천사는 더 이상 천상에서의 중재 역할과 지상에서의 구원을 부지런히 수행해 달라는 청을 받지 않게 되었다. 바울파는 성사의 실행, 아니 적어도 이론에서만이라도 모든 가시적인 숭배 대상을 폐지하고자 했다. 그들은 복음서의 말 자체가 신도들의 세례식이자 성찬식이라고 생각했다. 그들은 성서를 해석할 편리한 자유를 누렸으므로, 문자 그대로의 의미가 버거울 때면 상징과 은유의 복잡한 미궁으로 도피할 수 있었다. 그들이 가장 많은 힘을 쏟은 대상은 구약과 신약 사이의 연결을 해체하는 문제였음에 틀림없다. 그들은 신약은 하느님의 말씀으로 경배했으나 구약은 인간이나 악마가 꾸며 낸 터무니없고 불합리한 가짜라며 혐오했다. 그들이 복음서에서 삼위일체의 신비를 발견했다 해도 놀랄 일은 아니다. 그러나 그들은 그리스도의 인간적인 본성과 실제의 고통을 인정하지 않았다. 그들은 관을 통해 물이 흘러나오듯 그리스도의 거룩한 육체가 처녀의 몸을 통과해 나왔다느니, 그가 가공의 십자가형으로 유대인들의 무력한 악의를 피했다느니 하는 공상을 즐겼

> 5 두 명의 해박한 비평가인 보소브르와 모스하임(Mosheim)은 두 원칙의 주제에 대한 그노시스파의 다양한 체계를 탐구하고 구분하는 데 힘을 쏟았다.
>
> 6 메디아인과 페르시아인들이 350년 이상 유프라테스와 할리스 사이의 나라들을 소유했다. 폰투스의 왕은 아케메네스 왕조의 혈통을 이었다.

다. 이렇게 단순하고 영적인 교리는 당대의 분위기에 맞지 않았다. 이성적인 그리스도교도라면 차라리 예수와 그의 사도들이 졌던 멍에와 짐이 가벼웠다는 주장에는 수긍하더라도, 바울파가 자연 종교와 계시 종교의 제일 덕목인 신의 단일성을 침범한 데에는 분노하는 것이 당연했다. 바울파의 신앙은 그리스도와 인간의 영혼과 비가시적 세계의 아버지에 근거를 두었다. 그러나 그들은 이와 동시에 물질의 영원성을 믿었는데, 이 완고하고 반항적인 실체는 가시적인 세계를 창조했으며 죽음과 죄의 최종적인 완성에 이를 때까지 현세에서 지배권을 행사하는 활동적인 존재, 즉 제2원리의 근원이었다. 도덕적이고 물리적인 악의 형상은 동방의 고대 철학과 종교에 2대 원리를 확립했는데, 이제 다양한 그노시스파 이론이 이 원리를 흡수한 것이다. 아흐리만의 본성과 역할 속에서는 대립하는 신에서 하급 마귀까지, 감정과 약점을 지닌 존재에서 순수하고 완전한 악의 화신까지 무수히 많은 미묘한 차이를 끌어낼 수 있다. 그러나 우리의 노력에도 불구하고 오르무즈드의 선(善)과 힘은 반대쪽 극단에 위치하므로, 한쪽으로 한 걸음씩 다가갈수록 다른 쪽으로부터는 그만큼씩 멀어질 수밖에 없다.5

마기교도의 두 원리를 받아들인 성 바울파

아르메니아, 폰투스 등지에서 바울파의 확립

콘스탄티누스 실바노는 사도로서 온갖 노력을 기울여 곧 신도 수를 크게 늘림으로써 영적인 야심을 은밀히 충족시켰다. 그노시스파 잔당, 특히 아르메니아의 마니교파는 그의 기치 아래 하나로 뭉쳤다. 많은 가톨릭교도들이 그의 주장에 끌려 개종하거나 현혹되었다. 그의 전도는 오래전부터 조로아스터교의 영향권 아래 있었던 폰투스6와 카파도키아 지역에서 성공을 거두었다. 바울파 교사들은 성서에서 따온 이름, 동료 순례자라는 겸손한 호칭, 엄격한 생활과 신앙열 또는 학식, 성령으로부터 어떤 특별한 재능을 선물받았다는 영예로 이목을 끌었다. 그러나 그들은 가톨릭 고위 성직자들이 누리는 부와 명예는 바라지도, 얻으려 하지도 않았다. 그들에게 그런 것은 반(反)그리스도교적인 오만이라는 격렬한 비난의 대상일 뿐이었다. 장로나 사제와 같은 계급에 대해서도 유대교에서 나온 제도라며 비난을 퍼부었다. 새로운 교파는 소아시아 속주 전체를 비롯해 유프라테스 강 서쪽 유역까지 천천히 교세를 확장해 나갔다. 주요 신도단 여섯 개는 싱 바울이 서신을 보냈던 교회들을 대표했다. 이 교회들의 창설자는 벨로나[7]의 제단과 그레고리우스의 기적[8]으로 명성을 떨쳐 온 폰투스 지방의 콜로니아[9] 인근에 거처했다. 실바노는 27년간 전도 활동을 편 끝에 관대한 아랍인의 지배를 벗어나 로마인의 박해에 희생당했다. 신실한 황제들의 법률이 죄질이 가벼운 이단의 생명을 위협한 적은 거의 없었으나, 몬타누스파와 마니교파의 교리, 책, 신도에 대해서는 가차 없이 금지령을 내렸다. 책은 불 속에 던져졌고 이를 은닉하려 하거나 이런 견해들을 발설한 자들에게는 예외 없이 수치스러운 죽음이 내려졌다. 한 비잔티움의 사제가 양치기를 쓰러뜨리고 가능하다면 방황하는 양들을 갱생시키고자 법률과 군사의 힘으로 무장하고 콜로니아에 모습을 나타냈다. 시메온은 정교한 잔혹함을 발휘하여 불운한 실바노를 그의 제자들 앞에 끌어다 놓고, 제자들에게 사면의 대가이자 회개의 증거로 그들의 영적인 아버지를 참살하라는 명령을 내렸다. 그들은 불손하기 짝이 없는 짓을 거부했다. 자식과 같은 그들의 손에서 돌멩이가 힘없이 떨어졌다. 모든 이들 가운데 단 한 명, 가톨릭교도들의 표현에 따르면 새로운 다윗이 대담하게 이

비잔티움 황제들의 박해

[7] 폰투스의 코마나에 있는 벨로나 사원은 막강하고 부유한 시설로서 고위 성직자는 왕국의 2인자로 존경을 받았다. 스트라보는 그의 모계가 성직을 차지하고 있다는 이유로 한층 더 만족스러워하면서, 사원에서 해마다 두 차례 치러지는 축제를 거행하고 예배를 하며 살고 있었다. 그러나 폰투스의 벨로나는 전쟁의 여신이 아니라 사랑의 여신으로서의 특징과 성격을 가지고 있다.

[8] 네오카이사레아의 주교인 그레고리우스(서기 240~265년)는 타우마투르구스(Thaumaturgus), 일명 기적의 일꾼이라는 별명으로 불렸다. 그와 같은 이름의 동향인이며 위대한 성 바실리우스의 형제인 니사의 그레고리우스가 백 년 후 그의 일생에 대한 기록 또는 로맨스를 집필했다.

[9] 폰투스 정복 이후 폼페이우스가 설립했을 가능성이 가장 유력하다. 네오카이사레아 위쪽 리쿠스 강변에 위치한 이 콜로니아는 투르크인들에 의해 강한 나라의 인구가 많은 마을을 뜻하는 쿨레이히사르(Couleihisar) 또는 코나크(Chonac)라는 이름으로 불렸다.

10 바울교파는 어느 정도 애매한 표현을 쓰거나 속마음을 숨기는 것이 허용되었던 것 같다. 그래서 마침내 가톨릭교도들은 그들로 하여금 배교와 순교 양자의 갈림길에서 선택을 강요할 수 있는 질문을 찾아냈다.

단파의 거두에게 돌팔매를 날렸다. 유스투스라는 이름의 이 배교자는 순진한 동포들을 다시 한 번 기만하고 배반했다. 이후 개종한 시메온의 행적에서 성 바울과 일치하는 점을 새롭게 발견할 수 있다. 그는 성 바울처럼 처음에는 박해하러 왔던 교리를 받아들여 명예와 부를 버리고 바울교도 사이에서 선교자로서 명성을 얻었다. 바울교도들은 순교자의 반열에 오르겠다는 야심 따위는 없었으나,[10] 150년간 고난을 겪으면서 광포한 신앙열이 가하는 어떤 위해에도 끈기 있게 버텨 냈다. 권력도 잡초같이 강인한 광신과 이성을 근절할 수는 없었다. 최초 희생자들의 피와 유골에 뒤이어 사도와 신도들이 불사조처럼 끊임없이 일어났다. 그들은 외부의 적과 대치하는 와중에도 내분을 멈추지 않았다. 그들은 설교하고, 논쟁하고, 수난을 겪었다. 세르기우스가 33년간 순례하면서 쌓은 부인할 수 없는 미덕은 정통파 사가들도 인정했다. 유스티니아누스 2세는 타고난 잔인성에 신성한 대의명분까지 더해 더욱 광포해졌다. 그는 단 한 차례의 대박해로 바울파의 이름과 자취를 완전히 소멸시키겠다는 헛된 꿈을 꾸었다. 성상 파괴론자인 군주들이 소박한 단순성이나 대중의 미신에 대한 혐오 때문에 다소간 잘못된 교리라도 수용할 것이라고 생각할 수도 있다. 그러나 그들은 수도사들로부터 비방을 받자 마니교파와 공모자라는 비난을 받지 않기 위하여 폭군이 되는 쪽을 택했다. 이러한 비난은 가혹한 형법을 완화한 니케포루스의 자비심을 더럽히는 것이지만, 그의 인격을 보건대 더 관대한 동기에서 그러한 자비를 행했다는 영예는 가당치도 않다. 나약한 미카엘 1세와 냉혹한 아르메니아인 레오는 박해를 앞장서서 이끌었다. 그러나 최고의 영예는 의심의 여지없이 동방 교회에 성상을 복구한 테오도라의 피비린내 나는 신앙열에 주어져야 한다. 그녀의 종교 재판관들은 소아시아의 도시와 산중을 이 잡듯 뒤졌다. 황후의 아첨꾼들은 짧은 치세 중에도 1만여 명의 바울교도가 칼이나 교수대 또는 화염 속에서 절명했다고 주장했다. 이와 같은 그녀의 죄업 또는 업적은 아마도 실제보다 과장되었을 것이다. 그러나 이 수치를 인정한다면 단순한 성상 파괴론자들까지도 끔찍한 죄목으로 처벌을 받았으며, 교회에서 쫓겨난 자들 중 일부는 내키지 않아도 이단의 품으로 피했으리라고 예상할 수 있다.

반역자 중에서도 가장 과격하고 필사적인 자들은 오랜 박해를 견디지 못하고 마침내 봉기한 종교 분파이다. 신성한 대의명분을 지닌 만큼 그들의 마음속에는 공포나 후회가 발붙일 자리가 없었다. 그들은 자신들의 무력이 정의롭다고 믿으면서 인간적인 감정에 흔들리지 않도록 마음을 굳게 다졌다. 그들은 아버지들이 겪었던 박해를 폭군의 자식에게 갚았다. 보헤미아의 후스파나 프랑스의 칼뱅주의자가 그랬고, 9세기에는 아르메니아와 인근 속주의 바울교도가 그랬다. 그들은 총독과 주교가 이단들을 개종시키든지 아니면 전멸시키라는 황제의 훈령을 실행에 옮겨 학살을 저지르자 처음으로 봉기했다. 그들은 아르가이우스 산악 지대의 가장 깊은 오지에 몸을 숨긴 채 독립과 복수를 도모했다. 테오도라의 박해와 동로마 수비대 대장이며 용맹스러운 바울교파인 카르베아스의 반란은 한층 더 무시무시하고 격렬한 불길을 일으켰다. 그의 아버지는 가톨릭 종교 재판관들의 손으로 말뚝에 박혀 죽었다. 종교는 차치하고 아들 된 도리로서도 그가 군기를 버리고 복수에 나서야 마땅했다. 그의 동포 5000여 명이 같은 동기로 뭉쳤다. 그들은 반그리스도교적인 로마에 대한 충성을 철회했다. 한 사라센 태수가 카르베아스를 칼리프에게 소개했다. 그리하여 충성스러운 신

서기 845~880년, 바울파의 반란

11 오테르(Otter)는 아마도 지금의 디브리그니인 테프리케의 독립 야만족들을 방문한 유일한 프랑크인일 것이다. 그는 한 투르크인 장교의 발자취를 따라 운 좋게 탈출에 성공했다.

도들의 지도자는 비잔티움 사람들의 불구대천의 원수에게 손을 내밀었다. 그는 시와스와 트레비존드 사이에 테프리케 시를 세우고 기존의 도시를 강화했다.[11] 이곳은 지금도 거칠고 난폭한 주민들이 차지하고 있는데, 인근 고원 지대는 이제 한 손에는 성경, 한 손에는 칼을 든 바울파 도망자들로 뒤덮였다. 30년이 넘도록 아시아는 내우외환에 시달렸다. 거듭되는 침략에 성 바울의 사도들은 마호메트의 사도와 손을 잡았다. 고령의 부모나 연약한 처녀와 같은 비호전적인 그리스도교인도 야만족에게 예속되는 처지가 되자 자기네 군주의 불관용 정신을 비난했다. 나라가 극심한 소란으로 들끓고 치욕을 견디기 힘든 상황으로 치닫자, 테오도라의 방탕한 아들 미카엘조차도 직접 바울교도에 맞서 진군에 나서야만 했다. 그러나 그는 사모사타 성벽 아래에서 패배했다. 로마 황제는 자기 어머니가 화형을 선고했던 이단파의 손에서 도망쳤다. 사라센인들도 같은 깃발 아래에서 싸웠으나 승리는 카르베아스의 것으로 돌아갔다. 포로가 된 장군들은 백 명이 넘는 장교들과 함께 몸값을 내고 석방되거나 고문을 당했다. 용맹과 야심을 지닌 그의 후계자 크리소케이르는 강탈과 복수의 범위를 더욱 넓혔다. 그는 이슬람교도들과 동맹 관계를 맺고 대담하게도 아시아 깊숙이 치고 들어가 국경선과 왕궁을 지키던 군대를 줄지어 굴복시켰다. 니케아와 니코메디아, 안키라와 에페수스의 박해령에 맞서 약탈이 이어졌다. 성 요하네스의 사도 역시 자신의 도시와 성소가 유린당하는 것을 막지 못했다. 에페수스의 대성당은 노새와 말들의 마구간으로 변했다. 성상과 유물을 경멸하고 혐오하는 점에서는 바울교도도 사라센인 못지않았다. 상처 입은 자들의 기

테프리케를 요새화한 바울파

소아시아를 약탈한 바울파

도를 경멸해 온 폭정에 대해 반란군이 승리를 거두는 모습을 지켜보는 것도 불쾌한 일은 아니다. 마케도니아인 황제 바실리우스는 화평을 청했다. 그는 포로들에 대한 배상금을 제의하고, 공손하며 자비로운 어조로 크리소케이르에게 동료 그리스도교도들을 풀어 주고 기부한 금은과 비단옷으로 만족해 주길 간청하지 않을 수 없었다. 이에 대하여 오만무례한 광신도는 다음과 같이 답했다.

> 황제가 평화를 바란다면 동로마 제국 제위를 버리고 서방에서 아무런 박해도 가하지 말고 통치하도록 하시오. 그러지 않겠다면 주의 종복들이 황제를 제위에서 내몰고 말 것이오.

바실리우스는 조약 협상을 중단하고 도전에 맞섰다. 그는 이단자들의 땅으로 군대를 끌고 들어가 불과 검으로 초토화했다. 바울교파의 지역은 이전에 그들이 저질렀던 것과 똑같은 참화를 고스란히 겪었다. 그러나 그는 테프리케의 힘, 방대한 야만족의 수, 엄청난 무기와 군량에 대해 보고받고 한숨지으며 가망 없는 포위 공격을 포기했다. 그는 콘스탄티노플로 귀환하자마자 수도원과 교회를 설립하여 자기의 수호천사인 대천사 미카엘과 선지자 엘리야의 가호를 빌었다. 그가 날마다 드린 기도는 살아 생전에 화살 세 발로 불경스러운 적의 머리통을 꿰뚫게 해 달라는 것이었다. 그 소망은 기대보다 빨리 이루어졌다. 크리소케이르는 기습을 받고 퇴각하던 중 살해되었다. 반란자의 목은 옥좌 발치에 자랑스럽게 전시되었다. 이 전승 기념품을 받자마자 바실리우스는 곧장 활을 가져오게 해서 정확히 목표를 향해 세 발을 날렸다. 궁정 사람들은 박수갈채와 함께 궁사로서의 황제의 솜씨에 환호했다. 크리소케이르의 죽음

12 포로들의 몸값 때문에 테프리케에서 아홉 달을 지냈던(서기 870년) 시쿨루스는 그들이 의도적으로 전도했다는 사실을 알고, 자신의 『마니교도 역사』를 불가리아의 새 대주교에게 맡겼다.

바울파의 쇠퇴

과 함께 바울교파의 영광도 희미해져 갔다. 황제의 두 번째 원정에서 이단들은 난공불락이라던 테프리케를 버리고 자비를 구걸하거나 국경선으로 도피했다. 도시는 파괴되었으나 산악 지대 깊은 곳에서는 독립 정신이 꺼지지 않고 살아남았다. 바울교도들은 한 세기가 넘도록 종교와 자유를 지키면서 로마의 국경선을 누볐으며, 제국 및 복음의 적과 변함없는 동맹 관계를 유지했다.

아르메니아에서 트라키아로 이주한 바울파

8세기 중반경 성상 숭배자들로부터 코프로니무스(Copronymus, '똥 같은 이름을 가진 자')라는 별명으로 불린 콘스탄티누스가 아르메니아 정벌에 나섰다가 멜리테네와 테오도시오폴리스에서 자신과 같은 이단파인 다수의 바울교도를 발견했다. 호의인지 처벌인지 모르지만 그는 이들을 유프라테스 강변에서 콘스탄티노플과 트라키아로 이주시켰다. 이 이주를 계기로 그들의 교리는 유럽에도 알려지고 전파되었다. 대도시의 종파는 금세 잡다한 대중 속에 섞여 버렸지만 지방의 분파는 그곳 토양에 튼튼하게 뿌리를 박았다. 트라키아의 바울교도들은 거센 박해에 맞서 아르메니아의 신도들과 비밀 교신을 계속하면서, 아직 입문 단계지만 불가리아인을 상대로 어느 정도 성공을 거두고 있는 전도자들에게 원조와 위안을 제공했다.[12] 10세기에 그들은 요하네스 치미스케스가 칼리비아 구릉 지대에서 하이무스의 계곡 지대로 이주시켰던 더 막강한 이주민들 덕분에 되살아나 수를 더욱 늘렸다. 동방의 성직자들은 마니교도를 전멸시킨다면 더 좋겠지만 그렇게 안 된다면 눈앞에서 사라지는 것만이라도 간절히 바랐다. 호전적인 황제는 체험을 통해 그들의 용맹을 높이 평가했다. 그들이 사라센인들과 결탁한다면 위협이 되겠지만 도나우 강 건너편에서 스키타이 야만족과 맞서 싸우는 데에는 꽤 쓸모 있는 존재였다. 그들이 패배라도 한다면 그 또한 좋은 일이었다. 이와 같은 관용 덕에 그들은 먼 지방에서나마 한결 편안하게 유형 생활을 할 수 있었다. 바울교도들은 필리포폴리스 시와 트라키아 관문을 장악했다. 가톨릭교도들은 그들에게 복종했고 야고보파 이민자들은 동료가 되었다. 그들은 마케도니아와 에피루스에 줄지어 늘어선 마을과 성을 손에 넣었다. 많은 불가리아 원주민들은 그들의 무력과 이단적인 신앙을 공유했다. 이 자원군들은 강한 힘으로 누르면서 온건하게만 다룬다면 제국의 군대에서 꽤 훌륭하게 한몫을 해냈다. 이 '개들'의 용기와 전쟁에 대한 갈망, 인간의 피에 굶주린 모습에 나약한 비잔티움 사람들은 비난에 가까운 경탄을 보냈다. 한편으로 이런 정신은 그들을 오만하고 반항적으로 만들었다. 그들은 사소한 변덕이나 피해에도 쉽게 분개했지만, 신의 없고 편협한 궁정과 성직자들이 그들의 권리를 침해하는 일이 잦은 것도 사실이었다. 노르만 전쟁 중 2500명의 마니교도가 알렉시우스 콤네누스[13]의 군기를 버리고 고향으로 철수했다. 그는 복수할 기회가 올 때까지 속마음을 숨겼다가, 친선을 가장한 회의에 수장들을 초대하여 무고한 자와 죄지은 자를 가리지 않고 투옥과 몰수, 세례 등의 벌을 내렸다. 전쟁 사이에 짧은 평화가 찾아오면 황제는 그들을 교회와 국가로 돌아오게 하는 신성한 의무를 수행했다. 그는 필리포폴리스에 동계 진영을 설치하고 신앙심 깊은 딸이 명명한 바와 같이 열세 번째 사도로서 밤낮을 가리지 않고 신학 논쟁에 몰두했다. 가장 눈에 띄는 개종자에게 영예와 보상을 내린 덕분에 그의 주장은 세를 불려 나간 반면 마니교도들의 완고한 자세는 점점 누그러졌다. 알렉시우스는 비천한 개종자들이 살 곳으로 새로운 도시를 건

[13] 안나 콤네나가 쓴 『알렉시아드』는 아버지인 알렉시우스와 마니교도들의 거래를 기록했는데, 그녀는 가증스러운 이단파를 논박하고자 했다.

설해서 주변을 정원으로 두르고, 면책 특권을 부여했으며, 자신의 이름을 붙여 주었다. 마니교도들은 요충지인 필리포폴리스를 잃었고 반항적인 지도자들은 동굴에 갇히거나 국외로 추방되었다. 가난하고 의지할 데 없는 이단 수도사를 성 소피아 성당 앞에서 산 채로 화형에 처하기도 했던 황제가 그들의 목숨을 살려 준 것은 자비에서가 아니라 신중함 때문이었다.[14] 그러나 한 민족의 사고방식 자체를 뿌리 뽑겠다는 오만한 꿈은 더 이상 숨어 있지 않고 복종을 거부하고 나선 바울교도들의 꺾일 줄 모르는 열정에 순식간에 패배했다. 알렉시우스가 그곳을 떠나 죽음을 맞은 후 그들은 곧 시민법과 종교법을 되찾았다. 13세기 초 그들의 교주(명백한 와전이지만)는 불가리아, 크로아티아, 달마티아 국경 지대에 머물면서 대리인의 손을 빌려 이탈리아와 프랑스의 하위 신도단을 이끌었다.[15] 그 지역에서부터 전통의 자취를 찾아 상세히 조사하자면 끝도 없을 것이다. 지난 세기(17세기)가 끝나 갈 무렵에도 그 분파는 여전히 하이무스 산맥의 골짜기에 살고 있었다. 그들의 무지와 가난은 터키 정부보다는 오히려 그리스 성직자들 탓이었다. 지금의 바울교도는 자신들의 기원에 대한 기억을 전부 잃어버렸다. 그들의 종교는 십자가 숭배와 일부 포로들이 타타르 지방의 황야에서 도입한 피의 희생 제의로 더럽혀졌다.

[14] 수도사인 바실리우스와 그노시스의 한 분파인 보고밀의 창시자는 곧 추방당했다.

[15] 뒤캉주(Ducange)가 빌라르두앵(Villehardouin)의 저서에 관한 훌륭한 주석에서 이와 같이 주장했다. 그는 필리포폴리스의 바울교도들이 불가리아인들과 친선 관계였음을 알아냈다.

이탈리아와 프랑스에 파고든 바울파

서방 세계에서 최초로 마니교 신학을 가르쳤던 교사들은 대중에게는 외면당하고 군주로부터 억압을 받았다. 11세기와 12세기에 바울교파가 득세한 원인은 가장 독실한 그리스도교도조차 로마 교회에 등을 돌리게 만든 비밀스럽지만 강한 불만임에 틀림없다. 로마 교회는 탐욕에 차서 횡포를 일삼았고 가증스러울 정도로 전제적이었다. 성인과 성상의 숭배에서는 비잔티움인들보다 덜 타락했을지 모르지만, 하루가 다르게 빠른 속도로 더욱 추악하게 변모해 갔다. 로마 교회는 성찬식 때 먹는 빵과 포도주가 그리스도의 몸과 피로 변한다는 화체(化體)의 교리를 엄격하게 정의하고 강요했다. 라틴 성직자의 생활은 점점 더 타락해 가서 오만하게 으스대며 주교장(杖), 홀(笏), 검을 번갈아 휘두르는 고위 성직자들과 비교하면 차라리 동방교회의 주교들이 사도의 후계자 쪽에 가까울 정도였다. 바울파는 세 갈래 다른 경로를 통해 유럽 깊숙이 파고들었던 것 같다. 헝가리가 개종한 이후부터는 예루살렘을 방문하는 순교자들은 도나우 강의 수로를 안전하게 통과할 수 있었다. 그들은 여정 중 필리포폴리스를 지났다. 신도들은 이름과 이단적인 종교를 감추고 프랑스나 게르만의 대상을 따라 그들 나라로 갔다. 베네치아는 아드리아 해안 지대 전역에 교역을 펼치며 영향력을 행사했다. 이 개방적인 공화국은 출신과 종교를 막론하고 모든 이방인을 받아들였다. 비잔티움의 깃발 아래에서 바울 교도들은 이탈리아와 시칠리아 등 비잔티움의 속주로 추방되는 일이 잦았다. 그들은 평화 시에나 전시에나 자유롭게 이방인과 원주민을 상대로 교류하면서 로마, 밀라노, 알프스 너머 왕국에 자신들의 견해를 서서히 퍼뜨렸다. 그리하여 얼마 지나지 않아 지위 고하와 남녀를 불문하고 수많은 가톨릭교도들이 이단적인 마니교를 받아들였음이 드러났다. 오를레앙의 성당 참사회원 열두 명에게 내려진 화형은 첫 번째로 가해진 박해이자 신호탄이었다. 그 이름이 기원상으로는 악의가 없지만 가증스러운 의미로 바뀐 불가리아인들은[16] 유럽 전체에 자기들의 분파를 퍼뜨렸다. 우상 숭배와 로마에 대한 공통의 증오로 똘똘 뭉친 그들은 주교와 장로가 지배하는 형태로 단결했다. 다양한 교파들은 신학상으로는 미묘한 차이를 보였지만, 구약을

[16] 불가리(Bulgari), 불그레(Boulgres), 부그레(Bougres)라는 국가 명칭은 프랑스인들이 고리대금업자에 대하여 자연에 반하는 죄를 지은 죄인이라는 비난의 뜻에서 붙인 것이다. 파테리니(Paterini) 또는 파텔리니(Patelini)는 유쾌한 소극(笑劇)의 말주변이 번지르르한 변호사와 같은 얄랑거리면서 아침 잘하는 위선자를 의미하는 말이 되었다. 이와 마찬가지로 마니교도들에게도 카타리(Cathari, 순수했으나 타락한 자)라는 뜻으로 가자리(Gazari)라는 이름이 붙여졌다.

경시하고 십자가나 성체 둘 중 하나에 그리스도의 육체가 거한 다는 사실을 부정하는 두 가지 원칙에는 대체로 동의했다. 적대자들조차도 그들의 간소한 예배와 청렴결백한 생활 태도는 인정하지 않을 수 없었다. 완전무결을 지향하는 그들의 기준이 너무 높았던 탓에, 점점 많은 신도들이 그 기준을 실제로 실행하는 쪽과 마음만 있는 쪽 두 부류로 나뉘었다. 바울파가 가장 깊이 뿌리내린 지역이 바로 프랑스 남쪽, 알비주아파 지역이었다. 유프라테스 강 인근에서 벌어졌던 순교와 복수가 이번에는 서로 상황만 바뀌어 똑같이 론 강변에서 13세기에 재연되었다. 동로마 황제들의 법이 프리드리히 2세의 손으로 부활됨으로써, 테프리케의 반도(叛徒)들이 일으켰던 소란이 랑그도크 지역의 귀족과 도시들에 의해 재현되었다. 교황 인노켄티우스 3세는 테오도라의 피비린내 나는 명성을 능가했다. 잔인성에서는 그녀의 병사들도 십자군의 영웅들에 뒤지지 않았지만, 그녀의 치하 성직자들의 잔인함은 종교 재판을 처음 창설한 자들에 비하면 아무것도 아니었다.[17] 이단 심문소는 사악한 교리에 대한 믿음을 논박하기보다는 오히려 확고히 하는 데 더 적합한 역할을 했다. 바울파나 알비주아파의 집회 중 적어도 겉으로 드러난 것은 모두 불과 검으로 전멸당했다. 살아남은 잔당은 피를 흘리며 도주하거나 몸을 숨기거나 가톨릭 교회에 순종함으로써 목숨을 부지했다. 그러나 불굴의 정신은 여전히 죽지 않고 서방 세계에 살아남아 호흡했다. 성 바울의 제자들은 국가에서, 교회에서, 심지어는 수도원 안에서조차 은밀하게 명맥을 유지했다. 그들은 로마의 독재에 맞서 항거하고, 성경을 신앙의 준거로 받들고, 자신들의 신조에서 그노시스 신학의 환영을 모조리 제거했다. 영국에서는 위클리프가, 보헤미아에서

서기 1200년 등, 알비주아파에 대한 박해

[17] 툴루즈의 종교 재판령은 림보르흐(Limborch)가 전반적인 종교 재판사와 함께 출간했다. 더 학식 있고 비판적인 편집자가 이 일을 맡았더라면 좋았을 것이다. 사탄이나 검사성성(檢邪聖省)조차도 중상모략하는 일은 없어야 겠기에, 2절판 19쪽을 가득 채운 죄인들의 목록 가운데서 실제로 세속의 무력에 넘겨진 자들은 남자 열다섯 명과 여자 네 명뿐이었다는 사실에 주목하고자 한다.

는 후스가 일어났으나 아직은 시기상조로 별 성과를 거두지 못했다. 그러나 츠빙글리, 루터, 칼뱅의 이름은 오늘날 나라를 구원한 자로서 감사의 정을 담아 회자되고 있다.

그들의 업적과 개혁의 가치를 따져 보는 철학자라면 그들이 우리의 이성을 초월하거나 또는 이성에 반하는 어떤 신앙의 조항으로부터 그리스도교도를 해방시켰는지 신중하게 질문하지 않을 수 없다. 진리와 신앙심과 양립할 수만 있다면 이러한 해방은 의심의 여지없이 이로울 것이다. 공정하게 따져 본다면 초기 개혁가들의 자유분방함에 거부감을 갖기보다는 오히려 소심함에 놀라게 된다.[18] 그들은 유대인과 함께 모든 불가사의들, 즉 에덴 동산에서 선지자 다니엘의 환상까지 모든 히브리어 성서에 대한 믿음과 옹호를 수용했다. 그러면서 그들은 가톨릭교도처럼 유대인에 맞서 신의 율법 폐지를 정당화해야 했다. 개혁가들은 삼위일체와 성육신의 크나큰 신비에 대해서는 엄격하게 정통파적인 입장을 취했다. 그들은 초기의 네 차례 혹은 여섯 차례의 종교 회의에서 논의된 신학을 채택하면서, 아타나시우스 신경(信經)에 따라 가톨릭 신앙을 믿지 않는 모든 자들에게 영원한 저주를 선고했다. 화체설, 즉 빵과 포도주가 그리스도의 살과 피로 바뀐다는 비가시적 현상은 그들 사이에 오간 모든 논쟁과 외교적 수사를 뒤엎고도 남을 교리였다. 그러나 최초의 프로테스탄트들은 감각, 시각, 느낌, 미각을 통한 증거들을 따르는 대신, 양심의 가책에 빠져 혼란스러워하는가 하면 성찬식에서 하신 예수의 말씀에 두려움을 느꼈다. 루터는 성체에서 그리스도의 육체적인 존재를, 칼뱅은 현실적인 존재를 주장했다. 그러나 그것이 더 이상 영성체가 아니라 단순한 기념물에 불과하다는 츠빙글리의 견해가 개혁 교

개혁의 성격과 결과

[18] 개혁가들의 견해와 행동은 모스하임의 역사 두 번째 권에 잘 드러나 있다. 그러나 명쾌한 시각과 진중한 필치로 유지해 오던 균형 잡힌 자세는 그의 루터과 동료들 쪽으로 기울기 시작한다.

19 에드워드 6세 치하에서 우리의 개혁은 더욱 대담하고 완벽했다. 그러나 영국 교회의 기본 조항에서 강력하게 명시적으로 실제 존재를 부정한다고 선언했으나, 대중 또는 루터파 또는 엘리자베스 여왕의 비위를 맞추느라 원본에서 지워졌다.

20 "루터와 나 같은 자들이 없었더라면 지금쯤 모두들 성 위니프레드의 조각상 앞에 무릎을 꿇고 있을지도 모를 일이다." 광신도인 휘스턴이 철학자 핸리에게 한 말이다.

회에서 서서히 대세가 되었다.[19] 이 한 가지 신비를 뺀 빈자리는 성 바울의 서신에서 끌어낸 원죄, 구속(救贖), 은총, 구원예정설 등 어마어마한 교리들로 차고 넘치도록 보충되었다. 이 미묘한 문제에 대해 가장 확신을 갖고 답을 준비한 사람들은 교부와 철학자들이지만, 마지막으로 손질을 가하고 대중에게 퍼뜨린 공로는 이런 것들이 구원의 절대적이고 필요 불가결한 조건이라고 주장했던 최초의 개혁가들에게 돌아가야 한다. 지금까지 초자연적인 신앙의 무게가 프로테스탄트들을 짓눌렀기 때문에, 온건한 그리스도교인들은 신이 잔인하고 변덕스러운 폭군이라는 쪽보다는 영성체의 빵이 신이라는 쪽을 받아들일 것이다.

그러나 루터와 그의 경쟁자의 기여는 확고하고도 중요하다. 철학자라면 이 두려움을 모르는 광신자들에게 감사를 표해야 마땅하다.[20] (1) 그들의 손으로 면죄부의 남발에서 성 처녀의 중개(仲介)에 이르기까지 방대한 미신의 체계가 무너졌다. 수도 생활에 전념하던 수없이 많은 남녀가 자유로운 사회생활로 복귀했다. 불완전하고 종속적인 신격으로 이루어진 성자와 천사의 위계질서는 세속적인 권력을 박탈당하고 천상의 지복을 누리는 데 만족하게 되었다. 교회에서는 그들의 성상과 유물이 치워졌고, 더 이상 기적담과 환상을 매일 되풀이해 읊어 대어 경박한 대중을 현혹하는 일도 없어졌다. 이교 의식의 모방은 인간에게뿐 아니라 신에게도 가장 가치 있는 기도와 감사로 이루어지는 순수하고 영적인 예식으로 바뀌었다. 이제 남은 것은 이러한 장엄한 단순성이 대중의 신앙심과 잘 어울릴 수 있는가, 눈에 보이는 대상이 전혀 없다면 속인들이 열렬한 신앙심을 잃고 권태와 무관심에 서서히 빠져들지 않을까 관찰하는 일뿐이다. (2) 완고한 광신자들을 자유롭게 생각하지 못하게 하고, 노예들을 생각한 대로 말할 수 없게 억누르는 권위의 체계가 무너졌다. 이제 교황, 교부, 종교 회의는 무오류의 최고의 심판이 아니었다. 그리스도교도들은 저마다 성경 이외의 어떠한 법도, 자기 자신의 양심 외에는 어떠한 해석자도 인정하지 말라는 가르침을 받았다. 그러나 이러한 자유는 개혁의 목적이라기보다는 결과였다. 애국적인 개혁가들은 자기들이 왕위에서 끌어내린 폭군들의 자리를 잇고 싶은 야심을 품었다. 그들은 그 폭군들과 마찬가지로 가혹하게 자기들의 신조와 신앙 고백을 강요했으며, 이단을 죽음으로 벌할 권리를 주장했다. 칼뱅은 성스러운 원한이었는지 개인적인 악의였는지 모르지만 세르베투스를[21] 반역죄로 처단했다.[22] 크랜머는 재세례파에 대한 증오로 스미스필드를 화염에 휩싸이게 했으나, 결국 그 불길은 후일 그를 삼켜 버렸다.[23] 호랑이의 본성이야 변할 리 없어도 이빨과 송곳니는 점차 잃어 갔다. 로마 교황은 천상의 왕국과 속세의 왕국을 모두 소유했지만 프로테스탄트 성직자는 수입이나 재판권이 없는 일개 국민에 불과했다. 교황의 법령은 가톨릭 교회의 오랜 관습에 의해 신성시된 데 반해 프로테스탄트의 주장과 논쟁은 대중을 상대로 행해졌으며, 대중은 개인이 판단해 달라는 그들의 호소를 기대 이상의 호기심과 열정으로 받아들였다. 루터와 칼뱅 시대 이후로 개혁된 교회 내부에서도 비밀스러운 개혁이 소리 없이 진행되어 왔다. 그 결과 수많은 편견이 제거되었고 에라스무스의[24] 제자들은 자유와 중용의 정신을 확산시켰다. 양심의 자유가 공통의 은혜, 양도 불가침의 권리로 주장되었다.[25] 네덜란드와[26] 영국의[27] 자유 정부는 관용의 실천을 도입했다. 빽빽하던 법률도 시대의 신중함과 인간애에 힘입어 많이 부드러워졌다. 정신은 권력을 실행에 옮기는 과정에서 그 한계를 인식하게 되었고, 이제 단순한 말이나

[21] 쇼프피에(Chauffepié)의 『비평 사전』에 실린 세르베투스의 글은 내가 이것을 수치스러운 거래로 본 데 대한 가장 좋은 설명이 될 것이다.

[22] 나는 스페인과 포르투갈의 아우토 다 페스에서 일어났던 대학살보다도 세르베투스의 처형 한 건에 더 깊은 분노를 느낀다. (1) 칼뱅의 열정에는 개인적인 악의, 아마도 질투심이 숨어 있었던 것 같다. 그는 공동의 적인 비엔나의 재판관들 앞에서 그의 적에게 비난을 퍼부었고, 그를 파멸시키고자 신성한 신뢰를 깨고 비밀리에 교환한 서신을 폭로했다. (2) 교회나 국가에 위험이 닥쳤다는 구실로 이러한 잔혹 행위를 덮을 수는 없다. 세르베투스는 제네바를 통과하면서 설교를 하거나, 책을 내거나, 개종자를 만드는 등 해가 될 행동을 전혀 하지 않았다. (3) 종교 재판관이라도 자기가 요구한 만큼의 복종은 바치는 법이다. 그러나 칼뱅은 자신이 대접받기를 바라는 대로 남을 대해 주라는 황금률을 어겼다. 이 법칙은 복음서가 나오기 400년 전 이소크라테스의 도덕 책에서도 찾을 수 있다.

[23] 이 대주교는 자신의 권위로 젊은 왕의 양식과 인간애를 억눌렀다.

[24] 에라스무스는 이성적인 신학의 아버지라 해도 좋을 것이다. 이성적인 신학은 백 년간의 긴 잠 끝에

네덜란드의 아르미니우스주의자들, 그로티우스, 림보르흐, 클라크에 의해 부활했다. 영국에서는 케임브리지의 자유주의자 칠링워스, 틸로슨, 클라크, 호들리 등이 있었다.

25 유감스럽지만 관용을 베풀 권리를 그렇게도 우아하게 옹호했던 지난 세기의 작가들 세 사람, 베일, 라이프니츠, 로크 모두 평민이며 철학자였다는 사실을 지적해야겠다.

26 『연합 속주의 종교』에서 템플의 훌륭한 장을 보라. 나는 그로티우스에게는 만족할 수가 없는데, 그는 박해에 관한 대영 제국의 법을 다소 개선하고 피비린내 나는 종교 재판소를 비난하는 정도에 그치고 있기 때문이다.

27 블랙스톤은 영국 법을 혁명 시대에 결정된 것으로 설명한다. 국민의 정신이 백 가지 법령보다 더 구속력이 있지 않다면, 로마 가톨릭 신자들과 삼위일체를 부인하는 자들의 예외는 박해를 위해 그런대로 여지를 남겨 두었을 것이다.

28 나는 프리스틀리의 견해에 숨은 진정한 본뜻을 드러내는 공적인 비판 두 구절을 추천하고 싶다. 이들 중 첫 번째(『그리스도교의 타락의 역사』, 1권 275~276쪽)는 성직자를, 두 번째 구절(같은 책 2권, 484쪽)은 관료들을 떨게 만들 것이다.

환영 따위로는 어린아이의 관심이나 끌 수 있을 뿐 성인의 이성을 만족시킬 수는 없다. 논쟁을 담은 장서들에는 거미줄이 앉았다. 프로테스탄트 교회의 교의도 이미 구성원들의 지식이나 믿음과 동떨어져, 요즘 성직자들은 정통적인 의식이나 신앙 규약도 한숨을 한번 쉬거나 미소 한번 짓고 받아들인다. 그러나 그리스도교도들은 끝도 없이 꼬리를 물고 솟아나는 의문과 회의에 놀란다. 가톨릭 교회의 예언은 성취되었다. 거미줄같이 얼기설기 얽힌 신비는 아르미니우스파, 아리우스파, 소치니파에 의해 풀렸고, 그들의 수는 개별적인 신도 단의 수로 집계할 수 없다. 계시의 기둥은 종교의 알맹이는 빼 버리고 이름만 걸고 있는 자들, 냉철한 철학적 사유를 버리고 방종을 일삼는 자들로 인해 흔들리고 있다.28

55

불가리아인·헝가리인의 기원, 이주, 정착·헝가리인의 동로마와 서로마 침략·러시아 대공국·지리와 교역·비잔티움 제국에 대한 러시아인의 전쟁·야만족들의 개종·블라디미르의 세례

    그렇게 여러 차례 침략과 수복을 겪은 도나우 강의 방벽은 헤라클리우스의 손자인 콘스탄티누스 시대에 이르러 새로이 밀려들어 온 야만족 앞에서 마침내 회복할 수 없을 정도로 무너지고 말았다. 칼리프가 야만족이 진군하도록 은밀히 원조를 제공했다. 로마 군단은 아시아에 발이 묶인 채였다. 황제들은 시리아, 이집트, 아프리카를 잃은 마당에 사라센인들에 맞서 수도를 지켜야 하는 치욕스러운 위기를 두 차례나 겪었다. 이 흥미로운 민족을 설명하느라 본래의 집필 과정에서 옆길로 좀 빠진다 해도, 이 주제의 가치가 이러한 일탈을 가려 주든지 변명해 주리라 믿는다. 동로마에서, 서로마에서, 전쟁에서, 종교에서, 과학에서, 흥망성쇠에서, 아랍인은 우리의 호기심을 강하게 자극한다. 비잔티움 사람들의 교회와 제국을 처음으로 무너뜨린 것은 그들의 무력이라 할 수 있다. 마호메트의 사도는 여전히 동방 세계에서 정치와 종교 권력을 쥐고 있다. 그러나 7세기에서 12세기까지 일시적인 침략으로든 영구 이주 형태로

[1] 비잔티움 역사 중 야만족과 관련된 부분은 모두 스트리터(John Gotthelf Stritter)가 수집하고 정리하여 라틴어로 옮겼다. 그러나 그는 잘못된 방식으로 원자료의 가치를 떨어뜨렸다.

[2] 테오파네스는 고대 불가리아의 위치를 아텔 강이나 볼가 강 유역으로 추정한다. 그러나 그 강이 흑해로 흘러든다고 말한 점으로 미루어 지리에 대한 그의 주장은 전혀 믿을 수가 없다.

[3] 이 불가리아인 이민자들은 삼니움의 빈 땅에 정착하여 모국어를 지키면서 라틴어를 배웠다.

든 스키타이 평원에서 내려 온 야만인 대군에 대해서는 같은 수고를 들여 기술할 필요는 없을 것이다.[1] 그들의 이름은 괴상하고 기원은 애매모호하고 행적도 불명확했으며 맹목적으로 미신을 추종하는가 하면 용맹스럽기는 야수 같았다. 그들의 단조로운 공적·사적 생활에서 순진함으로 부드러워지거나 지혜로 세련되어진 부분은 전혀 찾아볼 수 없다. 존엄한 비잔티움의 옥좌는 이 야만인들의 무질서한 공격을 격퇴하고 살아남은 반면, 그들은 대부분 존재했던 흔적조차 남기지 못하고 사라졌다. 비천한 잔당 일부만 이방인 폭군의 지배 아래 신음하며 간신히 목숨을 부지했다. 옛 기록 중에서 (1) 불가리아인, (2) 헝가리인, (3) 러시아인의 순서로 기억할 만한 사실을 추려 내는 정도로 만족해야겠다. (4) 노르만인의 정복과 (5) 투르크인의 왕조는 당연히 기념비적인 성지를 향한 십자군 원정, 그리고 콘스탄티누스의 도시와 제국의 멸망으로 마무리하고자 한다.

서기 680년 등,
불가리아인들의 이주

(1) 동고트의 왕 테오도리크는 이탈리아로 진군하면서 불가리아 군대를 짓밟았다. 이러한 패배 후 불가리아는 한 세기 반 동안 자취를 감추었다. 보리스테네스 강, 타나이스 강, 볼가 강 유역에서 낯선 주민들이 동일하거나 유사한 이름으로 다시 출현했다는 설도 있다. 한 고대 불가리아 왕은[2] 다섯 아들에게 절제하며 협력하라는 유훈을 남겼다. 젊은이들은 노인의 경험에서 우러나온 충고를 으레 그렇듯이 한 귀로 듣고 한 귀로 흘렸다. 다섯 왕자는 부왕을 매장하고 신민과 가축을 분배한 후 충고 따위는 잊고 서로 갈라져 행운을 찾아 떠났다. 이탈리아 심장부인 라벤나 총독의 비호 아래에 있는 그들 중 가장 모험심이 강한 무리의 자취를 발견할 수 있다.[3] 그러나 이주의 흐름은 자연스럽게 수도 쪽을 향했다. 도나우 강 남쪽

을 따라 자리 잡은 오늘날의 불가리아는 현재까지 이름과 형태를 그대로 유지하고 있다. 새로운 정복자들은 전쟁이나 조약을 통해 다르다니아, 테살리아, 에피루스를 비롯한 로마 속주를 잇따라 손에 넣었다.[4] 교회의 지고한 주권은 유스티니아누스가 태어난 도시에서 이전되어 잘 알려지지 않은 마을에 불과했던 리크니두스, 다른 이름으로는 아크리다가 왕과 총대주교의 왕좌 소재지가 되는 영광을 얻었다. 언어 면에서 불가리아인이 슬라브족에 기원을 두고 있다는 움직일 수 없는 증거가 있다.[5] 세르비아인, 보스니아인, 라스키아인, 크로아티아인, 왈라키아인[6] 등 혈족 관계인 부족들은 선두에 선 이 부족의 깃발을 따르거나 그들을 모범으로 삼았다. 그들은 비잔티움 제국의 포로로서든 국민으로서든, 동맹으로서든 적으로서든 흑해에서 아드리아 해까지 온 나라에 퍼져 나갔다. 슬라브(Slaves)라는 부족 명칭은[7] 우연인지 악의에서였는지 본래 영광을 의미하던 것에서 예속의 의미로 격하되었다.[8] 이 이민단 중 지금은 오스트리아군에 편입되어 있는 크로아티아인은[9] 달마티아를 정복하고 지배했던 강대한 민족의 후예이다. 해안 도시와 신생 라구사 공화국은 비잔티움 궁정에 원조와 지도를 간청했다. 그리하여 관대한 바실리우스로부터 그들이 로마 제국에 조금이라도 충성심을 표시한다면, 이 통제 불가능한 야만족에게 연공을 바쳐 분노를 달래 주어도 좋다는 조언을 얻었다. 크로아티아 왕국은 봉건 군주와 비슷한 열한 명의 주판(Zoupan)이 공동으로 통치했다. 그들의 전체 병력은 기병 6만, 보병 10만 명에 달했다. 너른 항구가 군데군데 자리 잡고 수많은 섬이 띠처럼 둘러쌌으며, 이탈리아 해안이 거의 보일 듯한 긴 해변은 원주민이나 이방인이 항해술을 발전시키기에 안성맞춤이었다. 크로아티아인

서기 900년 등, 달마티아의 크로아티아인 또는 슬라브인

[4] 이 비잔티움 제국의 속주들은 로마와 콘스탄티노플의 대주교들이 교회 사법권을 놓고 벌인 논쟁 끝에 불가리아 왕국에 할당되었다.

[5] 유능한 감정가인 칼코콘딜레스는 달마티아인, 보스니아인, 세르비아인, 불가리아인, 폴란드인, 보헤미아인의 언어가 동일하다는 사실을 밝혀냈다. 그는 헝가리인의 이질적인 방언에 주목했다.

[6] 조던(Jordan)이 수집한 자료는 보헤미아와 인근 나라들의 옛 풍습을 밝히는 데 많은 도움이 된다. 그러나 그의 구상은 편협하고, 문체는 조악하며, 비평은 깊이가 없다. 이 궁정 고문은 보헤미아인에 대한 편견을 버리지 못했다.

[7] 조던은 다른 방언에서 흔히 쓰이는 단어인 슬라바(Slava), 라우스(laus), 글로리아(gloria)가 어원이라는 설에 동의하는데, 이것은 가장 빛나는 이름들의 어미를 형성한다.

[8] 민족명에서 보통 명사로의 이러한 변화는 8세기경 동부 프랑스에서 일어났던 것 같다. 그곳의 군주와 주교는 보헤미아인이 아니라 소르브족의 슬라브인 포로를 많이 거느리고 있었다. 그때부터 그 말이 일반적인 용도로 확대되어 말기 비잔티움 사람들의 어법, 현대의 언어에까지 쓰이게 되었다.

55장 509

9 콘스탄티누스 포르피로게니투스 황제는 달마티아의 슬라브인들에 대해 설명하면서 자기 시대에 관해서는 누구보다도 정확하게 기술했지만, 이전 시대에 관한 내용은 황당무계하기 짝이 없다.

10 사고르니누스가 썼다고 추정되는 익명의 11세기 연대기와 14세기에 단돌로 (Dandolo)가 쓴 저서를 참조할 것. 이 두 권이 베네치아의 역사에 대한 가장 오래된 기록이다.

11 케드레누스와 조나라스의 연대기에서 타당성 있는 날짜를 찾아보면 불가리아인이 최초로 세운 왕국을 찾아낼 수 있을 것이다. 비잔티움의 사료는 스트리터가 수집했으며, 왕가의 계보는 뒤캉주(Du-cange)가 정리하고 확인했다.

은 옛날에 리부르니아인이 했던 식으로 배나 쌍돛 범선을 건조했다. 배가 180척쯤 있다면 제법 그럴듯한 해군이라고 생각할지도 모르지만, 그 전함 한 척에 태울 수 있는 인원수가 고작해야 10명, 20명, 40명 정도밖에 안 된다고 하면 우리 해병들은 코웃음을 칠 것이다. 그들은 점차 더 점잖은 상업 쪽으로 마음을 돌렸으나 슬라브인 해적은 여전히 도처에 출몰하며 위협을 가했다. 10세기 말에 이르러서야 비로소 베네치아 공화국이 그 지역의 자유와 주권을 장악하게 된다.10 이 달마티아 왕가의 조상들은 항해술을 이용하는 쪽이든 악용하는 쪽이든 아무 관심이 없었다. 그들은 비잔티움인의 계산에 따르면 암흑의 바다에서 30일 걸리는 거리에 있는 실레지아와 소(小)폴란드 내륙에 있는 백(白)크로아티아에 살았다.

～～～～～
서기 640~1017년,
불가리아인들의
첫 번째 왕국
～～～～～

불가리아인의 영광은11 시간상으로나 공간상으로나 작은 범위에 한정되었다. 그들은 9세기와 10세기에 도나우 남쪽을 지배했으나, 그들을 뒤쫓아 이동해 온 더 강력한 민족들에게 가로막혀 북쪽으로 귀환할 수도, 서쪽으로 전진할 수도 없었다. 그러나 그들의 불확실한 원정 기록 중 지금까지 고트족만 누려 왔던 아우구스투스와 콘스탄티누스의 후계자를 전투 중 살해했다는 명예는 자랑할 만하다. 니케포루스 황제는 아랍인과의 싸움에서 명예를, 슬라브 전쟁에서 생명을 잃었다. 그는 첫 번째 출전에서 불가리아 중심부까지 대담하게 전진하는 데 성공하여 목조 건물로 이루어진 마을에 불과했을 왕궁을 불태웠다. 그러나 그가 화평 제안을 모두 거부하며 전리품이나 뒤지고 있는 사이에 적은 원기를 회복하고 병력을 재집결하여 그의 퇴로를 막았다. 니케포루스는 떨면서 외쳤다. "아아, 새처럼 날개가 달려 날아가지 않는 한 탈출할 희망은 없구나." 이

틈간 그는 절망에 빠져 꼼짝도 못 하고 닥쳐올 운명을 기다렸다. 사흘째 되는 날 아침 불가리아인들이 진영을 기습했다. 황제는 제국의 주요 장군들과 함께 막사에서 참살당했다. 예전에 발렌스의 유해는 간신히 구출되어 능욕만은 면했으나, 니케포루스의 머리는 창끝에 꿰어졌고 해골은 금으로 장식되어 승리의 축제 때마다 술잔으로 쓰였다. 비잔티움 사람들은 황제의 명예가 땅에 떨어졌다고 탄식했으나 그의 탐욕과 잔인성에 내린 천벌임을 인정했다. 이 야만스러운 술잔은 스키타이 황무지에 사는 민족의 풍습을 여실히 보여 준다. 하지만 그들도 비잔티움 사람들과 평화롭게 교류하고 문명화된 지역을 지배하면서 그리스도교를 받아들임으로써, 그 세기가 끝나 갈 무렵에는 상당히 순화되었다. 불가리아 귀족은 콘스탄티노플의 학교와 궁정에서 교육을 받았다. 황족의 피를 받은 젊은이인 시메온은 데모스테네스의 수사학과 아리스토텔레스의 논리학을 배웠다. 그는 왕이자 전사의 직분을 수행하기 위해 수도사 생활을 포기했다. 40년 이상 계속된 그의 통치 기간 중 불가리아는 지상의 문명화된 강대국들과 어깨를 겨루었다. 그의 공격에 끊임없이 시달린 비잔티움 사람들은 배신 행위와 신성 모독을 비난하는 데서 한 가닥 위안을 구했다. 그들은 이교도인 투르크족을 매수하여 원조를 구했다. 그러나 시메온은 그 무시무시한 제국의 무력을 잘 피하기만 해도 승리나 마찬가지라고 평가받던 시대에, 두 번째 전투에서 첫 전투의 패배를 설욕했다. 세르비아군은 무너져서 포로가 되거나 뿔뿔이 흩어졌다. 그들이 복귀하기 전에 그 지역을 방문한 사람들이 발견한 것은 고작 쉰 명 남짓의 부랑자들이었다. 그들 중 여자나 아이는 하나도

서기 811년

서기 888~927년 혹은 932년

없었고 사냥을 통해 간간이 얻는 식량으로 간신히 연명했다. 비잔티움군은 유서 깊은 땅인 아켈루스 강 유역에서 패배했다. 그들의 뿌리는 헤라클레스 같은 야만족의 힘을 견디지 못하고 산산조각 났다. 시메온은 콘스탄티노플을 포위하고 황제와 독대한 자리에서 화평 조건을 제시했다. 그들은 사전 경계 조치를 물샐틈없이 완벽하게 갖추고 회동했다. 황제의 갤리선이 방비가 잘 갖추어진 인공 항에 접안했다. 황제의 자의가 과시하는 위엄에 불가리아인은 거만한 위세로 맞섰다. "그대는 그리스도교도인가?" 로마누스가 말했다. "같은 그리스도교도의 피를 흘리지 않도록 하는 것이 그대의 의무일지니라. 부에 대한 욕망에 현혹되어 평화의 축복을 버렸단 말인가? 그대의 칼을 칼집에 넣고 팔을 벌려 보라. 내 그대의 욕망을 얼마든지 채워 주겠노라." 이들은 동맹 관계를 맺음으로써 화해가 이루어졌다. 통상의 자유가 승인되었고, 적국이나 이방인 사절에게 일반적으로 주는 것보다 더 고귀한 궁정 최고의 영예가 불가리아인들에게 수여되었다. 군주에게는 바실레우스(basileus), 즉 황제를 뜻하는 고귀한 칭호가 주어졌다. 그러나 이러한 우호 관계는 그리 오래가지 못했다. 시메온이 죽은 후 양국은 다시 칼을 들었고 그의 나약한 후계자들은 분열하여 전멸했다. 11세기 초 출생과 동시에 제위에 오른 바실리우스 2세는 불가리아인의 학살자라는 이름에 값하는 공을 세웠다. 그는 리키니두스의 궁정에서 찾아낸 40만 파운드의 보물로 어느 정도 탐욕을 채웠다. 그는 조국을 방어했다는 죄목으로 1만 5000명의 포로에게 냉혹한 복수를 가함으로써 잔인성을 과시했다. 그는 모든 포로들에게서 눈을 빼앗았으나 백 명당 한 명씩에게는 장님이 된 부대를 어전까지 인도하도록 한쪽 눈을 남겨 놓았다. 왕

서기 950년 등

은 슬픔과 공포에 휩싸여 절망했다고 전해진다. 불가리아인들은 이 끔찍한 본보기에 전율했다. 그들은 정착지에서 쫓겨나 좁은 지역 안에 갇혔다. 살아남은 장군들은 자식들에게 인내하며 때를 기다려 반드시 복수하라는 유언을 남겼다.

(2) 서기 900년경 헝가리인이 처음으로 개미 떼처럼 새까맣게 유럽 전역을 뒤덮자, 로마인들은 공포와 미신에 사로잡혀 그들을 성경에서 종말의 전조로 나오는 고그(Gog)와 마고그(Magog)로 오인했다.12 문자를 도입한 이후로 그들은 애국적인 호기심에 사로잡혀 자신들의 과거를 연구했다.13 그들의 연구는 더 이상 공허한 아틸라와 훈족 혈통에 만족하지 않는다. 그러나 그들은 타타르 전쟁에서 옛 기록이 소실되었고, 참인지 거짓인지 알 수 없는 투박한 노랫가락도 이미 잊혀진 지 오래라고 불평한다. 따라서 외국인이 남긴 것이긴 해도 황제이자 지리학자였던 콘스탄티누스 7세가 남긴 동시대 기록을 조잡한 연대기의 단편과 힘들게 대조하는 수밖에 없다고 한다. 마자르(Magiar)는 헝가리인의 동양식 이름이다. 그러나 그들은 스키타이 부족들 중 중국에서 볼가 강까지 정복하고 통치했던 막강한 민족의 후예로서 투르크인이라는 고유의 적절한 이름으로 알려졌다. 판노니아 거류민은 페르시아 국경 지대에서 동부 투르크인들과 통상을 하며 친선 관계를 쌓았다. 분리된 지 350년이 지난 후 헝가리 왕의 전도사들이 볼가 강변 근방에서 자신들의 고대 왕국을 발견하고 찾아갔다. 그들은 아직도 헝가리인의 이름을 유지하고 있는 이교도 야만인들로부터 정성 어린 환대를 받았다. 그들은 모국어로 대화를 나누면서 오랫동안 잊고 지냈던 동포들의 전설을 상기하는 한편, 새로운 왕국과 종교에 대한 경이로운 이야기에 흥미롭게 귀를 기울였다. 그들은 같은

서기 884년, 투르크인 또는 헝가리인의 이주

12 뷔르츠부르크의 주교가 한 대수도원장에게 이런 견해를 제시했다. 그러나 그는 고그와 마고그는 교회의 영적인 박해자라고 판단했다. 고그는 지붕, 마고그는 지붕에서 나온 것, 그들 분파의 화산을 의미하기 때문이다. 그러나 한때는 이런 자들이 세상 사람들의 존경을 받던 것이다.

13 나는 두 명의 국민 작가, 프레이(George Pray)와 카토나(Stephen Katona)로부터 많은 도움을 받았다. 프레이는 많은 부분에서 불확실한 가설도 수용한다. 카토나는 학식과 판단력, 명쾌함으로 비판적인 역사가다운 면모를 보여 준다.

혈족이라는 이해관계에 힘입어 한층 더 열심히 전도하겠다는 열정을 불태웠다. 가장 위대한 군주들 중 한 사람은 타타르 중심부에서 동족 이민단을 끌어와 고적한 판노니아를 다시 채우겠다는 자비로운 계획을 세웠지만 실현시키지는 못했다. 그들은 전쟁과 이주의 흐름에 떠밀려, 혹은 더 먼 곳에서 온 부족들에게 밀려 본래 살던 나라에서 서쪽으로 내려와 피난민인 동시에 정복자가 되었다. 이성적으로 판단한 결과였는지 운이었는지 모르지만 그들의 진로는 로마 제국 국경을 향했다. 그들은 큰 강 유역을 따라 자리 잡은 거주지에서 발을 멈추었다. 모스크바, 키예프, 몰다비아 지역에서 그들이 일시적으로 거주한 흔적이 발견된다. 길고 다사다난한 여정에서 그들은 더 강한 부족의 지배를 늘 피하지는 못했다. 그들의 순수한 혈통은 다른 부족과 섞이면서 개선되기도 하고 오염되기도 했다. 카자르의 몇몇 부족이 강요에서였는지 선택에서였는지 모르지만 자기들의 옛 가신이었던 이들 휘하에 합류했다. 이들은 뛰어난 명성으로 전투의 선두에서 가장 영예로운 자리를 차지했다. 투르크인과 동맹 연합군은 인위적으로 일곱 개의 평등한 부대로 편성되어 행군했다. 각 부대는 3만 857명의 병사로 구성되었으므로 여자와 아이, 하인의 비율을 따져 보면 이민단의 규모는 적어도 백만 명으로 추정된다. 세습 족장인 일곱 명의 바이보드(vayvod)가 국정을 이끌었지만, 그들의 불화로 세력 약화를 겪은 후부터는 한 명이 이끄는 더 단순하면서 강력한 체제를 선호하게 되었다. 겸손한 레베디아스가 왕홀을 거부했으므로 출생과 업적을 따져 알무스와 아들 아르파드가 왕위를 받았다. 카자르 왕은 최고의 칸으로서 신민은 군주의 명령에 복종하고 군주는 신민의 행복과 영광을 위해 행동한다는 군주와 신민 간의 서약을 승인했다.

현대의 학문적 성과가 고대 민족의 시대에 대해 새롭고 더 넓은 시야를 열어주지 않았더라면 이 정도 서술로 만족해야 했을 것이다. 헝가리어는 슬라브어 방언 중에서도 홀로 고립되어 있지만 핀족 언어와는 명백한 유사성이 있다.[14] 그들은 과거에 아시아와 유럽 북부 지역을 지배했다가 사멸한 야만 종족이다. 우그리(Ugri) 또는 이고르(Igours)라는 진짜 호칭은 중국 서쪽 국경 지대에서 발견되었다.[15] 그들이 이르티시 강으로 이주한 사실을 타타르족의 증거 자료에서 확인할 수 있다. 시베리아 남쪽 지역에서 같은 이름과 언어가 발견되는 것으로 보아,[16] 핀족의 자취는 오비에서 라플란드 해안까지 희미하지만 광범위하게 산재해 있다.[17] 도나우 강의 포도주를 마음껏 즐기는 대담무쌍한 모험가와 북극의 눈 속에 묻혀 사는 비참한 피난민이 이루는 뚜렷한 대조를 보면, 헝가리인과 라플란드인처럼 같은 조상으로부터 나온 자손이라도 기후의 영향에 따라 얼마나 달라질 수 있는가를 알 수 있다. 비록 성공하지 못한 경우가 훨씬 더 많기는 했어도 정력 넘치는 심신에 천성적으로 타고난 무력과 자유는 헝가리인들의 삶을 이끄는 가장 강렬한 동기였다.[18] 라플란드인은 극도의 추위 때문에 키가 제대로 자라지 못했고 신체 기능도 위축되었다. 극지방의 부족들은 인류의 여러 자손들 가운데서도 유독 홀로 전쟁을 모르고 인간의 피에 대해서도 무감각하다. 이성과 미덕이 그들의 평화를 인도해 주기만 한다면 행복한 무지라고 해도 좋겠다.

　『전술론』을 저술한 황제의 관찰에 따르면[19] 스키타이 부족들은 유목 생활이나 군대 생활이나 서로 유사하며, 같은 수단으로 생계를 잇고 똑같은 무기를 쓴다. 그러나 그는 불가리아

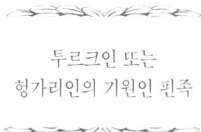
투르크인 또는 헝가리인의 기원인 핀족

[14] 피셔(Fischer)와 프레이는 헝가리어와 핀족 방언 비교표를 여러 개 작성했다. 두 언어는 놀랄 만큼 유사하지만 목록은 짧으며 단어도 의도적으로 선택한 것들이다. 바이어(Bayer)의 저서에서 읽은 바로는 헝가리어는 핀어에서 많은 단어를 받아들였지만 본질적으로는 다르다.

[15] 중국 지리학자들이 상세하고 확실하게 설명하고 있는 투르판 지역에서이다.

[16] 아이브스(Isbrand Ives)와 벨(Bell)은 베이징으로 여행하던 중 토볼스키 인근에서 보굴리츠를 발견했다. 어원학상의 잘못된 해석으로 인해 우구르(Ugur)와 보굴(Vogul)이 같은 이름이 되어버렸다. 주변 산은 실제로 우구르어 이름을 가지고 있으며 모든 핀 방언 중에서 보굴어는 헝가리어에 가장 가깝다.

[17] 핀족에 속하는 여덟 개 부족은 레브스크(M. Levesque)의 저작 속에 설명되어 있다.

[18] 헝가리인과 불가리아인에 대한 이와 같은 묘사는 주로 레오 6세의 『전술론』과 바로니우스, 파기, 무라토리의 라틴 연대기에서 가져왔다.

[19] 레오 6세는 투르크인의 정치 체제가 군주제이며 처벌이 매우 엄격하다는 사실에 주목했다. 노예가

서기 900년 등, 헝가리인과 불가리아인의 전술과 관습

죄를 지을 경우 처음에는 코를 잘리거나 5헤퍼의 벌금을 냈다. 두 번째는 귀를 잘리거나 같은 액수의 벌금을 물었다. 세 번째는 사형이다. 자유민의 경우에는 첫 번째 벌이 자유를 박탈당하는 것이기 때문에 네 번째에 가서 사형당했다.

인과 헝가리인 두 민족이 다른 야만족보다 우월하며, 거칠기는 하지만 규율과 정치 체제가 앞섰다는 점에서 서로 유사하다고 덧붙인다. 겉으로 보기에는 비슷했기 때문에 레오 6세는 하나는 우방이고 하나는 적인 이 두 민족을 혼동하여 같은 부류로 묶어 묘사했다. 그러나 이 묘사는 10세기 사가들의 붓을 빌려 더욱 생생해진다. 이 야만족은 본래 광포한 민족성을 타고난데다 자기들의 수적 우세와 자유를 의식하고 있었으므로, 군사적 재능으로 이룬 업적과 명성이 아니면 인류가 귀하게 여기는 그 어떤 것도 무가치하게 여기고 경멸했다. 헝가리인들은 가죽으로 천막을 만들고 모피로 옷을 해 입었다. 머리카락을 밀고 얼굴에는 상처를 냈다. 말은 느릿느릿 했지만 행동은 재빨랐고 조약 어기기를 밥 먹듯 했다. 그들은 야만인 전체에 해당되는 비난, 즉 너무나 무지해서 진실의 중요성을 모르고, 너무나 오만한 탓에 가장 엄숙한 맹약을 파기하고도 변명할 생각조차 않는다는 비난으로부터 자유롭지 못했다. 그들은 단순성 때문에 찬양을 받았지만, 사치를 전혀 알지 못했기 때문에 누리지 않았던 것뿐이다. 그들은 눈에 띄는 것은 무엇이나 탐냈으며 욕심이 끝이 없어서 폭력과 강탈을 일삼았다. 한 유목 민족을 정의하고자 그 사회 전반의 경제, 군사, 통치를 지금까지 길게 설명했다. 여기에 헝가리인은 사냥뿐 아니라 낚시로도 양식의 일부를 충당했다는 점, 토지 경작에는 거의 손을 대지 않았지만 적어도 새로운 정착지에서는 서툴게나마 조금씩 농사를 지었음에 틀림없다는 점도 언급해 두어야겠다. 그들은 이동할 때 또는 원정에 나설 때 신선한 젖과 고기를 계속 공급받기 위해 엄청난 먼지구름을 피우며 수천 마리의 양과 소 떼를 몰고 다녔다. 풍부한 마초(馬草)의 조달이야말로 장군이 가장 먼저 신경 써야 할 일이었다. 가축 떼가 목초를 뜯을 장소만 얻을 수 있다면 강건한 전사는 위험도, 피로도 아랑곳하지 않았다. 그들의 진영은 사람과 소 떼가 뒤섞여 소란스러웠으므로, 경무장한 기병대가 진영 주변에 넓게 원을 둘러쳐 적의 접근을 끊임없이 경계하고 막지 않으면 야습을 당하기 쉬웠다. 그들은 로마군의 전법에 대해 어느 정도 경험을 쌓은 후 칼과 창, 병사들의 투구, 말에 씌우는 철제 흉갑 등을 채택했다. 그러나 고유의 치명적인 무기는 타타르 활이었다. 타타르족은 아이와 노예까지도 아주 어릴 때부터 궁술과 말타기 훈련을 했다. 그들의 강인한 팔은 목표를 놓치는 법이 없었다. 그들은 전속력으로 질주하면서도 뒤돌아 화살 세례를 날렸다. 그들은 전투에서나, 매복에서나, 도주할 때나, 추격할 때나 한결같이 용감무쌍했다. 선봉에 선 전진 부대는 그럭저럭 질서를 갖춘 듯 보여도 돌격할 때는 성급한 병사들이 뒤에서부터 마구 앞으로 밀고 나가 엉망이 되었다. 그들은 말고삐를 늦추고 무시무시한 고함을 지르면서 앞뒤 돌아보지 않고 맹렬히 돌진했다. 진짜로든 눈속임으로든 공포에 질려 도망칠 때에도 마찬가지로, 불규칙한 속도와 갑작스러운 방향 전환으로 추격하는 적들의 기세를 꺾거나 물리쳤다. 그들은 파죽지세로 치달아 아직도 사라센인들과 데인족이 가한 타격에서 회복하지 못한 유럽을 경악에 빠뜨렸다. 그들은 자비를 구한 적이 없는 만큼 베푸는 일은 더더욱 없었으므로, 남자고 여자고 간에 동정심이라고는 털끝만큼도 없다는 비난을 받았다. 날고기를 즐기는 식성 때문에 그들이 살해당한 자들의 피를 마시고 심장으로 축제를 벌인다는 소문이 널리 퍼진 것일지도 모른다. 그러나 헝가리인이라고 모든 인간의 가슴속 깊이 숨은 본성인 정의와 인간애의 원칙에 전혀 무감각하지는 않았다. 공적으로나 사적으로 함부로 피해를 입히는 일은 법과 형벌로 제재를 당했다. 특별히 경비하지 않는 진영에서 도둑질은 가장 이기기 힘든 유혹인 만큼 무엇보다도 위험스러운 범죄로 다루어졌다. 이처럼 야만인 가운데에도 자발적인 덕행으로 법을 보완하고 행동을 바로잡았을 뿐 아니라 사회생활의 의무를 다하고 애정을 실천한 자들이 적지 않다.

서기 889년, 헝가리인들의 정착과 침략

승리와 패주를 거듭하는 긴 여정 끝에 투르크족 대군은 프랑크와 비잔티움 제국이 맞닿은 경계선까지 접근했다. 그들의 최초의 정복지이자 마지막 정착지는 비엔나 위쪽과 벨그라데 아래쪽에 걸친 도나우 강 양쪽, 즉 지금의 헝가리 왕국인 로마 제국의 판노니아 속주를 넘어서 뻗어 나갔다. 이 광대하고 비옥한 땅에는 모라비아인들이 드문드문 거주했으나 침략자에게 쫓겨 좁은 지역 안에 갇혀 있었다. 샤를마뉴는 이름뿐인 공허한 제국을 트란실바니아 끝까지 확장했다. 그러나 그의 적통(嫡統)이 끊어지자 모라비아 수장들은 동프랑크 왕에게 복종과 공물을 바치지 않게 되었다. 서자인 아르눌프는 이에 격분하여 투르크군을 끌어들였다. 투르크군은 그가 경솔하게 열어 준 실제의 또는 비유적인 의미의 벽을 넘어 돌진해 들어왔다. 이 게르만 왕이 그리스도교 사회와 교회를 배신한 자로

서기 900년 등

지탄받은 것도 당연했다. 헝가리인들은 아르눌프 생전에는 감사의 뜻에서인지 두려움 때문이었는지 나름대로 자제했으나, 어린 아들 루드비히가 왕위를 잇자 바바리아를 찾아내고 침략했다. 그들은 날래기로 유명한 스키타이인답게 단 하루에 50마일을 주파했다. 아우크스부르크 전투에서 낮의 제7시까지는 그리스도교도들이 우위를 지켰으나 도망가는 척한 투르크 기병대의 계략에 속아 넘어가 패배했다. 바바리아, 슈바벤, 프랑코니아 일대가 온통 불바다가 되었다. 헝가리인들의 등쌀에

아무리 담대한 영주라도 신하들의 기강을 잡고 성의 방어를 강화하지 않을 수 없었으므로 혼란은 가중되었다. 마을을 성벽으로 둘러싸는 관행은 이 재앙으로 어지럽던 시기로부터 유래한다. 이 적들은 성 갈(St. Gall)의 헬베티아 수도원과 북쪽 해안가의 브레멘 시를 거의 동시에 잿더미로 만들 정도였으니, 그렇게라도 하지 않았으면 아무리 멀리 떨어져 있어도 안전을 확신할 수 없었다. 게르만 제국 또는 왕국은 30년 이상이나 공물을 바치는 치욕을 감수해야 했다. 여자와 아이들을 포로로 끌어 가고 열 살 이상의 남자는 학살하겠다는 진지하고 강력한 위협 앞에서 저항은 애초에 불가능했다. 나는 라인 강 너머의 헝가리인들까지 추적할 힘도 그럴 뜻도 없다. 하지만 프랑스 남부 지역도 이 대혼란으로 타격을 입었고, 피레네 산맥 뒤쪽의 스페인도 이 무시무시한 이방인의 접근에 혼비백산했다는 놀라운 사실은 빠뜨릴 수 없다.[20] 그들은 이탈리아가 가까이 있다는 사실을 알고 초반에는 침략하고픈 유혹을 느꼈다. 그러나 새로 발견한 나라는 강성하고 인구도 많아 보였으므로 브렌타의 진영에서 주저하며 바라보기만 했다. 그들은 퇴각 허가를 청했으나 이탈리아 왕은 오만한 자세로 거부했다. 결국 왕의 경솔함과 고집의 대가로 2만 명의 그리스도교도가 목숨을 잃었다. 서방 세계의 도시들 중 파비아는 명성과 화려함에서 단연 돋보이는 존재였다. 그에 반해 로마가 내세울 것은 단지 사도의 유물이 있다는 점뿐이었다. 헝가리인들이 나타나자 파비아는 화염에 휩싸였고 마흔세 곳의 교회가 불타 없어졌다. 그들은 시민을 학살하고 연기가 피어오르는 폐허 속에서 금과 은을 모아 온 200여 명만 살려 주었다. 연례행사처럼 되풀

서기 900년

서기 924년

[20] 카토나는 아르파드, 졸탄, 톡수스 세 사람의 피비린내 나는 통치를 기술했다. 그는 부지런하게도 두 명은 원주민이고 한 명은 이방인이라는 것까지 밝혀냈다. 그러나 악행이라 해야 할지 영광이라 해야 할지 모를 행위에 브레멘의 파괴도 추가하겠다.

21 무라토리는 애국적인 관심에서 모데나의 위기와 자원을 조사했다. 시민들은 수호 성자인 성 게미니아누스에게 재난을 면하도록 중재해 달라고 탄원했다.

22 헝가리와 러시아의 모든 연대기에서는 그들이 콘스탄티노플을 포위했다느니 공격했다느니 또는 유린했다고 주장한다. 비잔티움 역사가들도 이를 거의 사실로 인정했다. 그러나 자기 민족에게 아무리 영광스러운 일이라 하더라도 비판적인 역사가들은 이를 의심하거나 부인한다. 그들의 회의주의는 칭찬할 만하다.

이되는 알프스에서 로마와 카푸아 근방까지의 급습에서 아직 살아남은 교회마다 공포에 찬 탄원의 기도 소리가 울려 퍼졌다. "오! 우리를 헝가리인의 화살에서 구해 주옵소서!" 그러나 성자들은 귀가 먹었거나 아니면 무정한 이들이었던 모양이다. 적군은 격류처럼 앞으로 밀고 나가 칼라브리아 끝에서야 비로소 멈추었다.21 그들은 모든 이탈리아 국민 개개인에 대한 몸값을 지불하겠다는 제안을 수락했다. 그리하여 투르크족 진영에 은 10부셸이 쌓였다. 그러나 거짓말로라도 폭력에 대항하는 것이 당연한 일이므로, 이탈리아인들은 사정(查定) 금액과 금속의 질로 도적들을 속여 넘겼다. 헝가리인들은 동로마 쪽에서는 그들의 무력에 뒤지지 않는 불가리아인들과 힘겨운 싸움을 벌였다. 불가리아인들은 신앙상의 이유로 이교도와 동맹 관계를 맺지 않고 위치상 비잔티움 제국의 방벽 역할을 해 왔으나, 이제 그 방벽은 무너졌다. 콘스탄티노플의 황제는 투르크의 휘날리는 깃발을 보았다. 그들 중 누구든 대담한 전사가 전투용 도끼로 금을 입힌 성문을 부술 것이 불 보듯 훤했다. 그러나 비잔티움 사람들은 술책과 재물로 공격을 피했다. 하지만 헝가리인들은 퇴각하면서 불가리아의 기백과 황제의 존엄에 공물을 부과했음을 자랑할 수 있었다.22 똑같은 전투라도 멀리까지 빠른 속도로 작전을 펼친 탓에 투르크군의 규모와 세력이 실제보다 과장되었던 것 같다. 그러나 300~400명 규모의 경무장한 기병대로 여러 차례 테살로니카와 콘스탄티노플 성문을 대담무쌍하게 습격한 점으로 보아 그들의 용기는 높이 사 줄 만하다. 이렇게 재난이 끊이지 않던 9세기와 10세기에 유럽은 북쪽, 동쪽, 남쪽의 삼면에서 시달렸다. 노르만인, 헝가리인, 사라센인이 같은 지역을 번갈아 짓밟기도 했다. 호메로스의 표현을 빌리자면 이 야만스러운 적들은 난도질당한 사슴의 시체를 놓고 으르렁대는 두 마리의 사자와 같았다.

독일과 그리스도교 세계는 색슨족 군주인 새 사냥꾼 왕 하인리히와 오토 대제가 두 차례의 기념비적인 전투에서 헝가리 군대를 대파함으로써 구원되었다.23 용맹스러운 하인리히는 조국이 침략당하자 병석에서 몸을 일으켰으며 그의 강인한 정신은 흔들림 없는 평정 상태를 유지했다. 그는 전투 당일 아침 이렇게 말했다. "나의 전우들이여, 자기 대열을 지키고 이교도의 첫 번째 화살을 방패로 막아 낸 다음, 재빨리 창을 던져 두 번째 공격을 차단하라." 병사들은 그의 명령에 따라 승리를 거두었다. 메르제부르크 성에 있는 역사적인 그림은 무지가 판치는 시대에도 정교한 예술로 자신의 이름을 영원히 남긴 하인리히의 용모까지는 아니라도, 적어도 성격을 보여 준다. 20년 후, 그의 칼에 쓰러졌던 투르크군의 자식들이 아들의 제국을 침공했다. 그들의 병력은 아무리 적게 잡아도 기병만 10만에 달했다. 그들을 끌어들인 것은 국내의 파벌이었으니 독일의 성문은 배신자들의 손으로 활짝 열린 것이다. 그들은 라인 강과 뫼즈 강을 넘어 플랑드르 중심부까지 진입했다. 그러나 오토 대제는 활력과 신중함으로 음모를 물리쳤다. 제후들도 계속 서로를 속이려 하다가는 종교와 조국을 영영 잃을지 모른다는 사실을 서서히 깨닫고 병력을 아우크스부르크 평원에 총집결시켰다. 그들은 지역과 부족에 따라 여덟 개 군단으로 편성되어 진군과 전투에 임했다. 첫 번째, 두 번째, 세 번째 군단은 바바리아인들로 구성되었고, 네 번째는 프랑코니아인, 다섯 번째는 군주가 직접 지휘를 맡은 색슨족, 여섯 번째와 일곱 번째는 슈바벤인, 여덟 번째는 1000명의 보헤미아인들로 구성되어

서기 934년, 하인리히의 승리

서기 955년, 오토 대제의 승리

23 카토나가 이에 대해 상세히, 비판적으로 논했다. 라우트프란드는 전자에 대한 최고의 증거이며, 위디킨드는 후자에 대해서 그렇다. 그러나 비판적인 역사가라면 야즈베린에 보존되어 있다고 전해지는 전사의 뿔을 간과해서는 안 될 것이다.

24 그리스도의 창에 대한 증거는 리우트프란드와 지게베르트, 그리고 성 게라드의 행동에서 얻을 수 있다.

대군의 후위를 방어했다. 그들의 규율과 용맹은 미신을 교묘하게 이용함으로써 한층 더 강화되었다. 이런 경우라면 미신도 나름대로 유익하다 하겠다. 병사들은 단식으로 몸을 정화하고 성자와 순교자의 유물로 진영을 축복했다. 그리스도교의 영웅은 옆구리에 콘스탄티누스의 칼을 차고, 샤를마뉴의 창을 손에 들고, 테베 군단의 대장이었던 성 모리스의 기를 휘날렸다. 그러나 그가 무엇보다도 굳게 믿고 의지한 것은 성스러운 창이었다.24 십자가의 못으로 창끝을 만들었다는 이 창은 그의 아버지가 부르군트 왕을 전쟁으로 위협해 속주 하나를 넘겨받으면서 빼앗았던 것이다. 그들은 정면 공격을 예상했으나, 헝가리군은 도나우 강으로 흘러드는 바바리아의 강인 레흐 강을 몰래 건너 그리스도교 군대의 후방으로 접근하여, 물자를 약탈하고 보헤미아와 슈바벤 군단을 혼란에 빠뜨렸다. 프랑코니아인들의 반격으로 전세를 회복했으나, 용맹스러운 콘라드가 잠시 휴식을 취하던 중 화살을 맞았다. 색슨족은 왕의 지휘 아래 싸웠다. 그들의 승리는 업적으로 보나 중요도로 보나 지난 200년간 거둔 모든 승리를 능가했다. 헝가리군은 전투보다도 패주 과정에서 훨씬 더 큰 피해를 입었다. 그들은 바바리아의 여러 강에서 포위당했고, 자신들이 과거에 저지른 잔혹한 행위에 비추어 볼 때 자비를 얻을 희망도 전혀 없었다. 세 명의 부장이 포로가 되어 라티스본에서 교수형을 당했고, 셀 수 없이 많은 포로가 살육당하거나 불구가 되었으며, 고향으로 겨우 되돌아간 패잔병들은 죽을 때까지 가난과 치욕 속에서 살아야 했다. 기세가 꺾인 헝가리인들은 헝가리에 접근할 수 있는 통로마다 해자와 방벽을 설치해 방어를 강화했다. 그들은 역경을 겪고 나서 온건해지고 평화를 받아들이게 되었으므로 서방 세계를 약

서기 972년

탈하던 자들도 정착 생활을 수용했다. 다음 세대는 비옥한 토지에서 생산을 늘리고 교역을 함으로써 더 강성해질 수 있다는 현명한 군주의 가르침을 따랐다. 투르크나 핀족의 피를 이어받은 본래 종족은 스키타이나 슬라브족 출신인 새로운 이주민과 섞였다. 수천 명의 강인하고 근면한 포로가 유럽 각지에서 수입되었다. 가이자는 바바리아 공주와 혼례를 올린 후 독일 귀족들에게 작위와 영지를 내렸다.[25] 가이자의 아들이 왕위를 이어받은 이래 아르파드 왕가가 300년간 헝가리 왕국을 통치했다. 그러나 자유인의 기상을 타고난 야만인들은 휘황찬란한 왕관에도 현혹되지 않았으므로, 나라를 물려받을 자를 선택하거나 끌어내려 벌줄 불가침의 권리를 주장했다.

(3) 러시아인이라는 명칭은[26] 9세기경 동로마 황제 테오필루스가 샤를마뉴의 아들 루드비히에게 보낸 사절을 통해 처음으로 알려졌다. 이때 비잔티움 사절은 러시아인 대공을 대동하고 왔다. 그들은 콘스탄티노플까지 오는 길에 적대 관계에 있는 부족들의 땅을 숱하게 통과해야 했으므로, 돌아갈 때는 그런 위험을 피할 수 있도록 고국까지 바닷길로 보내 달라고 프랑크 왕에게 청했다. 그들의 출신을 꼼꼼히 조사한 결과 프랑크인에게는 이미 증오와 공포의 대상인 스웨덴인과 노르만인의 동족임이 밝혀졌다. 그러니 이 러시아에서 온 이방인들이 평화의 전령이 아니라 전쟁의 사자라는 우려가 나올 법도 했다. 비잔티움 사절단은 귀국했지만 러시아인들은 구금되었다. 루드비히는 양국의 이해관계에 따라 환대할지 신중한 조치를 취할지 결정하려면 좀 더 만족할 만한 설명이 있어야겠다고 생각했다. 그들의 국가 연대기뿐 아니라[27] 북방 제국 전반의 역

러시아 군주국의 기원

서기 839년

[25] 카토나는 늘 그렇듯 부지런하게 이 이민단의 정확한 규모를 산출했으나, 이는 이탈리아의 라자누스가 상당히 막연하게 과장한 것이다.

[26] 나는 러시아 연구에 일생을 바친 독일인 학자 바이어(Theophilus Sigefrid Bayer)가 쓴 『러시아의 기원』을 흥미롭게 읽고 많은 것을 얻었다. 당빌(d'Anville)의 지리서인 『러시아 제국과 그 기원, 그리고 제국의 팽창』도 많은 도움이 되었다.

[27] 이 연대기에 대한 나의 지식은 레베스크의 『러시아 역사』에서 얻은 것이다. 이 고대 연대기 작가들 중 최초의 인물이자 최고의 인물인 네스토르(Nestor)는 키예프의 수도사로 12세기 초 사망했다.

사를 통해서도 러시아인, 적어도 그 군주들은 스칸디나비아 혈통임이 확인되었다. 그렇게도 긴 세월 두터운 암흑의 장막 속에 숨어 있던 노르만인이 정복 사업의 야심에 불타 육지와 바다에서 갑자기 뛰쳐나온 것이다. 덴마크, 스웨덴, 노르웨이의 광대한 인구 밀집 지역에는 나른한 평화에 한숨짓고 단말마의 고통을 즐기는 독립심 강한 족장과 혈기 왕성한 모험가들이 득시글거렸다. 스칸디나비아의 젊은이에게는 해적질이 훈련이며 생업이고, 영광이자 미덕이었다. 그들은 황량한 기후와 좁은 땅덩어리를 참지 못하고 무기를 들고 일어나, 뿔피리를 불며 배에 올라 전리품이나 정착지를 얻을 해안이라면 어디로든 떠났다. 그들이 해상에서 위업을 세운 최초의 무대는 발트 해였다. 그들은 핀족과 슬라브족이 사는 동쪽 해안 지대를 침략했다. 라도가 호수의 원시적인 러시아인은 이 이방인들에게 흰 다람쥐 털을 공물로 바치고, 바랑인, 다른 이름으로는 코르사르인이라는 칭호로 맞이했다. 그들은 탁월한 무력, 군율, 명성으로 원주민에게 공포와 경외의 대상이 되었다. 바랑인들은 더 내륙에 사는 야만인들과 전쟁을 벌이면서 우방이자 원군으로서 봉사했다. 그러나 서서히 원주민의 요청을 받아들여, 혹은 스스로 정복함으로써 자기들이 보호할 만한 부족을 지배하게 되었다. 스칸디나비아의 한 수장이던 류리크는 폭정 때문에 축출당했으나 용맹 때문에 다시 부름을 받은 끝에, 마침내 왕조를 세워 700년 이상 통치했다. 그의 형제들이 힘을 합해 세력을 확대했고, 동료들도 그의 예를 본받아 봉사를 바치다가 침략하는 식으로 러시아 남부 지역을 손에 넣었다. 전쟁과 암살을 주된 수단으로 하여 세워진 그들의 체제는 강력한 군주제로 확고해졌다.

서기 862년

류리크의 후예는 그들이 이방인이자 정복자로 여겨지던 시대에는 바랑인의 검을 빌려 지배하면서 충성스러운 부장들에게 봉토와 백성을 분배해 주는 한편, 발트 해에서 온 새로운 모험가들을 계속 받아들여 자기들 무리를 충원했다. 그러나 스칸디나비아의 수장들은 그 지역에 깊이 뿌리를 내리고 자리 잡게 되자 러시아인의 혈통과 종교, 언어를 수용했다. 블라디미르 1세는 이 외국 용병으로부터 나라를 구하는 업적을 세웠다. 블라디미르는 용병들 덕에 왕위에 앉았으나 자신의 재물로는 그들의 요구를 다 들어줄 수가 없었다. 용병들은 더 감사할 줄 아는 주인보다는 더 부유한 주인을 찾으라는 왕의 달콤한 충고를 받아들여, 봉사한 대가로 다람쥐 가죽이 아니라 금과 은을 줄 비잔티움을 향해 돛을 올렸다. 이와 동시에 러시아 군주는 비잔티움의 동맹에게 이 물불 안 가리는 북방의 자손을 분산시켜 고용하고, 보수를 주되 잘 통제하라는 충고를 전했다. 동시대 사가들은 바랑인의 유래, 이름, 특징을 기록으로 남겼다. 그들은 날이 갈수록 신뢰와 존경을 받았으며 콘스탄티노플에 전군을 집결시켜 수비대의 임무를 수행했다. 그들은 툴레 섬에서 모은 수많은 동포로 전력을 충원했다. 여기서 툴레라는 애매한 명칭은 잉글랜드를 가리킨다. 새로운 바랑인은 노르만 정복자의 멍에에서 탈출한 잉글랜드인과 데인인 이주민이었다. 순례와 해적질이 관행화되면서 지구상의 각 나라들의 거리가 가까워졌으므로, 이 도망자들은 비잔티움 궁정으로부터 환대를 받았다. 그들은 제국의 마지막 시기까지 대대로 한결같은 충성을 바치면서 데인어나 영어를 썼다. 그들은 어깨에 폭이 넓은 전투용 양날 도끼를 메고 비잔티움 황제가 성당에 갈 때나, 원로원에 갈 때나, 대경기장에 갈 때 곁을 지켰으며, 황제

콘스탄티노플의 바랑인

28 뒤캉주는 원저자들의 글에서 콘스탄티노플에 있는 바랑인들의 상황에 관한 부분들을 발췌 수집했다. 그라마티쿠스는 그들이 데인어를 썼다고 주장한다. 그러나 코디누스는 15세기까지는 영어를 썼다고 주장한다.

29 이런 오만한 속담도 있다. "신과 위대한 노브고로드에 대항할 자가 그 누구인가?" 이 말은 레베스크가 류리크가 지배하기 이전 시대에 대해서까지도 썼다. 그는 역사를 서술하면서 여러 차례 이 공화국을 찬양하는데, 이곳은 1475년에 멸망했다. 여행가인 올레아리우스는 노브고로드의 잔해에 대해 묘사했다.

는 그들의 충성스러운 경호 아래 단잠을 자고 축연을 즐겼다. 궁정과 국고, 수도의 열쇠가 바랑인들의 강인하고 충성스러운 손에 있었다.28

서기 950년, 러시아의 지리와 교역

10세기, 스키타이는 고대인의 지리상의 지식 범위를 넘어서 확대되었다. 러시아인의 왕조는 콘스탄티누스의 지도에서도 눈에 확 띄는 넓은 자리를 차지하게 되었다. 류리크의 자손은 광활한 블라디미르 지역의 주인이 되었다. 그들은 동쪽으로는 유목민에게 가로막혀 있었지만, 그 머나먼 시대에 이미 서쪽 국경선을 발트 해와 프러시아인의 나라까지 확장했다. 북으로는 위도 60도, 즉 괴물이 살거나 영원한 암흑으로 덮여 있다고 상상한 극북 지역까지 올라갔고, 남으로는 보리스테네스 강의 물길을 따라 흑해 부근까지 근접했다. 이 광대한 지역 내에 거주하는 부족들은 같은 정복자 밑에서 서서히 하나의 나라로 정착되어 갔다. 러시아어는 슬라브어 계통에 속한다. 그러나 10세기에 이 두 언어는 서로 완전히 달랐다. 슬라브인은 주로 남쪽에 퍼져 있었으므로, 바랑인 족장의 백성이었던 북쪽의 원래 러시아인은 핀족의 일부로 짐작된다. 유랑 민족들이 이주와 통합, 해체를 거듭하면서 스키타이 사막의 판도도 끊임없이 바뀌었다. 그러나 가장 오래된 러시아 지도를 보면 아직까지도 본래 이름과 위치를 유지하는 곳을 몇 군데 발견할 수 있다. 두 개의 수도 노브고로드와29 키예프는 왕조가 처음 시작되었을 때부터 존재했다. 노브고로드는 아직 '위대한'이라는 수식어가 붙을 정도는 못 되었고, 부와 자유의 원칙을 확산시킨 한자 동맹의 일원이 되지도 못했다. 키예프가 300개의 교회며 엄청난 인구 등 장려함과 호화로움을 자랑하며 황제의 도시를 한 번도 보지 못한 자들의 입으로 콘스탄티노플과 비교될 만큼 발전한 것도 훗날의 일이었다. 본래 두 도시는 야만족이 전쟁이나 통상을 위해 모이기에 제일 편리한 위치에 세운 군영 또는 시장 정도에 불과했다. 새로운 품종의 소가 남쪽 지방에서 수입되기도 하고 발트 해부터 흑해까지, 오데르 강 하구에서 콘스탄티노플 항까지 활발하게 교역이 이루어졌다. 우상 숭배와 야만이 판치던 시대에 율린이라는 슬라브족의 도시는 현명하게도 구매와 교환을 위한 자유 시장을 보호해 온 노르만인들이 자주 방문하면서 부유해졌다. 해적이나 상인들은 오데르 강 하구에 있는 이 항구에서 발트해 동쪽 해안까지 43일간 항해해 와서, 아주 멀리 떨어진 지역의 민족과도 교류할 수 있었다. 그리하여 성스러운 쿠를란드 관목 숲이 그리스와 스페인의 금으로 장식되었다고 전해진다.[30] 바다와 노브고로드 사이에서 여름에는 만과 호수, 항해할 수 있는 강을 지나고, 겨울이 되면 끝없이 쌓인 눈이 딱딱하게 언 땅 위를 건너서 갈 수 있는 편리한 통행로가 발견되었다. 러시아인은 그 도시 부근에서 보리스테네스 강을 따라 내려왔는데, 통나무를 파서 만든 카누에 노예와 온갖 종류의 모피, 벌꿀, 가죽 따위를 실었다. 북방의 산물은 모두 키예프의 창고에 모였다가 다른 지역으로 운반되어 나갔다. 보통 선단이 출항하는 때는 6월이었다. 카누를 만들었던 통나무로 더 크고 견고한 배의 노와 의자를 만들었다. 그들은 강바닥을 가로질러 폭포를 이루는 일곱 개 내지 열세 군데의 암반 지대까지는 수월하게 보리스테네스 강을 따라 전진했다. 얕은 폭포를 만나면 배의 짐을 더는 것으로 충분했다. 그러나 더 높은 폭포는 통과할 수 없었으므로 선원들은 6마일 가까이 배와 노예를 끌고 고달픈 여행을 해야 했는데, 그 과정에서 사막의 도적 떼를 만나기도 했다.[31] 러시아인은 폭포 아래 첫 번째 섬에서 무사히 빠져나온 것을 축하했다. 강어귀 부

[30] 브레멘의 아담의 말에 따르면 옛 쿠를란드는 해안가를 따라 8일이 소요되는 거리였다고 한다. 튜토부르기쿠스는 메멜을 러시아, 쿠를란드, 프러시아의 국경이 맞닿은 지역으로 본다. 러시아인은 개종하기 전부터 그리스어 이름을 썼다. 그들은 개종 후에도 여전히 쿠를란드의 마법사들을 찾아가곤 했으므로 불완전한 개종이라 할 수 있다.

[31] 콘스탄티누스만이 폭포를 일곱 개로 계산하고 러시아어와 슬라브어로 이름을 붙였다. 그러나 보리스테네스 강의 물길을 조사한 프랑스 공학자인 보플랑(Sieur de Beauplan)의 계산으로는 열세 개다. 그러나 불행히도 내가 가진 책에는 지도가 빠져 있다.

32 러시아인은 드니에프르 또는 보리스테네스 강에서 흑불가리아, 카자리아, 시리아로 갔다. 시리아까지 어떻게? 어디에서? 언제? 수리아(Συρία)가 아니라 수아니아(Συανια)라고 읽어야 하지 않을까? 살짝 바꾼 정도지만 수아니아의 위치를 카자리아와 라지카 사이로 보면 딱 맞아떨어진다. 그 이름은 11세기에도 여전히 사용되었다.

33 보플랑은 생생한 묘사와 정확한 개요를 전한다. 무기만 제외하면 옛 러시아인을 오늘날의 코사크인으로 읽어도 무리가 없을 것이다.

근의 두 번째 섬에 닿으면 흑해까지의 더 길고 위험한 여행을 위해 망가진 배를 수리했다. 해안을 따라 항해하면 도나우 강으로 진입할 수 있었고, 순풍을 타고 36시간 내지 40시간이면 아나톨리아 반대쪽 해안에 닿을 수 있었다. 콘스탄티노플은 해마다 북방에서 온 이방인들의 방문을 받았다. 그들은 해마다 같은 철에 와서 곡물, 포도주, 기름 등 비잔티움의 특산품과 인도의 향료를 배에 가득 싣고 돌아갔다. 일부는 수도와 속주에 아예 정착하기도 했다. 러시아 상인들은 국가 간의 조약으로 신변과 특권을 보호받았다.32

콘스탄티노플에 대한
러시아인들의 해상 원정

그러나 모든 민족의 이익을 위해 시작된 교류가 곧 피해를 가져오는 쪽으로 악용되었다. 190년간 러시아인은 네 차례나 콘스탄티노플의 재보를 약탈하려 시도했다. 각 해상 원정의 양상은 달랐지만 동기와 수단, 목적은 동일했다. 러시아 상인들은 황제의 장려한 도시를 목격하고 사치를 맛보았다. 귀에 들려오는 이야기는 벌어진 입을 다물지 못할 지경이었지만 실제로 손에 들어온 것은 보잘것없었으므로, 야만스러운 민족의 욕망은 한껏 부풀어 올랐다. 그들은 자신들의 척박한 기후에서는 얻을 수 없는 자연의 선물이 탐났으며, 게을러서 모방할 주제도 안 되고 그렇다고 살 돈도 없으면서 예술 작품은 갖고 싶었다. 급기야 바랑인 수장들은 해적선의 깃발을 올리고 대양 북쪽 섬에 사는 용감무쌍한 병사들을 불러들였다. 그들의 무장한 모습은 지난 세기(17세기)에 똑같은 목적을 가지고 보리스테네스 강을 출발해 같은 바다를 항해했던 코사크족의 함대에서 재현되었다.33 1인용 통나무배를 뜻하는 그리스식 명칭인 모노크실라는 그들의 배에도 해당된다. 그 배는 너도밤나무나 버드나무의 긴 몸통 속을 파내어 만들었지만, 좁은 몸통을 기반으로 양쪽에 긴 널빤지를 높이 이어 붙여 길이 60피트, 높이 12피트에 이른다. 이 배들은 갑판은 없지만 두 개의 키와 돛대가 있었고 돛과 노로 움직였으며, 선원 40명에서 최대 70명과 함께 식수와 소금에 절인 생선 등 양식을 실었다. 러시아인들은 200척의 배를 이끌고 첫 번째 원정에 나섰지만, 국가의 병력을 총동원하면 콘스탄티노플에 맞서 1000~1200척까지 무장시킬 수 있었다. 그들의 함대가 황제의 해군인 아가멤논에도 견줄 만한 규모이기는 했지만, 공포에 질린 자들의 눈에는 실제보다 열 배, 아니 열다섯 배는 더 강하고 수도 많아 보였다. 비잔티움 황제들이 사태를 분별하는 통찰력과 재앙을 예방하는 활력을 지녔더라면 해군을 동원해 보리스테네스 강 하구를 봉쇄했을 것이다. 나태한 황제들은 600년이 흐른 후 또다시 아나톨리아 해안이 해적의 침략에 휩쓸리도록 내버려 두었다. 수도만 안전하면 멀리 떨어진 속주야 어떤 고통을 겪든 군주도 역사가도 눈 하나 깜짝하지 않았다. 러시아인은 파시스 강과 트레비존드를 휩쓸고 마침내 트라키아의 보스포루스를 덮쳤다. 이 폭 15마일의 해협이야말로 조금만 더 잘 대처했더라면 조잡한 러시아 선단을 저지하거나 파괴할 수 있는 곳이었다. 키예프 군주는 최초의 원정에서[34] 아무런 저항에도 부딪히지 않고 테오필루스의 아들인 미카엘 황제가 자리를 비운 틈을 타 콘스탄티노플 항을 점령했다. 황제는 온갖 위험을 헤치고 궁전에 도착하자마자 즉시 성 처녀 교회로 달려갔다. 그는 대주교의 충고에 따라 귀중한 유물인 성 처녀의 의복을 성소에서 끌어내 바다에 적셨다. 이때 마침 거친 폭풍우가 일어나 러시아인들이 후퇴 결정을 내리자 비잔티움 사람들은 이를 성모의 권능 덕으로 돌렸다. 류리크의 아들들의 후견인인 올레그의 두 번째 침공은 비

서기 865년, 1차 원정

[34] 바이어는 실타래처럼 복잡하게 모인 연대기를 정리한 다음, 이 시기를 레베스크의 역사서 서두의 의문과 난점을 해결해 줄 수 있는 해인 서기 864년이나 865년으로 본다.

　　　　　　　　　잔티움 측이 그에 대해 침묵을 지킨 점으
　　서기 904년,　　로 미루어 진위 여부, 아니면 적어도 중
　　 2차 원정　　　요성이 의심스럽다. 보스포루스는 강력
　　　　　　　　한 군대와 성채가 방어하고 있었다. 그래서 러시아인들은 흔히
쓰는 방법대로 배를 끌고 지협을 건너 방어벽을 피했다. 러시
아인의 연대기는 이 단순한 작전을 러시아 함대가 힘찬 순풍을
　　　　　　　　　타고 마른 땅 위를 항해하듯 달렸다고 묘
　　서기 941년,　　사한다. 세 번째 원정의 지도자였던 류리
　　 3차 원정　　　크의 아들 이고르는 제국의 해군력이 사
　　　　　　　　라센인과의 싸움에 총동원되어 가장 약해진 틈을 노렸다. 그러
나 용기만 있다면 방어할 수단이 부족하지는 않았다. 열다섯
척의 갤리선이 망가지고 낡았을망정 대담하게 적에 맞섰다. 그
러나 보통 하는 식으로 뱃머리에 그리스식 화포 1문을 설치하
는 대신, 배마다 측면과 고물에 엄청난 양의 액체 화약을 실었
다. 사수들은 최고로 숙련되어 있었고 날씨도 안성맞춤이었다.
타 죽느니 빠져 죽는 쪽을 택한 러시아인 수천 명이 바다에 몸
을 던졌다. 트라키아 해변으로 간신히 탈출한 자들은 농부와
병사들의 손에 끔찍하게 살육당했다. 그러나 배 중 3분의 1은
수심이 얕은 지역으로 탈출했다. 다음 해 봄부터 이고르는 불
　　　　　　　　　명예를 설욕하고 원수를 갚을 준비에 착
　　서기 1043년,　 수했다. 오랫동안 평화로운 시기를 보낸
　　 4차 원정　　　후 이고르의 증손자인 야로슬라프는 다
　　　　　　　　시 똑같은 해상 침략 계획을 세웠으나, 그의 아들이 지휘한
함대는 똑같은 화약으로 보스포루스 하구에서 격퇴당했다.
그러나 비잔티움의 선두 부대는 성급하게 추격하다가 압도적
으로 많은 배와 적에게 포위되었다. 화약도 거의 다 써 버린
후였으므로 스물네 척의 갤리선은 포획되거나, 침몰하거나,

파괴당했다.

그러나 러시아인과의 전쟁 위기나 참화를 무력으로 막기보다는 조약으로 피한 경우가 더 많았다. 그들과의 해전에서는 비잔티움이 절대적으로 불리했다. 야만스러운 적에게 자비심 따위는 손톱만큼도 없었으며, 가난한 자들이라 전리품도 기대할 수 없었다. 그들의 은거지는 뚫고 들어갈 수 없는 곳이었으므로 정복자로서는 복수할 희망도 없었다. 제국은 약해진 주제에 자만심만 남아 야만족과 교류해 봤자 얻을 것도 잃을 것도 없다는 의견에 만족했다. 처음에 그들은 함대의 병사나 선원 한 명당 금 3파운드라는 받아들이기 힘든 요구를 내놓았다. 이 러시아 젊은이가 원하는 것은 정복과 영광뿐이었다. 그러나 현명한 노인들은 절제를 권고했다.

협상과 예언

35 안티오크에서 가져와 라틴인이 녹였다는 이 청동 조각상은 여호수아나 벨레로폰 둘 중 하나의 모습을 본뜬 것으로 추정되었다. 코니아테스, 코디누스, 그리고 1100년경 살았던 한 인물이 이러한 예언에 대한 믿음을 증언했다. 나머지는 중요하지 않다.

> 황제의 관대한 제안에 만족하십시오. 전투를 치르지 않고 금은, 비단을 비롯해 우리가 원하는 바를 모두 얻는 편이 훨씬 낫지 않습니까? 우리의 승리를 확신할 수 있습니까? 바다를 상대로 협정을 맺을 수 있겠습니까? 우리는 육지를 밟고 서 있는 것이 아닙니다. 우리는 모두 머리 위에 죽음을 이고 바다의 심연 위를 떠다니고 있습니다.

북극에서 내려왔다는 이 함대의 기억은 황제의 도시에 깊은 공포를 심어 주었다. 지위 고하를 막론하고 속된 자들은 말세가 오면 러시아인이 콘스탄티노플의 주인이 되리라는 예언이 타르수스 광장의 기마상에 은밀히 새겨져 있다는 뜬소문을 진지하게 퍼뜨리고 다녔다.[35] 요즘은 러시아 군대가 보리스테네스에서 출항하는 대신 유럽 대륙을 일주하여 우회한다. 그래서

36 스뱌토슬라프의 일생은 레베스크가 쓴 러시아 연대기에서 발췌했다.

37 『일리아드』 9권에 나오는 아킬레스의 식사에 대한 상세한 묘사에서 이와 비슷한 내용을 발견할 수 있다. 오늘날의 서사 시인이 이런 묘사를 했다면 자기 작품의 품위를 떨어뜨리고 독자들의 비위를 거슬렀을 것이다. 그러나 그리스의 서사시는 조화로우며 사어(死語)라서 천박해 보이지도 실감나게 다가오지도 않는다. 2700년의 세월을 둔 지금으로서는 고대의 원시적인 풍습에 재미를 느낄 따름이다.

터키의 수도가 강력한 대규모 전투선 함대의 위협을 받게 된 것이다. 그 배 중 한 척만 있어도 해전에 대한 지식과 엄청난 양의 화력으로 조상이 타고 다니던 카누 백 대쯤은 침몰시키거나 흩어 버릴 수 있을 것이다. 지금 세대는 명료한 내용에 날짜도 확실히 못 박아 둔 희대의 예언이 성취되는 모습을 보게 될지도 모른다.

서기 955~973년, 스뱌토슬라프의 통치

러시아인들은 육지에서는 바다에서만큼 힘을 쓰지 못했다. 그들은 대개 보병으로 싸웠으므로 무질서한 군대는 대규모 스키타이 기병대에 패하는 일이 비일비재했다. 그러나 러시아인 마을이 비록 작고 엉성하긴 해도 점점 커지면서 동포들에게는 피난처가, 적에게는 장벽이 되었다. 키예프의 군주는 국토 분할 이후 북방 지역을 지배했다. 볼가 강에서 도나우 강까지 여러 민족은 류리크의 아들인 올레그, 그의 아들 이고르, 이고르의 아들인 스뱌토슬라프[36]의 무력에 굴복하거나 쫓겨났다. 그는 거친 군대 생활을 통해 강인한 심신을 무쇠처럼 단련했다. 스뱌토슬라프는 곰 가죽으로 몸을 감싸고 말안장을 베개 삼아 땅 위에서 잠자곤 했다. 그는 먹는 음식도 거칠고 소박해서 호메로스의 영웅들처럼[37] 고기를(주로 말고기) 석탄에 구워 먹었다. 실전을 거치면서 그의 군대는 안정되고 규율이 잡혀 갔다. 대장이 누리는 것 이상의 사치를 감히 누릴 병사는 아무도 없었다. 그는 비잔티움 황제 니케포루스가 보낸 사절의 설득을 받아들여 불가리아 정복에 나서기로 했다. 원정 비용의 부담 또는 노고에 대한 보상 명목으로 그의 발치에 금 1500파운드의 선물이 놓였다. 6만 명에 달하는 병력이 구성되어 출항했다. 그들은 보리스테네스 강에서 도나우 강까지 항해하여 모에시아 강 연안에 상륙했다. 격렬한 접전 끝에 러시아인들의 검이 불가리아 기병대의 화살 공격을 꺾었다. 패배한 왕은 죽음을 맞았고 자식들은 포로가 되었다. 하이무스 산맥까지 뻗어나갔던 그의 영토는 북쪽에서 온 침략자들에게 정복당하고 유린당했다. 그러나 바랑인 군주는 먹잇감을 놓아주고 약속을 실행에 옮기는 대신 퇴각이 아니라 전진하는 쪽을 택했다. 그의 야심이 성공했더라면 제국의 본거지가 더 온화하고 비옥한 지대로 일찍 옮겨졌을 것이다. 스뱌토슬라프는 이제 손에 넣은 새로운 거점에서 교환이나 약탈로 지상의 온갖 산물을 끌어모을 수 있는 이점을 누리게 되었다. 그는 편한 뱃길로 러시아에서 모피와 밀랍, 벌꿀 술 등 갖은 특산품을 가져올 수 있었다. 헝가리에서는 말과 서방의 전리품을 들여왔다. 비잔티움에는 그가 가난하던 시절 애써 경멸하는 척했던 금과 은을 비롯해 외국의 사치품이 넘쳐났다. 파치나크인, 카자르인, 투르크인은 전승군의 휘하에 모여들었다. 니케포루스의 사절은 자기 임무를 버리고 왕을 참칭하고 나서서 새로운 동맹과 동방 세계의 재물을 나누어 갖기로 약속했다. 러시아 군주는 도나우 강변에서 하드리아노폴리스까지 행군했다. 스뱌토슬라프는 로마 속주에서 철수하라는 공식 명령에 코웃음을 치고는, 공격적인 태도로 콘스탄티누스에게 곧 적이자 주인을 맞이하게 될 것이라는 답변을 보냈다.

니케포루스는 더 이상 자신이 끌어들인 재앙을 격퇴할 수가 없었다. 그러나 체구는 작아도 영웅의 기상과 재능을 갖춘 요하네스 치미스케스가 그의 제위와 아내를 물려받았다. 그의 부하들이 거둔 첫 번째 승리로 러시아인들은 외국 동맹군을 잃었다. 그들 중 2만여 명은 살해당하거나 반란을 일으키거나 탈영했다. 트라키아는 해방되었지만 아직도 7만 명의 야만인

서기 970~973년, 요하네스 치미스케스에게 패배한 스뱌토슬라프

이 무장을 풀지 않고 있었다. 시리아 정복을 위해 소환되었던 군단은 봄이 돌아오자 불가리아의 벗으로서 복수를 공언하는 호전적인 군주의 깃발 아래 진군을 준비했다. 지키는 이 하나 없이 방치되어 있던 하이무스 산맥의 통로들은 순식간에 적의 손에 넘어갔다. 동로마의 선두 부대는 '불사신'이라는 이름(페르시아식을 따라함.)의 부대로 구성되었다. 황제는 1만 500명의 보병으로 이루어진 주력 부대를 지휘했다. 나머지 병력은 짐과 무기를 가지고 천천히 조심스럽게 뒤를 따랐다. 치미스케스는 첫 번째 원정에서 마르키아노폴리스(다른 이름으로는 페리스틀라바)를 불과 이틀 만에 정복했다. 병사들은 전투 개시를 알리는 나팔 소리가 울리자 성벽을 기어올라 8500명의 러시아 병사들을 쓰러뜨렸다. 불가리아 왕의 자식들은 치욕스러운 감옥에서 구출되어 허울뿐이지만 왕관을 되찾았다. 이렇게 패배를 거듭한 끝에 스뱌토슬라프는 도나우 강 유역의 튼튼한 주둔지인 드리스트라로 후퇴했으나 완급을 조절해 가며 번갈아 공격하는 적에게 시달렸다. 비잔티움의 갤리선이 강을 타고 올라왔고 군단이 성벽을 일렬로 완전히 둘러쌌다. 러시아 군주는 진영과 도시를 둘러싼 성채 안에 포위되어 공격당하며 기근을 겪었다. 수없이 용맹을 발휘하고 필사적인 반격도 여러 차례 시도해 보았으나, 결국 65일간의 포위 끝에 스뱌토슬라프는 악운에 무릎을 꿇었다. 승자는 불굴의 정신을 지닌 적의 용맹을 존경할 뿐 아니라 절망에 몰린 나머지 필사적이 될까 우려하여 현명하게도 그에게 관대한 조건을 내걸었다. 그는 러시아 대공으로부터 일체의 적대적인 기도를 포기하겠다는 엄숙한 맹세를 얻어 내는 대신, 안전한 귀환 통로를 열어 주고 통상과 항해의 자유도 회복시켜 주었으며 그의 병사들에게는 식량을 분배해 주었다. 배급량이 2만 2000포대에 불과했다는 사실은 인명 손실이 어느 정도였으며 남은 숫자가 얼마였는가를 보여 준다. 고통스러운 항해 끝에 러시아인들은 다시 보리스테네스 하구에 도착했으나 식량은 바닥났고 시기도 좋지 않았다. 그들은 얼음 위에서 겨울을 보냈다. 행군을 개시하기도 전에 스뱌토슬라프는 상시적으로 비잔티움과 교류하며 도움을 주고받는 인근 부족들의 습격에 시달렸다. 치미스케스의 귀환은 이와는 전혀 딴판이었다. 그는 고대 로마의 구원자로서 수도에 돌아왔던 카밀루스나 마리우스에 버금가는 환영을 받았으나, 신앙심 깊은 황제는 승리의 공로를 성모에게 돌렸다. 팔에 신성한 아기를 안은 성모 마리아 상이 전리품과 불가리아 왕가의 문장(紋章)으로 장식되어 개선 마차에 실렸다. 치미스케스는 말 등에 올라 머리에는 왕관을 쓰고 손에는 월계수를 든 채 입성했다. 콘스탄티노플은 군주가 세운 업적에 아낌없는 경탄과 갈채를 보냈다.[38]

[38] 전쟁에 대한 서술은 부제 레오의 것이 케드레누스와 조나라스의 것보다 더 신빙성 있고 상세하다. 이 열변가들은 동시대인들이 적절하고 일관된 계산으로 추산한 러시아 병력을 30만 8000명과 33만 명까지 부풀렸다.

지식욕뿐 아니라 야심도 강한 인물인 콘스탄티노플의 총대주교 포티우스는 러시아인의 개종 소식에 자신과 비잔티움 교회를 축복했다. 포악하고 잔인한 야만인도 이성과 종교의 목소리에 따라 예수를 자기들의 신으로, 그리스도교 선교사를 스승으로, 로마인을 벗이자 동포로 받아들였다. 그러나 포티우스의 승리는 일시적이고 때 이른 것이었다. 일부 러시아 수장들은 해적으로서 산전수전을 다 겪었으면서도 세례를 받기도 했고, 한 비잔티움 주교가 키예프의 교회에서 노예와 원주민을 대상으로 성사를 집전한 일도 있었다. 그러나 복음의 씨앗이 뿌려진 곳은 불모의 땅이었다. 배교자가 금세 생겨나고 개종자는 손에 꼽을 정도였다. 그러므로 올가가 세례받은 해를 러시아 그리스도교의 원년으로 삼아야 한다. 그녀는 가장 비천한 밑바닥 출신이었던 듯하지만 남편 이고르의 죽음에 복수하고

서기 864년, 러시아의 개종

왕홀을 차지한 점으로 보아, 야만인들로부터 공포와 복종을 끌어낼 수 있는 뛰어난 재능의 소유자였음이 분명하다. 나라 안팎으로 평화가 찾아들자 그녀는 키예프에서 콘스탄티노플까지 항해에 나섰다. 콘스탄티누스 포르피로게니투스는 자신의 수도와 궁정에서 그녀를 어떤 예식으로 맞이했는지 자세히 묘사했다. 이방인의 허영심을 만족시킬 수 있도록 자의의 위엄에 어울리는 경의를 갖춰 칭호, 인사, 연회, 선물 등이 세심하게 준비되었다. 그녀는 세례식에서 명예롭게도 헬레나 황후의 이름을 받았다. 올가 대공비의 개종을 전후하여 수행원인 그녀의 삼촌, 2명의 통역, 16명의 상류층 처녀와 18명의 하층 처녀, 22명의 관료, 44명의 러시아 상인도 세례를 받았다. 그녀는 키예프와 노브고로드로 돌아간 후에도 새로운 종교를 믿었지만 복음을 전파하려는 노력은 아무런 성과를 거두지 못했다. 그녀의 가족과 신민들은 조상들이 섬기던 신을 완강히 고수하거나 무관심으로 유지하고 있었다. 아들 스뱌토슬라프는 동료들의 경멸과 조롱을 두려워했으나, 손자 블라디미르는 젊은이다운 열정에 넘친 나머지 온 힘을 쏟아 고대 종교의 기념물을 만들고 꾸몄다. 야만스러운 북방 신들을 달래려면 인신 공양을 해야 했다. 희생자를 고를 때는 기왕이면 이방인보다는 자국민, 그중에서도 우상 숭배자보다는 그리스도교인을 선호했다. 한 아버지는 신관의 칼로부터 자식을 지키려다 분노한 광신도들이 일으킨 소동에 휘말려 같은 운명을 맞기도 했다. 그러나 신앙심 깊은 올가가 보여 준 가르침과 모범은 왕과 국민의 가슴속에 겉으로 드러나지는 않아도 깊은 인상을 남겼다. 비잔티움 선교사들은 쉬지 않고 설교하고, 토론하고, 세례를 베풀었다. 러시아 사절이나 상인들은 숲에 대한 우상 숭배를 콘스탄

서기 955년, 올가의 세례

티노플의 세련된 종교와 비교해 보았다. 그들은 성 소피아 성당, 성인과 순교자를 생생하게 묘사한 그림, 제단에 넘치는 보물이며 사제복을 걸친 수많은 성직자들, 화려하고 질서 정연한 의식을 보고 경탄을 금치 못했다. 경건한 침묵과 조화로운 찬송이 번갈아 교차하는 광경에도 깊은 인상을 받았으므로, 천사들로 이루어진 합창대가 매일 천상에서 내려와 교인들과 함께 예배를 드린다는 말도 쉽게 믿었다. 그러나 블라디미르가 개종한 이유는 로마인 신부를 맞기 위해서였다. 케르손 시에서 주교의 주재 아래 세례식과 결혼식이 동시에 치러졌다. 그는 이 도시를 신부의 오빠인 바실리우스 황제에게 돌려주었다. 그러나 청동 성문은 노브고로드로 옮겨져 그의 승리와 신앙을 기념하는 의미로 최초의 교회 앞에 세워졌다고 전해진다.[39] 오랫동안 숭배를 받아 왔던 천둥의 신의 동상은 그의 강압적인 명령에 따라 키예프 거리를 질질 끌려 다닌 끝에, 열두 명의 건장한 야만인들에게 몽둥이 세례를 받고 보리스테네스 강 속에 거칠게 던져졌다. 세례를 거부하는 자들은 모두 신과 군주의 적으로 다루겠다는 블라디미르의 칙령이 공포되었다. 순식간에 강마다 순종적인 러시아인 수천 명이 뛰어들어 대공과 대귀족들이 받아들인 교리의 진리와 우수성을 따르기로 했다. 다음 세대에서는 이교의 유물이 완전히 자취를 감추었다. 그러나 블라디미르의 두 형제는 세례를 받지 않고 죽었으므로 그들의 뼈를 무덤에서 꺼내어 사후 의식을 처러 축성했다.

서기 988년, 블라디미르의 세례

9세기, 10세기, 11세기에 복음과 교회는 불가리아, 헝가리, 보헤미아, 색슨, 덴마크, 노르웨이, 스웨덴, 폴란드, 러시아까지 영향력을 확장했다. 그리스도교의 철의 시대에 사도의 열

서기 800~1100년, 북방의 그리스도교

[39] 헤르베르슈타인(Herberstein)의 말에 따르면 블라디미르가 세례식과 결혼식을 치른 곳은 케르손(또는 코르순)이다. 그에 관한 전승과 성문(城門)이 모두 아직까지 노브고로드에 보존되어 있다. 그러나 한 여행자는 청동 성문이 독일의 마그데부르크에서 옮겨 온 것이라고 하면서 그의 주장을 뒷받침하는 듯한 비문을 인용하고 있다. 오늘날의 독자들은 타우리크 또는 크리미아 반도에 있는 이 옛 케르손과 보리스테네스 강 하구 부근에 세워진 같은 이름의 신도시를 혼동하기 쉽다. 이 도시는 러시아 황후와 서방 황제가 역사적인 회견을 가진 장소로 유명해졌다.

정은 승승장구했다. 유럽의 북부와 동부 지역은 의식(儀式)보다도 이론에서 고유의 우상 숭배와 차이가 큰 그리스도교에 귀의했다. 독일과 비잔티움의 수도사들은 가상한 야심에 불타 야만족의 천막과 오두막을 찾아다녔다. 가난, 고생, 위험이 최초의 선교사들의 운명이었다. 그러나 하늘을 찌르는 용기는 아무도 꺾을 자가 없었고 그들의 동기는 순수하고 훌륭했다. 감사에 찬 사람들의 존경과 양심에서 우러난 신앙 고백이 그들이 현세에서 받는 보상이었다. 그러나 그들의 노고로 거둔 풍성한 수확은 다음 시대의 오만하고 부유한 성직자들 몫이 되었다. 최초의 개종은 자유롭고 자발적이었다. 성스러운 삶과 웅변만이 선교사의 유일한 무기였다. 그러나 이교도의 전승 설화는 이방인이 보여 준 기적과 계시 앞에 힘을 잃었고, 족장들은 허영심과 이해관계에 자극되어 더욱 적극적으로 나섰다. 성자와 왕의 칭호를 받은 각 민족 지도자들은[40] 신민과 이웃에게 가톨릭 신앙을 강요하는 것을 신성하고 당연한 임무로 받아들였다. 홀슈타인에서 핀란드 만까지 발트 해안에는 온통 십자가의 깃발이 휘날리게 되었다. 14세기 리투아니아가 개종함으로써 우상 숭배는 막을 내렸다. 그러나 솔직하게 진실을 밝히자면 북방 지역의 개종으로 기존 그리스도교도와 새로운 그리스도교도 모두가 많은 세속적 이익을 얻었다. 인간 고유의 천성인 전쟁에 대한 욕망은 복음서가 가르치는 자애와 평화의 교훈으로도 치유될 수 없었으므로, 가톨릭 군주들의 야심은 매 시대마다 적대적인 분쟁으로 새로운 참화를 빚어냈다. 그러나 야만족을 시민 사회와 교회의 울타리 안에 받아들임으로써, 유럽은 바다와 육지에서 노르만인, 헝가리인, 러시아인의 약탈로부터 벗어났다. 그들은 동포를 해치지 않고도 재산을 불리는 법을 배웠다. 성직자의 영향력으로 법과 질서도 자리를 잡아 갔다.

[40] 서기 1000년 성 스테파노의 사절은 교황 실베스테르로부터 그리스 장인의 솜씨로 만든 왕관과 함께 헝가리 왕의 칭호를 받았다. 이것은 폴란드 대공을 위해 만들어진 것이었으나, 폴란드인들은 천사와 사도의 관을 받기에는 자신들이 아직 너무 야만스럽다고 고백했다.

초보적이나마 예술과 학문도 지상의 미개한 나라에 유입되었다. 러시아 군주들은 너그러운 신앙심으로 도시를 꾸미고 주민들을 교화시키고자 비잔티움 사람들 가운데서도 가장 유능한 자들을 데려왔으며, 성 소피아 성당의 건물과 그림을 조악하게 나마 모방하여 키예프와 노브고로드 교회를 장식했다. 교부들의 저작이 슬라브어로 번역되었다. 300명의 귀족 출신 젊은이들이 초대를 받아 또는 강제로 야로슬라프 학교의 수업에 참석했다. 콘스탄티노플은 그 당시 라틴인을 무식하다고 비웃을 정도였으므로, 러시아가 콘스탄티노플 교회와 국가 기관 간의 특별한 관계를 통해 초기에 빠른 발전을 성취할 수 있었으리라 생각할지 모른다. 그러나 비잔티움 사람들은 독창성이 없고 고립에 빠져 이미 급속히 내리막길을 걷고 있었다. 키예프가 몰락한 이후 보리스테네스 강의 뱃길은 잊혀졌다. 블라디미르와 모스크바 대공들은 바다와 그리스도교 왕국으로부터 멀어졌다. 이렇게 떨어져 나간 왕국은 타타르족의 노예가 되어 굴욕과 미신으로 고통받았다.41 라틴 선교사에 이끌려 개종했던 슬라브와 스칸디나비아 왕국은 사실 교황의 영적인 권력과 현세적인 지배 아래 놓여 있었지만,42 언어와 종교 예식은 서로 간에 그리고 로마와 연결되어 있었다. 그들은 유럽 공화국의 자유롭고 관대한 정신을 흡수하여 점차 서방 세계에서 발흥한 지식의 빛을 나누어 갖게 되었다.

41 위대한 군주들은 1150년 키예프에서 떠났으며 키예프는 1240년 타타르족에게 멸망했다. 모스크바는 14세기에 제국의 본거지가 되었다.

42 성 스테파노의 사절은 '기진령(寄進領)', '마땅한 순종' 등등 경건한 표현을 사용했는데, 그레고리우스 7세는 이러한 표현을 매우 엄격하게 해석했다. 헝가리의 가톨릭교도들은 신성한 교황과 독립적인 왕권 사이에서 고통을 겪고 있다.

56

THE DECLINE AND FALL
OF THE ROMAN EMPIRE

이탈리아의 사라센인, 프랑크인, 비잔티움인·노르만인의 최초의 모험과 정착·아풀리아 공작 로베르 기스카르의 성격과 정복·동생 루지에로의 시칠리아 해방·동로마와 서로마 황제에 대한 로베르의 승리·시칠리아 왕 루지에로, 아프리카와 비잔티움 제국을 침공하다·마누엘 콤네누스 황제·비잔티움과 노르만인의 전쟁·하인리히 6세·노르만인의 전멸

서기 840~1017년, 이탈리아에서 사라센인, 라틴인, 비잔티움인 들의 충돌

세계에서 가장 위대한 민족인 비잔티움인, 사라센인, 프랑크인이 이탈리아를 무대로 조우하게 되었다. 지금의 나폴리 왕국에 속하는 남부 지역은 대부분 베네벤툼의 롬바르드 공작과 군주들의 소유였다.[1] 그들은 전장에서는 용맹스러웠으므로 전쟁의 귀재인 샤를마뉴를 막아 냈으며, 평화 시에는 관대했으므로 수도에 서른두 명의 철학자와 문법학자로 구성된 학원을 열었다. 이 번성하던 나라가 베네벤툼, 살레르노, 카푸아로 분할되어 서로 주권을 놓고 다투게 되자, 경쟁자들은 경솔한 야심 또는 복수심으로 말미암아 사라센인을 끌어들여 공동의 유산을 파괴하는 결과를 낳았다. 200년간 재난을 겪으면서 이탈리아는 만신창이가 되었으나, 침략자들에게는 이탈리아를 완전히 정복해 통합과 평화를 이루어 그 상처를 치유할 능력이 없었다. 그들의 함대는 연례행사처럼 팔레르모 항을 출발해 나폴리에서 그리스도교도들로부터 지나치

[1] 지난 세기의 카푸아 학자인 카밀로 펠레그리노는 베네벤툼 공국의 역사를 두 권의 저서, 무라토리의 『이탈리아사(史) 저술가들』과 『롬바르드족 수장들의 역사』에서 설명했다.

리만큼 후한 대접을 받았다. 아프리카 해변에는 더 무시무시한 함대가 기다리고 있었다. 안달루시아의 아랍인들조차도 때로는 반대파의 이슬람교도를 원조하거나 맞서고 싶은 충동을 느꼈다. 변화무쌍한 인간사 속에서 새로운 복병이 카우디움의 갈림길에 숨어 있다가 두 번째로 칸나이 들판에 아프리카인의 피를 흘렸고, 로마의 군주는 다시 한 번 카푸아와 타렌툼 성벽을 공격하거나 방어했다. 사라센인 이민단은 바리에 정착하여 아드리아 만 입구를 장악했다. 그들이 모든 지역을 닥치는 대로 약탈하자 분노한 두 황제가 서로 연합했다. 그리하여 동로마의 마케도니아 제통(帝統)의 창시자 바실리우스와 샤를마뉴 대제의 증손자인 루드비히는 공격적인 동맹 관계를 맺어 상대의 모자라는 부분을 보완했다. 비잔티움 군주가 아시아 주둔군을 이탈리아 전투에 투입한다면 적절한 행동이라 할 수 없을 것이며, 또한 그가 우세한 비잔티움 해군으로 만 하구를 점령하지 않았다면 라틴 군대로는 부족했을 것이다. 바리의 요새는 프랑크인 보병대와 비잔티움 기병대, 갤리선에 포위당했다. 아랍 태수는 4년간 버틴 끝에 직접 포위 공격을 지휘한 루드비히에게 자비를 구했다. 동로마와 서로마가 합동 작전을 펼침으로써 이 중요한 정복을 달성했으나, 이러한 친선 관계는 서로에 대한 질투와 오만에서 비롯된 불평으로 말미암아 오래가지 못했다. 비잔티움인들은 정복의 업적과 승리의 영광을 자기들 것으로 돌렸다. 그들은 자기들의 힘을 허풍스럽게 과시하면서, 카롤링거 군주의 깃발을 들고 온 야만족을 무절제하고 게으르다고 경멸했다. 이에 대한 카롤링거의 대답은 분노와 진실을 웅변적으로 표현했다. 샤를마뉴 대제의 증손자는 이렇게 말했다.

서기 871년,
바리 정복

우리도 그대들이 준비한 군대의 규모는 인정하오. 그대들의 군대는 여름철의 메뚜기 떼에 비할 만한 실로 엄청난 규모였소. 하지만 메뚜기들은 날개를 펄럭여 해를 가리지만, 잠깐만 날아도 힘이 빠져 숨을 헐떡거리며 땅에 떨어진다오. 그와 마찬가지로 그대들 역시 얼마 힘도 써 보지 못하고 무너졌소. 그대들은 스스로의 비겁함 탓에 패배하고 전투 현장에서 도망쳐 와서 스클라보니아 해안의 우리 그리스도교 백성을 괴롭히고 약탈했소. 우리의 수가 적었던 것은 사실이지만, 그 이유가 무엇이었겠소? 그 까닭은 그대들이 도착하기를 목 빠지게 기다리다 지쳐, 대군을 해산하고 소수의 정예 부대만 남겨 도시를 계속 봉쇄하도록 했기 때문이오. 그들이 위험과 죽음을 눈앞에 두고 성대한 향연을 즐겼다 한들, 이런 향연이 그들의 활력을 갉아먹었겠소? 그대가 단식한 덕에 바리 성벽이 무너졌단 말이오? 이 용감무쌍한 프랑크인들이 권태와 피로로 약해졌다 해도, 사라센인 태수 중 가장 강한 자 세 명을 가로막아 물리치지 않았소? 그리고 그들의 패배가 도시의 함락을 재촉한 것이 아니오? 이제 바리는 함락되었소. 타렌툼도 흔들리고 있소. 칼라브리아는 곧 해방될 것이오. 우리가 제해권을 장악하면 시칠리아도 이교도의 손아귀에서 해방될 것이오. 내 형제(비잔티움인의 허영심을 무엇보다도 건드릴 이름)여, 그대의 해군 원군을 속히 보내도록 하시오. 부디 그대의 동맹을 존중하고 아첨꾼을 멀리하길 바라오.[2]

2 루드비히 2세가 바실리우스 황제에게 보낸 서신 원본은 바로니우스에 의해 에르켐페르트의 바티칸 필사본 혹은 살레르노의 익명의 역사가의 책에서 처음 공개되었다.

이러한 고상한 희망은 얼마 안 가 루드비히가 사망하고 카롤링거 왕조가 쇠퇴함으로써 물거품이 되었다. 그 명예를 받을 자격을 가진 자가 과연 누구든 간에, 비잔티움의 황제 바실리

서기 890년, 이탈리아에 비잔티움의 새로운 속주

우스와 아들 레오가 바리 정복의 수혜자가 되었다. 아풀리아와 칼라브리아의 이탈리아인들은 자의 반 타의 반으로 그들의 주권을 인정했다. 가르가누스 산에서 살레르노 만까지 가상의 선이 그어져 나폴리 왕국 대부분을 동로마 제국 영토에 포함시켰다. 이 선 바깥에서는 자발적인 충성의 의무를 결코 저버린 적이 없는 아말피와 나폴리 군주들이 적법한 군주의 영토와 이웃하게 된 것을 기뻐했다. 아말피는 유럽에 아시아의 특산품과 생산물을 공급함으로써 부유해졌다. 그러나 베네벤툼, 살레르노, 카푸아의 롬바르드 군주들은 마지못해 라틴 세계로부터 떨어져 나와, 복종과 공물을 바치겠다는 맹세를 밥 먹듯 어겼다. 바리 시는 롬바르디아의 새로운 테마, 즉 속주의 군관구로서 권위와 부를 얻었다. 최고 지배자는 파트리키우스로 불렸다가 나중에는 '카타판(Catapan)'이라는 특이한 이름으로[3] 바뀌었다. 교회 정책과 국가 정책 모두 콘스탄티노플 황가의 요구를 전적으로 수용했다. 이탈리아 군주들이 왕홀을 놓고 옥신각신 다투는 한, 그들이 애써 보았자 효과도 미미하고 반응도 얻기 힘들었다. 비잔티움인들은 오토 대제의 깃발을 휘날리며 알프스에서 내려온 게르마니아군에 저항하기도 하고 도망치기도 했다. 최초의 색슨 군주이자 가장 위대한 왕은 바리 포위 공격을 포기해야 했지만, 2대 왕은 가장 강한 주교와 영주들을 잃고 피투성이가 된 크로토나 전장에서 명예롭게 퇴각했다. 바로 그날 전쟁의 저울은 사라센인의 용맹에 힘입어 프랑크인에게 불리한 쪽으로 기울었다. 이 해적들은 사실 비잔티움 함대에 밀려 이탈리아의 성채와 해안에서 쫓겨났었다. 그러나 미신이나 원한보다 이해관계가 더 강했으므로, 이집트의 칼리프는 그리스도교 동맹국을 원조하기 위해 4만 명의 이슬람교도

서기 983년, 오토 3세의 패배

[3] 뒤캉주(Ducange)의 그리스어, 라틴어 사전과 알렉시아스에 관한 주석을 볼 것. 이 말이 카타판($K\alpha\tau\alpha\pi\tilde{\alpha}\nu$)에서 유래했다는 당시의 생각과 반대로, 그는 이를 라틴어 카피타네우스(capitaneus)의 와전으로 본다. 그러나 마르크(M. de St. Marc)는 그 시대에 카피타네이(capitanei)가 대장이 아니라 제일 높은 귀족, 이탈리아의 발바소르(valvassor)를 뜻한다는 사실을 정확하게 밝혀냈다.

를 보냈다. 바실리우스의 후계자들은 롬바르디아가 완전히 정복되었으며, 혼란과 압제로부터 해방된 국민들이 감사하는 가운데 자신들의 정의로운 법과 훌륭한 관리들로 잘 지켜지고 있다고 믿고 만족했다. 계속된 반란은 콘스탄티노플 궁정에 진상의 실체를 똑똑히 보여 주었다. 노르만 모험가들은 거침없이 단시간 내에 성공을 거두어 아첨꾼들이 꾸며 낸 허구를 날려 버렸다.

변화무쌍한 인간사 속에서 아풀리아와 칼라브리아는 피타고라스 시대와 서기 10세기 사이에 우울한 대조를 이루었다. 과거 대(大)그리스(Great Greece) 해안에는 자유롭고 풍요로운 도시들이 번영을 누렸다. 이 도시들은 군인과 예술가, 철학자로 붐볐으며, 타렌툼, 시바리스, 크로토나의 군사력은 강대한 왕국과 비교해도 뒤떨어지지 않았다. 그러나 부귀영화를 누리던 이 지역들은 10세기에 이르러 무지에 빠지고 압제로 피폐해졌으며, 야만스러운 전쟁으로 인구가 격감했다. 아름답고 광대한 지역이 대홍수가 덮치고 지나간 뒤처럼 황무지로 변했다는 동시대인의 전언을 과장으로 치부하기 어렵다. 아랍인, 프랑크인, 비잔티움인이 남부 이탈리아에 저지른 적대 행위 가운데서 그들의 민족적 특성을 잘 보여 주는 일화 몇 개만 들겠다. (1) 사라센인은 수도원과 교회를 약탈했을 뿐 아니라 모독하기를 즐겼다. 살레르노 포위 공격 당시 한 이슬람 수장은 성찬대에 잠자리를 마련해 놓고, 밤마다 그 제단에서 그리스도교 수녀의 처녀성을 짓밟았다. 어느 날 밤 그가 거부하는 수녀와 실랑이를 벌이던 중, 우연인지 고의인지 모르지만 천장의 서까래가 그의 머리 위로 떨어졌다. 음탕한 태수의 죽음은

일화

서기 873년

정숙한 배우자를 지키고자 깨어난 그리스도의 분노 탓으로 여겨졌다.4 (2) 사라센인들이 베네벤툼과 카푸아를 포위 공격했을 때였다. 롬바르드인은 샤를마뉴 대제의 후계자에게 호소해도 소용이 없자, 비잔티움 황제에게 자비와 원조를 탄원했다.5 한 대담무쌍한 시민이 성벽을 타고 내려와 참호를 넘어 임무를 완수한 다음, 반가운 소식을 가지고 귀환하다가 야만족의 손에 사로잡혔다. 그들은 그가 동포를 속임으로써 자기들의 작전을 돕는다면 부와 명예로 보상해 주겠지만, 사실을 전한다면 그 자리에서 죽이겠다고 협박했다. 그는 굴복하는 척했으나 성벽 위에 있는 그리스도교도들에게 들릴 만한 거리까지 끌려오자 큰 소리로 외쳤다.

서기 874년

벗과 동포들이여, 마음 굳게 먹고 버티시오, 도시를 사수하시오. 군주께 여러분의 고난을 알렸으니 곧 구원의 손길이 올 것이오. 나는 모든 것을 운명에 맡기니, 내게 감사한다면 내 처자식들을 돌보아 주기 바라오.

분노한 아랍인들은 그의 증언이 사실임을 확인해 주었다. 이 헌신적인 애국자는 무수한 창에 찔려 죽었다. 그는 미덕의 본보기로 기억되어야 마땅하겠지만, 똑같은 이야기가 동서고금을 통해 수없이 전해져 온다는 사실을 상기하면 이 고귀한 행위가 진실인지 좀 의심스럽기는 하다.6 (3) 세 번째 사건은 전쟁의 공포 가운데서도 웃음을 자아낸다. 카메리노와 스폴레토 후작인 테오발드는7 베네벤툼의 반란을 지원했다. 그 시대에는 그의 부당한 잔혹 행위가 영웅의 자질에 위배되지 않았다. 그의 포

서기 930년

---

4 바로니우스는 이 이야기를 에르켐페르트의 필사본에서 가져왔는데, 그는 그 일이 있기 15년 전 카푸아에서 죽었다. 그러나 추기경은 가짜 제목에 속았다. 우리가 인용할 수 있는 자료는 10세기 말에 쓰여져 무라토리의 전집 두 번째 권에 수록된 익명의 저자가 쓴 살레르노 연대기뿐이다.

5 콘스탄티누스 포르피로게니투스가 이 이야기를 처음 기록했다. 그는 이 사건이 바실리우스와 루드비히 2세 시대에 있었던 일이라고 했다. 그러나 베네벤툼이 몰락한 것은 두 군주들이 모두 사망한 이후인 서기 891년이었다.

6 서기 663년 파울루스 역시 베네벤툼에서 일어난 똑같은 비극을 전하고 있다. 그러나 배역에는 좀 차이가 있는데, 비잔티움에서 나온 판에는 사라센인의 죄를 비잔티움인이 저지른 것으로 되어 있다. 게르마니아에서 일어난 전쟁에서는 오베르뉴 군대의 프랑스인 장교인 다사스(M. d'ssas)가 비슷한 경우를 당해 목숨을 바쳤다고 전해진다. 그를 사로잡은 적은 단지 침묵할 것만을 요구했다는 점에서 그의 행동은 더욱 영웅적이다.

7 리우트프란드가 영웅이라고 이름 붙인 테오발드는 더 정확히 말하자면 서기 926년부터 935년까지 스폴레토의 공작이자 카메리노의 후작이었다.

로가 된 비잔티움인들은 무자비하게 거세당했다. 테오발드는 비잔티움 궁정의 가장 귀중한 장식품인 환관을 황제에게 선물하기 위해서라는 잔인한 농담으로 분노를 돋우었다. 성의 수비대가 반격을 받고 패하자 늘 해 오던 대로 거세 명령이 내려졌다. 그러나 뺨에서는 피가 흐르고 머리는 풀어 헤친 한 여자가 미친 듯 뛰어들어 이를 가로막았다. 그녀는 고래고래 악을 쓰면서 후작에게까지 들리도록 불평을 터뜨렸다.

당신처럼 고결한 영웅이 어떻게 이렇게 여자들한테, 한 번도 당신들에게 해를 입힌 적 없고 물렛가락과 베틀밖에 만질 줄 모르는 여자들한테 전쟁을 걸 수가 있단 말입니까?

테오발드는 그녀의 비난을 부인하면서 아마존의 여전사 이래로 여자들의 전쟁 따위는 들어 본 적도 없다고 반박했다. 그러자 그녀는 격분해서 소리 질렀다.

그러면 남편들한테서 우리가 가장 소중히 아끼는 것, 우리의 기쁨의 원천, 후손을 얻을 희망을 빼앗아 가는 것보다 더 우리에 대한 직접적인 공격이 있을 수 있습니까? 우리한테 그보다 더 치명적인 피해가 있겠어요? 가축 떼를 약탈당해도 이때껏 불평 한 마디 없이 묵묵히 참아 왔지만, 이렇게 치명적인 피해, 회복할 수 없는 손실 앞에서는 더 이상 참을 수가 없으니 천국과 지상의 정의를 호소할 밖에요.

그녀의 웅변에 좌중은 폭소를 터뜨렸다. 동정심이라고는 손톱만큼도 없는 야만스러운 프랑크인들도 그녀의 우스꽝스럽지만 이유 있는 절망에는 마음이 움직였다. 그리하여 포로들을 구함으로써 그녀는 목적을 달성했다. 그녀가 의기양양하게 성으로 되돌아가는데 한 사자가 테오발드의 명령으로 그녀를 뒤따라가, 만일 남편이 다시 무기를 잡는다면 어떤 벌을 받겠느냐고 물었다. 그러자 그녀는 망설이지 않고 대답했다.

만일 이런 죄와 불행이 또다시 일어난다면 눈이며 코, 손발이 있지 않습니까? 이런 건 다 그의 것이니 죄를 저지르면 빼앗겨도 마땅하지요. 하지만 후작님의 보잘것없는 종년이 감히 자기만의 합법적인 소유라고 주장하는 그 부위만은 봐주세요.

서기 1016년,
이탈리아 노르만족의 기원

나폴리와 시칠리아 왕국에 노르만인이 정착한 것은[8] 기원으로 따지면 가장 낭만적인 사건이고, 결과로 보자면 이탈리아와 동로마 제국 양쪽에 가장 중요한 사건이었다. 비잔티움인, 롬바르드인, 사라센인의 속주는 온갖 침략자에게 시달림을 받았고, 바다고 육지고 모험심에 불타는 스칸디나비아 해적의 노략질로부터 벗어날 수 없었다. 오랜 유린과 학살을 겪은 끝에 이 아름답고 광대한 지역은 프랑스의 노르만인 소유가 되어 그들의 손으로 이름 지어졌다. 그들은 자기들의 신을 버리고 그리스도교의 신을 받아들였으며,[9] 노르망디 공작들은 샤를마뉴 대제와 카페(Capet)의 후계자들의 가신을 자처했다. 눈 덮인 노르웨이의 산속에서 길러진 야만스럽고 난폭한 기질은 따뜻한 지역에서도 타락함이 없이 세련되어졌다. 롤로의 무리는 서서히 원주민 속에 동화되어 프랑스 민족의 관습, 언어,[10] 용맹성을 흡수했다. 호전적인 시대에 노르만인들은 용맹으로 얻은 승리와 영광스러운 업적을 자랑했다. 그들은 당시 만연하던 미신에 심취해 로마, 이탈리아, 성지 순례에 열성적으로 동참했

[8] 노르만인이 이탈리아에 남긴 유산은 무라토리의 저서 다섯 번째 권에 수집되어 있다. 이 중에서도 아풀루스의 시와 말라테라의 역사가 특히 눈길을 끈다. 두 사람 다 프랑스 출신이지만 최초의 정복자들의 시대(서기 1100년 전)에 자유민의 정신으로 현장에서 글을 썼다. 이탈리아 역사의 편집자와 사가들, 시고니우스, 바로니우스, 파기, 잔노네, 무라토리, 마르크를 다시 요약할 필요는 없을 것이다. 나는 이들의 글을 줄곧 참조했지만 절대 그대로 베끼지는 않았다.

[9] 최초의 개종자 중 일부는 세례식 때 주는 흰 의복을 받으려고 열 번, 열두 번씩 세례를 받기도 했다. 롤로의 장례식 때는 그의 영혼이 영면을 취하도록 수도원에 바친 선물과 함께 백 명의 포로를 희생 제물로 바쳤다. 그러나 한두 세대가 지난 후에는 전체가 완전히 개종했다.

[10] 덴마크어가 루앙의 궁정과 수도에서 이미 잊혀진 뒤에도 해안에 사는 바이외의 노르만인들은 이를 여전히 사용했다. 셀든(Selden)은 정복자 윌리엄의 모국어이며 가장 좋아한 언어에 관해 고고학자와 법률가들에게조차 너무 오래되어 불분명한 실례를 제공했다.

다. 그들은 이처럼 적극적으로 헌신하면서 수행으로 심신을 갈고닦았다. 위험은 그들의 정열을 더욱 자극했고 색다른 경험은 보상이었다. 세상은 온통 경이, 맹신, 야심과 희망으로 들끓는 듯했다. 그들은 상호 방위를 위해 연합했다. 알프스의 도적들은 순례복을 보고 군침을 삼키며 덤벼들었다가 전사의 무력에 호되게 당하곤 했다. 어떤 순례객들이 대천사 미카엘[11]의 환영이 나타나 성지가 된 아풀리아의 가르가누스 산속 동굴을 방문했다가, 비잔티움인 복장을 한 이방인을 만났다. 그는 자신의 정체를 비잔티움 제국의 반역자, 도망자, 불구대천의 적이라고 밝혔다. 그의 이름은 멜로로 바리의 상류층이었으나 반란에 실패하고 조국을 위해 복수해 줄 새로운 동맹을 찾던 중이었다. 노르만인의 대담한 모습에 그는 다시 희망과 확신을 품었다. 그들은 이 애국자의 읍소보다는 약속에 한층 더 귀가 솔깃했다. 그들에게는 재물에 대한 약속이야말로 그의 명분의 정당성에 대한 보증이었다. 그들은 나약한 폭군의 압제에 시달리는 풍요로운 땅이야말로 용감한 자들이 차지해야 할 재산이라고 생각했다. 그들은 노르망디로 돌아오자마자 출전 준비에 착수했다. 수는 적지만 두려움을 모르는 무리가 아풀리아를 구하고자 뭉쳤다. 그들은 순례자로 위장하여 여러 갈래 다른 길로 알프스 산맥을 통과했다. 로마 인근에서 바리의 대장이 이들을 맞이하여 무기와 말을 지급해 주고 곧 싸움터로 이끌었다. 첫 번째 전투에서는 그들이 용맹으로 제압했으나, 두 번째 교전에서는 비잔티움군의 수와 우월한 무기에 밀려 분루를 삼키며 적의 면전에서 퇴각했다. 불행한 멜로는 독일 궁정에서 탄원자로 생을 마감했다. 그의 노르만 추종자들은 자기들의 고향과 약속된 땅 어디에도 발붙일 수 없는 처지가 되어, 이탈리아의 산천을 떠돌면서 칼 한 자루에 의지해 목숨을 이어 나갔다. 카푸

11 대천사가 늙은 예언자 칼카스의 동굴로 여겨지는 사원과 신탁소를 물려받았다면, 가톨릭교도들은 (이 경우에는) 비잔티움인들보다 더 미신에 깊이 빠진 셈이다.

아, 베네벤툼, 살레르노, 나폴리의 군주들은 국내에 분쟁이 일어날 때마다 이 무시무시한 검객들을 불러들였다. 강인한 기상에 잘 단련된 노르만인들은 자신들을 끌어들인 쪽에 승리를 안겨 주었다. 그들은 어느 한 국가의 힘이 너무 강해져서 자신들의 도움이 필요하지 않게 되거나, 봉사를 바치고도 이익을 얻지 못하는 일이 없도록 힘의 균형을 안배하는 신중한 정책을 폈다. 그들의 첫 은신처는 캄파니아 늪 지대 깊숙이 설치한 진영이었으나, 곧 나폴리 공작의 후한 배려로 더 풍요롭고 영구적인 근거지를 얻었다. 공작은 그들이 거주하면서 카푸아에 대한 방어벽 역할까지 겸하도록, 자신의 거주지에서 8마일 떨어진 곳에 요새 같은 아베르사 마을을 건설했다. 그들은 이 비옥한 지역에서 나는 곡물과 과일, 목초지와 관목 숲을 마음껏 즐겼다. 해마다 그들의 성공을 전해 들은 순례자와 병사들이 꾸역꾸역 몰려왔다. 가난한 자는 우선 먹고살기 위해, 부자는 희망에 들떠, 노르망디의 용감한 자와 적극적인 모험가는 무료한 일상에 싫증이 난 나머지 유명해지고 싶은 야심을 품고 찾아왔다. 아베르사의 독립된 깃발은 속주의 유민(流民)들, 즉 지배자의 부당함이나 정의를 피해 탈출한 도망자들에게 피난처와 자극을 제공했다. 이렇게 한데 모여든 이방인들은 빠르게 갈리아의 관습과 언어에 동화되었다. 노르만인들의 초대 지도자는 라이눌프 백작이었다. 사회가 조성되는 초기에는 높은 지위가 우월한 공적에 대한 보상이자 증거이다.

서기 1029년, 아베르사 건설

아랍인들에게 시칠리아를 빼앗긴 후로 비잔티움 황제들은 자나 깨나 그 귀중한 영토를 되찾을 생각뿐이었다. 그러나 아무리 애써도 거리가 멀고 바다를 사이에 둔 탓에 번번이 수포

서기 1038년, 시칠리아의 노르만인들

로 돌아갔다. 막대한 비용을 들인 군사 장비도 한 번 겨우 성공한 후로는 비잔티움 연대기에 재난과 불명예의 기록을 추가하는 결과로 끝났다. 최정예군 2만 명이 단 한 차례의 정벌에서 패배하고 말았던 것이다. 이슬람교도들은 여성에 대한 감독뿐 아니라 남성의 명령권마저도 환관의 손에 내맡긴 비잔티움 제국의 정책을 경멸했다. 사라센인들은 200년간의 통치 끝에 분열하여 멸망했다. 태수가 튀니스 왕의 권위를 부인하자 신민들은 태수에 맞서 봉기했다. 도시는 수장들의 손에 장악되었으며, 마을이나 성에서도 수장 밑에 있던 자들이 독립을 선언하고 나섰다. 상황이 이렇게 되자 서로 다투던 두 형제 중 약한 쪽이 그리스도교도에게 도움을 구했다. 노르만인들은 어떤 위험한 봉사에서도 재빠르고 쓸모가 있었다. 500명의 기사들이 롬바르디아 총독인 마니아케스의 깃발을 앞세우고 비잔티움군의 정탐원이자 통역인 아르두인 밑에 모였다. 두 형제는 그들이 상륙하기 전에 화해했다. 그리하여 시칠리아와 아프리카는 과거의 결속 관계를 회복했으며, 시칠리아 섬은 해안에 경비 체제를 갖추었다. 노르만인들이 선봉에 서자 메시나의 아랍 병사들은 일찍이 겪어 보지 못한 적의 용맹을 실감했다. 시라쿠사의 태수는 두 번째 전투에서 말에서 떨어져, 오트빌의 윌리엄의 칼에 찔려 죽었다. 세 번째 교전에서는 그의 용감무쌍한 동료들이 사라센 대군 6만 명을 쳐부수었으므로, 비잔티움군이 할 일이라고는 뒤를 쫓는 일뿐이었다. 눈부신 전과였으나 역사가는 승리의 공을 전적으로 노르만인들의 창 덕이라고 보지는 않는다. 그러나 마니아케스가 열세 개의 도시와 시칠리아 지역 대부분을 황제 밑으로 복귀시키는 데 그들의 도움이 컸던 것은 사실이다. 하지만 그의 군사적 명성은 배은망덕과 폭정으로 더럽혀졌다. 그의 용감한 원군은 전리품 분배 과정에서 뒤로 밀려났다. 노르만인들은 탐욕 때문이든 자존심 때문이든 이렇게 무례한 대접을 참을 수 없었다. 그들은 통역의 입을 빌려 불만을 전달했으나 묵살당했을 뿐 아니라, 통역은 호된 매질까지 당했다. 육체적 고통이야 통역이 당했지만, 모욕과 원한은 통역을 통해 의견을 들은 자들의 몫이었다. 그러나 그들은 이탈리아 반도로 들어가는 안전한 통로를 손에 넣을 때까지 본심을 감추었다. 아베르사의 동포들도 그들의 분노에 공감했으므로, 빚을 받을 셈으로 아풀리아 속주를 침략했다. 최초의 이주가 이루어진 지 20년이 지난 후, 노르만인들은 겨우 기병 700명과 보병 500명만으로 전투에 임했다. 그러나 시칠리아 전쟁에 나갔던 군대를 도로 불러들인 후에는 6만 명까지 불어났다. 비잔티움의 전령은 전투냐 퇴각이냐 양자택일하라고 전했다. "전투를!" 노르만인들은 일제히 한목소리로 외쳤다. 가장 강인한 전사들 가운데 한 명이 주먹을 날려 비잔티움 전령의 말을 땅바닥에 쓰러뜨렸다. 전령은 새로 받은 말을 타고 되돌아갔다. 이 모욕은 황제군에게는 비밀로 숨겨졌으나, 두 차례의 잇단 전투를 통해 그들도 적의 뛰어난 무용을 확실히 알게 되었다. 칸나이 평원에서 아시아인들은 프랑스의 모험가들에게 쫓겨 도망쳤고, 롬바르디아 공작은 포로가 되었다. 아풀리아 사람들은 새로운 지배자를 받아들였고, 바리, 오트란토, 브룬두시움, 타렌툼 네 곳만이 간신히 위기를 모면했다. 노르만 세력이 정착한 시기를 이때부터로 볼 수 있다. 이들은 곧 신생 아베르사 식민지를 능가했다. 투표로 나이, 출생 신분, 업적에 따라 열두 명의 백작이 선출되었다. 백작들은 각자 맡은 지역에서 공물을 거두어 필요에 따라 썼으며, 밑에 봉신을 거느리고 영지 중심부에 성채를 세웠다. 속주 중심부에는 멜피의 공

서기 1040~1043년, 노르만인들의 아풀리아 정복

동 주거지가 보존되어 공화국의 수도 겸 요새 구실을 했다. 열두 명의 백작은 각각 가옥과 막사를 할당받았으며, 군사 회의에서 국가적인 중대사를 논의했다. 이들 중에서도 우두머리이자 장군이 되는 일인자에게는 아풀리아 백작의 칭호가 주어졌다. 이러한 명예를 누린 자는 철완(鐵腕) 윌리엄이었는데, 당시의 표현을 빌리자면 전장에서는 사자, 사교 모임에서는 양, 회의 석상에서는 천사였다고 한다. 동시대의 노르만 역사가는 동포들의 관습을 공정하게 기술했다. 말라테라는 다음과 같이 전한다.

노르만인들의 성격

노르만인은 교활하고 복수심이 강한 민족이다. 말솜씨가 좋고 속마음을 잘 숨기는 특성은 타고난 기질인 듯하다. 그들은 아첨에 능하지만, 법의 구속이 없으면 타고난 본능에 따라 함부로 행동한다. 그들의 군주는 신민들의 후한 씀씀이를 즐겨 칭찬한다. 신민들은 탐욕과 방탕을 억제하기보다는 극단까지 좇는다. 부와 지배에 대한 강렬한 탐욕 때문에 그들은 일단 손에 넣은 것은 뭐든 경멸하고, 원하는 것은 무엇이나 손에 넣으려 한다. 무기와 말, 호사스러운 옷가지, 사냥과 매사냥 연습이[12] 노르만인의 낙이다. 그러나 위급한 시기에는 믿을 수 없을 정도의 인내심으로 온갖 악천후와 고생스러운 군대 생활을 견뎌 내며 금욕한다.[13]

아풀리아의 노르만인들은 두 제국이 맞닿는 경계선에 자리 잡고 있었다. 그들은 당시의 정책에 따라 독일이나 콘스탄티노플의 군주로부터 토지를 얻었다. 그러나 이 모험가들에게

서기 1046년 등, 아풀리아 탄압

[12] 더 정확히 말하자면 사냥과 매사냥은 노르웨이의 선원들의 후손의 것이다. 최고 품종의 사냥용 매는 노르웨이와 아이슬란드에서 들여왔을 수도 있다.

[13] 이러한 묘사는 맘스베리의 윌리엄과 비교해도 좋다. 그는 철학적인 역사가처럼 색슨족과 노르만족의 악덕과 미덕을 평가한다. 잉글랜드는 틀림없이 정복에 의해 승리를 얻은 쪽이었다.

가장 확실한 근거는 정복으로 얻은 권리였다. 그들은 남을 사랑하지도, 신뢰하지도 않았고, 마찬가지로 신뢰받지도, 사랑받지도 못했다. 군주들은 그들을 멸시하는 한편 두려워했고, 원주민들은 두려워하는 한편 증오와 원한을 품었다. 말, 여자, 정원 등등, 어느 하나 이방인의 탐욕을 자극하고 만족시키지 않는 것이 없었다. 수장들의 탐욕은 야심과 영광이라는 더 허울 좋은 명목으로 윤색되었을 뿐이다. 열두 명의 백작은 때로는 공모하여 부정을 저지르기도 했지만, 국민에게서 빼앗은 전리품을 놓고 서로 내분을 일으키기도 했다. 윌리엄의 미덕은 무덤 속에 묻혔다. 그의 뒤를 이은 동생 드로고는 동료들의 폭력을 통제하기는커녕 한술 더 떴다. 콘스탄티누스 9세 치하의 비잔티움 궁정은 자비심보다는 정책상의 필요성 때문에 야만족의 발호보다 더 견디기 힘든 이런 지속적인 피해로부터 이탈리아를 구하고자 나섰다. 이를 위해 멜로의 아들인 아르기루스에게 최고 직함과 방대한 권한을 부여해 주었다. 노르만인들은 그의 아버지에 대한 기억 때문에 그를 호의적으로 받아들였던 것 같다. 그는 이미 마니아케스의 반란을 평정하고, 노르만인들로부터 자신들과 제국의 피해에 복수하도록 자발적인 봉사를 이끌어 냈다. 콘스탄티누스는 이 호전적인 이민자들을 이탈리아 속주에서 이동시켜 페르시아 전쟁에 투입할 계획을 세웠다. 그리하여 멜로의 아들은 황제가 하사한 첫 번째 선물인 비잔티움의 황금과 특산물을 수장들에게 분배해 주었다. 그러나 식견과 기개를 갖춘 아풀리아의 정복자들 앞에서는 그의 술책도 효과를 거두지 못했다. 그들은 선물은 받아들였지만 제안은 퇴짜를 놓았다. 그들은 이구동성으로 불확실한 아시아의 부 때문에 자기들의 재산과 희망을 포기하기를 거부했다. 어떤

서기 1049~1054년, 교황과 두 제국의 동맹

수단도 먹혀들지 않자 아르기루스는 강제로 밀어붙이든지 아니면 멸망시키기로 마음먹었다. 그는 공동의 적에 대항하고자 라틴 여러 나라의 힘을 구했다. 그리하여 교황과 동로마, 서로마 황제가 공격을 위한 동맹 관계를 맺었다. 당시 성 베드로의 자리에 앉아 있던 인물은 레오 9세였다. 그는 자기 자신과 온 세상을 속여 넘기기에 더없이 알맞은 기질을 지닌 단순한 성자로,[14] 그의 거룩한 인격은 종교를 실천하는 것과는 영 어울리지 않는 행동조차도 신성함으로 덮어씌우고 남을 정도였다. 피해자들의 불평이라기보다는 비방은 그의 자비심을 움직였다. 게다가 불경스러운 노르만인들은 십일조도 내지 않았다. 교회의 비난도 무시하고 신성 모독을 일삼는 도적들에 맞서 세속의 검을 뽑아야 마땅했다. 레오는 황족 출신이라는 고귀한 신분을 지닌 게르만인으로서 하인리히 3세의 궁정을 자유롭게 드나들며 신임을 얻을 수 있었다. 그는 무기와 동맹을 구하겠다는 일념에 불타 아풀리아에서 작센으로, 엘베에서 테베레 강으로 누비고 다녔다. 이렇게 준비가 진행될 동안에도 아르기루스는 비밀스럽고 사악한 무기를 휘두르는 데 전념했다. 그리하여 많은 노르만인들이 공적, 사적 복수의 희생물이 되었으며, 용맹스러운 드로고도 교회 안에서 살해당했다. 그러나 아풀리아 3대 백작이 된 그의 형제 험프리가 그의 정신을 이어받았다. 암살자들은 응징을 당했고, 멜로의 아들은 패배하고 부상을 입은 채 전장에서 밀려나, 바리 성벽 뒤에 수치스러운 몸을 감추고 좀처럼 오지 않는 동맹들의 구원의 손길을 기다렸다.

서기 1051년

그러나 콘스탄티누스는 투르크와의 전쟁에 힘을 빼앗기고 있었으며, 하인리히는 나약하고 우유부단한 인물이었다. 그

서기 1053년, 노르만족에 대한 교황 레오 9세의 원정

[14] 위베르(Wibert)가 당대의 열정과 편견에 깊이 물들었던 성 레오 9세의 일생을 기록했다. 이것은 마비용(Mabillon)과 무라토리의 볼란드파 기록 모음집에 수록되었다. 이 교황의 공적, 사적 삶은 마르크가 충실히 다루었다.

리하여 교황은 게르만 군대가 아니라 겨우 700명의 슈바벤인과 얼마간의 로렌 자원군으로 구성된 수비대만을 이끌고 알프스를 통과했다. 만투아에서 베네벤툼에 이르는 긴 여행길에서 야비하고 방탕한 이탈리아인들이 교황의 군대에 참여하여, 성직자와 도적이 한 막사 안에서 잠자는 상황을 연출했다. 전열의 선두에서 창과 십자가가 어지럽게 뒤섞였다. 타고난 성인인 교황은 젊은 시절 배운 가르침들을 행군에서, 숙영지에서, 전투에서 다시 경험했다. 아풀리아의 노르만인들은 소수의 보병과 기병 3000명밖에는 전장에 소집할 수 없었을 뿐더러, 원주민들이 이탈하는 바람에 보급과 퇴각에 차질을 겪었다. 이렇게 되자 공포를 모르는 그들도 잠시 미신적인 경외감에 얼어붙었다. 레오의 군대가 몰아닥치자 그들은 부끄러워하지도 않고 순순히 자신들의 영적인 아버지 앞에 무릎을 꿇었다. 그러나 교황은 냉혹했다. 그가 거느린 오만한 게르만인들은 적의 왜소한 체구를 멸시했다. 노르만인들은 목숨을 내놓든가 아니면 도망치는 수밖에 없음을 깨달았다. 그들은 도망치는 것을 경멸했을 뿐 아니라 상당수가 사흘간 꼬박 굶은 상태였으므로, 더 쉽고 명예로운 죽음을 택했다. 그들은 키비텔라 언덕에 올라 평원으로 내리닫으면서 세 개 부대로 나누어 교황의 군대를 습격했다. 좌익과 중앙에서는 아베르사 백작 리샤르와 유명한 로베르 기스카르가 이탈리아군을 격파해 길을 뚫고 추격했다. 이탈리아군은 우왕좌왕하다가 부끄러운 줄도 모르고 도망가 버렸다. 좀 더 어려운 작전은 우익의 기병대를 이끌었던 험프리 백작이 맡았다. 게르만인들은 말과 창을 다루는 데는 별로 소질이 없다고 알려졌으나, 보병으로는 아무도 뚫을 수 없을 만큼 견고한 밀집 방진을 짰다. 그들이 긴 칼을 양손에 들고 압

6월,
패배와 감금

박해 오면 사람도, 말도, 갑옷도 견디지 못했다. 격렬한 전투 끝에 그들은 적을 쫓고 돌아온 기병대에 포위되어, 적들의 경외감에 찬 시선 속에서 복수했다는 만족감을 느끼며 죽음을 맞았다. 키비텔라 성문은 패주한 교황이 들어오지 못하도록 굳게 닫혔다. 그는 신앙심 깊은 정복자들에게 사로잡혔다. 그들은 교황의 발에 입 맞추고 자기들의 죄 많은 승리에 축복과 사면을 간청했다. 병사들에게 그는 적이자 포로였지만 그리스도의 대리인이기도 했다. 수장들의 생각이라 볼 수도 있겠지만, 아마도 그들은 당대에 널리 퍼진 미신에 깊이 물들어 있었던 듯하다. 교황은 조용히 물러앉아 생각할 여유를 얻자, 자신의 잘못으로 그리스도교도들이 피를 흘렸다고 탄식했다. 그는 자신이 죄와 추문의 장본인이 되었음을 느꼈다. 그의 기도가 실패로 끝나자, 군사적으로 적절하지 못한 행동을 했다는 비난이 널리 퍼졌다.[15] 이런 분위기 속에서 그는 이익이 될 법한 조약에 귀를 기울였다. 그리하여 신의 대의라며 설교해 왔던 동맹 관계를 저버리고 노르만인들이 과거에 이룬 정복과 앞으로 이룰 정복을 승인했다. 아풀리아와 칼라브리아 속주는 누구의 손아귀에 들어가든 콘스탄티누스의 기증물이자 성 베드로가 남긴 유산의 일부였으므로, 증여와 수령을 거쳐 교황과 모험가들 양측의 권리를 확정했다. 그들은 영적인 무기와 현세의 무기로 서로를 지원하기로 약속했다. 나중에 경작지 한 필지당 공물 또는 면역 지대(地代)로 12펜스가 부과되었다. 이 중대한 거래가 이루어진 후로 나폴리 왕국은 700년 이상 교황령의 봉토가 되었다.[16]

로베르 기스카르의 가계에 대해서는 농부로부터 내려왔다는 설과 노르망디 공작으로부터 내려왔다는 두 가지 설이 있

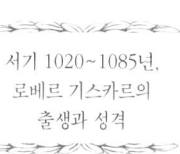
서기 1020~1085년, 로베르 기스카르의 출생과 성격

[15] 마르그는 몇 가지 비난과 불만을 고상한 방식으로 표현했다. 당대의 현인으로 알려진 다미아누스가 교황에게는 전쟁을 일으킬 권리가 없다고 주장했다가 추기경으로부터 비난을 받았으며, 바로니우스는 성 베드로도 양손에 칼을 들었다고 누구보다도 목청 높여 주장했다.

[16] 잔노네는 법학자이자 고학자로서 교황 수여식의 기원과 본질을 훌륭하게 논했다. 그러나 애국자로서의 의무와 가톨릭교도로서의 의무를 조화시키려는 시도는 부질없는 것이었다.

다. 농부 가문이라는 설은 한 비잔티움 공주의 오만과 무지에서 나온 이야기이고, 공작 가문이라는 설은 이탈리아 국민들의 무지와 아첨에서 나왔다.17 그의 진짜 혈통은 비공식 귀족 중 두 번째 또는 중간 계급에 속했던 것 같다. 그는 하(下)노르망디 쿠탕스 교구의 발바소르 혹은 배너릿 일족 출신으로, 오트빌 성을 영예로운 근거지로 삼았다. 그의 아버지 탕크레드는 공작의 궁정과 군대에서 단연 두드러진 인물이었는데, 병사와 기병 열 명을 데리고 싸웠다. 그는 자기 신분으로는 제법 괜찮은 상대와 두 번 결혼해서 열두 명의 아들을 낳았다. 두 번째 처가 차별 없이 따뜻한 애정으로 이들을 집에서 교육시켰다. 그러나 얼마 안 되는 세습 재산으로는 이 수는 많고 대담무쌍한 자식들을 다 먹여 살릴 수가 없었을 뿐더러, 그들도 주변에서 가난과 불화가 빚는 참상을 익히 보아 온 터였으므로, 외국과의 전쟁에서 더 영광스러운 유산을 구하기로 결심했다. 그리하여 두 명만 남아서 가족을 보호하는 한편 아버지의 노년을 보살피기로 하고, 열 명의 형제들은 성년이 되면 차례로 성을 떠나 알프스 산맥을 넘어 아풀리아의 노르만인 진영에 합류했다. 손위 형제들은 타고난 기백을 마음껏 발휘했고, 그들의 성공은 더 어린 형제들을 고무했다. 맨 위 세 명, 즉 윌리엄, 드로고, 험프리는 자기 민족의 수장뿐 아니라 새로운 공화국의 건설자가 될 자격이 충분했다. 로베르는 두 번째 결혼에서 태어난 일곱 아들 중 맏이였는데, 군인이자 정치가로서 타고난 영웅적인 자질은 그의 적들조차 못마땅해도 칭찬하지 않을 수 없었다. 그는 군대에서 가장 큰 자보다도 키가 컸으며, 힘과 우아함이 적절히 잘 어우러진 몸을 가지고 있었는데 노년기까지 건강과 당당하고 위엄 있는 풍채를 간직했다. 그는 혈색 좋은 피부에 떡 벌어진 어깨를 가졌고, 아마 색 머리카락과 수염

17 잔노네는 원래 저자들은 다 잊어버리고, 지난 세기 팔레르모의 수도사인 인베게스의 증언을 토대로 군주 혈통설을 내세웠다. 그들은 롤로에서 오트빌의 탕크레드의 아버지라고 주장되는 패륜아 또는 정복자 윌리엄 2세에 이르기까지 공작 작위를 계속 유지했다. 이렇게 말도 안 되는 실수가 어디 있겠는가! 탕크레드의 아들들은 윌리엄 2세가 세 살도 되기 전에 아풀리아 전투에 참전했다.

을 길게 길렀다. 눈에서는 불꽃이 튀었고, 목소리는 아킬레스처럼 소란스러운 전투 와중에도 복종심과 공포감을 불러일으켰다. 기사도 정신이 아직 무르익기 이전 시대에도 이런 자질은 시인이나 역사가의 관심을 끌기에 충분했다. 그들은 로베르가 오른손에는 검, 왼손에는 창을 들고 동시에 똑같이 능숙하게 다룰 수 있으며, 키비텔라 전투에서 세 번이나 말에서 떨어지고도 계속해서 싸웠고, 그 역사적인 날이 저물 무렵에는 적과 아군의 전사들 모두 그의 무용을 칭찬했다는 점을 놓치지 않았다. 끝을 모르는 그의 야심은 자신의 탁월한 재능을 자각한 데서 나왔다. 그는 위대함을 추구하면서 결코 양심의 가책에 사로잡히지 않았고, 인간적인 감정에 흔들리는 일도 거의 없었다. 명예를 전혀 의식하지 않은 것은 아니었지만, 공개적인 수단을 쓸지 비밀스러운 수단을 쓸지는 어디까지나 당면한 이득에 따라 결정했다. 기스카르라는 별명은[18] 흔히 위장과 책략으로 여겨지는 정치적인 처세술의 명수에게 잘 어울렸다. 한 아풀리아 시인은 로베르가 교활함에서는 율리시스를 능가하고 웅변으로는 키케로보다 낫다고 칭찬했다. 그러나 로베르는 이러한 술책을 군인다운 솔직함이라는 포장 속에 감추었다. 그는 동료 병사를 가까이 대하면서 예의를 지켰으며, 새로운 국민의 편견을 너그러이 용인해 주면서도 의복과 관습에서는 조국의 방식을 따랐다. 그는 필요한 곳에 인심 좋게 나누어 주기 위해 탐욕스럽게 재물을 빼앗았다. 그는 가난을 겪어 보았으므로 절약할 줄 알았으며, 장사꾼으로서의 이익에도 밝았다. 그의 죄수들은 숨겨 둔 재물을 토해 낼 때까지 오랜 시간 무자비한 고문에 시달렸다. 비잔티움 사람들의 말에 따르면 그는 말 탄 추종자들 다섯 명과 보병 서른 명만 대동하고 노르망디를 떠났다고 하지만, 사실 이 정도도 부풀린 것인 듯하다. 오트빌의 탕

[18] 자기들의 방언에 가장 정통한 노르만 사가와 편집자들은 '기스카르(Guiscard)' 혹은 '비스카르(Wiscard)'를 '칼리두스(Callidus),' 즉 교활한 자라는 의미로 해석한다.

크레드의 여섯 번째 아들은 일개 순례자로 알프스를 통과했으며, 이탈리아의 모험가들 가운데서 첫 군대를 모집했다. 그의 형제와 동포들은 비옥한 아풀리아 땅을 이미 다 나눠 가졌을 뿐 아니라, 탐욕스러운 질투심에 차서 자기 몫을 지키는 데 혈안이 되어 있었다. 이 야심만만한 젊은이는 칼라브리아 산간 지대로 밀려났다. 비잔티움군과 원주민을 상대로 벌인 첫 번째 원정에서는 영웅인지 도둑인지 분간이 안 될 정도였다. 그는 성이나 수도원을 기습하고, 부유한 시민을 납치하고, 인근 마을에서 필요한 식량을 약탈하면서 힘을 길렀다. 노르망디의 자원자들이 그의 깃발 아래 모여들었으며, 칼라브리아의 농부들도 노르만인이 되어 그의 명령에 복종했다.

서기 1054~1080년, 로베르 기스카르의 야망과 성공

로베르의 천재적인 재능이 그의 운과 더불어 점점 더 꽃을 피우면서 형의 질투심을 자극했으므로, 그는 형으로부터 생명을 위협받고 자유를 제약당하게 되었다. 험프리가 사망한 후 그의 나이 어린 아들들은 지휘권을 박탈당하고, 후견인이 된 숙부의 야심으로 인해 일개 평민의 지위로 추락했다. 기스카르는 방패 위에 높이 떠받들려 아풀리아 백작이자 공화국 군주로 추대되었다. 그는 힘과 권위가 커지자 칼라브리아 정복에 다시 나섰으며, 곧이어 동료들보다 훨씬 위에서 오랫동안 군림할 수 있는 지위를 갈망하게 되었다. 그는 몇 가지 약탈 행위와 신성 모독 행위 때문에 교황으로부터 파문 선고를 받았다. 그러나 니콜라우스 2세는 우방들끼리 분열했다가는 공멸할 수도 있으며, 노르만인들은 교황의 충실한 옹호자인 만큼 귀족들의 변덕에 기대느니 군주와 동맹 관계를 맺는 편이 더 안전하다는 설득을 받아들였다. 멜피에서 백 명의 주교가 모여 종교 회의를 열자, 백작은 중요한 사업도 제쳐 두고 로마 교황을 보호하고 그의 훈령을 실행에 옮기고자 나섰다. 교황은 감사하는 뜻에서 로베르와 그의 자손에게 종파 분립론자인 비잔티움인과 믿음이 없는 사라센인으로부터 그가 구한 아풀리아, 칼라브리아, 이탈리아와 시칠리아의 모든 땅과 함께 공작의 칭호를[19] 수여했다. 이러한 교단의 승인이 그의 무력에 정당성을 부여했을지 모르지만, 자유롭고 당당한 국민으로부터의 동의 없이 복종을 받아 낼 수는 없었다. 기스카르는 다음 전투로 콘센차와 레기오를 정복할 때까지 자신의 즉위 사실을 숨겼다. 승리를 거두자 그는 군대를 모아 놓고 그리스도의 대리인이 결정한 바를 투표로 승인해 줄 것을 요청했다. 병사들은 기쁨에 찬 환호성으로 용맹스러운 공작을 맞았다. 그의 동료였던 백작들은 속에서 끓어오르는 분노를 미소로 간신히 가리고 충성 서약을 했다. 이렇게 즉위식을 치른 후 로베르는 자신을 '신과 성 베드로의 은총으로, 아풀리아, 칼라브리아, 훗날에는 시칠리아 공작'으로 부르고, 이 칭호를 현실화하기 위해 20년에 걸쳐 갖은 노력을 다했다. 좁은 지역에서 이처럼 느릿느릿 전진했다는 사실은 이 수장의 능력과 민족의 기상에 비추어 의외라고 생각될지도 모른다. 하지만 노르만인들은 수가 매우 적었으며, 재원도 빈약했고, 마음 내킬 때에만 봉사를 바쳤다. 공작의 대담무쌍한 계획이 호족 회의에서 거침없이 터져 나온 반대의 목소리에 부딪힌 것도 한두 번이 아니었다. 국민의 손으로 선출된 열두 명의 백작은 그의 권위에 맞서 음모를 꾸몄고, 험프리의 아들들이 배신한 숙부에 맞서 정의와 복수를 요구하기도 했다. 기스카르는 지혜와 활력으로 그들의 음모를 탐지하고, 반란을 진압하고, 죄인들에게 사형이나 추방 등 벌을 내렸다. 그러나 그는 이 같은 내분을 치르느라 시간과 국력을 헛되이 소모했

서기 1060년, 아풀리아 공작

[19] 기스카르가 공작 칭호를 손에 넣었다는 사실은 잘 알려져 있지 않다. 잔 노네, 무라토리, 마르크의 충고에 따라 일관성 있고 믿을 만한 내용을 구성하고자 노력했다.

다. 비잔티움군, 롬바르디아인, 사라센인 등 외적들은 패배 후 해안에 위치한 강성하고 인구가 많은 도시들로 퇴각했다. 그 도시들은 요새를 비롯해 방어 태세를 훌륭히 갖춘데다가, 노르만인들은 전장에서 말을 타고 싸우는 데 익숙했으므로, 조잡한 공격 방법으로 성공을 거두려면 불굴의 용기로 노력하는 수밖에 없었다. 살레르노를 함락시키는 데는 여덟 달 이상 걸렸으며, 바리 포위 공격은 거의 4년 가까이 끌었다. 이런 작전들을 수행하면서 노르만 공작은 어떤 위험과 역경에도 늘 선두에 서서 최후까지 가장 끈질기게 버텼다. 그가 살레르노를 공격할 때, 성벽에서 떨어진 거대한 돌덩이에 무기가 박살 나고 파편에 가슴을 부상당했다. 그는 바리 성문 앞에서는 삭정이로 엮고 짚으로 지붕을 이은 초라한 오두막 같은 막사에 묵었는데, 겨울의 악천후와 적들의 창끝에 고스란히 노출된 위험스러운 위치였다.

이탈리아 정복

로베르의 이탈리아 정벌은 현재 나폴리 왕국의 경계선과 일치한다. 그가 무력으로 통일한 지역은 그 후로 700년간 한 번도 분열되지 않았다. 왕국은 비잔티움 속주인 칼라브리아와 아풀리아, 살레르노의 롬바르드 공국, 아말피 공화국, 넓고 오래된 베네벤툼 공작령에 속한 내륙 속령으로 이루어졌다. 세 지역만이 공통 적용되는 법의 지배를 면했는데, 첫 번째 지역은 영원히, 나머지 두 지역은 다음 세기 중반까지 그러한 특혜를 누렸다. 베네벤툼 시와 인접 지역은 증여나 교환을 통해 독일 황제로부터 로마 교황에게 이전되었다. 이 성스러운 땅은 몇 차례 침략을 당하기도 했지만 결국은 성 베드로의 이름이 노르만인의 검을 이겼다. 노르만인들은 카푸아를 정복하여 보유하면서 처음으로 아베르사에 식민지를 세웠다. 카푸아 군주는 선조의 궁정 앞에서 빵을 구걸하는 처지로 전락했다. 현재의 수도인 나폴리의 공작들은 비잔티움 황제의 보호 아래 자유를 지켰다. 기스카르가 새롭게 손에 넣은 것 중에서도 살레르노의 학문과 아말피의 무역은 잠시나마 독자의 호기심을 자극할 것이다. (1) 여러 학문 중에서도 법학은 법과 소유 관계가 기존에 확립되어 있어야 가능하며, 신학은 종교와 이성이 득세하면 자리를 잃고 사라질 학문이다. 그러나 야만인이나 현인이나 의학의 도움이 필요하기는 마찬가지다. 우리가 앓는 병이 사치 때문이라고 한다면, 미개한 시대에는 재난과 부상으로 인한 불행이 더 흔했을 것이다. 그리스 의학의 귀중한 자산은 아프리카, 스페인, 시칠리아를 비롯해 아랍 식민지로 전파되었다. 평화 시와 전쟁 시의 교류를 통해 남자들은 정직하고 여자들은 아름답기로 이름 높은 도시, 살레르노에 지식의 불꽃이 활활 타올랐다. 유럽의 암흑 속에서 처음으로 세워진 학교는 의술을 가르치기 위한 것이었다. 의사라는 이롭고 돈벌이가 짭짤한 직업은 수도사와 주교에게도 잘 어울렸다. 방방곡곡에서 가장 신분 높은 환자들까지도 앞다투어 살레르노의 의사를 초청하거나 방문했다. 의사들은 노르만 정복자들로부터도 보호를 받았다. 기스카르는 병영에서 잔뼈가 굵었지만 철학의 장점과 가치를 알아보는 눈이 있었다. 아프리카의 그리스도교도인 콘스탄티누스는 30년간의 순례 여행 끝에 아랍족의 언어와 학문에 통달한 대가가 되어 바그다드에서 돌아왔다. 이 이븐 시나의 제자는 의술과 교육, 저작으로 살레르노에 많은 공헌을 했다. 이 의학교는 대학이라는 이름 아래 오랫동안 묻혀 왔으나, 의학이 전하는 교훈은 12세기의 레오니우스 스타일의 시(또는 라틴 음률) 한 줄 경구 속에 잘 압축되어 있다. (2) 살레

살레르노의 학교

아말피의 교역

르노 서쪽으로 7마일, 나폴리 남쪽으로 30마일 떨어진 곳에 자리 잡은 이름 없는 마을 아말피가 산업의 중심지로 위세를 떨쳤다. 그 지역의 토지는 비옥한 반면 비좁았지만, 바다에 면해 있어 접근이 쉬웠다. 그래서 이곳 주민들은 처음에는 동방의 상품과 특산품을 서방 세계에 공급하는 역할을 맡았다. 이처럼 왕래가 편한 덕에 그들은 부와 자유를 얻을 수 있었다. 이 도시는 공작과 비잔티움 황제의 주권 아래 민주 정체를 유지했다. 아말피 성벽 안에 사는 시민의 수는 5만 명을 헤아렸다. 어떤 도시도 금은보석과 온갖 사치품이 이렇게 흔전만전 넘쳐 나지는 않았다. 살레르노 항에 몰려드는 선원들은 항해술과 천문에 관한 이론과 실기에서 누구에게도 뒤지지 않았다. 그들은 독창성이 뛰어났는지 운이 좋았는지 모르지만 나침반을 발견해 전 세계로 나가는 길을 열었다. 그들의 시장은 아프리카, 아라비아, 인도 해안 전체였다. 콘스탄티노플, 안티오크, 예루살렘, 알렉산드리아에 세워진 정착지는 독립적인 식민지로서의 특권을 얻었다. 아말피는 300년 후 노르만인의 무력에 억눌리고 피사의 질투로 약탈에 시달리게 되지만, 1000여 명의 가난한 어부들에게는 아직도 무기고, 대성당, 황족 출신 상인들의 대저택의 유적이 남아 있다.

서기 1060~1090년,
루지에로의 시칠리아 정복

탕크레드의 열두 번째 아들인 막내 루지에로는 아버지는 늙고 자신은 너무 어린 탓에 오랫동안 노르망디에 남아 있었다. 그는 반가운 부름을 받고 서둘러 아풀리아 진영으로 달려가, 처음에는 형(기스카르)의 감탄을 샀으나 나중에는 질시를 받았다. 그들의 용맹과 야심은 막상막하였으나 루지에로의 젊음과 잘생긴 외모, 우아한 행동거지는 병사들과 국민들로부터 순수한 애정을 얻었다. 자신과 마흔 명의 추종자가 받는 보수가 너무 박했으므로, 그는 정복자에서 약탈자로, 약탈자에서 역내의 도적으로 점점 타락해 갔다. 그의 역사가조차 그가 소유권에 대한 개념이 너무 희박한 나머지 특별 명령을 내려 멜피의 마구간에서 말을 훔친 일을 비난한다. 그는 가난과 굴욕을 겪으면서 오기가 생겼다. 그리하여 이러한 비천한 짓을 그만두고 성스러운 전쟁에서 공을 세워 영광을 얻고자 일어섰다. 그는 형 기스카르의 열성적인 후원에 힘입어 시칠리아를 침략했다. 비잔티움군이 퇴각한 후, 우상 숭배자라는 가장 무례한 비난을 들었던 가톨릭교도들은 자신들이 입었던 손실을 회복하고 잃었던 재산을 되찾은 상태였다. 그러나 그 섬을 구한 것은 동로마 군대의 헛된 노력이 아니라, 소규모의 모험가로 이루어진 비정규 부대였다. 첫 번째 공격에서 루지에로는 덮개도 없는 배를 타고 스킬라와 카리브디스에 버금가는 위험한 지역을 용감히 통과했다. 그는 단 예순 명의 병사만을 대동한 채 적국의 해안에 상륙하여 메시나 성문까지 사라센인들을 몰아붙인 다음, 인근 지역에서 거둔 전리품을 가지고 안전하게 귀환했다. 트라니 성에서도 그의 적극적이고 끈기 있는 용기는 단연 빛을 발했다. 그는 말년에 고생스러운 포위 공격 당시 아내와 함께 망토 한 벌을 번갈아 입으며 버텼던 일, 습격을 받고 말이 쓰러져 사라센인들의 손에 붙잡혔으나, 검 한 자루에 의지해 탈출하면서 이단자들의 손에 아무리 하잘것없는 전리품이라도 남겨 두지 않으려고 등에 말안장을 지고 돌아온 일 등을 즐거이 회상하곤 했다. 그는 트라니 포위 공격에서 노르만인 300명으로 그 섬의 병력을 격퇴했다. 케라미오 전장에서는 제일 앞장서서 말을 타고 싸운 성 게오르기우스를 빼더라도 단 136명에 불과한 그리스도교도 병사들로 5만 명의 보병과 기

[20] 나는 몇 가지 자질구레한 내용 중 말라테라의 글을 통해 아랍인들이 시칠리아에 낙타와 편지를 보내는 데 쓸 수 있게 훈련된 비둘기의 이용을 도입했다는 사실과 독거미에 물리면 배에 가스가 차게 된다는 사실을 알았다. 팔레르모 근방에 주둔한 노르만 군대는 모두 이 우스꽝스럽기 짝이 없는 증상을 경험했다.

병을 제압했다. 적으로부터 빼앗은 네 마리 낙타가 그려진 깃발은 성 베드로의 후임들을 위해 간직해 두었다. 이 야만스러운 전리품을 바티칸이 아니라 카피톨리누스 언덕에 전시해 놨더라면, 포에니 전쟁에서의 승리를 떠올리게 했을 것이다. 노르만인의 수가 적었다는 사실에 관해서는 이들이 명예로운 기사 계급의 병사로, 전장에서는 각각 대여섯 명의 부하를 거느렸으리라는 점을 참작해야 한다. 그러나 이런 해석과 함께 용맹과 무기, 평판을 모두 빠짐없이 고려한다 하더라도, 신중한 독자라면 미심쩍은 부분이 너무나 많아서 기적이나 우화로 치부할지도 모른다. 시칠리아의 아랍인은 아프리카의 동포들로부터 자주 강력한 원조를 얻었고, 노르만 기병대는 팔레르모를 포위 공격할 때 피사의 갤리선 함대로부터 원조를 받았다. 두 형제의 질투는 고상한 불굴의 경쟁의식으로 승화되었다. 30년에 걸친 전쟁 끝에[20] 루지에로는 대백작의 칭호와 함께 지중해에서도 가장 크고 비옥한 섬의 통치권을 손에 넣었다. 그의 통치 스타일은 나이와 교육 수준에 어울리지 않게 자유롭고 계몽된 정신을 보여 준다. 이슬람교도들은 종교와 재산을 자유롭게 향유할 수 있었다. 마호메트의 일족인 마자라 출신의 한 철학자 겸 의사는 정복자에게 열변을 토한 덕으로 궁정에 초대받았다. 일곱 가지의 기후대에 관한 그의 지리서가 라틴어로 번역되자, 루지에로는 이를 숙독한 뒤 그리스의 프톨레마이오스의 저작보다 이 아랍인의 연구를 더 높이 평가해 주었다. 나머지 그리스도교도 원주민은 노르만인들의 승리를 도왔으므로, 십자가의 승리로 바라던 보답을 받았다. 그 섬은 다시 로마 교황의 관할권으로 돌아갔다. 주요 도시마다 새로운 주교가 발령되었고 성직자들은 교회와 수도원의 넉넉한 기부금에 만족했다. 그러나 가톨릭의 영웅(루지에로)은 민정 관리로서의 권리를 주장했다. 그는 성직록 수여 권한을 포기하기는커녕 교묘하게 교황의 요구에 자신의 이권을 결부시켰다. 그리하여 시칠리아 군주에게 교황청의 특사 자격을 대대로 영구히 인정하는 대칙서가 발표됨으로써, 왕관의 지고한 권력을 보장할 뿐 아니라 더 나아가 확대했다.

로베르 기스카르에게 시칠리아 정복은 이익이라기보다는 영광이었다. 그의 야심은 아풀리아와 칼라브리아로는 만족할 수 없었으므로, 동로마 제국을 침략해서 정복할 첫 번째 기회를 잡지 못하면 만들어 내기로 결심했다. 그는 근친 결혼이라는 구실로 보잘것없는 재산을 공유하는 조강지처를 버렸다. 그의 아들 보에몽은 유명한 아버지를 계승하기보다는 모방해야 할 운명이었다. 기스카르의 두 번째 아내는 살레르노 군주의 딸이었다. 롬바르드인들은 그들 사이에서 태어난 아들의 왕위 계승에 동의했다. 그들의 다섯 딸은 모두 시집을 잘 갔는데,[21] 그들 중 하나는 성년이 되기 전에 미카엘 황제의 아들이자 상속자인 아름다운 청년 콘스탄티누스와 정혼했다. 그러나 콘스탄티노플의 옥좌가 반란으로 위태로워지면서, 두카스 황실 가문 사람들은 궁중이나 수도원에 유폐되는 신세가 되었다. 로베르는 딸이 굴욕을 당하고 동맹이 추방당한 데 한탄하며 분노를 금치 못했다. 그 무렵 한 비잔티움인이 살레르노에 나타나 콘스탄티누스의 아버지를 자칭하면서 자신의 몰락과 도주에 얽힌 모험담을 늘어놓았다. 이 불행한 벗은 공작으로부터 인정을 받고 황제의 권위에 어울리는 환대를 받았다. 미카엘은 아풀리아와 칼라브리아를 통과해 의기양양하게 행진하면서 국민들의 눈물과 환호로 맞아들여졌다. 교황 그레고리우스 7세는 그를 복위시키는 신성한 위업을 위해 주교들은 설교하고 가톨릭교도들

서기 1081년,
동로마 제국을 침입한
로베르

[21] 그들 중 하나는 11세기에 부와 권세, 고귀한 신분을 두루 갖춘 롬바르디아의 후작인 아초(또는 악소)의 아들 위그에게 시집갔다. 그의 10세기, 9세기 조상들은 라이프니츠와 무라토리의 연구로 밝혀졌다. 아초 후작의 위로 두 아들은 브룬스윅과 에스테의 유명한 가계의 시조이다.

56장 567

은 싸울 것을 호소했다. 그는 로베르와 자주 만나 친밀한 대화를 나누었다. 그들은 노르만의 용맹과 동로마의 재물을 들어 서로의 약속을 보증했다. 그러나 이 미카엘이라는 작자는 비잔티움인과 라틴인들의 고백에 따르면 농군 출신 사기꾼이거나, 아니면 수도원에서 도망쳐 온 수도사이거나, 궁정에서 일했던 종복에 불과했다. 이 사기극은 주도면밀한 기스카르가 꾸며 낸 것이었다. 그는 이 가짜가 자신이 출병할 그럴듯한 구실을 만들어 주고 나서, 자기가 고개 한 번만 끄덕이면 원래대로 눈에 띄지 않는 곳으로 사라져 버릴 것이라고 생각했다. 그러나 비잔티움 사람을 확실하게 믿게 만들려면 승리하는 수밖에 없었다. 라틴인은 쉽게 속아 넘어갔으나 열의는 약했다. 노르만 고참병들은 고생한 대가를 즐기고 싶어했고, 전쟁을 좋아하지 않는 이탈리아인들은 바다 건너 원정에 따를 온갖 위험을 상상으로 부풀리면서 두려워했다. 로베르는 신병을 모집하면서 선물과 약속, 국가와 종교의 권위가 주는 공포를 비롯해 갖은 수단을 다 동원했다. 몇 가지 폭력 사태로 보아 노인과 어린아이까지 무자비한 군주의 군대에 강제로 끌어들였다는 비난도 근거가 있는 것 같다. 2년간의 부단한 준비 끝에 이탈리아의 최말단, 구두 굽 위치에 해당하는 오트란토에 육해군이 총집결했다. 로베르는 그의 옆에서 함께 싸우는 아내, 아들 보에몽, 가짜 미카엘 황제를 대동하고 나타났다. 노르만 기사 1300명이 군대의 중추를 형성했다. 그들이 이끄는 여러 민족으로 이루어진 부하들까지 합하면 총 병력은 3만에 달했다. 사람, 말, 무기, 포, 생가죽을 씌운 목탑 등이 150척의 배에 실렸다. 수송선은 이탈리아 항에서 건조되었고 갤리선은 라구사 공화국에서 제공했다.

이탈리아와 에피루스 해안은 아드리아 만 하구에서 서로 가까워진다. 따라서 브룬두시움과 로마의 군사 도로인 두라초 사이의 거리는 100마일에 불과했고,22 오트란토의 마지막 거점에서는 50마일까지 좁혀졌다. 이렇게 거리가 좁다 보니 피루스와 폼페이우스는 다리를 놓자는, 대단하다 할지 터무니없다 할지 모를 생각까지 했던 것이다. 전 함대가 출항하기에 앞서 노르만 공작은 보에몽에게 코르푸 섬을 점령하거나 위협한 다음, 반대쪽 해안을 정탐하고 군대가 상륙할 발로나 인근의 항을 확보하라는 지시와 함께 갤리선 열다섯 척을 주어 보냈다. 그들은 적의 눈을 피해 상륙했다. 이들의 성공은 비잔티움의 해군력이 얼마나 태만과 쇠퇴에 빠졌는지 보여 준다. 에피루스의 섬들과 바닷가 마을들은 코르푸(현대식 지명을 쓰겠다.)에서 두라초까지 함대와 군대를 지휘하는 로베르의 무력 또는 이름 앞에 무릎을 꿇었다. 제국의 서쪽 요충지인 그 도시는 예로부터 유명한 곳으로, 당시에는 요새로 둘러싸여 동방 전쟁에서 승리를 거둔 파트리키우스인 팔라이올로구스와, 시대를 막론하고 전사로서의 명성을 지켜 온 알바니아인과 마케도니아인 수비대가 지키고 있었다. 기스카르는 작전을 수행하면서 온갖 위험과 재난에 시달렸다. 한 해 중 가장 항해하기 좋은 철이었음에도 불구하고, 그의 함대는 해안을 따라 통과하던 중 예기치 않은 폭풍우와 눈보라를 만났다. 아드리아 해는 남쪽에서 불어온 돌풍으로 물이 불었고, 예로부터 악명 높은 아크로케라우니아 암초로 인해 난파선이 속출했다. 돛과 돛대, 노는 산산조각 나거나 갈가리 찢기고 말았다. 바다와 해안에는 배의 파편과 무기, 시체가 널렸고, 식량도 물에 잠기거나 상해 버렸다. 공작의 갤리선은 가까스로 파도를 헤치고 나왔다. 로베르는 인근 곳에서 7일간 머물면서 남은 배를 모으고 병사들의 침

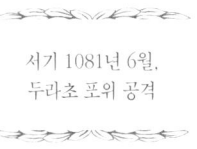
서기 1081년 6월, 두라초 포위 공격

22 예루살렘을 한 바퀴 돌면 1000스타디아 혹은 100마일 정도 거리인데, 스트라보와 플리니우스는 이상하게도 이를 두 배로 늘렸다.

체된 사기를 되살렸다. 노르만인들은 더 이상 그린란드에서 아틀라스 산까지 누비면서 지중해의 사소한 위험 정도는 코웃음으로 넘기는 대담하고 노련한 선원이 아니었다. 그들은 폭풍우 속에서 눈물을 흘렸고, 비잔티움 궁정의 기도와 약속을 받아들인 베네치아군이 접근해 오자 혼비백산했다. 아버지의 해군을 이끌고 나선 보에몽은 수염도 안 난 애송이치고는 첫날 작전을 제법 잘 치러 냈다. 공화국의 갤리선은 초승달 모양으로 대형을 이루고 밤새 정박해 있었다. 다음 날의 전투에서는 교묘한 기동 작전, 궁수들의 배치, 창의 무게, 빌려 온 비잔티움 화포의 도움으로 승패가 판가름 났다. 아풀리아와 라구사의 전함은 해안으로 도망쳤으나, 여러 척이 닻줄이 끊어져 정복자에게 끌려갔다. 도시로부터의 공격은 노르만 공작 진영에서 많은 희생자를 내고 그들을 경악에 빠뜨렸다. 때맞춰 구원의 손길이 두라초에 나타났다. 포위군이 제해권을 빼앗기자마자 섬과 해안 마을은 진영에 공물과 식량 공급을 중단했다. 진영에는 곧 역병이 돌았다. 500명의 기사가 불명예스러운 죽음을 맞았으며, 매장된 사람의 숫자는(모두 예를 갖추어 매장되었다고 한다면) 1만여 명에 이르렀다. 이런 재난 속에서도 기스카르의 의지는 확고부동했다. 그는 아풀리아와 시칠리아에서 새로운 병력을 모으는 한편으로 두라초 성벽을 공격하고, 기어오르고, 참호를 팠다. 그러나 상대방의 용맹과 끈기도 그에 못지않았다. 500명의 병사를 태울 수 있는 이동식 포탑이 방벽 바로 밑으로 옮겨졌으나, 방어군은 거대한 대들보로 포탑 문이나 도개교를 내리지 못하도록 막고 이 목조 구조물을 순식간에 불태워 버렸다.

4~9월, 알렉시우스 황제의 군대와 진군

로마 제국이 동쪽에서는 투르크인, 서쪽으로는 노르만인으로부터 공격을 당할 동안, 미카엘 황제를 계승한 노령의 황제

(니케포루스 3세)는 유명한 장군이자 콤네누스 왕조의 시조인 알렉시우스에게 왕홀을 넘겨주었다. 그의 딸이자 역사가인 안나 공주는 감동적인 문체로 헤라클레스라도 이중(二重)의 전투를 감당하지는 못한다고 적었다. 이런 원칙에 의거하여 그녀는 아버지가 두라초를 구하러 직접 나서기 위해 투르크인들과 서둘러 화평을 맺은 것을 인정했다. 알렉시우스가 즉위하고 보니 진영에는 병사가 없고 국고는 텅 비어 있었다. 그러나 그는 엄청난 정력과 적극성의 소유자였으므로, 6개월 후에는 7만 명까지 군사를 모아[23] 500마일을 진격할 수 있었다. 그는 펠로폰네수스에서 흑해에 이르기까지 유럽과 아시아에서 군대를 모집했다. 기마대는 은제 무기와 화려한 마구로 황제의 위엄을 과시했다. 황제는 일군의 귀족과 제후들을 대동했는데, 그들 중에는 벼락출세로 자주색 옷을 걸치고 호시절을 만나 부와 권력을 즐기는 자들도 있었다. 이런 젊은이들의 열정이 좌중의 생기를 북돋울 수도 있었겠지만, 쾌락에만 탐닉하고 복종을 경멸하는 자들인지라 무질서와 분란만 심해졌다. 알렉시우스는 신중하게 포위군을 에워싸고 굶주림에 시달리게 할 생각이었으나, 그들은 빨리 결정적인 작전을 취하자며 끈질기게 고함을 질러 방해했다. 속주들을 하나하나 열거하자면 로마 제국의 과거와 현재의 판도가 얼마나 달라졌는지 서글퍼질 지경이다. 경험도 없는 군대는 공포에 떨면서 급하게 긁어모은 것이었고, 아나톨리아, 즉 소아시아 주둔군을 도시로부터 철수시켜 매수해 데려왔으나, 곧바로 투르크인들이 그 도시들을 점령해 버렸다. 비잔티움 군대의 주력 부대는 바랑인들과 스칸디나비아 수비대로 구성되었는데, 근래 브리튼 섬에서 도망쳐 온 자들과 자원자가 몰려드는 바람에 수가 부쩍 늘었다. 데인인과 잉글랜드인들은 노르만 정복자의 멍에 아래 억압받으면서 통합되었

[23] 무라토리는 어떤 저자들은 비잔티움군이 17만 명이었다고 하지만 여기에서 0을 하나 빼야 한다고 보았고, 말라테라는 7만 명으로 추산했다. 그가 언급한 구절은 프로토스파타의 연대기에 있다.

다. 모험심에 불타는 젊은이들은 노예의 땅을 버리기로 결심하고 바다를 탈출로로 삼았다. 그들은 기나긴 여정을 거치면서 자유와 복수에 대한 희망이 보이는 곳이면 어디든 가리지 않고 찾아갔다. 그들은 비잔티움 황제의 군대에 들어갔는데, 처음에는 아시아 해안의 새로운 도시에 배치되었다. 그러나 알렉시우스는 곧 그들을 불러들여 자기 신변과 궁정의 경호를 맡겼다. 그들은 후계자에게도 계속해서 충성과 용맹을 바쳤다. 노르만 침략자의 이름을 듣자 과거에 겪었던 참화의 기억이 새롭게 되살아났으므로, 그들은 국가의 적에 맞서고자 신속하게 진군에 나섰다. 그들의 가슴은 헤이스팅스 전투에서 잃어버린 영광을 에피루스에서 되찾겠다는 열망으로 불타올랐다. 바랑인들은 프랑크나 라틴인들로부터 지원을 받았다. 기스카르의 폭정을 피해 콘스탄티노플로 도망쳐 왔던 이 반역자들은 자기들의 열의를 알리고 복수심을 채우기를 간절히 원했다. 이처럼 사태가 급박해지자 황제는 트라키아와 불가리아의 바울파나 마니교도의 불순한 원조 제의까지도 물리치지 않았다. 이 이단자들은 용맹스러운 정신과 규율에 순교자적인 인내심까지 갖추었다. 황제는 술탄과 조약을 맺어 투르크인 원군 수천 명을 얻어, 스키타이 기병의 화살로 노르만 기병대의 창을 막아 낼 수 있게 되었다. 이처럼 가공할 병력을 모았다는 보고를 멀리서 전해 들은 로베르는 장군들을 불러 회의를 했다.

그대들이 처한 위험을 보라. 급박하고 피할 수 없는 상황이다. 군대와 깃발이 언덕을 온통 뒤덮었다. 비잔티움 황제는 역전의 용사이다. 복종과 단결만이 우리의 살길이다. 그러므로 나보다 더 나은 지도자가 있다면 그에게 기꺼이 지휘권을 넘기겠다.

이러한 절체절명의 위기에 그의 숨은 적들조차도 투표와 환호로 그에 대한 존경과 신임을 확인했다. 그러자 공작은 이렇게 말했다.

> 승리로 보답받을 것을 굳게 믿고, 탈출해 보려는 비겁함 따위는 버리자. 우리의 배와 짐을 모두 불태워 버리고, 바로 여기가 우리가 태어나고 죽을 곳이라는 각오로 전투에 임하자.

이 결의는 만장일치로 승인되었다. 기스카르는 자기 자리에만 머물지 않고 전투 대형을 갖춘 채 적이 더 가까이 접근해 오기를 기다렸다. 대형은 뒤쪽으로 작은 강을 등지고, 우익은 바다까지, 좌익은 언덕까지 뻗었다. 그는 바로 그 자리가 먼 옛날 카이사르와 폼페이우스가 세계의 패권을 놓고 다툰 자리인지는 몰랐을 것이다.[24]

알렉시우스는 장군들의 현명한 충고에도 불구하고 총공격을 감행하기로 결심했다. 그는 두라초 수비군에게도 적시에 도시로부터 습격을 가해 자기들을 구출하는 작전을 돕도록 권유했다. 그는 해 뜨기 전에 노르만인들을 서로 다른 두 방향에서 기습할 생각으로 두 줄로 진군했다. 그리하여 경무장한 기병대가 평원 전체에 산개했고, 궁수들이 두 번째 대열을 형성하고, 바랑인들은 선봉 부대로 나서는 영광을 차지했다. 첫 번째 돌격에서 이방인들은 전투용 도끼로 기스카르의 군대에 무시무시한 공포를 깊이 심어 주었다. 이제 기스카르군의 수는 1만 5000명으로 줄어들었다. 롬바르드인과 칼라브리아인들은 불명예스럽게도 등을 돌려 강과 바다 쪽으로 도망쳤으나, 수비대의 출격을 막기 위해 다리를 이미 끊어 놓은 상태였다. 해안에는

[24] 카이사르가 남긴 단순하고 영웅다운 묘사를 볼 것. 이킬리우스가 아프리카와 스페인 전투에서 그랬듯이 살아남아 이러한 작전들을 분석해 보지 못한 것은 아쉬운 일이다.

서기 1081년 10월, 두라초 전투

베네치아의 갤리선이 포진하고 있다가 이 오합지졸 무리에게 대포를 발사했다. 그들은 궤멸 직전에 대장들의 기백과 지휘로 목숨을 건졌다. 비잔티움 사람들은 로베르의 아내 가이타의 모습을 호전적인 여장부, 제2의 팔라스로 묘사했다. 그녀의 재주는 아테나 여신에 못 미쳤을지 몰라도 무용만큼은 뒤지지 않았다. 그녀는 화살에 부상당하고도 굳게 버티고 서서 고군분투하며 모범을 보여, 도주하는 군대를 다시 불러들였다. 그녀의 여성적인 목소리에 뒤이어 회의 석상에서는 인자하고, 전장에서도 침착성을 잃지 않는 노르만 공작의 우렁찬 목소리가 울려 퍼졌다.

그대들이 어디로 달아난단 말인가? 적은 무자비하다. 노예가 되느니 죽는 편이 나을 것이다.

이때 결정적인 순간이 왔다. 바랑인들이 대열 앞에서 전진하던 중 측면이 무방비로 노출되었던 것이다. 800명의 기사로 이루어진 공작의 주력 부대는 멀쩡한 모습으로 굳건히 버티고 있었다. 그들이 창을 들자 비잔티움 사람들은 이 프랑크 기병대의 저항할 수 없을 만치 거센 공격에 탄식을 토했다. 알렉시우스는 일개 병사로서나 장군으로서나 최선을 다해 싸웠으나, 바랑인들이 무참히 쓰러지고 투르크인들이 도망치는 모습을 보자 자국민에 대한 멸시감을 느끼면서 자신의 운명을 한탄하지 않을 수 없었다. 안나 공주는 이 슬픈 장면에 눈물을 떨구면서도, 아버지가 창의 일격에 투구가 박살 나고 거의 쓰러질 뻔한 와중에도 결사적으로 싸워, 날래고 힘센 말 덕에 빠져나온 데 찬사를 보냈다. 그는 필사적인 용맹을 발휘하여 퇴로를 막는 프랑크인 기병대를 돌파했다. 그는 이틀 낮과 밤을 산속에서 헤매다가 리크니두스 성 안에서 마음은 편치 못해도 몸이나마 잠시 쉴 곳을 얻었다. 승리한 로베르는 좀 더 빨리 추격해서 귀중한 전리품을 포획하지 못했다고 질책했으나, 전장에 널린 전리품과 깃발, 비잔티움군 막사의 부와 사치품, 자기편보다 다섯 배나 더 많은 군대를 물리쳤다는 영광으로 실망감을 달랬다. 많은 이탈리아군이 스스로의 공포에 희생되었으나, 이 기념비적인 날 살해당한 기사는 서른 명에 불과했다. 로마군 중 비잔티움인, 투르크인, 잉글랜드인 사망자 수는 5000~6000명에 달했다.[25] 두라초 평원은 귀족과 황족의 피로 얼룩졌다. 가짜 미카엘의 최후는 그의 삶보다 더 영예로웠다.

비잔티움 사람들로부터 경멸받고 무시당하기만 했던 이 화려한 가짜 황제의 죽음이 기스카르에게 별반 타격이 되지는 않았을 것이다. 비잔티움군은 패배한 후에도 여전히 두라초를 지켰다. 한 베네치아 지휘관이 팔라이올로구스를 경솔하게 내쫓고 그 자리를 대신 차지했다. 포위군의 천막은 겨울 날씨에 견디기 위해 막사로 바뀌었다. 로베르는 수비대의 도전에 대해 자신의 인내심도 그들의 끈기 못지않다는 답을 전했다.[26] 아마도 그는 부유하고 영예로운 혼약을 맺는 대가로 도시를 팔아넘기기로 한 베네치아 귀족과의 비밀 거래에 기대를 걸었을 것이다. 깊은 밤중, 몇 개의 줄사다리가 성에서 내려지자 칼라브리아인들이 그것을 타고 살금살금 올라갔다. 비잔티움군은 정복자의 이름과 나팔 소리에 잠에서 깨어났다. 그들은 이미 방벽을 점거한 적에 맞서 3일간 시가지를 방어했다. 로베르가 도시에 처음 진입한 후 완전히 굴복시키기까지는 거의 일곱 달이나 걸렸다. 노르만 공작은 두라초에서 에피루스(또는 알바니아) 심장부까지 진군하여 테살리아의 첫 번째 산맥을 넘어, 카스토

서기 1082년 2월, 두라초 점령

[25] 프로토스파타는 6000명이라고 했고 아풀리아의 윌리엄은 5000명 이상이라고 했다. 그들이 종파주의자와 불신자 2~3만 명을 파리 목숨처럼 학살했던 일을 생각하면 유례없이 훌륭한 절제를 보인 것이다.

[26] 로마인들은 에피담누스(Epidamnus)라는 불길한 이름을 디라키움(Dyrrachium)으로 바꾸었는데, 두라키움(Duracium)의 와전된 속어는 '고난'과 비슷한 뜻을 담고 있다. 로베르의 이름 중 하나는 두란드(Durand)로 '두란도(durando)', 즉 둔한 머리라는 뜻이다.

27 안나는 호메로스의 비유와는 전혀 다른 비유로 작은 해충에 대한 두려움뿐 아니라 경멸감을 표현하고자 했다. 그녀의 이러한 의도는 훌륭하지만 불행히도 일반인들의 상식에는 맞지 않는다.

리아 시에서 잉글랜드인 300명을 기습했다. 그런 다음 테살로니카로 접근하여 콘스탄티노플을 공포에 몰아넣었다. 그러나 더 급박한 일이 그의 야심 찬 계획을 가로막았다. 그의 군대는 난파와 역병, 적의 공격으로 말미암아 원래 숫자의 3분의 1로 줄었다. 그런데다 이탈리아에서는 보충 병력 대신 그가 자리를 비운 사이 일어난 재난과 위기를 알리는 애처로운 편지들이 속속 도착했다. 아풀리아의 도시와 영주들이 반란을 일으켰고, 교황은 곤경에 빠졌으며, 독일 왕 하인리히가 침략해 온다는

로베르의 귀환과
보에몽의 행동

것이었다. 그는 국가의 안전을 지키는 데는 자기 한 사람으로도 충분하다고 믿었으므로, 군대를 아들과 노르만 백작들의 지휘 아래 맡겨 놓고 자신은 범선 한 척만 끌고 바다를 다시 건넜다. 그는 떠나기 전에 보에몽에게는 동료들의 자유 의사를 존중하고, 백작들에게는 지휘관의 권위에 잘 따르도록 간곡히 일렀다. 기스카르의 아들은 아버지의 본보기를 충실히 따랐으므로, 비잔티움 사람들은 이 두 파괴자를 메뚜기와 그 벌레가 먹고 남긴 것까지 죄다 먹어 치우는 애벌레에 비유했다.27 그는 황제와의 두 차례 전투에서 승리한 후, 테살리아 평원으로 내려와 아킬레스의 가공의 왕국이며 비잔티움 진영의 보물과 군량을 보관하고 있는 라리사를 포위했다. 그러나 당시의 재난에 용감히 맞서 싸운 알렉시우스의 불굴의 정신과 신중함만은 칭찬하지 않을 수 없다. 국가 재정이 파탄에 처한 상황이었으므로, 그는 교회가 보유한 여분의 장식물들을 빌렸다. 마니교도가 탈영한 빈자리는 몰다비아의 부족들로 채웠다. 7000명의 투르크인으로 병력을 증강하고 동포들의 죽음에 복수하도록 했다. 비잔티움 병사들은 말을 타고, 활을 쏘고, 매복하고, 대형을 전개하는 등 전투 훈련을 매일같이 받았다. 알렉시우스는

막강한 프랑크인 기병대도 말이 없으면 작전을 펼 수도, 이동할 수도 없다는 사실을 경험을 통해 알아냈다. 따라서 궁수들에게 사람보다는 말을 겨냥해 화살을 날리라는 지시를 내리는 한편, 적들의 공격이 예상되는 지점에는 뾰족한 창날과 덫을 무수히 뿌려 놓았다. 전투는 라리사 인근에서 지루하게 밀고 당기면서 쉽사리 결판이 나지 않았다. 보에몽의 용기는 늘 단연 돋보였고 자주 성공을 거두었다. 그러나 그의 진영은 비잔티움군의 계략에 말려들어 약탈을 당했으며, 도시는 여전히 난공불락이었다. 매수되거나 불만을 품은 백작들은 그의 깃발을 버리고 의무를 배반하고 황제군 쪽으로 넘어갔다. 알렉시우스는 비록 승리의 영예는 놓쳤지만 실질적인 이익을 얻어 콘스탄티노플로 귀환했다. 기스카르의 아들은 더 이상 지켜 낼 수 없게 된 정복지에서 철수해 이탈리아로 돌아와, 그의 업적을 치하하고 불행을 측은해 하는 아버지의 따뜻한 포옹을 받았다.

알렉시우스와 동맹 관계를 맺고 로베르를 적으로 돌린 라틴 군주들 가운데서도 가장 기민하고 강한 자는 독일과 이탈리아의 왕이며 훗날 서방(신성 로마 제국)의 황제가 되는 하인리히 3세, 4세였다. 비잔티움의 군주는 형제에게 보낸 서신에서 더할 나위 없이 열렬한 우정을 표시하면서, 모든 공적·사적 유대를 동원해 동맹 관계를 강화하고 싶다는 절실한 소망을 전했다. 그는 하인리히가 정당하고 신성한 전쟁에서 거둔 성공을 축하하면서, 노르만인 로베르가 자기 제국의 번영을 방해하고 있다고 불평했다. 방사(放射) 형태로 된 황금 왕관, 가슴에 매다는 진주를 박은 십자가, 성인의 이름과 칭호를 붙인 유골함, 크리스털 꽃병, 붉은 줄무늬 마노 꽃병, 메카에서 가져온 것으로 보이는 향유(香油), 백여 필의 자주색 천 등 그가 보낸

서기 1081년, 비잔티움의 초대를 받은 하인리히 3세

선물 목록은 당대의 풍습을 잘 보여 주고 있다. 그는 이밖에 더 실속 있는 선물로 비잔티움 금화 14만 4000닢을 보내면서, 하인리히가 무장하고 아풀리아로 들어와 공동의 적에 맞서 연합 전선을 펴겠다고 확실히 맹세해 주기만 하면 그 즉시 21만 6000닢을 더 주겠다고 약속했다. 군대와 파벌을 이끌고 이미 롬바르디아에 들어와 있던 이 독일인은 이러한 풍성한 제안을 받아들여 남쪽으로 진군했다. 두라초 전투의 소식이 그의 발목을 잡았지만, 그의 무력과 명성에 겁을 먹은 로베르가 황급히 되돌아왔으므로 비잔티움 궁정에서 받은 뇌물 값을 톡톡히 한 셈이었다. 하인리히는 그의 불구대천의 적 그레고리우스 7세의 동맹이며 봉신인 노르만인의 진짜 적이었다. 오만한 성직자의 열정과 야심으로 말미암아 근래 왕위와 주교관을 둘러싼 긴 다툼이 시작된 터였다.[28] 왕과 교황은 서로를 현세의, 영적인 왕좌에서 몰아내고 그 자리에 경쟁자를 앉혔다. 슈바벤의 반란자가 패배하고 죽음을 맞은 후, 하인리히는 이탈리아로 내려와 황제의 관을 쓰고 교회의 폭군을 바티칸에서 몰아냈다.[29] 그러나 로마 사람들은 그레고리우스 편이었으며, 아풀리아에서 돈과 인력을 보충받아 결의를 더욱 확고히 다졌다. 독일 왕은 이 도시를 세 차례나 포위하고 공격했으나 무위로 그쳤다. 전해지는 말로는 4년째 되던 해, 그가 영지와 성이 전쟁으로 폐허가 된 로마 귀족들을 비잔티움에서 받은 금으로 매수했다고 한다. 성문과 다리, 쉰 명의 인질이 그의 손에 넘어왔다. 그레고리우스에 맞서 라테란에서 교황 클레멘스 3세가 임명되었다. 교황은 감사의 뜻에서 보호자에게 바티칸에서 왕관을 씌워 주었다. 하인리히 황제는 아우구스투스와 샤를마뉴의 적법한

[28] 그레고리우스 7세의 일생은 전설이 되든가 심한 비난을 받든가 둘 중의 하나이다. 기적인지 마법인지 모를 그의 행적은 오늘날의 독자도 마찬가지로 믿기 어렵다. 독자는 늘 그랬듯이 클라크(Le Clerc)의 글에서는 몇 가지 교훈을, 베일(Bayle)의 글에서는 상당한 재미를 얻을 수 있을 것이다. 이 교황이 제2의 아타나시우스라 해도 좋을 만큼 위대한 인물이라는 점에는 의심의 여지가 없다. 아타나시우스에 대한 묘사는 내가 쓴 역사 중에서 가장 만족스러운 부분이라는 사실을 덧붙이겠다.

[29] 비잔티움의 종파 분립론자인 안나는 깊은 원한을 품고 그를 침을 뱉어 마땅한 교황 또는 성직자라고 부르며, 그가 하인리히의 사자들을 매질하고, 수염을 깎았을 뿐 아니라 거세까지 했을지 모른다고 비난했다. 그러나 이런 일이 실제로 있었다고는 믿기 어렵다.

서기 1081~1084년, 로마 포위 공격

서기 1084년 3월

후계자로서 카피톨리누스에 거처를 정했다. 폐허가 된 셉티조니움은 그레고리우스의 조카가 계속 지켰으며, 교황은 성 안젤로의 성 안에 포위되었다. 그는 노르만 봉신(기스카르)의 용기와 충성에 마지막 희망을 걸었다. 그들의 우호 관계는 서로 간에 피해와 불평이 쌓이면서 많이 무너진 상태였다. 그러나 이렇게 급박한 상황이 닥치자 기스카르도 서약의 의무, 서약보다도 더 강력한 이해관계, 명예욕, 그리고 두 황제에 대한 적개심 때문에 급히 행동에 나섰다. 그는 사도의 후계자를 구하기 위해 성스러운 깃발 아래 출격하기로 결심하고, 즉각 보병 3만명, 기병 6000명을 소집했다. 국민들의 갈채와 신의 가호에 대한 믿음으로 군대는 살레르노에서 로마까지 행군하는 동안 내내 활기에 넘쳤다. 예순여섯 차례의 전투에서 한 번도 패한 적이 없는 하인리히도 기스카르가 접근해 오자 공포에 떨었다. 그는 롬바르디아에 자신을 꼭 필요로 하는 불가피한 사태가 생겼다는 핑계로, 로마인들에게 동맹 관계를 지켜 달라는 당부를 남긴 채 노르만인들이 진입하기 3일 전 서둘러 퇴각해 버렸다. 3년이 채 안 되어 오트빌의 탕크레드의 아들은 교황을 구출하고, 동로마와 서로마 황제를 그의 무력 앞에서 도망가게 만드는 영광을 차지했다. 그러나 로베르의 승리는 로마가 겪은 참화로 빛을 잃었다. 그레고리우스 지지자의 도움으로 성벽은 뚫렸으나, 황제군은 여전히 막강하게 버티고 있었다. 3일째 되는 날 분노한 시민들이 폭동을 일으켰다. 이를 막든지 아니면 보복하겠다는 정복자의 성급한 발언은 방화와 약탈의 신호가 되었다.[30] 루지에로의 신하이며 그의 형의 원군인 시칠리아의 사라센인이 그리스도교도의 신성한 도시를 약탈하고 더럽힐 이런 좋은 기회를 놓칠 리 없었다. 수천 명의 시민이 영적인

5월.
로베르에게서 도망치는
하인리히 3세

[30] 말라테라의 진술은 믿을 만하며 상세하고 공정하다. 아풀리아인은 이 재해를 완화시켰으나 몇몇 편파적인 연대기에서는 이를 다시 과장했다.

아버지의 눈앞에서 그의 동맹군에게 폭행당하거나 포로가 되거나 학살당했다. 라테란에서 대경기장까지의 광대한 지역이 화염에 휩싸여 영원히 버려진 폐허가 되었다. 그레고리우스는 이제 모두 자신을 증오할 뿐, 더 이상 아무도 두려워하지 않게 된 도시에서 물러나 살레르노의 궁정에서 생을 마쳤다. 이 교활한 교황은 기스카르의 허영심에 아첨하여 로마나 제국의 왕관을 얻을 수 있다는 희망을 불어넣었다. 그러나 노르만 왕의 야심에 불을 당겼을 이 위험스러운 계책은 독일의 충성스러운 제후들을 영영 떠나가게 만들었음에 틀림없다.

서기 1084년 10월, 로베르의 2차 동방 원정

로마에 구원과 재앙을 동시에 안겨 준 로베르는 잠시 한숨 돌리며 휴식을 취할 법도 한데, 독일 황제가 도망친 바로 그 해에 지칠 줄도 모르고 동방 정복 계획을 재개했다. 그레고리우스는 신앙열에서인지 보은의 뜻에서인지 그리스와 아시아의 왕국들을 그에게 약속한 터였다.[31] 무장한 채 집결한 그의 군대는 승리에 대한 기대로 흥분되어 언제라도 열성적으로 작전에 임할 태세였다. 안나는 호메로스의 표현을 빌려 그들을 벌떼에 비유했다.[32] 그러나 기스카르가 동원할 수 있는 군사력에도 한계가 있었다. 기스카르의 군대는 두 번째 출정에서 120척의 배를 채웠다. 계절이 많이 지났으므로 오트란토의 대로보다는 브룬두시움 항이[33] 더 유리했다. 두 번째 공격을 염려한 알렉시우스는 제국의 해군을 재건하기 위해 부지런히 노력하는 한편, 베네치아 공화국으로부터 수송선 36척, 갤리선 14척, 엄청나게 크고 강한 배(갈레오트선) 9척을 비롯해 요긴한 도움을 얻었다. 베네치아 공화국은 원조를 제공한 대가로 무역 허가 또는 독점권, 콘스탄티노플 항의 많은 상점과 집, 그들의 경쟁자인 아말피에 대한 과세라는 점에서 더 만족스러운 성 마르코

[31] 교황이 약속했거나 부여한 로베르의 왕권은 아풀리아인에 의해서도 확인되었다. 왜 그레처(Gretser)와 다른 교황 지지자들이 이 로마 교황의 새로운 권한에 불쾌감을 나타냈는지는 알 수 없다.

[32] 호메로스의 『일리아드』 B. 87을 볼 것. (이렇게 그리스 문자를 인용해 가면서 현학적으로 보이려고 하는 식은 마음에 안 든다.) 그는 무질서한 군중의 이미지를 보여 주려고 벌 떼라는 표현을 썼다. 그들의 규율과 업적은 후대의 생각인 것 같다.

[33] 브룬두시움의 훌륭한 항구는 이중으로 되어 있다. 바깥쪽의 항구는 섬으로 둘러싸인 만으로, 점점 좁아지다가 마침내 작은 물길로 안쪽 항구와 연결된다. 안쪽 항구는 양쪽으로 도시를 둘러싸고 있다. 황제의 힘과 자연의 변화로 말미암아 이 항구는 폐허가 되었다. 이러한 힘에 맞서 나폴리 정부가 노력이랍시고 한 일이 대체 뭐란 말인가?

성당에 대한 공납 등을 얻었다. 비잔티움과 베네치아의 연합으로 적의 함대가 아드리아 해를 온통 뒤덮었다. 그러나 그들의 주의가 소홀했는지 로베르가 주도면밀했는지, 또는 바람의 방향이 바뀐 탓이었는지 안개 때문이었는지 모르지만 해로가 뚫리고 말았다. 그리하여 노르만 군대는 에피루스 해안에 안전하게 상륙했다. 용감무쌍한 공작은 20여 척의 강력하고 잘 무장한 갤리선을 이끌고 즉각 교전에 나섰다. 그는 기마전에 더 능숙했지만, 이 한 판의 해전에 자신과 형제와 두 아들의 목숨을 모두 걸었다. 그들은 코르푸 섬이 보이는 곳에서 제해권을 놓고 세 차례의 전투를 치렀다. 처음 두 차례 전투에서는 동맹군이 기량과 숫자 면에서 우위를 차지했으나, 세 번째 전투에서 노르만인들이 최종적으로 완승을 거두었다.34 비잔티움의 가벼운 범선은 뿔뿔이 흩어져 수치스럽게 도망쳤다. 베네치아의 대형 선박 9척은 좀 더 끈질기게 버텼으나 결국 7척은 침몰하고 2척은 포획되었으며, 2500여 명이 포로가 되어 헛되이 승리자의 자비를 구하는 처지가 되었다. 알렉시우스의 딸은 그가 신민과 동맹을 합해 1만 3000명을 잃었다고 한탄했다. 기스카르는 천재적인 재능으로 경험 부족을 메웠다. 그는 퇴각 명령을 내린 날 저녁에 냉정하게 패배 원인을 분석하여, 자신의 약점을 보완하고 적의 우위를 무너뜨릴 새로운 방법을 찾아냈다. 겨울이 닥치자 그는 진군을 일시 중지했다가, 봄이 돌아오자 다시 콘스탄티노플을 정복할 야심을 불태웠다. 그러나 에피루스 언덕을 넘는 대신, 전리품을 얻을 수 있고 육군과 해군이 효과적으로 공동 작전을 펼 수 있는 그리스와 부근 섬 쪽으로 병력을 돌렸다. 하지만 그의 계획은 케팔로니아 섬에서 전염병으로 치명적인 타격을 입었다. 로베르 자신도

34 아풀리아의 윌리엄은 노르만인들의 승리를 묘사하면서 앞에서 겪은 두 차례의 패배는 잊어버렸다. 안나 콤네나가 이를 상세히 기록했다. 그녀는 베네치아 사람들에게 복수와 보상을 주려고 네 번째 전투를 지어냈든지 아니면 과장했다.

서기 1085년 7월,
로베르의 죽음

35 우리의 동포인 맘스베리의 윌리엄과 호브덴의 로저는 이러한 범죄를 너무나 명백한 사실로 여겼으나, 가장 신뢰받는 사가인 아풀리아의 윌리엄, 말라테라, 살레르노의 로무알드는 이를 전혀 알지 못했다. 로저는 알렉시우스가 공모자인 여인과 결혼하여 왕관을 씌워 주었다가 산 채로 태워 죽인 경위를 전한다. 영국 사가는 얼마나 무지했던지 로베르 기스카르를 아풀리아 공작이 죽은 지 15년이나 지나서 제위에 오른 하인리히 1세의 기사들 중 한 명이라고 했을 정도였다.

36 안나 콤네나는 기뻐 어쩔 줄 몰라 하며 적의 무덤에 꽃을 뿌렸다. 그에 대한 최고의 찬사는 그의 가문의 군주인 정복자 윌리엄의 존경과 질투이다.

37 그러나 호라티우스는 베누시아와 별 관계가 없다. 그는 어린 시절 로마로 옮겨 갔으며, 아풀리아와 루카니아의 경계선을 거듭하여 잘못 암시한 점은 그의 나이와 재능으로 보아 있을 수 없는 일이다.

38 루지에로와 시칠리아의 노르만 왕들의 통치는 잔노네의 『국사』 네 권을 가득 채우고 무라토리의 이탈리아 연대기 9권과 10권에서까지 전개된다. 나는 『이탈리아 문고』에서 현대의 나폴리인인 카페첼라트로(Capecelatro)의 유용한 축약본을 발견했는데, 그는 루지에로 1세부터 프리드리히 2세까지 자

천막 안에서 70세를 일기로 숨을 거두고 말았다. 비잔티움 황제나 그의 아내가 독살했다는 의혹이 세간에 퍼졌다.35 그가 이렇게 갑자기 숨을 거두지 않았더라면 어느 정도의 업적을 남겼을지 상상하기 어렵지만, 노르만의 위대성은 그의 생명에 달려 있었음이 만천하에 드러났다.36 승리한 군대는 적이 나타나지도 않았는데 겁에 질려 무질서하게 흩어지거나 후퇴했다. 제국의 운명을 근심하던 알렉시우스는 살아난 데 기뻐하며 어쩔 줄 몰랐다. 기스카르의 유해를 나르던 갤리선은 이탈리아 해안에서 난파했으나, 공작의 유해는 바다에서 건져져 베누시아의 묘소에 안치되었다. 오늘날 이곳은 노르만 영웅들의 묘역보다는 호라티우스의37 출생지로 더 유명하다. 그의 둘째 아들이며 후계자인 루지에로는 곧 아풀리아 공작의 지위로 격하되었다. 아버지에 대한 존경심과 아버지의 편애 덕에 용맹스러운 보에몽이 그의 검을 상속받았다. 보에몽은 갖은 요구로 나라의 평온을 어지럽히기도 했으나, 마침내 동방의 이교도에 대한 첫 번째 십자군 원정에서 영광과 정복으로 가는 더 찬란한 무대를 얻었다.

~~~~~
서기 1101~1154년 2월,
시칠리아의 대백작
루지에로의 통치와 야망
~~~~~

인간의 삶이 제아무리 위로 올라가든 바닥으로 떨어지든, 결국은 다 무덤으로 끝나게 마련이다. 로베르 기스카르의 남자 가계는 아풀리아와 안티오크에서 불과 2대로 끊어졌으나, 그의 동생은 왕가의 시조가 되었다. 이 대백작의 아들은 루지에로 1세의 이름과 업적, 정신을 물려받았다.38 그 노르만 모험가의 상속자는 시칠리아에서 태어나 불과 네 살에 이 섬의 주권을 계승했다. 그것은 이성적인 자라도 잠시나마 고결한 통치를 펼 단꿈에 잠겨 본다면 탐낼 만한 운명이었다. 루지에로가 막대한 세습 재산으로 만족했더라면 국민들은 행복과 감사에 넘쳐 그를 은인으로 축복했을 것이다. 또한 현명한 통치로 비

잔티움 식민지 시절의 번영을 회복시켰더라면,39 시칠리아의 부와 권력만으로도 전쟁으로 손에 넣거나 황폐화시킬 수 있는 최대치와 맞먹었을 것이다. 그러나 야심 많은 대백작은 이러한 고상한 목표는 다 무시했으며, 폭력과 간계와 같은 야비한 수단만을 취했다. 그는 형에게 절반이 양도된 팔레르모를 온전히 손에 넣고 싶어했으며, 칼라브리아의 판도를 과거의 조약으로 확정된 것 이상으로 넓히려고 애썼다. 또한 사촌이며 로베르의 손자인 아풀리아의 윌리엄의 건강이 점점 악화되는 모습을 초조하게 지켜보았다. 루지에로는 그가 요절했다는 소식을 듣자마자 일곱 척의 갤리선을 이끌고 팔레르모를 떠났다. 그는 살레르노 만에 닻을 내리고, 열흘 간의 협상 끝에 노르만 수도로부터 충성 서약을 받아 냈다. 또한 영주들의 복종을 받아 내고, 막강한 봉신과의 우호 관계든 적대 관계든 더 이상 감당할 수 없게 된 교황으로부터 법적인 임명권을 빼앗아 왔다. 그는 베네벤툼의 성소는 정중하게 성 베드로의 유산으로 남겨 두었으나, 카푸아와 나폴리를 정복함으로써 숙부 기스카르의 계획을 완성했다. 노르만인들의 정복의 유일한 유산은 승리한 루지에로의 것이 되었다. 권력과 재능에서 자신을 따를 자가 없음을 확신하는 그에게 공작이니 백작이니 하는 칭호는 우스울 따름이었다. 시칠리아 섬과 이탈리아 본토 3분의 1 가까이를 합친 그의 영토는 이제 프랑스와 잉글랜드 왕조에 버금가는 왕국의 기반을40 형성하기에도 충분했다. 팔레르모에서 열린 그의 대관식에 참석한 수장들은 호칭이야 어찌 되었든, 이제 그가 자기들 위에 군림하게 되었음을 인정했을 것이다. 하지만 그리스의 참주나 사라센 태수의 예가 있다 해도 그의 왕으로서의 자격을 정당화하기에는 부족했다. 라틴 세계의 왕 아홉 명은41

서기 1127년,
아풀리아 공작

기 조국의 역사를 두 권으로 구성했다.

39 필리스투스와 디오도루스의 증언에 따르면 시라쿠사의 폭군 디오니시우스는 기병 1만 명, 보병 10만 명, 갤리선 400척의 정규군을 유지했다. 흄(Hume)과 그의 반대파 월러스(Wallace)를 비교해 보라. 도르빌(d'Orville), 라이데젤(Reidesel), 스윈번(Swinburne)을 비롯해 수많은 여행자들이 아그리겐툼의 폐허를 주제로 삼았다.

40 1127년부터 1135년까지 루지에로의 행적을 기술한 동시대의 역사가는 그가 교황 아나클레투스의 힘을 빌리지 않고도 업적과 권력, 영주들의 동의, 시칠리아와 팔레르모의 왕권에 기반하여 자신의 칭호를 얻었다고 전했다.

41 프랑스, 잉글랜드, 스코틀랜드, 카스틸리아, 아라곤, 나바르, 스웨덴, 덴마크, 헝가리의 왕들이다. 이 중 앞의 셋은 샤를마뉴보다 더 오래되었으며, 다음 셋은 스스로의 무력으로 왕이 되었고, 마지막 셋은 세례를 받음으로써 왕이 되었다.

⁴² 시칠리아의 시민인 파첼루스는 이보다 빨리 독립적인 대관식을 치렀다고 추정했으나 잔노네는 이를 부인한다. 동시대인들의 침묵으로 미루어 보아도 이러한 주장은 사실이 아니다. 메시나의 가짜 칙허장도 증거가 될 수 없다.

⁴³ 루지에로는 로타르 군대의 2인자를 매수하여 퇴각을 소리쳐 명하게 했다. 왜냐하면 독일인들은 나팔을 쓰는 법을 몰랐기 때문이다. 가장 무지한 자는 바로 그 자신이었지만.

그가 교황의 권위로 축성받지 못하면 새로운 동료로 인정하지 않을 태세였다. 노르만 왕이 자존심을 꺾고 허리 숙여 간청하자 오만한 아나클레투스도 만족했다.⁴²

서기 1130년 12월~1139년 7월, 시칠리아의 첫 번째 왕

그러나 인노켄티우스 2세가 아나클레투스에 맞서 선출되자, 정작 그 자신의 정통성이 위기에 처했다. 이 운 좋은 망명객은 아나클레투스가 바티칸에 앉아 있을 동안 유럽의 국가들로부터 인정을 받았다. 루지에로의 신생 왕조는 교회의 후원자를 잘못 선택하는 바람에 거의 전복 직전까지 갔다. 시칠리아의 도적을 무너뜨리고자 독일의 로타르 2세는 검을, 인노켄티우스는 파문 선고를, 피사는 함대를, 성 베르나르는 열성을 한데 모았다. 노르만 군주는 용감하게 저항했으나 이탈리아 대륙에서 밀려나고, 새로운 아풀리아 공작이 황제와 교황의 힘으로 임명되었다. 그들은 서로의 권리를 확인하고 분쟁을 중단한다는 증표로 깃술 달린 기의 양 끝을 나누어 가졌다. 그러나 이처럼 시기 어린 우호 관계가 오래갈 수는 없었다. 게르만 군대는 곧 질병과 탈영으로 전멸하다시피 했다.⁴³ 아풀리아 공작은 모든 추종자들과 함께 죽은 자든 산 자든 용서하지 않는 정복자의 손에 종말을 맞았다. 오만하지만 나약한 교황은 전임자 레오 9세와 마찬가지로 노르만인들에게 사로잡혀 그들 편이 되었다. 베르나르는 이제 시칠리아 왕의 칭호와 미덕을 우러르며 열렬한 웅변으로 그들의 화해를 찬양했다.

서기 1122~1152년, 아프리카에서의 정복

군주는 성 베드로의 후계자에 맞서 불경하게도 전쟁을 일으킨 죄를 속죄하는 뜻에서, 십자가 기를 널리 휘날리겠다고 약속했을 것이다. 이 맹세는 그의 이익과 복수욕에도 잘 부합했으므로 그는 이를 열성적으로 실행에 옮겼다. 시칠리아의 최근 피해는 당연히 사라센인에 대한 복수욕을 불러일으켰을 것이다. 다른 민족의 피가 많이 섞인 노르만인들은 선조가 해상에서 거둔 승리를 기억하고 본받도록 고무되었다. 이제 그들의 힘이 충분히 성숙한 이때에, 쇠퇴해 가는 아프리카와 맞서게 되었다. 이집트를 정복하러 떠났던 파티마 왕조의 칼리프가 부하 요셉의 업적과 충성심에 감복하여, 왕의 지위와 아랍산 말 마흔 마리, 사치스러운 가구로 가득 찬 왕궁, 튀니스와 알지에 왕국의 통치권을 선물로 하사한 일이 있었다. 요셉의 후손인 지리 왕조는 먼 옛날의 은인에 대한 충성과 감사를 망각하고 번영의 결실을 남용한 결과 서서히 쇠약해지고 있었다. 그들은 내륙에서는 모로코의 광신적인 군주인 알모하데스로부터 압박을 받는 한편, 해안 쪽으로는 비잔티움과 프랑크군의 침략에 시달리면서, 11세기까지 몸값으로 금화 20만 닢을 빼앗겼다. 루지에로의 첫 번째 공격으로 몰타는 시칠리아 왕조에 완전히 통합되어, 그 이후 군사, 종교상의 식민지로 명성을 떨쳤다. 강성한 해안 도시인 트리폴리가 그의 다음 공격 목표였다. 그가 남자들을 학살하고 여자들을 포로로 잡아갔다 해도 이슬람교도 역시 빈번히 저질러 온 일인만큼 비난할 수는 없었다. 지리 왕조의 수도는 그 지역의 이름을 따서 아프리카, 또는 아랍 창건자의 이름을 따서 마하디아라고 불렸다. 그 도시는 육지의 지협에 견고하게 세워졌으나 항구가 미비한 탓에 인근의 비옥한 평원도 소용이 없었다. 마하디아는 150척의 갤리선에 병사와 무기를 잔뜩 싣고 온 시칠리아 장군 게오르기우스에게 포위되었다. 군주는 도망쳤으나 무어인 총독은 항복을 거부했다. 그러나 결국 저항할 수 없는 마지막 공격을 피해 탐욕스러운 프랑크인의 손에 나라와 재물을 버리고 이슬람교도 주민과 함께 비밀리에 탈출했다. 시칠리아 왕과 부하들은 잇따른 원정으

44 팔칸두스는 이 손실을 마조 장군이 태만했거나 반역한 탓으로 돌렸다.

로 튀니스, 사파크스, 카프시아, 보나를 비롯해 해안 지역을 함락시켰다. 요새마다 주둔군이 배치되고 공물을 받게 되었으니, 아프리카를 굴복시켰다고 자랑하는 글이 루지에로의 칼에 아첨조로 새겨질 만도 했다. 그 칼은 그의 죽음과 함께 부러졌다. 이렇게 바다 건너서까지 얻은 영토도 후계자의 실정으로 말미암아 방치되거나 빼앗겼다.44 스키피오와 벨리사리우스는 아프리카 대륙이 접근할 수 없는 곳도, 굴복시킬 수 없는 곳도 아니라는 사실을 입증해 보였다. 그러나 그리스도교 왕국의 위대한 군주와 영웅들은 무어인과의 전투에서는 실패만을 거듭했다. 무어인들은 스페인을 쉽게 정복하여 오랫동안 굴복시켜 온 역사를 지금까지도 자랑하고 있다.

서기 1146년, 비잔티움 제국 침입

로베르 기스카르의 사망 이후 노르만인들은 60년 이상 동로마 제국에 대한 적대적인 기도를 중단했다. 루지에로는 공적으로나 사적으로나 비잔티움 군주들과 화합을 추구하는 정책을 추진했다. 그는 그들과 인척 관계를 맺음으로써 왕으로서의 권위를 더욱 높이고자 했다. 그는 콤네누스 가의 딸과 결혼시켜 줄 것을 요구했다. 초반에는 일이 잘되어 나가는 듯했으나, 그의 사절이 푸대접을 받고 오자 이 신생 군주는 허영심에 상처를 입었다. 비잔티움 궁정이 저지른 무례는 국가 간의 법칙에 따라 죄 없는 민중의 고통으로 속죄되었다. 시칠리아의 장군 게오르기우스가 일흔 척의 갤리선을 이끌고 코르푸에 모습을 드러냈다. 그러자 불만을 품은 주민들은 포위당하느니 공물을 바치는 편이 훨씬 더 낫다는 사실을 이미 알고 있었으므로, 섬과 도시를 모두 그의 손아귀에 넘겨주었다. 무역상의 연대기에도 어느 정도 중요한 의미가 있는 이 침략을 계기로 노르만인들은 그리스 해상과 속주 전체에 세력을 확대했다. 아테네, 테베, 코린토스 등 유서 깊은 도시들은 약탈과 잔혹 행위로 유린당했다. 아테네가 입은 피해에 대해서는 아무런 기록조차 남아 있지 않다. 테베의 부를 둘러싼 고대 성벽은 방어 역할을 다하지 못하고 라틴 그리스도교도들에게 정복당했다. 정당한 소유자들에게 그들이 상속이나 노동으로 얻은 재산을 한 조각도 은닉하지 않았음을 성경에 대고 맹세하게 할 때를 제외하고는, 복음도 그들에게 아무런 쓸모가 없었다. 노르만인들이 접근해 오자 코린토스의 번화가 주민들은 도시를 비우고 떠났다. 그리스인들은 피레네 샘에서 끌어온 물길로 둘러싸인 고지대의 성채 안으로 철수했다. 부족한 용기를 메울 만한 뭔가 다른 기술이나 자연상의 이점이 있었다면 난공불락의 요새였을 것이다. 포위군이 언덕을 다 기어오르자마자(그것이 그들이 한 유일한 수고였다.) 장군은 선두에서 승리를 찬양하며 제단에서 수호 성인 테오도루스의 귀중한 조각상을 떼어 냄으로써 하늘에 감사의 뜻을 엄숙히 전했다. 게오르기우스가 시칠리아에 보낸 남녀 비단 직공은 가장 귀중한 전리품이었다. 그는 직공들의 숙련된 솜씨를 게으르고 비겁한 병사들과 비교하면서, 베틀과 물렛가락만이 그리스인이 사용할 줄 아는 유일한 무기라고 말했다. 이처럼 해상 정벌이 전개되는 가운데 가장 주목할 만한 두 가지 사건, 즉 프랑스 왕을 구출한 일과 비잔티움 수도를 침략한 사건이 일어났다. 루이 7세는 불운했던 십자군 원정을 마치고 해로로 귀환하던 중, 명예와 종교의 법 따위는 아랑곳하지 않는 비열한 비잔티움 사람들에게 붙잡혔다. 노르만 함대가 포로가 된 왕을 구했다. 루이 7세는 시칠리아 궁정에서 영예로운 환대를 마음껏 즐긴 후 로마와 파리로 여행을 계속했다. 황제가 자리를 비운 동안 콘스탄티노플과 헬레스폰투스 해협은 다가올 위험도 전혀 짐작하지 못한 채 무방비 상태로 방치되어 있었다. 병사들이 마누엘을 따라간 뒤였으므로, 성직자와 국민들은 황제의 도시 면전에 대담하게 닻을 내린 갤리선단의 위협적인 모습에 경악과 공포에 빠졌다. 시칠리아 장군이 이끄는 병력은 거대하고 인구가 많은 대도시를 포위하거나 공격하기에는 부족했다. 그러나 게오르기우스는 오만한 비잔티움 사람들의 콧대를 꺾고 서로마 해군에게 정복의 가능성을 보여 주는 영광을 누렸다. 그는 몇몇 병사를 상륙시켜 황제의 정원에서 과일을 훔쳐 오게 하고, 황제들이 살았던 궁정을 향해 화살을 쏘았다. 화살촉이 은이었다는 말도 있지만 끝에 불을 붙였다는 쪽이 더 맞을 것이다. 마누엘은 이처럼 방심한 틈을 타 허를 찌른 시칠리아 해적의 가벼운 도발을 짐짓 코웃음으로 넘겼으나, 그의 무인 정신과 제국의 군사들은 복수심으로 불타올랐다. 그리하여 그와 베네치아의 함대가 에게 해와 이오니아 해를 온통 뒤덮었다. 그러나 한 비잔티움 역사가가 제시한 1500척이라는 어마어마한 숫자는 수송선, 식량 보급선, 소형 범선까지 다 합해도 이성적으로 납득하기는 고사하고 상상하기조차 힘들다. 이 작전은 신중하고도 강력하게 진행되었다. 게오르기우스는 갤리선 중 열아홉 척을 빼앗기거나 잃고서 귀환했다. 완강한 방어전을 치른 끝에 항복한 코르푸는 정통 군주의 자비를 간청했다. 그리하여 동로마 제국의 경계 안에는 포로 말고는 노르만 군주의 배 한 척, 병사 한 명도 보이지 않게 되었다. 루지에로의 번영과 건강은 이미 내리막길을 걷고 있었다. 그가 팔레르모 궁정에서 사자가 전하는 승패의 소식에 귀 기울일 동안에도, 항상 선두에서 공격하는 무적의 마누엘은 비잔티움과 라틴인들로부터 당대의 알렉산드로스니 헤라클레스니 하는 찬사를 받고 있었다.

서기 1148, 1149년, 노르만족을 격퇴한 마누엘 황제

이런 기질을 지닌 군주가 무례한 야만인 하나를 격퇴한 정도로 만족할 리가 없었다. 제국의 오랜 존엄을 회복하고 이탈리아와 시칠리아 속주를 되찾고, 노르만 봉신의 손자에 불과한 이 가짜 왕을 응징하는 것이야말로 마누엘의 권리이자 의무일 뿐 아니라, 이익이며 영광이었다. 칼라브리아 주민들은 라틴 성직자가 계속 금지해 왔음에도 불구하고 여전히 그리스의 언어와 숭배 의식을 고수했다. 아풀리아는 공작들이 추방된 후 시칠리아 왕조의 부속 영토가 되었다. 왕조의 창시자는 검의 위력으로 통치해 왔으나, 그가 죽자 신민들의 공포심은 사라진 반면 불만은 여전했다. 이러한 봉건 통치 체제는 늘 반란의 씨앗을 잉태하고 있었으므로, 다름 아닌 루지에로의 조카가 자기 가문과 나라의 적을 끌어들였다. 마누엘은 자의(紫衣)의 위엄과 잇따른 헝가리와 투르크 전쟁을 고려해 이탈리아 정벌에 직접 참가하지는 못했다. 비잔티움 군주는 용감하고 고귀한 부하 팔라이올로구스에게 함대와 육군을 맡겼다. 그는 바리(Bari) 포위 공격으로 원정의 첫 관문을 열었다. 작전마다 무력뿐 아니라 재력도 승리의 도구로 한몫을 했다. 살레르노와 서쪽 해안가의 몇몇 도시는 노르만 왕에게 충성을 바치고 있었으나, 노르만 왕은 두 차례의 전투에서 자기 소유였던 대륙의 영토 대부분을 잃었다. 아첨이나 거짓은 일체 경멸하는 겸허한 황제는 아풀리아와 칼라브리아의 도시와 촌락 300여 곳을 정복한 데 만족했다. 궁정의 온 벽에 그의 이름과 칭호가 새겨졌다. 편견에 찬 라틴인은 독일 황제들의 인장이 찍힌 진짜인지 가짜인지 모를 증여 증서에 만족했다.[45] 그러나 콘스탄티누스의 후계자는 곧 이러한 불명예스러운 겉치레를 버리고 이탈리아에 대한

> 서기 1155년, 아풀리아와 칼라브리아를 진압한 마누엘

> 서기 1155~1174년 등, 이탈리아와 서로마 제국을 차지하려는 마누엘의 계획

[45] 라틴인 오토는 문서가 위조되었다고 주장한다. 비잔티움인 킨나무스는 콘라트와 프리드리히로부터 반환받겠다는 약속이라고 주장한다. 사기 행위도 비잔티움 사람들이 말할 때면 항상 그럴듯해 보인다.

불변의 지배권을 주장하면서, 알프스 너머로 야만족들을 쫓아내겠다는 의도를 공공연히 천명했다. 자유 도시들은 동맹인 동로마의 교묘한 언변과 관대한 선물, 끝없는 약속에 넘어가 프리드리히 바르바로사의 폭정에 맞서 싸우기로 했다. 마누엘의 경제적 원조로 밀라노 성벽이 재건되었다. 한 역사가의 말에 따르면 그는 베네치아인들의 질시에 찬 적의 때문에 비잔티움과 한층 더 가까워지게 된 안코나에 금을 물 쓰듯 했다고 한다. 안코나는 입지와 무역 덕택에 이탈리아 중심부의 중요한 주둔지가 되었다. 이 도시는 프리드리히의 군대에 두 번 포위되었으나 자유를 향한 기개로 두 번 다 물리쳤다. 콘스탄티노플에서 온 사자는 이러한 정신을 북돋우면서 가장 용감무쌍한 애국자와 충성스러운 신하에게는 비잔티움 궁정의 부와 명예로 보답해 주었다.[46] 오만한 마누엘은 야만족 무리를 조소하고 거부했다. 그는 독일의 찬탈자들로부터 자의를 빼앗고 동로마뿐 아니라 서로마에도 로마인의 유일 황제라는 칭호를 확립하겠다는 희망으로 더욱 야심을 불태웠다. 그는 이런 생각으로 로마 국민과 주교들에게 동맹을 청했다. 여러 귀족이 비잔티움 군주의 대의명분에 동조했다. 그는 조카딸과 오도 프랑지파니를 결혼시킴으로써 이 막강한 가문의 지원을 확보했다.[47] 그의 깃발이나 초상은 고대의 대도시에서 마땅히 받아야 할 존경을 누렸다. 프리드리히 1세와 교황 알렉산데르 3세 간에 다툼이 벌어질 동안, 교황은 바티칸에서 콘스탄티노플 사절을 두 차례 접견했다. 그들은 오래전부터 희망해 온 두 교회의 통합을 달성한 그의 신앙심을 찬양하는 한편, 속물적인 교황청의 탐욕을 유혹했다. 그들은 로마 교황에게 이런 좋은 기회를 놓치지 말고 알레만니인의 야만스러운 콧대를 꺾고 콘스탄티누스와 아우구스투스의 참된 후계자를 인정하도록 설득했다.

[46] 무라토리는 안코나가 겪은 두 차례의 포위 공격을 서술했다. 첫 번째로 공격한 이는 1167년 프리드리히 1세였고, 두 번째는 1173년 그리스도교도인 그의 부하 멘츠의 대주교였는데, 이 자는 이름과 직위에 어울리지 않는 인물이었다. 이 중 두 번째 공격에 대한 필사본만이 그가 발표한 전집 속에 들어 있다.

[47] 무라토리가 출간한 포사 노바의 익명의 연대기에서 이 일화를 가져왔다.

그러나 이탈리아를 정복하고 세계를 지배하려는 꿈은 곧 비잔티움 황제의 손가락 사이로 빠져나갔다. 신중한 알렉산데르 3세는 이 의미 깊고 중대한 혁명 앞에서 주저하면서 황제가 처음 내세운 요구 사항을 회피했다. 교황은 개인적인 다툼 때문에 대대로 이어 온 라틴이라는 이름을 버릴 수는 없었다. 교황은 다시 프리드리히 편으로 간 후 좀 더 단호한 언사를 취했다. 그는 전임자들의 행동을 재확인하고 마누엘의 추종자들을 파문했으며, 콘스탄티노플과 로마의 교회까지는 아니라도 적어도 제국과의 최종적인 분리를 선언했다. 롬바르디아의 자유 도시들은 더 이상 외국인 은인을 기억조차 못했다. 마누엘은 안코나와의 우호 관계조차 유지하지 못하고 베네치아마저도 적으로 돌렸다.[48] 비잔티움 황제는 스스로의 탐욕 때문이었는지 국민들의 불만에 떠밀려서였는지 베네치아 상인들을 잡아들이고 재산을 몰수했다. 이처럼 국가 간의 신의를 짓밟자 자유로운 상인들은 격분했다. 백 척의 갤리선이 무장하고 출항하여 달마티아와 그리스 해변을 휩쓸었다. 그러나 서로 티격태격한 끝에, 제국으로서는 수치이고 공화국으로서는 성에 차지 않지만 협정이 맺어져 전쟁이 종결되었다. 이러한 새로운 피해에 대한 완전한 복수는 다음 세대의 몫이 되었다. 마누엘의 부하가 군주에게 그의 힘으로 아풀리아와 칼라브리아의 내란은 충분히 평정할 수 있지만, 눈앞에 닥친 시칠리아 왕의 공격을 막아 내기에는 부족하다고 말한 적이 있었다. 그의 예언은 곧 사실로 드러났다. 팔라이올로구스가 죽은 후 지위는 높지만 군인으로서의 능력은 하나같이 부족한 장군들 여러 명에게 지휘권이 넘어갔다. 비잔티움군은 육지와 바다에서 동시에 적에게 밀렸다. 노르만인과 사라센인의 칼을 피해 포로가 된 자들은

실패한 마누엘의 계획

[48] 킨나무스는 여섯 번째 책에서 베네치아 전쟁에 대해 설명했지만, 니케타스는 이것이 그리 주목할 만한 가치가 있다고 생각하지 않았다. 이탈리아 쪽에서의 설명은 우리의 호기심을 채워 주지는 못하지만 연대기 작가 무라토리가 전하고 있다.

49 살레르노의 로무알드가 이 승리에 대해 전했다. 킨나무스는 변덕스럽게도 시칠리아 왕을 팔칸두스보다 훨씬 더 열렬하게 칭찬했다. 그러나 비잔티움 사람은 묘사를 즐겨 하고, 라틴 역사가는 윌리엄 1세를 좋아하지 않는다.

50 킨나무스가 잘못된 부분이 너무 많은 탓에 이제는 존경할 만한 동시대인이 된 니케타스에게 의지할 수밖에 없다. 그는 황제와 제국이 사라진 후까지도 살았으므로 그의 말을 아첨으로 볼 수는 없다. 그러나 콘스탄티노플의 붕괴로 말미암아 라틴인에 대한 그의 편견이 더욱 심해졌다. 학문의 명예를 위해 호메로스의 훌륭한 주석자이며 테살로니카 대주교였던 에우스타티우스가 자기 신도들을 버리기를 거부했다는 사실을 밝혀 두어야겠다.

앞으로도 정복자 개인이나 그의 통치에 대해 적대 행위를 일체 하지 않겠다고 맹세했다.[49] 그러나 시칠리아 왕은 이탈리아 해변에 두 번째로 군대를 상륙시킨 마누엘의 용기와 끈기를 높이 평가했다. 그는 새로운 유스티니아누스에게 정중히 30년간의 강화 또는 휴전을 청했다. 그는 왕의 칭호를 선물로 받고 자신을 로마 제국을 위해 싸우는 봉신으로 인정했다. 비잔티움의 황제들이 손에 넣은 지배권은 허울뿐이었다. 그들은 노르만 군대의 봉사를 바라기는커녕 기대하지도 않았다. 30년의 휴전 협정은 시칠리아와 콘스탄티노플 간의 적대 행위로 어지럽혀지는 일 없이 유지되었다. 휴전이 끝나 갈 무렵 마누엘의 제위는 그의 나라뿐 아니라 인류 전체의 공분을 사 마땅할 잔인한 폭군에게 넘어갔다. 콤네누스 왕가의 한 망명자가 루지에로의 손자인 윌리엄 2세의 검을 뽑았다. 안드로니쿠스의 신민들은 자신들의 군주를 최악의 적으로 증오했으므로 이방인을 우방으로 맞아들였을 것이다. 라틴 역사가는 네 명의 백작이 함대와 군대를 이끌고 루마니아를 침략하여 빠른 속도로 진군하면서 수많은 성과 도시를 시칠리아 왕에게 복속시켰다고 전한다. 반면 비잔티움 사람은[50] 제국에서 두 번째 가는 도시인 테살로니카 약탈 과정에서 자행되었던 방자하고 신성 모독적인 잔혹 행위를 비난하는 한편 과장했다. 라틴 사가는 패배한 적의 책략에 말려들어 파멸을 맞은, 무적이지만 너무 순진했던 전사들의 운명에 탄식했다. 비잔티움 사가는 마르마라 해(또는 프로폰티스 해)에서, 스트리몬 강변에서, 두라초 성벽 아래에서 동포들이 연거푸 거둔 승리에 찬사를 보냈다. 반란군은 안드로니쿠스의 죄를 심판한 혁명을 통해 열정과 용기를 한데 모

서기 1156년, 노르만인들과의 화평

서기 1185년, 비잔티움과 노르만인들의 마지막 전쟁

아 프랑크족에 맞섰다. 전투에서 1만여 명이 살육되었고, 새로 황제가 된 이사키우스 안겔루스는 4000명에 달하는 포로를 처리하면서 허영심이든 복수심이든 마음껏 채울 수 있었다. 비잔티움과 노르만인 사이에 벌어진 마지막 분쟁의 전모는 대략 이러했다. 20년이 채 지나기도 전에 서로 맞서던 양국은 쇠망하거나 다른 나라의 속국으로 전락했다. 시칠리아 왕조가 몰락한 지 얼마 안 되어 콘스탄티누스의 후예도 대가 끊어졌다.

루지에로의 왕권은 아들과 손자에게 잇달아 넘어갔다. 똑같은 윌리엄이라는 이름이 혼동을 일으킬 수도 있기 때문에, '착한' 윌리엄과 '나쁜' 윌리엄이라는 별명으로 구분한다. 그러나 이 별명은 완전히 선하거나 악하다는 의미로 들릴 수 있어서, 엄밀히 말하면 노르만 군주들 중 어느 쪽에도 딱 들어맞지는 않는다. 첫 번째 윌리엄은 위험과 수치에 맞서 무장하고 일어서야 할 때는 누구에게도 뒤지지 않는 용맹을 발휘했지만, 게으른 천성에 방탕한 생활을 일삼았고 성질은 고집불통인데다 심술궂었다. 이 군주는 자기 개인의 악덕뿐 아니라 장군인 마조의 악덕에도 책임이 있다. 그는 황제의 신임을 남용하고 그의 생명을 빼앗으려는 음모까지 꾸몄다. 시칠리아는 아랍의 침입 이후로 전제주의와 화려한 허식은 물론이고 심지어는 술탄의 하렘 등 동방의 풍습을 깊이 흡수했다. 그리하여 그리스도교도들은 이슬람교도임을 공개적으로 선언하거나 비밀스럽게 이슬람교를 믿는 환관들 밑에서 압제와 오욕을 겪어야 했다. 당대의 한 뛰어난 역사가가 배은망덕한 마조의 야심과 몰락, 그의 자객들이 일으킨 반란과 진압, 왕의 투옥과 구출, 국가의 혼란 속에서 일어난 개인들의 싸움, 윌리엄 1세 시대와 그 아들의 미성년기에 팔레르모와 시칠리아 섬과 대륙(이탈리

> 서기 1154년 2월~
> 1166년 5월.
> 시칠리아 왕 윌리엄 1세

아 본토)을 괴롭힌 온갖 재난과 불화를 비롯해 조국의 곤경을 묘사했다. 윌리엄 2세는 젊음과 순진함, 멋진 외모로 국민들의 사랑을 받았다. 당파들은 서로 화해했고 법의 기강이 되살아났다. 이 온화한 군주가 성년이 되어 요절하기까지 시칠리아는 짧게나마 평화와 정의, 행복이 넘치는 시절을 누렸다. 과거의 기억과 미래에 대한 두려움으로 인해 이 시절은 더욱 소중한 것이 되었다. 오트빌의 탕크레드의 적자 후손은 윌리엄 2세로 대가 끊어졌으나, 루지에로의 딸인 그의 고모가 당대의 가장 강한 군주와 결혼했다. 프리드리히 바르바로사의 아들인 하인리히 6세는 알프스에서 내려와 황제의 관과 아내의 유산을 요구했다. 그는 자유로운 국민의 한결같은 뜻을 무시하고 무력으로 이 유산을 손에 넣었다. 당시 바로 그 현장에서 가슴에는 애국심을 품고 정치가의 예언적인 눈으로 글을 쓴 역사가 팔칸두스의 말을 그대로 인용해 보겠다.

서기 1166년 5월~1189년 11월, 윌리엄 2세

역사가 팔칸두스의 비탄

시칠리아의 딸 콘스탄티아는 이 복된 섬의 기쁨 속에서 풍요롭게 양육되어 이 섬의 예술과 풍습 속에서 교육받았다. 그러나 오래전 떠나가서 우리 보물로 야만인들의 배를 불려 주더니, 이제는 야만인 배필을 이끌고 돌아와 자애로운 부모가 남긴 아름다움을 더럽히려 한다. 이미 내 눈에는 성난 야만인의 무리가 보인다. 오랫동안 평화롭게 번영을 누려 온 우리의 풍요로운 도시는 공포에 떨면서 학살과 약탈로 황폐화되고, 무절제와 탐욕으로 더럽혀지고 있다. 우리 시민들은 학살당하거나 포로가 되고, 처녀와 부인네들은 겁탈당하고 있다. 이러한 곤경 속에서 (그는 친구에게 묻는다.) 시칠리아인이 어떻게 행동해야겠는가? 용맹과 경륜을 갖춘 왕을 만장일치로 선출한다면 시칠리아와 칼라브리아는 아직 재난을 피할 수 있다. 늘 새로운 변화만을 쫓는 경솔한 아풀리아인들에게는 어떤 확신도 희망도 가질 수가 없다. 칼라브리아가 함락된다 해도 메시나의 높은 탑과 수많은 젊은이들, 해군 병력이 외국 침략자에 맞서 통로를 지킬 것이다. 만일 야만스러운 게르만인들이 메시나의 해적과 힘을 합쳐 아이트나 산의 용암이 자주 그랬듯이 풍요로운 지역에 불을 지른다면, 그 섬 내륙, 야만인의 거친 발에 절대 유린당해서는 안 될 이 고귀한 도시들이 무슨 수를 쓸 수 있겠는가? 카타나는 또다시 지진으로 폐허가 되었고, 시라쿠사가 고대로부터 누려 온 명성도 가난과 황폐화로 끝이 났다. 그러나 팔레르모만은 여전히 최고의 지위를 누리고 있고, 삼중으로 친 성벽 안에는 수많은 그리스도교도와 사라센인들이 머물고 있다. 두 민족이 하나의 왕 밑에서 공동의 안전을 위해 단결한다면 무적의 힘으로 야만인을 몰아낼 수 있을 것이다. 그러나 사라센인들이 거듭되는 재난에 지쳐 뒤로 숨어 반란을 일으키고 산이나 해안의 성을 점령한다면, 불운한 그리스도교도들은 양쪽에서의 협공으로 망치와 모루 사이에 낀 처지가 되어 희망을 버리고 예속을 감수하는 수밖에 없다.

우리는 여기에서 이 성직자가 종교보다 조국을 앞세우고 있다는 사실과 함께, 그가 동맹을 맺기를 청한 이슬람교도들은 시칠리아에 아직 무수히 많았고 힘도 강했다는 사실을 기억해야 한다.

초대 왕의 손자로 비록 서자이지만 관리로서나 군인으로서나 한 점 흠 없는 미덕을 지닌 탕크레드가 만장일치로 선출

서기 1194년, 하인리히 6세의 시칠리아 정복

됨으로써 팔칸두스의 소망은 실현되었다. 그는 4년간의 재위 기간 중 독일의 무력에 맞서 아풀리아 국경선을 강화했다. 또한 포로가 되었던 콘스탄티아를 털끝 하나 다치지 않고, 몸값도 받지 않고서 되돌려 보내 줌으로써 이성이 취할 수 있는 가장 관대한 행위 이상을 보여 주었다. 그가 죽은 후 미망인과 어린 아들의 손에 남겨진 왕국은 싸움다운 싸움 한번 해보지 못하고 무너졌다. 하인리히는 카푸아에서 팔레르모까지 승승장구하며 진군했다. 그의 성공으로 말미암아 이탈리아의 정치적 균형이 깨졌다. 교황과 자유 도시들이 현실적인 이해 문제를 고려했더라면, 천상과 지상의 힘을 모아 독일 제국과 시칠리아 왕국의 위험스러운 통합을 막을 수도 있었다. 그러나 그렇게 여러 차례 찬사 또는 비난의 대상이 되었던 바티칸의 교묘한 정책도 이때만큼은 제구실을 하지 못했다. 만일 켈레스티누스 3세가 자기 앞에 엎드린 하인리히의 머리에서 황제의 관을 차 내버렸다는 얘기가 사실이라면,[51] 이러한 오만할 뿐 무력한 행동은 감사하는 마음을 없애고 적의를 자극하는 결과밖에 안 되었다. 시칠리아에서 교역을 하고 정착하면서 혜택을 누려 온 제노바인들은 무한한 감사를 표하며 빨리 떠나겠다는 하인리히의 약속에 귀를 기울였다. 그들의 함대는 메시나 해협을 장악하고 팔레르모 항을 해방시켰다. 그가 처음으로 취한 조치는 이 경박한 동맹의 특권을 폐지하고 재산을 빼앗는 것이었다. 팔칸두스의 마지막 희망도 그리스도교도와 이슬람교도의 불화로 무너졌다. 수도에서 벌어진 싸움으로 수천 명의 이슬람교도가 살해되었으나, 살아남은 자들은 산악 지대에 요새를 짓고 30년 이상 섬의 평화를 어지럽혔다. 프리드리히 2세의 정책에 따라 6만 명의 사라센인들이 아풀리아의 노체라로 이주했다. 황제와 그의 아들 만프레디는 로마 교회와의 싸움에서

[51] 영국 사가 호브덴의 로저의 증언은 독일과 이탈리아 역사의 침묵에 맞서 조금이나마 힘을 보태 줄 것이다. 로마에서 돌아온 성직자와 순례자들은 온갖 이야기로 성스러운 아버지의 전능함을 찬양했다.

그리스도의 적의 도움을 빌려 전력을 강화했지만, 그에 따른 불명예는 피할 수 없었다. 이 민족의 거류지는 이탈리아 한복판에서 자기들의 종교와 관습을 유지하다가, 13세기 말에 이르러 앙주 가(家)의 신앙심과 복수로 멸망했다. 잔인하고 탐욕스러운 게르만 정복자는 예언적인 웅변가가 탄식했던 것 이상의 재난을 가져왔다. 그는 왕들의 묘소를 유린하고 궁전과 팔레르모, 왕국 전역의 숨겨진 보물을 다 뒤져냈다. 진주와 보석은 아무리 귀중한 것이라도 쉽게 옮길 수 있었지만, 시칠리아의 금과 은을 옮기는 데에는 160마리의 말이 필요했다. 어린 왕과 어머니와 누이들, 남녀 귀족들은 알프스의 요새마다 분산되어 유폐당했다. 털끝만큼이라도 반란을 일으키려 했다는 혐의를 받은 포로들은 생명이나 눈, 또는 자손을 낳을 희망을 잃어야 했다. 콘스탄티아 자신은 조국의 불행에 마음을 태웠다. 이 노르만계 상속녀는 전제적인 남편을 가로막고 나중에 프리드리히 2세로 이름을 떨치게 될 아들의 세습 재산을 지켜 주려 애썼을 것이다. 이렇게 세상이 뒤바뀐 지 10년 후 프랑스 군주는 노르망디 공국을 병합했다. 옛날 공작들의 주권은 정복자 윌리엄의 손녀에 의해 플란타지네트 가로 넘어갔다. 프랑스, 잉글랜드, 아일랜드, 아풀리아, 시칠리아, 동로마 제국에서 그렇게 승승장구하던 모험적인 노르만인들은 승리 또는 예속을 통해 자신들이 패배시킨 민족들 속으로 사라져 버렸다.

서기 1204년,
노르만인의 최종 절멸

57

THE DECLINE AND FALL
OF THE ROMAN EMPIRE

셀주크 가(家)의 투르크족 · 힌두스탄 정복자 마흐무드에 대한 그들의 반란 · 토그룰이 페르시아를 굴복시키고 칼리프를 보호하다 · 알프 아르슬란에게 패하고 포로가 된 황제 로마누스 디오게네스 · 말리크 샤의 권력과 위엄 · 소아시아와 시리아 정복 · 예루살렘의 상태와 압제 · 성지 순례

　이제 시칠리아 섬에서 카스피 해 너머, 최초의 십자군의 주요 목표였던 투르크족의 발상지로 눈길을 돌릴 차례다. 6세기에 그들이 건설했던 스키타이 제국은 해체된 지 이미 오래였지만, 그 명성만은 여전히 비잔티움과 동방 민족들 사이에 자자했다. 분열되었어도 그 하나하나가 강력하고 독립적인 집단이었던 그들은 중국에서 옥수스 강과 도나우 강까지 사막 전체로 퍼져 나갔다. 헝가리인의 거주지는 유럽의 일부로 편입되었고, 아시아의 왕위들은 투르크 혈통의 노예와 병사들이 차지했다. 노르만의 창이 아풀리아와 시칠리아를 제압할 동안, 이 북방에서 온 유목민 무리가 페르시아 왕국을 온통 장악했다. 셀주크족 군주들은 사마르칸트에서 그리스와 이집트 국경까지 웅대하고 강력한 제국을 세웠다. 투르크족은 소아시아에서 패권을 잡아 나가, 마침내는 승리의 초승달 깃발을 성 소피아 성당 지붕 위까지 휘날리게 된다.

투르크족

서기 997~1028년,
가즈니 왕조의 마흐무드

투르크 군주들 가운데 가장 위대한 인물 중 하나는 가즈니 왕조의 마흐무드로 서기 1000년경 페르시아 동부 속주를 통치했다. 그의 아버지 수부크티긴은 신도 지도자의 노예의 노예의 노예였다. 그러나 이러한 위계질서의 제일 윗자리는 여전히 바그다드의 칼리프에게 명목상의 충성을 바치고 있는 트란속시아나와 호라산 군주의 것이었으므로 유명무실했다. 두 번째 지위는 사만 왕조의 부관이자 국무 대신이 차지했는데,[1] 그는 반란을 일으켜 정치적 예속의 굴레를 벗어던졌다. 그러나 세 번째 자리는 그 반역자의 가문에 실제로 예속되어 봉사하는 지위였다. 수부크티긴은 그렇게 낮은 지위에서도 용기와 재능으로 주인의 양자이자 후계자가 되어, 가즈니의 속주와 도시의 최고 지배자 자리까지 올랐다. 사만 왕조는 붕괴 초기에는 종복들로부터 보호를 받았으나 결국은 그 종복들의 손으로 무너졌다. 국가의 혼란 속에서 마흐무드의 운세는 계속해서 상승일로를 탔다. 그를 위해 처음으로 술탄이라는 칭호가[2] 만들어졌다. 그의 왕국은 트란속시아나에서 이스파한 부근, 카스피 해 연안에서 인더스 강 하구까지 확대되었다. 그러나 그가 명성과 부를 얻은 것은 힌두스탄의 힌두교 승려들과의 성전을 통해서였다. 이런 이방의 역사에 한 페이지라도 허투루 쓸 수는 없는

열두 번의 힌두스탄 원정

일이지만, 그가 열두 차례의 원정에서 겪은 전투와 포위 공격을 설명하려면 책 한 권을 써도 모자란다. 이 영웅은 악천후, 험준한 산맥, 너른 강, 불모의 사막, 무수한 적군, 무시무시한 코끼리 떼의 전투 대열 등 그 어떤 것에도 기가 꺾이지 않았다. 가즈니의 술탄은 알렉산드로스의 정복을 뛰어넘었다. 그는 3개월의 행군 끝에 카슈미르와 티베트 고원을 넘어 갠지스 강

---

[1] 사만 왕조는 서기 874년부터 999년까지 125년 동안 지속되었다. 그들의 왕위 계승과 멸망 과정은 귀녜스(M. de Guignes)의 표를 참조하라. 가즈니 왕조가 999년부터 1183년까지 그 뒤를 이었다. 그가 민족들을 나눈 탓에 시간과 장소의 불일치가 종종 발생한다.

[2] 바그다드의 칼리프가 보낸 사절이 이 말을 처음 썼는데, 아랍어 또는 칼데아어로 '지배자' 또는 '주인'을 뜻하는 말이었다. 이는 가즈니에서 셀주크인들과 다른 아시아와 이집트 대수들에게 전해진 후 그리스어와 라틴어로 익숙하게 쓰였다. 뒤캉주(Ducange)는 고대 페르시아 왕국에서 술탄의 칭호를 찾아내려고 애썼다. 그러나 콘스탄티누스의 테마의 고유 이름, 조나라스의 예측, 그리고 사산 왕조의 6대 왕이 아니라 13세기 이코니움의 셀주크인인 카이 호스로우의 메달 등 그가 찾아낸 증거들은 희미한 흔적에 불과하다.

상류에 있는 유명한 도시 카노지에 당도했다.³ 그는 인더스 강의 한 지류에서 원주민의 배 4000여 척과 싸워 승리를 거두었다. 델리, 라호르, 물탄은 더 버티지 못하고 성문을 열었다. 풍요로운 구자라트 왕국이 그의 야심을 자극하고 머물도록 유혹했지만, 그는 탐욕 때문에 남해에서 금과 향료가 있는 섬을 찾아내겠다는 헛된 계획을 좇았다. 공물을 바치는 대가로 왕족에게는 지배권을, 신민들에게는 생명과 재산을 보장해 주었지만, 신앙열에 들뜬 이슬람교도들은 힌두스탄의 종교에 대해서만은 인정사정 두지 않았다. 수백 개의 사원과 탑이 폐허가 되었고 수천 개의 우상이 파괴되었다. 예언자(마호메트)를 섬기는 자들은 우상의 상징물을 만드는 재료인 귀금속을 약탈해 갔다. 포르투갈의 마지막 남은 소유지 중 하나인 디우 인근 구자라트 곶에 숨나트 탑이 있었다. 그 탑은 2000여 개의 마을에서 거둔 세금으로 유지되었다. 2000명의 브라만이 신을 섬기는 데 헌신했는데, 매일 아침저녁 갠지스 강에서 길어 온 물로 신상(神像)을 씻었다. 하급 신관은 악사 300명, 이발사 300명, 신분과 미모를 갖춘 무희 500명으로 이루어졌다. 사원의 삼면은 바다가 보호막처럼 둘러쌌고, 좁은 지협은 천연 또는 인공 암벽이 요새처럼 에워쌌다. 도시와 인근 지역에는 광신도 무리가 거주했다. 그들은 카노지와 델리는 죄를 지어 벌을 받았지만, 그 불경한 이방인(마흐무드)이 자기들의 성역에까지 감히 접근한다면 기필코 신으로부터 복수의 일격을 맞고 거꾸러질 것이라고 떠들어댔다. 이러한 도전을 받자 마흐무드의 신앙심은 이 인도의 신의 힘을 시험해 보고 싶은 마음까지 더해져 더욱 불타올랐다. 이 신도 5만여 명이 이슬람교도의 창칼에 희생되었고, 성벽은 정복당했으며, 성소는 더럽혀졌다. 정복자는 신상의 머리에 철퇴를 겨누었다. 겁에 질린 브라만들은 신상을 구

3 카노지(Kinnoge) 또는 카누주(Canouge)는 위도 27도 3분, 경도 80도 13분에 걸쳐 있다. 렌넬 장군이 그 지역에 대한 지식을 토대로 수정한 당빌(d'Anville)의 책에서 300명의 보석 상인, 빈랑나무 열매를 파는 가게 3만어 개, 6만여 명의 악사가 있었다는 기록을 고려하면 상당한 규모였으리라 추측된다.

하기 위해 1000만 파운드를 바치겠다고 제안했다. 현명한 고문들은 석상을 부수어 보았자 어차피 힌두교 승려들의 마음을 바꾸지는 못할 테니, 이 돈을 받아 참된 신자들을 위해 쓰는 편이 낫다고 설득했다. 술탄은 이렇게 대답했다.

그대들의 이성적인 의견도 나름대로 일리가 있다. 하지만 후세 사람에게 신상을 팔아먹은 자라는 소리를 들을 수는 없다.

그가 멈추지 않고 계속해서 타격을 가하자 신상의 뱃속에 감추어져 있던 진주와 루비가 쏟아져 나와, 브라만들이 경건한 척하면서 뒤로는 방탕을 일삼았음이 드러났다. 신상 조각은 가즈니, 메카, 메디나로 분산되어 보내졌다. 이 교훈적인 이야기는 바그다드에도 전해져서, 마흐무드는 칼리프로부터 마호메트의 행운과 신앙을 지키는 수호자라는 칭호를 받았다.

마흐무드의 성격 유혈로 점철된 이러한 국가 간의 역사에서 잠시 눈을 돌려 학문이나 미덕의 꽃을 모아 보겠다. 가즈니족 마흐무드의 이름은 동방에서 아직도 존경의 대상이다. 그의 국민은 번영과 평화의 축복을 누렸으며, 그의 악덕은 종교라는 베일 뒤에 감추어졌다. 그의 정의로움과 관대함을 보여 주는 유명한 일화가 두 개 있다. (1) 그가 국정 회의를 하던 중 불행에 빠진 한 신하가 옥좌 앞에 꿇어앉아, 한 투르크 병사가 오만무례하게도 자신의 집과 침대에서 자신을 쫓아냈다고 하소연했다.

불평은 그만하고 그가 또 찾아오면 내게 알리도록 해라. 그러면 내가 직접 그의 죄상을 판단하여 처벌하리라.

마흐무드는 이렇게 말했다. 술탄은 그가 안내하는 대로 호위대를 그의 집에 배치하고 불을 끈 다음, 약탈과 간통의 현장에서 병사를 사로잡아 처형했다. 마흐무드는 처형을 마친 후 다시 불을 켜고 엎드려 기도를 드렸다. 그런 다음 몸을 일으키고 소박한 식사를 가져오라 하여 허겁지겁 먹어 치웠다. 피해에 대한 복수를 달성한 불행한 자는 경악하는 한편 호기심을 억누를 수 없었다. 군주는 정중하게도 이렇게 기이한 행동을 한 동기를 설명해 주었다.

4 그러나 이 편지들이 본심에서 나왔다거나 공적인 행동을 취하는 데 동기가 될 만하다고 보기는 어렵다.

내 아들들 중 하나가 아니라면 감히 이렇게 무도한 행위를 저지를 자가 없다고 추측했다. 내가 불을 끈 것은 아무것도 모르는 상태에서 가차 없이 정의의 심판을 내리기 위해서였다. 나의 기도는 범인을 찾아낸 데 대한 감사 기도였다. 그리고 그대의 항의를 듣고 난 후부터 근심에 싸인 나머지 3일간 음식을 넘기지 못했다.

(2) 가즈니의 술탄은 서(西)페르시아의 부와이 왕조를 상대로 전쟁을 선포했다. 그러나 술탄의 어머니가 보낸 서신을 읽고 마음이 약해져, 그녀의 아들이 성년이 될 때까지 침공을 미루었다.4 이 교활한 섭정은 다음과 같이 썼다.

저는 남편이 살아 있을 적에도 당신의 야심이 늘 근심거리였습니다. 남편은 군주이자 군인으로서 충분히 당신의 적수가 될 인물이었습니다. 하지만 그는 더 이상 이 세상 사람이 아닙니다. 그의 왕홀은 여자와 아이에게 넘어갔는데, 어린아이와 약한 여자를 공격하지는 않겠지요. 당신이 정복한다 해도 무엇이 그리 영광스럽겠으며, 만일 패배라도 한다면 얼마나 수치스럽겠습니까! 전쟁의 승패는 전능하신 신의 손에 달린 일입니다.

옥에도 티가 있듯 마흐무드의 훌륭한 인품에도 탐욕이라는 유일한 흠이 있었다. 그는 아무리 많은 부를 손에 넣어도 만족할 줄을 몰랐다. 일찍이 한 인간이 다 손에 넣어 본 적이 없을 만큼 막대한 양의 금과 은, 그리고 자연이 일찍이 빚어낸 적이 없을 정도의 진주, 다이아몬드, 루비 등에 대한 동방 사가들의 설명은 도저히 믿기 어렵다.[5] 그러나 힌두스탄의 토양에는 귀중한 광물이 묻혀 있었고, 그곳의 교역은 시대를 막론하고 전 세계의 금과 은을 끌어모았다. 아무도 손댄 적이 없었던 힌두스탄의 보물은 최초의 마호메트의 정복자에게 약탈당했다. 그의 말년 행적을 보면 아무리 애를 써서 손에 넣고 지키려 몸부림쳐도 결국은 잃어버릴 수밖에 없는 재물의 허망함을 실감하게 된다. 그는 보물로 가득 찬 가즈니의 넓고 다양한 방들을 둘러보다가 갑자기 울음을 터뜨렸다. 그러고는 그가 더 이상 지닐 수도 없는 보물들을 한 조각도 남에게 나눠 주지 않고 다시 문을 닫아걸었다. 다음 날 그는 보병 10만 명, 기병 5만 5000명, 코끼리 전투 부대 1300기에 이르는 군대의 무장 상태를 시찰했다.[6] 그는 인간사의 무상함에 다시 한 번 눈물을 흘렸다. 그가 일찍이 페르시아 왕국 깊숙이 끌어들였던 투르크만인들이 진군해 오고 있었으므로 그의 슬픔은 더욱 깊었다.

서기 980~1028년, 투르크족의 관습과 이주

근래 아시아 인구가 격감하면서 행정과 농업이 제대로 이루어지는 곳은 도시 주변부 정도뿐이다. 더 먼 지역은 아랍, 쿠르드, 투르크만 등 유목 민족의 차지이다. 마지막으로 언급한 민족 중 두 개의 꽤 큰 분파가 카스피 해 양쪽으로 세력을

---

[5] 예를 들어 루비 중에는 한 개가 450미스칼, 즉 6파운드 3온스에 이르는 것도 있었다.

[6] 카노지의 군주는 코끼리 2500마리를 가지고 있었다고 한다. 이 인도의 이야기로 독자들은 내 첫 번째 권의 주석을 고치든지, 아니면 그 주석으로 미루어 이 이야기를 고치든지 해야 할 것이다.

뻗치고 있다. 서쪽 이주지에서는 4만 명 정도의 군사를 모병할 수 있다. 동쪽은 여행자에게는 덜 알려졌지만 더 강하고 인구도 많은데, 가구 수가 계속 증가해 와서 10만 호에 이른다. 그들은 문명국들 틈바구니에서도 스키타이 사막에서의 관습을 유지하고 있고, 철 따라 야영지를 옮기면서 폐허가 된 궁정과 사원 옛터에서 가축을 친다. 재산이라고는 가축뿐이다. 천막은 깃발 색에 따라 흰색이나 검은색인데 펠트 천으로 덮은 둥근 형태이다. 그들은 양가죽으로 겨울옷을 지어 입고, 무명으로 여름옷을 만든다. 남자들의 기질은 거칠고 사납지만 여자들은 온유하고 상냥하다. 그들은 유랑 생활을 통해 전사로서의 정신을 유지하고 기량을 연마한다. 말을 타고 싸우는데 서로 간의 또는 이웃 부족과의 잦은 싸움에서 용맹을 과시한다. 목초지를 사용하는 대가로 그 땅의 군주에게 약간의 공물을 바치지만, 재판권은 족장과 원로의 손에 있다. 그들 민족 중에서도 가장 오래된 동방 투르크만인들의 이주는 대략 10세기경으로 추정된다. 칼리프들이 쇠망하고 그 부하들의 힘도 약해지면서, 야크사르테스 강도 더 이상 방벽 구실을 하지 못하게 되었던 것이다. 일부 유랑 민족은 침략할 때마다 동족의 승패 여부와 상관없이 이슬람교를 받아들여, 넓은 평원과 쾌적한 기후를 지닌 트란속시아나와 카리즈메에 야영지를 얻었다. 제위를 노리는 투르크의 노예들은 군대를 보충하고, 자기 국민과 경쟁자들을 억누르고, 투르키스탄의 더 거친 원주민에 맞서 국경선을 지킬 수 있다는 이점 때문에 이들의 이주를 장려했다. 가즈니의 마흐무드는 과거의 그 누구보다도 이 정책을 남용했다. 보카라 영토에 거주하는 셀주크족 족장 한 사람이 그의 과오를 지적한 일이 있었다. 술탄은 그가 얼마나 병사를 지원해 줄 수 있겠는지 물었다. 그러자 이스마엘이 대답했다. "폐하께서 이 화살

중 하나를 우리 진영에 보내신다면 우리 부하 5만 명이 말을 타고 달려올 것입니다." 마흐무드가 다시 질문했다. "그 숫자로 충분치 않다고 한다면?" "발리크 유목민에게 이 두 번째 화살을 보내시면 5만 명이 더 올 것입니다." "그러나……" 가즈니가 불안감을 숨기면서 말했다. "내가 그대의 부족이 전부 다 필요하다면?" "제 활을 보내십시오." 그의 마지막 대답이었다. "그러면 그 활이 부족들 간에 죽 한 바퀴 돌려지는 대로 20만 명의 기병이 호출 명령에 따를 것입니다." 이렇게 강력히 원조를 공언하자 마흐무드는 결국 이 가증스러운 부족을 호라산 깊숙이 데려왔던 것이다. 그곳에서 그들을 옥수스 강을 사이에 두고 동포들과 분리시키고, 도시의 성벽으로 사면을 둘러 가두어 놓았다. 그러나 그 나라의 모습은 그들에게 공포보다는 유혹의 대상이었다. 가즈니의 술탄이 숨을 거두고 나자 통제도 느슨해졌다. 유목민은 도적 떼로 돌변했고 도적 떼는 정복자의 군대로 바뀌어 갔다. 페르시아는 이스파한과 티그리스 강까지 그들의 야수 같은 내습에 시달렸다. 투르크만인들은 용기로나 인원수로나 아시아의 가장 오만한 군주와 겨루어도 밀리지 않을 수준이었다. 마흐무드의 아들이자 후계자인 마스우드는 현명한 태수들의 충고를 진작에 귀담아들었어야 했다. 그들은 거듭 간언했다.

폐하의 적은 본래 개미 떼 같은 자들이었습니다. 그러나 이제는 작은 뱀 정도로 자랐습니다. 즉시 처부수지 않으면 독사로 자랄 것입니다.

몇 차례의 충돌과 휴전이 반복되고 술탄의 부하들이 적을 격퇴하거나 부분적인 성공을 거둔 후, 술탄이 직접 투르크만인들에 맞서 진군에 나서자 사방에서 야만스러운 고함 소리와 함께 적이 앞다투어 튀어나오면서 그를 공격했다. 페르시아 사가는 다음과 같이 전한다.

> 마스우드는 번쩍이는 무기들이 불꽃을 튀며 맞부딪치는 속으로 그 어떤 왕에게서도 볼 수 없었던 엄청난 힘을 과시하면서 혈혈단신으로 뛰어들었다. 몇몇 부하가 주군의 말과 행동, 무인의 가슴을 부풀게 하는 타고난 명예심에 고무되어 그의 뒤를 훌륭히 따랐다. 그가 칼을 휘두를 때마다 적들이 두 동강 나서 쓰러지거나 등을 돌리고 도망쳤다. 그러나 그가 승기를 막 잡았다고 생각한 순간, 불운이 등 뒤를 덮쳤다. 문득 주위를 둘러보니 몸소 지휘하는 부대만을 제외하고 나머지 전군이 앞다투어 도주하고 있었던 것이다.

서기 1038년, 가즈니 왕조를 무너뜨리고 페르시아를 정복한 투르크족

가즈니의 왕은 투르크족 장군들의 비겁함 또는 배신 때문에 버림받았다. 젠데칸의 이 역사적인 전투가 막을 내린 후,[7] 페르시아에는 유목민 왕의 왕조가 들어섰다.[8]

승리한 투르크만인들은 즉시 왕을 선출하기로 했다. 한 라틴 사가가 전하는 이야기를[9] 그대로 믿는다면, 그들은 제비뽑기로 새로운 주인을 선택하기로 결정했다. 수많은 화살에 부족, 가족, 후보자의 이름을 새긴 다음 한 어린아이가 화살 더미에서 하나를 뽑았다. 그 결과 위대한 후손 덕에 불후의 명성을 얻은 셀주크의 아들인 미카엘의 아들 토그룰 베그가 뽑혔다. 술탄 마흐무드는 자기 민족의 가계에 대해서는 통달했지만 셀주크 가문에 대해서는 아는 바가 전혀 없다고 했다. 그러나

서기 1038~1152년, 셀주크 왕조

[7] 데르벨로(d'Herbelot)가 말하는 젠데칸(Zendekan), 도(Dow)가 말하는 딘다카(Dindaka)는 아마도 호라산의 소읍인 아불페다의 단다네칸(Dandanekan)인 듯하다. 이곳은 마루(Marû)에서 이틀 걸리는 거리로 면제품 제조업 덕분에 동방 전체에 이름이 알려졌다.

[8] 비잔티움 사가들은 이 사건에서 시간과 장소, 인물과 이름, 원인과 결과가 진짜인지 혼란스러워했다. 비잔티움인들의 무지와 오류 탓에 키아카레스와 키루스의 이야기를 그들의 열정적인 선조들이 전하는 대로 믿어야 할지 의심스러워진다.

[9] 화살 점(占)은 동양에서는 유래가 깊으며 유명하다.

¹⁰ 후손이 행운을 잡은 이후 셀주크는 투란의 황제인 위대한 아프라시아브의 34대 직계 손이 되었다. 칭기즈 가(家)의 타타르 혈통으로 미루어 아침과 우화에 대해 다른 추측을 해볼 수 있다. 미르콘드는 셀주크족의 기원이 성모인 알란카바흐에서 나왔다고 한다.

¹¹ 토그룰 베그의 통치와 인품에 대해서는 데르벨로와 귀네스가 충실히 전했다.

¹² 캐드래누스와 조나라스는 동방에 대한 일반적인 지식에 비추어 사절을 아랍의 토후로 설명했다.

¹³ 티르의 윌리엄이 쓴 책에서 이 투르크인과 투르크만인의 구분을 빌려 왔다. 이 구분은 잘 알려져 있으며 편리하다. 이름들은 똑같고, 'man'을 붙이면 페르시아어와 튜턴어에서와 같은 의미가 된다.

그 부족의 선조는 권력과 명성을 자랑하는 족장이었던 것 같다.¹⁰ 셀주크는 감히 군주의 하렘에 침입했다가 투르키스탄에서 추방당했다. 그는 수많은 벗과 봉신들을 이끌고 야크사르테스 강을 건너 사마르칸트 부근에 진영을 차렸다. 그는 이슬람교를 받아들여 불신자들과의 전투에서 순교의 왕관을 썼다. 이때 그의 나이 107세로 아들보다도 오래 살면서 손자 토그룰과 자파르를 돌보았다. 그들 중 맏이 토그룰이 45세의 나이로 왕도인 니샤부르에서 술탄의 칭호를 받았던 것이다. 전적으로 우연에 의지한 결정이었지만 선출된 후보자의 덕성은 이 결정에 정당성을 부여했다. 투르크인들의 용맹은 굳이 칭찬할 필요가 없을 정도이지만, 토그룰의 야심 또한 그의 용맹 못지않았다.¹¹ 가즈니 왕조는 그의 무력에 밀려 페르시아 동부 왕국에서 축출되어, 좀 더 손쉽고 풍요로운 정복지를 찾아 인더스 강 유역으로 점차 옮겨 갔다. 그가 서쪽에서 부와이 왕조를 멸망시킨 결과, 이라크의 왕권이 페르시아인에게서 투르크족으로 넘어갔다. 직접, 간접 체험을 통해 셀주크인의 화살의 위력을 알고 있던 왕들은 굴욕스럽지만 머리를 조아렸다. 그는 아제르바이잔, 즉 메디아를 정복함으로써 로마 국경까지 접근했다. 이 유목민은 사절인지 전령인지 모를 자를 보내어 콘스탄티노플 황제에게 공물과 복종을 요구했다.¹² 토그룰은 자기 병사와 신민에게는 아버지 같은 통치를 폈다. 그는 강력하고 공정한 통치로 페르시아를 혼란에서 구해 냈다. 피로 물들었던 바로 그 손이 정의와 공공의 평화를 수호했던 것이다. 투르크만인들 중 거칠지만 아마도 가장 현명한 자들은¹³ 선조의 막사에서 계속 지냈다. 이 군사적 거류지는 옥수스 강에서 유프라테스 강까지 군주들의 보호 아래 퍼져 나갔다. 그러나 궁정과 도시의

서기 1038~1063년, 토그룰 베그의 통치와 성격

투르크인들은 상업에 종사하면서 순화되고, 쾌락을 즐기면서 성품이 부드러워졌으며, 페르시아의 의복, 언어, 풍습을 모방했다. 니샤부르와 레이의 왕궁은 위대한 군주 체제의 질서와 장대함을 과시했다. 아랍인과 페르시아인 중 최적임자들이 나라의 명예로운 직책에 등용되었다. 투르크족 전체가 열성적으로 진지하게 이슬람교를 받아들였다. 유럽과 아시아 양쪽에 퍼져 있는 북방의 야만인들은 이와 같이 행동한 결과, 돌이킬 수 없을 만큼 분리되었다. 그리스도교도와 같이 이슬람교도 사이에서도 모호한 지방 전통은 지배 체제의 이성과 권위, 고대로부터의 명성, 민족 전체의 동의 앞에 무릎을 꿇었다. 그러나 코란의 승리는 우상 숭배와 비슷한 모습으로 이교도를 유혹하는 가시적이고 화려한 숭배 의식의 힘을 빌리지 않았다는 점에서 더 순수하고 가치 있다. 최초의 셀주크인 술탄은 신앙 열과 믿음으로 유명했다. 그는 매일 진실한 신도에게 부과된 다섯 차례의 기도를 반복했으며, 매주 첫 이틀 간은 특별한 단식을 행했고, 각 도시마다 궁전의 기초를 닦기 전에 모스크부터 세웠다.

    셀주크의 아들은 코란을 신봉하면서 예언자 마호메트의 후계자에게 깊은 존경심을 품었다. 그러나 여전히 바그다드와

> 서기 1055년,
> 바그다드의 칼리프를
> 공격한 토그룰 베그

이집트의 칼리프는 이 신성한 역할을 놓고 다투었으며, 이 경쟁자들은 저마다 일자무식일지언정 힘은 강한 야만인들로부터 인정받으려고 안달했다. 가즈니의 마흐무드는 일찍이 압바스 왕조에 대한 지지를 선언하고, 파티마 왕조 사절에게서 받은 명예로운 의복도 함부로 내팽개쳐 두었다. 그러나 배은망덕한 하심인(人)(Hashemite)은 운세의 변화에 따라 마음을 바꾸었다. 그는 젠데칸의 승리를 찬양하며 셀주크 술탄을 이슬람 세계를 지배하는 속세의 대리자로 인정했다. 토그룰은 이 중요한

신탁을 실행하고 확대하던 중, 칼리프 알 카임으로부터 구원 요청을 받고 성스러운 호출에 따라 새로운 왕국을 손에 넣었다. 신도 지도자는 여전히 바그다드의 궁정에서 장엄한 꿈속을 헤매고 있었다. 그의 신하인지 주인인지 알 수 없게 된 부와이 군주는 더 이상 그를 비열한 폭군들의 모욕으로부터 보호해 줄 수가 없었고, 유프라테스 강과 티그리스 강변 지역 일대는 투르크와 아랍 태수들의 반란으로 어지러웠다. 모두들 정복자가 나타나 평정해 주기만을 간절히 바라면서, 한동안은 불과 검의 재앙이 휩쓴다 해도 공화국을 본래 모습으로 회복시킬 수 있는 고통스럽지만 유익한 처방으로 받아들일 상황이었다. 그리하여 페르시아의 술탄이 엄청난 대군을 이끌고 하마단에서 진군해 왔다. 무릎 꿇지 않는 자들은 짓밟혔으나 엎드린 자들은 용서받았다. 부와이 군주는 모습을 감추었다. 가장 완강히 버티던 반란군들의 목이 토그룰의 발 앞에 놓였다. 그는 모술과 바그다드 사람들에게 복종을 명했다. 죄인을 다스리고 평화를 회복시킨 다음, 유목민 출신 왕은 자신이 수고한 대가를 거두었다. 이때 한 편의 엄숙한 희극이 야만스러운 힘에 대한 종교적 편견의 승리를 보여 주었다.[14] 투르크인 술탄은 티그리스 강에서 배에 올라 라카 성문에 상륙하여 말을 타고 공식 입성했다. 그는 궁정 문 앞에서 예를 갖추어 말에서 내려, 무기를 지니지 않은 태수들을 앞세우고 걸어 들어갔다. 칼리프는 어깨에는 압바스 조의 검은 의복을 걸치고 손에는 신의 사도의 지팡이를 든 채, 검은 장막 뒤에 좌정하고 있었다. 동방의 정복자는 땅에 입 맞추고 잠시 동안 겸손한 자세로 섰다가 대신과 통역자에게 이끌려 왕좌로 인도되었다. 토그룰이 다른 왕좌에 자리 잡고 앉자, 그를 예언자의 대리인을 보좌하는 현세의 부

토그룰 베그의 서임

[14] 이 기이한 의식에 대해서는 귀네스를 참고했는데, 이 박식한 저자는 셀주크인들의 역사에 대해 저술한 본다리(Bondari)에게 감사를 전하고 있다. 그의 나이, 국적, 인물에 대해서는 전혀 알려진 바가 없다.

관으로 선언하는 신도 지도자의 위임장이 공개 낭독되었다. 그는 일곱 가지 명예로운 의복을 차례로 받고, 아랍 제국의 각기 다른 일곱 지역 출신의 노예 일곱 명을 하사받았다. 그의 신비스러운 베일에는 사향이 뿌려지고 머리 위에 두 개의 왕관이 씌워졌다. 옆구리에는 동양과 서양을 다 같이 지배한다는 뜻으로 두 자루의 언월도가 채워졌다. 이렇게 예식을 치른 후 술탄은 신도 지도자의 손에 두 번 입 맞추었다. 이슬람교도들은 함성과 환호로 그의 지위를 인정했다. 셀주크 군주는 바그다드를 두 번째로 방문했을 때 또 한 번 칼리프를 적의 손에서 구해내어, 경건한 태도로 그의 노새 고삐를 잡고 걸어서 감옥에서 궁정으로 인도했다. 그들의 우의는 토그룰의 누이가 예언자의 후계자와 혼례를 올림으로써 더욱 공고해졌다. 알 카임은 투르크 처녀를 기꺼이 하렘에 맞아들였으나, 오만하게도 자기 딸을 술탄에게 주는 것은 거부했다. 그는 경멸하는 태도로 하심 가의 피를 스키타이 양치기의 피와 섞이게 할 수 없다고 말했다. 그는 여러 달 동안 협상을 질질 끌었으나, 세입이 점점 감소하자 마침내 자신이 여전히 주인의 손아귀에 든 처지임을 깨달았다. 이 혼례가 성사되고 얼마 지나지 않아 토그룰이 숨을 거두었다. 그는 후사를 남기지 않았기 때문에 조카인 알프 아르

서기 1063년,
토그룰 베그의 죽음

슬란이 술탄의 지위와 특권을 계승했다. 그의 이름은 이슬람교도들이 기도할 때마다 칼리프의 이름 다음으로 불려졌다. 그러나 이러한 변화를 틈타 압바스 왕조는 더 많은 자유와 권력을 얻었다. 소아시아의 왕위에 있는 투르크 군주들은 바그다드 국내 통치권에 연연하지 않았으므로, 신도 지도자들은 페르시아 왕조의 존재와 궁핍으로 인해 겪어야 했던 굴욕스러운 처지에서 벗어날 수 있었다.

서기 1050년, 로마 제국을 침입한 투르크족

칼리프들이 몰락한 후 사라센인들은 내분과 타락에 빠져 로마의 아시아 속주들을 침범하지 않게 되었다. 아시아 속주들은 니케포루스, 치미스케스, 바실리우스의 승리에 힘입어 안티오크와 아르메니아 동부 국경선까지 확대되었다. 바실리우스가 사망한 지 25년 후 그의 후계자들은 야만인들 중 이름이 알려지지 않은 한 부족으로부터 갑자기 공격을 받았다. 그들은 스키타이의 용맹에 새로 개종한 자다운 광신적인 종교 열, 강력한 군주제에서 나온 기량과 부까지 갖추었다. 투르크 기병의 대군이 타우루스에서 아르제로움까지 600마일에 걸쳐 국경선을 뒤덮었다. 13만 명의 그리스도교도들이 아랍 예언자에게 감사를 바치기 위한 희생 제물이 되어 피를 흘렸다. 그러나 토그룰의 무력은 비잔티움 제국에 그다지 오랫동안 깊은 인상을 남기지는 못했다. 이 격류는 평원 지역을 벗어나 전개되었으므로, 술탄은 영광도 성공도 얻지 못한 채 아르메니아 시 포위 공격을 거두고 물러났다. 그 후로는 소규모 전투가 간헐적으로 벌어지는 정도였다. 마케도니아 군단의 용맹은 아시아 정복자의 명성을 다시 한 번 드높였다. 용맹스러운 사자를 뜻하는 알프 아르슬란이라는 이름은 완벽한 인간에 대한 세간의 관념을 표현하고 있다.

서기 1063~1072년, 알프 아르슬란의 통치

토그룰의 후계자는 과연 백수의 왕 사자다운 사나움과 관대함을 동시에 보여 주었다. 그는 투르크 기병대를 이끌고 유프라테스 강을 건너, 성 바실리우스 성당의 명성과 부를 노리고 카파도키아의 대도시인 카이사레아에 입성했다. 견고하게 지은 건물이라 파괴하기가 쉽지 않았지만 그는 금과 진주로 장식한 성당의 문짝을 뜯어내고, 이제는 고

서기 1065~1068년, 아르메니아와 그루지야 정복

풍스럽게 세월의 재로 덮인 수호성인의 유물을 더럽혔다. 아르메니아와 그루지야 정복 사업을 최종적으로 완수한 것도 알프 아르슬란이었다. 아르메니아에서 왕국의 이름과 한 국가로서의 정신은 완전히 자취를 감추었다. 인공 요새도 믿음이 없는 이방인들, 보수도 못 받고 무기도 없는 노병들, 경험도 없고 훈련도 못 받은 신병에 불과한 콘스탄티노플 용병들의 손에서 적에게 넘겨졌다. 이처럼 중요한 국경 지대를 잃은 것도 겨우 하루 동안의 얘깃거리에 불과했다. 그리스도와 성모가 그릇된 네스토리우스와 에우티케스의 교리에 깊이 물든 자들을 불신자의 손에 넘겨주었다 한들, 가톨릭교도로서는 놀랄 일도 분노할 일도 아니었다. 원주민인 그루지야인이나 이베리아인이 카프카즈 산의 숲과 골짜기를 방어하는 데 더 열성이었다. 그러나 투르크의 술탄과 그의 아들 말리크는 이 성전을 끈기 있게 수행했다. 포로들은 현세적인 복종은 말할 것도 없고 영혼까지 복종할 것을 맹세해야 했다. 선조의 종교를 포기하지 않는 불신자들은 목걸이나 팔찌 대신 굴욕의 징표로 쇠로 된 말편자를 달았다. 그러나 개종이 진지하게 널리 이루어진 것은 아니었다. 그루지야의 군주와 사제들은 예속당했을 때도 계속 명맥을 유지했다. 그러나 아무리 자연으로부터 최고의 자질을 타고난 민족이라 해도 가난과 무지, 악덕 속에서는 타락할 수밖에 없다. 그들이 그리스도교 신앙을 공언하고 실천까지 했다 해도 공허한 이름에 불과했다. 그들이 이단으로부터 벗어났다면, 그 것은 단지 그들이 너무나 무지한 나머지 형이상학적인 교리를 기억할 수 없었기 때문일 뿐이다.

알프 아르슬란은 가즈니 왕조의 마흐무드의 관대함을 흉내조차 내려 하지 않았다. 그는 양심의 가책도 없이 비잔티움

서기 1068~1071년, 로마누스 디오게네스 황제

황후인 에우도키아와 자녀들을 공격했다. 그의 진군에 혼비백산한 황후는 한 군인의 손에 자기 자신과 제권을 넘기는 수밖에 없었다. 그리하여 로마누스 디오게네스가 자의를 걸치게 되었다. 그는 애국심과 아마도 자존심 때문에 즉위한 지 두 달도 안 되어 콘스탄티노플에서 출정했다. 그는 다음 전투에서는 성스러운 부활절 축일에 출정하여 엄청난 비난을 불러일으켰다. 궁정에서는 에우도키아의 남편 이상도 이하도 아니었지만, 진영에서는 로마의 황제였고 빈약한 재원에도 불구하고 불굴의 용기로 이 역할을 지탱했다. 그의 기백과 성공에 감화되어 병사들은 행동에 나섰고 국민은 희망을, 적은 공포를 품었다. 투르크인들은 프리기아 중심부까지 뚫고 들어왔으나, 술탄 자신은 전쟁의 수행을 태수들에게 넘기고 물러난 상태였다. 수많은 부대가 정복을 낙관하면서 아시아 전체에 산개해 있었다. 그들은 전리품을 잔뜩 챙기고 방심했다가 비잔티움군의 기습에 격파당했다. 황제는 동에 번쩍 서에 번쩍 하며 신출귀몰한 활약을 펼쳤다. 안티오크 정벌에 나섰다는 소식이 들리는가 하면 트레비존드 계곡에 나타나 적에게 검을 휘두르기도 했다. 투르크인들은 세 차례의 힘겨운 전투에서 유프라테스 강 너머까지 밀려났다. 마지막으로 네 번째 전투에서 로마누스는 아르메니아를 구원하러 나섰다. 황폐한 지역이었으므로 두 달 치의 식량을 수송해야만 했다. 그는 오늘날의 아르제로움과 반(Van) 사이 중간쯤에 있는 중요한 요새인 말라즈케르드를[15] 포위 공격하기 위해 진군했다. 그의 병력은 적어도 10만을 헤아렸다. 콘스탄티노플의 군대는 프리기아와 카파도키아의 어중이떠중이를 다 끌어넣어 전력을 강화했으나, 실제 주력은 유럽의 신민과 동맹군, 마케도니아 군단, 투르크족의 일부인 몰다비아 유목민 우지족,[16] 불가리아 군대, 그리고 무엇보다도 프랑크와

[15] 이 도시는 콘스탄티누스 포르피로게니투스와 11세기의 비잔티움 사람이 만트치키에르트라는 이름으로 언급했다. 어떤 이들은 테오도시오폴리스와 혼동하기도 했다. 그러나 들릴(Delisle)은 그의 주석과 지도에서 이 도시의 위치를 제대로 잡았다. 아불페다는 말라즈케르드를 검은 돌로 지어졌으며 나무는 없지만 물이 공급되는 조그만 마을로 설명했다.

[16] 비잔티움 사람들이 말하는 우지(Uzi)는 동방의 고즈(Gozz)이다. 그들은 아르메니아, 시리아, 호라산에서 도나우 강과 볼가 강 유역에 사는데, 그 이름은 투르크만족 전체에까지 확대 적용되었던 것 같다.

노르만의 용병 부대와 모험가 무리였다. 스코틀랜드 왕의 친족 또는 선조인 발리올 가의 용맹스러운 우르셀이[17] 창기병을 지휘했는데, 그들은 무기를 쓰는 솜씨, 그리스식으로 표현하자면 칼춤에 뛰어나기로 유명했다.

알프 아르슬란은 자신의 세습 영토를 위협하는 이 대담한 침략을 전해 듣자 곧 4만 명의 기병을 이끌고 전투 현장으로 달려갔다.[18] 그는 민첩하고 교묘한 작전으로 수적으로 우월한 비잔티움군을 궁지에 몰아넣고 기를 꺾었다. 그는 비잔티움군 장군들 중 한 사람인 바실라키우스를 무찔러 처음으로 자신의 용맹과 관대함을 과시했다. 황제는 경솔하게도 말라즈케르드를 정복한 후 병력을 분산시킨 뒤였으므로, 프랑크인 용병 부대를 소환하려 해도 헛일이었다. 그들은 소환에 불응했고 그 또한 그들의 귀환을 기다린다는 것이 치욕스러웠다. 엎친 데 덮친 격으로 우지족까지 탈영하자 그의 마음은 근심과 불안에 잠겼다. 그는 현명한 충고를 물리치고 서둘러 결전에 뛰어들었다. 그가 술탄의 공정한 제안에 귀를 기울였더라면 안전한 퇴각은 물론이고 어쩌면 평화까지도 얻을 수 있었을지 모른다. 그러나 그는 이러한 제의가 적의 약점이나 두려움에서 나왔다고 보고 모욕적이고 도전적인 회답을 보냈다.

서기 1071년 8월, 로마인들의 패배

야만인이 평화를 원한다면 점령한 땅을 로마인의 숙영지로 내놓고 물러갈 것이며, 진심을 보증하는 증표로 레이의 도시와 왕궁을 내놓아야 할 것이니라.

알프 아르슬란은 헛된 요구에는 코웃음을 쳤으나 많은 신실한 이슬람교도가 죽을 것을 생각하고 눈물을 흘렸다. 그는 경건하

[17] 말라테라(Jeffrey Malaterra)는 우르셀리우스(Urselius)를 시칠리아의 노르만 정복자들 가운데서 발리올이라는 성과 구별한다. 발리올이 어떻게 노르망디에서 더럼으로 와서 티스 강가에 버나드 성을 짓고 스코틀랜드의 상속녀와 결혼했는지 등에 대한 이야기는 우리 역사가들이 전하고 있다. 뒤캉주는 발리올의 명예에 관한 주제를 상세히 다루었는데 그의 아버지는 칼을 옷과 맞바꾸었다.

[18] 엘마킨은 대략 이 정도의 숫자라고 보았으나 아불파라기우스는 이를 1만 5000명으로 줄였고, 데르벨로는 다시 1만 2000명으로 축소했다.

19 비잔티움 사가들은 술탄의 존재에 대해서는 그다지 분명하게 언급하지 않는다. 그가 환관에게 군대를 맡기고 멀리 물러났다는 식이다. 무지에서 나온 것일까, 질투심 때문일까, 아니면 이것이 진짜 사실일까?

20 그는 부황제 요하네스 두카스의 아들이며 콘스탄티누스 황제와 형제간이었다. 니케포루스 브리엔니우스는 그의 미덕에 갈채를 보내면서 잘못은 가볍게 넘겼다. 그러나 그는 로마누스에 대한 적개심을 고백했다. 스킬리체스는 그의 반역에 대해 더 분명하게 밝혔다.

게 기도드린 후 전장에서 물러나고 싶은 자는 누구든 좋을 대로 하라고 말했다. 그는 직접 말 꼬리를 묶고 활과 화살 대신 철퇴와 언월도를 들고 흰색 옷으로 몸을 감싸고 사향을 뿌린 다음, 자신이 패배하는 바로 그 장소가 자기의 무덤이 될 것이라고 선언했다.[19] 술탄 자신은 활을 내버리는 척했지만 초승달 형태로 느슨하게 배치한 투르크 기병대의 화살에 승리의 희망을 걸었다. 로마누스는 군대를 여러 겹으로 배치하고 예비 부대를 두는 비잔티움군의 전술 대신, 단일한 밀집 방진을 견고하게 짜고 야만인들의 교묘하고 유연한 저항을 힘을 다해 성급하게 밀어붙였다. 그는 지리멸렬한 전투로 여름날 하루를 거의 다 보내고 지쳐서 진영으로 되돌아가야만 했다. 그러나 기운이 펄펄한 적을 앞에 두고 퇴각하는 데는 언제나 위험이 따른다. 깃발이 뒤로 돌자마자 경쟁자인 안드로니쿠스가 비겁함 때문인지 그보다 더 비열한 질투심 때문인지, 밀집 방진을 무너뜨려 자신의 신분과 황제의 자의에 먹칠을 했다.[20] 투르크군은 이러한 혼란과 방심에 빠진 틈을 놓치지 않고 화살을 구름같이 날리며 언월도로 비잔티움군의 후위를 막아섰다. 군대가 궤멸되고 막사가 약탈당하는 상황에서 살해당한 자와 포로들의 숫자는 굳이 따질 필요도 없을 것이다. 비잔티움 사가들은 가치를 헤아릴 수 없을 만큼 귀중한 보배를 잃었다고 탄식하느라 이 운명의 날에 로마가 아시아 속주를 영영 상실했다는 사실은 잊고 지나쳤다.

로마누스 디오게네스의
감금과 석방

로마누스는 한 가닥의 희망이라도 있는 한 남은 군대를 규합하려 애썼다. 그는 중앙의 본영까지 사면이 온통 노출되어 기세등등한 투르크군에게 둘러싸인 상황에서도 그의 깃발을 버리지 않은 용감하고 충성스러운 부하들과 함께 날이 저물도록 필사적으로 싸움을 계속했다. 그들도 마침내 황제의 주위에 쓰러지고 그의 말도 죽었으며 자신은 부상을 당했다. 그러나 그는 홀로 굽히지 않고 서서 버티다가 마침내 중과부적으로 사로잡혔다. 이 빛나는 전과를 놓고 다툰 것은 한 노예와 병사였다. 노예는 콘스탄티노플의 옥좌에 그가 앉아 있는 모습을 본 적이 있었고, 병사는 몸은 비록 심한 기형이지만 훌륭한 전과를 올리겠다고 약속하고 참전을 허락받은 자였다. 로마누스는 무기와 장신구, 자의를 빼앗긴 채 난잡스러운 야만인 무리에 둘러싸여 전장에서 서글프고 위험한 밤을 보냈다. 아침이 밝자 포로가 된 황제는 알프 아르슬란 앞에 끌려갔다. 알프 아르슬란은 자신의 행운을 반신반의하고 있었으나, 사절들의 확인에 이어 더 감동적인 증거로 바실라키우스가 눈물을 흘리며 불행한 황제의 발을 끌어안자 비로소 그가 황제임을 믿게 되었다. 콘스탄티누스의 후계자는 평민의 옷차림으로 투르크 왕 앞에 끌려 나와 아시아의 지배자 앞의 땅에 입 맞추라는 명령을 받았다. 그는 내키지 않았으나 복종했다. 그러자 알프 아르슬란이 갑자기 옥좌에서 일어나 로마 황제의 목 위에 자기 발을 올려놓았다고 하는데 진위가 의심스럽다. 설령 그가 이렇게 나라의 관습을 따랐다 해도 그의 다른 행동들은 편협한 적이라도 칭찬하지 않을 수 없으며, 가장 개명된 시대에조차도 교훈이 되기에 충분하다. 그는 곧 황제를 땅에서 일으켰다. 그는 부드러운 동정심을 담아 로마누스의 손을 세 번이나 꼭 잡고, 자신은 다른 황제의 위엄과 변덕스러운 운명을 존중하도록 배운 만큼 그의 생명과 권위를 해치지 않겠다고 안심시켰다. 로마누스는 가까운 천막으로 옮겨져 술탄의 시종들로부터 예를 다해 시중을 받고, 하루에 두 차례씩 명예로운 자리에 앉아 대접을 받았다. 여드레 동안 기탄없이 친밀하게 대화를 나누는 중에도 정복자는 모욕하는 빛이라고는 손톱만큼도 내비치지 않았다. 그러나 위험한 순간에 용맹한 군주를 버린 쓸모없는 신하들에 대해서는 준엄하게 꾸짖었으며, 그의 적이 전쟁 수행 과정에서 저지른 몇 가지 실수에 대해 부드럽게 훈계했다. 알프 아르슬란은 교섭에 앞서 로마누스에게 어떤 대우를 기대하는지 물었으나 황제는 냉담한 무관심으로 자신의 자유로운 정신을 보여 주었다. "만일 그대가 잔인무도한 자라면 내 생명을 가져갈 것이오. 오만한 자라면 나를 전차 바퀴에 묶어 끌고 다닐 것이오. 자신의 이익을 구하는 자라면 몸값을 받고 나를 고국으로 되돌려 보낼 것이오." 그의 말이었다. "그러면 운명이 그대 편이었다면 그대는 어떤 행동을 취했겠소?" 비잔티움 황제는 좀 더 신중을 기했다면, 아니 하다못해 감사하는 마음에서라도 억눌러야 마땅했겠지만 자기 감정을 그대로 드러내어 대답했다. "내가 승리했더라면 그대를 채찍으로 매우 쳤을 것이오." 그는 거칠게 말했다. 투르크인 정복자는 포로의 무례한 발언에도 미소만 지을 뿐이었다. 그는 자신이 알기로는 그리스도교의 법은 적을 사랑하고 피해를 용서하라고 가르치고 있으니 그가 말한 예를 본받지는 않겠노라고 위엄 있게 선언했다. 알프 아르슬란은 심사숙고 끝에 자유와 평화를 보장하는 조건으로 배상금 금화 100만 닢, 연간 공납금 36만 닢, 황족 자녀들 간의 결혼, 비잔티움 사람 밑에 있는 모든 이슬람교도의 석방을 내걸었다. 로마누스는 탄식을 토하며 제국의 위엄을 크게 더럽힐 조약에 서명했다. 그는 곧 투르크인의 명예로운 의복을 받았다. 잡혀 있던 귀족들도 군주 밑으로 돌아왔다. 술탄은 정중히 포옹한 후 값진 선물과 호위대를 딸려 그를 보내 주었다. 제국의 국경선에 도착하자마자 그의 귀에 들려온 소식은 궁정과 속주들이 포로가 된 황제에 대한 충성을 철회했다는 것이었다. 영락한 군주는 가까스로 20만 닢의 금화를 모아서 자신의 무력하고 굴욕적인 처지를 슬프게 고백하며 몸값의 일부로 전했다. 술탄은 관대함보다는 아마도 야심에서겠지만 동맹의 대의를 지지하고자 나서기로 했다. 그러나 로마누스가 패배하고 투옥되어 죽음을 맞았으므로 그의 계획도 수포로 돌아갔다.

알프 아르슬란은 포로가 된 황제로부터 평화 조약을 통해 속주나 도시를 빼앗았던 것 같지는 않다. 그의 복수심은 승리의 기념비와 안티오크에서 흑해에 이르는 아나톨리아의 전리품으로 만족했다. 아시아에서도 가장 아름다운 지역이 그의 영토였다. 왕족 1200명과 그 아들들이 그의 왕좌 앞에 도열했고 병사 20만 명이 그의 깃발 아래 진군했다. 술탄은 도망치는 비잔티움군을 추격하는 일은 제쳐 놓고 셀주크 가의 본거지인 투르키스탄을 정복하는 더 영예로운 사업을 진지하게 숙고했다. 그는 바그다드에서 옥수스 강 유역으로 이동하여 강에 다리를 놓고 20일에 걸쳐 군대를 건너게 했다. 그러나 진군은 베르젬 총독의 저항으로 지연되었고, 카리즈메의 요셉이 동방의 대군에 맞서 요새를 방어했다. 술탄은 그가 포로가 되어 자신의 막사로 끌려오자 그의 용맹을 칭찬하기는커녕 완고한 어리석음을 날카롭게 꾸짖었다. 그는 무례한 대답으로 술탄의 분을 돋우었으므로, 네 말뚝에 못 박아 고통 속에서 서서히 죽어 가게 하라는 선고를 받았다. 이러한 명령에 절망한 카리즈메인은 단도를 뽑아 들고 왕좌를 향해 돌진했다. 그러자 호위대가 전투용 도끼를 쳐들었으나 당대 최고 궁수인 알프 아르슬란이 그들을 제지했다. 그는 활을 당겼으나 그만 실수로 발이 미끄러졌다. 화살은 빗나가고 요셉의 단검이 그의 가슴을 찔렀다. 요셉은 그 자리에서 도륙당했으나 왕의 상처는 치명적이었다. 투

서기 1072년, 알프 아르슬란의 죽음

르크 왕은 임종 자리에서 왕의 자만심에 대해 훈계를 남겼다.

젊은 시절 한 현자로부터 신 앞에서 검손해야 하며, 자신의 힘을 과신하지 말고, 아무리 하찮은 적이라도 절대 우습게 보아서는 안 된다는 충고를 들었다. 나는 이 교훈을 무시했기 때문에 마땅히 벌을 받게 된 것이다. 어제 최고의 자리에서 내 군대의 규모와 기강, 사기를 사열할 때만 해도 온 세상이 내 발밑에서 떨고 있는 듯했다. 내가 세계를 지배하는 왕이며 전사들 중에서도 가장 위대하고 강한 자라고 믿었다. 이러한 군대도 이제 더 이상 나의 것이 아니다. 나는 자신의 힘을 과신했다가 이제 한 자객의 손에 쓰러진다.

알프 아르슬란은 투르크인으로서의 덕성과 이슬람교도로서의 덕성을 한 몸에 갖추었다. 그의 목소리와 장대한 체구는 만인의 존경을 불러일으켰다. 그는 긴 구레나룻으로 얼굴을 덮고 머리에는 왕관 모양의 커다란 터번을 썼다. 술탄의 유해는 셀주크 왕조의 묘소에 안치되었다. 지나는 행인들은 이러한 비문을 읽고 명상에 잠길 것이다.[21]

오 그대, 천상까지 닿을 알프 아르슬란의 영광을 본 자여, 마루(Maru)로 가라. 그리하면 먼지 속에 묻힌 그의 모습을 목도하게 될지니라.

이 비문이 아니더라도 무덤이 아예 사라졌다는 사실은 인간의 위대함이 얼마나 무상한가를 웅변적으로 전한다.

알프 아르슬란의 생전에는 그의 장남이 투르크족의 장래 술탄으로 인정받았으나, 부왕이 숨을 거두자마자 숙부, 사촌, 동

[21] 교황의 묘비명을 꼼꼼히 조사해 본 적이 있는 고명한 학자라면 이 장엄한 비문에서 다음과 같은 말을 가지고 트집을 잡을지도 모른다. "마루(Maru)로 가라." 독자들은 당연히 이 비문을 다 읽기도 전에 이미 마루에 와 있을 테니까.

생이 후게 자리를 놓고 다투었다. 그들은 언월도를 뽑아 들고 추종자를 규합했다. 말리크 샤는 세 차례에 걸친 승리로 장자로서의 권리를 확고히 다졌다. 어느 시대에나 그렇지만 특히 아시아에서는 권력욕이 똑같은 욕망에 불을 붙이고 똑같은 혼란을 무수히 일으켜 왔다. 그러나 오랫동안 이어진 내전에서 투르크 군주(말리크 샤)의 말에 담겨 있는 것보다 더 순수하고 너그러운 마음을 찾아보기란 쉽지 않을 것이다. 그는 전투가 있기 전날 밤 투스에 있는 이맘 리자의 무덤 앞에서 기도를 올렸다. 땅에서 몸을 일으킨 술탄은 그 옆에 무릎을 꿇고 앉아 있던 대신 니잠에게 마음속으로 무엇을 기원했느냐고 물었다. "폐하의 무력이 승리를 거두시기를 빌었습니다." 대신의 진지한 대답이었다. "내 얘기를 하자면, 만군의 주님께 나보다 내 형제가 이슬람교도를 통치할 자격이 있다면 내 생명과 왕관을 거두어 달라고 탄원드렸다." 칼리프도 하늘의 판결을 승인했으므로 처음으로 신도 지도자라는 신성한 칭호가 야만인에게 돌아가게 되었다. 그러나 이 야만인은 개인적인 업적으로 보나 제국의 규모로 보나 당대의 군주들 중 가장 위대한 자였다. 그는 페르시아와 시리아가 안정을 찾은 후 아버지가 다 끝내지 못했던 투르키스탄 정복 사업을 달성하러 대군을 이끌고 출정했다. 그가 옥수스 강을 건너는데 그의 군대를 수송하도록 고용된 배꾼들이 안티오크의 세입에서 보수를 지급받게 되어 있다고 불평했다. 술탄은 이런 터무니없는 장소를 정해 놓은 데 눈살을 찌푸렸으나 대신의 재치 있는 아부에 미소를 지었다.

서기 1072~1092년, 말리크 샤의 통치와 번영

제가 그렇게 멀리 떨어진 곳을 고른 것은 그들의 보수를 미루기 위함이 아니라, 후세 사람들에게 폐하의 시대에 안티오크와 옥수스 강이 같은 군주 밑에 속했음을 기억시키기 위해서였습니다.

그러나 국경에 대한 이러한 설명은 부당할 정도로 축소된 것이었다. 옥수스 강 너머에서도 보카라, 카리즈메, 사마르칸트가 그에게 복종했고, 반항적인 예속민이나 독립적인 야만인이나 감히 저항했다가는 목숨을 부지하지 못했다. 말리크는 페르시아 문명의 마지막 경계선인 야크사르테스 강을 건너 투르키스탄 군주를 굴복시켰다. 그의 이름은 중국에 맞닿은 타타르 왕국인 카슈가르의 주화에 새겨지고 기도 문구에도 삽입되었다. 그는 중국 국경선에서 그루지야 산맥, 콘스탄티노플 인근 지역, 성스러운 도시인 예루살렘, 아라비아펠릭스의 향기로운 관목 숲에 이르기까지 서쪽과 남쪽으로 직접 통치 또는 봉건 지배를 펼쳤다. 이 유목민 왕은 하렘의 사치에 탐닉하는 대신 평화 시에나 전시에나 전쟁과 통치에 몰두했다. 계속해서 거처를 이동했으므로 모든 지역이 차례대로 그의 복된 통치를 골고루 누릴 수 있었다. 전하는 말로는 그가 키루스와 칼리프들이 지배한 아시아 영토를 능가하는 자신의 광대한 영토를 열두 차례나 순시했다고 한다. 이러한 여정에서 가장 경건하고 빛나는 부분은 메카 순례였다. 대상(隊商)들은 그의 무력으로 자유롭고 안전하게 보호를 받았으며, 시민과 순례자는 그의 풍성한 구호품으로 풍요를 누렸다. 사막에는 그가 동포들의 편의와 휴식을 위해 이용하도록 설치한 시설들 덕에 활기가 넘쳐흘렀다. 술탄이 즐겼던 취미는 사냥으로 기마대 4만 7000명이 그를 수행했다. 그러나 투르크에서의 수렵에서 큰 성과를 올린 후, 그는 왕의 오락 때문에 입은 피해를 보상하는 의미로 빈민들에게 금화 한 닢씩을 나눠 주었다. 평화롭고 번성한 그의 시대에 아시아의 도시마다 모스크와 학교와 함께 궁전과 병원이 세워졌다. 옥좌를 찾은 자들은 누구나 보상과 정의를 구할 수 있었다. 셀주크 가 치하에서 페르시아의 언어와 문예는 부흥을 맞았다. 말리크가 자신보다 힘이 약했던 한 투르크인만큼 관대했더라면22 궁정에 시인 백 명의 노랫소리가 울려 퍼졌을 것이다. 술탄은 역법의 개선에 한층 더 진지한 관심을 기울여 동방의 천문학자들이 모두 모인 회의에서 이를 실현시켰다. 이슬람 교도는 예언자의 법에 따라 불규칙한 음력을 따랐지만, 페르시아에서는 조로아스터 시대 이래로 태양의 운행을 알아 해마다 축제를 치렀다. 그러나 마기 제국이 몰락한 이후로는 윤년이 무시된 결과, 분과 시의 오차가 며칠 단위로까지 늘어나 봄이 양자리에서 물고기자리로 옮겨졌다. 말리크의 시대는 잘랄리력에 해당한다. 과거와 미래의 모든 오차는 시간을 계산해서 바로잡았으므로, 이 역법은 율리아누스력을 능가하여 그레고리우스력의 정확성에 근접했다.

유럽이 그 어느 때보다도 어두운 야만의 시대를 헤매고 있던 무렵, 아시아가 누린 빛과 영광은 투르크 정복자들의 학식보다는 양순함 덕으로 보아야 한다. 그들의 지혜와 덕성은 상당 부분 알프 아르슬란과 그 아들의 시대에 제국을 다스린 한 페르시아 대신에게서 비롯되었다. 동방의 가장 고명한 대신들 중 한 사람인 니잠은 칼리프에 의해 종교와 학문의 철인으로 추어올려졌으며, 술탄으로부터 그의 권력과 정의의 충성스러운 대리자로 신임을 받았다. 그러나 30년간의 통치 끝에 이 대신의 명성, 부, 그가 바친 봉사조차도 범죄로 탈바꿈했다. 그는 한 여자와 경쟁자의 음험한 간계에 쓰러졌다. 그의 모자와 뿔로 만든 잉크병, 집무실의 휘장이 신의 뜻에 따라 술탄의

서기 1092년, 말리크 샤의 죽음

22 그의 이름은 케데르 칸이었다. 그는 의자 주위에 가방 내 개를 늘어놓고 노래를 듣다가 시인들에게 금과 은을 한 움큼씩 던져 주곤 했다. 이 이야기는 아마도 사실이겠지만 그가 어떻게 말리크 샤의 시대에 트란속시아나를 지배할 수 있었는지, 하물며 어떻게 힘과 장려함에서 그를 뛰어넘을 수 있었는지는 이해하기 어렵다. 그의 실제 통치 시기는 11세기 초가 아니라 말인 것으로 짐작된다.

23 안나 콤네나는 말리크 샤의 통치 말기 무렵(1092년) 아홉 살에 불과했다. 그녀가 그의 암살 사건을 전하면서 술탄을 대신과 혼동했다.

24 너무나 알려진 바가 없어서 귀네스가 『동양 문고』에서 케르만 셀주크 왕조의 역사라기보다는 목록에 가까운 자료를 베껴온 것이 고작이었다. 그들은 12세기 말 이전에 멸망했다.

왕좌 및 왕관과 연결되어 있다는 경솔한 발언이 그의 몰락을 재촉했다. 존경받던 정치인은 93세의 나이로 주인에게 버림받고 적대자들의 비난 속에서 한 광신자의 손에 살해되었다. 니잠은 마지막까지 자신의 결백을 주장했으며 말리크는 그 후 짧은 여생을 불명예 속에서 보냈다. 술탄은 칼리프를 이주시키고 이슬람 세계의 수도에 자기 거처를 정할 생각으로 이 수치스러운 사건의 무대가 되었던 이스파한에서 바그다드로 옮겨 갔다. 마호메트의 나약한 후계자에게 열흘의 말미가 주어졌으나 그 시간이 채 다 가기도 전에 야만인 왕이 죽음의 천사로부터 부름을 받았다. 그 전에 그의 사절은 콘스탄티노플에서 로마 공주와의 혼약을 청했으나 정중히 거절당했다. 이때 희생자가 될 뻔했던 알렉시우스의 딸은 이러한 부자연스러운 결합에 혐오감을 드러냈다.23 술탄의 딸은 그가 다른 처첩들을 모두 버리고 이 영예로운 결합에만 영원히 헌신해야 한다는 엄격한 조건과 함께 칼리프 무크타디에게 출가했다.

셀주크 제국의 분할

위대하고 통일된 투르크 제국은 말리크 샤의 죽음과 함께 막을 내렸다. 그의 형제와 네 아들이 왕위를 놓고 다투었다. 내전 끝에 살아남은 왕위 후보자들이 맺은 화해 조약은 셀주크가의 본가인 페르시아 왕조의 영구적인 분열을 확인하는 것이었다. 다른 세 분가는 케르만, 시리아, 로움 왕조였다. 이 중 첫 번째는 인도양 연안에서 잘 알려지지는 않았지만24 광범위한 영역을 지배했다. 두 번째 가문은 알레포와 다마스쿠스의 아랍 군주들을 추방했다. 세 번째 가문은 소아시아의 로마 속주를 침략했다는 점에서 특히 우리의 관심을 끈다. 그들은 말리크의 관대한 정책에 힘입어 높은 지위까지 올랐다. 그는 같은 혈통의 군주라면 심지어 그가 전장에서 패배시킨 자라도 야심에 걸맞은 새로운 왕국을 찾도록 허락해 주었던 것이다. 그는 그들이 자기 나라의 안정을 어지럽히느니 밖으로 나가 용맹을 떨치도록 장려했다. 이 페르시아의 위대한 술탄은 가문과 나라의 최고 수장으로서 케르만과 니케아, 알레포와 다마스쿠스의 형제들로부터 복종과 공물을 받았다. 아타베크와 시리아와 메소포타미아의 태수들이 그의 비호 아래 자기들의 깃발을 올렸으며, 투르크만 유목민들은 서아시아의 평원으로 퍼져 나갔다. 말리크의 사망 후 통합과 복종의 유대 관계는 느슨해지다가 결국은 해체되었다. 셀주크 가의 방임 정책은 노예들에게도 왕국의 계승권을 부여했다. 그리하여 동양의 표현에 따르면 많은 군주들이 발밑의 먼지로부터 일어나게 되었다.[25]

[25] 이 표현은 아마도 페르시아인일 가능성이 농후한 어떤 시인으로부터 크루아(Petit de la Croix)가 인용한 것이다.

셀주크의 아들인 이즈라일의 아들로 왕실 적통을 잇는 군주인 쿠툴미슈는 알프 아르슬란과의 전투에서 전사했다. 인간적인 승자는 그의 무덤에서 눈물을 흘렸다. 강한 무력을 갖추고 권력욕과 복수심에 불타는 그의 다섯 아들은 알프 아르슬란의 아들을 상대로 언월도를 뽑아 들었다. 양측의 군대가 전쟁 개시 신호만을 기다리고 있을 때 칼리프는 속인들의 눈을 피해 위엄을 지켜야 함에도 중재에 나섰다.

서기 1074~1084년, 투르크족의 소아시아 정복

> 같은 조상 밑에서 같은 신앙을 가진 동포의 피를 흘릴 것이 아니라, 힘을 합쳐 신과 사도의 적인 비잔티움에 맞서 성전에 나서는 것이 어떻겠는가.

그들은 칼리프의 말에 동의했고 술탄이 반기를 든 혈족을 포옹했다. 용맹스러운 말이 술라이만이 아르제로움에서 콘스탄티노플과 서로마의 알려지지 않은 지역까지 로마 제국의 속주를 마음껏 정복하고 세습할 권리를 받아, 왕의 기를 들고 네 형제와 함께 유프라테스 강을 건넜다. 곧 투르크군의 진영이 프리기아의 쿠타이에 부근에 세워졌다. 그의 민첩한 기병대는 헬레스폰투스에서 흑해까지의 지역을 초토화했다. 제국이 몰락한 후 소아시아 반도는 페르시아인과 사라센인들의 파괴적이지만 일시적인 내습에 항상 시달려 왔으나, 투르크의 술탄에게 드디어 영구적으로 정복된 것이다. 그의 무력을 끌어들인 것은 자기 나라를 폐허로 만들어서라도 손에 넣겠다는 야심을 품은 비잔티움 사람들이었다. 로마누스가 포로가 된 후 6년간 에우도키아의 나약한 아들은 감당하지도 못할 왕관에 짓눌려 벌벌 떨며 지내다가, 결국 같은 달에 잇달아 일어난 두 차례의 반란으로 동로마와 서로마 속주를 상실했다. 두 반역자가 똑같이 니케포루스라는 이름이었으므로, 브리엔니우스와 보토니아테스라는 성으로 유럽의 반역자와 아시아의 반역자를 구별했다. 술탄의 국정 회의는 그들의 명분보다는 약속을 놓고 이리저리 저울질한 끝에 결국 보토니아테스에 대한 지지를 선언했다. 술라이만은 보토니아테스의 군대에게 안티오크에서 니스까지 진군하도록 길을 터 줌으로써 십자가 기 옆에 초승달 기를 나란히 세웠다. 술탄은 그의 동맹자가 콘스탄티노플 제위에 오른 후 크리소폴리스 교외에서 융숭한 대접을 받았다. 투르크인 2000명이 유럽으로 이동하여 용기와 재주를 다해 새로운 황제가 경쟁자 브리엔니우스를 물리치고 사로잡는 데 일조했다. 그러나 유럽 정복은 아시아를 내주는 꽤 비싼 대가를 치르고 얻은 것이었다. 콘스탄티노플은 보스포루스와 헬레스폰투스 바깥 속주들에 대한 지배권과 세입을 잃었다. 질서 정연하게 전진해 온 투르크군은 강과 산맥을 지나는 통로를 강화하여, 그들을 격퇴시킬 수 있다는 한 줄기 희망도 남기지 않았다. 또 다른 후보자는 술탄의 도움을 청했다. 멜리세누스는 자의에 붉은색 반장화를 신고 투르크군 진영이 이동하는 대로 따라다녔다. 무력한 도시들이 로마 군주의 호소에 넘어가 항복하면 그는 즉시 야만인의 손에 그들을 넘겼다. 이러한 정복은 알렉시우스 황제와의 강화 조약으로 공식화되었다. 그는 로베르 기스카르를 두려워했으므로 어쩔 수 없이 술라이만과 친선 관계를 맺었다. 술탄이 죽은 후에야 그는 콘스탄티노플에서 60마일 정도 떨어진 로마 세계의 동쪽 경계선인 니코메디아까지 영토를 확장했다. 바다와 산으로 둘러싸인 트레비존드만이 홀로 흑해 오지에 남아 고대로부터의 그리스 식민지이자 미래의 그리스도교 제국으로서의 운명을 간직했다.

칼리프들이 처음으로 정복한 이래 아나톨리아나 소아시아에 투르크인들이 정착하게 된 것은 교회와 제국으로서는 가슴을 치며 통탄할 손실이었다. 이슬람교 신앙이 퍼져 나가면서 술라이만은 성스러운 전사를 의미하는 '가지(Gazi)'라는 호칭을 받았으며, 로마인의 나라를 뜻하는 '로움(Roum)'이라는 이름의 새 왕국이 동방 지도에 추가되었다. 그 왕국은 유프라테스 강에서 콘스탄티노플까지, 흑해에서 시리아 국경까지 펼쳐졌다. 이곳은 은과 철, 명반(明礬)과 구리 광산이 산재하고, 곡물과 포도주가 풍부하며, 소와 훌륭한 품종의 말이 생산되는 곳이다. 리디아의 부, 그리스인의 예술, 아우구스투스 시대의 영광은 이제 스키타이 정복자들이 눈길 한 번 주지 않는 책과 폐허 속에만 존재하게 되었다. 그러나 쇠락한 오늘날까지도 아나톨리아에는 여전히 어느 정도 부와 인구를 갖춘 도시들이 있다. 그들은 어느 모로 보나 비잔티움 제국 치하에서 훨씬 더 번성했다. 술탄은 궁정과 요새를 세울 근거지로 비티니아의 대

로움의 셀주크 왕국

도시인 니케아를 더 선호했다. 콘스탄티노플에서 백여 마일 떨어진 곳에 로움의 셀주크 왕조의 본거지가 세워졌다. 가톨릭의 첫 번째 전체 종교 회의가 열려 그리스도의 신성을 선포했던 바로 그 교회에서 이제 그리스도의 신성이 부인되고 조롱당하는 사태가 벌어졌다. 모스크에서는 신의 유일무이성과 마호메트의 사명을 설교했으며 학교에서는 아랍의 학문을 가르쳤다. 카디(Cadhi)는 코란의 법에 따라 판결을 내렸고 도시마다 투르크의 풍습과 언어가 판을 쳤다. 아나톨리아 평원과 산 군데군데에 투르크만의 막사가 자리를 잡았다. 비잔티움의 그리스도 교도들은 공물을 바치고 예속을 감내하는 고된 처지에서도 자기들의 종교를 믿을 수 있었지만, 그들이 무엇보다도 신성하게 여기던 교회는 더럽혀졌고 성직자와 주교들은 굴욕을 당했다. 그들은 이교도의 승리와 동포의 배교를 지켜보는 고통을 겪어야 했다. 수천 명의 아이가 할례를 받았으며 수천 명의 포로가 주인의 쾌락을 위해 봉사해야 했다. 아시아를 잃은 후에도 안티오크는 그리스도와 황제에게 예로부터 바쳐 온 충성을 고수했으나, 로마로부터의 원조는 모두 가로막힌 채 마호메트의 세력에 사방이 포위된 형국이었다. 총독이었던 필라레투스는 아들이 니케아 궁정으로 화급히 달려가 술라이만의 손에 이 귀중한 선물(안티오크)을 인도하겠다고 제안하여 그의 문책을 미연에 막지 않았더라면, 절망에 빠져 자신의 종교와 충성을 희생시켰을 것이다. 야심에 불타는 술탄은 말을 타고 열이틀 동안 600마일을 행군했다. 그의 신속하고 비밀스러운 작전에 안티오크는 무릎을 꿇었으며, 의지할 데 없어진 라오디케아에서 알레포 국경까지의 도시들도 대도시의 뒤를 따랐다. 라오디케아에서 성 게오르기우스의 팔이라고도 불리는 트라키아 보스포루스까지 술라이만의 정복과 통치는 리키아에서 흑해 사이의 길이로는 30일, 너비로는 약 10일에서 15일 걸리는 거리까지 미쳤다. 투르크인들이 항해술에 무지한 덕에 황제는 한동안 처지는 옹색하나마 안전할 수 있었다. 그러나 200척의 함대가 포로로 잡힌 비잔티움 사람들의 손으로 건조되자 알렉시우스는 수도의 성벽 뒤에서 불안에 떨었다. 콘스탄티노플 시가 겪고 있는 곤경과 약점, 부를 생생히 묘사함으로써 라틴인들의 동정심을 자극하려는 그의 애처로운 편지가 유럽 전체에 뿌려졌다.26

26 플랑드르 백작에게 보낸 편지에서 알렉시우스는 자신의 인품과 위엄을 지나치게 비하했던 것 같다. 그러나 뒤캉주는 이에 호의적인 평가를 내렸고 동시대 역사가인 대수도원장 기베르(Guibert)는 이를 바꾸어 옮겼다. 그리스어 원문은 지금은 존재하지 않는다.

그러나 셀주크 투르크인들의 정복 가운데서도 가장 흥미진진한 부분은 예루살렘 정복이다. 이곳은 곧 여러 민족의 각축장이 되었다. 이곳 주민들은 우마르와 맺은 항복 조약에서 종교와 재산의 보장을 조건으로 걸었으나 조항을 해석할 권한은 어디까지나 주인의 손에 있었다. 칼리프가 통치한 400년 동안 예루살렘의 정치적 기류는 하루는 거칠었다 하루는 잠잠했다 하는 식이었다. 이슬람교도들은 개종자와 인구가 늘어났다는 구실로 도시의 4분의 3을 빼앗았으나, 특별히 4분의 1은 총대주교가 성직자 및 신도들과 함께 있도록 남겨 두고 보호해주는 대가로 금화 두 닢을 공물로 받았다. 그리스도의 묘역도 부활 교회와 함께 신도들이 그대로 소유했다. 이 신도들 중 최대 세력은 예루살렘에 온 외지인이었다. 아랍인의 정복으로 말미암아 성지 순례는 수그러들기는커녕 오히려 더욱 불이 붙었다. 분노와 슬픔이 안 그래도 위험스러운 여행을 재촉하곤 했던 열정에 기름을 부은 격이었다. 동서 두 세계로부터 성스러운 묘소와 인근의 성역을 방문하는 인파가 줄을 이었는데 특히 부활절 축제 때는 발 디딜 틈도 없을 지경이었다. 비잔티움인과 라틴인, 네스토리우스파와 야고보파, 콥트파와 아비시니아

서기 638~1099년, 예루살렘의 상태와 순례

파, 아르메니아인과 그루지야인이 자기네 교단의 예배당과 성직자, 빈민들을 돌보았다. 그들의 종교를 모두 아우르는 교회에서 다양한 언어로 기도 소리가 조화롭게 울려 퍼지고, 수많은 민족이 예배를 올렸다면 이야말로 교훈적이고 평화로운 광경이었을 것이다. 그러나 그리스도교 분파의 종교열은 증오와 복수심에 물들어, 적을 용서했던 메시아의 왕국 안에서조차 영적인 형제를 제압하고 박해하는 데에만 골몰했다. 프랑크족은 자신들의 기세와 수적 우세를 내세우며 우월한 위치를 주장했다. 샤를마뉴 대제의 위대한 힘으로 라틴 순례자와 동방의 가톨릭교도가 많은 보호를 받았다. 가난한 카르타고, 알렉산드리아, 예루살렘은 이 독실한 황제의 구호품으로 곤궁을 면했다. 그의 관대한 헌납에 힘입어 팔레스타인에 많은 수도원이 건설되거나 복구되었다. 압바스 왕조의 인물 중 가장 위대한 자인 하룬 알 라시드는 이 그리스도교 형제의 뛰어난 재능과 권력에 존경을 표했다. 그들은 선물과 사절을 자주 교환하며 우호 관계를 다졌다. 칼리프는 실질적인 지배권은 포기하지 않으면서도 황제에게 성묘뿐 아니라 아마도 예루살렘 시의 열쇠까지 선물한 것으로 보인다. 카롤링거 왕조가 몰락한 후부터는 아말피 공화국이 동방에서 통상과 종교상의 이익을 차지했다. 아말피의 선박들은 라틴 순례자를 이집트와 팔레스타인 해안으로 옮겨 주는 한편, 유용한 수입품을 들여와 파티마 왕조 칼리프의 호의를 얻고 좋은 관계를 유지했다. 해마다 갈보리 산에서 시장이 열렸고 이탈리아 상인들은 예루살렘의 성 요하네스 수도원과 병원을 건립했다. 이곳은 수도사의 군사 조직을 탄생시킨 요람으로서 이후 로도스 섬과 몰타 섬을 지배했다. 그리스도교 순례자들이 예언자의 무덤에 경배를 바치는 것으로 만족했다면, 마호메트의 사도들도 그리스도교도들의 경건함을 비난하기보다는 본받으려 했을 것이다. 그러나 이 완고한 일신론자들은 신의 탄생과 죽음, 부활을 표상하는 예배에 분개했다. 이슬람교도는 가톨릭교도의 성상을 우상으로 낙인찍었고, 부활절 전날 밤 성묘에 타오르는 기적의 불꽃에 분개하며27 조소를 보냈다. 라틴 십자군은 9세기경 처음 고안된 이 신성한 사기극을28 깊이 경애했다. 비잔티움, 아르메니아, 콥트파 성직자는 이를 해마다 거행하여 자기들과 자기네가 섬기는 폭군을 위해 어리석은 구경꾼들을29 속여 넘겼다. 어느 시대에나 이해타산에 기반하여 관용의 원칙이 강조되어 왔으며, 군주와 태수들은 해마다 수천 명의 이방인이 뿌린 비용과 공납으로 배를 불렸다.

왕권이 압바스 왕조로부터 파티마 왕조로 넘어감으로써 성지는 피해를 입기보다는 오히려 이득을 보았다. 이집트에 상주하는 통치자는 그리스도교도들과의 무역의 중요성을 누구보다도 잘 알았고, 팔레스타인의 태수들은 이 왕좌의 사법권과 행정권의 영향력 안에 있었다. 그러나 미치광이 젊은이로 유명한 3대 파티마 칼리프 알 하킴은 신도 인간도 두려워하지 않고 불경과 폭정을 일삼았다. 그의 통치는 악덕과 어리석음으로 점철되었다. 그는 이집트에서 가장 오래된 관습조차 무시하고 여자들을 집 밖으로 한 발짝도 나가지 못하게 했다. 이러한 금지조치에 남녀 할 것 없이 원성이 자자했다. 그는 국민의 원성에 격분하여 구(舊) 카이로의 일부를 불태워 버렸다. 수비대와 시민 사이에 여러 날 동안 피비린내 나는 싸움이 벌어졌다. 칼리프는 처음에는 모스크와 학교를 건립하고 기부하면서 열성적인 이슬람교도를 자처했다. 그는 1200부의 코란을 금문자로 새기도록 비용을 댔으며 상(上)이집트의 포도밭을 없애도록 명

서기 969~1076년, 파티마 왕조 칼리프들의 치하

27 예루살렘의 아랍 연대기에서는 칼리프와 역사가가 믿음이 없었다고 주장한다. 그러나 칸타쿠자누스는 이슬람교도에게 이 영원한 기적의 진실을 호소한다.

28 맘스베리의 윌리엄은 서기 870년 예루살렘을 방문해 이를 직접 목격한 수도사 베르나르의 여행기를 인용했다. 이 기적은 그보다 전에 다른 순례자도 증언했다. 모스하임(Mosheim)은 프랑크족이 샤를마뉴 대제가 사망한 직후 이를 꾸며 냈다고 본다.

29 동방인 자신들도 이 사기극을 인정하지만 교화를 위해 불가피하다고 주장한다. 그러나 나는 모스하임처럼 그 방식을 설명하려 하지는 않겠다. 우리 여행자들은 나폴리에서 성 야누아리우스의 피에 대해서도 설명하지 못했다.

령했다. 그러나 그는 곧 새로운 종교를 세우겠다는 허황된 희망에 부풀었다. 그는 예언자의 칭호에 만족하지 못하고, 지상에 아홉 차례 현신한 끝에 마침내 왕의 모습으로 나타난 최고신의 가시적인 화신을 자칭했다. 모든 이들이 하킴의 이름을 산 자와 죽은 자 모두의 군주로 받들어 무릎 꿇고 경배를 올렸다. 카이로 부근의 한 산에서 그의 의식이 거행되어 1만 6000명의 개종자가 신도로서 서약했다. 리바누스 산에 사는 자유롭고 호전적인 민족 드루즈파는 아직까지도 이 미치광이 폭군을 영생하는 신으로 받들고 있다.[30] 하킴은 신으로서 자기 경쟁자의 신도라는 이유로 유대인과 그리스도교인을 증오했으나, 그에게 남은 편견 때문인지 분별심 때문인지 마호메트의 법은 존중했다. 그는 이집트와 팔레스타인에서 잔인무도한 박해로 얼마간의 순교자와 수많은 배교자를 낳았다. 각 분파는 공통된 권리고 특권이고 간에 모두 무시당했으며 이방인과 원주민을 가릴 것 없이 예배를 금지당했다. 그리스도교의 사원인 부활 교회는 토대까지 남김 없이 파괴되었고, 부활절의 기적의 불꽃 행사도 중단되었으며, 신성 모독적인 노동력이 투입되어 성묘를 이루고 있는 바위 동굴을 파괴하는 작업에 나섰다. 이러한 신성 모독을 전해 들은 유럽 민족들은 경악과 비탄에 휩싸였다. 그러나 그들은 성지를 수호하기 위해 무장하는 대신, 불경스러운 야만인을 비밀리에 사주했다며 유대인을 화형시키거나 추방하는 것으로 만족했다. 하지만 예루살렘의 재앙은 하킴 자신의 변덕인지 참회인지 모를 행동으로 어느 정도 누그러졌다. 이 폭군이 누이가 보낸 밀정에게 암살당한 후 교회의 부흥을 위한 칙령이 발포되었다. 뒤를 이은 칼리프들은 종교와 정책의 원칙을 다시 회복시켰다. 자유로운 관용책이 다시 공인되었으

서기 1009년, 하킴의 신성 모독

[30] 드루즈파의 종교는 그들의 무지와 위선 탓에 숨겨져 있다. 그들의 비밀 교리는 명상하는 삶을 맹세한 선택된 자들에게만 전해진다. 가장 공정하게 사태를 판단할 줄 아는 이들만이 종종 이슬람교나 그리스도교의 예배를 따른다. 성실한 니부르(Niebuhr)와 볼니(M. de Volney)가 최근에 쓴 교훈적인 여행기 두 번째 권에서 그들에 대한 기록을 약간 찾아볼 수 있다.

며 콘스탄티노플의 황제가 제공하는 경건한 원조로 성묘는 폐허에서 재건되었다. 순례자들은 짧은 금욕 후 영적 축제에 대한 더욱 강렬해진 욕망을 품고 돌아왔다. 팔레스타인의 바다를 여행하는 일은 위험해서 성공하기 어려웠으나, 헝가리가 개종함으로써 독일과 그리스 사이에 안전한 통로가 열렸다. 이 왕국의 사도인 성 스테파노가 자비를 베풀어 순례 길에 오른 동포들에게 도움과 안내를 제공했다. 그들은 벨그라데에서 안티오크까지 1500마일에 이르는 그리스도교 제국을 횡단했다.

서기 1024년 등,
순례의 확산

프랑크족 사이에서도 전례 없는 순례 열기가 확산되어 나갔다. 남녀노소 지위 고하를 막론하고 구세주의 묘소에 입 맞출 수만 있다면 그 자리에서 죽어도 좋다고 공언하는 수많은 인파가 길을 메웠다. 군주와 성직자들은 자기 영지를 돌보는 일조차 뒷전으로 미뤘다. 신앙심에 불타는 행렬은 다음 세기 십자가 깃발 아래 진군하는 군대의 서곡이었다. 첫 번째 십자군이 조직되기 30여 년 전 마인츠 대주교는 위트레흐트, 밤베르크, 라티스본 주교들과 함께 라인 강에서 요르단 강까지의 고된 여정에 올랐다. 그들의 추종자로 이루어진 군중의 수는 7000명에 이르렀다. 그들은 콘스탄티노플에서 황제의 환대를 받았으나 부를 과시한 탓에 거친 아랍인들로부터 습격당했다. 그들은 양심상 주저하며 칼을 뽑아 들고 카페르나움에서 포위 공격에 맞서다가, 매수된 파티마 태수의 도움으로 구조되었다. 그들은 성지를 방문한 후 이탈리아를 향해 돛을 올렸으나 안전하게 고국 땅에 발을 디딘 자는 2000명에 불과했다. 정복자 윌리엄의 신하였던 잉굴푸스가 이 순례에 동참했는데; 그가 전하는 말로는 건장하고 잘 훈련된 기마병 30명이 노르망디에서 출발했으나 알프스를 넘어 돌아올 때는 손에는 지팡이를 잡고 등에는 자루

31 바로니우스는 잉굴푸스, 마리아누스, 람베르투스의 원전 대부분을 필사했다.

32 티르의 윌리엄은 그리스도교도들의 불만을 확대하려고 무진 애를 쓴다. 투르크인들이 순례자 각각에게 금화를 징수했다는 것이다! 프랑크족의 카파르(caphar)는 지금으로 치면 14달러이다. 유럽은 이 자발적인 세금에 대해 불평하지 않는다.

를 진 비참한 순례자 20여 명의 모습이었다고 한다.³¹

서기 1076~1096년,
투르크족의 예루살렘 정복

로마군의 패배 후 파티마 칼리프들은 안정을 유지해 오다가 투르크인들의 침략을 받았다. 말리크 샤의 부하 중 하나였던 카리즈메 출신의 아트시즈가 막강한 군대를 이끌고 시리아로 진군해 와, 다마스쿠스를 굶주림과 칼 앞에 무릎 꿇렸다. 헴스와 속주의 다른 도시들은 바그다드의 칼리프와 페르시아의 술탄을 인정했다. 승리한 아트시즈는 아무런 저항도 받지 않고 나일 강 유역까지 전진했다. 파티마 왕조의 칼리프는 아프리카 깊숙이 도망칠 태세를 취했다. 그러나 그의 흑인 수비대와 카이로 주민들이 필사적으로 반격에 나서 투르크인들을 이집트 국경에서 몰아냈다. 아트시즈는 퇴각하면서 무차별적인 학살과 약탈을 저질렀다. 예루살렘의 판관과 공증인들이 그의 진영에 불려 가서 처형된 후 시민 3000명에 대한 학살이 이어졌다. 아트시즈의 잔인성은 곧 말리크 샤의 동생인 술탄 투쿠슈의 응징을 받았다. 투쿠슈는 더 높은 칭호와 더 막강한 권력을 지니고 시리아와 팔레스타인의 지배권을 주장했다. 셀주크 가는 20년간 예루살렘을 지배했으나, 성스러운 도시와 영토의 세습 권한은 투르크만족 수장인 태수 오르토크에게 넘어갔다. 동방의 그리스도교도와 라틴 순례자는 이러한 변화로 말미암아 칼리프의 안정된 통치와 오랜 유대 관계를 잃고 북방의 이방인이 강요하는 쇠로 된 멍에를 목에 쓰게 되었다며 탄식했다.³² 위대한 술탄은 자신의 궁정과 막사에 어느 정도까지 페르시아의 학예와 풍습을 도입했다. 그러나 유목 민족인 투르크족의 몸 속에는 여전히 사막의 거친 피가 흘렀다. 니케아에서 예루살렘까지 아시아 서쪽 국가들은 내우외환으로 들끓었다. 불확실한 국경선에서 불안정하게 이리저리 옮겨 다니는 팔레스타인 유목민으로서는 오랜 시간이 걸리는 상업과 종교적 자유의 결실을 기다릴 여유도 능력도 없었다. 수없이 많은 위험을 헤치고 예루살렘 성문에 도달한 순례자들은 공적, 사적으로 압제와 약탈에 시달리다가, 성묘에 참배할 기회를 얻기도 전에 기아와 질병으로 쓰러지는 일이 허다했다. 투르크만인들은 야만적 기질을 타고난데다 근래의 열광적인 분위기에 취해 교파를 가리지 않고 모든 성직자에게 모욕을 가했다. 그들은 신도들의 동정심을 자극하여 몸값을 짜내기 위해 총대주교의 머리채를 잡고 질질 끌고 가 토굴 속에 처박았다. 부활 교회에서 올리는 신성한 예배는 교회 주인들의 야만스러운 무례함으로 종종 난장판이 되었다. 이처럼 가슴 아픈 이야기는 서방의 많은 신도들을 자극했으므로 십자가 깃발 아래 진군하여 성지를 구하자는 열기가 끓어올랐다. 그러나 이 모든 악행을 다 쓸어 모은다 해도, 라틴 그리스도교도들이 그렇게 인내심 있게 참아왔던 하킴의 신성 모독 행위 중 단 한 가지에도 미치지 못했다. 더 사소한 도발이 그 후손들의 성마른 기질에 불을 당겼다. 종교적 기사도와 교황의 지배권에서 새로운 정신이 출현했던 것이다. 민감한 부위의 신경을 건드렸다고 할까, 그 울림은 유럽의 심장까지 가닿았다.

송은주   이화여대 영문학과를 졸업하고 동 대학원에서 박사학위를 받았다. 현재 전문번역가로 활동하고 있다. 옮긴 책으로 『미들섹스』, 『순수의 시대』, 『엄청나게 시끄럽고 믿을 수 없게 가까운』, 『모든 것이 밝혀졌다』, 『동물을 먹는다는 것에 대하여』, 『선셋 파크』, 『클라우드 아틀라스』, 『위키드』, 『집으로 가는 길』 등이 있다.

김혜진   이화여대 영문학과를 졸업하고 동 대학원에서 석사학위를 받았다. 현재 전문번역가로 활동하고 있다.

김지현   숙명여대 영문학과를 졸업하고 동 교육대학원 영어교육학과에서 석사학위를 받았다. 현재 전문번역가로 활동하고 있다. 옮긴 책으로 『한계를 뛰어넘는 삶』, 『더치쉬츠의 회복』, 『포옹─마음을 열어 주는 힘, 어머니』, 『헌터 부인의 죽음』, 『구원의 사랑』, 『다시 찾아간 나니아』 등이 있다.

로마 제국 쇠망사 5

1판 1쇄 펴냄   2009년 7월 20일
1판 20쇄 펴냄   2025년 6월 17일

지은이 | 에드워드 기번
옮긴이 | 송은주, 김혜진, 김지현
발행인 | 박근섭, 박상준
펴낸곳 | (주)민음사

출판등록 1966. 5. 19.(제16-490호)
서울특별시 강남구 도산대로1길 62(신사동) 강남출판문화센터 5층 (우편번호 06027)
대표전화 02-515-2000, 팩시밀리 02-515-2007

www.minumsa.com

한국어 판 ⓒ (주)민음사, 2009. Printed in Seoul, Korea

ISBN 978-89-374-2635-3 04900
ISBN 978-89-374-2630-8 (세트)

* 잘못 만들어진 책은 구입처에서 교환해 드립니다.